辉煌历程

庆祝新中国成立60周年重点书系

中国财政60年（上卷）

主编　谢旭人

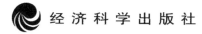

经济科学出版社

《中国财政 60 年》编委会

主　　编：谢旭人

副 主 编：廖晓军　　贺邦靖　　李　勇　　王　军　　张少春
　　　　　丁学东　　刘红薇　　朱光耀　　张　通

编委会成员：胡静林　　戴柏华　　杨　敏　　史耀斌　　王　伟
　　　　　李　萍　　詹静涛　　翟　钢　　李林池　　赵　路
　　　　　王保安　　赵鸣骥　　孙志筠　　贾　谌　　孙晓霞
　　　　　郑晓松　　杨少林　　刘玉廷　　耿　虹　　王建国
　　　　　余蔚平　　曲永兰　　高建华　　王卫星　　贾　康
　　　　　欧文汉　　刘祝余　　孔和平

总　　纂：张　通

在新的历史起点上再创辉煌

——《辉煌历程——庆祝新中国成立 60 周年重点书系》总序

柳斌杰

1949 年 10 月 1 日，中华人民共和国诞生了！中国人民从此站起来了，中华民族以崭新的姿态自立于世界民族之林！新中国成立以来的 60 年，是中国社会发生翻天覆地变化的 60 年，是中国共产党带领全国各族人民同心同德、奋勇向前、不断从胜利走向胜利的 60 年，是中华民族自强不息、顽强奋进、从贫穷落后走向繁荣富强的 60 年，是举国上下自力更生、艰苦奋斗，开创社会主义大业的 60 年。60 年峥嵘岁月，60 年沧桑巨变。当我们回顾 60 年奋斗业绩时，感到格外自豪：一个充满生机和活力的社会主义新中国正巍然屹立于世界的东方。

在新中国成立 60 周年之际，系统回顾和记录 60 年的辉煌历史，总结和升华 60 年的宝贵经验，对于我们进一步深刻领会和科学把握社会主义制度的优越性、党的领导的重要性，进一步增强民族自豪感，大力唱响共产党好、社会主义好、改革开放好、伟大祖国好、各族人民好的时代主旋律，高举中国特色社会主义伟大旗帜，坚定走中国特色社会主义道路的决心和信心，在新的历史起点继续坚持改革开放，深入推动科学发展，夺取全面建设小康社会新胜利、开创中国特色社会主义事业新局面，都有十分重要的意义。

一

　　中国走社会主义道路，是历史的选择，人民的选择，时代的选择。在相当长的历史时期内，中国是世界上一个强大的封建帝国。1840年鸦片战争以后，由于帝国主义列强的侵入，中国由一个独立的封建国家变为半殖民地半封建的国家，中华民族沦落到苦难深重和任人宰割的境地。此时的中华民族面对着两大历史任务：一个是争取民族独立和人民解放，一个是实现国家繁荣富强和人民富裕；需要解决两大矛盾：一个是帝国主义和中华民族的矛盾，一个是封建主义和人民大众的矛盾。近代中国社会的主要矛盾和我们民族面对的历史任务，决定了近代中国必须进行反帝反封建的彻底的民主主义革命，只有这样才能赢得民族独立和人民解放，也才能开启国家富强和人民富裕之路。历史告诉我们，一方面，旧式的农民战争，封建统治阶级的"自强""求富"，不触动封建根基的维新变法，民族资产阶级领导的民主革命，以及照搬西方资本主义的其他种种方案，都不能完成救亡图存挽救民族危亡和反帝反封建的历史任务，都不能改变中国人民的悲惨命运，中国人民依然生活在贫穷、落后、分裂、动荡、混乱的苦难深渊中；另一方面，"帝国主义列强侵入中国的目的，决不是要把封建的中国变成资本主义的中国"，而是要把中国变成他们的殖民地。因此，中国必须选择一条适合中国国情的道路。"十月革命一声炮响，给我们送来了马克思列宁主义。十月革命帮助了全世界的也帮助了中国的先进分子，用无产阶级的宇宙观作为观察国家命运的工具，重新考虑自己的问题。走俄国人的路——这就是结论。"中国的工人阶级及其先锋队——中国共产党登上历史舞台后，中国革命的面貌才焕然一新。在新民主主义革命中，以毛泽东同志为代表的中国共产党人带领全党全国人民，经过长期奋斗，创造性地开辟了一条农村包围城市、武装夺取政权的革命道路，实现了马克思主义与中国实际相结合的第一次历史性飞跃，最终建立了伟大的中华人民共和国。从此，中国历史开始了新的纪元！

新中国成立初期，西方国家采取经济封锁、政治孤立、军事包围等手段打压中国，妄图把新中国扼杀在摇篮中。以毛泽东同志为核心的党的第一代中央领导集体，领导全国各族人民紧紧抓住恢复和发展生产这一中心环节，在继续完成民主革命遗留任务的同时，有步骤地实现从新民主主义到社会主义的转变，迅速恢复了在旧中国遭到严重破坏的国民经济并开展了有计划的经济建设。从 1953 年到 1956 年，中国共产党领导全国各族人民有计划有步骤地完成了对农业、手工业和资本主义工商业的社会主义改造，实现了中国社会由新民主主义到社会主义的过渡和转变，在中国建立了社会主义基本制度。邓小平同志在《坚持四项基本原则》一文中，对中国为什么必须走社会主义道路作了明确的说明："只有社会主义才能救中国，这是中国人民从五四运动到现在六十年来的切身体验中得出的不可动摇的历史结论。中国离开社会主义就必然退回到半封建半殖民地。中国绝大多数人决不允许历史倒退。"

但是，探索社会主义道路是一个艰辛的过程。社会主义制度是人类历史上一种崭新的社会制度，代表着人类历史前进的方向。建设社会主义是前无古人的崭新事业，没有任何现成的经验可资借鉴，只能在实践中不断探索适合中国国情的社会主义发展道路。毛泽东同志很早就指出："我们对于社会主义时期的革命和建设，还有一个很大的盲目性，还有一个很大的未被认识的必然王国。"正是由于中国共产党人有这种认识，所以这种探索贯穿在社会主义建设的全过程。

在新中国成立之初，以毛泽东同志为主要代表的中国共产党人在深刻分析当时国内外形势和中国国情的基础上，开始了从"走俄国人的路"到"走自己的道路"的历史性探索。这表明中国共产党力图在中国自己的建设社会主义道路中打开一个新的局面，反映了曾长期遭受帝国主义列强欺凌的中国人民站立起来之后求强求富的强烈渴望。探索者的道路从来不是平坦的。到了 50 年代后期，党的指导思想开始出现"左"的偏差。特别是 60 年代中期，由于对国际和国内形势判断严重失误，"左"倾错误发展到极端，造成了延续十年之久的"文化大革命"。"文化大革命"的十年内乱，给我们党和国家带来了极其严重的创伤，国民经济濒临崩溃的边缘，人民生活十分困难。1976 年我们党依靠自身的力量，粉碎了"四人帮"，结束了十年内乱，从危难中挽救了党，挽救了革命，使社会主义中国进入了新的历史发展时期。在邓小平同志领导下和其他老一辈革命家支持下，党的十一届三中全会开始全面纠正"文化大革命"及其以前的"左"倾错误，冲破个人崇拜和"两个凡是"的束缚，重新确立了解放思想、实事求是的思想路线，果断停止了"以阶级斗争为纲"的错误方针，把党和国家的工作中心转移到经济建设上来，做出了实行改革开放的历史性决策。改革开放是党在新的时代条件下带领人民进行的新的伟大革命。从此以后，社会主义中国的历史掀开了新的一页。经济改革从农村到城市、从国有企业到其他各个行业势不可挡地展开，对外开放的大门从沿海到沿江沿边、从东部到中西部毅然决然地打开了，社会主义中国又重新焕发出了蓬勃的生机和活力。以党的十一届三中全会为标志进行了 30 多年的改革开放，巩固和完善了社会主义制度，为当代中国探索出了一条真正实现国家繁荣富强、人民共同富裕的正确道路。

二

新民主主义革命的胜利，社会主义基本制度的建立，实现了中国几千年来最伟大最广泛最深刻的社会变革，创造和奠定了新中国一切进步和发展的基础。中国是有着五千年历史的文明古国，但人民当家作主人，真正结束被压迫、被统治的命运，成为国家、社会和自己命运的主人，只是在中华人民共和国成立后才成为现实。在中国共产党的领导下，中国人民推翻了"三座大山"，夺取了新民主主义革命的胜利，真正实现了民族独立和人民解放；彻底结束了旧中国一盘散沙的局面，实现了国家的高度统一和各民族的空前团结；创造性地实现了从新民主主义到社会主义的转变，全面确立了社会主义的基本制度，使占世界人口四分之一的东方大国迈入了社会主义社会；建立了人民民主专政的国家政权，中国人民掌握了自己的命运，中国实现了从延续几千年的封建专制政治向人民民主政治的伟大跨越；建立了独立的、比较完整的国民经济体系，经济实力、综合国力显著增强，国际地位大幅度提高。社会主义给中国带来了翻天覆地的变化。

那么，面对与时俱进的世界，中国的社会主义建设如何在坚持中发展呢？这就要进行新的探索，新的实践。胡锦涛同志在党的十七大报告中强调，"我们党正在带领全国各族人民进行的改革开放和社会主义现代化建设，是新中国成立以后我国社会主义建设伟大事业的继承和发展，是近代以来中国人民争取民族独立、实现国家富强伟大事业的继承和发展"。正是在改革开放的伟大实践中，中国共产党人开辟了中国特色社会主义道路。这是一条能够使民族振兴、国家富强、人民幸福、社会和谐的康庄大道，是当代中国发展进步和实现中华民族伟大复兴的唯一正确的道路。在当代中国，坚持中国特色社会主义道路，就是真正坚持社会主义。

"中国特色社会主义道路，就是在中国共产党的领导下，立足基本国情，以经济建设为中心，坚持四项基本原则，坚持改革开放，解放和发展社会生产力，巩固和完善社会主义制度，建设社会主义市场经济、社会主义民主政治、社会主义先进文化、社会主义和谐社会，建设富强民主文明和谐的社会主义现代化国家。"改革开放是中国的第二次革命，给我国带来了历史性的三大变化：一是中国人民的面貌发生了巨大变化，许多曾经长期窒息人们思想的旧的观念、陈腐的教条受到了巨大冲击，人们的思想得到了前所未有的大解放，解放思想、实事求是、与时俱进、开拓创新开始成为人们精神状态的主流。二是中国社会面貌发生了巨大变化，社会主义中国实现了从"以阶级斗争为纲"到以经济建设为中心、从封闭半封闭到改革开放、从高度集中的计划经济体制到充满活力的社会主义市场经济体制的伟大转折。我国获得了自近代以来从未有过的长期快速稳定发展，社会生产力大解放，社会财富快速增长，人民的生活水平实现了从温饱不足到总体小康的历史性跨越。满目疮痍、饱受欺凌、贫穷落后的中国已经变成政治稳定、经济发展、文化繁荣、社会和谐的社会主义中国。三是中国共产党的面貌发生了巨大变化，中国共产党重新确立了马克思主义的思想路线、政治路线和组织路线，在开辟中国特色社会主义伟大道路的过程中，在领导中国特色社会主义现代化进程中，始终把保持和发展党的先进性、提高党的执政能力、转变党的执政方式、巩固党的执政基础作为党的建设的重点，实现了从革命党向执政党的彻底转变，成为始终走在时代前列的中国特色社会主义事业的坚强领导核心。

新中国成立60年来，特别是改革开放30多年来的伟大成就生动展现了我们党和国家的伟大力量，展现了13亿中国人民的力量，展现了中国特色社会主义事业的伟大力量。"中国特色社会主义道路之所以完全正确、之所以能够引领中国发展进步，关键在于我们既坚持了科学社会主义的基本原则，又根据我国实际和时代特征赋予其鲜明的中国特色。"胡锦涛同志在纪念党的十一届三中全会召开30周年大会上的重要讲话中强调："我们要始终坚持党的基本路线不动摇，做到思想上坚信不疑、行动上坚定不移，决不走封闭僵化的老路，也决不走改旗易帜的邪路，而是坚定不移地走中国特色社会主义道路。"

坚定不移地走中国特色社会主义道路，就必须牢牢把握和坚持中国共产党的领导这个根本，这也是我们走上成功之路的实践经验。中国共产党是中国工人阶级的先锋队，同时是中国人民和中华民族的先锋队，是中国特色社会主义事业的领导核心。自诞生之日起，中国共产党就自觉肩负起中华民族伟大复兴的庄严使命，带领中国人民经过艰苦卓绝的奋斗，取得了革命、建设和改革的一个又一个重大胜利。中国特色社会主义道路是中国共产党领导全国各族人民长期探索、不懈奋斗开拓的道路，党的领导是坚持走这条道路的根本政治保证和客观的内在要求。没有共产党，就没有新中国，就没有中国的繁荣富强和全国各族人民的幸福生活。

坚定不移地走中国特色社会主义道路，就必须牢牢把握和坚持解放思想、实事求是的思想路线，充分认识我国处于并将长期处于社会主义初级阶段的基本国情，深刻认识社会主义事业的长期性、艰巨性和复杂性。过去的一切失误，在很大程度上就是因为没有正确地认识中国的国情，离开或偏离了发展的实际。我们要牢记教训，一切从实际出发，一切要求真务实。

坚定不移地走中国特色社会主义道路，就必须牢牢把握和坚持"一个中心，两个基本点"的基本路线。以经济建设为中心是兴国之要，是我们党和国家兴旺发达和长治久安的根本要求。四项基本原则是立国之本，是我们国家生存发展的政治基石。改革开放是决定当代中国命运的关键抉择，是发展中国特色社会主义、实现中华民族伟大复兴的必由之路。我们必须坚持改革开放不动摇，决不能走回头路。

中国特色社会主义事业是一项前无古人的创造性事业，是一项极其伟大、光荣而艰巨的事业。我们必须清醒地认识到，"我们的事业是面向未来的事业"，"实现全面建设小康社会的目标还需要继续奋斗十几年，基本实现现代化还需要继续奋斗几十年，巩固和发展社会主义制度则需要几代人、十几代人甚至几十代人坚持不懈地努力奋斗"。在新的国际国内形势和新的历史起点上，只要我们不动摇、不懈怠、不折腾，坚定不移地坚持中国特色社会主义道路，坚定不移地坚持党的基本理论、基本路线、基本纲领、基本经验，勇于变革、勇于创新，永不僵化、永不停滞，不为任何风险所惧，不被任何干扰所惑，就一定能凝聚力量，战胜一切艰难险阻，不断开创中国特色社会主义事业新局面。

三

把马克思主义基本原理同中国实际相结合，坚持科学理论的指导，坚定不移地走自己的路，这是马克思主义的本质要求，是中国共产党人在深刻把握马克思主义理论品质、清醒认识中国国情的基础上得出来的科学结论。毛泽东同志指出："认清中国社会的性质，就是说，认清中国的国情，乃是认清一切革命问题的基本的根据。"邓小平同志指出："马克思列宁主义的普遍真理与本国的具体实际相结合，这句话本身就是普遍真理。它包含两个方面，一方面叫普遍真理，另一方面叫结合本国实际。我们历来认为丢开任何一面都不行。"中国共产党之所以成功地领导了革命、建设和改革，就是因为以科学态度对待马克思主义，正确地贯彻马克思主义基本原理与中国具体实际相结合的原则，推动马克思主义中国化，并不断丰富和发展了马克思主义。

以毛泽东为主要代表的中国共产党人，创造性地运用马克思主义的基本原理，认真总结中国革命胜利和失败的经验教训，重新认识中国国情，探讨中国革命的规律性，把马克思主义与中国革命的具体实践结合起来，提出了新民主主义理论，阐明了中国革命的一系列重大问题，实现了马克思主义和中国实际相结合的第一次历史性飞跃，产生了毛泽东思想这一马克思主义中国化的重要理论成果，引导中国革命不断走向胜利，完成了民族独立和人民解放的历史任务，创建了新中国，建立了社会主义制度。新中国成立初期，我们党在把马克思主义和中国实际相结合方面做得比较好，因而社会主义革命和建设都比较顺利，很快建立起了比较完备的社会主义工业体系和国民经济体系，显示了社会主义制度的优越性。

党的十一届三中全会之后的30多年，我们党紧紧围绕中国特色社会主义这个主题，在新的历史条件下继续推进马克思主义中国化，形成和发展了包括邓小平理论、"三个代表"重要思想以及科学发展观等重大战略思想在内的中国特色社会主义理论体系。以邓小平同志为主要代表的中国共产党人，开创了改革开放的伟大事业，并在总结当代社会主义正反两方面经验的基础上，在我国改革开放的崭新实践中，围绕着"什么是社会主义、怎样建设社会主义"这个基本问题，把马克思主义基本原理和中国社会主义现代化建设的实际相结合，系统地初步回答了在中国这样的经济文化比较落后的国家如何建设社会主义、如何巩固和发展社会主义的一系列基本问题，创立了邓小平理论，实现了马克思主义和中国实际相结合的又一次飞跃，奠定了中国特色社会主义理论体系的基础。党的十三届四中全会以后，以江泽民同志为主要代表的中国共产党人，在新的历史发展时期，把马克思主义的基本原理与当代中国实际和时代特征进一步结合起来，在建设中国特色社会主义新的实践中，进一步回答了什么是社会主义、怎样建设社会主义的问题，创造性地回答了在长期执政的历史条件下建设什么样的党、怎样建设党的问题，形成了"三个代表"重要思想，进一步丰富和发展了中国特色社会主义理论体系。党的十六大以来，以胡锦涛同志为总书记的党中央，站在历史和时代的高度，继续把马克思主义基本原理与当代中国实际相结合，在推进中国特色社会主义的实践中，全面系统地继承和发展了马克思列宁主义、毛泽东思想、邓小平理论、"三个代表"重要思想关于发展的重要思想，依据我国仍处于并将长期处于社会主义初级阶段而又进到新的发展阶段这个现实，进一步回答了新世纪新阶段我国需要什么样的发展和怎样发展的重大问题，形成了科学发展观等重大战略思想，赋予中国特色社会主义理论体系以新的丰富内容。

胡锦涛同志在党的十七大报告中强调："改革开放以来我们取得一切成绩和进步的根本原因，归结起来就是：开辟了中国特色社会主义道路，形成了中国特色社会主义理论体系。高举中国特色社会主义伟大旗帜，最根本的就是要坚持这条道路和这个理论体系。"中国特色社会主义理论体系坚持和发展了马克思列宁主义、毛泽东思想，凝结了几代中国共产党人带领人民不懈探索实践的智慧和心血，是马克思主义中国化的最新成果，是党最可宝贵的政治和精神财富，是全国各族人民团结奋斗的共同思想基础。在当代中国，坚持中国特色社会主义理论体系，就是真正坚持马克思主义。只有坚持中国特色社会主义理论体系不动摇，才能坚持中国特色社会主义道路不动摇，才能真正做到高举中国特色社会主义伟大旗帜不动摇。

四

站在时代的高峰上回望我国波澜壮阔的奋斗之路，我们感慨万千。正如胡锦涛同志所指出的，"没有以毛泽东同志为核心的党的第一代中央领导集体团结带领全党全国各族人民浴血奋斗，就没有新中国，就没有中国社会主义制度。没有以邓小平同志为核心的党的第二代中央领导集体团结带领全党全国各族人民改革创新，就没有改革开放历史新时期，就没有中国特色社会主义"。"以江泽民同志为核心的党的第三代中央领导集体"，"团结带领全党全国各族人民高举邓小平理论伟大旗帜，继承和发展了改革开放伟大事业，把这一伟大事业成功推向21世纪"。我们"要永远铭记党的三代中央领导集体的伟大历史功绩"。

新中国60年的辉煌历程充分证明，没有共产党就没有新中国，没有中国共产党的领导就没有国家的繁荣富强和全国各族人民的幸福生活，也就不会有社会主义现代化的中国。新中国60年的伟大成就充分证明，只有社会主义才能救中国，只有中国特色社会主义才能发展中国，只有走中国特色社会主义道路才能建设富强、民主、文明、和谐的社会主义现代化国家。新中国60年的宝贵经验充分证明，只要始终坚持马克思主义基本原理同中国具体实际相结合，在科学理论的指导下，不断丰富和发展中国特色社会主义理论体系，就能坚定不移地走自己的路。新中国60年特别是改革开放30多年的伟大实践昭示我们，中国的崛起是历史的必然，只要我们高举"一面旗帜"，坚持"一条道路"，在新的历史起点继续推进改革开放的伟大事业，不断开创中国特色社会主义事业新局面，当代中国、整个中华民族，就一定能走向繁荣富强和共同富裕的康庄大道。

庆祝新中国成立60周年，是今年党和国家政治生活中的一件大事。新中国60年的辉煌历程、伟大成就和宝贵经验，蕴含着丰富的教育资源，是进行爱国主义教育的生动教材。深入挖掘、整理、创作、出版有关纪念新中国成立60年的作品，是出版界义不容辞的责任和光荣使命。为隆重庆祝新中国成立60周年，中共中央宣传部、新闻出版总署组织出版了《辉煌历程——庆祝新中国成立60周年重点书系》，目的在于充分展示新中国成立60年来翻天覆地的变化，充分展示中国共产党领导全国各族人民在革命、建设、改革中取得的伟大成就，深刻总结新中国60年的宝贵经验，努力探索人类社会发展规律、社会主义建设规律、中国共产党的执政规律；宣传中国特色社会主义，宣传中国特色社会主义理论体系，进一步坚定走中国特色社会主义道路的决心和信心；大力唱响共产党好、社会主义好、改革开放好、伟大祖国好、各族人民好的时代主旋律，不断巩固全党全国各族人民团结奋斗的共同思想基础；为在新形势下继续解放思想、坚持改革开放、推动科学发展、促进社会和谐营造良好氛围，激励和鼓舞全党全国各族人民更加紧密地团结在以胡锦涛同志为总书记的党中央周围，高举中国特色社会主义伟大旗帜，为开创中国特色社会主义事业新局面、夺取全面建设小康社会新胜利、谱写人民美好生活新篇章而努力奋斗。

该书系客观记录了新中国60年波澜壮阔的伟大实践，全面展示了新中国60年来社会主义中国、中国人民和中国共产党的面貌所发生的深刻变化，深刻总结了马克思主义中国化的宝贵经验，生动宣传了新中国60年来我国各方面所取得的伟大成就及社会主义中国对人类社会发展进步所做出的伟大贡献。该书系所记录的新中国60年的奋斗业绩和伟大实践，所载入的以爱国主义为核心的民族精神和以改革创新为核心的时代精神，都将永远激励我们沿着中国特色社会主义道路奋勇前进。

目　录

第一篇　1949—1977 年的中国财政

第二篇　1978—1992 年的中国财政

第三篇　1993—2002 年的中国财政

第四篇　2003 年以来的中国财政

前　言

从 1949 年中华人民共和国成立到 2009 年，新中国走过了中华民族发展史上波澜壮阔、成就辉煌的 60 年。与共和国的发展同步，新中国财政也走过了 60 年极不平凡的光辉历程。60 年来，国家财政面貌发生了巨大的变化，财政实力逐步壮大，财政支出结构持续优化，财政体制不断健全，财政宏观调控体系日益完善，财政管理的科学化、精细化水平显著提高，对外财经交流与合作不断拓展。60 年来，国家财政紧紧围绕党和国家事业发展全局，认真履行资源配置、收入分配、调控经济和监督管理职能，坚持为国理财、为民服务，为促进各个时期国民经济发展和社会进步，为社会主义事业不断开创新局面做出了重大贡献。

在纪念中华人民共和国成立 60 周年之际，我们组织编写了《中国财政 60 年》一书，回顾和总结新中国财政 60 年的历程、经验，这对于更好地了解历史、把握现在、开拓未来，具有重要的意义。本书以新中国财政发展的历史进程为线索，系统回顾了新中国财政适应时代要求和经济社会形势发展变化，积极探索、勇于开拓，不断改革创新、推进科学发展的艰辛历程；真实记录了新中国财政努力服务国家政权建设、经济健康发展和社会全面进步，推动社会主义事业不断前进做出的巨大贡献；简要总结了 60 年财政发展的基本经验，并对当前及今后一个时期推进财政改革与发展的基本思路进行了展望。全书以总论开始，其后以时间为序，按照新中国财政发展史的不同时期，分四个阶段梳理财政发展的历史脉络、主要内容和取得的成就；最后辑录了 1949—2008 年的财政大事年表。各部分相互呼应，形成一个有机统一的体系，较为完整地反映了60年财政发展的历史全貌，反映了几代财政工作者为党和国家事业发展付出的艰苦努力。

却顾所来径，苍苍横翠微。新中国财政60年的风雨历程，既有乘风破浪的胜利喜悦，也有历经曲折的艰难跋涉。当前，我国改革开放和社会主义现代化建设正处于继往开来的新时期，前进路上机遇和挑战并存，财政工作任重道远。站在新的历史起点上，我们要高举中国特色社会主义伟大旗帜，深入贯彻落实科学发展观，坚定信心、锐意进取，继往开来、与时俱进，为开创中国特色社会主义事业新局面谱写新的篇章。

编者

二〇〇九年八月

总　　论

　　1949 年 10 月 1 日，中华人民共和国诞生了！新中国成立 60 年来，中国共产党带领全国各族人民在建设社会主义祖国的伟大实践中，艰苦探索，改革创新，与时俱进，取得了举世瞩目的辉煌成就。

　　与新中国的发展同步，中国财政也走过了 60 年的光辉历程。60 年来，在党中央、国务院的坚强领导下，在各级党委、政府、相关部门和社会各界的大力支持下，经过广大财政干部职工的艰苦奋斗、不断探索，财政事业取得了辉煌的成就，国家财政面貌发生了翻天覆地的变化。财政实力不断壮大，财政支出结构不断优化，财税体制不断健全，财政调控能力不断增强，财政管理水平不断提高，财政职能不断完善，财政干部队伍建设不断加强，我国的国际财经地位和影响不断提升。财政为促进各个时期国民经济发展和社会进步，为我国社会主义事业不断开创新局面，做出了重大贡献。

　　"历史是一面映照现实的明镜，也是一本最富哲理的教科书。"在新中国成立 60 周年之际，回顾 60 年来财政发展的历程，总结财政改革与发展中的经验，对新的历史时期进一步推进财政事业不断发展，对财政更好地履行党和国家赋予的职责和使命，具有十分重要的意义。

一、光辉历程

（一）纵览财政 60 年

　　60 年来，财政走过的道路并不平坦。其中既有披荆斩棘、筚路蓝缕，也有波澜壮阔、飞速前进；既经历过一些曲折，付出过不小的代价，也收获了累累硕果，推动着改革与发展的历史洪流滚滚向前。

从新中国成立到党的十一届三中全会召开，新中国财政根据社会主义革命和建设的客观需要，在严峻复杂的情况下，为巩固国家政权、促进经济社会发展做出了突出贡献。1949 年 10 月，根据《中华人民共和国中央人民政府组织法》第十八条，成立了中央人民政府财政部。从那时起到1952 年，在经济破败和战争尚未结束等极其困难的情况下，财政工作围绕恢复国民经济、争取财政经济状况根本好转而积极努力。通过建立预算管理制度，统一全国财政政策；统一税政、制定税法；建立基本建设拨款制度，整顿城市地方财政等措施，财政状况实现根本好转，也为即将开始的经济建设高潮奠定了良好的基础。"一五"时期，国家财政紧紧围绕过渡时期总路线、促进社会主义工业化和社会主义改造开展工作，努力保证国家重点建设的资金需要，适当提高人民的物质和文化生活水平，初步建立了统一领导、分级管理的财政管理体制。这一期间，国家财政执行情况良好，为新中国在较短时间内建立比较完整的国民经济体系做出了重要贡献。"大跃进"和人民公社化运动期间，在"左"的思想干扰、严重自然灾害等艰难困苦条件下，财政经历了严峻的考验，并且在困境中支撑了各方面建设和社会事业的发展。1960 年底，中共中央决定在国民经济建设中实行"调整、巩固、充实、提高"的方针，国家财政通过加强对农业的支援、压缩基建投资、搞好财政综合平衡、深入开展增产节约运动等一系列集中统一的措施，有力地促进了各项经济调整措施的顺利落实。"文化大革命"期间，国家财政遭受了严重破坏，虽然期间也进行了两次整顿并出现过转机，但都因"四人帮"的破坏而遭受挫折。财政在国民经济分配体系中的地位大大削弱，财政职能作用得不到有效发挥，各种财政规章制度乃至财政工作机构、干部均遭到冲击。尽管如此，国家财政在这一时期仍然达到了一定的规模，支持了国民经济建设，保证了国家的经常性必要开支。从 1976 年 10 月粉碎"四人帮"到 1978 年党的十一届三中全会前的两年中，一方面国民经济迅速恢复，财政状况开始好转；另一方面，由于长期以来存在"左"的思想的干扰，对存在的困难和问题估计不足，急于求成，影响了以后几年财政收支的平衡。

1978 年 12 月召开的党的十一届三中全会，重新确立了马克思主义的思想路线、政治路线和组织路线，决定把全党的工作重点转移到经济建设上来，做出了改革开放的重大决策，实现了共和国发展史上具有深远意义的伟大转折。财政逐步突破高度集中计划经济体制的束缚，积极推动经济体制改革和各项社会事业发展。根据这一时期经济体制改革的目标和重点，探索实行"分灶吃饭"框架下的地方财政包干制，扩大了地方政府的经济资源支配能力；通过积极尝试利润留成、利改税、税利分流和股份制改造等多种方式，增强企业活力，并注重与其他各项经济体制改革相配套，调动了地方、部门、企业和个人的主动性、积极性和创造性。同时，深化财务管理和会计制度改革，完善企业财务制度、行政事业单位财务制度；积极建立健全国有资产管理制度，促进国有资产保值增值；发展国债事业，发挥国债在促进经济发展中的作用；积极贯彻对外开放政策，有效利用外资，加强对外财经合作与交流，财政事业重新焕发了活力。当然，随着改革的不断深化，财政包干制逐渐显露弊端，主要是助长了地方保护、重复建设，特别是中央与地方的关系缺乏规范性和稳定性，变动频繁，财政收入占国内生产总值的比重和中央财政收入占全国财政收入的比重过低，地方缺乏稳定财源，中央宏观调控能力有所削弱。

1992 年初，邓小平同志发表"南方谈话"，提出了加快改革开放、"发展才是硬道理"等一系列重要思想。同年 10 月，党的十四大明确提出了建立社会主义市场经济体制的目标。根据深化改革开放、建立社会主义市场经济体制的要求，1994 年，开始实施分税制财政体制改革和工商税制改革。分税制财政体制改革的实施，相对稳定和规范了中央与地方的财政分配关系，增强了中央政府的宏观调控能力，是新中国成立以来政府间财政关系方面涉及范围最广、调整力度最强、影响最为深远的重大制度创新。同时实施的工商税制改革，以统一税法、公平税负、简化税制和合理分权为基本原则，建立了以增值税为主体的新流转税体系，初步实现了税制的简化、统一、规范，形成了以流转税为主体，其他税种相配合，多税种、多环节、多层次调节的具有中国特色的税收制度。同时，针对1993 年开始出现的经济过热，实行了适度从紧的财政政策，重点对经济进行间接调控。经过几年的努力，国民经济回到了"高增长、低通胀"的运行轨道，成功实现了"软着陆"。1998 年，全国财政工作会议提出了建立公共财政框架的目标。此后，围绕建立和完善公共财政体制，积极推进部门预算、国库集中收付、政府采购、"收支两条线"等改革，加大对基础设施建设、"三农"、教科文卫、社会保障、环境保护的支持力度，逐步减少对一般竞争性和经营性领域的财政投资。为应对亚洲金融危机的冲击和国内市场需求不足带来的挑战，从 1998 年开始，果断实施积极的财政政策，强化财政宏观调控能力，并加大了调节地区差异的力度，在促进经济社会持续健康发展方面发挥了积极作用。

2002 年 11 月，党的十六大提出了 2020 年前后全面建设小康社会的战略目标。此后，科学发展观确立为统领改革发展全局的指导思想。2007年 10 月，党的十七大要求"完善公共财政制度，逐步实现基本公共服务均等化"。这些要求为财政工作指明了方向和任务。近年来，财政改革与发展以促进科学发展、构建和谐社会为导向，勇于开拓、不断创新，取得了显著成效：进一步完善分税制财政体制，改革出口退税分担机制，创新缓解县乡财政困难的机制，积极推动省以下财政管理体制创新，促进基本公共服务均等化；积极推进税制改革，全面取消农业税、牧业税、农业特产税，在全国范围内实施增值税转型改革，统一内外资企业所得税制度，及时调整个人所得税政策和消费税政策等，推动形成有利于科学发展的财税体系；不断完善公共财政支出体系，调整和优化财政支出结构，向社会主义新农村建设倾斜，向社会事业发展薄弱环节倾斜，向困难地区、基层和群众倾斜，加大对"三农"、教育、卫生、科技、文化、社会保障和就业等公共服务和民生领域的支出，构建保障和改善民生的长效机制；积极加强和改善财政宏观调控，根据经济形势的变化相机抉择，先后实施稳健的财政政策和积极的财政政策。特别是 2008 年 10 月以来，面对国际金融危机的严重冲击，实施以减收增支为主要内容的积极财政政策，为促进国民经济平稳较快发展发挥了重要作用；深化预算管理制度改革，加强财政支出管理，提高预算的公开性、透明度和完整性，初步建立了符合公共财政要求的现代预算管理框架，财政管理科学化、精细化水平不断提高，财政运行日益规范；拓展财政对外开放，同世界主要国家和经济体、周边国家、国际及地区金融组织的财经交流与合作不断深入，为我国经济社会发展争取更好的外部环境。

总的来看，新中国成立以来的 60 年，是财政实力不断壮大、财政保障能力不断提升的 60 年，是财政职能不断健全和完善、财政运行机制适应经济社会发展要求不断转变的 60 年，是财政改革不断深化、服务经济社会发展能力不断提高的 60 年，是财政管理走向科学化精细化、干部队伍素质不断提升的 60 年，是财政对外开放逐步拓展、对外财经交流与合作日益加强的 60 年，也是财政实践与财政理论相互推动、相互促进的60 年。

（二）改革财政体制

财政体制是处理政府间财政关系和政府与企业分配关系的基本制度，也是财政工作最重要的内容之一。60 年来，财政体制经历了计划经济时期的高度集中、统收统支，也经历了改革开放之初的"分灶吃饭"、各类财政包干制，特别是在 1994 年建立了分税制财政体制，并在此后不断完善，逐步形成了适应社会主义市场经济体制要求的财政体制。

1. 高度集中的财政管理体制

改革开放前，由高度集中的计划经济体制所决定，财政体制基本上是中央统一领导、分级管理，并基本保持了高度集中的格局。1950 年，鉴于新中国成立初期百废待兴而财力分散薄弱的情况，建立了高度集中的"统收统支"财政体制。在第一个五年计划（1953—1957 年）期间，为了发挥地方的积极性，实行了划分收支、分级管理的财政体制，收入实行分类分成，支出基本上按隶属关系划分，在集中的前提下赋予地方一些财权。在"大跃进"期间，下放财权和财力，实行"以收定支、五年不变"

的财政体制。在国民经济调整时期，为了适当集中财权财力，实行"总额分成、一年一变"的财政体制。1968 年，在社会经济秩序混乱的情况下，曾恢复类似新中国成立最初期实行的高度集中的收支两条线统收统支体制。从 1969 年到 1970 年，实行"总额分成"的财政体制。1971 年到 1975 年，随着中央企事业单位的下放，曾实行"收支包干"体制。1976 年，为了改变中央财政缺乏足够调剂能力的状况，又改行"收支挂钩、总额分成"的办法。

在 1950 年到 1978 年间，尽管预算管理体制多次调整，但预算管理权限主要集中在中央，只是中央集中程度有所不同，并且中央与地方政府对企事业单位实行按行政隶属关系组织收入、控制支出的格局未变，也一直未能形成相对稳定的体制模式。这种高度集中的财政运行机制在我国大规模工业化、现代化建设初期，有利于集中全国人力、物力、财力进行重点建设；但随着社会主义经济建设规模不断扩大，经济关系日趋复杂，其弊病也逐渐显露。一是财政权力过分集中，政府职能过度膨胀，压抑了各地区、各部门及各单位的积极性、创造性，不利于激发企业的活力，不利于社会生产力的长期持续发展。二是忽视物质利益原则，不利于调动劳动者的积极性和创造力。统计资料表明，从 1957 年到 1977 年，城镇职工工资基本没有提高，农民收入徘徊不前，1978 年农村居民人均纯收入只有 133.6 元。三是财政体制、机制变动频繁，不利于形成清晰、稳定的制度体系。

2. 从 "分灶吃饭" 到财政包干制

党的十一届三中全会以后，财政体制改革作为宏观经济体制改革的突破口之一，着力解决传统体制"管得过多、统得过死"的问题。从 1980 年开始，实行"划分收支、分级包干"的财政管理体制，并根据各地区的不同情况实行四种不同的办法，被称为"分灶吃饭"。这是新中国成立以来财政管理体制的一次重大改革，它打破了过去"吃大锅饭"的局面，财力分配由"条条"为主改为"块块"为主，扩大了地方的财权，加强了地方的责任。1985 年，在两步利改税完成后，"分灶吃饭"体制相应调整为"划分税种，核定收支，分级包干"，把财政收入划分为中央固定收入、地方固定收入和中央与地方共享收入，而在支出划分上则基本维持原有的体制格局。1988 年，与国有企业普遍推行承包经营责任制相呼应，我国又开始实行多种形式的地方财政包干办法，包括"收入递增包干"、"总额分成"、"总额分成加增长分成"、"上解递增包干"、"定额上解"和"定额补助"等，并一直实行到 1993 年。

总的来看，在 1980 年到 1993 年期间，财政管理体制虽然探索了多种形式，变动比较频繁，名称各不相同，但就实质内容而言，都是财政包干制。这种体制对于调动地方发展经济的积极性无疑具有重要意义。但是，由于多种体制并存以及中央与地方"一对一"谈判机制和"条块分割"的行政隶属关系控制，难以解决好财政体制的规范性、透明化和可持续问题，导致国家财政收入占国内生产总值的比重下滑过多，全国财政收入占国内生产总值比重从 1978 年的 31.1% 下滑到 1993 年的 12.3%，中央财政收入占全国财政收入的比重也显著偏低。从 1978 年到 1993 年，中央财政收入占全国财政收入比重最高的是 1984 年的 40.5%，而 1993 年已降为22%。"两个比重"的下降使政府行政能力和中央政府调控能力明显下降，中央财政落入要向地方"借款"的困境。

3. "分税制"改革开启财政体制新时代

党的十四大明确社会主义市场经济体制的改革目标后，财政体制改革确定了实行分税制的基本思路。经过一段时间准备之后，在立足国情的基础上，借鉴成熟市场经济国家的一般经验，1994 年进行了具有里程碑意义的分税制财政体制改革，主要内容是以事权为基础来划分中央与地方政府间的财政支出，按税种的归属来划分中央与地方政府间的财政收入，分设中央与地方两套税务机构，按统一的办法确定中央对地方税收的返还基数，实行过渡期转移支付制度。分税制财政体制改革的实施，初步建立了符合社会主义市场经济要求的财政体制框架，并在其后得以逐步建立健全与之相适应的管理模式和运行机制，开启了财政体制改革的新篇章。

近年来，根据分税制财政体制的运行情况和宏观调控的需要，在稳定分税制财政体制基本框架的基础上，对分税制财政体制进行了一系列调整和完善。一是实施所得税收入分享改革。从 2002 年 1 月 1 日起，将按照企业隶属关系划分中央与地方所得税收入的办法，改为中央与地方按统一比例分享所得税收入。二是实施出口退税负担机制改革。从 2004 年起，建立了中央与地方共同负担出口退税的新机制，此后又作了进一步的完善。三是不断完善财政转移支付制度，建立了转移支付资金稳定增长机制，出台了"三奖一补"等缓解县乡财政困难的措施，着力建立县级基本财力保障机制。四是积极推进省以下财政体制改革，不断推进"省直管县"、"乡财县管"等财政管理方式创新。

与财政包干制相比，分税分级财政管理体制是一种更为规范和合理、能够适应社会主义市场经济要求的财政管理体制，理顺了中央与地方、政府与企业和个人的关系，调动了各方面的积极性，建立了财政收入稳定增长机制，提高了国家的宏观调控能力，促进了区域协调发展和基本公共服务均等化。从 1993 年到 2008 年，全国财政收入由 4 349 亿元增加到 61 330 亿元，年均增长 19.6% （以 1992 年为基期年）；全国财政收入占国内生产总值的比重由 12.3% 提高到 20.4%，中央财政收入占全国财政收入的比重由 22% 提高到 54.8%；中央对地方转移支付由 1994 年的 590 亿元增长到 2008 年的 18 709 亿元，增长了 30.7 倍。

（三）健全收入体系

随着我国经济体制从计划经济到有计划的商品经济再到社会主义市场经济的转变，财政收入体系不断地改革创新、与时俱进，从"利税并存、以利为主"到"利改税"、"税利分流"，再到"税收收入为主、非税收入为辅、国债筹资补充"的格局，在不断探索中逐步形成了适应社会主义市场经济体制要求的收入体系。

1. 改革开放前"利税并存、以利为主"的财政收入机制

改革开放前，在高度集中的计划经济体制条件下，逐步形成了"利税并存、以利为主"的特殊财政收入机制。在这种机制下，财政收入以国营企业上缴利润为主，以国营和集体经济的税收收入为辅。据统计，在 1956 年到 1978 年期间，企业上缴利润占国家财政收入的 52.8%，而税收

收入占国家财政收入的 45.9%。同时，依靠国家的低价统购农副产品和低工资制度，财政收入得以超常规增长，财政收入占国内生产总值的比重始终保持较高水平。

以低价统购农副产品和低工资制为条件，财政收入得以"超常"增长。 在农副产品统购统销制度下，农民按国家规定的价格将剩余产品统一卖给国家，由国家按计划统一供应给城镇工商业部门和城镇居民消费。农副产品低价统购统销不仅降低了工业的原材料投入成本及商业营运成本，也使城镇居民获得了实物福利并降低了工商业的劳动投入成本。长期执行的低工资制使工商业获得较高的利润，工商业部门的高利润再集中到国家手中，财政收入规模在较短时间内迅速增长。在相当长的时间里，财政收入占国内生产总值的比重保持在 30% 左右的较高水平。

国营企业利润形成财政收入的主要来源。 在低价统购农副产品和低工资制度基础上，国家对企业实行统收统支，国营企业利润几乎全部上缴，成为计划经济时期财政收入的主要来源。期间，为了激发企业生产积极性，曾对国家和企业的分配关系进行过几次调整。如 1950 年到 1957 年实行的企业奖励基金和主管部门超计划利润分成制度；1958 年到 1961 年实行的利润留成制度，赋予了企业某些自主权，在一定程度上缓解了高度集中的计划体制对于企业的束缚。1966 年"文化大革命"开始后，各类企业基金制、利润留成制逐一被取消，统并为职工福利基金，国营企业利润分配变成了彻底的统收统支，即企业实现的全部利润上缴国家。同时，不仅国营企业利润基本全部上缴财政，而且国营企业固定资产折旧也由财政集中。这种机制不利于调动国营企业进行技术改造的积极性。直到 1978 年 11 月国务院批转了财政部《关于国营企业试行企业基金的规定》，重新恢复企业基金制，这种企业利润全部上缴的格局才被打破。

国营、集体经济的税收收入是财政收入的重要补充。 新中国成立初期，国家非常重视发挥税收组织收入、调节经济的职能。1950 年，为保障战争开支的需要，恢复和发展生产，中央人民政府政务院（以下简称政务院）颁布《全国税收实施要则》，废除了国民党统治时期的种种苛捐杂税，就税收政策、税收制度、税收管理体制和税收组织机构等一系列重大问题做出了规定，并明确除农业税外，在全国范围内统一征收 14 种工商税，标志着新中国税收制度的建立。1953 年，本着"保证税收、简化税制"的原则，我国对 1950 年的工商税制进行了修正。在税负上按照从生产、批发到零售，一般课征三道税来设计，并且变更了营业税的纳税环节，尽可能将税收集中到生产环节来交纳，以利于控制税源，保证财政收入。

1956 年，社会主义改造完成后，理论界出现"非税论"，认为国营企业的税收和利润都是工人阶级创造的社会积累，可以把利润上缴和国家征税合为一种形式，以简化企业的交纳手续。很快，在"大跃进"和人民公社化运动的影响下，"非税论"观点成为主流。1958 年进行了以试行工商统一税为基本内容的税制改革，在原有税负基础上简化税制。1959 年 1 月开始试点税利合一。但实践证明，税利合一严重削弱了税收的经济杠杆作用，是行不通的，1959 年 5 月即停止了试点。"文化大革命"期间，在错误的"非税论"思想影响下，我国于 1973 年又进行了一次工商税制的改革，对国营企业只征收工商税，对集体企业则征收工商税和工商所得税，而且税目由原来的 108 个减少为 44 个，税率由原来的 141 个减少为 82 个。这使得我国的税收制度简化走到极端，税收无法发挥其应有的职能。

2. 逐步形成适应改革开放需要的收入体系

改革开放大幕拉开之后，财政收入制度从改革国家和国营企业分配关系入手，放权让利、以税代利，扩大企业自主权，激发了企业生产经营的积极性。同时，随着非国有经济成分的出现与壮大，改变了以往片面强调简化税制的做法，重视发挥税收的调控作用，不断完善税制，强化税收制度的公平性、规范性，促进了多种经济成分的共同发展。重新启用国债工具，通过科学控制债务风险，积极发挥国债在财政收入体系中的作用。公共收费也得到了迅速发展。

放权让利，理顺和规范国家与国营企业分配关系。改革和规范国家与国营企业分配关系首先从恢复企业基金制和利润留成制开始。但利润留成制在实行中也暴露出一些突出问题，为此，国务院于 1983 年决定实施利改税，即企业的大部分利润以所得税的形式上缴。这项改革有利于把国营企业放在相对独立的商品生产经营者和依法纳税、公平竞争的地位上，加强了企业的经营管理，稳定了国家财政收入，调动了企业职工的积极性，较好地处理了国家、企业和职工个人三者的利益关系。1984 年 10 月，在全国推行利改税第二步改革，进一步扩大国营企业自主支配的财力，增强了企业自我改造、自我发展的能力。1987 年，国务院决定实行企业承包责任制后，为支持国营企业改革，对于承包企业采用了"利润包干"的方法，并积极探索"税利分流"改革。到 1992 年年底，全国有 37 个省、自治区、直辖市、计划单列市和 24 个中央部门进行了税利分流试点，试点企业达 4 000 多户。总体上，税利分流试点使国家与企业的利润分配格局趋向合理、稳定，初步实现了国家与企业利益共享、风险共担，为 1994 年的全面工商税制改革奠定了基础。当然，这一时期以让利和放权为主线的改革在调动各个方面积极性的同时，一定程度上也影响了国家财政收入的合理增长。

适应改革开放需要，不断调整和完善税收制度。一是建立了涉外税收制度。为了适应对外开放、吸引外资、引进国外先进技术的需要，改革开放初期的税制改革以建立涉外税收制度为重要内容。1979 年到 1982 年，从流转税、所得税到财产税，从税法到细则，初步建立了一套比较完整的涉外税收制度。通过进一步放宽税收优惠的幅度与范围、调整进出口税目税率等措施，对吸引外资、引进先进技术设备、扶持经济特区发展等发挥了重要作用。二是为多种经济成分提供公平、有序的税收环境。如从 1985 年起，停征工商所得税，改征集体企业所得税；从 1986 年起，调整城乡个体工商户所得税；从 1988 年起，开征私营企业所得税；等等。三是进一步改善流转税，建立、完善和恢复特定目的税种，拓宽税收调节经济的领域。1984 年，国务院发布《中华人民共和国产品税条例（草案)》、《中华人民共和国增值税条例（草案)》和《中华人民共和国营业税条例（草案)》，标志着我国初步建立起了一个适合经济发展要求的流转税体系。此后，针对税制中的一些问题，出台了一系列措施，如调整增值税和产品税的征税范围、规范增值税征收制度、调整营业税政策等。同时，为更好地发挥税收调节经济的职能，建立、完善和恢复了一些具有特定目的的税种，如在建筑税的基础上改征固定资产投资方向调节税，在原个人所得税基础上开征个人收入调节税，开征特别消费税，改革和完善房产税，恢复征收印花税，开征耕地占用税，等等。

国债工具重新启用。发行国内公债是筹集经济建设资金、平衡财政收支的重要手段，也是国家对国民经济进行宏观调控的重要机制。新中国成立后，为迅速医治战争创伤，恢复国民经济，一度通过发行公债筹集资金支持国民经济恢复发展。1968 年公债全部偿清后，进入了一段"既无外债，又无内债"的时期。改革开放后，随着经济体制改革不断深化和对国债工具的科学认识，我国从 1981 年开始恢复内债发行。与此同时，国债管理方式也在不断完善，市场化水平有所提高。国内公债事业的繁荣与发展，有力地支持了国家经济建设，对平衡收支、调控经济发挥了巨大作用。

同时，改革开放后，我国采取了"适度举借外债，加速经济发展"的方针。自 1979 年中国银行与日本输出入银行签订开发资金贷款协议开始，积极稳妥地利用外债发展经济。从 1979 年发展到 1993 年，我国的外债余额保持在 1 000 亿美元以下，使用方向上向交通、能源等基础设施领域倾斜。通过对上千个大中型项目的外债资金投入，有力地促进了社会经济发展。

公共收费快速增长。20 世纪 80 年代初期，在国家财政收支矛盾较为突出的情况下，鼓励行政事业单位利用服务性收费解决经费不足的问题，并逐步开征一些政府性基金，如国家能源交通重点建设基金等。公共收费呈现快速增长的态势，对缓解当时政府财力不足、促进经济建设和社会事业发展起到一定的积极作用，但也出现了管理失控、加重企业和人民群众负担等问题。

3. **建立适应社会主义市场经济体制的收入体系**

以 1994 年工商税制改革为标志，我国收入体系改革进入了一个新的历史时期，逐步形成了"税收收入为主，非税收入为辅"的收入格局，建立了财政收入稳定增长机制。财政收入总规模逐年攀升，收入结构不断优化，税收筹集财政收入和调节经济的功能进一步增强；非税收入管理不断加强，公共收费、政府性基金、各类国有资产收益进一步规范；国债筹资能力不断提升，国债市场持续稳定健康发展，国债管理在国家宏观调控中的地位和职能明显提高。

1994 年工商税制改革及其调整完善。这次改革实行了以比较规范的增值税为主体、消费税和营业税并行、内外统一的流转税制；同时改革了企业所得税制度，将过去对国营企业、集体企业和私营企业分别征收的多种所得税合并为统一的内资企业所得税；此外，还改革了个人所得税制度，并对资源税、特定目的税、财产税、行为税等做了大幅度的调整。新税制较好地处理了国家、企业、个人之间的分配关系，通过统一税法、简并税种，初步实现了税制的简化和规范化，税制要素的设计更为科学、合理、规范，适应了经济发展的需要。

此后，根据经济社会发展需要及税制运行中出现的问题，陆续对一些税收制度进行了必要的调整和完善，税收对财政收入的保障功能和对经济的调节功能进一步增强。通过实施农村税费改革，全面取消了农业税、农业特产税等，在我国实行了 2 600 年的农业税制度退出了历史舞台。通过企业所得税"两法合并"、修订《中华人民共和国耕地占用税暂行条例》、改革车船税和房产税等，基本统一了各类企业税收制度。在全国范围推进增值税由生产型向消费型转变，多次上调个人所得税工薪所得扣除标准；对消费税政策进行了重大调整，新增和取消了部分消费税的应税品目，并对原有税目的税率进行了调整；成功实施成品油价税费改革，提高了成品油消费税的单位税额；积极推进资源税制度改革，深化物业税模拟评税试点改革，不断调整完善出口退税政策等。通过这些税制改革，不仅为各级政府履行职能提供了可靠的财力保证，而且更好地发挥了税收调节经济和收入分配的职能作用，促进形成有利于科学发展的税收体系。

非税收入改革不断深化。改革开放后，我国非税收入规模迅速扩大，对非税收入的管理重点已推进到纳入预算管理和实行"收支两条线"管理。

按照完善社会主义市场经济体制和建立公共财政制度的要求，从 1996 年开始，全面治理整顿收费，主要围绕规范管理和清理减少收费项目进行，取得了较大进展。目前，我国的公共收费全面纳入政府非税收入管理，并实行国库集中收缴制度。同时，全面推进税费制度改革，从规范政府行为出发，一方面对各项收费、基金进行清理整顿，取消不合法、不合理的收费和基金，对保留的收费、基金逐步纳入预算管理；另一方面用规范的税收取代一些具有税收特征的收费。逐步完善国有资源（资产）有偿使用制度，加强土地、矿产、海域、国有资产等各类公共资源的有偿使用管理；推行国有资本经营预算制度，国家开始以所有者身份依法向国有企业收取国有资本收益。通过上述改革，非税收入管理更趋规范，市场秩序得到维护。

国债成为弥补赤字和实施财政调控的重要工具。从 1994 年开始，中央财政赤字通过发行国债来弥补，国债成为保证收入平衡和实施财政调控的重要工具，对扩大国内有效需求、促进经济持续稳定增长起到了重要的支撑作用。随着改革不断深化和国力逐步增强，我国国债筹资规模逐年扩大；特别是在两次实施积极财政政策期间，国债发行规模进一步扩大。2008 年 10 月，重启积极财政政策；2009 年，全国财政赤字预算安排9 500 亿元，占国内生产总值（按当年增长 8% 计算）比重近 3%，国债余额占国内生产总值（按当年增长 8% 计算）比重的 20% 左右。国债的宏观调控作用进一步增强。

从收入体系角度看，60 年来的财政发展史是国家与企业、个人的分配关系不断探索、逐步规范的历史，也是财政收入体系不断演变并日趋科学合理、财政收入质量不断提高的历史。特别是 1994 年工商税制改革及其后的调整完善，使国家、企业与个人的分配关系进一步理顺，财政收入结构更趋合理，财政收入的规模和质量不断提升，为经济的持续健康发展奠定了坚实的税收制度保障。

（四）优化支出结构

财政支出的范围、结构和重点反映了政府履行职能的基本取向。60年来，随着财政实力的增强和财政职能的变化，财政支出规模日益扩大，支出范围和支出重点发生了巨大转变，支出结构不断优化和调整，有力地保障了不同历史时期党和国家政权活动的资金需要，支持了经济建设和各项社会事业发展，促进了计划经济体制向市场经济体制的成功转轨，为中国特色社会主义事业的不断推进提供了坚实的物质保障。

1. 计划经济时期以经济建设支出为主的"大而宽"格局

新中国成立之初，财政支出首先围绕巩固国家政权建设而进行。在1950年到1952年的3年里，财政总支出达到362.19亿元，其中国防费达138.49亿元，占总支出的38.2%。这期间，财政也积极筹措资金进行经济建设，3年经济建设费支出125.7亿元，占总支出的34.7%。同时，在财政十分困难的情况下，国家对社会重点事业发展十分关注，3年文教费支出为42.1亿元，占总支出的11.6%。

从1953年有计划的社会主义建设和改造开始，与计划经济体制相适应，国家财政在社会资源配置中扮演了重要角色，分配中几乎包揽生产、投资乃至职工消费，覆盖了包括政府、企业、家庭在内的各类行为主体，形成了以经济建设支出为重点、大而宽的支出格局。

以经济建设支出为重点。在计划经济体制下，国家是社会投资主体，经济建设支出在财政支出中占有很大比重，从1950年到1978年，占比最高的年份达到了71.7%。其中最主要的是基本建设拨款，居于财政支出首位，占国家财政支出的30%~40%。高额的基本建设支出拨款，对国家财政收支以及整个国民经济运行产生了决定性影响，对各部门、各地区、各单位基建拨款的多少，很大程度上决定了该部门、地区、单位的发展速度和质量。除基本建设拨款外，财政还承担为国营企业提供流动资金的任务。在当时的条件下，财政集中物力、财力支持经济建设，为在一穷二白的中国建设一个具有一定规模的社会主义工业化体系做出了重要贡献。

财政包揽各项社会事业。计划经济体制下，财政除承担国防、外交、行政经费等国家政权建设支出以及重点倾向经济建设外，还几乎包揽了科技、教育、文化、卫生等社会事业，负担沉重。新中国成立后，在极其困难的条件下，国家财政筹集资金，建立了比较完整的教育、科技、文化、卫生等社会事业体系。此外，财政还承担着国营企业职工全面的社会保障职能，虽然名义上职工住房、医疗、离退休金等由企业支付，但在财政统收统支体制下，与财政拨款的性质相同；而行政事业单位职工的所有社会保障事宜，也由财政负担。这种财政包揽一切的制度，随着人口的增加和国营企业、事业单位的扩展，使财政负担越来越沉重。

2. 支出结构逐步向支持改革和提供公共服务倾斜

改革开放之后，随着经济体制改革由高度集中的计划经济转向有计划的商品经济，财政支出的重点由基本建设支出逐步转向为各项经济领域改革"买单"。同时，公共服务、公共产品的提供也日益受到重视，在促进国民经济合理调整、支持经济体制改革以及各项社会事业发展方面做出了突出贡献。

基本建设支出仍然占据财政支出的重要位置。一方面，财政依旧承担基本建设投资，从范围上看覆盖了国民经济各个行业，促进了宏观经济稳定增长；另一方面，开始注重提高财政资金的使用效率，探索改进基本建设投资方式，扩大基本建设投资资金来源。一是通过发行国债、引导全社会投资等措施，扩大了投资资金来源。从 1981 年起，国家恢复发行国内债券，为保障基本建设资金需求发挥了重要作用。同时，积极激励和引导社会投资，如中央对地方下放投资权和推动社会资本进入国家鼓励的行业和领域。二是改革基本建设投资管理制度。从 1979 年开始，试行将基建拨款改为银行贷款；从 1985 年起，凡是由国家预算安排的基本建设资金，全部由财政拨款改为银行贷款。财政在这一时期通过"拨改贷"方式实施的投资每年大约占预算内基本建设投资的 1/3 左右。

积极支持各项改革。改革开放后，财政支出的一项重要任务就是支持价格、国营企业、金融等其他领域的改革顺利进行。一是运用财政补贴，支持农副产品价格调整，推动价格改革和农村改革。党的十一届三中全会后，国家开始大幅度提高农副产品收购价格，但同时为了保证城镇居民生活水平不因农副产品提价而降低，国家对农副产品购销差价实行财政补贴，农副产品价格补贴占全部价格补贴总额的 80% 左右，为深化价格改革和农村改革做出了贡献。二是支持国营企业改革。国家财政通过实施留利、增提折旧、增提技术开发费、补充企业自有流动资金等各种减税让利政策，扩大国营企业的财权财力，激发企业活力。三是支持金融体制改革。1979 年以后，财政通过拨付专项开办费、核拨信贷基金、免缴所得税、筹集资本金等方式，恢复中国农业银行和中国银行，分设中国工商银行，重新组建了交通银行，支持政策性银行的组建与发展，增加保险业务，等等，有力地促进了金融体制改革。四是支持外贸体制改革。通过实施出口退税政策、发放出口工业品生产专项贷款、设立有关重点出口企业发展基金、实行出口奖励金制度等措施，促进了外贸的快速发展。五是支持物资流通体制改革。包括完善财政价格补贴制度，支持商业、粮食企业发展，建立重要商品储备和风险基金制度等。六是增加工资支出，改革收入分配制度。为理顺收入分配制度，调动职工积极性，国家财政筹集大量资金提高职工工资，积极配合有关部门推进工资制度改革，使我国工资制度逐步走向规范化。

逐步加大对公共服务和公共产品的支出。随着改革开放的不断深入，市场配置资源的作用逐步得到重视，政府职能不断转变。为此，财政在支出职能中也逐步淡化经济建设型财政特征，越来越重视公共产品、公共服务的提供。对养老、医疗、就业等公共服务方面的改革，财政从资金上积极予以支持和保障。大力加强教科文卫等社会事业方面的投入力度，从 1978 年到 1993 年，国家财政用于教育的预算内支出从 75.05 亿元增加到 691.58 亿元，用于科学研究的支出从 52.89 亿元增加到 225.61 亿元，用于抚恤和社会福利的支出从 18.91 亿元增加到 75.27 亿元。

3. 建立健全公共财政支出体系

1998 年，建立公共财政目标正式提出之后，对于财政职能的认识进一步清晰，财政支出的重点、结构都发生了显著的变化，改变了大包大揽的模式，逐步退出一般竞争性、经营性领域，对公共服务、公共产品的保障成为财政支出的重点。特别是党的十六大以来，以人为本、关注民生，促进科学发展、构建和谐社会的理念深入人心，财政对"三农"、民生领域的投入进一步加大，向社会事业发展的薄弱环节倾斜，向困难地区、基层和群众倾斜，着力促进基本公共服务均等化，财政支出的公共性、公平性、公开性、规范性进一步增强。

坚持以人为本，加大对公共服务和民生领域的投入。在公共财政导向下，不断加大对公共服务领域的投入，着力保障和改善民生，如加大财政支农惠农的力度，提高教育、医疗卫生、科学、社会保障和就业、文化、保障性住房等领域的公共支出，并向农村、中西部地区、贫困地区、边疆地区、民族地区倾斜，促进基本公共服务均等化。同时，从中央财政基本建设支出的方向来看，也重点向民生领域倾斜。2008 年，中央财政用于"三农"的支出为 5 955.5 亿元，比上年增长 37.9%；用于与人民群众生活直接相关的教育、医疗卫生、社会保障、就业、保障性住房、文化等方面的民生支出合计 5 608.81 亿元，比上年增长 29.3%。同时，积极推进相关领域改革，着力构建保障和改善民生的长效机制。近年来，通过全面取消农业税、牧业税、农业特产税，建立直接面对农民的一系列补贴制度，实施农村义务教育经费保障机制改革，支持建立城乡最低生活保障制度，支持深化医疗卫生体制改革等一系列重要的政策措施，财政对公共服务和民生领域的保障力度显著增强。

促进全面协调可持续发展。经济发展方式落后、区域间发展失衡等是制约我国经济社会全面协调可持续发展的深层次矛盾。近年，财政加大了相关领域的投入力度。为支持经济发展方式转变和经济结构调整，促进建立资源节约型、环境友好型社会，财政加大了对科技创新、节能减排和环境保护的投入。2008 年，中央财政安排了节能减排资金 423 亿元，比上年增加 91 亿元，并且积极探索以奖代补，促进建立节能减排的长效机制，大力支持生态建设和环境保护。在促进区域协调发展方面，中央财政加大对地方特别是中西部地区的转移支付力度。据统计，2008 年在中西部地区财政支出中，平均 54.4% 的资金来源于中央财政转移支付。同时，还出台了一系列支持西部大开发、东北地区等老工业基地振兴、中部崛起以及东部地区率先发展的财税政策，有力地促进了区域间全面协调发展。

支持企业改革与发展。按照社会主义市场经济体制的要求，财政在财税政策方面着力营造公平、规范的市场竞争环境，促进各类企业不断改革和发展，同时针对不同所有制企业的实际情况，采取有针对性的支持措施。一是支持国有企业深化改革，加强技术改造，增强竞争力。在中央企业剥离办社会职能、国有企业主辅分离和辅业改制、垄断行业体制改革，以及技术改造等方面加大投入。二是逐步建立面向各类中小企业的财政资金政策体系。在加大中小企业专项资金支持的同时，中央财政注重发挥引导作用，带动地方财政及各类社会资金共同支持中小企业发展。此外，通过加大中小企业环境建设的投入力度，鼓励发展中小企业服务机构、担保机构等，积极为中小企业提供公共技术、信息、融资担保等服务，为中小企业发展创造有利条件。

（五）加强财政管理

财政管理贯穿于制定和实施财政政策、编制和执行预算的全过程。财政管理的模式选择和管理水平的高低，直接影响财政职能作用的发挥和财政资金的使用效率。60 年来，随着经济体制的变迁、财政改革的推进、国家财政实力的增强，财政管理模式不断创新，财政管理的法治化程度不断提升，财政管理的内涵不断丰富，财政管理的基础不断加强，财政管理的手段也日趋先进，逐步形成了运行较为规范、决策较为科学、组织比较严密的财政管理体系。

1. 围绕国民经济计划的集中管理

与计划经济时期高度集中的管理体制相适应，改革开放以前的财政管理也紧紧围绕国民经济计划进行，高度集中，并且总体上较为粗放。其中，预算的编制、执行和决算，是财政管理工作的主要环节。此外，在当时的财政管理中，企业财务管理占有十分重要的地位。主要有以下突出特点：

中央地方"一本账"管理。计划经济时期，中央财政和地方财政实际是"一本账"管理，中央与地方的政府间分配关系和本级预算的管理制度经常交融在一起。如中央可以通过企业的下放，把原来的中央预算收入转列入地方的预算；而地方的财政收入经常被集中到中央。此时，全国预算管理"一盘棋"，中央"大一统"。

财政管理围绕国民经济计划进行。这一时期的国家财政管理是计划体制运行中的一个环节，预算编制、预算执行都必须服从国家国民经济计划的需要，财政管理缺乏独立性。从预算编制上看，财政部门要根据国民经济计划中的生产指标、交通运输指标、商品流转指标和各项事业的发展计划进行逐项核算，然后提出预算方案，进行综合平衡。平衡既包括对各部门预算收支指标的核定，也包括对各地区收支指标的核定。在预算执行中，国务院和地方各级人民政府负责各级预算的组织执行，成为预算执行机构；各级财政部门是各级预算具体组织管理的职能机关，要及时掌握和分析国民经济计划主要指标完成情况及其对预算收支的影响，分季度进行收支计划的管理。

统一管理国营企业财务。国家对国营企业财务的管理，主要是由财政部统一负责。按照国家规定，年初编制企业生产财务计划，将一切收支均纳入财务计划管理，并按照批准的计划上缴利润、税收、折旧等，同时依照计划按时下拨投资、资金，弥补亏损，或者按计划用利润抵补支出。各工业、交通、商业部的财务司（局）统一管理本部所属国营企业的财务会计工作，其财会业务归财政部领导。各部门汇总的国营企业财务收支计划和年终决算按时报送财政部，由财政部审核汇总，将收支数字列入国家财政预算和决算，上报中央人民政府委员会批准执行。这种管理办法直到20世纪90年代政府机构改革后才停止施行。

财政立法与监察、会计等管理基础工作发展相对缓慢。新中国成立之初，迅速颁布了《全国税改实施要则》、《预算决算暂行条例》等一系列重要法规，并规定了财政监察的基本任务，会计制度也得以迅速建立。但"大跃进"时期及之后近二十年间，受"左"的思想影响，财政立法、财政监察及会计工作等未能得到应有的发展。

2. 财政管理法治化、规范化的初步探索

从改革开放之后到 1998 年公共财政目标正式提出，财政管理根据履行财政职能的要求，在法治化、规范化等方面进行了积极探索，取得了一些重大突破，也积累了不少经验。

预算管理的法治化建设取得重大突破。改革开放初期，为了强化预算管理，财政部出台了一系列法规制度，解决和应对预算管理中不断出现的新情况、新问题，为提高财政的法治化水平积累了经验。1985 年，第六届全国人民代表大会常务委员会第九次会议审议通过了《中华人民共和国会计法》，这是新中国成立后第一部有关会计工作的根本大法。1993 年，新修订的《中华人民共和国会计法》颁行，对进一步完善会计核算制度、实现与国际惯例接轨、促进国内外经济交流发挥了积极作用；同年，通过了《中华人民共和国注册会计师法》，对注册会计师行业管理做出了全面规范。1994 年，第八届全国人民代表大会第二次会议通过了《中华人民共和国预算法》，国务院相应颁布《中华人民共和国预算法实施条例》。《预算法》及《预算法实施条例》的颁布，对于强化预算管理，增强预算透明度，加强预算监督，实现政府预算管理法治化，具有十分重要的奠基作用。此外，1980 年、1991 年、1992 年全国人民代表大会还分别通过了《中华人民共和国个人所得税法》、《中华人民共和国外商投资企业和外国企业所得税法》、《中华人民共和国税收征收管理法》，并在 1993 年与税制改革相适应，发布了一系列税收方面的暂行条例，对于推进税收管理法治化起到了重要作用。

改革完善财务会计制度。改革开放初期，与国家实行"计划经济为主、市场调节为辅"的管理体制相适应，强化了按照不同所有制、不同行业、不同组织形式和不同经营方式制定企业财务制度的管理模式。同时，为适应经济和社会发展的需要，国家对文教行政财务进行了一系列改革，调动了各方面加强财务管理、增收节支的积极性。1992 年，财政部发布了《企业会计准则——基本准则》，成为会计制度建设深入推进的重要开端。随后，陆续颁行了工业、农业等 13 个行业会计制度和 10 个行业

的财务制度（通常简称"两则两制"），1993 年 7 月 1 日起执行。从 1997
年到 1999 年，财政部先后发布了关联方关系及其交易的披露等 9 项具体
准则，基本上实现了我国会计核算由计划经济模式向市场经济模式的转
换，促进了经济体制改革的进一步深化和现代企业制度的建立，为我国会
计核算制度逐步实现与国际会计惯例衔接奠定了基础。

此外，为严肃财经纪律、加强财政监督，财政开展了对社会经济各个
领域进行收入管理、财务管理的大检查，为避免国家财政收入流失和维护
正常的国民经济秩序做出了贡献。

实施复式预算试点。为全面反映财政收支活动，健全财政职能，建立
预算收支的约束机制，根据 1991 年 10 月 21 日国务院发布的《国家预算
管理条例》，从 1992 年起，首先在国家预算、中央预算和部分省本级预算
开始编制年度复式预算，即把预算分为经常性预算和建设性预算两部分编
制。1995 年以后，根据预算管理的新形势和新任务，这项改革停止执行。
虽然复式预算实际执行的时间不长，但却是当时财政管理中的一次大胆尝
试，为以后的预算管理改革提供了新思路。

建立健全新型国有资产管理体系。新中国成立后，对国有资产管理长
期实行产权管理主体多元化的管理体制，即财政、银行、经委、企业主管
部门等都是国有资产产权管理的主体。这种管理体制存在着产权关系模糊、
多头管理、责任不清等弊端，对提高国有资产经营使用效益十分不利。1988
年，国务院决定设立国家国有资产管理局（以下简称国资局），由财政部归
口管理。国资局成立后，积极开展清产核资、产权登记和资产评估工作，
改进国有资产管理，保障国有资产的保值增值，取得了显著成效。

3. 不断提高财政管理的科学化、精细化水平

1998 年明确提出建立公共财政框架之后，财政管理发生了更加深刻
的变革。在管理理念、管理方式、管理手段、管理组织等方面不断创新，
法治化、规范化导向更加鲜明，科学化、精细化程度不断提高，对于转变
财政职能，实现依法理财、民主理财、科学理财起到了积极的推动作用。

加强财政法治建设。根据依法治国的基本方略，财政法制工作获得全

面发展。从 1994 年到 2002 年，财政部先后四次修订《财政部立法工作规则》，对财政部立法工作职责、程序做出了全面规范。2002 年 6 月，《中华人民共和国政府采购法》获立法机关通过。2004 年 11 月，国务院颁布了《财政违法行为处罚处分条例》，进一步明确了财政违法行为的主体、客体和法律责任，弥补了财政监督立法的不足。2007 年，第十届全国人民代表大会第五次会议通过《中华人民共和国企业所得税法》，统一了内外资两套企业所得税制度。

推动建立完整的政府预算体系。按照公共财政的要求，财政部门始终把建立完整的政府预算体系作为重要工作来抓，不断丰富完善公共财政预算。从 2000 年起，分批将 194 项行政事业性收费纳入财政预算管理；从 2007 年起，土地出让收入全额纳入预算管理，并在制度上明确规定，依法新设立或取得的非税收入，一律纳入预算管理；积极探索完善矿产、海域等国有资源（资产）有偿使用制度；与此同时，积极探索实施国有资本经营预算、政府性基金预算、社会保险基金预算。从 2008 年开始实施中央本级国有资本经营预算，各地区国有资本经营预算也在积极地试点探索。

推进预算编制和预算执行管理改革。从 2000 年以来，我国逐步推行部门预算、国库集中支付、政府采购、收支两条线等重大改革，使预算管理走上了规范化、制度化、科学化的轨道，增强了财政预算的法治化和透明度。近年来，部门预算管理制度日益健全，部门预算编制工作逐步走向规范化、制度化和科学化。逐步扩大基本支出定员定额试点范围，完善基本支出定员定额标准，积极推进实物费用定额试点。"收支两条线"管理改革不断深化，财政拨款专项结转和净结余资金管理逐步加强，政府收支分类改革顺利实施。改进中央财政超收收入使用办法，建立中央预算稳定调节基金。加大向全国人大报送信息力度，报送全国人大审议预算的部门数量从 2000 年的 4 家增加到 2009 年的 95 家，预算编制透明度不断提高。绩效评价制度体系初步建立，绩效评价试点工作稳步推进。财政国库管理体系基本建立，国库集中收付制度改革全面推行，基本建立了以国库单一账户体系为基础、资金缴拨以国库集中收付为主要形式的现代财政国库管理制度。预算执行管理显著增强，财政资金运行的安全性、规范性和有效性显著提升。政府采购制度框架体系日趋完善，公开透明的采购运行机制逐步形成。国债市场化改革不断推进，统一互联、结构合理、规范有序、运行高效、功能较为齐全的国债发行市场基本建立。中央国库现金管理稳步开展。政府会计改革研究继续推进。

建立健全国有资产管理体系。1998 年，原国有资产管理局撤销，相应的国有资产管理职能合并到财政部。2003 年国务院国有资产监督管理委员会（以下简称国资委）成立后，财政部原有的中央企业国有资产管理职能划归国资委，政府公共管理职能和国有资产出资人职能逐步分开。国有资产管理体系逐步演变为行政事业单位国有资产、非金融类国有资产和金融类国有资产三个类别。这些资产的管理模式分步改革，对优化国有资产运营环境、完善预算体系、控制金融风险，起到了制度保障作用。

加强财政监督。与这一时期的财政改革与发展相适应，财政监督主动适应公共财政体制建设要求，紧紧围绕促进财政管理、深化财政改革、落实财税政策和维护财经秩序这一中心，不断调整和完善监督职责，进一步拓展监督范围，全面开展收入、支出、金融、会计、内部监督检查，将财政支出监督和内部监督放到突出位置，初步建立了实时监控、综合稽查、整改反馈、跟踪问效的财政监督机制，实现了收支并举、内外并重，全面提升了财政监督能力和成效，为严格预算分配、保障政策执行、加强增收节支、维护财经秩序做出了积极贡献。同时，自觉接受人大、审计监督。按照《中华人民共和国政府信息公开条例》的要求，及时公布财政收支统计数据以及有关政策、文件等，增强财政工作透明度。

完善会计制度。2000 年以来，财政部先后发布了《企业会计制度》、《金融企业会计制度》和《小企业会计制度》，初步形成了企业会计制度与 16 个具体会计准则并行的"双元"会计规范体系。2001 年，财政部发布了《企业国有资本与财务管理暂行办法》，构建了政府出资人财务制度的框架。2006 年 2 月，财政部正式发布了由 1 项基本准则和 38 项具体准则组成的新"企业会计准则体系"。2006 年年底，财政部全面修订了《企业财务通则》。新"会计准则体系"和新《企业财务通则》标志着适应我国市场经济发展要求、与国际惯例趋同的现代会计制度体系的正式建立。积极推进会计准则国际趋同和等效工作，取得了显著成绩。同时，积极推进预算会计制度改革。财政部于 1993 年正式启动预算会计制度改革；2003 年以来，加紧研究推进政府会计改革，初步提出了我国政府会计改革战略框架的总体思路，力争尽快建立适合我国国情和公共财政管理发展方向的政府会计管理体系。

推进财政信息化建设。1999 年，财政部着手规划建立"政府财政管理信息系统"（即"金财工程"），2001 年完成了初步设计，2002 年初制定了总体规划，财政信息化建设向系统化、规模化的方向发展。近年来，随着金财工程建设的逐步深入，财政信息化建设发展较快，按照系统工程和一体化建设的指导思想，相继开发并成功应用了部分财政业务应用系统，金财工程应用支撑平台建设稳步推进。网络及安全建设初具规模，运行维护体系得到研发和改进，信息处理的标准和制度不断完善，有力支撑和促进了以部门预算、国库集中收付、政府采购等为主要内容的财政管理改革的成功实施和逐步深化。

此外，近年来还积极推进财政管理的有关基础性工作，充分发挥基层财政加强财政管理的职能作用，并着力提高财政干部队伍素质，全面推进财政科学化、精细化管理。

（六）完善财政调控

积极参与国民经济调节是财政的重要职能。在不同的经济体制条件下，财政参与经济调节的方式、手段、着力点乃至目标都有很大不同。在计划经济体制下，国家对经济的调控主要依靠计划手段进行，财政通过政府投资的规模和方向等指令性措施落实计划调控经济发展，并从微观上直接干预企业的生产经营、利润分配等活动；在市场经济条件下，适应政府职能转变的要求，财政对经济的调节重点是在充分发挥市场自身调节作用基础上的宏观调控，并实现了直接调控向间接调控、被动调控向主动调控、单一手段调控向综合手段调控的转变，财政调控的能力不断提高，为保持我国经济的持续健康发展做出了重要贡献。

1. 计划经济时期财政对经济的直接调控

计划经济时期政府对经济的调控实际上是政府对经济主体和各种经济成分进行直接的指令和干预。从这个意义上说，计划经济下的调控，"控"的程度有余，而"调"的程度不足，重点是保障经济的稳定和国家产业发展等目标的实现，调控措施与手段都带有计划经济的深刻烙印，不仅调控宏观上的总供给和总需求，而且也调控微观上的企业利益分配和财务管理。

宏观上通过财政投资支出调控经济运行。在计划经济体制下，财政投资是经济建设资金的重要来源，通过扩大或压缩财政生产建设性支出来调控经济运行，成为计划经济时期财政政策的重要手段。例如，从 1953 年到 1957 年，为实施"一五"计划，在较短时期内促进经济快速发展，财政加大了基本建设拨款力度，5 年累计拨款达 506.44 亿元，占全部财政支出的 38.4%。在国民经济运行过热或比例失调的情况下，财政通过调整基本建设支出，有效地调节经济运行。在计划经济时期，政府应对历次经济波动，都是将财政建设投资支出作为最重要的调控工具，发挥了稳定和发展经济的重要作用。

微观上财政直接调控到企业。计划经济时期，对国民经济的调控离不开微观层面上对国营企业产供销计划的干预。在财政领域，国营企业创造的利润是财政收入的主要来源，也是实现国家预算和经济调整的关键，因此，通过直接调节企业的利润分配、财务管理等活动，实现对经济的调控。一是根据国民经济发展需要调整国家和企业分配关系，实现对经济资源配置的调节；二是加强经济核算和财务管理，帮助企业增产节约，健全规章制度。

通过"平衡预算"实现国民经济综合平衡。在计划经济体制下，财政平衡是实现财政、信贷、物资和外汇"综合平衡"的关键，财政不平衡将导致货币信贷、物资、外汇收支的不平衡。因此，这一时期，财政始终坚持年度"平衡预算"原则，不主动使用预算赤字政策调节经济运行。

2. 财政调节经济的手段和方式逐渐多样化

党的十一届三中全会以后，我国经济体制逐渐突破计划经济体制模式，新的市场运行机制得到培育和发展。在经济转轨的过渡时期，对财政调控的认识也随着政府职能的转变和经济形势的变化而不断发展。这一时期，在继续保留计划指令等行政干预手段的同时，逐步探索运用税收、补贴、国债等多种经济手段来调节经济，并且开始尝试财政政策与货币政策的配合。

计划指令仍然是财政调控经济的重要手段。在 20 世纪 80 年代，通过建设投资计划的扩张或压缩来调节经济波动仍是财政调控的重要手段。在 1979 年到 1989 年期间，曾有过三次较为明显的经济波动，政府通过压缩财政投资支出、压缩固定资产投资规模，遏制了投资膨胀，取得了成效。同时，不断地探索国家与企业的分配关系，财政仍有时通过对企业的干预调控微观经济。

初步探索运用多种政策工具调控经济运行。随着市场化机制的逐步发展，在使用计划手段调控经济的同时，不断尝试使用税收、补贴、国债等市场化手段来调节经济运行。一是税收政策的运用越来越频繁。1983 年对钟表等 17 种产品及其零部件实行出口退（免）税和进口征税政策，鼓励工业品出口，有效扩大总需求；1988 年，财政启用税收政策调控经济，开征特别消费税等新税种，在遏制需求过旺、防止经济过热等方面发挥了重要作用。二是恢复使用国债工具调节经济运行。1981 年恢复发行国库券，国债政策工具开始重新纳入我国财政政策体系，促进对经济运行实施有效调节。

开始注重财政政策与货币政策的协调配合。改革开放以后，银行存款不断增加，资本市场逐步发育，融资渠道日趋多元化，市场化的金融体系开始建立，货币政策调节经济的作用不断拓展，我国政府开始注重财政政策与货币政策的协调配合。1981 年，为调控经济过热的局面，一方面紧缩财政支出，遏制经济全面过热；另一方面为了保持一定的经济增长速度，根据当时的经济变化情况，适当松动货币政策。1985 年，为制止经济过热势头，实施双紧的财政政策与货币政策的协调配合来抑制经济过热局面，使工业增速由上半年的 23.1% 回落到 10.2%。

3. 建立适应社会主义市场经济体制的财政宏观调控体系

党的十四大明确提出建立社会主义市场经济体制后，人们对政府与市场关系的认识进一步转变，财政政策作为政府进行宏观调控的主要工具之一，在熨平经济周期、保持经济平稳较快发展的过程中，发挥了更加突出的作用。同时，随着财政宏观调控实践的不断探索，宏观调控能力不断增强，建立了社会主义市场经济条件下适应不同经济运行形态需要的，包括目标定位、政策取向、工具组合、时机选择、组织实施等一系列要素在内的财政宏观调控体系。从 20 世纪 90 年代初至今，针对经济发展中出现的经济过热或偏冷等不同情况，相机抉择实施相应的财政政策，有力地促进了国民经济的持续快速健康发展。

1993 年到 1997 年实施适度从紧的财政政策。1993 年到 1997 年，宏观调控的着力点是控制通货膨胀。根据中央的部署，财政部门采取了一系列措施。一是通过适当压缩财政开支逐步减少财政赤字，控制固定资产投资规模和社会集团购买力，并促进增加有效供给，缩小社会供求总量差额。二是通过税制改革，调整税种结构和税率，严格控制税收减免，清理到期的税收优惠政策，进一步规范分配秩序，并完善出口退税制度，促进外贸出口增长。三是整顿财经秩序，强化财税监管，大力打击逃税骗税和设"小金库"等违法违纪行为，加强对预算外资金使用情况的监督检查。在货币政策的配合下，1996 年国民经济成功实现了"软着陆"，形成了"高增长，低通胀"的良好局面。

1998 年到 2004 年实施积极的财政政策。1997 年下半年之后，亚洲金融危机波及我国，宏观经济出现了供大于求、有效需求不足的问题。为此，党中央、国务院果断决策，实施了积极的财政政策。一是发行长期建设国债，带动全社会固定资产投资。从 1998 年到 2004 年，累计发行长期建设国债 9 100 亿元，建成了一批关系国民经济发展全局的重大基础设施项目，并带动了社会投资特别是民间资本的跟进。二是调整税收政策，刺激需求增长。实行了抵免企业所得税,免征关税和进口环节增值税,停征固定资产投资方向调节税,恢复征收居民储蓄存款利息个人所得税等政策措施。三是调整收入分配政策,改善居民消费心理预期,连续四次调整机关事业单位职工工资,建立艰苦边远地区津贴制度,实施机关事业单位年终奖金制度;同时增加社会保障投入,提高社会保障水平。四是规范收费制度,减轻社会负担。在稳健的货币政策配合下,积极的财政政策取得了明显成效:加强了基础设施建设,促进了企业技术改造,提高了居民的收入,特别是拉动了经济增长,国债投资每年拉动国内生产总值增长 1.5 ~ 2 个百分点,平均每年拉动 1.8 个百分点,为避免宏观经济大起大落起到了十分重要的稳定作用。

2005 年到 2008 年实施稳健的财政政策。从 2003 年下半年开始,我国经济逐步走出通货紧缩阴影并呈现加速发展态势,由需求不足转向供求总量大体平衡,但结构性问题突出,局部投资增长过快、通货膨胀压力加大等问题与农业、能源交通、社会事业、生态环境保护等领域发展相对缓慢并存。从 2005 年起,实施以"控制赤字、调整结构、推进改革、增收节支"为核心内容的稳健财政政策,并与稳健的货币政策协调配合。一是较大幅度地削减中央财政赤字,由 2004 年的 3 192 亿元减少到 2008 年的 1 800 亿元,中央财政赤字占国内生产总值的比重由 2004 年的 2.0% 下降到 2008 年的 0.6%。二是调整粮食风险基金和国债资金使用结构,同时优化财政支出结构,逐步减少对一般竞争性和经营性领域的直接投资,增加用于公共服务和公共产品方面的投入。三是推进税制改革、农村税费改革和预算管理制度改革,并积极推动收入分配、国有企业、金融等领域的改革。四是完善公共财政体制,努力增收节支。稳健的财政政策和稳健的货币政策实施以来,经济社会发展总体呈现出经济增长速度较快、经济效益较好、人民群众得到较多实惠的良好局面。

2008 年 10 月开始实施积极的财政政策。2008 年 10 月以后,国际金融危机爆发,对我国经济造成严重冲击,中央明确提出实施积极的财政政策。主要着力点:一是扩大政府公共投资,着力加强重点建设。大幅度增加财政赤字，2009 年全国财政赤字的预算安排达 9 500 亿元。两年内中央政府增加公共投资 1.18 万亿元，带动引导社会投资共计 4 万亿元。中央政府公共投资重点用于农业和农村基础设施建设，铁路、公路、机场和电网建设，以保障性住房为重点的民生工程，教育、社会保障和就业、医疗卫生等方面的社会事业发展，生态建设和环境保护，促进企业技术改造和节能减排等方面投资，以及加快四川等地震灾区灾后恢复重建进度等。二是推进税费改革，实行结构性减税。采取减免税、提高出口退税率等方式，进一步调整收入分配结构，减轻居民税收负担，促进企业扩大投资和技术改造，拉动投资和消费增长。三是提高低收入群体收入，大力促进消费需求。进一步增加对农民的补贴，较大幅度提高粮食最低收购价，增加农民收入。提高城乡低保补助水平，增加企业退休人员基本养老金，提高优抚对象等人员抚恤补贴和生活补助标准。同时，通过家电下乡补贴等多种方式，促进消费增长。四是进一步优化财政支出结构，保障和改善民生。严格控制一般性支出，重点加大"三农"、教育、就业、住房、医疗卫生、社会保障等民生领域投入，并向中西部地区倾斜，建立健全保障和改善民生的长效机制。五是大力支持科技创新和节能减排，推动经济结构调整和经济发展方式转变。加大财政科技投入，完善有利于提高自主创新能力的财税政策。大力支持节能减排，稳步推进资源有偿使用制度和生态环境补偿机制改革，促进能源资源节约和生态环境保护。目前，积极财政政策已经并正在继续显现成效。

二、辉煌成就

新中国财政发展和改革的历史反映了我国社会主义建设不同时期社会经济发展的历程，反映了我国综合国力不断增强的过程。60 年来，在不同的经济社会发展阶段，财政认真履行职能，不断改革创新，为贯彻执行党和国家在各个时期的方针路线做出了积极的贡献，增强了社会主义的生机与活力。特别是改革开放以来，财政改革与发展取得的突破性进展，增强了国家财政的整体实力，支持和配合了改革开放的顺利进行，促进了社会政治经济的稳定和发展，推动了社会主义制度的自我发展与完善。

（一）不断壮大财政实力，为共和国发展奠定了雄厚的财力基础

新中国成立至今，我国的财政收入水平不断攀升，从 1950 年的 62 亿元，到 2008 年突破 6 万亿元大关，60 年间增长近千倍，财力状况有了根本性改变。从增长的速度看，全国财政收入从 1950 年 62 亿元开始，到突破 1 000 亿元大关，用了 28 年时间（1978 年为 1 132 亿元）；从 1 000 亿元到 1 万亿元，用了 21 年时间（1999 年为 11 444 亿元）；而从 1 万亿元到 2 万亿元，仅用了 4 年时间；从 2 万亿元到 3 万亿元、从 3 万亿元到 5 万亿元，分别仅用了 2 年时间。2008 年突破 6 万亿元，比上年增加 1 万多亿元；2008 年 1 个月的财政收入为 5 000 多亿元，超过 1993 年全年的财政收入（4 349 亿元）；2008 年平均每天的财政收入约 168 亿元，大致相当于 1952 年全年的财政收入（174 亿元）。

近些年来，我国财政收入增长中所表现的基本特征，一是财政收入增长建立在良性、健康、可持续的基础之上。特别是 1994 年实施分税制改革以后，财政收入增长机制逐步建立和完善，既有力地支持做大经济蛋糕、培育市场经济主体，打造和改善市场竞争环境，又实现了财政收入规模的快速增长及财政收入质量的显著提高。二是规范了中央与地方的财政关系，实现了中央与地方的双赢。分税制改革后，实现了中央和地方财政收入"双增长"的协调局面。从 1995 年到 2008 年，中央本级收入年均增长 18.9%，地方本级收入年均增长 19.7%。

财政实力的不断壮大，既是我国财政事业快速发展的直接反映，也是我国综合实力持续增强的重要体现，为贯彻落实党中央、国务院在不同时期的战略部署和重大决策，为保障国家政权建设、经济平稳较快发展和人民生活水平不断改善，维护改革发展稳定大局，全面建设小康社会，奠定了坚实的物质基础。

（二）认真履行财政职能，促进社会经济的全面协调可持续发展

60 年来，财政在各个不同历史时期，有效履行资源配置、收入分配、调控经济、监督管理等职能，促进了社会经济全面协调可持续发展，促进

了人民生活水平的改善。

一是认真履行财政资源配置职能，促进经济建设和人民生活改善。在计划经济时期，财政是资源配置的重要方式，包揽了一切社会公共职能，特别是突出经济建设职能；同时，适当兼顾教育、卫生、社保等社会事业发展，改善人民生活水平。社会主义市场经济条件下，财政资金分配突出公共产品和公共服务职能，弥补市场失灵和市场不足，逐步减少对一般竞争性和经营性领域的支出，加大对"三农"以及教科文卫、社会保障和就业等重点社会事业的投入，有力支持了国家政权运转和社会经济全面协调发展。特别是，为了贯彻落实党的十六大以来中央提出的一系列重大指导方针和战略目标，财政以科学发展观为统领，坚持以人为本，把解决关系人民群众切身利益的突出问题作为财政支持的重点，着力保障和改善民生，为构建和谐社会、全面建设小康社会服务。

二是充分发挥调节收入分配的作用，促进社会公平。通过财政收支活动，促进收入分配公平规范是财政职能的重要组成部分。60 年来，财政围绕不同历史时期的政策路线，全面支持社会主义各方面事业建设，越来越多地注重公平正义和统筹兼顾，在财税政策制定、制度安排和支出结构调整中，兼顾了不同收入阶层、东中西部区域发展、城乡居民之间的公平，努力促进人民群众共享改革发展的成果。特别是近年来，按照构建和谐社会的要求，财政部门充分运用财税政策手段，加大对收入分配的调节力度，着力缓解社会矛盾，促进公平正义，一方面通过深化收入分配制度改革，清理规范津补贴，调整完善个人所得税制度，规范有关国有企业薪酬管理等财税政策，进一步发挥财税手段在收入分配中的调节作用；另一方面结合国情和财力可能，积极扩展基本公共服务的范围，扩大其覆盖面并逐步提升保障水平，加大对低收入群体的保障力度，有效地发挥了财政分配的统筹兼顾作用。

三是积极发挥财政调控经济的作用，促进经济平稳较快发展和经济结构调整。财政作为政府调控经济的主要手段之一，在计划经济时期，着力实现社会总供给与总需求的平衡，支持经济结构调整与优化，为经济发展做出了重要贡献。1978 年改革开放之后，随着计划经济体制向市场经济体制的转变，开始有意识地发挥市场机制的基础性作用，注重使用财政政策工具调控经济运行。自 1993 年以来的十多年间，我国政府针对经济运行中出现的四次较大波动相机进行调控，通过税收、补贴、转移支付、国债等多种政策手段，有保有压，有促有控，减少经济波动和防范社会震荡，推动了经济又好又快发展，增进了社会和谐。

四是强化财政监督管理职能，促进各项方针政策落到实处。充分履行财政的监督管理职能，提高财政监督管理水平，保证政令统一，维护国家和人民的根本利益，是财政的重要职责。新中国成立后，高度重视发挥财政监督管理职能，在财政监督管理的法治化、制度化等方面采取了一系列举措。在"大跃进"、"文化大革命"等时期，虽然财政监督管理职能有所弱化，但仍然在保证资金安全、规范、有效等方面发挥了重要作用。改革开放以来，财政监督管理适应形势的需要，进行不断探索，推进了财政监督管理的制度化、规范化、科学化。近年来，财政部门把推进财政管理的科学化、精细化水平放在突出位置来抓，提高财政工作的执行力，确保更好地贯彻落实党中央、国务院的各项方针政策和要求。

（三）着力推进财政改革，推动我国社会主义制度的完善和发展

60 年来，中国财政从未停止改革的脚步。无论是社会主义革命和建设时期，还是改革开放和社会主义现代化建设新时期，财政不断适应社会主义事业发展需要，深化改革，开拓创新，支持社会主义制度的自我完善和发展，同时也逐步形成和改进财政自身科学发展的机制。

一是逐步规范了国家与企业、个人的分配关系。60 年来，财政改革的主线之一就是国家与企业以及个人分配关系的调整。通过不断的探索和多项改革措施的施行，特别是改革开放以后进行的利改税、工商税制改革、所得税改革、分税制改革等，推动了国家、企业和个人三者之间关系的理顺和规范，逐步明确了政府与市场的边界，促进了政府职能的转变，支持了市场微观主体的发育，为经济发展创造了公平、规范、高效的制度环境。近年来实施的农村税费改革、统一内外资企业所得税、全面推进增

值税转型、调整和完善个人所得税制等，进一步支持了社会主义市场经济体制的完善。

二是逐步规范了中央与地方、地方各级政府之间的财政关系。各级政府间的财政关系是财政体制的重要组成部分，也是 60 年来财政改革的主要线索之一。社会主义革命和建设时期，在高度集中的体制中，适应不同时期的形势变化，先后采取了统收统支、划分收支、分级管理、以收定支等多种形式。改革开放以来，经历了改革初期的包干体制的探索，特别是在社会主义市场经济体制确定后，相继实施了分税制财政体制改革、所得税收入分享改革、出口退税负担机制改革、缓解县乡财政困难改革以及完善转移支付制度等，省以下财政体制改革推动着进一步理顺政府间财政关系，符合市场经济体制要求的政府间财政关系框架初步形成。

三是积极推进了财政自身的管理改革。60 年来，财政始终高度重视推进财政自身的管理改革。在计划经济时期，就对预算管理、财务制度改革进行积极探索。1998 年以后，积极推进了部门预算、国库集中收付、政府采购、收支两条线管理、政府收支分类、国有资本经营预算等改革，初步建立了符合公共财政要求的现代预算管理体系，并积极推进财务会计制度改革，财政资金的安全性、规范性、有效性显著提升。同时，根据财政工作的需要，推进财政部门机构改革和内部管理改革，转变职能，精简机构和精减人员，提高干部队伍素质，为财政改革与发展提供机构组织和人才队伍支持。

四是配合支持了其他改革，有力地促进了经济和社会事业的发展。财政在自身改革取得重大成就的同时，也有力地支持了其他领域的改革，如在农村改革方面，加大支持"三农"力度，积极推进农村税费改革和农村综合改革；在教育、卫生、社保、就业、文化等关系民生的社会事业方面，加大财政支持力度，确保相关领域改革的经费需要；在国有企业改革方面，加大支付改革成本的力度，支持国有经济战略性重组，分离企业办社会职能，促进了国有企业改革的顺利进行。此外，财政改革也有力地支持了金融、投资、外贸、价格等各项经济改革，为改革开放的不断深化做出了积极的贡献。

（四）切实加强财政制度建设，财政工作的法治化、规范化、科学化水平不断提升

历经60年的探索与创新，已建立起一整套适合社会主义现代化建设需要的财经制度体系，同时，充分利用现代技术手段，使财政运行具备了法治化、规范化、科学化的基础，既规范财政各项收支活动，保障财政各项职能的有效履行，又促进社会主义市场经济体制的建设，支持社会经济事业全面发展。

一是推进财政法治建设，建立财政法律体系。60年来，围绕理顺财政关系、规范理财行为，不断加强财政立法工作，积极建立健全财政法规，使财政各项工作基本实现有法可依，初步建立了包括财政基本法律制度、财政收入管理法律制度、财政支出管理法律制度、财务及资产管理法律制度、会计管理法律制度、财政管理的市场中介组织管理法律制度以及财政监督法律制度在内的财政法律体系。

二是制定完善财政制度，推进财政工作规范化。注重充分发挥制度在财政工作中的刚性作用，使财政工作更加规范、高效，这是提高财政工作水平的重要保障。近年来围绕建立健全公共财政框架，积极完善部门预算、国库集中收付、政府采购、收支两条线管理、政府收支分类等基础制度，建立更加科学规范的、综合性的现代预算制度，建立完善转移支付分配与管理制度，逐步形成了一套相对完整的财政资金分配运作机制，财政资金的分配、使用和管理向着确保资金合规性、安全性及有效性的目标不断前行。

三是广泛听取各方面意见，充分运用现代技术手段，促使财政决策与财政管理更加科学、民主、高效。通过公示、座谈会、专家咨询等多种方式，扩大人民群众在制定财政政策、推进财政改革中的参与度，推进民主理财。积极主动推进财政政务公开，及时公布财政收支数据和有关政策等，提高财政工作透明度；同时，积极推进财政信息化建设，使现代科技成果为财政工作服务，提高财政工作的效率和质量。

三、宝贵经验

60 年来，我们在积极推进各项财政改革与发展的实践中，逐步积累了一些成功的经验。认真地、科学地总结这些经验，有助于增强信心，掌握规律，把握方向，少走弯路，不断开创财政改革与发展的新局面。

（一）坚持把握方向、明确目标

60 年来，财政工作之所以取得了显著的成绩，首要的就是坚持以马克思主义为指导，特别是以马克思主义与中国革命和建设实践相结合的成果统领财政工作，并根据时代的要求，贯彻到财政实践中。当前，包括邓小平理论、"三个代表"重要思想，以及科学发展观等重大战略思想在内的中国特色社会主义理论体系，是新时期广大财政干部团结奋斗的思想基础和根本指针。在党中央、国务院的坚强领导下，坚持以中国特色社会主义理论指导改革实践，坚决把思想和行动统一到党中央、国务院的重大决策部署上来，是财政事业不断前进的政治保证。要紧紧围绕建立健全符合科学发展观要求、适应社会主义市场经济发展需要的公共财政体系的改革目标，继续深入学习、全面贯彻发展中的中国特色社会主义理论体系，自觉把科学发展观贯穿于财政工作的始终，不断提高运用科学发展观指导和推动财政改革的能力和水平，既促进经济社会的科学发展，又推动财政事业自身的科学发展。

（二）坚持解放思想、实事求是

解放思想、实事求是、与时俱进，是我们适应新形势、解决新问题、完成新任务的思想保证。如果说财政改革是一场革命，那么首先是一场思想观念的革命，必须突破陈旧过时思维、观念和做法的束缚，打破对本本主义、条条框框的崇拜和迷信。60 年来，正是由于坚持解放思想、实事求是、与时俱进，立足现实国情，结合时代要求不断转变传统理财观念，牢固树立改革创新意识，弘扬改革创新精神，不断深化财政改革，并积极支持经济社会领域相关改革，才能建立起适应社会主义市场经济发展和公共财政要求的财政体制、运行机制和管理制度，才能不断把财政事业推向前进。

（三）坚持服务大局、促进发展

财政是党和政府履行职能的物质基础、体制保障、政策工具和监管手段。财政的最根本任务，就是要服务于党和国家事业发展的全局。发展是党执政兴国的第一要务。在当前及今后一个时期，服务大局，促进发展，要从服务党和国家事业发展全局的实际需要出发，坚决按照经济决定财政、财政反作用于经济的原则，加快形成有利于科学发展的财政体制、运行机制和管理制度，并积极主动地发挥财政加强宏观调控、优化资源配置、调节收入分配和实施监督管理等重要职能作用，保障和促进经济又好又快地发展。在此基础上，不断壮大财政实力，推进财政事业自身的发展，从而更好地为贯彻落实党中央、国务院的重大决策部署服务，为维护改革发展稳定的大局服务，为促进科学发展和推动社会和谐服务，为全面建设小康社会服务。

（四）坚持以人为本、为民理财

紧紧依靠人民群众，全心全意为人民群众谋利益，这是财政事业战胜各种困难和挑战、不断开创新局面的群众基础和力量源泉。必须始终把实现好、维护好、发展好最广大人民群众的根本利益，作为财政改革与发展工作的出发点和落脚点。坚持把群众呼声当做第一信号，把群众需要当做第一选择，把群众利益当做第一考虑，把群众满意当做第一标准。坚持为国理财、为民服务，着力解决人民群众最关心、最直接、最现实的利益问题，并积极建立健全保障和改善民生的长效机制，做到发展为了人民、发展依靠人民、发展成果由人民共享，促进人的全面发展。

（五）坚持统筹兼顾、协调推进

财政工作和财政改革涉及方方面面，是复杂的系统工程，既关系经济政治社会各领域的工作与改革，也关系到各方面利益关系的调整。能否妥善处理中央与地方、国家与企业和个人之间的利益关系，能否妥善处理好全局利益与局部利益、长远利益与眼前利益的关系，是能否做好财政工作、顺利推进财政改革与发展的关键。60年来，我们在这方面收获了很多成功的经验，也有不少教训。要继续坚持统筹兼顾、循序渐进，妥善处理中央与地方、国家与企业和个人之间的利益分配关系，充分调动中央和地方及社会各方面推进发展、参与和支持财政改革的积极性。既要适当兼顾地方、单位和个人的既得利益、眼前利益，又要强调全局利益、长远利益和根本利益；既考虑加强和规范财政管理的需要，又适当合理划分地方、部门的管理权限；既坚定不移地推进改革，又统筹考虑财力可能，考虑财政实际情况以及与其他改革的协调配套；既要大胆吸收和借鉴国外先进的财政管理理念与方法，又充分考虑我国的现实国情，使财政事业不断开创新局面。

四、展望未来

60 年弹指一挥间，时代的车轮滚滚向前。回顾过去的 60 年，财政工作取得了巨大的成就，但是，我们应该清醒地看到，与党和人民的要求相比，与经济社会发展的新形势新任务相比，我们还存在不小的差距。展望未来，财政工作既面临着难得的历史机遇，也将面对更多、更严峻的挑战和考验。

当前和今后一个时期，推进财政改革与发展必须全面贯彻党的十七大精神，高举中国特色社会主义伟大旗帜，以邓小平理论和"三个代表"重要思想为指导，深入贯彻科学发展观，认真落实党中央、国务院对财政工作的各项要求，坚持增收节支、统筹兼顾、留有余地的方针，科学理财、民主理财、依法理财，加强和改善财政宏观调控，着力推进经济结构调整和发展方式转变；优化财政支出结构，着力保障和改善民生；深化财税改革，着力完善公共财政体系；加强财政科学管理，着力提高财政管理绩效；加强干部队伍建设，着力提高财政干部综合素质。我们要积极发挥财政职能作用，促进科学发展和社会和谐，为全面建设小康社会、开创中国特色社会主义事业新局面做出新的更大的贡献。

（一）加强和改善财政宏观调控，促进经济平稳较快发展

妥善应对复杂的国际、国内经济环境，按照全面、协调、可持续发展的要求，加强经济预测监测和分析，把握财政政策取向，综合运用预算、税收、国债、贴息、转移支付、政府采购等政策工具，充分发挥财政政策

在稳定经济增长等方面的重要作用，并注重与货币政策、产业政策等协调配合，不断增强财政宏观调控的前瞻性、及时性和有效性。

当前要认真实施好积极的财政政策，扩大政府公共投资，实行结构性减税，调整国民收入分配格局，优化财政支出结构，推进财税制度改革，支持科技创新和节能减排，促进经济增长、结构调整和地区协调发展，保障和改善民生。坚持增收节支、统筹兼顾、留有余地的方针，加强财政科学管理，提高财政资金绩效。积极发挥财政职能作用，促进国民经济保持平稳较快发展。

（二）深化财政体制改革，健全中央和地方财力与事权相匹配的体制

在保持分税制财政体制基本稳定的前提下，围绕推进基本公共服务均等化和主体功能区建设，健全中央和地方财力与事权相匹配的体制，促进基本公共服务均等化和区域协调发展。

要按照法律规定、受益范围、成本效率、基层优先等原则，合理界定中央与地方的事权和支出责任。结合税制改革，完善地方税体系，增加地方税收收入，提高地方公共服务的保障能力。加快健全规范的财政转移支付制度，完善一般性转移支付制度，提高一般性转移支付的规模和比例；规范现有专项转移支付，严格控制设立新的专项转移支付项目，区分不同情况取消、压缩、整合现有专项转移支付项目；完善转移支付分配办法，科学合理、公平公开地分配资金。改革和健全省以下财政体制，逐步建立县级基本财力保障机制，增强基层政府提供公共服务的能力。强化省级政府义务教育、医疗卫生、社会保障等基本公共服务的支出责任，完善辖区内财力差异控制机制，均衡省以下财力分配。结合行政管理体制改革，积极推进"省直管县"和"乡财县管"财政管理体制改革。

（三）优化财政支出结构，建立健全保障和改善民生的长效机制

根据社会事业发展规律和公共服务的不同特点，立足我国基本国情，按照"广覆盖、保基本、多层次、可持续"的原则，加大对公共服务和民生领域的投入力度，稳步推进基本民生保障体系建设，建立健全保障和

改善民生的长效机制。

要合理界定财政支出范围，严格控制一般性开支。充分发挥市场配置资源的基础性作用，从我国经济社会发展阶段的实际出发，结合深化行政管理体制改革和继续实现政府职能转变，合理界定政府与市场的作用边界。增加公共服务领域投入，建立健全保障和改善民生的长效机制。根据公共服务的层次性，相对动态地划分基本和非基本公共服务；整合各种财政资源，优先保障和改善基本民生，重点加大对"三农"、教育、就业、社会保障、医疗卫生、住房等方面的投入，并完善相关保障机制，促进人民生活水平不断改善。

（四）推进税费制度改革，构建有利于科学发展的财税制度

遵循简税制、宽税基、低税率、严征管的原则，推进税费改革，正税清费，优化税制结构，充分发挥税收筹集国家财政收入和调控经济、调节收入分配的作用，推动经济发展方式转变与和谐社会建设。

完善税收法律体系，坚持税收法定原则和以保护纳税人权益为中心的理念，实行税收立法、执法和监督相分离，保证税收政策的贯彻执行，保障纳税人的合法权益。加快税收制度改革，研究实行综合与分类相结合的个人所得税制，更好地发挥个人所得税调节收入分配差距的作用。完善消费税制度，增强其促进节能减排的功能，改革资源税，推动资源节约使用；研究开征物业税、环境税和社会保障税等。加快地方税收体系建设，研究适当赋予地方一定的税收管理权，按照强化税收、清理收费的原则，完善收费制度，减轻企业和社会负担，规范收入分配职能，优化财政收入结构。建立健全资源有偿使用制度和生态环境补偿机制，全面推进矿产资源有偿使用制度改革，探索建立排污权有偿取得和交易制度；研究建立跨省流域生态补偿机制，并结合主体功能区建设，建立完善生态补偿机制，完善收费制度，使企业排污成本内部化。

（五）全面推进财政科学化、精细化管理，提高财政管理绩效

加强财政科学化、精细化管理，坚持依法理财、民主理财、科学理财，建立完整的政府预算体系，完善预算编制制度，加强预算执行管理，

强化预算监督，建立预算编制与预算执行、预算监督相互制衡和有机衔接的运行机制，提高财政管理绩效，保障财政职能作用充分发挥。

要加强财政法制建设，完善财政管理的法律体系，推动修订预算法、注册会计师法、个人所得税法等。建立完整的政府预算体系，建立由公共财政预算、国有资本经营预算、政府性基金预算和社会保障预算组成的有机衔接的政府预算体系，全面反映政府收支总量、结构和管理活动。逐步实行政府各类收支统计报告制度，强化预算编制、执行管理，完善预算编制办法，提高预算编制的科学性和准确性；全面深化部门预算等预算管理制度改革，建立编制科学、执行严格、监督有力、绩效评价、各环节有机衔接的预算管理机制。加强行政事业单位国有资产管理及财政拨款专项结转和净结余资金管理，形成与预算管理有效结合的工作机制，加强预算执行管理，强化预算支出执行责任，推进预算支出绩效评价，提高预算执行效率。深化财政国库管理制度改革，加强管理的基础工作和基层财政工作，健全财政监督机制，逐步完善预算编制、执行和监督相互协调与相互制衡的新机制。推进财政政务公开，自觉主动地接受全国人大、审计和社会的监督。加快推进财政管理信息化建设，为加强财政管理的科学化、精细化提供有力的技术支撑。

回顾历史，我们共享新中国成立 60 年来经济发展、社会进步的喜悦，共享财政事业蓬勃向前、与时俱进的收获；展望未来，我们共同肩负共和国发展和腾飞的使命与责任。在新的历史起点上，财政工作既有许多有利的条件和机遇，也将面临不少挑战和考验。未来，财政工作要继往开来，锐意进取，开拓创新。以邓小平理论和"三个代表"重要思想为指导，深入贯彻落实科学发展观，按照党中央、国务院对财政工作的各项要求，依法理财、民主理财、科学理财，加强和改善财政宏观调控，推进经济结构调整和发展方式转变，优化财政支出结构，着力保障和改善民生，深化财政改革，完善公共财政体系，强化财政监督，加强财政科学管理，提高财政管理绩效，积极发挥财政职能作用，立足科学发展，促进社会和谐，不断推进财政改革与发展，奋力把中国特色社会主义事业推向前进。

第 一 篇

1949—1977 年的中国财政

第一章
新中国成立初期财政
促进国民经济恢复

1949 年 10 月 1 日，中华人民共和国成立，中国人民从此站起来了。中国历史进入了新纪元，开辟了一个崭新时代，中国财政也掀开了新的篇章。在这个百废待兴的特殊时期，财政工作克服了重重困难，不仅健全机构，统一财经制度，统一税制，而且为恢复社会经济、稳定金融物价、调整工商业、促进农村土地改革、支持抗美援朝起到了重要支撑作用，圆满地完成了国民经济恢复时期的艰巨任务和历史使命，为新中国的巩固和建设做出卓越的贡献。

第一节　新中国成立初期财政面临的严峻形势

1949 年，中国人民在政治、军事战线上取得了巨大的胜利，但是在财政经济战线上却面临着严重的困难和严峻的形势。

一、国民经济遭受严重破坏

在 1840—1949 年的 100 多年里，中国经济受帝国主义、封建主义和官僚资本主义的压迫和长期战争的破坏，发展非常缓慢。到 1949 年，中国还是一个贫穷落后的农业大国。特别是连续几十年的战争，使国民经济遭受了严重的破坏，我们从国民党政府手中接下来的是一个民不聊生、实业凋敝、物价飞涨、千疮百孔的烂摊子，整个国民经济已处于崩溃状态。

农村经济方面，农业生产遭到了严重摧残，濒临破产。以 1949 年与抗战前的 1936 年相比，全国牲畜比战前减少了 26%，主要农具减少了 30%，农用施肥量减少约 27%。① 农村劳动力也明显减少，仅华北地区就比战前减少了 1/3。农田水利设施不仅年久失修，而且大量河堤被毁，加重了各种灾害尤其是水灾对农业造成的损失。1949 年，全国被淹耕地达 1.22 亿亩，灾民 4 000 万人，减产粮食 500 万吨以上。主要农作物产量与历史最高水平比较：粮食作物总产量由 1936 年的 15 000 万吨下降至 1949 年的 11 218 万吨，棉花产量由 1936 年的 84.9 万吨下降至 1949 年的 44.4 万吨，油料产量由 1933 年和 1934 年的 507.8 万吨下降至 1949 年的 256.4 万吨，大牲畜存栏头数由 1935 年的 7 151 万头下降至 1949 年的 6 002 万头。②

城市经济方面，工矿企业遭到残酷破坏和疯狂掠夺，陷于瘫痪。1949 年工业总产值比 1936 年下降了一半，其中重工业下降尤其严重，钢铁生产 1949 年比 1943 年降低了 90%，煤炭生产 1949 年比 1942 年降低 50%。到 1949 年 10 月中华人民共和国成立时，中国钢铁工业只有 7 座平炉、22 座小电炉，生产能力所剩无几；发电设备总数仅剩 114.6 万千瓦左右。全国全部工业固定资产仅剩 124 亿元。③ 许多工厂成为一堆废墟，无法进行正常生产。从人民的购买力来看，抗战前上海的小学教师工资为每月 30~45 元，按物价约合小米 600~900 斤，而到 1949 年新中国成立时其工资收入只能购买小米约 80 斤。④

交通运输方面，战争对交通运输、通信等基础设施的破坏更为严

---

① ④ 中央人民政府政务院财政经济委员会编：《1949 年中国经济简报》，1950 年。

② 中华人民共和国国家统计局（以下简称国家统计局）编：《建国三十年全国农业统计资料（1949—1979）》，中国统计出版社 1980 年版。

③ 曾培炎主编：《中国投资建设五十年》，中国计划出版社 1999 年版，第 1 页。

重，交通运输能力也遭到严重破坏。铁路有上万公里的线路、3 200 多座桥梁（总长 155 多公里）和 200 多条隧道（总长 40 多公里）遭到严重破坏。津浦、京汉、粤汉、陇海、浙赣等主要干线没有一条能全线通车，机车则有 1/3 因破损无法行驶；公路尽管已经抢修了 26 284 公里，但是，1949 年年底能通车的仍不足原有线路的 80%；海运方面，华北海轮全部被劫走，上海留下可行驶的轮船的吨位只有 14.5 万吨；原属国民党政府的中央航空公司、中国航空公司的飞机、驾驶员、器材，全部被劫往香港。国内交通运输基本处于瘫痪状态。全国机械化运输的货物周转量只有 229.6 亿吨/公里，仅及战前最高水平 1936 年的 42.7%。长途电信的线路由于若干干线遭受损害，直至 1950 年初，整个通信网被分割成几片，互相不能衔接。遭受损失最大的是华北区，以京、津为中心的有线电网均被破坏殆尽。

二、解放战争继续和抗美援朝战争爆发

新中国成立之际，革命战争已在全国取得了决定性的胜利，但是，残余的国民党军队还盘踞在西南、华南数省和台湾、海南岛等岛屿，妄图伺机反扑。国民党政府在大陆还有计划地留下了数以百万计的土匪、特务，他们的破坏活动十分猖獗。为了解放全中国和肃清土匪，巩固新政权，国家还需要以很大数量的粮食和其他物资支援前线，军费开支巨大。1949 年军费开支占财政支出的一半以上，1950 年仍占到 41.2%。如果再加上为支援战争而支付的运粮等开支，比例还要大。

随着解放战争逐步席卷全国，国民党残兵在美国的支持下，开始在沿海进行军事封锁、炸沉船舶，阻挠航行、掠夺物资，扼制海上交通线，破坏解放区的经济恢复和建设。国民党残兵在海上设兵舰和据点，封锁各海口，袭击、掠夺商船，阻止华北物资运往上海，破坏上海经济秩序的恢复。他们还在海上拦阻或劫掠驶往中国大陆的中外商船，并对上海等大城市进行了持续轰炸，如 1950 年 2 月 6 日，对上海发电厂的轰炸，使整个上海电力供应陷于瘫痪，原本就举步维艰的上海工业雪上加霜，许多工厂

停产甚至倒闭；1950 年 1 月 25 日，对江南造船厂一次轰炸，就炸毁炸伤了 26 艘舰船，严重影响了修造船的进度。海上封锁和空中轰炸，对新中国的经济恢复工作造成了严重破坏。

1950 年 6 月 25 日，朝鲜战争爆发。同年 10 月 19 日，中国人民志愿军赴朝作战。在朝鲜战争爆发前，新中国政府曾计划用 3 ~ 5 年的时间恢复生产，准备将 540 万军队分两期裁减为 300 万人左右，把军费从 1950 年占预算支出的 41.2% 减少到 1951 年占预算支出的 30%，以全部预算的 70% 投入经济建设、文化、教育、卫生事业及人民的生活。但是朝鲜战争迫使新中国政府改变原来的设想，放慢了恢复和发展国民经济的步伐，支持国防及与国防相关的重工业成为国家财经工作的首要任务，中国的军费及与战争有关的费用迅速增加。由于美国对中国实行封锁、禁运，并冻结中国在美资产，使中国的对外贸易受到严重阻碍，国内市场遭到冲击，金融出现波动，物价也迅速上涨。新中国政府承担着巨大的军事、经济压力。

三、通货膨胀严重

解放战争时期，国民党统治区物价一直飞涨。1946—1947 年，国民党政府的财政赤字由 4.6 万亿元增至 29 万亿元，法币发行额增长了 9 倍，物价增长了 15 倍。到 1948 年 8 月已不能维持，改发金圆券，以 1 金圆券收兑法币 300 万元，并收兑黄金为国有，对人民进行又一次大掠夺。金圆券发行后，物价更如脱缰之马，到 1949 年 5 月上海解放，又上涨 2.1 倍。[①] 滥发货币成了国民党政府赖以苟延残喘的主要工具，恶性的通货膨胀使投机盛行，经济秩序被破坏，市场混乱局面一直延续到全国解放以后。

从 1949 年 4 月到 1950 年 2 月，全国接连四次出现物价大涨风潮。第一次是 1949 年 4 月，北京、天津等地投机资本利用华北地区春旱，哄抬

---

① 杨荫溥著：《民国财政史》，中国财政经济出版社 1985 年版，第 208—215 页。

粮价，引起物价普遍上涨，并波及山东、苏北和华中。以华北地区批发物价为例，如以1948年12月为基数（100），则1949年3月为261，5月更猛升到380。第二次是1949年7月，上海解放后，投机资本利用国民党残兵对新中国政权封锁、破坏和一些地区发生水灾、风害之际，操纵市场，以米价带头，纱布跟进，带动物价全面上涨，并波及华北、华中。从6月27日起到7月30日止，上海物价共波动33天，批发物价指数7月比6月上升了153.6%，而粮价更是上涨了4倍多。第三次是从1949年10月中旬开始，北京奸商先以粮价带头，接着上海投机资本以纱布、五金带头，扩大涨势，带动全国物价上涨。上海投机资本家以证券大楼为总指挥部，把银元价格哄抬近2倍，带动全市物价13天内涨了2.7倍。这次涨风来势猛，不仅上涨幅度大，而且延续时间达一个半月之久。至11月25日，上海批发物价指数比10月上旬上升326.2%，高时达到每天上升20%～30%的速度。同期，其他大城市物价上升三四倍，出现全国物价大幅度上涨的局面。以13个大城市的批发物价指数为例，如以1948年12月为100，到1949年11月高达5376。第四次是1950年2月，因在台湾的国民党残余力量对上海进行疯狂轰炸，电厂遭到严重破坏，导致工厂停工，纱布大量减产。投机资本家趁机抢购，一方面引起工业品的价格上涨；另一方面利用春节将至，消费品紧张，哄抬消费品价格上涨，又一次造成全国性涨价风潮。全国15个大中城市25种商品批发物价指数，以1949年12月为100，到1950年1月为122.6，2月为203.3，3月为226.3。投机资本掀起的这四次物价大涨风潮，使本来可以缓慢上升的物价突飞猛涨，破坏了国民经济的正常运转，威胁着广大人民的生活，使整个经济形势趋于恶化。①

四、财政负担增加

国民党政府遗留下来的是极其虚弱的经济基础，财源破坏严重，财税收入非常困难，但是新中国为巩固政权、恢复经济社会所需支出却增长迅

---

① 赵德馨主编：《中华人民共和国经济史》，河南人民出版社1989年版，第75页。

速，财政负担急剧加重。

首先，军费支出庞大。当时战争还在继续，而且各地土匪猖獗，为了解放全中国，巩固新生政权，军队必须保持应有规模，还需要维持庞大的军费。

其次，行政费增加很大。随着解放区的扩大，国家行政管理机构随之增加。人民政府对愿意为人民工作的旧军政人员采取"包下来"的政策，即毛泽东所讲的"三个人的饭五个人吃"。这一政策在有利于社会稳定的同时，也加重了财政负担，为此大约每年要多付出相当于 120 亿斤小米的开支，相当于 1949 年国家财政收入的 39.6%。

最后，经济恢复需要巨额资金。由于长期战争和国民党政府的搜刮，基础设施和工农业遭到严重破坏，江河堤岸长期失修，水旱灾害不断，城市工矿设备残破不堪，工业、农业与交通事业的恢复需要巨额投资。据不完全统计，1949 年各解放区在工业上的投资约合细粮 350 万吨，交通事业的投资约合细粮 150 万吨，合计为 500 万吨。在 1950 年的预算中，用于经济建设的支出已达到概算支出的 25.5%，折合细粮达 710 万吨。此外，救灾、失业救济支出数额也相当庞大。在旧中国经济近于瘫痪的状况下，失业人口规模巨大。由于水利设施常年失修，各种自然灾害对人民生活生产影响严重，还有各种遗留问题，都需要财政资金资助解决。

第二节　建立与完善国家财政

在新中国成立前，中国共产党已经有了 22 年领导根据地政权财经工作的经验。随着解放战争的节节胜利，中国共产党在 1947 年就开始培养干部，组建机构，为建立新中国统一的财政工作做准备。正是由于党中央高瞻远瞩、未雨绸缪，在新中国成立后，才能迅速建立和完善国家财政管理体制，使国家财政经济面貌一新。

一、组建财经管理机构

1947 年，华北、华东、西北三大解放区逐渐连成一片。根据形势的需要，财经工作必须改变各解放区各自为政、相互分割的局面，建立必要的集中统一管理。1947 年 3 月，党中央在邯郸召开了华北财经会议，研究部署统一管理华北各解放区的财经工作。会后成立了华北财经办事处，由董必武领导，负责统一协调华北、华东、西北各解放区的财经工作。1948 年 7 月，中央决定撤销华北财经办事处，成立中央财政经济部，董必武任部长，在更大范围、更高层次上统一领导各大解放区的财政经济工作。华北人民政府成立后，根据中共中央政治局决议，由华北人民政府的财经委员会负责统一领导和管理华北、华东、西北三大解放区的财政、经济工作。1949 年 3 月，中共中央召开七届二中全会，决定建立全国财经工作的统一指挥机构——中央财政经济委员会，进一步推进全国财经工作的统一。同年 5 月 31 日，中共中央发出由刘少奇起草、毛泽东审定的《关于建立中央财政经济机构大纲（草案）》，提出成立中央财政经济委员会及下属机构和建立大区、省、大中城市财经委员会。7 月 12 日，由中共中央财政经济部与华北财政经济委员会合并组成中央财政经济委员会，陈云任主任，薄一波、马寅初任副主任，薛暮桥任秘书长。中华人民共和国成立后，10 月 21 日，根据中央人民政府组织法，该委员会正式称为中央人民政府政务院财政经济委员会，仍简称"中财委"，作为政务院所属行政机构，统一领导全国财政经济工作。

中财委机构包括两个部分：一是财政经济委员会，由 53 人组成，包括党的高级经济管理干部、中央政府经济部门高级干部、工商企业家和著名经济学家，通过讨论决定重大经济问题。二是日常办事机构，在中财委主任、副主任的领导下，处理日常事务。日常办事机构包括财经计划局、技术管理局、财经统计局、私营企业管理局、外资企业管理局、合作事业管理局、财贸人事局、编译室等。在中财委之下，设立了财政部、贸易部、重工业部、燃料工业部、纺织工业部、食品工业部、轻工业部、铁道部、邮电部、交通部、农业部、林垦部、水利部、劳动部、中国人民银行、海关总署（见表 1 - 1）。

表 1 - 1　中财委所属各中央部门机构及负责人

机　构	负责人	任命时间
财政部	部长：薄一波	1949 - 10 - 19
贸易部	部长：叶季壮	1949 - 10 - 19
重工业部	部长：陈　云	1949 - 10 - 19
燃料工业部	部长：陈　郁	1949 - 10 - 19
纺织工业部	部长：曾　山	1949 - 10 - 19
食品工业部	部长：杨立三	1949 - 10 - 19
轻工业部	部长：黄炎培	1949 - 10 - 19
铁道部	部长：滕代远	1949 - 10 - 19
邮电部	部长：朱学范	1949 - 10 - 19
交通部	部长：章伯钧	1949 - 10 - 19
农业部	部长：李书城	1949 - 10 - 19
林垦部	部长：范　希	1949 - 10 - 19
水利部	部长：傅作义	1949 - 10 - 19
劳动部	部长：李立三	1949 - 10 - 19
对外贸易部	部长：叶季壮	1952 - 08 - 07
商业部	部长：曾　山	1952 - 08 - 07
第一机械工业部	部长：黄　敬	1952 - 08 - 07
第二机械工业部	部长：赵尔陆	1952 - 08 - 07
建筑工业部	部长：陈正人	1952 - 11 - 15
地质部	部长：李四光	1952 - 08 - 07

资料来源：中国社会科学院、中央档案馆编：《中华人民共和国经济档案资料选编（1949—1952）》综合卷，中国城市经济社会出版社 1990 年版。

　　财政部当时设立的主要机构有：秘书室、人事室、机要室、总务科、研究室、第一处、第二处、第三处、第四处、第五处、北京市供应局、华北税务总局、酒业专卖公司、长芦盐务管理局、北京物资清理处、天津物资清理处和中央税务学校。1950 年元旦，以原华北税务总局为基础，正式成立了中华人民共和国财政部税务总局（以下简称税务总局）。1 月底又成立了财政部盐务总局。这样，财政部的主要机构又调整为：部长室、办公厅、编译统计处、总务处、国防财务处、行政财务处、外事财务处、经济建设财务处、文教社会财务处、会计制度处、财政监督处、农业税处、人事处、参事室、机要室、税务总局、盐务总局、粮食管理总局、北京物资清理处和天津物资清理处。到了 9 月，根据政务院机构编制审查委员会的要求，改处为司，财政部的机构调整为部长室、办公厅、主计司、国防财务司、经济建设财务司、行政财务司、文教财务司、农业税司、财政监察司、会计制度司、外事财务处、人事处、参事室、机要室、税务总局、盐务总局和物资清理处。

在新中国成立初期，中央政府把全国划分为华北、东北、华东、华中、西南、西北六个大行政区，每个大区的最高行政机关是军政委员会，在军政委员会内设立财经委员会。大区财经委员会之下也设立财经各部及中国人民银行区行机构，负责全区的经济管理工作。在大区之下，省和大中城市一般也设有财经委员会，在省、市政府直接领导下负责经济管理工作（见表 1 - 2）。

表 1 - 2　各大区级财政经济领导机构

	机构名称	主任	副主任	任命时间
华东	华东军政委员会财政经济委员会	曾　山	方毅、许涤新	1950 - 04
中南	中南军政委员会财政经济委员会	邓子恢	李一清、徐林、范醒之、易秀湘	1950 - 04
西北	西北军政委员会财政经济委员会	贾拓夫	张宗逊、白如冰	1950 - 04
西南	西南军政委员会财政经济委员会	邓小平	陈希云、段君毅、刘岱峰	1950 - 06
华北	华北局财经工作委员会	刘澜涛	刘秀峰、李哲人	1951 - 03
东北	东北人民政府经济计划委员会	李富春	朱理治	1950 - 02

资料来源：中国社会科学院、中央档案馆编：《中华人民共和国经济档案资料选编（1949—1952）》综合卷。

二、统一全国财经政策

由于长期的战争，各个解放区处于被分割的状态，各地财政和经济工作存在管理上的不统一、收支机关脱节等严重混乱的现象。各地各有货币，各管收支和供给，这在战争时期曾经起了很大的保障作用。新中国成立后，在大陆上（除东北外）货币已经统一①，但就整个财政经济工作来说，基本上还是分散经营的，这也给国家财政经济工作带来困难，使国家不可能灵活调动现金和物资，以保证对市场以及整个国民经济的领导地位。各地区财政经济工作的分散管理，还会给资产阶级的投机活动以可乘之机。面对这种情况，1950 年 3 月 3 日，政务院第二十二次会议通过了《关于统一国家财政经济工作的决定》。同日，中共中央发出了《关于全党保证实现〈中央人民政府政务院关于统一国家财政经济工作的决定〉的通知》。其后，为了贯彻落实，政务院又陆续出台了多项具体规定，提出了实施办法。

统一财政经济工作的主要内容，概括起来有以下四项：

（一）统一全国编制和待遇

1950 年 3 月，中财委成立了以薄一波为主任、聂荣臻为副主任的全国编制委员会，各大区、省、市均分设编制委员会，制定并颁布各级财政机关人员、马匹、车辆等编制与供给标准。

（二）统一全国财政收支管理

收入方面，当时主要是公粮和工商税收。对于公粮，规定除 5%～15% 的地方征收附加粮外，所有公粮的征收、支出、调度，均统一于中央，征收公粮的税则、税率，统一由政务院规定。对税收，除批准征收的地方税外，所有关税、盐税、货物税、工商税的收入，均归中央人民政府

---

① 1948 年 5 月，中央召开华北金融贸易会议，会议确定成立中国人民银行，发行统一的货币，整顿和回收各大解放区的地方币种。同年 12 月 1 日，在原华北银行、北海银行、西北农民银行的基础上，正式成立中国人民银行，发行人民币。至此，除东北解放区外，人民币成为各大解放区的通用货币。

财政部统一调度使用；全国各大城市及各县限于1950年3月中旬建立国库，并代理地方库业务，从3月起，所有税款均逐日入库；各地人民政府未经政务院批准，不得自行变动和增减税则、税目、税率；国营企业除需按时纳税外，并需将利润及基本折旧金的一部分，按企业隶属关系如期分别交中央或地方金库。上述各项财政收入，没有中央人民政府财政部的支拨命令，不得动支。

支出方面，主要是保证军队与地方人民政府的开支及恢复国家经济所必需的投资。为了控制支出，决定统一全国编制与供给标准，不准虚报冒领；各机关未经批准不得超过编制自行增添人员，编外和编余人员由全国和各地编委会统一调配；节省一切可能节省的开支，缓办应该缓办的事项，集中财力于军事上消灭残敌，经济上重点恢复。

（三）统一全国物资调度

成立全国和各地、各工商业的仓库物资清理调配委员会，指导查明所有仓库存货。所有库存物资，由政务院财经委员会统一调度，合理使用；中央人民政府贸易部统一规定各地国营贸易机构的业务范围和统一负责物资的调配，而不受地方政府的干预；经济单位在营业往来中，凡发生重大经济纠纷时，可向法院起诉；一切部队、机关不得擅自经营商业等。

（四）统一全国现金管理

指定中国人民银行为国家现金调度的总机构，国家银行设立分支机构，代理国库；外汇牌价和外汇调度也由中国人民银行统一管理；一切军政机关和公营企业的现金，除按规定保留若干近期使用额外，一律存入国家银行，不得对私人放贷，不得存入私人银行、钱庄；国家银行大量吸收公私存款，但国家银行因本身业务需要使用这些存款时，不得超过政务院财经委员会规定的限度。

全国财政经济工作的统一，使国家集中掌握了主要的财政收入、资金和重要物资，迅速改变了新中国成立初期资金与物资管理上的混乱状态，避免了国家财力物力的分散和浪费，达到了集中使用的目的。

三、实行统收统支的财政体制

1950 年 3 月统一全国财经工作以后，我国开始实行统收统支的高度集中的财政管理体制，这对于实现财政收支平衡、稳定市场和国民经济的初步恢复起到了保障作用。1950 年 9 月 27 日，政务院在《关于编造 1951 年度财政收支预算的指示》中，对有关财政体制的问题提出："1951 年的财政体制，决定在统一集中的总方针下采取中央、大行政区、省（市）三级分工管理制度，县以下的乡村地方粮款收支，应暂另行单独编造，不列入省的预算管理范围内。"1951 年 3 月 29 日，政务院在《关于 1951 年度财政收支系统划分的决定》中明确提出："国家财政的收支系统，采取统一领导、分级负责的方针。"其主要内容如下：一是财政实行分级管理。国家财政分为中央级、大行政区级和省（市）级三级财政（1953 年取消大区一级财政，成立了县一级财政），中央级以下统称为地方财政。二是划分收支范围。按照企、事业和行政单位的隶属关系和业务性质，划分中央财政收支和地方财政收支的范围，同时确定中央与地方的收入解交比例。三是地方财政收支额，中央每年核定一次，其支出首先要用地方财政收入抵补，不足部分按比例截留收入抵补，地方的财政结余分别列为各级财政收入，并编入本年预算，抵充支出。属于中央财政收入的农业税超收部分，50% 留给地方使用。

1951 年 5 月，政务院发布了《关于划分中央与地方在财政经济工作中管理职权的决定》；8 月，又颁发了《中央人民政府政务院预算决算暂行条例》。11 月 29 日，财政部颁发了《关于 1952 年度财政收支系统划分的补充规定》，积极贯彻《中国人民政治协商会议共同纲领》（以下简称《共同纲领》）中关于建立国家预决算制度的规定，巩固新的财政分级体制。1951 年的财政体制同 1950 年的财政体制相比较，在预算管理上由收支两条线改为收支挂钩，地方财政可在本身收支范围内，从本地区组织的收入中留用一部分抵充本身的财政支出，这有利于调动地方理财的积极性。

1954 年及以后的几年，财政体制又做了部分改变，但总的精神仍然是在保证国家集中主要财力进行重点建设的前提下，实行划分收支、分级管理的体制。地方有固定的收入来源和一定的机动财力，但基本上是集中统一、分级管理为主的体制。这种模式对以后影响很大。

四、编制国家财政概算

1949 年 9 月 29 日，中国人民政治协商会议第一届全体会议通过的起临时宪法作用的《共同纲领》规定：要"建立国家预决算制度，划分中央和地方的财政范围，逐步平衡财政收支，积累国家生产资金"。新中国的财政管理工作起步后，作为基本财政计划的国家预算的编制，立即被提上工作日程。1949 年 12 月 2 日，在中央人民政府委员会第四次会议上，财政部长薄一波做了《关于一九五零年度全国财政收支概算草案编成的报告》，中央人民政府委员会批准了这个概算草案。

面对严峻的局面，新中国的第一个国家财政概算的编制方针是保证战争胜利，逐步恢复生产；量出为入与量入为出兼顾，取之合理，用之得当。在支出方面，军费、行政费用及适当的经济建设费用是必不可少的；组织收入的途径主要是收税。在这个财政概算中，收入包括：公粮收入 1 998 400 万斤①，占总收入的 41.4%；各项税收 1 878 000 万斤，占总收入的 38.9%；国营企业收入 823 860 万斤，占总收入的 17.1%；清理仓库收入 114 000 万斤，占总收入的 2.4%；其他收入 10 000 万斤，占总收入的 0.2%。支出包括：军事费支出 2 306 930 万斤，占总支出的 38.8%；行政费支出 1 271 800 万斤，占总支出的 21.4%；国营企业投资 1 420 482 万斤，占总支出的 23.9%；文化教育卫生费支出 243 608 万斤，占总支出的 4.1%；地方补助费 136 800 万斤，占总支出的 2.3%；东北公债还本付息 8 400 万斤，占总支出的 0.1%；总预备费 560 000 万斤，占总支出的 9.4%。以上收入总计 5 254 260 万斤，支出总计 5 949 020 万斤，收入总

---

① 1950 年的国家概算是以粮食作计算单位。自 1951 年起，国家预算开始以现金作计算单位。

额仅合支出总额的 81.3%，其余的 18.7% 则是赤字即亏欠。解决赤字的办法有两个：一个是依靠银行透支，即发行货币，解决赤字的 61.6%；另一个是依靠发行公债，解决赤字的 38.4%。

在通过 1950 年国家概算报告的同时，这次会议还正式通过了《关于发行人民胜利折实公债的决定》，决定 1950 年发行人民胜利折实公债，总额为 2 亿分①，于 1950 年内分两期发行，每期 1 亿分，以实物计算，年息 5 厘，分五年还清。第一期公债 1 亿分超额完成，达到了原定两期发行总额的 70.4%。后因国家财政状况已基本好转，第二期公债未再发行。这次公债发行数量虽然不大，但对弥补财政赤字，回笼货币，调节现金，稳定金融物价等，都起了很好的作用。

由于 1950 年概算草案是根据不完全的材料加上经验推算自上而下编成的，因此它只是画出一个轮廓、一个基本方向。这个概算在执行过程中分别在 1950 年 6 月、8 月和年底做了三次调整。其执行结果是：收入方面，全年收入完成概算数的 178.53%，为最后调整计划数的 130.83%。支出方面，总支出占概算的 128.46%，为调整计划数的 105.36%。在总支出中，军费支出占 38.19%，经济建设投资支出占 30.39%，行政费支出占 16.84%。赤字为原概算的 98.32%，为最后调整计划数的 69.88%。1950 年概算的编制圆满实现为新中国预算制度建设奠定了很好的基础，在总结经验的基础上，政务院对预决算的编制时间和程序作了原则性的规定，同时规定了编报预算的具体方法和要求。1950 年 12 月 1 日，政务院又颁布了《关于预决算制度、预算审核、投资的施工计划和货币管理的决定》，决定实行预算审核制度和决算制度。1951 年 7 月 20 日，政务院又发布了《预算决算暂行条例》。《条例》分总则、预算的编制及核定、预算的执行、决算的编造及审定、附则 5 章，这是新中国成立以来的第一个预算方面的正式法规。至此，新中国预算制度初步建立起来。

---

① 此次公债的募集及还本付息，均以实物为计算标准，其单位定名为"分"。每分以上海、天津、汉口、西安、广州、重庆六大城市之大米（天津为小米）6 斤、面粉 1.5 斤、白细布 4 尺、煤炭 16 斤之平均批发价的总和计算之。

五、制定新中国税收法规

新中国成立初期，全国的税收制度很不统一。老解放区实行的是以比例税制为特征的农业税法，新解放区暂时沿用国民党政府时期的旧税制，各地还根据具体情况陆续颁发了一些单行税法。税制的不统一与经济发展的形势不相适应，制约着财政收入规模的扩大，不利于平衡财政收支。中央人民政府根据《共同纲领》第四十条"国家的税收政策，应以保障革命战争的供给，照顾生产的恢复和发展及国家建设的需要为原则，简化税制，实行合理负担"的规定，要求在短期内将全国税政统一起来，以利于保障革命战争的胜利，恢复和发展生产，繁荣经济。

1949 年 8 月，陈云主持召开的上海财经会议具体讨论了统一货物税的问题。同年 11 月 20 日至 12 月 9 日，财政部在北京召开了新中国成立后的首届全国税务会议。会议根据《共同纲领》中规定的国家税收政策的精神，讨论了统一全国税收、建设新税制、加强城市税收工作、制订第一个全国税收计划等问题，草拟了《全国税政实施要则》和《全国各级税务机关暂行组织规则（草案）》，研究了各工商税收的税法草案。财政部部长薄一波就如何统一全国的税法、税率、制度提出了原则和对策，指出税收工作要注意国家财政的需要，但又不是单纯地从增加收入出发，"要注意打击哪些、限制哪些、照顾哪些、发展与保护哪些，'公私兼顾、劳资两利、城乡互助、内外交流'的原则必须掌握住"。从上海财经会议到首届全国税务会议，人们统一了思想认识，使统一全国税政的工作有了良好的开端。

1950 年 1 月 30 日，政务院发布了《关于统一全国税政的决定》的通令，决定以《全国税政实施要则》作为今后整理与统一全国税政税务的具体方案，建立各级人民政府及财政税务机关并立即执行。要求各级政府抽调可能的力量，加强税务机关，并随通令附发了《全国税政实施要则》、《全国各级税务机关暂行组织规程》、《工商业税暂行条例》、《货物税暂行条例》四个文件。《全国税政实施要则》规定了 14 种税，除了工商业税和货物税两个主要税法外，四五月间，财政部先后发布了印花税、利息所得税、特种消费行为税、使用牌照税、屠宰税、房产税、地产税等 7 种条例草案。而交易税，各地暂用原行办法；薪给报酬所得税、遗产税均缓期开征；盐税、关税则由盐务机关及海关主管。

《全国税政实施要则》规定了各级政府的税收立法权限，明确了税务机关的任务和职权。《要则》规定，凡有关全国性的税收条例法令，均由政务院统一制定颁布实施；凡有关全国性各种税收条例之实行细则，由中央税务机关统一制定，经财政部批准实行；凡有关地方性税法之立法，属于县范围的，由县人民政府拟议报请省人民政府核转大行政区人民政府或军政委员会批准，并报中央备案，其属于省（市）范围者，得由省（市）人民政府拟议报请大行政区人民政府或军政委员会核转中央批准。此外，还规定了纳税义务、有关税务机关的职权和任务以及税务机构的组织领导。

《全国各级税务机关暂行组织规程》规定，全国设立六级税务机构：财政部税务总局（直辖河北、平原、山西、察哈尔、绥远 5 省及京、津两市税务局），区税务管理局（分设华东、中南、东北、西北、西南、内蒙古各局），省、盟或中央直辖市、区辖市税务局，专区税务局及省辖市税务局，县、旗、市、镇税务局，税务所。各级税务局于铁路、河运沿线、矿区及特殊区域，可经上级许可，设置特种税务局、所、稽征组、队或稽征员、驻厂员。重要城市的税务局依税类酌设专员。1950 年元旦，国家税务总局成立，隶属中央财政部。各地撤销了大区税务总局，组建大区管理局，大区管理局之下的各级税务机构也陆续整顿、改组和建立。截至 1950 年年底，在全国税务机构中，大区管理局 6 个，省（市）局 55 个，专区（市、盟）局和分局 339 个，县（市、镇、旗）局 1 973 个，税务所（卡、站）及驻厂办事处 11 791 个，总计 14 164 个单位。

在税法和税务机构统一的同时，国家相应建立了计划、会计、统计、检查监督等各项管理制度。一系列规则的制定和实施，保障了税务工作基本制度的建立与贯彻，这是加强税收征管、增加税收收入的重要保证。近代以来中国税政长期不统一的局面从此宣告结束。

第三节　打击投机资本活动以稳定金融物价

新中国成立之初，一些投机资本家乘新中国立足未稳之机，扰乱金融，囤积居奇，哄抬物价，多次制造涨价风潮。为了巩固新生的人民政权，平抑物价，安定人民的生活，中国共产党和人民政府同投机资本展开了激烈的斗争，扭转了险恶的形势，掌握了财政经济工作的主动权，建立了新的经济秩序。

一、市场混乱，投机资本活动猖狂

旧中国长期的恶性通货膨胀形成了一批能量不小的投机资本，专门从事投机活动，甚至许多正当的工商业也把绝大部分精力和资本用于投机活动，牟取暴利。新中国成立前，私营银行钱庄连同分支机构有 1 032 家（不包括东北地区），大部分是在金融投机和商品投机中盲目发展起来的。它们的资本有限，吸收的存款不多，但投机性很强。北京、天津解放初期，对两市 200 余家银行钱庄的调查发现，它们的资金有 96% 在从事直接或间接投机活动①。新中国成立初期，国营经济还不够强大，支配市场的力量还很薄弱，到 1950 年国营批发额只占 23.2%，国营商业、供销合作社商业零售额只占 14.9%。私人资本在城市经济中还占有较大比重，这些投机商人和银行钱庄，利用国家经济困难，继续在市场上兴风作浪，以非法手段和非法交易牟取暴利，造成了多方面的危害。

在物资和市场领域，投机资本倒卖棉纱、棉布、粮食和金银外币，哄抬物价，追逐暴利，造成了物价的急剧波动和上涨，致使全国（除东北

---

① 中国社会科学院经济研究所编：《中国资本主义工商业的社会主义改造》，人民出版社 1978 年版，第 149 页。

外）各地物价均处于剧烈上涨的局面。全国解放前后，不法资本家先后掀起了四次物价上涨风潮。全国 13 个大城市的批发物价指数，如以 1948 年 12 月为 100，则 1949 年 1 月为 153，4 月为 287，7 月为 1 059，11 月达到 5 376。连续多年的物价上涨，在 1949 年不仅没有抑制，甚至上涨得更加厉害。物价这样急剧地上涨，破坏了整个国民经济的正常运转，也威胁着广大人民的生活。

在金融领域，一些不法商人大钻人民币市场尚未确立的空子，造谣惑众，破坏贬低人民币的信誉，阻止人民币占领农村市场，猖狂进行金银、外汇投机。在上海，投机巨头和银元贩子以证券大楼为大本营，操纵银元价格，压低人民币购买力。1949 年 6 月初，上海市银元价格暴涨 1 倍，竟造成人民币不能买到整批货物。老百姓被迫用人民币先买银元，后再用银元买东西，更推动了银元价格的上扬。1949 年 6 月 4 日，因公营企业每人预借 3 000 元工资（旧币），银元价格便从前日的 720 元左右飞涨到 1 100 元左右（旧币）[①]。金银、外币的投机已成为冲击人民币市场、破坏金融稳定、损害人民生活、影响经济恢复的大敌。

投机资本的危害性主要表现在：造成物资奇缺，引起物价飞涨，加剧供求矛盾；严重影响工农业生产，不利于国民经济的恢复；造成人心混乱，影响社会的稳定；阻碍国家货币金融的统一，搞乱了城乡市场；破坏国家税源，影响国家的财政收入。打击投机资本，保证国民经济恢复和健康发展，改善国家财政，已是新中国的当务之急。

二、统一货币管理，打击金融投机

稳定金融，是当时人民政府同工商业资本家特别是不法资本家争夺对金融市场领导权的斗争。

在旧中国通货膨胀史上，金银、外币价格上升总是物价波动的先导。

[①] 吴承明、董志凯主编：《中华人民共和国经济史》第 1 卷，中国财政经济出版社 2001 年版，第 294 页。

为根除此弊，人民政府在 1948 年 12 月 1 日发行全国统一通货——人民币之后，于 1949 年 4 月、6 月、8 月，分别由华北、华东、华中、华南各解放区颁布金银和外币管理办法，允许个人持有金银，但禁止金银流通和私下买卖，由中国人民银行负责收兑，并整顿金银饰品行业，限定其业务经营范围；同时采取措施，肃清市场上流通的外国货币，由国家银行统一经营和管理外汇业务，发动群众开展反对银元、（黄）金、（美）钞投机的斗争。上海市军事管制委员会于 6 月 10 日一举查封了金融投机的大本营——证券大楼，拘留了一批投机分子，取得"银元之战"的胜利，使人民币得以比较顺利地进入市场流通。此外，还取缔了一些非法信用机构，把私营银行钱庄业务置于国家银行控制之下。通过实施上述措施，人民政府很快肃清了国民政府发行的金圆券、银圆券，取缔了金、银、外汇黑市，开始了制度化管理，并收兑完各解放区发行的地方币，人民币作为法定本位货币深入经济生活的各个角落。到 1951 年 10 月，中国人民银行收回新疆省银行币、发行带维吾尔文的人民币后，全国除西藏、台、港、澳等地区外，独立的、统一的人民币市场已经成功地建立起来。

在加强金融行政管理的同时，人民政府还采取了紧缩银根的措施。1949 年 11 月 5 日，中财委决定紧急冻结未入市场的人民币 10 天；同年 11 月 13 日，又通令各地，除中财委及各地财委特许者外，其他贷款一律暂停，并按约收回贷款；地方经费凡可缓发半月或 20 天的，均应延缓半月或 20 天；工矿投资及收购资金，除中财委认可者外，一律暂停支付；并决定自 11 月 25 日左右开征几种有利于收缩银根的税收。

三、加强物资调剂，平定涨价风潮

"银元之战"以后，人民币的地位得到巩固，但是上海以至全国的物价并没有停止上扬的势头。在"银元之战"中受到打击的上海投机资本不甘心失败，很快转向粮食、棉纱和煤炭市场，利用物资极其匮乏的机会，大做投机生意，引发又一次全国性涨价狂潮。当时有人声称："只要控制了两白一黑（指粮、棉和煤炭），就能置上海于死地。"

　　在这种情况下，以陈云为主任的中财委果断做出决定，要在以上海为主战场的十几个大城市，打一场平抑物价的"歼灭战"。就在投机资本哄抬物价、囤积居奇的时候，按照中共中央的统一部署，大批粮食、棉纱、煤炭从全国各地紧急调往上海、北京、天津等大城市。1949 年 11 月 25 日，在物价上涨最猛的那天，各大城市按照中央统一部署，一起动手，双管齐下，一方面敞开抛售紧俏物资，使暴涨的物价迅速下跌；另一方面收紧银根，征收税款。这样一来，投机商资金周转失灵，囤积的物资贬值，被迫低价抛售，纷纷破产。这就是新中国成立初期有名的"粮棉之战"。到 12 月 10 日，"粮棉之战"取得决定性胜利。上海一位有影响的民族资本家在事后说："六月银元风潮，中共是用政治力量压下去的。这次仅用经济力量就能压住，是上海工商界所料想不到的。"经过"银元之战"和"粮棉之战"两次交锋，民族资产阶级对中国共产党的治国理财能力有所认识，开始接受中国共产党和人民政府的领导。

　　为平抑物价，国家还在城市中积极恢复和发展国营工业，建立和发展国营商业，在农村建立和发展供销社，加强对工农业产品主要是粮食和棉花的收购、调运工作，并着手建立市场管理制度，采用行政措施和经济力量相配合的方法，坚决打击投机势力。人民政府通过国营贸易部门集中一些重要商品，收购和控制粮、棉、油等批发市场，利用老解放区作为后方，适时抛售粮、棉、油等重要物资，以打击投机资本。随着解放战争的不断胜利，人民政府没收了官僚资本主义企业，建立并发展社会主义国有经济，工农业生产开始得到一些恢复，从而使国家有可能集中某些重要物资（如粮、棉、油等），适时投放市场，打击投机资本，稳定金融物价。新中国成立初期，人民政府在上海、北京、天津等重要城市成立了国营粮食和花纱布公司，大力组织粮食、纱布的收购与调运，在物价猛涨时及时地把大批粮食、纱布投放市场以平抑物价。1949 年 10 月中旬，华北粮食价格上涨。为了保证京、津等地的粮食供应，东北粮食总公司与华北粮食公司签订供粮合同，大批粮食源源入关，使北京粮价很快趋于稳定。到 1949 年年底，国营贸易部门掌握了粮食 250 万吨，控制了全国煤炭供应量的70%，棉纱的30%，布匹的50%。国营贸易部门掌握了这些重要物资，通过城乡供销合作社、消费合作社进行直接配售，排除投机商人的中间剥削，对平抑物价起了重要作用。

稳定金融和物价的斗争沉重地打击了投机资本在经济领域的干扰与破坏，扫除了恢复和发展国民经济的一大障碍；剥夺了投机资本的非法所得，充实和加强了国家财政；巩固了新中国的经济基础，加强了国营经济的主导地位；稳定了物价，缓和了供求矛盾，改变了投机资本造成的市场供应紧张的混乱局面。与此同时，巩固加强了人民币在城乡市场的流通阵地，增强了国家金融业的主导和支配地位。教育了广大私营工商业者，端正了他们的经营方向，为统一财经、进一步稳定物价创造了有利条件，进而稳定了社会的生产和生活秩序，巩固了工农联盟和人民民主专政。

稳定金融物价是新中国在经济战线上取得的第一个巨大胜利，具有重要的政治和经济意义。毛泽东曾指出，这个胜利，意义不亚于淮海战役。刘少奇在1950年北京庆祝"五一"劳动节干部大会上的讲话进一步指出了其伟大意义："中国财政经济，在历史上是没有统一过的。国家财政收支，在过去数十年中也没有平衡过，反动政府每年必须发行巨额的钞票和举借巨额的内外债才能过日子。中国的金融物价也是十二年来没有稳定过的，人民必须在通货膨胀的损失中付出巨额的资金。但是人民政府在战争尚未结束与发生灾荒及帝国主义封锁等情况下，在很短的时期内，就实现了这些重大的措施，并达到这样的成绩……这是我们国家一个极为重大的进步。"[1]

第四节　争取财政经济状况根本好转

1950年春，随着市场物价的趋于稳定，财政经济实行统一管理，整个国家财政经济状况也出现了好转的势头。但是，国民经济的恢复仍然面临

---

[1]《刘少奇选集》下卷，人民出版社1985年版，第15—16页。

着许多问题，特别是土地改革还未完成，工商业还需要合理调整。1950 年 6 月，在党的七届三中全会上，毛泽东作了《为争取国家财政经济状况的基本好转而斗争》的书面报告，提出整个国家财政经济状况根本好转所需要的三个条件，并确定以调整工商业为政府财经领导机关的工作重点。他说，我们国家的财政情况已开始好转，这是很好的现象，但整个财政经济情况的根本好转需要有三个条件，即：土地改革的完成，现有工商业的合理调整和国家机构所需经费的大量节减。这些应当争取逐步实现，也是完全可以实现的，那时就可以出现根本的好转。①

一、建立新税制

新中国成立初期的税收制度，对于保证国家收入、支援革命战争、稳定市场物价、积累建设资金起了重大的作用。但是，当时的税收制度基本上是在旧税制的基础上建立起来的，难免残留着旧税制对经济的消极作用。根据《共同纲领》规定的"简化税制，实行合理负担"的原则和毛泽东关于"调整税收，酌量减轻民负"的指示，针对农业税、城市税收出现的偏差，对农业税和城市税收的负担进行了调整，并建立了独立自主的关税制度。

（一）调整农业税负担

1950 年 5 月 30 日，政务院第三十四次政务会议通过并于次日公布《关于一九五零年新解放区夏征公粮的决定》，对尚未进行土地改革的新解放区的夏季公粮征收政策作了具体规定：（1）夏征国家公粮，以大行政区为单位，征收总额平均不得超过夏收正产物总收入的 13%；地方附加以省为单位，不得超过国家公粮征收额的 15%。（2）凡烈士家属、军人家属、供给制工作人员家属中贫苦者，孤寡老弱及夏收后灾区中仍无力负担者，夏季均可免征或减征公粮；但除灾区外，贫苦户较多地区，以区为单位，免征户不得多于该区有夏粮收获的总户数的 20%。（3）夏粮征收实行累进税率，贫农最高不得超过其夏收的 10%，中农不得超过 15%，

---

① 《毛泽东文集》第 6 卷，人民出版社 1999 年版，第 70 页。

富农不得超过25%，地主不得超过50%。特殊户每年收入在2 000石以上者，可以由各省人民政府另定征收额，但最高不得超过80%。该决定以常年应产量作为农业税征收标准，对农民由于努力耕作而超过常年应产量的部分不加税，鼓励了农民的积极性。实行区分不同的阶级成分在夏粮征收上规定不同的累进税率制度，体现了党在农村的阶级路线。

1950年9月5日，政务院公布了《新解放区农业税暂行条例》，该条例是《共同纲领》所规定的税收政策与新解放区农村实际情况相结合的产物。主要内容有：（1）以户为单位，按农村人口每人平均的常年应产量累进计税，由收入所得人交纳。（2）税率共分40个税级，不足150斤免征，第一级151～190斤，征收3%；第四十级为3 411斤以上，征收42%。（3）出租收入100斤作120斤计算；佃农收入100斤作80斤计算；公营农场按农业总收入的10%计征。（4）开垦荒地，1～5年免税。（5）上述累进税率，在一般中等地区各阶层的负担率大体是：贫农一般为8%左右；中农为13%左右；富农为20%左右；地主为30%左右，最高不超过50%，个别大地主亦不超过80%。（6）凡遭受水、旱、虫、雹或其他灾害，经调查属实，可以酌情减免。革命烈士家属、革命军人家属、供给制工作人员家属和老、弱、孤、寡、残疾等特别贫困者，可以减免其税额。

此后，1951年、1952年又对农业税收进行了适当调整。这些调整对促进土地改革、发展农业生产、保护广大劳动农民利益，调动农民的生产积极性有积极作用。

（二）调整城市税收

1950年5月27日，财政部在北京召开了第二届税务工作会议，会议的中心任务是在公私兼顾、调整工商业的总方针指导下，调整税收，修订税法，检查各地执行政策的情况，改进征收办法。会议邀请了各大城市私营工商业的代表参加，听取了他们对税收的意见，并作了相应的调整与改进。（1）简化税目。货物税原定品目1 136个，经简化合并为358个，对若干品目的税率也加以调整。印花税原定30个税目，简化合并为25个，增加定额贴花。（2）税率降低，级距增多，减轻了中小工商户的负担。工商业所得税的税率，由纯所得 100 万元以下征收 5%，改为 300 万元以下征收 5%；3 000 万元以上征收 30%，改为 1 亿元以上征收 30%。（3）合并税种，简化税制。房产税和地产税合并为房地产税，遗产税和薪给报酬所得税暂不开征，从而使工商税由 14 种简化为 11 种。（4）发挥财税杠杆作用，引导资本主义工商业沿着有利于国计民生的方向发展。继续实行工轻于商、日用品轻于奢侈品的政策，把工、商两种营业税按不同的行业征税：工业部分分为 26 个行业，税率分别为 1% ~3%，其中重工业中的矿冶、液体燃料、机器制造和日用必需品，轻工业中的面粉制造业、纺织工业均适用 1% 的税率；商业分 17 个行业，税率为 1.5% ~3%，其中适用于 2% 税率的有经营米、面、粮商业、煤炭、棉布、书报等必需品行业。适用于 3% 税率的是一些经营一般生活消费品和一些贩卖性业务，如钟表、眼镜、干鲜果等。（5）区别不同情况，简化纳税办法和手续。根据企业会计制度的情况，可分别采取自报查账、依率计征，自报公议、民主评定和在自报公议民主评定的基础上，定期定额上缴三种办法，改变过去那种单纯查账和自报不查、报多少缴多少的做法，从而大大简化了征税的方法和手续。

调整税收减轻了资本主义工商业的税收负担，促进了其合理的发展，改善了国家同资本主义工商业的关系，消除了因税负偏高和手续繁杂带来的困难和不便；加强了资本主义工商业同国营企业的联系和国家的计划指导，为其以后的改造创造了条件；有助于增强资本主义工商业的活力，促使其逐步走上既有利于国计民生，又有利于自身发展的道路；增强了资本主义工商业的承税能力，便于更好地发挥其对国家财政的积极作用。1950 年第三季度的城市税收占当年城市税收的 23.3%，比第二季度的 21.6% 提高 8%；第四季度则达到 38.6%，比第三季度又有更大幅度的提高。当时全国 16 大城市私营工商业税收统计，1950 年第三、第四季度比第一季度的税收分别增加了 90% 和 80%。[①]

---

① 柳随年、吴群敢主编：《中国社会主义经济简史》，黑龙江人民出版社 1985 年版，第 37 页。

（三）建立关税制度

1950 年 1 月 27 日，政务院通过了《关于关税政策和海关工作的决定》，规定"必须制定中华人民共和国输入输出货物的新海关税则，决定在政务院财政经济委员会下组织一个专门委员会"。关税税则委员会正式成立后，经过半年多的紧张工作，如期完成了税则制定任务。1951 年 5 月 16 日，政务院公布实施了《中华人民共和国海关进出口税则》和《中华人民共和国海关进出口税则暂行实施条例》，并废止了以前实行的海关进出口税则及有关税则实施的法令章则。

《海关进出口税则》是我国近代以来第一部真正独立自主制定的海关税则，是海关制度上的重大改革，是税制税法上的革命性转变。（1）合理运用复式税率原则，即区分不同情况，实行较高税率与最低税率两种税率，这两种税率的适用范围是以货物的购运国为根据的，如果货物的购运来自没有与中国建立贸易互利条约或协定的国家，则其进口货物的税率就要高一些，反之，货物的购运来自与中国建立了贸易互利条约或协定的国家则实行最低税率。这种规定虽然是大多数国家的惯例，但对于面临帝国主义全面经济封锁的中国来说，意义更为重大，有利于打破帝国主义的经济封锁，发展和扩大中国对外贸易往来。（2）按照我国对进出口货物的需要程度，在税则中将进口商品分为必需品、需用品、非需用品、奢侈品和保护品五类，分别制定最低税率和最高税率，是实施对外贸易保护的有力措施；征收出口关税的只有花生油 7 种商品，这表明了国家鼓励出口之意。（3）海关税一律实行从价计征。（4）税则的分类目录是根据我国传统进出口商品结构，以前万国联盟（League of Nations）编制的《日内瓦统一税则目录》（Geneva Nomenclature）为基础，参照苏联的海关税则进行编排的。税则共分 17 大类，89 小类，939 个税号，1 700 多个子目和分目，系统分明，查找方便。

随着经济发展情况的变化，我国政府一直关注关税税率的适应度，并随时调整关税税率。改革开放前，我国对关税税率共进行了 18 次局部调整，调整范围和税率调整幅度都不大。

新中国第一部海关税则的实施，表明中国经济大门的钥匙已安放在中国人民自己的口袋里，关税已成为国家恢复和发展生产，与帝国主义经济侵略进行斗争的重要工具。这部税则对最大限度地保护我国的社会主义经济建设的恢复和发展，发挥了不可忽视的作用。根据海关的统计，1950年我国对外贸易有了很大的恢复和发展，不但进出口货物总值比新中国成立前几年有了增加，而且在大量进口的条件下，全国进出口总值对比，还保有 9.34% 的出超，这是中国在此之前 70 多年历史上所没有的新现象。我国关税对进出口贸易起着调节的作用，同时又成为国家的一项重要的财政收入。据统计，1950 年当年海关税收的数字就超过了预计数字的71.42%。此后，抗美援朝，保家卫国，建设国防，国家财政支出巨大，关税收入的迅速增长无疑是对国家财政的巨大支持，同时对中国以后的社会主义经济建设也起到了重要作用（见表 1-3）。

表 1-3　改革开放前关税收入占全国税收的比重

时　　间	全国税收（亿元）	关税收入（亿元）	关税收入占全国税收的比重（%）
经济恢复时期	227.80	15.31	6.72
"一五"期间	675.07	25.04	3.71
"二五"期间	916.55	30.48	3.33
1963—1965 年	550.61	14.23	2.58
"三五"期间	1 126.79	30.11	2.67
"四五"期间	1 471.70	48.00	3.26
"五五"期间	2 505.03	129.52	5.17

资料来源：财政部综合计划司编：《中国财政统计（1950—1991）》，科学出版社1992 年版。

二、合理调整工商业

在稳定物价以后，由于社会虚假购买力的消失，为旧社会统治阶级奢侈消费服务的行业骤然失去市场；不少私营工商业机构臃肿、经营管理不善和盲目生产造成了产销困难；社会主义国有经济和有关部门对资本主义工商业兼顾不够，一部分干部中还存在着想用排挤的办法提早消灭资本主义的"左"的情绪。在稳定物价过程中，由于"刹车"过急，社会经济一时发生"后仰"现象。从 1950 年 4 月开始，货币流速大为降低，商品销售量大大减少，银行存款迅速增加。许多资本家惶恐不安，急忙抽逃资金，工厂停工，商店歇业。仅上海一地，4 月停工、歇业的工厂和商店多达 1 567 家；5 月增至 2 948 家，而同期开工的只有 105 家。私营工厂商店的倒闭，造成了大批工人失业，他们对党和政府也很不满，这也引起了社会的动荡不安，给人民政权建设和国民经济恢复带来了困难。客观形势要求全党必须集中力量抓经济工作，调整工商业。

调整工商业包括三个环节，即调整公私关系、调整劳资关系和调整产销关系，重点是调整公私关系。

调整公私关系。陈云在《调整公私关系和整顿税收》的报告中指出，调整公私关系的基本原则是统筹兼顾，五种经济成分在国营经济领导下分工合作，各得其所。在工业方面，扩大对私营工业的加工订货和产品收购，使其能继续进行生产和再生产，并通过工缴费（即加工费）和货价取得正当的利润。1950 年加工、订货、包销、收购的产值达 21 亿元，比 1949 年的 8.1 亿元增加 1.6 倍。在商业方面，适当压缩国营商店零售点，减少国营商业经营品种，让出一些地盘给私营商业，使其有较多的活动余地。在农副产品的收购上，国营公司只经营主要的大宗农产品和外销农副产品的一部分，其余则组织鼓励合作社和私商贩运。在进出口贸易、贷款、税收等方面都对私营商业适当放宽。在国家经营的部分中，还采用合同的方式委托私商代购代销，以调动他们的积极性。

调整劳资关系，保证企业生产正常地进行与发展。调整劳资关系当时遵循的基本原则是，要求资方必须确认工人阶级的民主权利，必须有利于发展生产，应以积极的态度搞好生产管理。劳资间的问题，应以协商的方法加以解决，协商不成，由政府仲裁。经过调整，劳资双方的矛盾有所缓和。一方面政府责成资方要积极改进经营，反对他们消极怠工、抽逃资金躺倒不干；另一方面教育工人以国家利益为重，努力提高劳动生产率，为改善私营企业的经营状况努力工作。

调整产销关系，端正资本主义工商业的产销方向。为了帮助资本主义工商业在生产销售上适应新中国成立后的市场需要，政府有关部门召开了粮食加工、食盐、百货、煤炭、火柴等一系列全国性产销会议，公私代表一起参加，按以销定产的原则，合理制订各行业的产销计划，国家主动为私营企业提供产销信息，并帮助指导某些产销不对路的私营企业，调整产销方向，以减少盲目性。

以上调整措施帮助资本主义工商业克服了困难，并有了新的恢复和发展。同时也活跃了市场，发展了商品经济，提高了私营工商业的承税能力，增加了国家税收。1951 年与 1950 年相比，全国私营工业户增加 11%，生产总值增加 39%；私营商业户增加 11.9%，零售商品总额增加 36.6%。工商业的合理调整，也促进了国民经济的全面恢复。1950 年，工农业总产值比 1949 年增长 23.4%。其中，工业增长 36.4%，农业增长 17.8%。粮食增产 16.9%。国家财政收支入不敷出的状况也有很大改善，从 1951 年起，做到了收支平衡，略有节余。

三、推动土地改革

在人民解放战争的过程中，我国已有 1.45 亿农业人口的老解放区实行了土地改革，消灭了剥削，做到了耕者有其田，农民从地主阶级和旧式富农手中获得约 2 500 公顷（3.75 万亩）的土地，分得土地的农民约有 1 亿人。但到中华人民共和国成立时，尚有约 2.9 亿农业人口的新解放区还没有进行土地改革，它们主要分布在华东、中南、西北、西南的广大农村。在这些地方，仍然保留着落后的地主土地所有制。

1950 年 1 月 24 日，中共中央下达《关于在各级人民政府内设土改委员会和组织各级农协直接领导土改运动的指示》，开始了在新解放区分批实行土改运动的准备工作，并决定在 1950 年秋收以后，在新解放区分期分批开展土改运动。同年 6 月 28 日，中央人民政府委员会讨论和通过了《中华人民共和国土地改革法》，并于 30 日公布实行。在新解放区的土地改革中，采取了保存富农经济和保护民族工商业的政策。到 1952 年 9 月为止，除新疆、西藏等部分少数民族聚居的地区外，大陆普遍实行了土地改革，完成土地改革地区的农业人口已占全国农业人口总数的 90% 以上。

新解放区经过土地改革，彻底摧毁了剥削制度，使广大农民分得了约 4 600 万公顷（约 7 亿亩）土地和大批生产资料，而且不必每年再向地主缴纳 3 000 万吨以上粮食的地租。土地改革真正实现了农民数千年来的奋斗目标，把农民群众的切身利益同整个革命事业的利益紧密地联系在一起，最深入、最广泛地调动了农民群众的革命和建设的积极性，从而使农业生产力获得了极大的解放。第一，兴修水利，增加农业投入。据西北区陕西、甘肃、青海 3 省 49 个县的不完全统计，在土地改革中，农民共兴修水渠 10 820 条，兴造可浇地 4 990 公顷（74 855 亩）。第二，农村耕地面积迅速恢复和扩大。以华东区总播种面积为例，土地改革基本完成的 1952 年比抗日战争前增加 44.4%。第三，主要农产品产量大幅度提高。1952 年同 1949 年相比，粮食总产量由 11 218 万吨增加到 16 392 万吨，增长 46.1%；棉花由 44.4 万吨提高到 130.4 万吨，增加 193.6%。按 1952 年不变价格比较，全国农业总产值增长 32.6%，每年平均增长 10.9%。就土地单位面积产量而言，也有明显的增加。据中南区 1952 年的统计，土改后全区土地单位面积产量比解放前平均增加 20% 左右。[1]

在土地改革的基础上，中国共产党又引导农民按照自愿互利的原则组织起来，走互助合作的道路。到 1952 年，组织起来的劳动互助组已达 800 多万个，农业生产合作社 4 000 个。农民在自己的土地上，开展了大规模的爱国增产竞赛运动。所有这些，都有力地推动了农业生产的恢复和发展。

经过工商业的合理调整，加之土改的基本完成，农业丰收，人民购买力提高，我国财政经济状况发生了巨大变化，有利于国计民生的企业迅速

---

[1] 吴承明、董志凯主编：《中华人民共和国经济史》第 1 卷，第 246—247 页。

恢复与发展。国家争取财政状况根本好转的斗争，在又一个重要战场上取得了巨大胜利。1951 年陈云在回顾 1950 年财经工作的时候，有一个很好的总结："去年我们做了很多工作，只有两个重点，一是统一；二是调整。统一是统一财经管理，调整是调整工商业。统一财经之后，物价稳定了，但东西卖不出去，后来就调整工商业，才使商业好转。六月以前是统一，六月以后是调整。只此两事，天下大定。"①

第五节　保障抗美援朝取得伟大胜利

1950 年 6 月，美国公然出兵朝鲜，并在包围封锁中国的形势下进一步威胁中国东北地区。抗美援朝战争的爆发，打乱了中国财政经济工作的既定部署，使国内经济恢复工作雪上加霜。中国政府及时制定了"边抗、边稳、边建"的方针，不仅在军事上积极投入抗美援朝战争，而且在经济上有效地稳定了市场，促进了工商业的恢复，从而保证了战争的胜利，维护和增强了民族尊严。

一、新中国成立初期军费对财政的压力

在新中国成立初期，军费支出对财政的压力始终很大。一方面解放全国的战争还在继续，各地剿匪工作也很重；另一方面部队供给标准也有所提高。以财政支出看，抗日战争期间，每个脱产人员的开支年平均为 1 000 斤小米左右，1949 年则达到 4 000 斤，新确定的部队开支标准为 4 200 斤。以老百姓年人均开支 400 斤计算，抗日战争中每个脱产人员的开支相当于 2.5 个老百姓，到 1950 年则相当于 10 个。1949 年，为了解放全国，巩固新政权，人民解放军的队伍不得不随着解放区的扩大而扩

---

① 陈云：《一九五一年财经工作要点》，《陈云文选》第 2 卷，人民出版社 1995 年版，第 138 页。

大，人民政府在极端虚弱的经济基础上必须支付巨额军费，当年军费开支约占财政支出的一半以上。在1950年的财政概算中，军费所占比重还是最大，占支出概算的38.8%。此外，行政费中的地方支前费，新解放城市军管初期经费，财务费中的运输费等，实际上也是为战争支出的。这样算起来，军费占财政支出的比重达到了41.1%。

在统一财经、调整工商业、调整税收，国家财经状况日益好转的时候，朝鲜战争爆发，以美国为首的联合国军越过朝鲜南北两方原来的临时分界线——"三八线"大举北犯，将战火烧到了鸭绿江边，并且轰炸、扫射中国东北边境城市和村庄，严重威胁到中国的安全。1950年10月，中国人民志愿军赴朝作战。抗美援朝开始之前，国家曾计划用三年或五年时间恢复生产，然后进行大规模的经济建设。但是美帝国主义不仅把战火烧到中国的大门口，还派遣第七舰队开进台湾海峡，迫使中共中央和中央人民政府委员会决定一切服从战争需要，一切为了保证战争的胜利，对原拟1951年度的财政预算进行调整，军费预算支出不但没有减少，反而比1950年又有增加，在1951年年度财政总支出122.07亿元人民币中，有52.64亿元列为军费支出，占43.1%；用于经济建设的费用共为35.11亿元人民币，仅占28.8%。1952年度和1953年度财政收支总预算，军费支出比例虽有减少，但绝对数也都是增加的（见表1-4）。

表1-4 1950—1953年国家财政支出结构简表

年份	财政支出总额（亿元）	经济建设费		国防费	
		绝对额（亿元）	比重（%）	绝对额（亿元）	比重（%）
1950	68.08	17.36	25.5	28.01	41.1
1951	122.07	35.11	28.8	52.64	43.1
1952	172.07	73.23	41.6	57.84	32.9
1953	219.21	87.43	39.7	75.38	34.2

资料来源：财政部综合计划司编：《中国财政统计（1950—1991）》；财政部主管：《中国财政年鉴（2007）》，中国财政杂志社编辑出版。

二、抗美援朝中"三边"方针的确立

抗美援朝战争爆发后，处于经济恢复阶段的新中国要同以美国为首的资本主义国家较量，承担着巨大的军事、经济压力，财经政策也必然地发生了变化。在当时的形势下，国防开支不可少，国民经济要恢复，市场物价要稳定，经济建设也必须搞，国家的财政经济不得不依据形势的需要采取应对措施。1950 年 11 月 15 日，中财委在北京召开第二次全国财政会议，经过反复研讨和慎重衡量，并经党中央同意，确定战争期间财经工作的方针是：国防第一，稳定物价第二，其他第三。虽然国防开支、稳定市场、经济建设三者都是重要的，但资金有限，钞票又不能滥发，所以资金的使用要根据轻重缓急，分清主次，妥善安排。毛泽东将之概括成"边打、边稳、边建"的"三边"方针，后习称"边抗、边稳、边建"。

战争第一，就是要一切服从战争，一切为了战争的胜利。没有战争的胜利，其他就无从说起。这就要求在人力、物力、财力等方面对抗美援朝战争予以充分的优先的保证。在财政上，不但不能减少军费，而且还要增加军费以及与军事有关的支出。满足抗美援朝战争的需要成为整个财政工作的首要任务。军费与同战争有关的费用不得不迅速增加，在 1951 年整个财政支出中的比重达到 43%。稳定市场第二，就是在 1951 年财经工作的部署上，把维护市场稳定放在第二位，力求金融物价不要大乱。其中起决定作用的是财政收支是否平衡。只要力争财政收支接近平衡，不发或少发票子，就可以基本上维护市场稳定。其他第三，就是在 1951 年的财政支出中，要在保证或照顾了战争第一、市场第二之后，才能用于其他各种带投资性的经济和文化的支出，剩多少钱，便办多少事，以没有赤字为原则。在经济建设与文化建设中，除直接与战争有关的军工投资、对增加财政收入直接有帮助的投资及稳定市场有密切关系的投资基本满足外，其余都应削减和收缩。经济建设投资直接关系到国防事业、财政收入与市场稳定，所以成为"三边"的提法之一的"边建"。

"边打、边稳、边建"的方针，既有主次之分，同时又是一个相互联系、相互影响的有机整体。这一方针的制定与实施，使中国共产党人在错综复杂的形势下，牢固地抓住了关键性的环节，同时带动和兼顾了其他工作的开展，对抗美援朝战争的胜利和国民经济的恢复、土地改革的完成，都发挥了重大作用。

三、平衡财政收支的有力措施

为了贯彻"边打、边稳、边建"的方针，平衡财政收支，人民政府实行了以下若干措施。

（一）冻结存款，控制物价

1950 年 10 月，随着军费突然增加，社会上"重物轻币"的心理重新抬头，加之银行收缩信贷，农副产品的收购受到一定影响，市场供应紧张，本来已经降低了的物价又开始回升。与此同时，占国家银行存款90% 以上的部队、机关、团体也大量提款，抢购所需物资，尤其是国家储备较少的纱布。在这种形势下，中财委于 10 月 24 日向中共中央作了《关于防止物价波动》的报告，提出短期冻结存款等稳定物价的措施。报告经中央批准后，于 11 月 5 日起冻结部队、机关、团体的存款，冻结期为一个月，将这笔存款全部抵作 1951 年的预算拨款。同时，中国人民银行及时调整了货币信贷政策，采取控制现金、紧缩信用的紧急措施。这些措施的施行避免了市场上最大的潜在威胁，使国家不必为应付提款和财政借款而大量发行货币，也不必向国营贸易部门索回贷款，从而缓解了物价上涨的压力，出现了国家银行存款增加、物价趋稳的良好形势。

（二）实行统购统销政策和专卖政策

虽然冻结存款解决了一定问题，但社会游资仍逍遥法外，不法奸商囤积居奇，抢购货源紧缺的粮食和纱布，物价上涨的危险依然存在。陈云指出："人心乱不乱，在城市，中心是粮食；在农村，主要是纱布。"为了保证经济建设的顺利进行，也为了安定人心，防止投机资本捣乱，人民政府决定控制和集中主要物资，实行生活必需品的"票证"供给制。1951年 1 月，政务院对棉纱棉布实行统购统销政策，在保证资本家取得部分利润的前提下，根据供销情况进行合理的统购与配售。同时，以国有经济为主导，利用资本主义工商业，以加工订货、包购包销的方法进行国家与民营之间、城市与乡村之间的物资交换。同年 5 月，财政部又对酒和卷烟用纸实行了专卖制度。上述政策的施行增强了国营贸易的实力，保证了城乡人民的供应，打击了投机资本的作祟，同时也增加了国家的财政收入。

（三）增加财政收入，削减财政支出

抗美援朝战争爆发时，中国的国民经济尚未全面恢复，生产不可能有较大的增长。在这种情况下，财政收入的增长只能用"挤牛奶"的办法，即适当增加农民的赋税和城市税收。

1950 年下半年调整税收之后，人民政府为休养民力，一度减轻了农民的农业税负担。抗美援朝战争开始后，国家财政开支急剧增长，人民政府不得不再次增加农业税，向农民征收"公粮附加"。公粮附加的比率最初为 5% ~ 15%，随后提高到 20%。1951 年 7 月 8 日，政务院发出《关于追加农业税征收概算的指示》，又追加公粮附加 10%。1951 年全国农业实产量比 1950 年增长了 13.6%，而农业实征税额则比 1950 年增长了 34.0%，这说明农民的负担有一定的加重。到了 1952 年，农业实产量增长较多，而实征税额不仅没有增加反而有所下降，农民的名义负担虽然加重了，但实际负担是有所减轻的。

在城市，人民政府也适当增加了一些税收，如开征契税，增加若干产品的货物税和进出口税等。1951 年 4 月 1 日，财政部开征棉纱统销税，并于同日发布《棉纱棉布存货补税办法》，对棉纱棉布存货予以补税，税率均为 6%。8 月，政务院颁发《城市房地产税暂行条例》，规定城市房地产税由产权所有人缴纳，房产税率为 1%，地产税率为 1.5%。9 月 1 日，财政部公布《临时商业税稽征办法》，规定对无固定营业场所的行商和固定工商业在外埠销售本业以外货品的，均征收临时商业税。9 月 2 日，财政部又发布《关于征收土布货物税的稽征规定》，决定从 11 月 1 日起开征土布税。

为保证城市税收的切实征收，减少私营工商户的偷税漏税行为，国家税务机关加强了税收征管力度，并总结出一套反偷漏税的方法：对货物税采用"货照同行"、"完税证"、"查验证"的办法，在征收上采取驻厂征收、起运征收和查定征收三种方式，并在重要口岸设置检查站，组织进行检查缉私工作；对于工商业税，采取自报查账、民主评议和在民主评议基础上的定期定额征收的方式。全国各地按照党中央的要求，大力查办偷税漏税行为，从而使国家财政收入得到一定增加。

在采取增加财政收入措施的同时，人民政府还采取了削减支出的办法，主要是节约军费以外的其他支出。当时的宗旨是：除了与战争有直接关系的军工投资、对增加财政收入有直接帮助的经济建设投资和对稳定市场有密切关系的投资外，其他经济建设投资"可削则削，可减则减，可推则推"，文教卫生、公用事业和军政经常费用也大大缩减，对国家公职人员则继续实行供给制和低薪制。对于军费开支，也不是采取"有多少用多少"的方针，而是对每笔用款详加审核，做到有计划、有步骤地使用。

（四）打破封锁，改变对外经济关系

新中国成立之初，中国对外贸易的主要对象仍是西方资本主义国家。但是以美国为首的西方资本主义国家仇视新中国政权，对中国实行封锁和禁运。朝鲜战争爆发之后，美国对中国的封锁禁运逐步升级。面对帝国主义的封锁禁运，中国政府坚定不移地贯彻独立自主的原则，采取了灵活的反封锁、反禁运政策。首先是抢运抢购急需的战略物资。人民政府联合私营进出口企业，通过各种关系，大力抢运那些在封锁禁运后被冻结、被扣留的资金和物资。到1950年12月，共计订购物资约2亿美元，已抢运回国的约有半数，从而减少了中国的财力损失。其次是实行"一边倒"方针，将对外贸易的重点转向以苏联和东欧人民民主国家为主。再其次是改变对资本主义国家的贸易方式，积极开拓与日本和西方资本主义国家的贸易关系。1950年12月，人民政府决定改变对资本主义国家的结汇贸易方式，对出口的重要物资暂时改用先进后出、易货为主的方式，这使中国在对外贸易中掌握了主动，争取了有利的物资进口。此外，中国还利用西方资本主义国家内部的矛盾，积极发展对外经济关系。最后，冻结美英在华资产。面对美国冻结中国在当地一切公私财产的局面，中国政府针锋相对地采取措施，于 1950 年 12 月下令管制、清查美国政府和企业在中国的一切财产，冻结其所有存款。在英国政府追随美国没收中国在英财产之后，中国于 1951 年 4 月下令没收英国在华资产。

由于采取了及时恰当的措施，中国反封锁、反禁运斗争取得了伟大胜利。到 1951 年年底，对外贸易的进出口总额已达到 19.6 亿美元，比上年增加了 73%。这对发展中国经济、稳定市场起到了重要作用。

（五）开展群众性的增产节约运动与捐献武器运动

抗美援朝战争开始后，毛泽东指出，为了坚持这个必要的正义的斗争，我们需要增加生产，厉行节约。1951 年 12 月 1 日，中共中央发布了"精兵简政，增产节约"的指示。接着，全国范围内掀起了群众性的轰轰烈烈的增产节约运动。增产节约运动的主要措施有：一是在国营企业实行经济核算制，推行定员定额制度，通过降低成本为国家上缴更多的利润。二是在工农业各领域掀起了劳动竞赛热潮。三是机关、部队、学校、人民团体，在不妨碍工作和不损害工作人员健康的前提下，力求节约。私营工商业和行政事业方面，提倡简朴，反对浮华；提倡储蓄，反对浪费；提倡合理利润，反对非法暴利。四是在党政机关工作人员中开展"三反"（反贪污、反浪费、反官僚主义）和在私营工商业者中开展"五反"（反行贿、反偷税漏税、反盗骗国家财产、反偷工减料、反盗窃国家经济情报）的斗争。五是号召人民开展捐献武器运动，支持抗美援朝战争。增产节约运动取得了很好的效果。国营企业收入增加，农民、工商业者的收入也大为增加，这就为国家财政收入提供了可靠的源泉。据中财委办公厅统计资料表明，到 1952 年 11 月，全国增产总值为 1.16 亿元，仅东北一个地区单从经济方面增产节约的价值一年即达 1 000 万吨粮食。[①]

----

① 左春台、宋新中主编：《中国社会主义财政简史》，中国财政经济出版社 1988 年版，第 120 页。

四、抗美援朝胜利的意义

在党中央和人民政府的正确领导下，全国人民"有人出人，有钱出钱，有粮出粮"，在各条战线上努力生产，厉行节约，捐献钱物，以实际行动支援了战争，促使人民志愿军在前方战场上奋勇杀敌，取得节节胜利。1953年7月27日，美国被迫在停战协议上签字。三年的抗美援朝战争，朝中两国人民取得了伟大的胜利，敌军伤亡和被俘者达109万多人，其中美军39万多人，敌机被击落击伤12 200多架。抗美援朝战争是年轻的中华人民共和国与美帝国主义的一次直接的军事较量，它打破了美帝国主义不可战胜的神话，维护了朝鲜民主主义人民共和国的利益，巩固和增强了新中国的独立、安全和国防力量，显示和提高了新中国的国威、军威和世界声望。战争的结果雄辩地证明，西方侵略者几百年来只要在东方一个海岸上架起几尊大炮就可以霸占一个国家的时代，已经一去不复返了。[1] 抗美援朝战争使新中国的国际威望空前提高，包括美、苏在内的世界各国都感到必须重新评估中国作为一个世界大国的分量。以此为契机，中央人民政府积极开展外交活动，为在国内进行大规模有计划的经济建设创造有利的国际和平条件。

抗美援朝战争期间，新中国政府在军费开支迅速增加，国家财政面临收支失衡的关键时刻，采取了一系列积极的措施，最终稳定了市场物价，保持了财政收支的平衡，并略有结余。1951年我国财政收入（包括国内外债务部分）为133.14亿元，财政支出（包括国内外债务部分）为122.49亿元，结余10.65亿元。1952年财政收入为183.72亿元，财政支出为175.99亿元，结余7.73亿元。1953年财政收入为222.86亿元，财政支出为220.12亿元，结余2.74亿元。1950—1953年，国防支出所占当年财政支出的比重分别为41.1%、43.0%、32.9%、34.2%[2]，国家财政有效地保证了国防开支。"国防第一"的方针从国际环境和军事上为中国

---

[1] 彭德怀：《关于中国人民志愿军抗美援朝工作的报告》，1953年9月12日。
[2] 财政部综合计划司编：《中国财政统计（1950—1991）》，第13、108页。

的市场物价稳定提供了可靠的保障，而为了稳定物价所采取的一系列措施则从物质上支持了抗美援朝战争，两者互相推动，形成一种良性循环。抗美援朝的伟大胜利说明，党中央制定的"三边"方针是正确的，是合乎当时国际国内形势的科学选择。

第六节　国民经济恢复初战告捷

从 1949 年中华人民共和国成立到 1952 年，经过 3 年的努力，中国共产党领导全国各族人民，在解放战争、抗美援朝战争、灾荒、通货膨胀等严重困难的局面下，统一了财经，调整了工商业，恢复了国民经济，夺取了财政经济状况的根本好转。

一、工农业经济得到全面恢复

到 1952 年年底，全国工农业生产都达到了历史最高水平。1952 年，全国工农业总产值比 1949 年增长 75.5%，其中工业总产值增长 145%，农业总产值增长 48.5%。按全国人口平均计算，1949 年人均工农业生产总值 84.18 元，1950 年、1951 年、1952 年分别为 102.00 元、119.00 元、140.91 元，1952 年为 1949 年的 138.14%；1949—1952 年间，年平均递增 11.38%。1952 年，钢产量达到 135 万吨，比新中国成立前最高年份（1943 年）的年产量多 43 万吨；发电量 73 亿千瓦时，比新中国成立前最高年产量多 13 亿度；原油 44 万吨，比新中国成立前最高年产量多 12 万吨；水泥 286 万吨，比新中国成立前最高年产量多 57 万吨；棉纱 65.6 万吨，比新中国成立前最高年产量多 21.1 万吨；粮食 16 392 万吨，比新中国成立前最高年产量多 1 390 万吨；棉花 130.4 万吨，比新中国成立前最高年产量多 45.5 万吨。可以说，工农业生产和各条战线的工作不仅恢复和发展到新中国成立前的最高水平，并且还有了很大突破（见表 1 - 5）。

表 1 - 5　1952 年主要工业品产量和最高年份与 1949 年比较

产品名称	单位	1952 年产量	最高年份 = 100	1949 年产量 = 100
电力	亿千瓦时	73	121.9	169.8
原煤	亿吨	0.66	102.7	206.3
原油	万吨	44	136.3	366.7
生铁	万吨	193	105.5	772.0
钢	万吨	135	146.1	854.4
硫铵	万吨	3.9	80.1	650.0
水泥	万吨	286	124.8	433.3
机床	万台	1.37	254.8	856.5
棉纱	万吨	65.2	147.8	199.4
棉布	亿米	38.3	198.3	202.6
汽车外胎	万条	42	556.2	1 433.3
纸	万吨	37	225.3	336.4

资料来源:《中国统计年鉴》、《国民经济统计提要》,中国统计出版社相关年版。

　　交通运输方面,3 年间,全国修复和新建铁路通车线路 2.4 万多公里,公路 12.7 万公里。内河通航里程 1949 年为 73 615 公里,1952 年增加到 95 025 公里。民用航空,1949 年没有通航,到 1950 年,航线里程就有 11 387 公里,到 1952 年则增长为 13 123 公里。交通运输的恢复和发展,使货物运输量大幅增加起来,1949 年运输的货运总量为 6 713 万吨,到 1952 年则增长到 16 859 万吨。货运量的增加,大大便利了城乡物资交流,促进了工农业生产的发展和人民生活的提高。

二、文教卫生事业取得进展

　　从 1949 年中华人民共和国成立以后,国家预算支出就发生了根本性的变化。在国家极端困难的情况下,党和人民政府依然对文教、卫生、科学事业给予了极大的关注,积极支持这些事业的恢复和发展。在 1950 年的预算支出中就已经列入了大量的社会文教事业支出，并且在执行中做了调整增加。在其后的预算安排中，增长速度始终快于总支出速度。

新中国政府努力不断加大在文教卫生事业的投入，使文教卫生事业有了极为显著的发展。

在文化教育方面，大大提高了人民的文化水平。新中国成立后开展了大规模的扫除文盲运动。在 1952 年，有 300 多万工人、4 200 多万农民进了识字学校。1950 年国家开办了工农速成中学，当年只有 18 所学校、2 500 多名学生；到 1953 年年底，就发展到 87 所学校、53 000 多名学生。1952 年，全国初等学校学生 5 000 万人，中等学校学生 309 万人，高等学校学生 20.2 万人。和 1949 年相比，初等学校学生数增加了 1 倍，中等学校学生数增加了 1.5 倍，高等学校学生数增加了一半以上；与新中国成立前最高年份相比，分别增长了 115.8% 、66.4% 、23.2% 。文化馆、公共图书馆和博物馆的数目不断增多。文化馆，1949 年全国有文化馆 896 个，1952 年则增加为 2 448 个；公共图书馆，1949 年全国有 55 个，1952 年增加为 83 个；博物馆，1949 年有 21 个，1952 年则增加为 35 个。①

在卫生医疗方面，大大改善了人民的医疗条件。1952 年，全国医院、疗养院的床位达 18 万张，比新中国成立前最高年份增加了 172.7% ；产院比新中国成立前的最高年份增加了 1.33 倍，儿童医院比新中国成立前的最高年份增加了 50% 以上，妇幼保健所（站）则比新中国成立前的最高年份增加了 260 多倍。卫生技术人员也大大增加。同时，在全国范围内开展了预防疾病运动，在各地县城都设立了医疗站，改善了工矿卫生条件。1952 年开始在一些地区分期试行公费医疗制度。② 社会主义劳动保护和其他物质福利制度也开始构建。1950 年人民政府公布了《中华人民共和国劳动保护条例草案》，1951 年 5 月 1 日起在铁路、邮电、航运三个产业部门以及 100 人以上的工矿企业中实行。

---

① 国家统计局：《伟大的十年》，人民出版社 1959 年版，第 183 页。
② 傅连璋：《新中国卫生保健事业的一大发展》，《人民日报》1952 年 6 月 28 日。

人民政府还在少数民族自治区和自治县里，大力发展文化保健事业，创办高等学校、中学、小学和一些专业性学校以及卫生机构。在 1953 年，从这些民族学校和训练班里培养出来的学生已有 7 万多人。

三、金融物价持续稳定

1950 年 3 月以后，人民币全面占领了市场，结束了自清末以来的货币紊乱、金银、外币、杂钞混杂流通的状况，实现了货币统一。1950 年 7 月以后，国家银行已经控制了全国存款总额的 90%，贷款总额的 97.7%，确立了不可动摇的主体地位。加强了外汇管理和实行灵活的汇率，使新中国的国际收支发生了根本性转变，国家外汇收支实现平衡并略有结余。率先完成对私营金融业的社会主义改造，形成了以中国人民银行为中心的金融体系。这种高度集中统一的金融体制的建立，对保证革命战争的胜利，迅速扭转新中国成立初期那种险恶的经济局势，发挥了重要的作用。

从 1950 年 3 月起，历时 12 年之久的通货膨胀得到制止，物价基本稳定。以 1950 年 3 月为 100，全国批发物价总指数 1951 年 12 月为 100.30，1952 年 6 月为 95.20。[1] 全国零售物价总指数，如以 1950 价格为 100，1951 年为 112.2，1952 年为 111.8。[2] 上海、北京、天津等八大城市的零售物价指数，如以 1950 年 3 月为 100，则 1951 年 12 月为 94.6，1952 年年底为 93.7。

四、财政状况实现好转

随着国民经济的全面恢复，财经状况也实现了好转。1950—1952 年间，国家财政收入成倍地增加。1952 年国家财政收入（包括国内外债务部分）比 1950 年增长 181.7%，年平均递增 67.85%。从 1950 到 1952 年，财政总收入为 382.05 亿元，财政总支出为 366.53 亿元，收支平衡，并结余 15.49 亿元（见表 1-6、表 1-7）。

---

[1] 中国国际贸易促进委员会编：《三年来新中国经济的成就》，人民出版社 1952 年版，第 150 页。
[2] 国家统计局编：《光辉的三十五年》，中国统计出版社 1984 年版，第 114 页。

表 1－6　1950—1952 年国家财政收入增长情况　　　　单位：亿元

年份 财政收入	1950	1951	1952
国家财政总收入	65.2	133.1	183.7
企业收入	8.7	30.5	57.3
其中：工业收入	4.4	12.3	21.5
各项税收	49.0	81.1	97.7
其中：工商税收	23.6	47.5	61.5
农业税	19.1	21.7	27.0
债务收入	3.0	8.2	9.8
其他收入	4.5	13.3	19.0

资料来源：国家统计局编：《中国统计年鉴（1984）》，中国统计出版社 1984 年版。

表 1－7　1950—1952 年国家财政收入增长指数

	1950 年	1951 年	1952 年
以 1950 年为 100	100	204.1	281.7
以上年为 100	—	204.1	138.0

资料来源：国家统计局编：《中国统计年鉴（1984）》。

在财政经济状况好转的同时，国家财政也完成了从战时到平时、从农村到城市、从供给财政到建设财政的战略转变。从财政收入结构看，国营企业创造的财政收入提高很大，1950—1952 年上缴利润和折旧金达 96.5 亿元，超过了农业税收入。工商税为主的各项税收达到 227.8 亿元，比以往有较大幅度的增长，说明工商税在财政收入中的地位上升、农业税的比重有所下降，也同时说明财政收入由过去以农村为主逐步向以城市为主的方向转变。财政支出的结构也有新的变化。从三年总的情况看，军费和为保证国家和平建设所支付的国防费达 138.49 亿元，占总支出的 37.8%。经济建设费支出为 125.7 亿元，占财政总支出的 34.3%。经济建设支出逐年增加，1952 年达到 73.23 亿元，占当年财政总支出的 41.6%。说明经济建设越来越成为财政支出的重点。与此同时，文教支出有所增加，3 年间支出达 42.10 亿元，占财政总支出的 11.5%。行政管理费支出为 46.07 亿元，占财政总支出的 12.6%，且逐年减少，由 1950 年占财政支出的 19.3%下降到 1952 年的 8.8%。

国家财政状况的好转，巩固了国家的财政基础，增强了国家宏观调控的能力，标志着新中国财政进入了主要为国家经济和社会发展事业服务的新时期，并向着新的目标迈进。

第二章
"一五"时期财政促进
工业化基础的确立

1952年年底，我国恢复国民经济的任务已经胜利完成，随后党中央提出了过渡时期的总路线。从1953年起，我国开始了大规模经济建设的第一个五年计划，着手逐步实现国家的社会主义工业化和对农业、手工业、资本主义工商业的社会主义改造。"一五"期间，国家财政紧紧围绕贯彻过渡时期总路线，有力地促进了社会主义工业化和社会主义改造的实现。

第一节　过渡时期的总路线和总任务

恢复国民经济的任务完成后，国内外的政治经济形势给社会主义建设提出了新的任务。在这样的背景下，党中央提出了过渡时期的总路线和总任务，描绘了工业化的恢宏蓝图。

一、"一五"时期面临的政治经济新形势

新中国成立后的头三年，是我国国民经济恢复时期，党和政府通过没收官僚资本，统一财经工作，稳定金融物价，恢复和发展生产，沟通城乡

物资交流,进行土地改革,镇压反革命,调整工商业,开展"三反"、"五反"运动等,使国民经济情况得到基本好转。同时,国家掌握了经济命脉,确立了国营经济对整个国民经济的领导地位,废除了封建土地制度,解放了生产力,调动了广大人民群众生产建设的积极性,使工农业生产达到并超过了新中国成立前的最高水平,巩固了人民民主专政,实现了中国前所未有的统一、安定和团结的局面。与此同时,国家从多方面采取措施,如逐步建立和加强对国民经济的计划管理,建立健全国营企业管理制度,加强基本建设管理。这些情况表明,整个恢复时期所采取的措施和取得的巨大成就,都为有计划地进行经济建设和社会主义改造准备了有利条件。

当时的国际形势也非常有利。抗美援朝的胜利使我国赢得了一个相对和平的国际环境;《中苏友好同盟互助条约》和《关于苏维埃社会主义共和国联盟政府援助中华人民共和国中央人民政府发展中国国民经济的协定》的签订,既加强了两国人民的友好关系,又有利于我国进行经济建设。

需要指出的是,在国民经济恢复时期的最后一年,我国的工农业生产已达到并超过了新中国成立前的最高水平,但由于新中国成立前的生产水平极端落后,即便达到或超过这个水平,国民经济也是相当落后的。1952年,全国钢产量只有135万吨,生铁193万吨,原煤0.66亿吨,原油44万吨,天然气800万立方米,发电量73亿千瓦时,水泥286万吨,化肥3.9万吨,棉布38.3亿米;当年粮食产量为16 392万吨,虽然位居世界第一位,但平均每人也只有250公斤左右;棉花产量只有130.4万吨,油料419.3万吨。作为国家经济发展水平主要标志的现代工业的产值,在工农业总产值中只占26.7%,汽车、拖拉机、飞机、重型和精密机器还不能制造,也没有现代化的国防,国家仍然是一个贫穷落后的农业国。

国民经济恢复时期结束时,作为领导成分的社会主义经济所占的比重虽然有了很大的增长,但是农业和手工业中的个体经济仍占有绝大多数的比例,资本主义经济也还占有相当大的比重。据1952年的统计,各种性质的经济成分在国民收入中所占的比重：社会主义性质的国营经济为19.1%，社会主义和半社会主义性质的合作社经济为1.5%，半社会主义性质的公私合营经济为0.7%，私人资本主义经济为6.9%，农业和手工业的个体经济为71.8%。社会主义和半社会主义性质的经济成分加起来在全部国民收入中所占的比重还不到1/4。所以说，中国社会当时还是一个五种经济成分同时并存的过渡性社会。

新民主主义革命取得伟大胜利和土地制度改革在全国完成以后，国内的主要矛盾已经转为工人阶级和资产阶级之间的矛盾、社会主义道路和资本主义道路之间的矛盾。当时，国家需要有利于国计民生的资本主义工商业有一定的发展。但是，资本主义工商业的存在和一定的发展，既有积极的方面，也必然会出现不利于国计民生甚至破坏计划经济建设的消极方面，这就不能不发生限制和反限制的斗争。新中国建立以后所进行的打击投机倒把、争取市场领导权的斗争，调整和改组私营工商业的工作，纱布的统购统销，对资本主义工商业的加工订货、工人监督生产以及进行"五反"斗争等，都反映了这种限制和反限制的斗争，也为把资本主义工商业逐步引上社会主义改造的道路创造了条件。

在农村，广大的农民经过土地改革后生活虽然有所改善，但他们中间60%~70%的人生活仍然有困难，合作组织形式主要是互助组，初级合作社还为数极少。为了避免重新发生借高利贷、典让和出卖土地，抗御自然灾害，采用农业机械和其他新技术，在土地改革中新获得土地的贫农、下中农确有合作化的要求。随着工业化的发展，一方面对农产品的需要日益增大；另一方面对农业技术改造的支援日益增强，这也是促进个体农业向合作化方向发展的一个动力。

新的形势给我国社会主义革命和社会主义建设提出了新的任务，要在我国建立社会主义，就必须改变经济落后的状况，逐步实现社会主义工业化，建立一个独立的、比较完整的工业体系，把国民经济从落后的技术基础上转移到现代化技术基础上来，使现代化工业在工农业总产值中占据绝对优势，从而奠定社会主义制度的物质基础。

总之，中国共产党和全国人民在取得新民主主义革命的伟大胜利，恢复国民经济之后所面临的迫切任务就是：实现社会主义工业化，由贫穷落后的农业国转变为富强先进的社会主义工业国；通过逐步对农业、手工业和资本主义工商业的社会主义改造，建立起以生产资料公有制为基础的社会主义经济制度。党在过渡时期的总路线就是为适应这一社会历史发展的客观需要而提出来的。

二、过渡时期的总路线和总任务

随着土地改革的完成和国民经济的恢复，从 1953 年起，我国开始了有计划的社会主义建设和改造任务，这一任务集中体现在过渡时期总路线中。

党在过渡时期的总路线虽然是在 1952 年提出来的，但其主要精神早在 1949 年 3 月党的七届二中全会上就已明确，即要使中国逐步地由农业国变为工业国，由新民主主义国家变为社会主义国家。1952 年年底，恢复国民经济的工作即将结束，党中央总结了新中国成立三年来的经验，按照毛泽东的建议，提出了过渡时期的总路线。这条总路线的表述是：从中华人民共和国成立，到社会主义改造基本完成，这是一个过渡时期。党在过渡时期的总路线和总任务，是要在一个相当长的时期内，逐步实现国家的社会主义工业化，并逐步实现国家对农业、对手工业和对资本主义工商业的社会主义改造。

1953 年 12 月，党中央批准了由中共中央宣传部制发，经毛泽东审阅修改的《为动员一切力量把我国建设成为一个伟大的社会主义国家而奋斗——关于党在过渡时期总路线的学习和宣传提纲》，对过渡时期总路线的内容、实质和特点作了全面系统的解释。主要内容包括：（1）中华人民共和国的成立，标志着中国革命的第一阶段——新民主主义革命已经基本结束，第二阶段——社会主义革命已经开始。从中华人民共和国成立到社会主义改造基本完成，这是一个过渡时期。（2）由于中国经济的极端落后性和建设社会主义的艰巨性，完成从新民主主义向社会主义的过渡需要一个相当长的时期，估计至少需要三个五年计划或更长一点的时间。
（3）党在过渡时期有着两项互相联系的基本任务，即逐步实现国家的社会主义工业化，并逐步实现国家对农业、对手工业和对资本主义工商业的社会主义改造。（4）过渡时期总路线是革命和建设同时并举的路线，"一化"是主体，"三改"是两翼，二者互相关联而不可分离。（5）过渡时期总路线的实质，是使生产资料的社会主义所有制成为国家和社会的唯一经济基础。（6）实现国家的社会主义工业化的中心环节是发展重工业，以建立国家工业化和国防现代化的基础。由于我国的工业化是社会主义性质的工业化，因此，必须首先发展国营工业，并逐步对手工业和资本主义工业进行社会主义改造。（7）对农业的社会主义改造，必须经过合作化的道路，必须采用说服教育、示范和国家援助的方法。（8）对手工业的社会主义改造，同样要经过合作化的道路。（9）对资本主义工商业的改造，是在利用、限制和改造的方针指导下，第一步把私人资本引导到国家资本主义的轨道上来，第二步逐步地变国家资本主义经济为社会主义经济。（10）加强党的领导作用，是我国实现过渡时期总路线的保证。

1954 年 2 月 10 日，党的七届四中全会通过决议，正式批准了中央政治局提出的总路线。同年 9 月，总路线又为第一届全国人民代表大会第一次会议所接受，把它作为国家在过渡时期的总任务，写入了中华人民共和国的第一部宪法。

过渡时期的总路线和总任务，体现了发展生产力和变革生产关系的辩证关系。毛泽东于 1953 年 10 月 15 日和 11 月 4 日在《关于农业互助合作的两次谈话》中指出："总路线就是逐步改变生产关系。斯大林说，生产关系的基础就是所有制。"① "总路线也可以说就是解决所有制的问题。"② 发展社会主义工业化，不仅能大大提高社会生产力的水平，而且还扩大了国民经济中社会主义公有制的成分。只有不断发展社会主义工业化，才能

①②《毛泽东文集》第 6 卷，第 305、301 页。

吸引、改造和代替资本主义工业,才能支持社会主义商业,用新的技术装备来改造个体农业和手工业。同时,只有对农业、手工业和资本主义工商业实行社会主义改造,才能解放生产力,推动社会主义工业化的发展。社会主义工业化为社会主义改造提供物质技术基础,而社会主义改造为社会主义工业化创造前提条件,两者互相联系、互相促进。总路线是社会主义工业化和社会主义改造同时并举的总路线,其实质就是把解放初期建立在多种所有制基础上的新民主主义社会,逐步改变为使全民所有制和集体所有制经济在整个国民经济中占主导地位的社会主义社会,使社会主义经济成为国家和社会制度的经济基础。

过渡时期总路线是党中央制定的指导全国人民全面开始从新民主主义向社会主义过渡的基本纲领和路线。在总路线的指导下,党和政府对农业、手工业和资本主义工商业实行了社会主义改造,至 1956 年年底,三大改造基本完成,在中国建立起社会主义制度。这是一场当代中国历史上最深刻、最伟大的社会变革,它不仅对当时社会生产力的解放和促进有一定作用,也为建设有中国特色的社会主义事业、为实现中国的现代化建设事业奠定了前提和基础。

三、工业化建设的恢宏蓝图

社会主义工业化作为过渡时期总路线的主体,其基本内容是:建立独立完整的工业体系,改变工业的落后状况,提高国家自力更生的能力,力争经过大约三个五年计划,把中国建设成为一个强大的社会主义工业国。

早在新中国成立之初,共和国领导人就开始酝酿筹划实现国家工业化的宏伟蓝图。1951 年,"一五"计划进入了编制设计阶段。进行全国范围的、有计划的、大规模经济建设,我国当时没有经验,只能学习第一个社会主义国家——苏联的建设经验。1952 年,周恩来、陈云率中国政府代表团赴莫斯科,中苏双方经过了长达 9 个月的协商,最后确定了苏联援助中国的 156 个项目。

1953 年，中国开始了第一个五年计划建设，其目的是建立比较完整的工业体系，打下工业化的基础。由于旧中国遗留下来的现代工业在产业结构上，重工业较轻工业过于薄弱，人民政府接收下来的基本上是以轻工业为主的殖民地、半殖民地经济，重工业成为工业发展的瓶颈。"一五"期间的资源配置主要倾向于工业，在工业中又明显投向重工业。这一年成为我国工业化的起点。

"一五"期间工业化建设宏伟蓝图主要体现为"156 项"工业项目，有一个逐步形成的过程。1950—1952 年初，苏联帮助我国设计的项目共 42 个。经过大量的准备工作，至 1952 年年底，陆续商定了苏联帮助中国恢复与建设的 50 个重点项目。1953 年 5 月 15 日，中苏两国政府签订《关于苏维埃社会主义共和国联盟政府援助中华人民共和国中央人民政府发展中国国民经济的协定》（以下简称"5·15"协定），确定在 1953—1959 年内，苏联援助中国建设与改建 91 个企业，加上此前陆续委托苏联设计，并经苏方同意援助我国建设与改建的 50 个企业，共 141 个企业。按照协定，上述 141 个企业建成后，我国的工业生产能力将大大增长，无论在黑色冶金、有色金属方面，还是在煤炭、电力、石油、机器制造、动力机械制造、化学工业等方面，都超过原有生产能力一倍以上。中国将有自己的汽车工业和拖拉机工业；机械和国防工业方面将有许多新的产品出现。到 1959 年，中国钢铁、煤炭、电力、石油等主要重工业产品，大约等于苏联第一个五年计划时期的水平，即钢的产量超过 500 万吨，煤达到 1 亿吨，电力在 200 亿千瓦时以上，石油 250 万吨左右。上述主要产品的生产状况，是国家工业水平的主要标志。这些企业建设完成后，中国将成为一个有自己独立工业体系的国家，中国的工业化将有一个稳固的基础。

1953 年"5·15"协定之后，部分项目经过了合并、拆分、取消等变动，到 1954 年 8 月形成 144 个建设项目。9 月，以赫鲁晓夫为首的苏联政府代表团应邀来中国参加国庆五周年庆典，并与中国政府签订了关于苏联给予中国 5.2 亿卢布长期贷款的协定，同时新增了 3 个项目，形成了

"147 项"。10 月 12 日在中苏两国政府达成的《对于 1953 年 5 月 15 日关于苏联政府援助中华人民共和国中央人民政府发展中国国民经济的协定的议定书》的备忘录中又新增加 15 项，项目变成 162 个。[①] 这些项目在实施的过程中有的取消了，有的分成两期实施，即被视为两个项目。至 1954 年年底被确定为 "156 项" 建设项目。这就是 "一五" 计划中提出的建设重点。

经过多方协商和反复修改的 "一五" 计划草案，于 1955 年 7 月提交第一届全国人大二次会议讨论。这个方案提出，集中力量发展重工业，建立国家工业化和国防现代化的初步基础，同时提出了进行社会主义改造的任务。大会审议通过了 "一五" 计划，并且认为它是全国人民为实现过渡时期总任务而奋斗的具有决定意义的纲领。

"一五" 计划的建设规模和发展速度，在我国历史上是空前的。它集中地反映了全国人民要求迅速改变贫穷落后的面貌，把我国建设成为一个初步繁荣昌盛的社会主义国家的强烈愿望，受到全国人民的热烈拥护。但是要实现这一宏伟计划，需要各方面的条件加以保证，资金就是其中的重要条件之一。按照计划规定，5 年之中，国家财政对经济和文教建设的支出总额为 766.4 亿元，折合黄金在 7 亿两以上。用这样大的资金来进行建设，在中国以往的历史上是不曾有过的，这就给这一时期的财政提出了严峻的任务。

第二节　财政为工业化建设筹集资金

实现国家工业化是一项极其艰巨和复杂的任务，除了要有先进的技术、丰富的资源和有效的管理外，还必须有巨额的资金，资金问题是工业

[①] 董志凯、吴江著：《新中国工业的奠基石——156 项建设研究（1950—2000）》，广东经济出版社 2004 年版，第 139、147—148 页。

化建设中的一个十分重要的问题。然而，在新中国成立初期，资金严重缺乏，抗美援朝战争还没有结束，军事开支巨大，资金需要也就更为迫切。这一问题不解决，会直接影响到工业化宏伟蓝图的实现。

世界各国为工业化筹集资金有各种不同的途径，当时我国确立的方针是："自力更生为主，争取外援为辅"。如果不是主要依靠自己的力量，而是依靠外力，那么一方面在当时复杂的世界政治格局下容易沦为霸权主义的附庸；另一方面也没有任何外力能够满足中国这样一个大国的工业化资金需要。因此，我们的立足点必须放在独立自主、自力更生的基点上，但如果在有利于我们建设而不损害国家独立自主的前提下，也应该适当借助外援。为实现工业化，我国除了自力更生为主，还充分依靠人民，发行了公债，并向苏联等国借用了外债。

一、自力更生，厉行节约

"自力更生为主"就是立足国内，依靠发展社会主义经济，厉行节约，积累工业化资金。"一五"计划的基本任务之一就是集中主要力量进行以苏联帮助中国建设的 156 项为中心的、由限额以上的 694 个建设单位组成的工业建设，建立我国的社会主义工业化的初步基础。为了完成这个艰巨的任务，仅全民所有制基本建设投资就达 611.58 亿元，折合黄金 6 亿两以上。这些资金，主要是国内自力更生积累起来的，外援只占很小比例。"一五"时期，我国国外的借款收入共 36.35 亿元，仅占财政总收入的 2.7%。可见自力更生的财政资金是国家工业化资金的主要来源。在整个"一五"期间，国家财政通过自力更生发展生产、厉行节约等措施，为工业化筹集建设资金达 1 241.75 亿元，有力地保证了"一五"计划的胜利完成。

依靠自力更生，利用财政积累工业化资金，当时并没有增加人民的负担，这主要体现在三方面：

首先，看财政积累的增长是否超过生产发展和国民收入的增长。"一五"期间，工农业总产值由 1952 年的 827 亿元增加到 1957 年的 1 388 亿元,增长了67.8%;同期国民收入增长了53%(均按可比价格计算),财政收入增长了74.3%。由此可见,财政收入和工农业总产值的增长基本一致,比国民收入的增长虽然稍快一些,这是由于财政收入是按当年价格计算的,增长速度要稍大一些。

其次,看农民的财政负担。"一五"期间向农民征收的农业税和农村其他税收,只占财政收入的9.8%。1952—1957年,农业生产总值增长了24.8%,而农业税总额却一直稳定在30亿元左右。农民的整体负担(包括农业税、地方附加和农村其他税收)占农业总产值的比重由1952年的7.1%下降到1957年的6.4%,因此农民的负担不但没有加重,而且相对地减轻了。[1]

最后,看物价影响。总的来看,这一时期我国零售物价指数是稳定的,农产品的收购价格还有些提高。这样,由于工农业产品价格差异的缩小,农民从价格方面得到了不少好处。职工的年平均工资也由1952年的446元提高到1957年的637元。由于城乡居民生活的逐步改善,他们的储蓄存款1957年也比1952年增长了2倍多。

从以上三方面不难看出,国家在依靠自力更生为工业化筹集资金的同时,没有加重人民的负担,这在当时是了不起的成就。

二、依靠人民,发行公债

为尽快医治战乱创伤,稳定社会政治秩序,恢复国民经济,并筹集资金进行社会经济建设,加快工业化和现代化的步伐,我国在从苏联引进资金、技术、设备的同时,从1954年开始,还发行了国内公债——"国家经济建设公债",以后又连续四年发行。1954—1957年,计划每年发行6亿元,实际发行分别为8.36亿元、6.19亿元、6.07亿元和6.84亿元。1958年计划发行6.3亿元,实际发行7.98亿元。五期实际发行数共计35.44亿元,超过计划总额的16.96%,相当于同期国家预算支出总数

---

[1] 陈如龙主编:《当代中国财政》(上),中国社会科学出版社1988年版,第120—121页。

862.24 亿元的 4.11%。①

"一五"期间国家经济建设公债在发行过程中形成了自己的特点：首先是公债推销的对象，在城市重点是以工人、店员、机关团体干部构成的职工阶层，其次是以私营工商业、公私合营企业的私方构成的工商业者阶层，在农村是广大农民。继 1954 年财政部委托中国人民银行办理公债券的印刷、发行、经收债款、还本付息、债券收回、销毁等事务后，次年又出台了对提前交款者给予贴息的优惠措施。从 1955 年起，国务院强调公债推销要坚持合理分配、自愿、量力的原则，对城市职工和工商阶层仍采取一次认购、一次缴款或分期缴款的办法；对农民仍采取随认购随缴款的办法。各期公债年息一律 4 厘。1954 年发行的公债分八年作八次偿还，其余各年发行的都分十年作十次偿还。

20 世纪 50 年代所发行的这五期国内公债，虽然数额不算很大，但这些债务收入主要被用于当时的国家重点经济建设，所以，它对"一五"时期以及以后建设事业所起的巨大作用，远远超过了这个单纯数字所能显示的作用。在以后的 20 年里，我国没有再举借内外债，而是靠财政、税收和企业的利润筹集建设资金。

三、争取外援，利用外债

"一五"期间，在筹集工业化建设资金上，我国在坚持"自力更生为主"原则的前提下，并没有闭关自守，而是积极欢迎友好国家的经济技术援助，特别是外债支援。

新中国成立初期，以美国为首的资本帝国主义国家对中国实行封锁、禁运，毛泽东根据国内外形势提出了"一边倒"的外交方针，但他并不反对与包括西方资本主义国家在内的各国发展经济贸易关系，也不主张在经济上关起门来搞建设。1954 年，毛泽东在接见英国工党代

---

① 财政部综合计划司编：《中国财政统计：1950—1985》，中国财政经济出版社 1987 年版，第 50、60 页。

表团时指出："我们这类国家，如中国和苏联，主要依靠国内市场，而不是国外市场。这并不是说不要国外联系，不做生意。不，需要联系，需要做生意，不要孤立。"① 1957 年 3 月，毛泽东在会见捷克斯洛伐克政府代表团时又指出："美国现在搞禁运，我们愿意它搞。它不禁运，我们就要同它搞贸易，就要同英国、法国、西德等国家都搞贸易，但是由于经济落后，我们还拿不出东西同它们搞……到第二个或第三个五年计划后它解除禁运时，那我们就会有些东西同它搞贸易，到那时我们可以同它建立关系。"② 可以看出，当时我国是希望同外国发展经济关系的，也正是在这种思想的指导下，我国借用了一些外债用于工业化建设。

早在新中国成立前夕，党中央就派出以刘少奇为团长的高级代表团访问苏联，与苏联达成初步协议，苏联将给予新中国 3 亿美元的贷款，并选派 200 余名高级技术人才到中国工作，进行技术指导和援助。1949 年年底，周恩来、毛泽东先后赴苏，就中苏政治、经济、技术合作及中国利用苏联资金、技术等重大问题与斯大林商谈。1950 年 2 月 14 日，中苏两国政府在签署《中苏友好互助同盟条约》的基础上，签署《中苏关于苏联贷款给中华人民共和国的协定》，正式落实已经达成的苏联支持中国的承诺。同时，在重大建设项目上，苏联将帮助中国设计、提供成套设备和主要建设物资。

1950—1957 年，中苏两国先后签订了 11 项贷款协议，中国政府实际从苏联政府得到贷款 56.76 亿旧卢布（包括抗美援朝期间苏联借给中国用于购买苏联军事、物资的贷款），折合成新卢布约 12.75 亿，加上利息 1.32 亿新卢布，本息合计为 14.07 亿新卢布。这些苏联援助性质的贷款年利息是 1%～2.5%，偿还期为 2～10 年，主要用于引进苏联的技术、设备，开展 156 项工程建设。

---

① 《毛泽东外交文选》，中央文献出版社 1994 年版，第 161 页。
② 同上，第 287—288 页。

第三节　发挥财政政策作用以奠定公有制基础

"一五"时期，财政不仅在为工业化建设筹集资金方面做出了很大贡献，而且还运用各项财政、税收政策，促进国家对农业、手工业和资本主义工商业的社会主义改造，从而奠定了社会主义公有制的基础。

一、促进农业走上合作化道路

在国民经济第一个五年计划时期，我国广大农村分散的和落后的个体经济的存在，限制着农业生产力的发展，它与社会主义工业化之间日益暴露出很大的矛盾。这种小规模的农业生产已日益表现出不能满足广大农民群众改善生活的需要，不能满足整个国民经济高涨的需要。因此，必须教育和促进农民走合作化的发展道路，对农业实行社会主义改造。在农村社会主义高潮的到来和对农业社会主义改造的基本完成过程中，国家财政发挥了积极的促进作用。毛泽东在农业合作化过程中曾指示过：在资金方面，国家应该给予农民以必要的援助。中共中央《关于发展农业生产合作社的决议》中指出："必须采取说服、示范和国家支援的方法来使农民自愿联合起来。"1955 年 10 月，党的七届六中全会（扩大）通过的《关于农业合作化问题的决议》中又进一步指出："国家财政、经济各有关部门……在财政和技术上对于农业合作化运动的援助应列入重要的工作日程。"根据上述精神，国家在财政上采取了一系列的措施，积极促进农业合作化运动的发展。

（一）实施农业税减免政策和稳定负担政策

农业合作化初期，国家对新解放区的农业税仍实行累进税制。农业合作化高潮以后，实行累进税制就没有必要了，全国农业税就一律改为比例税制。国家实现了财政经济状况根本好转以后，立即采取了稳定农民负担的政策。政务院在《关于一九五三年农业税工作的指示》中正式宣布，从 1953 年起，3 年内全国农业税的征收指标稳定在 1952 年的实际征收水平上，不再增加，税率按 1952 年的规定执行，以减轻农民的负担，巩固工农联盟。1955 年 9 月，财政部向国务院报告，建议 1956 年和 1957 年全国农业税征收指标继续稳定在 1952 年的实际征收水平上。1956 年 9 月 12 日，中共中央、国务院在《关于加强农业生产合作社的生产领导和组织建设的指示》中进一步强调："农业税的征收，已确定去年的水平，不再增加，地方附加也不能增加太多。要使合作社收入的 60% 到 70% 分配给社员，一般应做到 90% 的社员都增加收入"。

在"一五"时期，农业税的征收工作坚决贯彻执行了党和人民政府的指示，农业税负担数额是稳定的。1953—1957 年，农业税（正税）的实际征收数，除 1957 年外，其余 4 年都未达到 1952 年 1 760 万吨的实际征收水平，而 1957 年超过的数额只有 15 万吨。1953—1957 年的农业税附加每年都比 1952 年有所增加，主要用于举办当地的农业生产建设和公益事业方面（见表 2 - 1）。

表 2 - 1　全国农业税负担情况（1952—1957 年）　　　　单位：亿斤细粮

年份	农业实际产量	实征农业税			农业税占实际产量%	
		合计	正税	附加	合计	正税
1952	2 924	358	352	6	12.2	12.0
1953	2 892	344	328	16	11.9	11.3
1954	2 988	371	342	29	12.4	11.5
1955	3 297	384	351	33	11.6	10.6
1956	3 409	367	319	48	10.8	9.4
1957	3 450	400	355	45	11.6	10.3

资料来源：陈如龙主编：《当代中国财政》（上）。

由于农业税征收额的基本稳定，而农业生产又逐年增加，这就意味着农民的负担相对减轻。例如，1952 年农业实际产量为 2 924 亿斤，到 1957

年达到 3 450 亿斤，增产 526 亿斤，而农业税（包括正税和附加）只比 1952 年增加 42 亿斤，增产的其余部分都留给了农民，这是对农业生产和农业合作化的很大支援。

（二）采用工商税收的轻税和减免政策

早在 1951 年 9 月 1 日，财政部发布的《临时商业税稽征办法》就明确规定，对农民、渔民、牧民、猎户自产货品持有当地乡（村）以上人民政府证明文件，可免临时商业税。随着过渡时期总路线的贯彻执行，1954 年修正了临时商业税的稽征办法，对农民在一般县城及专辖市以下乡村、集镇销售自产品，无论是否达到起征点，一律免征临时商业税。在专辖市以上城市销售自产品达到临时商业税起征点者，如果有区、乡人民政府开具的自产自销证明，也免纳临时商业税。农民向国家出售统购的农产品或农、猎、牧民售给国营公司和合作社自产品，不论数量多寡，均免验自产自销证明。

为了适应农业合作化的新情况，财政部税务总局在调查研究的基础上制定了《关于农村工商税收的暂行规定》，经国务院批准于 1956 年 12 月发布试行。这是我国历史上第一个全国统一的关于农村工商税的规定，其主要特点是：

第一，继续体现了减免税从宽的政策精神。对农业生产合作社自产的农、林、牧、渔产品，凡是在社内公用或分配给社员，或在本社社员间相互调剂部分，都一律免纳商品流通税、货物税、营业税、所得税。社员自己生产的农、林、牧、渔产品，自用部分都不纳税。农业生产合作社、社员对外出售的农、林、牧、渔产品，如果属于应该缴纳商品流通税、货物税的品目，销售给国营企业、供销合作社、合营企业等收购单位的，由收购单位纳税，只是就直接销售给消费者的由销售者（农业生产合作社、社员）纳税。

第二，对农业生产合作社附设的手工业单位，本着副业不挤专业的原则，在征免界限上一般比照工商业单位来处理纳税。应纳商品流通税、货物税的品目，不分社内公用、分配给社员或者为社员加工、对外出售、均应纳税；应纳营业税的品目，不论卖给社员或对外出卖，都应纳税，但对集体公用的部分不纳税。这样，农业生产合作社附设的手工业单位，同专业手工业在营业税税负上就大体上可以摆平。但是，考虑到农业生产合作社附设的手工业单位在生产技术、经营管理方面一般都还赶不上专业手工业，还有必要给予照顾，因此明确规定一律不纳所得税。

第三，为限制农业生产合作社在城镇设立店铺弃农经商，不论销售自产品或是贩卖商品，都要缴纳3%的营业税。

（三）给予农村信用合作社免税照顾

农村信用合作社是从1953年开始逐步建立的，它与发展农业生产、促进农业合作化运动有着密切的关系。因为农业生产合作社和农业生产的发展，需要大量的投资，每年都需要有巨额的农业贷款。农业合作化愈发展，所需贷款数额就愈大，单靠国家银行的贷款是不能满足需要的。解决农贷投资最有效的办法，就是迅速地、大量地发展农村信用合作社，把广大农民的资金组织起来，发挥农村资金的潜力，按照国家计划，有效地用于发展农业生产。因此，大量组织农村信用合作社是农业合作化工作中的一个重要组成部分。农村信用合作社属于社会主义经济性质，但它的利润是由它本身直接支配的，国家只能通过税收形式将其利润的一部分纳入国家预算。为了支持农村中的这一新生事物，巩固农村信用合作社的基础，促进对农业的社会主义改造，1953—1957年，对农村信用合作社一直免征工商业税，在税收上给了很大的照顾。

（四）扶持农村供销合作社的发展

农村供销合作社是联结城市和乡村、工业和农业、生产和消费的一条纽带，对农业的社会主义改造有着重要的作用。在对农业的社会主义改造中，国家运用税收政策，积极扶持农村供销合作社的发展。

1953年1月1日发布的《关于税制若干修正》中规定，供销合作社营业税税率由原来的2%改为2.5%，但实际上税负并未增加，因为把原来应纳的印花税、营业税附加，合并到调整后的营业税税率中去了。调整后，供销合作社的税率仍低于国营和私营商业3%～3.5%的税率，体现了扶持供销合作社的政策精神。

随着农村供销合作社业务的发展，为了适当平衡税负，供销合作社的营业税率从 1955 年 2 月起由原来的 2.5% 改为 3%。供销合作社经营的农具类生产资料，因税率调整后价格不能提高，使供销合作社经营利润甚微，这不仅增加供销合作社经营这一类商品的困难，也不利于推广使用新式农具。为此，财政部税务总局于 1955 年 4 月 22 日发出《供销合作社经营的畜力农具一九五五年内仍按 2.5% 的税率交纳营业税的通知》。1956 年 2 月 2 日，财政部税务总局又发出《关于供销社经营的十七种新式畜力农具在一九五六年内仍按 2.5% 的税率计算交纳营业税的通知》，以配合推广使用新式农具，适应农业合作化发展的要求。

1956 年农业合作化高潮到来的时候，财政部与农业部、铁道部、交通部、中华全国供销合作总社联合发出通知，又将新式农具增加了 34 种。财政部于同年 5 月 15 日发布《关于供销社经营的新式农具一九五六年扩充的三十四种亦可按 2.5% 税率征收营业税的通知》。这样，对供销合作社经营新式农具的税收照顾，由畜力型扩大到手工机械、机械、电动机等类型，品种由 17 种增加到 51 种，充分体现了工商税收对供销社照顾、保护的政策。

（五）国家财政增加对农业的投资

国家财政在大力投资发展工业的同时，对农业也给予了直接的投资，这是巩固和发展农业生产合作社的一个重要条件。

1955 年，中共中央发布了由毛泽东起草的《农业十七条》，征询各地意见，要求加快农业发展。1956 年，毛泽东召集最高国务会议，讨论中共中央提出的《一九五六年到一九六七年全国农业发展纲要（草案）》，同时提出农业发展的指标。为了扶持农业上《纲要》，加快农业发展，国家财政加大了对农业的投资，重点支持兴修农田水利、推广新式农具、扩大优良品种等。

据统计，在"一五"期间，财政安排的支农资金总数达 99.58 亿元，占财政支出总额的 7.4%，其中属于基本建设拨款的达 40.91 亿元；属于支援农村社队和各种农业事业费支出的达37.23亿元；属于流动资金拨款达2.91亿元；其他支出18.53亿元。5年中，财政支农资金最多的是1956年，总计达29.14亿元，比1952年增加2.2倍，其中农林水气基本建设拨款13.63亿元，比1952年增加2.5倍。在农林水气基本建设拨款中，水利基本建设拨款8.11亿元，占总额的59.5%。5年中，水利基本建设取得了巨大成绩。国家集中力量治理了水患严重的淮河水系、海河水系、黄河水系和长江水系，相继建设了梅山水库、佛子岭水库、官厅水库和三门峡水利枢纽工程。"一五"时期共扩大灌溉面积733万公顷，平均每年增加147万公顷。所有这些水利建设，对于防洪蓄水，减轻水旱灾害，促进农业生产的发展，都发挥了巨大的作用。5年中，国家还建设了大量的国营农场、拖拉机站及农业技术推广站，购置了大量的拖拉机和其他农业机械。1952年全国只有2 006台拖拉机，到1957年增加到24 629台，增长了12.3倍。

（六）发放低息农业贷款

国家银行当时的农贷任务，主要就是促进农业合作化，推动农业生产的发展。"一五"期间，国家银行共发放农业贷款76亿元，其中大部分是在1955年和1956年发放的。1956年各种农业贷款总计近30亿元。国家银行农业贷款的利息一贯是较低的，1952年6月规定，一般农贷月息为1%~1.5%。1955年10月国家银行对农业生产合作社贷款的月息降为0.6%，对农业互助组贷款和设备贷款月息为0.75%，对个体农业生产贷款月息为0.9%。大量的农业贷款以及大幅度降低农业生产合作社贷款和设备贷款的利率，对于打击高利贷、发展农业生产和推动农业合作化运动，具有重大作用。

这期间，除发放一般农业贷款外，国家每年还发放了为数不少的无息的预购订金，5年累计达20亿元，保证了农村生产和消费资金的周转，促进农民走组织起来的合作化道路，并保证了主要农副产品收购计划的实现。5年中，国家在农村采购的农副产品总额达744亿元，供给农村各种生产资料达142亿元。

农业合作化运动在由互助组向合作社发展时，有些缺乏牲畜、农具的贫农交纳入社股金有困难。为了帮助他们及时入社，国家财政专门安排了7亿元的贫农合作基金，交由银行按月息0.4%贷放，先后帮助4 000多万户贫农交纳了入社股金。就当时的财政状况来说，7亿元是不算少的。财政、金融部门努力筹措了这笔资金，并做了妥善安排，解决了贫农入社的困难，鼓舞了他们的信心，解除了中农怕入社吃亏的顾虑，促进了农业合作化运动的开展，巩固了贫农和中农的团结。

二、加快手工业的社会主义改造

手工业在我国国民经济中占有相当重要的地位，它在发扬经营特点，增加产品的花色品种，弥补大工业的不足，满足人民多种需要方面，起着重要的作用。1956年3月5日，毛泽东在《加快手工业的社会主义改造》一文中就指出："手工业的各行各业都是做好事的。吃的、穿的、用的都有。还有工艺美术品，什么景泰蓝，什么'葡萄常五处女'的葡萄。还有烤鸭子可以技术出口。有些服务性行业，串街游乡，修修补补，王大娘补缸，这些人跑的地方多，见识很广。北京东晓市有六千多种产品……手工业中许多好东西，不要搞掉了。王麻子、张小泉的刀剪一万年也不要搞掉。我们民族好的东西，搞掉了的，一定都要来一个恢复，而且要搞得更好一些。"[1] 但个体手工业的生产也有分散、落后、盲目、保守的一面，劳动生产率很低。因此，必须进行社会主义改造。

国家对个体手工业的社会主义改造，也是经过合作化的道路，把个体手工业者逐步组织到各种形式的手工业合作社（手工业生产小组、手工业生产供销社、手工业生产合作社）中去，变个体所有制为集体所有制。到1956年年底，参加手工业合作社的从业人员达509万人，占当时全国个体手工业从业人员总人数的91.7%，手工业合作社的产值占手工业总产值的92.9%，基本上完成了对手工业的社会主义改造。

---

[1]《毛泽东文集》第7卷，人民出版社1999年版，第12页。

在国家对手工业的社会主义改造过程中，国家财政也发挥了促进作用。

一是从税收上给手工业合作社以照顾和优待。早在 1951 年 10 月公布的《合作社交纳工商税暂行办法》中，就规定对贫苦艺匠和原不纳税的个人小生产者所组成的手工业合作社免纳工商税 3 年。1953 年 10 月 14 日，财政部税务总局又发出通知，规定凡新成立的手工业合作社和原批准免税的手工业合作社，在其发展过程中，新参加的社员中原纳税户不超过 25% 的都可以免税。这些税收规定扶持了手工业合作社的巩固和发展，吸引了广大手工业者逐步走上合作化的道路。

1955 年下半年以后，为配合国家对手工业的社会主义改造，体现对手工业合作社实行奖励发展的政策，减少新组织起来的手工业合作社的困难，国家税收继续规定了适当的优待，鼓励其发展。当年 10 月，财政部发布的《手工业合作组织交纳工商税暂行办法》规定：（1）对新成立的手工业生产合作社，自开工生产的月份起营业税减半交纳一年。对个别经营仍有困难的合作社，经县市人民委员会批准后，可在应纳营业税税额 20% 的范围内酌情再给予一定期间的减税优待。（2）对其他新成立的手工业合作组织，自开工的月份起，第一年营业税减征 20%，所得税减半交纳。（3）对少数民族地区、边远山区新成立的手工业合作社，营业税可在一年的期限内，所得税可在两年的期限以内，由省、自治区人民委员根据具体情况批准，进行减免优待；自第二年开始，对于经营仍有困难的合作社，经省、自治区人民委员会批准后，可在应纳营业税税额 50% 的范围内，酌情再给予一定期间的减免照顾。

《手工业合作组织交纳工商税暂行办法》执行以来，对手工业合作事业的发展起了积极的作用。但自手工业合作化高潮以后，由于在组织发展和改造的过程中出现了一些盲目追求大社和过于集中的倾向，特别是把许多与居民日常生活有密切联系、不宜集中的服务性行业集中起来，不仅给这些行业的生产经营带来了困难，也使广大居民感到不便。为此，财政部于 1957 年 2 月发布了《关于修订手工业合作组织交纳工商税暂行办法若干条款的通知》，对手工业生产小组改为手工业生产合作社的，不再给予减税优待。

由于税收上的优待，在 1955—1957 年的 3 年内，手工业合作组织得到的减、免税照顾有 2 亿元左右，相当于它们 1955 年全部股金的 4.4 倍。这对手工业合作组织兴办初期的资金周转和以后的生产经营是个很大的帮助。

二是从资金上给手工业合作社以直接的支持。在手工业合作化过程中，国家财政曾陆续拨给手工业系统各项基金和经费 1.3 亿元。中国人民银行对手工业合作组织也发放了大量的长短期低息贷款，仅 1956 年一年就有 3.8 亿元。此外，国家在给手工业合作社调拨物资的作价上也给予了优待。毛泽东在《加快手工业的社会主义改造》一文中指出："国家调拨物资给合作社，要合理作价，不能按国家调拨价格作价。合作社和国家企业不一样，社会主义集体所有制和社会主义全民所有制有区别。合作社开始时期经济基础不大，需要国家帮助。国家将替换下来的旧机器和公私合营并厂后多余的机器、厂房，低价拨给合作社，很好。'将欲取之，必先与之'。"①

三、支持资本主义工商业的改造

对民族资本主义工商业进行社会主义改造，把私人资本主义经济纳入国家资本主义道路，是过渡时期总路线规定的由新民主主义向社会主义转变的重要任务。新中国成立后，根据党的七届二中全会决议，国家确定了对民族资本主义工商业采取利用、限制和改造的政策。1953 年 12 月正式公布的过渡时期总路线，把对资本主义工商业的社会主义改造作为一项主要内容提了出来，并在 1954 年中华人民共和国第一部《宪法》中以法律形式规定下来："国家对资本主义工商业采取利用、限制和改造的政策。国家通过国家行政机关的管理、国有经济的领导和工人群众的监督，利用

---

① 《毛泽东文集》第 7 卷，第 12 页。

资本主义工商业的有利于国计民生的积极作用，限制它们的不利于国计民生的消极作用，鼓励和指导它们转变为各种不同形式的国家资本主义经济，逐步以全民所有制代替资本家所有制。""一五"期间，国家采取多种措施，促使资本主义工商业逐步接受社会主义改造。国家财政是贯彻利用、限制和改造资本主义工商业政策的一个重要武器，它对资本主义工商业的社会主义改造起了有力的促进作用，这种促进作用主要是通过国家税收来实现的。

（一）对不同行业、不同产品采取高低不同的税率

早在 1950 年 12 月政务院发布的《工商业税暂行条例》和《货物税暂行条例》中，都体现了对资本主义工商业的这种鼓励和限制的政策精神。第一，工业轻于商业。工业部门的税率为 1%～3%，商业部门的税率为 1.5%～3%。第二，重工业轻于轻工业。重工业部门的税率一般为 1%，而轻工业部门是 2%～3%。第三，日用必需品轻于奢侈品。例如，日用工业品五金、电料、肥皂、纸等货物税的税率为 5%～15%，而奢侈品烟、酒、化妆品等货物税的税率为 80%～120%。在商业上，有利于国计民生的商业的税负轻于无利或少利于国计民生的商业。同时，工商所得税还规定对生产动力机、重工业母机、农业机械、硫酸、烧碱、肥田粉等有利于国计民生的工业企业，予以 10%～40% 的减税照顾。这些规定鼓励了资本主义工商业向着有利于国计民生的方向发展。为了照顾私营出口商经营出口业务的困难，税制中还设置了货物税、商品流通税出口退税的规定。

（二）税收政策对公私企业执行"区别对待，繁简不同"的原则

税法规定，对私营企业征收全额累进所得税，以节制其资本。对国营企业调拨农产品及国营和合作社商业的批发业务收入都免征营业税，而对私营商业的这些业务则照征营业税。国营工业相互之间调拨原材料不征营业税，而私营工业则照征；国营重工业在连续生产过程中有 135 种中间产品不征税，而私营重工业则照征。在征收手续、征收方法方面，也都给国营企业、合作社以方便。例如，1954 年 10 月 23 日财政部发布的《关于

简化国营企业商品流通税、货物税照证制度的规定》，对国营企业生产的应税商品（货物）纳税后，税务机关不再核发完税证，可凭国营企业发货使用的单证运行；而对私营工商业，则进行严格的税务管理和监督，以防止其非法活动。又如，对于生产和制造应课商品流通税和货物税产品的私营工厂，在接受国营企业加工、订货、统购、包销任务后，其产品在包装上如有国营监制等标志的，可以不贴完税证、查验证；而私营企业之间的加工关系，则必须逐件贴证。这些措施限制了资本主义工商业的资本积累和过分发展，并使国营经济在同私营经济的竞争中居于优势地位。

税收对于资本主义工商业的限制，必然会引起资产阶级中的部分人反对和抗拒，他们采取各种方式偷税漏税。据不完全统计，1953—1955 年间，税务机关查获的资本主义工商业偷税漏税案件有 526 万多件，偷漏税款达 1.77 亿元。税务机关依靠发动群众，在征收方法、征收制度、征收手续等方面，特别是发动广大职工起来护税，检举不法资本家偷漏税行为方面，采取了许多有效措施，加强了对资本主义工商业的管理和控制，防止其非法活动。在斗争中，税务干部根据党的"又团结，又斗争，以斗争求团结"的政策办事，斗争和教育相结合，使爱国守法的资本家团结在人民政府周围，影响和争取中间分子，把不法分子孤立起来，有效地制止了他们的非法活动。

（三）通过各种国家资本主义的形式逐步改造资本主义工商业

1954 年 1 月，中财委召开扩展公私合营工业计划会议。会议指出，对民族资本主义工商业的社会主义改造，大体上分两个步骤进行：首先是从资本主义经济转变为国家资本主义经济，然后再从国家资本主义经济转变为社会主义经济。至此，中国共产党关于对资本主义工商业进行社会主义改造的思想最终形成。国家资本主义又分为初级形式的国家资本主义和高级形式的国家资本主义。税收在这个改造过程中起了有力的促进作用。

首先，是促进资本主义工商业接受加工订货、经销代销的国家资本主义的初级形式。国家资本主义的初级形式，在工业中有委托加工、计划订货、统购包销，在商业中有委托经销、代销。这些都是从流通领域入手，通过企业的外部联系对资本主义工商业进行社会主义改造的具体形式。在税收上,私营工商业接受国家的加工订货、经销和代销与私营工商业相互之间的加工订货和经销代销有明显的不同。私营工商业接受国家的加工订货和代购代销,工业可以按照所得的加工费、商业可以按照所得的手续费纳税,不按进销货行为纳税。如国营企业、合作社企业委托私营工厂加工,因特殊原因,未订立加工契约,或事后补订加工契约,经查明确系加工者,都可予以承认,不作进销货行为征税。由私营加工厂代购原料,只要发货票抬头是国营企业或合作社商业,而国营企业或合作社商业只要是以同质同量原料偿还的,均可不作进销货处理。私营商业和小商小贩接受国营商业、合作社委托代购、代销、代批,不分工农业产品,都就所得手续费按7%的税率缴纳营业税,代购粮食及缴纳商品流通税的商品所得手续费不征营业税。每月收益额不满30元者免税。肩挑商贩、推车叫卖的个体小商贩转为合作社的代购、代销员,其所得手续费每月满30元者,按7%的税率缴纳营业税,免纳所得税。

对私营工业企业之间的加工业务,则限制严格,双方必须先订立加工合同,否则就要视为双方的进销货行为征税;加工者必须就委托者交来的原料进行加工,否则将视为以物易物的行为征税;加工厂也不得代垫原料或代购原料及包装物,否则视为加工厂的销货行为征税;加工成品也不能使用加工厂的商标,否则也要视为双方进销货行为征税。私营商业之间的代购代销,仍照原规定按进销货行为征税。

其次,促进资本主义工商业接受公私合营的国家资本主义的高级形式。加工订货、经销、代销这种国家资本主义的初级形式,没有改变资本家的私有制性质,资本家仍然掌握着生产资料的占有权、支配权、使用权,企业仍然掌握在资本家手里;工人仍未摆脱雇佣劳动的地位,劳动积极性还受到影响;企业生产经营活动,虽然委托加工、计划订货、经销、代销,也只是间接地纳入了国家计划轨道,资本主义生产的盲目性、无政府状态并未根除,仍然会妨碍、冲击乃至破坏社会主义计划经济的发展。特别是在企业的利润分配上,国家除征收所得税外,还不能直接参与分配。因此，有必要使国家资本主义的初级形式进一步向高级形式发展，也就是从加工订货、经销代销向公私合营发展。公私合营是资本主义工商业进行社会主义改造的具有决定意义的形式，它又经历了两个阶段，即个别企业公私合营阶段和全行业公私合营阶段。

截至 1954 年年底，所实行的公私合营都是单个企业分别进行的（当时称之为"吃苹果"），所选择的企业一般都是发展有潜力、产品有市场的大型企业，加上国家又注入资金，因此这些企业合营后的劳动生产率和利润一般都明显高于合营前。

在个别企业公私合营阶段，企业的生产资料已由资本家独有改变为社会主义国家和资本家共有，国家依靠社会主义经济力量以及工人群众和公方代表的作用掌握着企业的领导权，资本家开始丧失生产资料的完全支配权。这种生产关系的重大变革，使国家与合营企业之间的财政分配关系也随之发生了重大的变化。国家对合营企业的利润，采取了"四马分肥"的办法，即将企业的利润分成四个部分：一部分是依据税法规定缴纳给国家的所得税，占 34.5%；一部分作为企业的奖励基金，参照国营企业的有关规定和合营企业原来的福利情况适当提取，占 15%；一部分作为企业的公积金，占 30%；其余部分作为股息红利，占 20.5%。股息红利按公私股份的比例，在国家和资本家之间进行合理分配。公股分得的股息红利，依照规定上缴国家财政；私股分得的股息红利由股东自行分配。国家还分别规定公私合营企业公积金和奖励基金的用途，公积金主要用于发展生产，奖励基金应以举办职工集体福利设施和奖励先进职工为主。由此可见，"四马分肥"的原则，把股东所取得的股息限制在企业利润的 20% 左右。这个分配利润的原则，在国家对资本主义工商业的社会主义改造中起着显著的作用。如果说在加工订货、经销、代销的国家资本主义初级阶段里，国家财政的作用范围还只限于流通领域，只是通过企业的外部联系发生作用的话，那么，在公私合营的国家资本主义高级阶段里，通过"四马分肥"的利润分配原则，国家财政的作用范围，就已经深入到合营企业的内部了。

1955 年 4 月，中共中央批转了《关于扩展公私合营工业计划会议和关于召开私营工商业问题座谈会的报告》。该报告提出对资改造应实行"统筹兼顾，全面安排"的方针，这就是在合营过程中，应着眼于整个行业，采取以大企业带中小企业，以先进带落后的办法，根据不同的情况进行改组、合并，然后再进行公私合营。对中央的这一指示精神，在具体执行中变成了全行业公私合营的开始。

1955 年下半年，我国农村出现了农业社会主义改造高潮，迅速扩大了社会主义在农村的阵地，进一步割断了资本主义经济同农村的联系，迫使资产阶级不得不进一步接受改造，走上全行业公私合营的道路。同年 10 月，毛泽东邀请中华全国工商业联合会（以下简称全国工商联）执行委员会的委员们举行了座谈会，希望私营工商业者认清社会发展规律，接受社会主义改造，把自己的命运与国家的前途结合起来，掌握自己的命运。不久，在全国工商联第一届执行委员会召开的第二次会议上，陈云又对全行业公私合营和定息等问题作了进一步说明。随后会议通过了《告全国工商界书》，要求全国各地工商业者响应中共中央号召，积极接受社会主义改造。11 月，中共中央召集各省、自治区、直辖市和人口在 50 万以上的大中城市党委负责人会议，专门讨论改造资本主义工商业问题。会议对当时的形势作了充分的估计，提出了实行全行业公私合营的规划，接着又在中共七届七中全会上通过了《关于资本主义工商业社会主义改造问题的决议》。《决议》要求各级党委加强领导，做出全面规划，把对资本主义工商业的改造推进到全行业公私合营的新阶段。1956 年 1 月，继农业合作化高潮的兴起，在全国范围内出现了全行业公私合营的高潮。到 1956 年年底，私营工业人数的 99%、私营商业人数的 85% 实现了全行业公私合营。1956 年全国工业总产值中，国营工业占 54.5%，公私合营工业占 27.2%，私营工业已所剩无几了。在零售商业中，国营商业、供销合作社和公私合营商业占 95.8%，私营商业只剩 4.2%。

资本主义工商业的社会主义改造进入全行业公私合营阶段以后，资本家原来占有的生产资料就归国家所有，由国家统一调配和使用，国家对许多企业实行合并和改组，就不可能再让每个企业各自进行盈利分配，因此必须改变原来的盈利分配办法。经过同资本家商量，资本家所得股息红利就由"四马分肥"办法改为实行统一分配盈利的定息制度。1956 年 1 月，中共中央发布了《关于对公私合营企业私股推行定息办法的指示》，指出对公私合营企业的私股实行定息的办法是国家进一步加强社会主义改造的一项重要的措施，是向资产阶级特别是大资本家继续进行赎买的重要方式。同年 2 月 8 日，国务院第 24 次全体会议通过了《关于在公私合营企业中推行定息办法的规定》、《关于私营企业在合营时财产清理估价几项主要问题的规定》和《关于目前私营工商业和手工业的社会主义改造中若干事项的决定》，并于 11 日公布执行。7 月 28 日，国务院又发布《关于对私营工商业、手工业、私营运输业的社会主义改造中若干问题的指示》。根据这些文件指示的精神，对资本家在经济上和政治上进行了安排，这主要是定股、定息和人事安排。定股，就是根据"公平合理、实事求是"的原则，对资本家实行合营的资产和负债进行清理估价，核定私股的股额。定息，就是在公私合营时期，对民族资本家的生产资料进行赎买的一种形式，即不论企业盈亏，统一由国家每年按照企业公私合营时清产核资所确定的私股股额，发给资本家固定的利息，利息率统一定为年息 5%。定息是资本家凭借原有的生产资料占有剩余价值的一种特殊形式，仍是资本家的剥削收入。但是，由于利息率固定，资本家对工人的剥削受到严格的限制，而且资本家对生产资料的所有权，只是表现在取得定息上，同生产资料的支配权、使用权已完全分离。据统计，1956 年年底全国公私合营企业的私股共为 34 亿元，其中工业 25 亿元，商业、饮食服务 8 亿元，交通运输 1 亿元。领取定息的私股股东共有 114 万人，国家财政每年付出的定息为 1.7 亿元。1956—1966 年间，共付出定息 18.14 亿元。人事安排，就是对私营企业在职的私方人员全部"包下来"，然后再根据"量才使用、适当照顾"的原则安排工作岗位。

全行业公私合营和定息制度的实行，使企业的生产关系发生了根本的变化。企业的生产资料已全部由国家统一使用、管理和支配，资本家在企业中完全成为管理人员和技术人员，工人摆脱了雇佣劳动地位，成为企业的主人。这时的公私合营企业同国营企业已经没有多少差别，基本成为社会主义经济了。国家财政与企业的分配关系也相应发生了变化。1956 年 8 月，国务院转发财政部《关于对私营工商业在改造过程中交纳工商税的暂行规定》，对公私合营企业的税收，参照国营企业的课税原则，结合企业的具体情况作了一些规定。这些规定适应了全行业公私合营后的新情况，促进和巩固了对资本主义工商业的社会主义改造。

第四节　改进财政管理体制

1953 年 9 月 18 日，中央人民政府委员会第 28 次会议任命政务院副总理、中财委副主任邓小平兼任财政部部长。1954 年 1 月，邓小平提出了财政工作的六条方针。此后，为了更好地调动各方面的积极性，更好地实现"一五"计划，国家对财政管理体制进行了探索和改进。

一、邓小平提出财政管理的六条方针

邓小平六条方针的提出，是和 1953 年财经工做出现的小失误密切相关的。编制 1953 年预算时，把上年结余的 30 亿元列入预算收入。执行中，1 月、3 月相继出现赤字，到 7 月赤字累计达 20.9 亿元，只好动用上年结余，向中国人民银行提款，造成银行信贷资金紧张，银行就压缩商业部门的贷款，商业部门为还贷款，纷纷压缩库存商品，减少收购，把节省下来的钱归还银行贷款，这就是所谓的商业"泻肚子"，影响了正常的商品流通，给国民经济的发展造成了一定困难。

1953 年财政的上年结余之所以不能动用，是因为上年财政结余早已由银行作为信贷资金用于发放工商业贷款了，因而只是一个账面数字。当时银行信贷资金严重不足，自有资金又很少，信贷资金的扩大，除了依靠

吸收存款和城乡储蓄以及必要的货币发行外，很大程度上依靠财政存款的增加，其中包括财政结余的增加。财政动用上年结余，必然会影响银行信贷收支的平衡，使银行收回已经发放的工商业贷款或者发行货币。上年30 亿元的结余是当时银行储蓄存款总额的 3.5 倍，相当于 1953 年财政收入的 1/7，一旦动用，会对银行信贷收支的平衡产生严重影响，也会影响物资供应的平衡，从而影响整个国民经济的正常运行。当然，上年结余也不是绝对不能动用，但是，应当在不影响信贷收支平衡、物资供求平衡的条件下，才可以有计划地、适当地动用。另外，上年财政结余中还包括应完未完工程投资和经国家批准的各种跨年度的经费，如自然灾害救济款、水库移民经费、防汛岁修和小型农田水利补助费等。这些钱已经安排了用途，也是不能动用的。

针对当时发生的情况，中共中央采取了紧急措施，动员全党来补救。1953 年 8 月 28 日，中共中央发出《关于增加生产，增加收入，厉行节约，紧缩开支，平衡国家预算的紧急通知》，号召全党全国人民通过增加生产、扩大收购和销售、加速资金周转和做好税收工作等来增加收入，同时大力压缩军费开支和行政管理费用，节约粮食，坚决保证财政部提出的解决财政收支平衡，消除财政赤字的具体措施的实现。经过努力，1953 年预算执行的结果，不仅上年结余没有动用，而且当年收支还结余 2.74 亿元。

1954 年 1 月 13 日，邓小平在全国财政厅局长会议上指出："有些同志不懂得预算底子打大了的问题的严重性。底子大了，是上了马，而且是一匹烈马，上马必然还要下马，下马必须削预算，问题就很多，所以预算底子打大了，是一个政治问题。"就是在这次会议上，邓小平提出了财政管理的"六条方针"，概括起来就是：（1）预算归口管理。要求一切开支都归口。所谓"口"，在中央一级指国务院的各个办公室，例如工交、农林水利、财贸、文教、政法等办公室，不允许有不归口的开支项目。归口时，哪一个口易于控制，就归哪一个口。如县广播站，可归行政部门，又可归文教部门，不必强求一致。（2）支出包干使用。预算指标由本级各口统筹安排，包干使用，只准节约，不准突破。各级包各级的，不是按条条一直包到底。实行包干后，用钱仍要编预算，报决算，财政部门要按制度审批。（3）自留预备费，结余不上缴。自留预备费就是各口在国家分配的预算指标范围内酌留必要的预备费，以应付意料不到的开支。结余不上缴，指各部门由于厉行节约、挖掘潜力而节省下的资金，下年可继续使用，不再缴回财政。但因计划变更、未完成计划、人员限额等原因少开支的部分，以及基本建设竣工工程的结余，仍要缴回财政，不作结余留用。（4）严格控制人员编制。人员不能随意增加，以免扩大财政支出，主要是为了控制工资基金。（5）动用总预备费要经中央批准。各地区、各部门在预算执行中新增加的开支，要首先动用自己的机动财力和在原预算中调剂解决，实在解决不了的，才能向中央提出追加预算。为了控制追加预算，动用国家总预备费，必须报请中央批准。（6）加强财政监督。严格执行财政纪律，保证国家资金合理节约地使用。

邓小平总结提出六条方针的意义在于：第一，当时的财政不够稳固，经不起重大考验。提出六条方针的重大政治目的，就是要把国家财政放在经常的、稳固的、可靠的基础上。立国的政策应该是有力量应付外侮和应付万一，因此必须增强财政后备力量，而财政后备基础的巩固，则需建立在经济上。第二，实行归口包干后，剩下的预备费才能用到重大的事情上去，有了后备力量，国家财政才能集中力量保证社会主义工业化和社会主义改造的需要。第三，有了六条方针，才能节省开支、克服浪费，发扬大家办财政的积极性，把国家财政放在稳固的基础上，保证社会主义工业建设。

1954年贯彻六条方针的结果，预算执行中不仅没有动用上年结余，而且当年收支平衡，有了16.05亿元结余；1955年国家预算执行的结果，继续实现收支平衡，略有结余，虽然预算收支都没有完成计划，但是分别比上年增长3.7%和9.3%，年终仍结余2.74亿元。这个结果同正确贯彻六条方针是密切相连、不可分割的。而且，这两年预决算的编制与过去相比有一个显著的进步，即注意了国家财政同信贷的统一平衡，安排了预算周转金和增拨银行信贷资金。这样，表面看结余数字不大，却是真正可以动用的结余。由于六条方针的全面贯彻，已经把国家财政放在经常的、稳固的、可靠的基础之上，财政的后备力量也增强了。

二、改进财政预算管理体制

（一）大行政区的撤销和三级预算体制的确立

我国的国家预算通常实行一级政权一级财政，每级财政都建立一级总预算。新中国成立初期，国家行政管理体制分为中央、大行政区、省（市）三级，共有华北、东北、西北、华东、中南、西南 6 个大行政区。与此相应，财政预算管理体制实行中央、大行政区和省（市）三级体制，这是一种统收统支、集中统一的模式。

经过国民经济恢复时期，为了适应 1953 年即将开始的全国大规模的有计划的经济建设与文化建设的新形势和新任务，1952 年 11 月，中央人民政府委员会第 19 次会议通过《关于改变大行政区人民政府（军政委员会）机构与任务的决定》。改制后的大区，不再是一级行政机关，而是作为中央机构的派出机构或代表机构，是中央政权在地方的延伸。1954 年 4 月，中共中央政治局扩大会议决定撤销大区一级党政机关，各大行政区委员会随同各中央局、分局一并撤销。6 月 19 日，中央人民政府委员会第 32 次会议通过了《关于撤销大区一级行政机构和合并若干省、市建制的决定》。至 10 月，大区撤销的任务完成。随着行政管理体制的变革，从 1953 年开始，财政预算管理体制也由中央、大行政区和省（市）三级改为中央、省（市）和县（市）三级。同时，为适应地方工作发展的需要，逐步建立起县、市级财政和民族自治地方财政，降低了集中程度，适当地下放了管理权限。

（二）1954 年预算管理体制改革

1953 年开始的财政预算管理体制虽说是三级，但实际上是"一级半财政"，即中央算一级财政；省一级财政只有三项：5% 的农业税附加、3% 的预备费和一部分自筹资金，算半级。这实际上仍是高度集中的体制。

1953 年 6 月，中央召开全国财税会议，各地对中央财政"统得多，统得死"、"年终结余全部收回"、"年终一刀砍"提出意见，要求适当扩大地方财权。在这种情况下，继续实行高度集中的财政管理体制就难以符合当时的政治经济形势的要求，为此国家又开始对预算管理体制进行探索和改进，适当向地方下放财政权力，以调整财政上下级之间和财政同企业、事业单位之间的利益关系。

1954 年，预算管理体制作了进一步的改进，其主要内容有：（1）预算收入实行分类分成办法。将国家预算收入划分为固定收入、固定比例分成收入和调剂收入三类。属于中央的固定收入有：关税、盐税、烟酒专卖收入以及中央管理的企业、事业收入和其他收入；属于地方固定收入的有 7 种地方税（印花税、利息所得税、屠宰税、牲畜交易税、城市房地产税、文化娱乐税、车船使用牌照税）以及地方国营企业、事业收入和其他收入。属于固定比例分成收入的有农（牧）业税、工商业营业税、工商所得税。属于中央调剂的收入有商品流通税和货物税，这项收入由中央用于弥补地方的不足，每年调剂的具体比例由财政部分别核定。以上固定收入和固定比例分成收入两项合计，划给地方的部分一般可达到各省（市）、自治区预算支出的 60% ~ 80% 。这样就使地方预算有了固定的收入来源，保证了地方预算的稳定性，从而发挥了其组织收入的积极性。（2）在预算支出方面，基本按照隶属关系划分：属于中央的企业、事业和行政单位的支出，列入中央预算；属于地方的企业、事业和行政单位的支出，列入地方预算。（3）按照收支划分，地方的财政支出，首先用地方的固定收入和固定比例分成收入抵补，差额由中央财政划给调剂收入弥补。分成比例一年一定。预算执行结果，如收入超收，支出结余，一般留给各级人民政府支配；如收入不能按计划完成，或支出必须增加时，也由各级政府负责调剂解决。

总的来说，第一个五年计划时期实行的是保证国家集中主要财力进行重点建设的财政管理体制，但已有别于新中国成立初期的完全集中体制，成为分级财政管理体制的开端，使地方有固定的收入来源和一定的机动财力。

（三）1957 年下放财政权力

1956 年 4 月 25 日，毛泽东在中共中央政治局扩大会议上作了《论十大关系》的报告，指出国家安排国民经济计划和国家预算要以农轻重为序，改进中央和地方的财政管理体制，改进国家和企业、事业单位财务管理体制，更多地发挥地方和单位的积极性；兼顾国家、生产单位和个人三方面的利益，使企业在统一领导下有更多的机动性。这对财政工作具有重大指导意义。根据这一精神，在财政工作方面作了以下几方面的调整：（1）在中央与地方关系上，1957 年实行"以收定支，五年不变（后改为三年不变）"的办法。在财政收入方面，除原有地方税和地方企业利润作为固定收入外，还有在地方的中央管理的企业利润分成收入；根据各地不同情况将营业税、所得税等税种收入，划一定比例，作为调剂收入。在支出方面，地方经常性支出，由地方自行安排，中央专项安排的支出（包括基建拨款），由中央专项拨款，每年确定一次，列入地方指标。对于有的地方收入（包括固定收入、企业分成收入、税收调剂收入）不能满足正常支出需要的，不足部分由中央拨款补助。（2）在国家与企业的关系上，实行利润分成办法。从 1958 年起，在国营企业实行利润全额分成制度，企业留成比例由各个管理部门核定。（3）基本建设试行投资包干制度。（4）在税收制度上，实行合并税种、简化征税的办法，即把商品流通税、货物税、营业税和印花税合并为一种税——工商统一税，对"中间产品"一般不征税。实行新财政体制，坚持五条原则：集中统一下的因地制宜，大统一，小不统一；既要保证重点建设，又要发挥地方积极性；编制预算要做到平衡，既积极，又稳妥可靠；地方要加强财政、信贷、物资的平衡工作；对于每年国家预算收入增长部分，"中央多得，地方少得"的原则不变。

与此同时，在李先念主持下，制定了《关于改进税收管理体制的规定》。该规定确定的改进税收管理体制的基本原则是：凡是由省、市、自治区负责管理的税收，应当交给省、市、自治区管理。若干仍由中央管理的税收，在一定范围内给省、市、自治区以机动调整的权限，并且允许省、市、自治区制定税收办法，开征地区性的税收。据此规定，将印花税、利息所得税、屠宰税、牲畜交易税、城市房地产税、文化娱乐税、车船使用牌照税等7种地方税收交给省、市、自治区管理；商品流通税、货物税、营业税、所得税等4种税收的税收管理权限基本上归中央集中掌握。允许省、市、自治区根据农业税条例并结合实际情况，对所属地区、粮食作物和经济作物、农业生产合作社和个体农民之间的负担作必要调整。允许省、市、自治区在原有征税办法的基础上，根据实际情况，对盐税税额作必要调整，并报国务院备案。此外，给予自治区更大的管理权限。1958年6月5日，第一届全国人大常委会第九十七次会议通过这个规定，6月9日由国务院公布试行。

三、加强财政监察工作

1950年11月，政务院颁布了《中央人民政府财政部设置财政检查机构办法》，首次从制度上对财政监察机构设置、职能划分等做出了明确的规定。随后，财政部发布了《为设置各级财政检查机构补充规定的通知》。1951年9月，政务院将"检查"改为"监察"。

随着财政监察工作的推进，1952年至1956年上半年，国家陆续制发了一系列关于财政监察工作的政策、法规和规章制度。主要包括：政务院于1952年12月颁布的《省（市）以上各级人民政府财经机关与国营财经企业部门监察室暂行组织通则》，财政部于1953年2月制发的《各级财政监察机构执行财政监察工作实施细则》，以及金库条例、税务机关监察工作细则、预算编制程序、基本建设拨款办法和各种会计制度等。这些政策、法规和规章制度的制发和执行，不仅在指导和规范财政监察工作中起到重要作用，为财政监察工作的顺利开展提供了重要的保障，也使得新中国的财政监督制度体系得到了巩固。

1953年，随着国民经济的恢复、国家财政的状况也逐步好转，我国进入大规模经济建设时期，为保证重点建设资金和地方机动财力的筹集使用，发挥财政监察在大规模经济建设和地方财政管理中的作用，各级财政的财政监察工作都得到了进一步加强。到1954年年底，全国共建立各级财政监察机构 2 158 个，配备财政监察干部 3 300 余人。1954 年 12 月，财政部根据各大行政区撤销后财政监察工作的新形势，召开了全国监察工作会议，会议在深入研究财政监察工作的地位、作用，财政监察机构与财政部门各业务单位的工作分工，财政监察人员编制等问题的基础上，对一个时期的财政监察工作在系统检查、重点检查、临时案件检查、推动自查等方面提出了具体要求。至此，从中央到地方普遍设置了财政监察机构，并研究制定了较为明确的职责、权限、制度，确定了财政监察工作的方式、方法。据统计，从 1950 年到 1956 年 6 月，各级财政监察机构共检查了 35 000 多个单位（次），查出贪污浪费违反财经纪律问题 57 646 件，涉及款项 4.2 亿元。财政监察工作的开展，对于健全财政制度、维护财政纪律、增加收入、节约支出、反对浪费，以及加强企业和事业单位的财务管理，都起了积极的作用。

另外，1954 年 9 月 9 日，党中央批准中财委的建议，在财政部系统内设立中国人民建设银行[①]（以下简称建设银行），专门监督基本建设拨款的合理使用。1956 年 2 月 3 日，为正确供应基本建设资金并监督资金的节约使用，国务院公布了《基本建设拨款暂行条例草案》。这些都是加强财政监察工作的有力举措。

第五节　第一个五年计划胜利完成

1953—1957 年第一个五年计划期间，在党和政府的领导下，全国人民通过共同努力，发扬艰苦奋斗、忘我劳动的奉献精神，克服了重重困难，提前完成了第一个五年计划，各项经济事业获得了很大发展，社会主义工

[①] 陈如龙主编：《中华人民共和国财政大事记：1949—1985》，中国财政经济出版社 1989 年版，第 95—96 页。

业化的基础初步建立起来了，人民的物质文化生活水平得到了明显提高。

一、我国工业化基础的奠定

经过三年的恢复和重建工作后，我国的政治局势已基本稳定，国家财政经济状况好转的任务基本完成。在这种历史背景下，从1953年开始，我国以第一个五年计划规定的156项重点建设项目为骨干，开始了大规模工业化的起步，奠定了工业化的初步基础，是我国工业化的基石与里程碑。

工业化一般是指传统的农业社会向现代化工业社会转变的过程。工业化是现代化的基础和前提，高度发达的工业社会是现代化的重要标志。我国走的是优先发展重工业的道路，它使我国迅速建立起自己的工业体系和国民经济体系。

1953—1957年的5年期间，国家投资工业基本建设的资金达250亿元，是同期投资农业资金的6倍。工业年平均增长18%，农业年平均增长4.5%，工业生产增长明显快于农业；在工农业总产值中，工业的比重由43.1%提高到56.7%，上升13.6个百分点。

"一五"时期是中华人民共和国奠定工业化初步基础的重要时期。在遭受全球绝大多数资本主义国家封锁、禁运的环境下，新中国通过等价交换的外贸方式，接受了苏联和东欧国家的资金、技术和设备援助，建设了以"156项"为核心的近千个工业项目，使以能源、机械、原材料为主要内容的重工业在现代化道路上迈进了一大步。以"156项"为核心、以900余个大中型项目（限额以上项目）为重点的工业建设，使中国大地上史无前例地形成了独立自主的工业体系雏形。从1950年第一个项目开始建设到1969年，"156项"中实际实施的150项全部建成，历时19年。其中建设的高潮在"一五"期间。至1957年年底，"156项工程"中有一半以上的项目已按期全部建成或部分建成投产，在社会主义建设中发挥了重要作用。在施工的1万多个建设单位中，限额以上的有921个，它们在很长时期内都是我国现代化工业的骨干，其中有许多是我国过去没有的新工业，如飞机、汽车、发电设备等。据第一机械工业部调查，"一五"时期的大中型项目，建成后平均 3 年就能收回投资。同期日本是 3 年，美国是 4 年，苏联是 5 年。"一五"期间，我国工业总产值的年平均增长率达到 18%（计划规定为 14.7%）。

第一个五年计划期间新增的工业生产能力在中国历史上是空前的。以钢铁工业为例，仅 1956 年新增加的炼钢能力就达 142.2 万吨，远远超过了旧中国的炼钢能力（最高年产量为 1943 年的 92.37 万吨），发展速度也超过了历史上的资本主义国家。中国钢产量从 1952 年的 135 万吨提高到 1957 年的 535 万吨，只花了 5 年时间，相当于美国 12 年、英国 23 年、法国 26 年所走过的路程。工业生产能力的巨大增长，为我国工业进一步高速度发展创造了物质基础。

"156 项"重点建设项目和限额以上的近千个工业建设项目，也初步改变了旧中国工业布局不合理的状况，促进了区域经济的平衡发展。旧中国工业设施的 70% 集中在沿海一带，有限的内地工业也主要集中在少数大城市；占全国土地面积 1/3 的大西北，1949 年工业产值仅占全国的 2% 弱，近百年来始终没有工业基地。微弱的工业过于集中于东部沿海一隅，不仅不利于资源的合理配置，对于国家的经济安全也极为不利。为了改变这种状况，第一个五年计划期间，我国政府把苏联援建的"156 项"工程和其他限额以上项目中的相当大部分摆在了工业基础相对薄弱的内地。考虑到资源等因素，将钢铁企业、有色金属冶炼企业、化工企业等选在矿产资源丰富及能源供应充足的中西部地区；将机械加工企业布局在原材料生产基地附近。在投入施工的 150 个项目中，民用企业 106 个，除 50 个布置在东北地区外，其余绝大多数布在中西部地区，其中中部地区 29 个，西部地区 21 个；44 个国防企业，除部分造船厂建在海边外，布置在中部地区和西部地区的有 35 个。150 个项目实际完成投资 196.1 亿元，其中东北占实际投资额的 44.3%，其余资金大部分都投到了中西部地区，中部地区占 32.9%；西部地区占 20%。由于每一个重点建设项目还需要安排配套项目，因此，"一五"时期对西部地区形成第一次大规模投资，极大地改变了西部地区的落后面貌，促进了西部地区经济的发展和城市化进程。"156 项"重点建设项目也为中国工程设计、技术、施工人员和产业工人的成长创造了条件。

"156 项"重点项目的建设过程经历了苏联援助和自主建设两个阶段。整个 20 世纪 50 年代属第一个阶段,工程是在苏联专家指导下建设的。1960 年 7 月 16 日,苏联政府突然照会中国政府,决定自当年 7 月 28 日到 9 月 1 日撤走全部在华苏联专家,单方面撕毁了对华援助合同。这使"156 项"进入自主建设阶段。截至 1960 年年底,"156 项"已建成 133 项,还有 17 项正在建设中。我国人民发扬"独立自主、自力更生"的精神,攻克了建设过程中碰到的一个个技术难题,成功地完成了剩余项目的建设工作。

"一五"计划的"156 项"大型建设项目遍布国防工业、机械工业、电子工业、化学工业和能源工业等各个方面,搭起了我国整个工业化的骨架,因此人们也称之为"工业化奠基之役"。从"156 项"的产业结构看,当时主要出于以下三种考虑:一是针对朝鲜战争爆发后的国际形势和中国国防工业极端薄弱的情况,将国家安全放在紧迫的地位加以考虑;二是旧中国重工业基础非常薄弱,已经成为工业化的瓶颈部门;三是既考虑到利用原来的工业基础,又考虑到备战和改善过去地区布局不平衡。

"156 项"建成以后,新建、改建、扩建的企业为中国工业化做出了巨大贡献。其所生产的能源、原材料、机械设备源源不断地输送到全国各地;其所培养的技术人员、技术工人成了一批又一批新工业基地的种子和骨干,他们使中国工业的星星之火逐渐形成燎原之势。20 世纪 80 年代以来,这些企业成为中国国有企业改革的重点,面对市场经济的激烈竞争,其中大部分经过改制、重组、转产、调整结构等艰难跋涉而重新崛起。随着工业化建设的进展,至"一五"时期结束的 1957 年,我国经济结构发生了重大变化,明显反映在产业结构与社会劳动者的行业构成。

二、社会主义公有制基本形成

1952 年年底,随着国民经济恢复任务的胜利完成和国家转入大规模经济建设,中共中央开始重新考虑经济发展与制度变迁的关系,1953 年年底提出了过渡时期的总路线,逐步消灭私有制为主要内容的社会主义改造提上议事日程，由此中国几乎不停顿地再次进入一个经济体制剧烈变动时期。根据"过渡时期总路线"制定的"一五"计划的基本任务，包括变革生产关系和发展生产力两个方面，变革生产关系的任务，是建立在对农业、手工业和资本主义工商业的社会主义改造基础之上的。

（一）农业社会主义改造的完成

农业的社会主义改造又叫农业合作化运动。从 1951 年 12 月开始，党中央颁发了一系列的决议，规定了我国的农业社会主义改造的路线、方针和政策，到 1956 年年底，农业社会主义改造在经历了互助组、初级社、高级社三阶段后基本完成。1955 年年底，全国初级社的数量由年中的 65 万个增加到 190 多万个，入社农户已占全国农户总数的 63% 左右。1956 年年初，全国基本上实现了农业合作化，入社农户占全国农户总数的 80.3%。初级社发展的辉煌成果，又促使人们加快向高级社发展，于是 1956 年春全国农村又掀起了建立高级社的高潮。到 1956 年年底，参加合作社的农户已占全国农户总数的 96.3%，其中参加高级社的农户已占全国农户总数的 87.8%。至此，以实行社会主义公有制为特征的农业社会主义改造胜利完成，原来计划用三个五年计划完成的事情，不到一个五年计划就提前完成了（见表 2-2）。

表 2-2　1950—1957 年中国农村合作化统计　　单位:%

年　份		1950	1951	1952	1953	1954	1955	1956	1957
参加互助组、合作社组织的农户占总农户的比重		10.7	19.2	40.0	39.5	60.3	64.9	96.3	97.5
其中	生产互助组	10.7	19.2	39.9	39.3	58.3	50.7	—	—
	初级合作社	—	—	0.1	0.2	2.0	14.2	8.5	1.3
	高级合作社	—	—	—	—	—	—	87.8	96.2

资料来源：谢明干、罗元明主编：《中国经济发展四十年》，人民出版社 1990 年版。

（二）手工业社会主义改造的完成

手工业的社会主义改造从 1953 年 11 月开始至 1956 年年底结束。据 1952 年的统计，全国手工业从业人员为 736.4 万人，加上兼营手工业生产的农民，约为 2 000 万人，其产值为 72.17 亿元，占工业总产值的 21.36%，占工农业总产值的 8.8%。到 1952 年年底，全国共建立手工业生产合作社 2 600 多个，社员达到 25.7 万人，年产值 3 976 万元。到 1955 年年底，全国共有手工业生产合作社 7 万多个，社员 200 多万人，约占手工业从业人员 785 万人的 25% 强。1956 年 1 月起，全国开始掀起手工业合作化的高潮，1 月 12 日，北京市的手工业全部实现了合作化，其他各大城市纷纷学习北京的经验，改变了原来以区为单位、按行业分期分批分片改造的办法，采取全市按照行业全部组织起来的办法。到 2 月底，全国即有 143 个大中城市和 691 个县基本实现了手工业合作化，全国参加手工业合作组织的新成员达到 300 万人。对于这种高速度，毛泽东非常高兴，他听取汇报时鼓励加快合作化进程。毛泽东的意见促使手工业合作化的速度进一步加快，到 1956 年 6 月底，全国组织起来的手工业者已占手工业者总数的 90%，到年底，全国手工业合作社（组）成员已占全部手工业从业人员的 91.7%，手工业合作组织的产值已占全部手工业产值的 92.9%，可以说全国手工业的社会主义改造基本完成。

（三）资本主义工商业社会主义改造的完成

从 1949 年 10 月到 1956 年年底，对资本主义工商业的社会主义改造大致经历了两个不同阶段。1949—1952 年为第一阶段，主要对资本主义工商业实行"利用、限制、改造"政策；1953—1956 年为第二阶段，党和政府对资本主义工商业的政策是通过"公私合营"形式，先是逐步地、有计划地"合营"，然后在 1956 年内迅速地实现了全行业公私合营。

到 1954 年年底，全国公私合营工业企业已经达到 1 746 户，职工人数为 53.3 万余人，产值 51.1 亿元，分别占全国公私合营和私营工业职工人数和总产值的 23% 和 33%，实行公私合营的私营企业一般都是有发展前途且职工人数在 100 人以上的大型企业。[①] 同年 12 月，商业部部长曾山在全国工商联与在京各省商业厅长联席会议上说：私营商业有坐商 187 万户，人员 437 万；摊贩 222 万户，人员 253 万；还有工商 30 万户，从业人员 33 万，共约 720 万职工和大小老板。其中大部分可以经过国家资本主义道路实现社会主义改造。1953 年年底，以实行粮油统购统销为契机，首先对粮油私营批发商进行了令其转业或淘汰的改造。进入 1954 年后，国家又通过对重要工业原料等实行国营商业控制和计划供应、禁止私商自营一般商品的进出口业务，又迫使一批私营大批发商转业或停业。私营大批发商被基本消灭后，从 1954 年下半年起，国家着手改造剩下的经营次要商品的较小批发商，根据不同情况，对这些批发商采取"留、转、包"等不同的改造步骤和方式。经过上述改造，到 1954 年年底，私营批发商的改造工作基本完成。

从 1956 年 1 月起，全国掀起了资本主义工商业的社会主义改造高潮。1 月 1 日，北京市的私营工商业者首先向政府提出实行全行业公私合营的申请，到 1 月 10 日，仅用了 10 天时间，北京市就实现了全市私营工商业的公私合营。紧接着，这种方式就在全国各个城市迅速推广。到 1956 年 1 月底，私营工商业集中的上海、天津、广州、武汉、西安、重庆、沈阳等大城市，以及 50 多个中等城市，相继实现了全行业公私合营。到 1956 年 3 月底，除西藏自治区等少数民族地区外，全国基本上实现了全行业公私合营。到 1956 年年底，全国私营工业户数的 99%，私营商业户数的 82.2%，分别纳入了公私合营或合作社。

到 1956 年年底，按照政府与全国工商联共同商定的意见，对全国公私合营的私股实行定息，年息 5%，由政府统一发放，先规定发 10 年，然后视情况再定。据 1957 年统计，全国拿定息的私方在职人员 81 万余人，平均每人每年拿定息 148 元，由此可见当时的私营工商业

---

① 国家统计局编：《中华人民共和国社会主义建设统计资料汇编》，1956 年，第 59 页。

规模是很小的。

国民经济恢复时期结束时,作为领导成分的社会主义经济所占的比重虽然有了很大增长,但是农业和手工业中的个体经济仍像汪洋大海,资本主义经济也还占有相当大的比重。1956 年年底,"三大改造"的胜利完成,提前和超额完成了"一五计划"变革生产关系的任务,使社会主义性质的经济成分占到了 90% 以上,奠定了社会主义公有制的基础。

三、工农业生产迅速发展

"一五"期间,我国国民经济全面高速增长,各种经济指标都发生着显著的变化。社会总产值 1957 年比 1952 年增长了 70.9%,平均每年增长 11.3%;工农业总产值增长了 67.8%,年均增长 10.9%。特别是工业总产值 1957 年比 1952 年增长了 128.6%,年均增长 18%,突出地反映了工业发展的速度。同时,工农业产量也刷新了以往的历史记录。尤其是钢的产量 1957 年比 1952 年增长 296%,发电量增长了 166%,生产资料增长了 210%,是新中国经济建设中一个良好的开局(见表 2-3、表 2-4)。

表 2-3 1953—1957 年中国经济的增长速度 单位:%

项 目	1957 年比 1952 年增长	平均每年增长
社会总产值	70.9	11.3
国民收入	53.0	8.9
工农业总产值	67.8	10.9
工业总产值	128.6	18.0
农业总产值	24.8	4.5

资料来源:国家统计局编:《中国统计年鉴(1981)》。

表2-4 "一五"期间工农业主要产量增长速度

（1957年与1952年比较）　　　　　　单位:%

项　目	工农业总产值	生产资料	消费资料	钢产量	煤产量	发电量	农业总产值	粮食产量	棉花产量
1957年比1952年增长	67.8	210.0	83.0	296.0	96.0	166.0	24.8	19.0	26.0
年均增长	10.9	25.4	12.9	59.2	19.2	33.2	4.5	3.7	4.7

资料来源：刘仲藜主编：《奠基——新中国经济五十年》，中国财政经济出版社1999年版。

（一）工业生产迅速发展

"一五"期间，我国兴建和扩建了成千上万个工业企业，新增固定资产达492.18亿元，此外，财政又增拨了102.5亿元流动资金，大大扩充了工业的生产能力，使第一个五年计划规定的工业生产任务提前完成和超额完成。1957年，我国工业总产值达到704亿元，比计划规定的指标高出31.4%。在五年计划规定的46种主要工业产品产量中，有27种提前一年达到规定的指标，钢产量1957年达到535万吨，是原定计划的110%。

5年间，我国工业结构逐渐趋向于完善，工业技术水平得到了较大提高。重工业总产值占工业总产值的比重，由1952年的35.5%提高到1956年的42.2%[①]；现代工业在全部工业中的比重，由1952年的64.2%提高到1956年的71.6%。1957年与1952年相比，工人劳动生产率提高了12%，12个工业部门的产品成本降低29%。过去不能够制造的某些发电设备、冶金设备、采矿设备和新型号金属切削机床，已经能够制造了。过去不能够制造的汽车和飞机，也已经开始生产。这时候，我们已经能够用自己制造的技术设备去武装工业、农业等国民经济部门和国防了。

在"一五"期间，不仅原有的工业企业得到大规模改建、扩建，而且大批国民经济发展所急需的基础工业也迅速建立起来。重工业方面，能

——————————

① 国家统计局编：《中国统计年鉴（1983）》，第20页。

源基础、原料基础的建设项目以及机器制造业都发展迅速；轻工业方面，建材、森林和纺织工业等都有一批重点项目投产。一批过去没有的现代化工业骨干部门，如飞机、汽车、发电设备、冶金、矿山设备、重型机械、新式机床、精密仪表、电解铝、无缝钢管、合金钢、塑料、无线电和有线电以及化工和国防军工企业等，都纷纷建立起来。所有这些，都使中国的工业面貌发生了巨大变化，产业结构有了明显改变，工业生产能力大幅度提高，工业化的物质技术基础初步建立起来了。到1957年，全国工业总产值比1952年增长128.6%；钢产量达535万吨，比1952年增长296%，为1949年的33.9倍，为新中国成立前最高年产量的5.8倍；原煤产量比1952年增长96%，为1949年的4倍，为新中国成立前最高年产量的2.1倍；发电量比1952年增长166%，为1949年的4.5倍，为新中国成立前最高年产量的5.2倍。"一五"时期，随着"156项"工程的建设和"694项"限额以上项目的投产，包括从东欧民主国家技术引进的项目，先后形成了以沈阳、鞍山为中心的东北工业基地；以京、津、唐为中心的华北工业区；以太原为中心的山西工业区；以武汉为中心的湖北工业区；以郑州为中心的郑、洛、汴工业区；以西安为中心的陕西工业区；以兰州为中心的甘肃工业区；以重庆为中心的川南工业区等，使旧中国工业密集于东南沿海的状况发生变化（见表2-5）。

表2-5　沿海与内地工业总产值比重　　　　　　　　　单位:%

	1952年	1953年	1954年	1955年
工业总产值	100	100	100	100
沿海工业总产值	73.0	71.7	69.7	68.1
内地工业总产值比重	27.0	28.3	30.3	31.9

资料来源：董辅礽主编：《中华人民共和国经济史》上卷，经济科学出版社1999年版。

（二）农业生产的发展

"一五"期间，在对农业进行社会主义改造的同时，采取了一系列措施大力发展农业生产。5年间，国家对农林水利的投资额达到61亿元。

为了支持农民发展生产,国家在供应大量农业生产资料的同时,还发放农业贷款 78 亿元。

"一五"期间,虽然我国的农业遭受了巨大的自然灾害,特别是 1954 年历史罕见的大水灾,使农业生产计划受到了严重影响。但由于政策得当,农业仍然取得了很大成绩。1957 年农业生产总值达 537 亿元,比 1952 年增长 24.7%,完成计划的 96%。其中,粮食产量是 3 901 亿斤,棉花产量是 3 280 万担。工农业产值增长速度情况详见表 2 - 6。① 与此同时,随着农业机械化水平的提高,农业生产条件得到了很大改善。5 年间,我国农用拖拉机数由 1952 年的 2 006 台增加到 1957 年的 24 629 台,增长了 12.3 倍;全国耕地面积扩大 391 万多公顷,完成计划 101%;全国新增灌溉面积 1 453 多万公顷,相当于 1952 年全部灌溉面积的 69%;全国农作物播种面积达到 15 724.4 万公顷,完成计划 104%。②

表 2 - 6　1953—1957 年工农业产值增长速度的变化情况

单位:%

	工农业合计	农业	工业		
			小计	轻工业	重工业
平均增长速度	10.9	4.5	18	12.8	25.4
环比增长速度（以上年为基数）					
1953 年	114.4	103.1	130.2	126.7	136.5
1954 年	109.4	103.3	116.3	114.1	119.8
1955 年	106.6	107.7	105.6	100	114.5
1956 年	116.5	105	128.2	119.8	140.4
1957 年	107.8	103.5	111.4	105.6	118.4

资料来源:中国社会科学院、中央档案馆编:《中华人民共和国经济档案资料选编(1953—1957)》工业卷,中国物价出版社 1998 年版。

---

① 陈如龙主编:《中华人民共和国财政大事记:1949—1985》,第 157 页。
② 周恩来:《伟大的十年:1949—1959》,人民出版社 1959 年版,第 115、120 页。

（三）其他各项事业的发展

国家工业化的顺利进行，也为发展和改造交通运输条件提供了重要的基础。1957年年底，全国铁路通车里程达到29 862公里，比1952年增加22%；全国公路通车里程达到25.5万公里，比1952年增加1倍。穿越高山峻岭的宝成铁路和鹰厦铁路，穿越世界屋脊的康藏、青藏、新藏公路，贯通南北的武汉长江大桥，都是在这个时期先后建成的。1957年与1952年相比，全国内河航运里程增长51.6%，空运线路增长101.5%，现代运输工具的货运量和货物周转量分别增长144%和142%，客运量和旅客周转量分别增长159.1%和100.6%。

1953年后，社会主义商业的领导地位日益巩固起来，一个有计划、有组织的市场逐渐在国内形成。1957年，社会商品零售总额达到474.2亿元，比1952年的276.8亿元增长了71.3%。进出口贸易总额也由1952年的64.6亿元增长到1957年104.5亿元。商业贸易的发展，保证了人民生活必需品的供应，保持了物价的基本稳定，促进了工农业生产的发展和人民生活的改善。

国家生产建设事业的发展也促进了人民生活水平的提高和各项社会事业的发展。1957年，全国人均消费水平达到102元，比1952年的76元提高34.2%，其中城镇居民205元，农民79元，分别比1952年提高38.5%和27.4%。到1957年年底，我国职工人数是2 451万人，比1952年增长55.1%，城市失业问题基本得到解决。全国职工的年平均工资由1952年的466元提高到1957年的637元，增长了42.8%。[①] 在此期间，农民的生活也有较大改善，1957年全国农民收入比1952年增加近30%，仅农产品收购价格的提高就使农民增收了110亿元。1957年，城乡居民的储蓄存款比1952年增长了2倍多。

由于经济建设高潮中技术人员极为短缺，形成全社会重视科学教育的风气，科学教育事业也获得了较快发展。高等学校经过院系调整后，1953

---

① 刘国光主编：《中国十个五年计划研究报告》，人民出版社2006年版，第108页。

年有 181 所，1957 年则发展到 229 所，增长 26.5%；1957 年在校学生
44.1 万人，比 1952 年增长 1.3 倍；中等专业学校 1957 年在校学生 77.8
万人，比 1952 年增长 22.3%；普通中学 1957 年在校学生 628.1 万人，比
1952 年增长 1.5 倍；小学在校生 6 428 万人，比 1952 年增长 25.7%。
1957 年全国科研机构共有 580 多个，研究人员 2.8 万人，比 1952 年增长
2 倍多。此外，"一五"期间，出版、广播、电影、戏剧等文化艺术事业
都有很大发展。

四、财政收支实现平衡

随着全国工业化的逐步实施，社会经济的不断发展，国家财政与解放
初期相比发生了巨大变化。第一个五年计划期间，财政总收入共计 1 354.88
亿元，财政总支出共计 1 345.68 亿元，收入大于支出 9.2 亿元。这期间，除
1956 年由于处于社会主义改造高潮阶段支出较多，稍有赤字外，其余年份
均为结余年，总的来看财政收支是基本平衡的（见表 2-7）。

表 2-7 "一五"时期国家财政收支情况　　　　单位：亿元

年　份	财政总收入	财政总支出	结　余
1953	222.86	220.12	+ 2.74
1954	262.37	246.32	+ 16.05
1955	272.03	269.29	+ 2.74
1956	287.43	305.74	− 18.31
1957	310.19	304.21	+ 5.98

资料来源：财政部综合计划司编：《中国财政统计（1950—1991）》，第 13 页。

从财政收入和支出的构成情况来看，在 5 年内已经随着整个国家经济
情况的变化而发生了显著的变化。1952 年，来自国营、公私合营和合作
社等社会主义经济部门的收入，占总收入的 60.1%，1957 年则增至 95%。
在总收入中，从其他方面所取得的收入所占的比重已经极小。支出构成方

面，国家建设支出（包括经济建设和文化教育建设）在总支出中所占的比重，由 1952 年的 59% 增至 1957 年的 64.17%，而国家机关支出（包括国防费和行政管理费）所占的比重，则由 1952 年的 36.3% 降至 1957 年的 25.6%。①

第一个五年计划时期的经济发展，是我国历史上的空前壮举，所取得的举世瞩目的成就，为我国实现社会主义工业化奠定了基础，也为今后的经济建设提供了宝贵的经验。

---

① 薄一波：《关于 1957 年国家预算执行情况和 1958 年国家预算草案的报告》，《中国社会主义财政史参考资料（1949—1985）》，中国财政经济出版社 1990 年版，第 278 页。

第三章
"大跃进"的影响与财政
支持国民经济调整

受经济建设中"左"的思想的影响，我国1958年发生了以农业的高指标和工业的大炼钢铁为主要内容的"大跃进"运动。持续3年的"大跃进"失误，导致了国民经济比例关系的严重失调，加上当时严重的自然灾害和苏联政府背信弃义地撕毁合同，中国陷入严重的经济困境。针对这一严峻局势，从1961年开始，中共中央决定对国民经济实行"调整、巩固、充实、提高"的八字方针。财政工作为经济调整任务的圆满完成做出了积极的贡献。

第一节 "大跃进"对国民经济和财政的影响

1958年5月，党的八大二次会议正式通过了"鼓足干劲、力争上游、多快好省地建设社会主义"的总路线。尽管总路线的出发点是要尽快地改变我国经济文化落后的状况，但由于忽视了客观经济规律，反而为主观主义的"多、快"开了方便之门。不久，掀起了"大跃进"和人民公社化运动。3年的"大跃进"给我国经济、社会造成了严重的影响，主要表现在以下几个方面。

一、国民经济比例严重失调

1958—1960 年的"大跃进",动员了空前的人力、物力和财力,初衷是加快我国经济建设的步伐。但是由于经验不足,夸大主观意志和主观努力,忽视客观经济规律,片面追求速度,结果造成了国民经济重大比例的严重失调和国民经济的大倒退。

(一)积累与消费比例严重失调

由于盲目追求高指标,"大办"各项事业,基本建设投资规模不断扩大。1960 年,全国基本建设投资总额为 389 亿元,比 1957 年的 143.3 亿元增加了 1.71 倍。在国民收入一定的情况下,基本建设投资过多,必然增加国民收入中用于积累的部分,减少用于消费的部分,造成积累与消费比例失调。1958—1960 年 3 年间,积累率由"一五"期间 24.2% 的平均水平,迅速提高到 33.9%、43.9% 和 39.6%;3 年的积累额共达 1 438 亿元,比"一五"时期全部积累额还增加 44%。1959 年新增的积累额甚至超过当年新增的国民收入,只好侵占消费基金。由于基本建设战线过长,超过了人力、物力、财力的可能,投资效果差:大中型建设项目的投产率由 1957 年的 26.4% 降至 1960 年的 9.8%;[1] 每百元积累新创造的国民收入,由"一五"时期平均 32 元,降至 1960 年的 −0.4 元,国民经济循环严重恶化。

(二)农轻重比例严重失调

由于片面强调"以钢为纲",盲目追求脱离实际的钢产量高指标,结果造成工农业之间和工业内部各部门之间的比例严重失调。

一是工农业比例失调。1957—1960 年,按不变价格计算,我国工农业生产总值由 704 亿元增加到 1 650 亿元,增长了 1.3 倍,而农业总产值却由 537 亿元下降到 415 亿元,下降了 22.7%,工业与农业的产值比例由 5.7∶4.3 变为 8∶2。农业生产的大幅下降,使粮食等农副产品供应严重不足。1957—1960 年,粮食产量由 3 901 亿斤降到 2 870 亿斤,减少了 1 031

---

[1] 国家统计局编:《中国统计年鉴(1983)》,第 323、354、25 页。

亿斤，下降 26.4%；棉花产量由 164 万吨降到 106.3 万吨，下降 35.2%；油料作物产量由 377.1 万吨降到 170.3 万吨，下降 54.8%；生猪的存栏数由 14 590 万头降至 8 227 万头，下降 43.6%。[1]

二是轻重工业比例失调。"一五"期间，轻重工业总产值的比例平均是 59.2:40.8。而 1957—1960 年，轻工业总产值所占比重从 55% 下降到 33.4%，重工业总产值却从 45% 增加到 66.6%。[2] 其中，生铁产量增加 3.6 倍，铁矿石产量增加 4.8 倍，煤产量增加 2.03 倍。轻工业发展缓慢的原因，主要是当时的工业生产以钢铁为中心，轻工业所需要的燃料、运输被过分挤占，特别是农业的全面减产，轻工业生产能力同农业可能提供的原料之间出现了严重的不平衡。而轻工业生产的大幅下降，很快造成了市场上商品供应紧张的局面（见表 3 – 1）。

表 3 – 1　1957—1960 年农轻重产值及其比重的变化情况

年　份	工农业合计	农业	工业		
			小计	轻工业	重工业
农轻重产值（亿元）					
1957	1 241	537	704	374	330
1958	1 640	550	1 090	500	590
1959	1 959	475	1 484	610	874
1960	2 065	415	1 650	550	1 100
农轻重比重（%）					
1957	100	43.3	56.7	30.1	26.6
1958	100	33.5	66.5	30.5	36
1959	100	24.2	75.8	31.1	44.7
1960	100	20.1	79.9	26.6	53.3

注：以上数据按 1957 年不变价格计算。

资料来源：财政部综合计划司编：《中国国家财政收支统计（1950—1983）》，中国财政经济出版社 1986 年版。

---

[1] 国家统计局编：《中国统计年鉴（1983）》，第 149、214 页。

[2] 同上，第 20 页。

（三）财政、信贷不平衡，市场上社会购买力与商品可供量比例严重失调

为了适应"大跃进"建设资金的需要，国家通过财政、信贷多方面筹集资金。在1958—1960年3年中，国家财政总收入从1957年的310亿元分别增加到387.6亿元、487.12亿元和572.29亿元；财政收入占国内生产总值的比例，也从1957年的29.0%分别增加到29.7%、33.9%和39.3%。与此同时，随着基本建设扩大，城镇职工增加，企业亏损增加，财政支出和银行贷款数额也不断上升。国家财政总支出从1957年的304亿元分别增加到409.4亿元、552.86亿元和654.14亿元。财政支出增长速度快于收入增长速度，3年赤字分别达到21.8亿元、65.74亿元和81.85亿元。银行对工业贷款，从1957年的33.4亿元分别增加到91.9亿元、258.3亿元和299.6亿元；银行对商业贷款，也从216.4亿元分别增加到342.4亿元、495.3亿元和506.3亿元。财政赤字和银行信贷规模的扩大都迫使国家不得不增加货币发行。

在市场购买力方面，1957年是488.2亿元，1958—1960年分别增加到578.8亿元、675.1亿元和716.7亿元，3年内增加了46.8%。其中，国家和集体所有制职工工资总额增加48.9%，城市社会集团购买力平均每年增长10.8亿元。在商品可供量方面，由于农业、轻工业减产，市场商品可供量则严重不足，尤其吃和穿的商品缺口很大。又因外汇收入减少、结存下降，无力增加进口市场消费品，只能大挖商品库存。1957—1960年，粮食和花纱布等主要消费品大约挖出库存1/3，但货源仍然不足，到1960年年底，未实现的社会购买力达到198亿元，每元货币拥有的消费品库存比1957年下降了21.1%。这些都突出地反映了市场上供需关系的严重失调。

二、国家和人民遭到重大损失

国民经济的全面失调，加上连年的自然灾害，使粮、油、副食品以及其他生活用品的供应普遍紧张，人民生活愈加困难。

首先是农业生产的急剧下滑，使粮食供应严重不足。1960年的粮食产量比1957年减少了1 031亿斤，减少幅度达26.4%，跌到了新中国成立初期1951年的水平。城镇职工口粮，从1957年的人均392斤，降到1962年的368斤，下降6.1%。京、津、沪三市和辽宁省的粮食库存挖空，几乎出现脱销危险。广大农村由于粮食减产和高估产、高征购，缺粮问题就更为突出。全国农民人均口粮，从1957年407斤下降到1961年的307斤，淮河以北地区人均口粮仅300斤原粮，其中西北地区1960—1963年连续4年人均口粮200多斤原粮，有些"天灾人祸"严重的地区，农民口粮每天在半斤以下。由于粮食供应紧张，迫使国家挤占农民留粮，口粮挤占饲料，粮食作物挤占经济作物，从而造成农业生产的全面下降。1957—1960年，棉花产量由164万吨下降至106.25万吨，油料作物产量由419.6万吨下降至194.1万吨，生猪的存栏数由14 590万头下降至8 227万头。

这一时期农业生产的下降，有自然灾害的原因。据统计，到1959年，全国农田受灾面积为1 300多万公顷，粮食减产1 000万~1 500万吨；1960年受灾面积增加到2 460多万公顷，粮食减产1 500万~2 000万吨。但是，受灾所造成的粮食减产幅度只占实际粮食产量下降幅度的1/3左右，更主要的还是"大跃进"、人民公社化运动和"反右倾"的负面结果。工业建设发展过急，调用了农村过多的青壮劳动力和粮食，给农业生产带来了极大影响。1960年，农业生产第一线上的劳力，比1957年减少约4 000万人，而且留下参加农业劳动的大多数是妇女和老弱劳力。工农劳动者的比例，1957年为1∶13.8，"二五"前3年分别下降为1∶3.5、1∶5.6和1∶5.7。工业人口和城镇人口的过快增长，加上对农业的高估产，必然导致高征购。在粮食产量下降的情况下，粮食征购量却从1957年的4 804万吨增加到1960年的5 150万吨，占粮食产量的比例也由24.6%增加到35.6%。

其次是市场商品供应严重不足。由于农业、轻工业减产，市场商品可供量严重不足。这种情况下，不得不动用库存物资，1960年粮食和花纱布等主要消费品的库存数比1957年减少了1/3。即便如此，1960年的社会商品购买力仍大于零售商品货源74.8亿元。[1] 商品供不应求，引起物价上涨。蔬菜等副食品上涨较多，地方工业和手工业生产的小商品变相上涨情况相当普遍。1960年，全国零售物价总指数比上一年上升了3.8%[2]，是1954年以来最高的物价上涨率。

商品短缺，物价上涨，致使全国城乡居民的消费量大大减少，生活水平明显下降。1960年与1957年相比，全国每人粮食消费下降20%，其中城市下降2%，农村下降25%；食用油全国下降23%，其中城市下降32%，农村下降22%；猪肉全国下降71%，其中城市下降70%，农村下降73%；棉布由8米下降至不足7米。这些都是新中国成立以来从未有过的低水平。

三、国家财政遭受严重挫折

"大跃进"期间，为了适应经济形势的需要，国家财政管理体制做出多方面的调整，财政指标也被抬高到惊人的程度，结果出现了财政纪律松散、财政管理偏松、资金使用分散和财权分散等一系列问题，国家财政遭受了严重的挫折。

（一）财政体制改革出现失误

1. 过急、过多地下放企业和财务管理权限

为了充分调动地方的积极性，扩大地方管理权限，1958年6月2日，中央决定对其所属企业进行下放。这次下放使中央各部属企业、事业单位从1957年的9 300多个骤减到1958年的1 200个，下放了88%；中央直属企业的工业产值占整个工业总产值的比重，由1957年的39.7%下降为13.8%。

1958年6月23日，财政部发布了《关于中央下放企业、事业单位财务处理的几项规定》，决定中央各部门所属企业、事业单位下放给地方管理后，其财务管理权限随同下放。随着企业体制的下放，财务隶属关系和

---

[1] 房维中主编：《中华人民共和国经济大事记：1949—1980》，中国社会科学出版社1984年版，第292页。

[2] 国家统计局编：《中国统计年鉴（1983）》，第455页。

管理权限的变化，中央掌握的财力大大减少，在当时高指标的要求下，支出负担却异常沉重，过急、过多地下放企业加剧了财政收支的不平衡。

2. 过多地扩大地方对基本建设投资的管理权限

1958 年 4 月，中央决定，对于各类产品要实行国家与省、市、自治区以及专、县（市）分级管理、分级平衡的制度。与此相适应，国家放宽了对限额以上基本建设项目的审查管理，并对基本建设程序做出相应改变。对于限额以下的项目，则完全由地方自行决定。盲目下放基本建设管理权产生了一系列严重后果：

一是基本建设战线拉长，计划外项目大量增加。1958—1960 年 3 年中，每一年的施工项目都大于或等于"一五"时期全部施工项目的总和；1960 年的计划外大中型项目占全国施工项目的 20% 以上。二是基本建设规模急剧增大。1958—1960 年 3 年中，国家预算用于基本建设的拨款为886.17 亿元，比整个"一五"时期预算内基本建设拨款总额还增加了75%。三是损失浪费严重。"大跃进" 3 年中，基本建设平均周期比"一五"时期平均拉长了 4 年；1960 年的固定资产交付率比 1957 年降低了24.6%；仅 1960 年以前因停建而造成的投资损失就达 150 亿元以上。

3. 不适当地在农村推行"两放、三统、一包"

1958 年 12 月，在农村财贸工作中实行"两放、三统、一包"的新体制。"两放"就是放机构、放人员。国家在农村的粮食、商业、财政、银行等部门的基层机构，除了为几个公社或更大范围服务的某些机构外，全部下放给人民公社，由公社负责管理经营。这些单位人员的工资和生活费用由人民公社发给；这些单位的资产一律转归公社管理使用。"三统"就是统一政策、统一计划、统一流动资金的管理。"一包"就是包财政任务。国家在农村的各项税收收入、下放企业收入、事业收入和地方附加收入，统一计算，扣除原来由国家开支的行政费和事业费①，由公社按收支

---

① 原来由国家开支的行政费和事业费，包括乡干部、小学教员、农业技术推广员等人员的工资，以及农业、林业、教育、卫生等事业的费用。

差额包干上缴。

试行这一体制，更助长了公社内部的"共产风"，使财政、金融、商业、企业、事业单位之间乱挪、乱用资金的现象更为严重。特别是实行财政包干制度，把公社财政、财务混为一谈，造成了财政收入、物价、经济核算和财政监督等方面的混乱。这一体制于1959年5月就停止执行。

4. 不切实际地试行税利合一

1959年1月，财政部确定石家庄、南京、成都、开封、锦州等7个城市试办税利合一，并继续在上海市7个行业16个企业中开展调研。税利合一的基本内容是：把国营企业原来缴纳的工商统一税、地方各税和工商税附加，同企业原应上缴的财政利润合并，定名为"企业上交收入"。

税利合一虽然简化了手续，使企业更加关注整个积累的完成，但也存在诸多弊病：在物价方面，出现了企业自行降价提价、工商争利等问题；在经济核算方面，出现了企业乱摊成本、乱列开支等问题；在财政收入方面，出现了企业拖欠上缴财政收入，增加利润留成等问题。试点城市普遍反映，税利合一弊大于利，严重削弱了税收的经济杠杆作用。有鉴于此，1959年5月中央决定停止试点。

5. 冲击了财政、财务管理的正常秩序

"大跃进"期间，把必要的规章制度看成是束缚群众手脚的条条框框，是不相信群众的表现。在这种情况下，财政部于1958年7月废除了6个工业会计制度，即：《国营建筑包工企业统一简易会计科目及会计报表格式》；《国营工业企业统一成本计划规程》；《国营建筑包工企业施工单位会计处理办法》；《关于送审会计制度的几项规定（草案）》；《国营农场基本业务标准账户计划及会计报表格式和说明》；《国营企业基建投资及建筑安装工程成本的核算通则（草案）》。此外，还将12个工业会计方面的制度管理办法交由中央各主管企业部门及各省、自治区、直辖市财政厅（局）根据具体情况自行决定是否继续使用、修改或废除。

制度的废弛放松了对企业的经济核算，使"吃大锅饭"的平均主义现象更加普遍化，有的地方甚至出现了"无账会计"、"口袋会计"，严重

冲击了财政、财务管理的正常秩序。

（二）财政出现"假结余，真赤字"

在"大跃进"运动中，各行各业都提出了一些不切实际的高指标。在中央的"第二本账"中，农业总产值的增长速度由"第一本账"的 6.1%，提高到 16.2%，工业总产值的增长速度由 10% 提高到 33%。在这样的形势下，财政也出现了"假结余，真赤字"的现象。

从表面上看，当时财政形势一片大好，1958 年，财政收入 418.63 亿元，比 1957 年增长 35%，财政支出 409.4 亿元，结余 9.23 亿元。1959 年，财政收入 541.6 亿元，比 1957 年增长 29.4%，财政支出 527.71 亿元，结余 13.89 亿元。1960 年，财政收入 562.98 亿元，比 1959 年增长 3.9%，财政支出 582.13 亿元，支大于收 19.15 亿元。1958—1960 年 3 年财政结余合计 3.97 亿元。[①] 但是，在财政形势向好的情况下，市场供应却出现了问题。一方面生产增长很快，财政有大量结余；另一方面市场商品供应十分紧张。这一矛盾从 1958 年年底就开始表现出来了，12 月，中央发出了要求各地清理商业资金的指示，决定对财政问题进行彻底清查，并称之为"捉鬼"。

经过这次清查，发现了当时国家资金运用上的一个突出问题，即在商业部门和工业部门从银行借来的贷款中，约有 80 亿元的资金用在了办工业、搞基本建设或者商品赊销预付等不合理的地方。这不仅影响了生产周转和商品流转的正常进行，而且造成了财政支出的盲目扩大，扰乱了国家统一的基本建设和统一的投资分配计划，给经济生活带来一系列不利的影响。

1959 年 7 月 31 日，中共中央下发了《关于当前财政金融工作方面的几项规定》，要求划清基本建设和流动资金界限，对过去的财政资金项目进行一次清理，凡是 1958 年以后动用银行贷款和流动资金进行基本建设，或者用于其他财政性开支的，都应当用财政款项归还银行和企业。据统计，1958 年和 1959 年，各地方、各部门动用银行贷款和企业流动资金作

---

① 项怀诚主编：《中国财政 50 年》，中国财政经济出版社 1999 年版，第 134 页。

为财政开支的数额,达到 100 亿元。但是,1959 年的清理工作很不彻底。庐山工作会议之后的继续"大跃进"中,又出现新的财政虚假现象。

根据《关于处理一九六一年以前财政遗留问题的报告》①的测算,1961 年年底以前,国营工商企业的物资盘亏和呆账损失,各地方、各部门平调集体经济的资金,或者挤占银行贷款作财政开支的资金,需要由国家财政核销、退还和补发的,共约 348 亿元(不包含平调农村人民公社已经退赔和已经发了期票的部分)。其中,属于已经用掉的、需要核销的部分共有 212 亿元;属于应归还银行垫款和补拨流动资金,还有一定物资作抵押的部分共有 136 亿元。但是,截至 1961 年年底,财政账面上还有 85 亿元的"结余"。一方面有大量的遗留问题亟待处理;另一方面财政账面上还存在大笔"结余",掩盖了财政亏空的事实。直到1962 年,经国务院批准,才对 3 年"大跃进"期间的财政收支数进行调整(见表 3 - 2)。

表 3 - 2 　1958—1960 年国家财政收支数额调整情况　　　　单位:亿元

年度	收入数		支出数		收支差额	
	原决算数	调整后决算数	原决算数	调整后决算数	原决算数	调整后决算数
1958	418.63	387.6	409.4	409.4	9.23	-21.8
1959	541.6	487.12	527.71	552.86	13.89	-65.74
1960	562.98	572.29	582.13	654.14	-19.15	-81.85
合计	1 523.21	1 447.01	1 519.24	1 616.4	3.97	-169.39

资料来源:项怀诚主编:《中国财政 50 年》。

在后来实际操作过程中,需要财政处理的亏空资金达到了 370 亿元,比原来预计的 348 亿元还要多。这一资金缺口主要是通过以下途径解决

① 1962 年 11 月,国家计划委员会、国家经济委员会、国务院财贸办公室、财政部、中国人民银行五个部门向中央作了《关于处理一九六一年以前财政遗留问题的报告》。

的：一是动用财政历年结余 63 亿元；二是中国人民银行用自有资金，包括历年财政拨款和盈余累积中上缴的部分，消化 180 亿元；三是动用部队交回的历年经费结余 49 亿元；四是向银行透支 52 亿元；五是中央财政集中的 1960 年和 1961 年冻结存款及其他资金 26 亿元。这种处理方式，实际上是以压缩现有经济建设规模和银行信贷规模为基础、以国家财政和人民利益为代价的。

第二节　国民经济调整"八字方针"与财政的任务

一、"八字方针"的提出与贯彻

"大跃进"运动和"反右倾"的错误，使我国国民经济处于严重的失衡状态。加上农业连续 3 年遭受严重的自然灾害，粮食大幅减产，工业相继下滑，生活消费品的短缺已经发展到普遍饥馑的程度。与此同时，苏联政府背信弃义的行径，严重破坏了我国国民经济的原定计划，给我的社会主义建设事业造成巨大的困难和损失。为了摆脱这种日渐严重的困境，1960 年冬季，中共中央决定对国民经济进行全面调整。

（一）"八字方针"的提出和国民经济的初步调整

"调整、巩固、充实、提高"八字方针的提出，经历了一个酝酿、完善和形成的过程。

1960 年 7 月 5 日至 8 月 10 日，中共中央在北戴河召开工作会议。会议初步讨论了对国民经济实行调整的问题，确定要压缩基本建设战线，保证钢铁等工业生产；认真清理劳动力，充实农业第一线，保证农业生产。8 月底，国家计划委员会（以下简称国家计委）向国务院汇报 1961 年国民经济计划时，提出了应对国民经济实行"调整、巩固、提高"的意见。周恩来表示赞成，并加上了"充实"两字，予以完善，从而形成了"调整、巩固、充实、提高"的八字方针。9 月 30 日,中共中央在转发国家计委党组《关于 1961 年国民经济计划控制数字的报告》的批语中提出:1961 年,我们要"把农业放在首要地位,使各项生产、建设事业在发展中得到调整、巩固、充实和提高"。

1961 年 1 月 14 日,党的八届九中全会在北京召开。全会听取了李富春《关于 1960 年国民经济计划执行情况和 1961 年国民经济计划》的报告,正式确定从 1961 年起,对整个国民经济实行"调整、巩固、充实、提高"的八字方针,主要内容是:调整各个部门之间已经变化了的相互关系,巩固生产力和生产关系在发展和变革中获得的巨大成果,充实新发展起来的一些事业的内容,提高那些需要进一步改善的新事物的质量。[①]"调整、巩固、充实、提高"的核心是调整。调整有两个主要方面:一方面是调整农业、轻工业和重工业的相互关系;调整生产和基本建设的相互关系;调整经济事业和文教事业、国防事业的相互关系;调整积累和消费的相互关系;调整财政、信贷和物资的相互关系,即理顺各方面的关系。另一方面,更重要的是调整整个国民经济的发展速度和规模。"八字方针"的提出,是党中央纠正错误、战胜困难而采取的重大决策,是标志着国民经济的指导方针已经由"以钢为纲"、"全面大跃进"逐步转向调整的一次重要转变,它对于我国社会主义建设事业沿着正确的方向发展具有重大的历史意义。在新的方针的指导下,国民经济调整工作从多方面逐步展开。

贯彻"八字方针"的初期,各个地区、各个部门围绕着调整工作指导思想上的错误,做了不少努力。然而,总的来说,尽管在加强农业问题上有共同认识,但是对整个经济困难的严重程度、恢复的快慢,特别是对工业生产建设的规模是不是过大,要不要大幅度地压缩等许多重大问题,在认识上还不尽一致。突出表现在,1961 年国民经济计划的主要指标仍然过

---

① 中共中央文献研究室编:《建国以来重要文献选编》第 14 册,中央文献出版社 1997 年版,第 30 页。

高，没有真正体现"八字方针"的要求。例如，农业总产值计划为 655 亿元，比核实后的上年实际增长 58%；工业总产值计划为 2 310 亿元，比核实后的上年实际增长 40%，粮食、棉花的计划产量也分别比上年实际增长 42% 和 50%。计划的建设规模和工业发展速度仍超越实际的可能。

1961 年，农村政策的调整有较大进展，在加强经济集中统一管理、精减职工和城市人口、稳定和调剂市场等方面也取得了一定成果。但工业战线仍然没有摆脱被动局面，当年工业生产非但没有实现计划中的较大幅度增长，反而是大幅地下降：工业总产值下降 38.2%，其中轻工业下降 21.4%，重工业下降 46.6%。基本建设也因资金不足，建筑材料和设备短缺，实际只完成计划数的 60%。同时，农业生产下滑的趋势尚未得到扭转，财政、信贷赤字没有消除，货币发行量继续扩大，物价上涨猛烈，人民生活依然十分困难。

鉴于严峻的形势，1961 年 8 月，中共中央在庐山召开工作会议，讨论并公布了《关于当前工业问题的指示》。决定在以后相当长的一个时期内，所有工业部门都必须毫不动摇地贯彻执行"八字方针"；同时强调指出，从"八字方针"提出到现在，我们已经丧失了一年多的时间，再不能犹豫了，必须当机立断，该退的要坚决退下来，切实地进行调整工作。会后不久，中共中央转发了国家计委《关于第二个五年计划后两年补充计划（控制数字）的报告》，大大调低了国民经济的计划指标。这次会议，对整个国民经济形势和"八字方针"有了进一步认识，为扭转工业被动局面指明了方向。至此，国民经济的调整工作才真正进入实质性阶段。

（二）国民经济进入全面调整时期

1962 年是国民经济全面调整的关键时期。在这一年里，中共中央就统一党内认识和进一步调整经济方面采取了一系列有力措施，使以调整为中心的"八字方针"真正落到了实处。

1962 年 1 月，中共中央在北京召开了扩大的工作会议。参加这次会议的除各中央局和各省、市、自治区党委负责人以及中央各部门负责人外，还有地（市）、县党委和部分大区及军队各大单位的党委主要负责人，共计 7 118 人，又称七千人大会。会议讨论了当时形势和任务问题，民主集中制问题以及党的作风和群众路线问题，开展了批评和自我批评，初步总结了"大跃进"以来社会主义建设的经验教训，并明确指出，全党的任务是踏踏实实、干劲十足地做好调整工作。刘少奇代表中央在大会上讲话，他说：这几年经济困难的发生，就全国来讲，一方面是受自然灾害的影响，另一方面，在很大程度上是由于工作上的错误引起的。而有些地方甚至是"三分天灾、七分人祸"。七千人大会对经济形势作了比较实事求是的分析，对调整国民经济下了很大的决心，但对严重困难的估计仍然不足，认为经济上最困难的时期已经基本过去，而实际上国民经济并未走出"低谷"。因为如果按照 1962 年生产计划，当年财政仍将有 30 亿元赤字，而且 1958—1961 年的财政赤字是靠动用商业库存，动用一部分黄金、白银和外汇储备来弥补的。

1962 年 2 月，中共中央在中南海西楼举行中共中央政治局常委扩大会议，又称西楼会议。会议由刘少奇主持，专题讨论了 1962 年国家预算和调整任务及措施。会上，陈云针对高级干部中存在的"左"倾思想，作了题为《目前财政经济的情况和克服困难的若干办法》的讲话。他指出，当前的经济形势相当困难：农业在近几年有很大减产，1961 年粮食比 1959 年减少 400 多万吨；已经摆开的基本建设规模，超过了国家财力、物力的可能；钞票发得太多，通货膨胀；投机倒把在发展；城市人民生活水平在下降。对此，他又提出了克服困难的六点意见：一是把今后十年划分为两个阶段，前一阶段是恢复阶段，后一阶段是发展阶段；二是减少城市人口，"精兵简政"；三是采取一切办法制止通货膨胀；四是尽力保证城市人民的最低生活需要；五是把一切可能的力量用于农业增产；六是计划机关的主要注意力，应从工业、交通方面转移到农业增产和制止通货膨胀方面来，并且要在国家计划里体现出来。[1]

陈云这次讲话最大的意义是解放大家的思想，把几年来许多干部想说

---

[1] 参见《陈云文选》第二卷，人民出版社 1995 年版，第 191—206 页。

而不敢说的话说出来了，这就为采取各种调整措施，加快恢复工农业生产开辟了道路。此后，在刘少奇同志的主持下，中央决定恢复中央财经小组①，统一领导财政经济工作，由陈云任组长，李富春任副组长，小组成员有李先念、薄一波等。

3 月 7 日，恢复后的中央财经小组召开第一次会议。陈云在会上又作了重要讲话，他指出，1962 年的年度计划，需要有一个相当大的调整，重新安排。调整计划实质上是要把工业生产和基本建设的发展放慢一点，以便把重点真正放在农业和市场上，并提出要根据实际可能多安排日用工业品的生产。② 这次会议上，周恩来也谈到了当年计划调整的问题。他说：今年计划要大幅度调整，是我向中央提出的。原来想慢慢地转弯，现在看不行，必须大调整。首要的一条是经济计划要从工业交通为重点转为以农业和市场为重点。③ 根据这次会议的精神，中央财经小组提出《关于讨论 1962 年调整计划的报告》，对 1962 年的工农业发展速度和基本建设规模作了进一步调整。工农业总产值由原来的 1 400 亿元，下调为 1 300 亿元，其中，农业总产值由 450 亿元调整为 420 亿元，工业总产值由 950 亿元，调整为 880 亿元；原煤由 2.5 亿吨，调整为 2.39 亿吨；钢由 750 万吨调整为 600 万吨；粮食由 15 070 万吨调整为 14 450 万吨。除棉花略有增加外，各项指标都做了一定幅度的调减。国家预算内基本建设投资，也由 60.7 亿元减为 46 亿元，降低了 24%。

5 月，中共中央政治局在北京召开工作会议（即五月会议），讨论批准了中央财经小组提出的《关于讨论一九六二年调整计划的报告》。会议的根本精神就是必须坚决退够才能前进。会议肯定了报告对国民经济形势的分析意见和改变措施，指出这些措施是克服困难、调整国民经济的最积极的措施；强调要全面贯彻执行"八字方针"，做好进一步对国民经济进

① 中央财经小组是中共中央于 1958 年 6 月 10 日决定成立的，由陈云任组长。但不久以后，在"大跃进"运动中，中央财经小组实际上停止了工作。

② 参见《陈云文选》第二卷，人民出版社 1995 年版，第 208 页。

③ 《周恩来选集》（下卷），人民出版社 1984 年版，第 385 页。

行大幅调整的综合平衡。五月会议比西楼会议对问题的认识和分析更加深入，提出的措施更加具体有力，使党对财政经济困难的情况有了更为清醒的认识，对于下最大决心一心一意搞经济调整，起了重要作用。

二、调整时期的财政任务

调整初期，财政面临的困难是十分严重的，一方面自 1958 年 "大跃进"以后至 1961 年连续 4 年财政赤字，共达 180.35 亿元，亏空严重；另一方面，调整国民经济，恢复农业又离不开财政的支持。尽最大的努力克服困难，争取财政经济状况的好转，这是调整时期的主要任务，也是国家财政工作面临的重大问题。

1962 年 3 月 28 日，周恩来在第二届全国人大第三次会议所作的《政府工作报告》中指出，要改变国民经济不协调的状况，并为以后的发展创造条件，就必须坚持用几年时间，实行"调整、巩固、充实、提高"的方针，对国民经济进行较大幅度的调整。在中共中央提出"八字方针"以后，政府虽然做了许多工作，但是，在有些方面贯彻不力，调整不够全面。1962 年，我们必须采取更有力的措施，切实按照农、轻、重的次序，对整个国民经济进行全面调整，逐步解决人民吃、穿、用方面最迫切的问题，并且逐步地在国民经济各个部门之间建立起新的平衡。具体包括十方面的任务：一是争取农业增产，首先是争取粮食、棉花、油料的增产。二是合理安排轻重工业的生产，尽一切可能多增加日用品。三是进一步缩短基本建设战线。四是压缩城镇人口，精减职工。五是彻底清理仓库，重新核定资金。六是改善市场的供应状况。七是保证完成对外贸易任务，偿还外债，努力承担国际义务。八是提高文化、教育、科学研究、卫生等工作的质量。九是节约支出，增加收入，加强现金管理，保证财政收支平衡。十是进一步改进计划工作，做好国民经济的综合平衡。[①]

---

① 周恩来：《国民经济调整工作和当前任务》，《中国社会主义财经史参考资料（1949—1985）》，中国财政经济出版社 1990 年版，第 390—395 页。

上述调整经济的十项任务都与财政工作息息相关，在调整过程中，国家财政的主要任务是：

（一）坚决执行"八字方针"，保证国民经济调整中对资金的合理需要，适当增加农业投资，促进农业生产恢复和发展

在国民经济调整工作中，恢复和发展农业生产是一个中心环节。国民经济中出现的不协调现象，受农业生产下降的影响最大，没有农业生产力的恢复和发展，就不可能有国民经济的协调发展。所以，必须把农业放在国民经济的首要地位，按照农、轻、重的次序来安排经济调整计划，加强各行各业对农业的支援，充分发挥农民的生产积极性，改进农业生产条件。重工业必须为农业提供越来越多的各种农具、农业机械，化学肥料等，以不断提高农业的劳动生产率，使农业能够为工业和城市提供越来越多的粮食、原料和其他农副产品。轻工业必须尽可能为农村提供越来越多的日用消费品，以利于发展城乡交流，逐步改善城乡人民的生活。财政金融方面必须适当地增加对农业的投资和贷款，调整农村有关政策，使农业得以休养生息。

（二）进一步缩短基本建设战线，调整工业投资结构

基本建设战线过长，不仅农业负担不了，而且超过了工业的基础。因此，必须减少一些不是十分必要的基本建设项目。这样做，既可以腾出一定数量的材料、设备、财力和人力，用到最急需的方面，特别是农业生产方面；又可以集中力量，使那些最需要的建设项目，能够迅速建成投产，发挥作用。

在财政资金的分配上，对有些重工业部门的投资，必须大幅度地缩减。这是因为：第一，如果继续高速度发展重工业，势必影响农业、轻工业发展所必需的资金，这对国民经济的调整和人民生活的改善不利。第二，重工业内部的填平补齐，要花很多的资金，只有把那些过分突出部分的生产投资减下来，才能加强那些薄弱的部分，所谓有所舍才能有所取。第三，对国民经济各部门需要维修的设备，要给予资金上的支持。所以，降低重工业发展速度，调整工业生产内部投资结构，正是为

了使国民经济有计划、按比例地迅速恢复和发展，使现有生产能力真正发挥它的作用。

（三）增收节支，消灭财政赤字，回笼货币，稳定市场

增加收入，节约支出，消灭赤字，保证财政收支和信贷的平衡，回笼货币，稳定市场是当时一项重要的工作。所有经济部门和企业单位都要改进经营管理，加强经济核算，加强财务管理，努力降低生产成本，努力降低商品流通费用，尽可能增加收入，减少支出。

必须彻底改变现金管理不严的情况。一切企业、事业单位和机关团体，都要严格遵守国家现金管理制度、信贷管理制度和财政管理制度。

各部门、各地区、各企业、事业单位，各机关、团体，都应该继续坚决执行勤俭建国、勤俭办一切事业的方针，反对铺张浪费，努力节约开支。

（四）改进财政管理体制，加强集中统一

在"大跃进"期间，为了适应经济形势的需要，国家财政管理体制作了多方面的调整。例如，扩大了省、自治区、直辖市的财政管理权限，实行企业利润留成制度，推行基本建设投资包干制度，改进税收管理体制等。但是，1958—1960年，财政纪律松散，财政管理偏松，资金使用分散和财权分散的现象十分突出。又由于各大区已经成立了中央局，有必要建立大区财政。因此，需要对财政管理体制作一些新的补充，为了适应调整经济的需要，要有更多的集中统一。

第三节　调整时期的财政措施

在调整时期，财政实行的是比较集中的体制，但不是新中国成立初期和第一个五年计划时期集中体制的简单恢复。开始主要是纠正"大跃进"时期一些"左"的错误，加强集中统一，保证调整经济的顺利进行。后

来随着经济形势的好转，注意了集中时的适当分散，调动地方、企业和单位的积极性，在国家计划指导下实行市场调节，发挥价格、税收、信贷等经济杠杆的作用。正是因为实行了各项集中统一的重大措施，才使中央直接掌握的财政收入增加，有效地保证了国家有限的资金用于发展和充实薄弱环节，有力地促进了各项经济调整措施的顺利落实，从而较快扭转了国民经济困难局面。

一、改革财政体制，强化财政管理

（一）改进预算管理体制，加强对预算内、外资金的管理

针对 1958—1960 年财政体制中出现的问题，中共中央于 1961 年 1 月 15 日批转了财政部《关于改进财政体制，加强财政管理的报告》，于 1961 年 4 月 20 日发布了《关于调整管理体制的若干规定》。这两个文件重点强调财政管理的集中统一。

为了加强预算管理，规定国家财权基本上集中到中央、大区，以及省、自治区、直辖市三级。大区是一级财政，其财权有：（1）对各省、自治区、直辖市财政指标的分配调剂权；（2）对所属省、自治区、直辖市财政工作的领导和监督权；（3）从国家总预备费中分出一部分给大区直接掌握使用。中央对各省、自治区、直辖市继续实行从 1959 年开始的"收支下放、地区调剂、总额分成、一年一变"的办法。但是，在收入方面，收回了一部分重点企业、事业单位的收入，作为中央的固定收入；在支出方面，将基本建设拨款改由中央专案拨款，以利于对基本建设资金进行严格的控制。同时，适当缩小了专、县（市）、公社的财权。专、县（市）以下的基建投资、国家支援人民公社的投资、特大灾害的救济费等，改由省、自治区、直辖市专案拨款解决。对于各民族自治地方财政，在国家统一领导的前提下，适当照顾了民族自治地方经济、文化发展的特点和需要。在确定民族自治地方的支出指标和预备费额度等方面，也根据具体情况，适当给予照顾。

国家财政预算从中央到地方实行上下一本账，坚持"全国一盘棋"。

各级财政预算的安排，要坚持收支平衡、略有结余的方针，一律不准打赤字预算。基本建设投资和各项事业费用，必须按照国家规定的计划和核定的预算进行拨款。凡是未经国家计划部门批准，未纳入国家计划的，不得增加基本建设投资。当年的超收分成和支出结余，以及地方财政的上年结余资金，都不得用于提高工资，增加人员编制。将这部分资金用于基本建设的，必须纳入国家基本建设计划，并且要按照基本建设计划管理体制的规定，报经批准。

对各地区、各部门和单位的预算外资金，采取"纳、减、管"的办法①进行整顿。预算外资金是国家财力的重要组成部分，必须加强管理，纳入综合平衡计划，按规定用途使用，并且做到年初有计划，执行有检查，年终有报告。预算外资金用于基本建设的，也要纳入国家计划。

（二）加强企业财务管理

1961年1月23日，中共中央批转财政部《关于调低企业利润留成比例，加强企业利润留成资金管理的报告》，决定调低企业利润留成比例，全国企业平均利润留成比例从13.2%降低到6.9%，调低了48%，并明确规定企业利润留成资金必须绝大部分用于"四项"费用，进行技术革新、技术革命和实行综合利用所需的支出，同时按照国家的规定安排奖金和职工福利开支。企业主管部门集中的留成资金，不得超过企业留成资金总额的20%，并且只能用于企业之间的调剂，不得用于其他开支。1962年1月，财政部和国家经济委员会（以下简称国家经委）发布了《1962年国营企业提取企业奖金的临时办法》和《国营企业四项费用管理办法》，规定自1962年起，除了商业部门仍实行利润留成办法外，其他部门的企业由利润留成

---

① "纳"即纳入预算，纳入预算的有：商业部门的饮食和服务企业的收入、综合利用和多种经营收入、用预算外资金兴办的企业的收入等。"减"即减少数额，减少数额的有：降低企业的利润留成比例等。"管"即加强管理，加强管理的主要措施是：控制预算外资金的来源和使用范围，不经中央批准，不许增加项目、提高比例，不准化预算内收入为预算外收入；应当在预算外开支的不准挤入预算内；谁的资金归谁用，不准乱拉乱扯。

改为提取企业奖金的办法①；企业所需要的技术组织措施费、新产品试制费、劳动安全保护费、零星固定资产购置费等四项费用，改由国家拨款解决。

同时，1961 年 2 月、10 月和 11 月，国家计委和财政部先后发出了《关于加强国营企业成本管理工作的通知》、《关于加强成本计划管理工作的通知》和《关于 1962 年国营企业若干费用划分的规定》，要求企业加强成本管理的基础工作，认真编制和执行成本计划，开展全面经济核算，努力降低成本；并明确规定，属于大修理基金、利润留成资金和基本建设投资以及行政、事业经费中的开支，严禁挤入企业的成本；企业的行政管理费开支，必须按照当地行政机关的开支标准执行，企业不得另定较高的开支标准。

此外，企业必须严格划清流动资金和基本建设资金的界限，两种资金要分别管理，分别使用，严禁互相挪用。而且，非经中央批准，不准预付货款，不准赊销商品和挪用国家的商品和物资，不得以物易物，不准支付农产品预购定金。

（三）改进基本建设财务管理，加强拨款监督工作

1961 年中央批转的报告中，规定任何经过批准的基建投资，都必须由建设银行进行拨款监督。基本建设单位的投资包干竣工结余资金，仍然留归包干单位使用。若用于新增建设项目，必须报经国家计划部门批准，纳入国家统一的基本建设计划。如果计划未经批准，建设单位应当把多余的结余资金上缴主管部门，由主管部门根据基本建设计划管理体制的规定进行处理。基本建设单位的应完未完工程，经过国家计划部门批准结转下年度继续施工的，必须纳入下年度的国家基本建设计划和国家预算，统一平衡。

————————

① 提取企业奖金的办法是，国营企业在完成国家规定的主要指标后，可按工资总额的 3.5% 提取；没有全面完成国家计划的，按规定扣减一定比例的奖金；超额完成国家计划的企业，盈利企业可从超计划利润中提取 10%，亏损企业可从超计划成本降低额中提取 20% 的超计划企业奖金。企业奖金的使用范围包括：发给先进生产者和先进集体的奖金，社会主义竞赛奖金，对困难职工的临时救济，改善职工物质、文化生活的各种集体福利设施。

（四）改进税收管理体制，加强税收管理工作

（1）凡属工商统一税税目的增减和税率的调整，盐税税额的调整，应当报经中央批准。凡属工商统一税纳税环节的变动，牵涉一个大区内两个以上省、自治区、直辖市的，应当报经中央局批准；牵涉两个大区的，应当报经中央批准。

（2）凡属开征地区性的税收，地方各税税目税率的变动，以及在中央规定的所得税的税率范围内确定具体税率，必须报经中央局批准。

（3）凡属工商统一税中有关新试制的产品、以代用品作原料生产的产品，或者由于灾情等原因，需要给予减免照顾的，由省、自治区、直辖市批准。地方各税的征税范围、减税免税、对小商小贩加征所得税的比例和起征点的确定，也由省、自治区、直辖市批准。

此外，在经济调整过程中，重申了税收的性质、地位和作用，恢复了税务机构，组织调出的税务干部归队，增加税务编制，严格财经纪律，这一系列措施的实施，使税收管理有所加强。

（五）健全会计机构，严格经济核算

1962年2月28日，中共中央发出《关于迅速充实银行财政和企业事业部门的计划、统计、财务、会计、信贷、税务人员的紧急通知》，《通知》要求，1958年以后从银行、财政、商业部门调走的领导骨干和计划、统计、财务、会计、信贷、税务骨干人员，凡这些部门需要的，除少数特殊情况以外，应一律立即归队，并从全国各部门中挑选一些人员，去充实这些部门的财务机构，人员配齐以后，要求稳定，不要轻易调动。还要求充实加强工业交通、基本建设、文教卫生部门和企业事业单位的财务机构，增加财政、银行、商业部门的编制人员。同年6月23日，中共中央批转财务部和中国人民银行《关于全国会计工作会议情况的报告》，要求财政部重新审定全国会计制度，保证会计制度贯彻执行，抓好会计制度的基本环节。《通知》还要求建立一支能够担当会计工作任务的队伍，培训财务会计人员，提出会计人员技术职称和技术等级制度。根据中共中央的指示，国家财政工作采取了一系列措施：制定出《国营企业会计核算工

作规程（草案）》，经国务院批转发布，成为我国第一个会计工作的基本法规。1963 年 1 月，国务院发出《关于发布〈会计人员职权试行条例〉的通知》，对各单位财务会计机构的设置，会计人员的职责和权限，会计人员的任免和奖惩等都作了比较全面和明确的规定。1963 年 10 月，国务院批转国家经委、财政部《关于国营工业、交通企业设置总会计师的几项规定（草案）》，对总会计师的条件、职责、任免办法等作了具体规定。

（六）划清国家财政收支与人民公社财务收支的界限

国家对城乡人民公社中属于国家的财政收支部分，实行"收入分项计算，分别上缴；支出下拨，包干使用，结余归社"的办法，对收入和支出分别进行管理。城乡人民公社所属企业、事业单位，都应当根据国家税法的规定，缴纳税款。下放给公社管理的国营企业实现的利润，除按规定提取企业留成资金外，应当全部上缴国家财政。国家支援农村人民公社的投资、农村救济款和优抚费，应专款专用，不准挪作别的用途（其中救济费经省、自治区、直辖市人民政府批准，可以用于以工代赈）。支援人民公社的投资，除省、自治区、直辖市可以在规定的范围内留出必要的机动数额外，专、县（市）不得扣留；应当拨给生产队的，公社也不得扣留。国营企业和城乡人民公社之间交换固定资产、原材料和产品，必须坚持等价交换的原则，不得无偿调拨。

（七）恢复并强化财政监察工作

1958 年"大跃进"开始后，财政监察工作被视作"条条框框"受到冲击，财政部不得不在 1958 年 11 月结合精简机构工作报请中央同意后撤销了财政监察司，全国各地的财政监察机构也随之陆续撤销，财政监督管理体系的建设被迫中断。随着"八字方针"的提出与贯彻，1962 年 4 月，中共中央、国务院颁布了《关于严格控制财政支出的决定》，要求各级财政部门切实担负起经济监督的职责，加强对违反财经纪律等问题的检查和处理工作，1964 年财政部专门下发了《关于大力开展 1964 年财政监察工作的通知》，标志着财政监察工作在第一次中断后又得以恢复。1962 年国家提出派设中央企业财政驻厂员后，1963 年 4 月财政部又制定了《关于中央国营企业财政驻厂员工作的暂行规定》，进一步加强了对中央国营企业的财务监管，从而形成了一个新的财政监督网络，促进了财政监督职能的发挥和财政监督工作的巩固与发展，从而为财政调整提供了强有力的保障。

二、压缩基本建设，调整经济结构

（一）压缩基本建设投资，停建、缓建一些工程项目

为了使国民经济尽快地摆脱困境，执行"八字方针"，国家财政大力压缩了预算内基本建设拨款。国家财政预算用于基本建设的拨款，1960年是354亿元，1961年紧缩为110亿元，1962年又进一步紧缩为56亿元。由此，基本建设拨款在同期国家财政预算支出中的比重，从第一个五年计划期间的37.6%，1958—1960年3年的54.8%，降低到1961年的30%和1962年的18.2%。这样小的基本建设规模，虽然是1953年以来从所未有的，但是，它同受灾后的农业以及当时国家的财力、物力是相适应的，从而使国家建设转到了可靠的基础上。除了压缩预算内的基建投资外，还严格控制地方和企业用自筹资金搞基本建设，大力调整预算外投资。1960年自筹投资曾达到87亿元，占全部投资的22.6%。经过调整，1961年压到33.6亿元，1962年进一步压到11亿元，仅占全部投资的16.3%。

基本建设拨款的缩减，有力地推动了各地区、各部门下决心停建、缓建了大批正在施工的建设工程。1960年全国施工的基建项目达82 000多个，其中大中型项目1 825个。经过调整，1961年全部施工项目减为35 000多个，其中大中型项目减为1 409个。1962年，全国施工的基建项目又进一步削减为25 000个，其中大中型项目减为1 003个。当时确定停建或缓建的项目主要有：当年勉强上马，下年度又无力续建的项目；没有条件进行正常生产的项目；计划外用自筹资金或上年结余资金进行的基本建设项目；没有设计任务书，或虽有设计任务书和设计文件，但尚未批准的项目；地方上认为该停建或缓建的项目；等等。对于已经确定施工的建

设项目，也规定要区别不同的情况，采取不同的办法加以调整，要求根据新的形势重新考虑建设规模，能缩小的坚决缩小；在原料动力上有困难，或投产后不能正常发挥生产能力，则放慢建设速度；相同的项目能合并的要合并起来；有些小厂简易投产没有危险，能简就简，节约资金；只需少量投资和材料，甚至不需要新增资金、物资即可收尾建成的项目，允许结尾建设；对重点项目，必须集中财力、物力坚决地保证按计划建设。同时，对已经确定继续施工的项目进行排队，按照轻重缓急，有计划有步骤地进行建设。

（二）合理分配资金，调整经济结构

国家财政按照先生产、后基建和以农、轻、重为序的原则，合理分配资金，以促进经济结构的调整，加快生产的恢复和发展。

1. 大幅度降低重工业发展速度

调整后的基建投资，一方面要保证维持简单再生产的需要；另一方面又必须充实加强薄弱的工业环节（采掘和采伐），有计划地降低重工业的发展速度。1961 年 9 月以来，对 1962 年工业生产的计划指标虽已多次削减、调低，但直到 1962 年 5 月中央财经小组的调整报告批复后才基本落实。1962 年计划指标同 1960 年实绩比较，全国工业总产值下降 47%，重工业总产值下降 57%（重工业在工农业总产值中的比重由 53.3% 下降为 35.5%）。其中，钢产量下降 68%，原煤、木材等短线产品产量因采掘、采育比例失调的影响，也大幅度下降，只有原油略有增产。轻工业总产值下降 26%，主要是由于经济作物严重减产，使棉纱、棉布、卷烟、食糖等轻工业产品产量不得不大量降低。

2. 调整工业内部投资结构

为了改善工业生产内部投资结构，1962 年对已经确定继续施工的建设项目首先在投资方向上进行了合理调整。提高投资比重的主要有农业，支农工业、满足市场和出口需要的工业，原材料和燃料工业，以及其他工业交通方面急需"填平补齐"的配套工程项目。其次，对继续施工的建设项目，分别不同情况，采取不同的措施，以真正做到集中有限的人力、物力和财力，加快建设进度，提高基本建设的经济效益。根据上述精神，1963—1965年基本建设投资总额中的比重发生了明显的变化；重工业为45.9%（"二五"计划时期为54%），农业为17.7%（"二五"计划时期为11.3%），轻工业为3.9%（"二五"计划时期为6.4%）。

3. 增加专项拨款，充分发挥老企业生产能力

为了解决部分老企业的生产能力恢复问题，国家财政采取了一系列的措施。如设立机车、汽车、锅炉、柴油机的更新专项拨款；在煤炭、矿山和林业等采掘采伐企业中，逐步推行按产量提取维持简单再生产基金（亦称"维简费"），以及发放小额技术组织措施贷款，等等。从而改善了企业的设备状况和矿山的采矿与掘进的比例关系，使老企业重新焕发青春，迅速恢复和发展了生产，产品质量也有很大提高。为了促进产品的更新换代，国家财政在非常困难的情况下，大量增拨新产品试制费。1961年以前，国家预算每年拨付的新产品试制费一般只有2亿~3亿元，1962年增至14.7亿元，1963—1965年分别增至18.3亿元、20.9亿元和25.2亿元，有力地推动了各行各业的科学研究，涌现了大量新产品。

"八字方针"的贯彻，重点在于搞好调整。必须把该退的退够，然后才能把该进的搞上去，迅速改善整个国民经济的比例关系和经济结构。调整时期的基建投资虽然减少了，但是仍保证了最急需的重点建设项目，并有计划地对"大跃进"中仓促上马、简易投产的新企业、新基地进行了填平补齐、配套成龙的工作。为了提高整个工业水平，填补缺门，1962—1963年，国家批准进口14个成套设备项目，从国外引进了最新的石油化工技术。1963—1964年间，国务院又批准了冶金、精密机械、电子工业等100个项目向国外考察、询价和相机签约。当时这些引进的项目，都从技术经济上经过审慎研究，反复论证，选择最优方案，建成后发挥了重要作用。化肥、化纤、塑料、合成洗涤剂和电子工业等新兴工业，也都是在这个时期打下基础的。大庆油田从1960年5月开始建设，从全国石油厂矿、院校抽调了4万多人，7万多吨器材设备，经历3年多的艰苦会战，才拿下来的。到1963年年底，探明地质储量26.7亿吨，当年生产原油

648 万吨，国家投资 7.1 亿元全部收回，还为国家积累了资金 3.5 亿元。从此，实现了中国石油的基本自给，摘掉了"贫油国"的帽子。同年 12 月，第二届全国人大第四次会议结束以后，中国向世人宣告"中国人民使用'洋油'的时代，即将一去不复返了。"

4. 关停并转落后企业

在经济调整的过程中，随着基本建设投资规模和重工业生产的大幅度压缩，现有企业生产任务普遍不足，工业生产战线过多的矛盾越来越突出地暴露出来。根据 1962 年调整计划计算，棉纺工业 1 000 万纱锭中，开工率不到一半。制糖、卷烟、罐头等食品工业的开工率只有 20%~35%。至于钢铁、机械、建材等工业，由于大力压缩基本建设规模，对材料、设备的需求急剧减少，企业生产任务更是严重不足。因此，坚决缩短工业生产战线，就成为继续进行调整、扭转困难局面的最关键最重要的一个步骤。针对这种情况，中共中央在 1961 年 9 月 15 日发出的《关于当前工业问题的指示》中，及时地提出了关停一部分落后企业任务。下决心"拆架子"，"收摊子"，不怕"伤筋动骨"，大刀阔斧地对企业进行关、停、并、转。调整的主要原则是：凡消耗少、成本低、质量好、劳动生产率高的企业，就优先分给生产任务，保证原材料、燃料、动力的供应；凡消耗大、成本高、质量差、劳动生产率低，经过整顿仍然亏损的企业一律关闭或停办；凡一时因原材料、燃料、动力供应不上，任务不足的企业，则分别情况采取合并或缩小规模。经过果断而有秩序的调整工作，全国工业企业数由 1959 年的 318 000 个，减少到 1962 年的 197 000 个，减少了 38%。从而基本上改变了工业生产战线过长的状况，同时也适应当时农业、燃料和动力负担的可能。

三、支持农业发展，减轻农民负担

（一）大力支援农业，提高国家预算中支农资金的比重和发放长期农业贷款

为了切实帮助生产队解决生产资金不足的困难，加强对农业的支援，巩固集体经济，国家在财政比较困难的情况下，尽可能地优先保证支农资

金的需要。1961年和1962年国家财政支出中用于农林水利方面的支出，共达106.48亿元，占两年国家预算支出总数的15.8%，而"一五"时期这方面的支出仅占6.3%，1958—1960年，这方面的支出占11.3%。在基本建设投资中，用于农业和支援农业的工业的投资比重，1960年是16.6%，1961年提高到18.4%，1962年又提高到24.7%。[①]

在财政拨款以外，为了切实帮助资金确有困难的生产队恢复生产，财政部委托银行发放长期农业贷款。1963年3月28日，农业部、财政部、中国人民银行总行联合发出了《关于发放长期农业贷款暂行办法》，规定这项贷款重点是用于帮助生产队添置简单再生产的生产资料，如耕畜、大车、风车、水车、犁耙等生产工具。对于少数资金特别困难的队，也可以酌情用于购买化肥、农药等生产周转金。1961年和1962年，中国人民银行还发放了短期农业贷款18亿元，长期无息贷款6亿元，两项农业贷款合计，约占两年农业生产资料供应总值的1/3。

另外，为了帮助一部分受灾农民解决困难，1961年和1962年，国家财政拨付农村救济费11.9亿元，1963—1965年共拨付农村救济费27.88亿元，其中最高的1964年达13.55亿元，平均每年发放9.29亿元，比前两年每年平均数增长47.7%。在此期间，财政部委托中国人民银行对灾区生活确有困难，但有一定偿还能力的农户，发放农民生活贷款（包括口粮贷款），1962年中国人民银行发放灾区口粮贷款1300万元。

（二）减轻农民税收负担，减少粮食征购数量

为了提高农民生产积极性，鼓励农民增产粮食和经济作物，1961年6月23日，中共中央批转财政部《关于调整农业税负担的报告》，根据财政部的建议，降低了农民的税收负担，把当年农业税年征收任务调减为1110万吨（细粮）。这一政策极大地调动了广大农民的生产积极性，促进了农业生产的迅速恢复和发展。

在减少农业税征收额的同时，国家又减少了粮食统购的数量。国家征

---

① 宋新中主编：《当代中国财政史》，中国社会科学出版社1997年版，第288页。

收的粮食和统购的粮食加在一起，按贸易粮计算，1960 年度为 4 280 万吨，1961 年度减少为 3 395 万吨，减少 20.7%；1962 年又进一步减少为 3 195 万吨，比 1960 年减少了 1 085 万吨，减少 25.4%。征购数量的减少，减轻了农民的负担，增加了农民的粮食留量。按全国农村人口平均计算，每个农村人口 1961 年比 1960 年少交售 15 多公斤粮食，1962 年比 1960 年少交售 20 公斤粮食。[①] 民以食为天，受灾后的农民得到国家的照顾和关怀，并得以休养生息，这对于农业生产的迅速恢复和发展起了非常显著的作用。

从以上情况可以看出，国家财政在有很大困难的情况下，不仅没有增加人民负担，而且拿出很大的财力，采取了一系列的有效措施，支持和促进了农业生产的迅速恢复和发展，保证了城乡人民的基本生活需要。

四、开展增收节支，稳定市场物价

1958—1961 年，国家财政连年出现大量赤字。与之相伴随，出现了货币发行过多、市场不稳定的现象。为了消灭财政赤字、回笼货币和稳定市场，国家采取了一系列的非常措施。主要有：

（一）全面开展清仓核资和扭亏增盈工作

1. 清仓核资，充分发挥物资潜力

1962 年前后，在国家经济生活中，一方面物资供应不足；另一方面又有大量的原料、材料、成品、半成品以及各种消费资料储存和积压在各企业、事业单位和各机关、团体，没有发挥作用，并且占用了大量的流动资金。实行调整以来，各单位虽然进行了多次的物资清查和调剂工作，对促进生产建设起了相当大的作用，但是物资清查还不彻底、不全面，对处理多余物资的一些有关问题缺乏明确规定，清理出来的物资也没有充分利用起来。

为了充分发挥物资潜力，保证生产建设和人民生活的需要，1962 年 2

---

① 宋新中主编：《当代中国财政史》，第 290 页。

月 22 日，中共中央和国务院发出《关于彻底清仓核资，充分发挥物资潜力的指示》，规定凡是全民所有制单位，必须深入发动群众，进行一次全面的、彻底的、统一的、合理的清仓核资和物资处理的工作。要求清查处理工作必须和核实固定资产、核定流动资金结合起来进行，并且通过这次清查处理，认真总结物资管理工作经验，建立和健全物资管理制度，进一步改进物资管理工作。这次清仓核资工作自 1962 年 2 月开始，用了一年多的时间，先后动员 50 多万人参加，对物资管理工作和资金管理工作进行了一次全面的大检查，取得了很大的成绩。基本上摸清了物资的"底"，对超过合理储备的物资及时进行了调剂，初步核定了企业的流动资金，整顿了物资、资金管理制度，揭露了大量违法乱纪行为，使广大职工受到一次极其生动而深刻的教育。到 1963 年 9 月底止，据不完全统计，共清出超过合理储备的物资总值达 173 亿元，其中 90% 的超储物资已由国家统一调剂，用于生产建设和人民生活方面的需要。在清仓的基础上，又核定了企业的流动资金。1962 年，全国工业企业占有的流动资金总额比 1960 年减少 60 多亿元。

同时，清理拖欠货款的工作也取得了很大成绩。到 1963 年年底，已将几年积累下来的几万个企业之间几十万件债权债务基本清理完毕。为了做好清理拖欠货款的工作，财政部动用结余 16.5 亿元，中国人民银行对工业企业发放了"专用信用证"贷款 7 亿元。通过这次清理，解决了许多长期没有解决的经济纠纷，促进了正常经济秩序的恢复。

2. 狠抓企业整顿，增加财政收入

1962 年 10 月，中共中央、国务院发出《关于坚决扭转亏损、增加盈利的通知》，要求全国工商企业在 1962 年预计亏损 93 亿元的基础上，1963 年减少亏损 30 亿~40 亿元。

自"大跃进"以后，部分企业的利润水平下降或者发生了亏损，其原因有三种情况：一是国家允许的。比如经营粮食，购进价高、销售价低产生的亏损。二是客观原因造成的。例如，农业向工业提供的原料材料减少，使某些工业生产不能正常进行。又如，通过集市贸易采购的某些原材

料，价格提高，增加了产品的成本。三是企业经营管理不善造成的。如人员过多，产品质量不合格，不注意经济核算等。

国营企业收入是国家财政收入的主要来源，是实现国家预算和经济调整的关键。不扭转企业的亏损，国家搞建设就没有资金。因此，当时一项重大的经济和政治任务就是扭亏。扭亏的奋斗目标，是对那些由于管理不善而造成亏损的企业，要求在短期内通过改善经营管理做到不亏损，并尽可能给国家上缴利润。至于那些产品质量低劣、成本很高、短期内不能扭转亏损局面的企业，则是区别不同情况，坚决实行关、停、并、转。1962年以后，由于各地区、各部门坚决贯彻了中央的这个指示，企业的关、停、并、转工作取得了显著成绩。同时，经过各企业努力改善经营管理，开展广泛的、深入的、持久的增产节约运动，挖掘企业内部潜力，降低生产成本，节约流通费用，加强经济核算和财务管理，健全规章制度，使许多企业在扭转亏损和增加盈利方面，开始取得了很大的成效。到1963年年底，工业企业可比产品成本比1962年下降了9.5%，商业部门的每百元商品销售收入的流通费用比上年降低了12.6%。1963年，全国亏损企业亏损总额64.4亿元，比1962年减少28.7亿元，减少了30.8%。其中，工业交通企业亏损13.2亿元，比上年减少14.8亿元，减少了一半多；商业企业亏损8.9亿元，比上年减少4亿元，减少了1/4；粮食企业亏损25.4亿元，比上年减少7.2亿元，减少了22%。商业部门长期亏损的商品，如猪、禽、蛋、蔬菜等也减少亏损89%。以上企业减少亏损和降低成本共计34亿元，这是当年国家预算收入增加的主要来源。到1965年，全部工业企业的亏损额只有6亿元，基本上消灭了经营性的亏损。在亏损减少的同时，盈利企业的盈利额也有所增加。1963年全国各国营企业实现利润177.9亿元，比1962年增加20.7亿元，增加了13.2%。

在增产节约、降低成本的基础上，实现扭亏增盈是完成财政收入任务的基本环节。这一件大事做好了，对于提高国营企业劳动生产率，为社会主义建设积累更多的资金，具有重大的意义。由于扭转企业亏损是一个复杂的问题，它涉及经济生活的许多方面，涉及企业内部的生产管理、商品经营、财务管理，涉及企业外部的生产安排、原材料供应、交通运输、供销衔接和市场价格等一系列问题，因此，必须细致地扎实地进行工作，才能收到实效。调整时期，财政部门在各级党委的领导下，积极配合企业主管部门狠抓扭转亏损工作，对于那些因为经营管理不善造成亏损的企业，分别不同情况，限期扭转亏损；对于那些产品质量低劣、成本很高、没有销路，在限期内又不能扭转亏损局面的企业，坚决停止生产。

（二）大力节约非生产开支，压缩社会集团购买力

1. 大力节约非生产开支

为了渡过财政经济困难，压缩公用开支，1962 年 3 月 14 日，中共中央、国务院发出《关于厉行节约的紧急规定》，提出了厉行节约的 12 条措施：（1）坚决压缩社会集团购买力；（2）立即彻底清理机关仓库；（3）驻外各国、各级招待部门库存备用的高级物品一律冻结等候调配作为国内外市场商品处理；（4）所有撤销、停办的单位，其房屋、家具、设备、物资一律冻结，报上级单位和有关部门听候处理，不准分散转移，乱拿乱用；（5）坚决贯彻中共中央不准用公款请客、送礼的指示；（6）专业会议要尽量减少；（7）大力压缩差旅费开支；（8）工作人员一般不准住饭店写文章、看文件；（9）所有办公用房、集体宿舍和个人宿舍，除漏塌必须维修外，一律不许扩建、改建、粉刷和油漆；（10）彻底整顿刊物和资料，节约纸张；（11）节约电报、电话、用车、用电、用水的费用；（12）各单位制订节约计划，定期检查。

为了贯彻执行这个紧急的规定，全国机关、团体、部队、企业和事业单位，一律不许购置家具和非生产性设备。破旧了的，修补使用；非添置不可的，通过清理仓库，调剂解决。日常办公用品尽量不买和少买。必须购买的部分要提出计划，报经主管部门批准，凭购货证到市场上购买。国家还规定全国各级（中央、省、市、县）招待部门库存备用的日用品，包括烟、酒、糖、茶、丝棉毛织品等，除了招待外宾的以外，一律交由商业部门供应市场。

除了大力压缩行政经费外，随着各项事业规模的调整，相应地紧缩了

各项事业费用。根据国民经济调整的要求，在财政收入大幅度下降的情况下，国家财政总支出作了大量的紧缩，1961 年比 1960 年减少 287.1 亿元，减少 43.9%，1962 年又比 1961 年减少 61.7 亿元，减少 16.8%。同时，国家从各方面改进了资金的分配和管理，资金使用状况比过去有了显著的进步，既大量节约了可以节减的开支，又基本保证了各方面必不可少的资金需要。各地方、各部门在国家财政支出大大紧缩的情况下，自觉地承担困难，节约开支，对于实现财政收支平衡，保证经济调整任务的完成，起了巨大的作用。

2. 压缩社会集团购买力

为了保障市场的稳定，进一步贯彻勤俭建国、勤俭办一切事业的方针，1960 年 8 月 5 日，中共中央发出了《关于大力紧缩社会集团购买力的指示》，规定全国一切机关、团体、部队、学校、企业和事业单位，在今后 5 个月内，要把公用经费中的商品性支出部分压缩 20% 左右，全国共压缩 5 亿元。节约下来的经费，属于地方的，归各省、直辖市、自治区自行处理；属于中央部门的，50% 收归财政部，50% 留归各部门。但是，这些经费，不论是归中央的还是归地方的，都应当存放在中国人民银行，在 1961 年之前不得动用。1961 年 1 月，为了进一步压缩社会集团购买力，中共中央又做出决定，要求把 1961 年的社会集团购买力从上年的 80 亿元压缩到 40 亿~50 亿元。① 为了完成这个任务，中央决定，国家财政部门要事先从所有机关、团体、部队、学校和事业单位的 1961 年预算拨款中，扣除设备购置费和大部分房屋修缮费。

由于各地方、各部门的努力，这项工作取得了明显的效果。1960 年社会集团购买力约有 81.8 亿元，1961 年压缩为 54 亿元，1962 年又进一步压缩到 43 亿元。② 这不仅节约了国家财政开支，腾出了一部分商品，增加了市场供应，减轻了市场压力，而且树立了人民政府艰苦奋斗、与人

---

① 陈如龙主编：《中华人民共和国财政大事记：1949—1985》，第 206 页。
② 项怀诚主编：《中国财政 50 年》，第 151—152 页。

民群众同甘共苦的风气。

3. 精减职工和减少城市人口，减少国家工资支出

与调整工业生产战线、实行关停并转一部分企业相适应，各地区、各部门根据中央的统一部署，从1961年起，以极大的力量抓了精减职工和减少城镇人口的工作。1962年5月27日中共中央、国务院做出了进一步精减职工和减少城镇人口的决定。精减的主要对象是1958年以后来自农村的新职工，减下来以后，动员他们回到各自的家乡，参加农业生产。经过充分的思想发动和深入细致的工作，到1963年7月，精减任务基本完成。在这两年半的时间里，全国共减少职工1 887万人。全国全民所有制单位职工人数，从1960年年底的5 043.8万人，减为3 183万人；全国城镇人口，从1961年1月到1963年6月，总共减少2 600万人。全国全民所有制单位职工工资总额，1960年是263亿元，1962年降低到214亿元，减少49亿元。职工的精减，不仅加强了农业生产战线，减少了国家财政开支、货币投放和粮食销量，减轻了城市供应的困难，而且降低了企业的生产成本，提高了劳动生产率，有利于企业扭转亏损，增加盈利。这两年，财政部门协助银行、劳动部门和企业单位，开始加强了工资基金的管理，根据国家精简计划，控制工资基金总额，并且及时地拨付了精减人员的回乡费和生产补助费，促进了精简计划的实现。①

（三）冻结银行存款，回笼货币

1. 冻结银行存款

1960年年底，国家财政经济面临严重困难，而机关、团体、部队、事业单位在银行的存款却不断增加，总额已达115亿元。为了严格财政纪律，合理使用资金，压缩社会集团购买力，缓和市场供应，1960年12月20日中共中央、国务院做出《关于冻结、清理机关团体在银行的存款和企业专项存款的指示》，各机关、团体、学校、事业单位的银行存款和国营企业的专项存款（不包括流动资金）一律暂时予以冻结。为了保证生

---

① 陈如龙主编：《当代中国财政》（上），第218—219页。

产、流通和国家行政管理的正常进行，对于冻结资金，以财政、银行部门为主，吸引各有关部门参加，组成清理存款办公室，按照上级指示逐项进行审查清理。弄清哪些资金来源是正当的；哪些资金来源是不正当的。正当的存款中有多少是应得的机动财力，分门别类，开列清单，并且提出处理意见，于 1961 年 1 月底以前，报省、自治区、直辖市党委审查，并抄报财政部和中国人民银行总行。冻结银行存款是紧缩财政支出，控制货币投放的一项临时性紧急措施，对消灭赤字、回笼货币、稳定市场的作用是极其明显的。

2. 出售部分高价商品回笼货币

在商品供应不足的情况下，国家加强了商品的合理分配，适当扩大了定量供应的范围，并且保持了粮食、蔬菜、煤炭、棉布等 18 类[①]基本生活必需品价格的稳定。在采取了上述各项措施的基础上，国家为了平衡购买力同商品供应之间的差额，回笼多余的货币，并使消费者能够在一般定量以外，根据自己的需要与可能，再购买一部分供应紧张的商品。从 1961 年 1 月开始，在全国 40 多个大中城市逐步敞开供应高价糖果和高价糕点。同年 2 月，高价糕点的供应范围扩大到全国一切大、中、小城镇；高价糖果的供应范围扩大到全国所有的城市和乡村。高价糕点和糖果，一律不凭证，不限量，充分供应。同年 3 月，全国 100 多个城市开设了高级饭馆，后来又陆续决定将自行车、钟、表、酒、茶叶、针织品等也以高价出售一部分。据统计，1961 年和 1962 年两年，全国共销售高价商品 74.5 亿元，增加财政收入 38.5 亿元，对回笼货币、平衡财政收支起了一定的作用。出售少数几种高价商品，是在经济困难情况下的一种临时性措施。随着整个经济情况的好转，高价商品有的降低了价格，有的改为平价供应。

---

① 18 类基本生活必需品是：（1）粮食；（2）棉花；（3）针棉织品；（4）絮棉；（5）食盐；（6）鞋子；（7）酱、酱油、醋；（8）肉、鱼的定量供应部分；（9）食油的定量供应部分；（10）食糖、糕点、糖果的定量供应部分；（11）大宗蔬菜（粗菜）；（12）火柴；（13）煤炭；（14）煤油；（15）文具、纸张、课本、书报杂志；（16）主要西药；（17）搪瓷制品、铝制品、橡胶制品等国家供应原料的日用工业品；（18）房租、水电、交通、邮电、医疗、学费等。

（四）深入开展增产节约运动

经过 1961 年和 1962 年的经济调整，财政经济状况开始好转，从支大于收、货币投放大于回笼，转变为收大于支、回笼大于投放；从市场供应紧张、集市贸易价格上涨，转变为供应日趋缓和、集市价格逐步回落。为了夺取经济调整的全面胜利和财政经济状况早日根本好转，1963 年 3 月 1 日，中共中央发出《关于厉行增产节约和反对贪污盗窃、反对投机倒把、反对铺张浪费、反对分散主义、反对官僚主义运动的指示》，要求运动先在县（团）级以上的党、政、军、民机关，国营和合作社营企业、事业单位，物资管理部门和文教部门中进行，并强调指出，运动必须以增产节约为中心，绝不能因为开展群众运动，放松对日常生产和工作的指导，放松巩固和建立正常秩序的工作；各个企业都要根据或参照《国营工业企业管理条例（草案）》的规定，建立和健全必要的制度。

勤俭建国、增产节约、自力更生、艰苦奋斗是中国积累资金的根本道路。开展增产节约运动，对于完成和超额完成国民经济计划和国家预算，更多地积累建设资金，并且合理地节约地使用这些资金，发展社会主义建设事业，具有十分重要的意义。通过深入开展增产节约运动，进一步贯彻了勤俭建国、勤俭办企业、勤俭办一切事业的方针，广大干部群众克勤克俭，兢兢业业，艰苦奋斗，为实现财政经济状况的根本好转，做出了积极的贡献。

第四节　国民经济调整任务圆满完成

1961—1965 年的国民经济调整是在极其艰难的经济条件下开始的。由于中央采取了一系列果断的调整措施，对国民经济实行"调整、巩固、充实、提高"的方针取得了圆满的成功，国民经济的发展取得了决定性的进展。1964 年 12 月 21 日，周恩来在第三届全国人大第一次会议上作《政府工作报告》时说，"调整国民经济的任务已经基本完成，工农业生产已经全面高涨，整个国民经济已经全面好转，并将进入一个新的发展时期。"① 这些成绩的取得与调整时期财政工作所付出努力密切相关。

一、工农业生产比例走向协调

（一）工业生产能力和经济效益大幅度提高，工业内部结构有所改善

1958—1965 年，工业基本建设投资高达 938 亿元，建成"531 项"大中型项目，新建和扩建了大批重要企业。如冶金工业方面，建成了中国最大的钢铁基地鞍山钢铁公司；新建的武钢和包钢先后投产；石景山、太原、天津、唐山等钢铁厂和上海第一、三、五钢铁厂等也都陆续建成投产。在能源工业方面，除建成了几十个煤炭企业和发电厂外，建成了规模达 1 000 万吨的大庆油田，同时开发了胜利油田和大港油田。此外，机械、化工、建材、森工、轻纺工业等也都建成了大批重要企业。据统计，到 1965 年，全国工业固定资产原值达 1 040 亿元，比 1957 年增长了 2 倍，工业生产能力和产品产量与 1957 年相比，钢产量增长了 1.28 倍，煤炭产量增长了 77%，发电量增长了 2.5 倍，原油增长了 6.75 倍，合成氨增长了 8.4 倍，水泥增长了 1.38 倍，木材增长了 43%，棉纱增长了 54%，棉布增长了 24%，机制纸增长了 9%。②

"大跃进"期间，为了追求高速度，经济效益很差。经过 5 年调整后，工业生产的产品质量、消耗、劳动生产率等技术经济指标，都大大改善。1965 年，生铁合格率达 99.85%，钢材合格率达 98.5%，原煤含矸率降到 0.64%，棉布一等品率达到 97.4%，机械工业有些产品的性能、质量已接近或达到世界先进水平。在主要技术经济指标方面，也达到了很高的成就。如每百元固定资产原值实现的利润为 20.9 元，每百元资金实现的利税为 29.8 元，每百元固定资产净值实现的利税为 39.8 元，每百元工

---

① 《建国以来重要文献选编》第十九册，中央文献出版社 1998 年版，第 456 页。
② 陈如龙主编：《当代中国财政》（上），第 232 页。

业产值实现的利润为 21.3 元，每百元产值占用的流动资金为 25.5 元。

此外，在工业内部结构和布局方面，也有所改善。轻工业产值占工业总产值的比重已从 1960 年的 33.4% 提高到 1965 年的 51.6%，即轻、重工业大体上各占一半。化肥、农药、农业机械等支农工业在工业总产值中的比重，已由 1957 年的 0.8% 提高到 1965 年的 2.9%，有了显著的增长。采掘工业与加工工业之间的比例，大体上已恢复到 1957 年的水平。在工业布局上，原来缺少工业的广大内地和边疆各省、自治区，都新建了不同规模的现代工业。如甘肃兰州的石油化工中心，以武钢、包头为中心的钢铁基地等。内地工业的产值在全国工业产值中的比重，已由 1957 年的 32.1% 提高到 1965 年的 35%。

（二）农业生产逐步恢复和发展，农业生产条件不断改善

首先，农业大幅增产。1965 年，粮食总产量达 19 455 万吨，比 1960 年的 14 350 万吨增产 5 105 万吨，接近 1957 年 19 505 万吨的水平。粮食净征购量达 3 360 万吨，已恢复到 1957 年的水平，比 1962 年增加了 790 万吨。1965 年，棉花、烤烟、甜菜等经济作物也大幅度增产。与 1957 年相比，棉花生产 4 195 万担，增产 27.9%；烤烟生产 744 万担，增产 45%；甜菜生产 3 969 万担，增产 32%。① 经济作物在农业总产值中所占的比重已有所提高。

其次，农业生产条件有了较大改善。在农业的基本建设和技术改造方面，从 1958 年初开始，广大农村掀起兴修水利的高潮。八年内水利投资 137.9 亿元，平均每年 17.2 亿元，相当于"一五"时期平均每年投资的 3.2 倍。修建了大量的水利工程，其中，大、中型施工项目有 290 多项，除继续根治淮河外，还开始治理黄河、海河、长江部分支流及珠江、辽河等。修建了控制黄河流域面积 92%、蓄水 354 亿立方米的三门峡水利枢纽工程和刘家峡等大型水库，建成 2 500 个电动排灌站；1965 年，全国灌溉面积比 1957 年增加 570 多万公顷，灌溉面积在全部

---

① 陈如龙主编：《当代中国财政》（上），第 233 页。

耕地中的比重由 1957 年的 24.4% 上升到 32%。① 在农机和工业品投入方面，1965 年与 1957 年相比，农业机械总动力由 165 万马力增长到 1 494 万马力，农用大中型拖拉机由 14 674 混合台增长到 72 599 混合台，机耕面积在耕地面积中的比重由 4.4% 上升到 24.5%，农用电力由 1.4 亿千瓦时增加到 37.1 亿千瓦时，农用化肥由 37.3 万吨提高到 194.2 万吨，农药由 14.9 万吨提高到 54.3 万吨。此外，在发展畜牧、植树造林、推广优良品种、改良土壤、控制水土流失、气象预报等方面，也取得了很大的进展。

（三）工农业之间的比例关系基本恢复正常

工业与农业的产值由 1960 年的 78.2：21.8 调整为 1961 年的 65.5：34.5 和 1965 年的 62.7：37.3，接近中国当时的工农业生产发展和人民生活的客观需要，比例比较协调（见表 3-3）。

表 3-3　1961—1965 年农业与工业的比例关系　　　　　单位：%

年　份	农业总产值占工农业总产值的比例	工业总产值占工农业总产值的比例
1961	34.5	65.5
1962	38.8	61.2
1963	39.3	60.7
1964	38.2	61.8
1965	37.3	62.7

资料来源：国家统计局编：《中国统计年鉴（1983）》。

二、积累与消费比例趋向合理

"大跃进"时期，国民经济比例失调的关键在于积累过高，基建规模过大，因此，国民经济必须调整。陈云提出国家建设规模必须符合国力的理论，并指出国家计划"首先要保证生产生活必需品的生产部门最低限

① 陈如龙主编：《当代中国财政》（上），第 233 页。

度的需要，其次，要保证必要的生产资料生产的需要，剩余的部分用于基本建设。"① 简而言之，就是要正确处理好消费与积累的关系。根据这个精神和"八字方针"的要求，大力压缩了基本建设的规模，削减了投资以维持消费。随着国民经济的恢复和发展，国民收入总额逐年增加。按可比价格计算，如以 1952 年为 100，1957 年为 153，1962 年为 130.9，1963 年为 144.9，1964 年为 168.8，1965 年为 197.6，1965 年比 1957 年增加了 29%。在国民收入使用额的积累率，1957 年为 24.9%，1959 年和 1960 年分别高达 43.8% 和 39.6%，造成积累与消费之间的比例关系严重失调。1961—1963 年，为了保障人民群众的生活必需，削减投资，积累率迅速降低，这三年分别为 19.2%、10.4% 和 17.5%，使基本建设的规模与当时国家的财力、物力基本相适应。到调整后期，又把积累提高到 1964 年的 22.2% 和 1965 年的 27.1%，积累与消费的比例关系，逐步趋向正常、合理。这样，既兼顾了人民的生活需要，又满足了后两年的经济恢复中基本建设和工业生产指标先下后上的需要，保证了一批重点项目能按计划建设，按时投产。

三、财政收支平衡略有结余

由于"大跃进"运动的开展，国家财政支出超过收入，财政不能平衡，1958—1961 年连续 4 年出现财政赤字（1958 年 21.8 亿元，1959 年 65.74 亿元，1960 年 81.85 亿元，1961 年 10.96 亿元），累计赤字额达 180.35 亿元，特别是 1960 年财政赤字高达 81.85 亿元，占当年财政总支出 12.5%。但是，实行国民经济调整政策后，随着经济的恢复和发展，财政收入逐年增加，不仅消灭了财政赤字，而且略有结余。1962 年财政收入完成 313.6 亿元，比上年增加 42.5 亿元；财政支出 305.3 亿元，比上年减少 61.7 亿元；收支相抵，结余 8.3 亿元。到 1965 年，财政收入高达 473.3 亿元，比 1957 年的财政收入增加了 163.1 亿元，增长 52.6%；财政支出 466.3 亿元；财政结余 7 亿元。并且，还清了全部外债。

---

① 陈云：《建设规模要和国力相适应》，《陈云文选》，人民出版社 1986 年版，第 45 页。

四、人民生活水平开始回升

在人民生活方面，由于生产恢复和发展，国民收入增加，职工工资也有增长。1965 年职工平均工资比 1962 年增长 10%。1965 年全国居民年平均消费水平为 125 元，比 1962 年增加 8 元，比 1957 年增加 23 元，其中农民年平均消费水平 100 元，非农业居民年平均消费水平 237 元。1962 年全国平均每人消费粮食 329 斤，比上年增加 11 斤；消费猪肉 4.4 斤，比上年增加 1.6 斤；消费棉布 10.9 尺，比上年增加 2.3 尺。[①]

1963 年 3 月，国务院决定提高粮食销售价格同棉花收购价格，棉花收购价格平均提高 10%，每斤为 0.897 元，粮食的统购价格与统销价格持平。全国平均每百斤粮食销售大约提高 1 元，并对收入低的职工给予适当的生活补贴，补贴金额按各地提价幅度大小而有所不同。由于农业还没有完全恢复，1965 年全国平均每人的粮食、食油、棉布消费量，仍略低于 1957 年的水平，但总的看来，因经济调整，市场供应增加，许多农副产品调高了收购价格，平调退赔全部清理，农业税减低税率，农民生活水平已有了提高。

1963 年 8 月，国家决定拿出 11 亿元给部分职工增加工资。主要包括：提升 45% 职工的工资级别；提高部分地区的工资类别；适当调整过低的工人工资标准；适当扩大计件工资范围，改进奖励制度，改进和整顿津贴制度。通过这次调整工资，使"大跃进"以来积累的职工工资问题部分得到解决。此外，国家对城镇闲散劳动力和待业青年采取多种形式，广开门路，使绝大多数人得到安置。据国家统计局计算，1963 年全社会零售物价总指数比上年下降 5.9%，其中平价下降 0.8%，高价、议价、集市价格分别下降 40% ~50% 左右。集市贸易价格经过两年大幅度下降，到 1965 年年底平均比牌价只高 40% 左右。以上表明，中国人民渡过了困

① 陈如龙主编：《当代中国财政》（上），第 237 页。

难时期,生活水平开始回升了。[①]

由于国民经济宏观决策的正确,加之在经济和财政以及其他各条战线上的措施果断有力,经过五年扎扎实实的努力,国民经济得到迅速的恢复和发展。1963—1965年,工农业总产值平均每年增长15.7%,财政收入平均每年增长14.7%,各项经济指标已经恢复到或者超过第一个五年计划时期的最高水平。正如《关于建国以来党的若干历史问题的决议》所指出的:"我们现在赖以进行现代化建设的物质技术基础,很大一部分是在这个期间建设起来的;全国经济文化建设等方面的骨干力量和他们的工作经验,大部分也是在这个期间培养和积累起来的。这是党的工作的主导方面。"

五、科技、国防事业得到发展

经过国民经济的调整,财政支出结构趋向合理,对科技、国防的支持力度不断加大,有力地促进了我国科技和国防事业的发展。

1961年初,党中央在深入开展调查研究的基础上,提出了对国民经济实行"调整、巩固、充实、提高"的方针,此后又发布了《关于当前工业问题的指示》,制定了许多新的政策和措施,从财政上大力支持工业技术进步。为了解决我国工业发展的能源这一基础问题,党中央对石油工业十分重视。在帝国主义对我国进行经济封锁,苏联撤走专家停止支援的情况下,我们完全依靠自己的技术力量创建了年产600万吨的大庆油田。继大庆油田的开发之后,接着又以同样的方式开发了胜利油田和大港油田。到1965年我国石油产量达1 131万吨,比1957年增加了6.75倍,从此石油实现了全部自给。随着现代石油工业基地的建成,与此相联系的石油化工、化纤、塑料等一批新兴工业也迅速建立起来。1965年,我国采用国际先进技术,由自己设计的第一座维尼纶厂建成投产,这标志着我国的纺织工业开始向新兴的合成纤维工业发展。

---

① 宋新中主编:《当代中国财政史》,第321页。

　　国民经济调整时期，正是我国经济特别困难时期。正是在这个时期，国家克服困难，坚持研制"两弹一星"。在广大科技工作者的艰苦努力下，1964 年 10 月成功地爆炸了第一颗原子弹，1965 年又成功地爆炸了第二颗，从此中国迈进了世界核大国的行列。所有这些科技国防事业的突飞猛进，无疑是与财政的支持分不开的。

第四章
"文化大革命"期间财政
对经济社会的支撑作用

1966—1976 年的"文化大革命",给党、国家和人民造成了新中国成立以来最严重的损失,整个国民经济体系逐步恶化,国家财政遭到了严重破坏。在困境中,财政对经济社会生活各领域仍发挥着重要的支撑作用。

第一节 "文化大革命"对国民经济的影响

一、国民经济状况恶化

"文化大革命"十年中,由于政治局面动荡,社会和经济秩序混乱,致使经济发展受阻,社会主义经济建设事业遭受到严重的挫折和损失,国民经济走向崩溃的边缘。

(一)工农业生产总值下降

在"文化大革命"期间,工农业生产大幅度下降,尤其是前 3 年极为严重的动乱给国家经济建设事业造成了巨大损失,整个国民经济处于近似无政府状态。1967 年工农业总产值完成 2 306 亿元，比上年下降 9%。其中工业总产值 1 382 亿元，比上年下降 14.9%；农业总产值 924 亿元，比上年的增长率降低 7 个百分点。从产品产量看，钢产量 1 029 万吨，比上年下降 32.8%；煤炭产量 2.06 亿吨，比上年下降 18.3%；原油产量 1 388 万吨，比上年下降 4.7%；发电量 774 亿千瓦时，比上年下降 6.2%。1968 年国民经济各项指标在 1967 年下降的基础上，又进一步下降。这一年工农业总产值 2 213 亿元，比上年下降 4%。其中工业总产值 1 285 亿元，比上年下降 7%；农业总产值 928 亿元，仅增长 0.4%。从产品产量看，除煤炭、原油、棉花以外，其他产品产量均有所下降。钢产量 904 万吨，比上年下降 12.1%；发电量 716 亿千瓦时，比上年下降 7.5%；粮食产量 20 905 万吨，比上年下降 4%。1967 年和 1968 年的工业企业全员劳动生产率，分别比上年下降了 19.2% 和 7%。

"文化大革命"期间，各项经济指标的平均年增长速度都大大低于此前的水平。"文化大革命"中，出现了破坏机器设备、炸毁铁路桥梁、抢夺武器弹药、砸毁文物古迹等种种恶性事件，造成了严重的直接经济损失，由此引发的停工、停产、减产，造成的大规模间接经济损失，更是难以估计（见表 4-1）。

表 4-1 "文化大革命"期间国民经济发展的主要指标

指标 年份	社会总产值		工农业总产值		国民收入		按人口平均的国民收入
	金额 （亿元）	指数 （%）	金额 （亿元）	指数 （%）	金额 （亿元）	指数 （%）	（元）
1966	3 062	116.9	2 534	117.3	1 586	117	216
1967	2 774	90.1	2 306	90.4	1 487	92.8	198
1968	2 648	95.3	2 213	95.8	1 415	93.5	183
1969	3 184	125.3	2 613	123.8	1 617	119.3	203
1970	3 800	124.1	3 138	125.7	1 926	123.3	235
1971	4 203	110.4	3 482	112.2	2 077	107.0	247

指标\年份	社会总产值		工农业总产值		国民收入		按人口平均的国民收入（元）
	金额（亿元）	指数（%）	金额（亿元）	指数（%）	金额（亿元）	指数（%）	
1972	4 396	104.4	3 640	104.5	2 136	102.9	248
1973	4 776	108.6	3 967	109.2	2 318	108.3	263
1974	4 859	101.9	4 007	101.4	2 348	101.1	261
1975	5 379	111.5	4 467	111.9	2 503	108.3	273
1976	5 433	101.4	4 536	101.7	2 427	97.3	261

资料来源：根据《中国统计年鉴》相关年度数据整理。

（二）投资效益差

1969—1976 年的 8 年间，国家基本建设拨款占财政支出的比重，最低为 38.6%，最高为 45.9%。这样大规模的投资，超过了国家财力的承受能力，造成工期拖长、损失浪费严重等问题，使投资效益大大降低。在 10 年"文化大革命"中，国家用于"三线"建设的投资约 1 300 亿元，占全国基建投资的 42% 左右。然而很多资金有去无回，有些形成了固定资产，却不能进行正常生产。"一五"时期，每百元积累可增加国民收入 32 元，3 年调整时期可增加 57 元，而在"文化大革命"的前 5 年和后 5 年，每百元积累增加的国民收入只有 26 元和 16 元。其中，"三线"建设的投资效益更差，1976 年，全国每百元固定资产创造的产值为 103 元，而"三线"只有 71 元。当时投资低效益所造成的巨大损失是很难挽回的。

（三）企业经济效益全面下降

这一时期，企业管理的规章制度被废除，生产秩序被打乱，直接导致了企业经济效益全面下降，产出日趋减少。工业方面，每百元资金实现的利润税金，从 1966 年的 35.2 元，降到 1976 年的 19.4 元。商业方面，每百元资金实现的利润，从 1957 年的 20 元，降到 1976 年的 9.7 元。基本建设方面，固定资产交付使用率，从"一五"时期的 83.7%，降到"文化大革命"的前 5 年和后 5 年时期的 59.5% 和 61.4%，亏损企业的数目越来越多，亏损金额也不断增大。1976 年全国国营企业亏损总额达 165 亿元，是 1966 年的 35 亿元的 4 倍多。大批企业陷入重重困难，不得不靠国家补贴来维持。

二、主要经济比例严重失调

（一）积累和消费比例关系失调

在"文化大革命"期间，人们片面地追求生产的高指标造成积累率过高。我国经济发展比较协调的"一五"期间积累率为 24.2%，"二五"期间为 30.8%，"三五"期间为 26.3%，"四五"期间进一步增高至 33%，其中 1971 年达 34.1%。1966—1976 年的 11 年中，有 8 年的积累率在 30% 以上。在积累内部，生产性积累和非生产性积累也存在着严重失调的状况。在"一五"期间，非生产性积累为 40.2%，而"三五"和"四五"期间却分别下降为 22.5% 和 22.4%。结果住宅、教育、文化、卫生、环保设施等方面投入严重不足，给人民生活造成很大困难。

（二）农、轻、重及其内部比例关系失调

首先，由于过分突出钢材和机械加工工业，造成农、轻、重比例关系严重失调。在全国投资总额中，重工业所占比重，在强调优先发展重工业的"一五"时期只占 36.1%，而"三五"和"四五"期间分别达到 51.1% 和 49.6%。因而在工农业总产值中，从 1966—1976 年重工业比重从 32.7% 上升到 38.9%，农业比重从 35.9% 下降到 30.4%，轻工业比重从 31.4% 下降到 30.7%。其次，农业内部结构不合理。由于片面强调"以粮为纲"，经济作物和林牧副渔业被忽视，甚至用毁林开荒、围湖造田来增产粮食。在"文化大革命"10 年的农业总产值中，种植业产值比重始终在 69% 以上，林牧副渔业产值比重始终在 31% 以下；在农作物总

播种面积中，粮食作物占80.6%以上，经济作物占9.2%以下。最后，在工业内部不仅轻重工业之间比例失调，而且在重工业内部加工工业和原材料工业之间也不协调。在重工业产值中，制造工业的比重由50.5%上升到52.8%，而原材料工业却由38.3%下降到34.9%。

（三）交通运输业和工农业生产比例失调

由于当时过分突出内地新线铁路建设，忽视运输繁忙地段铁路旧线改造，使铁路主要干线运输能力落后于生产发展。我国"一五"时期交通运输先行，工农业总产值增长67.8%，其中工业总产值增长1.28倍，全部货物周转量增长1.38倍。然而，"文化大革命"时期，工农业总产值增长了近1倍，其中工业总产值增长1.25倍，而全部货物周转量仅增长77%，其中，铁路货物周转量增长只有28.2%。

三、人民生活受到影响

（一）对农民的影响

由于种种历史原因，我国农产品价格一直较低，工、农产品价格"剪刀差"问题比较严重。由于"四人帮"提出"越穷越是社会主义"的干扰破坏，极大地挫伤了广大农民的生产积极性，农民的收入水平一直较低。1966年，我国农民人均年收入106元，1977年为125元，11年来只增加了19元，每年增加不到2元。

（二）对职工的影响

在"文化大革命"期间，职工平均工资有所下降。1966年，全民所有制职工人均工资为636元，1976年下降为605元，10年间减少31元。1974—1976年，国家财政曾三次计划调整职工工资，但都因"四人帮"的干扰和财政资金匮乏而落空。虽然国家于1971年调整了部分在1958年后参加工作的低收入职工的工资，但范围窄小，幅度有限。

（三）对社会事业的影响

在"文化大革命"期间，环境保护、公用事业、商业网点等方面的发展滞后，远远不能满足人们生活的需要。国家对于教育、文化、科学、卫生等社会事业的投入越来越少。"文化大革命"前的 1963—1965 年，教育、文化、科学、卫生等事业费占财政支出的比例为 10.5%；而在 10 年"文化大革命"中，前 5 年下降到 9%，后 5 年下降到 8.7%。居民住宅与"一五"时期投资比例相比，下降 2 亿平方米左右。

"文化大革命"对人民生活影响严重，造成了后来财政分配的巨大负担。在"四人帮"被粉碎后的最初几年里，国家财政不得不拿出大量资金用于"还账"。这一方面造成了财政收支紧张的局面，另一方面影响了经济的增长速度。

第二节 "文化大革命"对财政的影响

"文化大革命"十年间，国家财政收支波动，多年出现赤字；财政投资结构畸形发展，财政投资分配比例关系失调；财政管理、财政工作机构及各种规章制度遭到破坏，财政体制变更频繁。

一、财政收支急剧波动

"文化大革命"时期，生产被破坏，财政损失巨大。1967 年国家财政收入为 419.4 亿元，比 1966 年减收 139.3 亿元，减少 25%。1968 年又比 1967 年减收 58.1 亿元，减少 13.9%。1967 年出现了 22.5 亿元的财政赤字，由于大幅度压缩支出，在 1968 年财政总支出比 1966 年减少约 1/3 的情况下，才保持了财政收支平衡。由于国营企业的生产效益大幅下降，1967 年国家财政收入中的企业收入比 1966 年减少 114.8 亿元；1968 年又比 1967 年减少 51.8 亿元。就连历年来比较稳定的税收收入，1967 年、1968 年也分别比 1966 年减收 25.4 亿元和 30.4 亿元（见表 4 - 2）。

表4-2 "文化大革命"时期的财政收入和财政支出

（包括国内外债务部分） 单位：亿元

年　份	财政收入	财政支出	收支差额
1966	558.71	541.56	17.15
1967	419.36	441.85	-22.49
1968	361.25	359.84	1.41
1969	526.76	525.86	0.9
1970	662.90	649.41	13.49
1971	744.73	732.17	12.56
1972	766.56	766.36	0.2
1973	809.67	809.28	0.39
1974	783.14	790.75	-7.61
1975	815.61	820.88	-5.27
1976	776.58	806.20	-29.62

资料来源：《中国财政年鉴（2005）》。

1966—1976年财政收入共计7 225.27亿元。其中，各项税收收入3 276.45亿元，占总收入的45.4%；企业收入3 860.86亿元，占总收入的53.4%；其他收入87.96亿元，占总收入的1.2%。财政支出共计7 244.16亿元。其中，基本建设拨款2 861.58亿元，占总支出的39.5%；企业挖潜改造资金和新产品试制费239.4亿元，占总支出的3.3%；增拨流动资金403.28亿元，占5.6%；文教卫生科学事业费653.29亿元，占9.0%；国防支出1 434.11亿元，占19.8%；行政管理费339.52亿元，占4.7%。如果按照"一五"时期的国民经济发展水平计算，"文化大革命"10年共损失国民收入5 000亿元，按照财政收入占国民收入30%的比例计算，财政收入总共减收约1 500亿元。由于财政收入和支出的大幅度减少，中央财政收回了已下放给地方的部分财权，重新实行中央和地方之间的收支两条线管理办法（见图 4 - 1）。

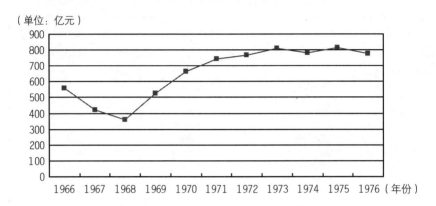

（单位：亿元）

图 4 - 1 "文化大革命"时期的财政收入波动情况

资料来源：《中国财政年鉴（2007）》。

二、财政投资分配畸形发展

正确的财政政策，不仅反映在财政收支总量的平衡，而且更反映在财政收支结构和投资分配结构的合理。然而，"文化大革命"期间的国家财政投资分配结构却是畸形发展。从 1969 年起，由于片面强调备战需要，加强"三线"建设，提出了"靠山、分散、进洞"的方针，使国家预算内的基本建设投资不断增加。1969 年、1970 年的基本建设投资拨款由 1968 年的 117.85 亿元，分别激增到 206.22 亿元和 298.36 亿元，每年增加约 90 亿元。这两年的基本建设投资占当年财政支出的比例，分别高达 39.2% 和 45.9%，仅次于"大跃进"的最高峰时期。在基本建设投资中的农、轻、重的比例安排上，又错误地提出了"以钢为纲"的方针，造成农、轻、重比例严重失调。农、轻、重的投资结构由 1968 年的 41.9：31.2：26.9，改变为 1969 年的 33.7：30.6：35.7，以后几年重工业占生产总值的比重也持续上升。因此，在工农业总产值中，1966—1976 年，重工业总产值的比重由 32.7% 上升到 38.9%，轻工业总产值的比重则由 35.9% 下降到 30.4%。这种投资结构，导致了生产性建设挤占非生产性建设，生产性建设投资比例由 1968 年的 80.7% 上升到 1970 年的 88.3%，而同期非生产性建设投资比例由 19.3% 下降到 11.7%。1970 年，非生产性投资中的住宅建设，只占全部投资的 2.6%，是新中国成立以来比例最低的。不仅轻重工业比例失调，由于过分强调钢铁和机械工业，在重工业内部加工工业与原材料工业也不相适应。在工农业生产与交通运输的比例方面，交通运输能力也越来越不适应整个国民经济的发展。另外，财政投资过分突出内地建设，过多地限制了沿海地区的投资，其结果不仅影响了沿海工业本身的发展，反过来也削弱了对内地的进一步支持。不合理的支出结构进一步激化了不合理的国民经济结构和社会结构，更助长了比例失调。财政投资分配结构畸形发展，使国家的人力、物力、财力、资源不能有效地结合，以致造成了巨大的浪费，对国民经济的健康发展造成了严重的困难。

三、财政管理遭到严重破坏

（一）财政制度受到冲击

新中国成立以来，国家财政体系形成了一整套科学合理的规章制度，包括预、决算制度，企业财务制度，利润分配、成本管理、固定资金和流动资金管理制度，基建财务与行政事业财务制度，国家税收稽征管理制度，计划、会计、统计工作制度等。这些规章制度，有效地保证了国家财政政策的顺利贯彻与执行。然而，在"文化大革命"中，我国绝大多数的方针政策和成就被否定了，各种财政制度被当作"修正主义"的"管、卡、压"，国家的税收制度被歪曲为"税收万能论"。这种混乱的状况，给财政工作造成了极大的困难。当时的财政工作被批判为"执行着一整套反革命修正主义纲领"，"依靠专家理财，剥夺了群众监督经济的权力"，使很多财政工作无法顺利地正常进行。大量的财政规章制度被批判、否定，有的被明文取消，即使有不被取消的也不破自废、名存实亡。在此期间，预、决算制度受到冲击，甚至被迫中断，国家在 1967 年和 1968 年没有正式的预、决算报告，成为新中国财政史上的空白。1968 年，财政部军管会取消、简化了 80% 以上的财政报表，基本建设项目的概算、预算、成本计算和竣工决算以及拨款原则都被废除，财经纪律松弛，乱上项目，随意截留国家财政收入的混乱局面相当严重。

（二）税制简化过度

1972 年 3 月，国务院批转财政部《中华人民共和国工商税条例（草案）》，对工商税制作了重大的改变：一是合并税种，工商统一税及其附加、对企业征收的城市房地产税、车船使用牌照税、屠宰税及盐税被合并成为一种工商税。简化后对国营企业只征一种工商税，对集体企业只征收工商税和工商所得税。二是简化税目、税率，税目由过去的 141 个减为 82 个，不相同的税率只有 16 个，多数企业可以简化到只用一个税率征收。三是把一部分管理权限下放给地方，地方有权对当地的新兴工业、"五小"企业、社队企业、综合利用与协作生产等，确定征收或者减免税。这种合并后的单一税制格局，使税种、税目、税率过于简化，不适应我国经济的实际情况，大大缩小了税收在经济领域里的活动范围，严重削弱了税收的经济杠杆作用。

（三）财税干部被下放，机构被撤并

1967 年初，国家财政大权曾一度被"财政部革命造反司令部"夺去，后经周恩来总理及时制止，才得以恢复。各级财政部门的领导干部也多数被夺权，被迫停止了工作，财政部门的工作秩序普遍陷入混乱。在这种混乱的局面下，党中央、国务院为了保证基本的工作秩序，派出了中国人民解放军对各重要机构实行军事管制。1967 年 7 月，财政部成立了军管会，领导财政部的日常工作。在所谓"下放科室人员"的局面下，大批财税干部被下放到农村和工厂从事体力劳动。全国财政部门下放干部人数均占原有人数的 70% 以上，例如北京市 18 个区、县，原有财税干部 1 964 人，下放后仅剩 583 人，减少了 70%。全国财税系统的干部大部分被下放，严重影响了财政业务工作的进行和有关任务的完成。

1967 年，财政部的业务司局被撤并，划分为两个大组，政工组和业务组，仅留 20 多人管理财政部的全部业务工作。税务总局被撤销，全部税收工作由业务组下设一个税收组办理。财政监察机构全都被取消。1970 年中国人民建设银行被并入中国人民银行，基建拨款由财政部门确定计划指标，拨款业务由中国人民银行办理。中国人民建设银行被摘牌后，全国从事基建拨款管理的人员由 17 000 人，减少到 2 600 人。财政业务执行机构被撤并，极大地影响了有关工作的正常开展和其职能作用的正常发挥。

四、财政体制变更频繁

"文化大革命"期间，国民经济运行遭到破坏，财政收入水平波动很大，财政体制不得不多次变更。前期，实行收支挂钩、总额分成的办法，地方财政有一定的自主权。1968 年，生产停滞，收入下降，有的省、自治区连正常经费也保证不了。为了维持地方的必要支出，在中央和地方之间暂停收支挂钩、总额分成的办法，改为收归收、支归支，收支分别算账的办法。即实行收支两条线，收入全部上缴国家，支出全部由中央拨给。

1969 年，政治局面相对稳定，又恢复实行"收支挂钩，总额分成"的办法。规定收入的分成比例，按截至 1969 年 12 月底中央批准下达的收支指标计算，当时实行的"总额分成"实际是一种打折扣的"总额分成"。1970 年，财政经济形势有了一定好转，中央财政适当下放了管理权限，在中央统一领导下，实行中央、省、县三级管理，中央对各省、直辖市、自治区实行"定收定支，总额分成"的办法。1971 年，中央的大部分企业下放到地方管理，国家预算管理相应实行了收支包干的办法。即中央对各省、直辖市、自治区"定收定支，收支包干，保证上交（或差额补贴），结余留用，一年一定"。

实行预算包干对调动地方积极性虽有一定作用，但在当时情况下，年初确定的预算指标，难以做到完全符合实际，执行中又往往出现一些事前预料不到的因素。为解决这些问题，1972 年中央财政对包干体制作了局部修改，规定中央对各省、直辖市、自治区仍继续实行包干办法，但各省、自治区、直辖市对地、市、县不宜层层包干，可以采取收入分成办法或其他办法。

1973 年，华北地区和江苏省在保持收支包干办法的基础上，进行了"收入按固定比例留成，超收另定分成比例，支出按指标包干"办法的试点。中央财政为了解决包干体制存在的矛盾，给地方留一些比较固定的机动财力，以利于地方因地制宜地统筹安排，从 1974 年开始在全国普遍试行了华北和江苏的办法。具体做法是：中央按照各省、直辖市、自治区地方预算收入指标总额，确定一个固定比例，留给地方一笔比较稳定的机动财力。

1974 年的财政体制虽然保证了地方有较为稳定的机动财力，避免了地区之间机动财力差距悬殊的矛盾，但由于收支不挂钩，既不利于调动地方增收节支和平衡预算的积极性，也不能体现地方本级预算的权责关系。因此，1976 年又恢复了"收支挂钩，总额分成，一年一定"的财政体制。规定了地方的收支范围和管理权限比过去扩大，同时保留了按 1974 年体制规定给地方固定数额的机动财力；各地财政收入的超收部分，原则上应当按照总额分成的比例计算分成；地方财政支出的结余，除国家另有规定者外，留归地方使用。

第三节 "文化大革命"期间财政的支撑作用

"文化大革命"期间，为了保证正常的工作秩序，中共中央和国务院派出了中国人民解放军对重要的政府机构实行军事管制。财政部在中央和国务院的有力支持下，仍然坚持正常的业务工作，竭力维持财政平衡，支持经济建设、开展对外援助，坚持财政制度和财经纪律，努力进行整顿，有力地维护了国家财政的稳定局面，对于保持政权正常运转，维护国家稳定发挥了重要作用。

一、维持财政收支平衡

"文化大革命"期间，财政工作陷入重重困难，财政收入连续下降，维持财政平衡任务艰巨。针对这种情况，为了确保财政工作的顺利开展和实现国家财政收入任务，维持财政平衡，中共中央及时采取了果断措施，发出一系列通知，极大地支持了财政部门的工作。财政部门坚决贯彻中央的决定，狠抓增收节支，竭力维持财政平衡。

1967年6月22日，中共中央及时发出了《关于进一步"抓革命、促生产"，增加收入，节约支出的通知》，指出一切企业纳税单位都要努力增加生产，按规定向国家交纳税款和利润，不许挪用和拖欠，已经挪用的必须归还，已经拖欠的必须补交。并强调，国家财政、税收部门在努力帮助企业搞好生产、流通和增加收入的同时，要做好收入的组织工作。不论城市和农村，都要保证税款和利润有人收、及时收，要坚决同一切投机倒把、偷税行为作斗争。同年8月20日和次年的2月18日，针对不少单位趁"文化大革命"混乱之机，铺张浪费，乱花公款以及把集体所有制企业随意转为全民所有制企业等行为，又先后发出了《关于进一步实行节约闹革命，控制"社会集团购买力"，加强资金、物资和物价管理的若干规定》和《关于进一步实行节约闹革命，坚决节约开支的紧急通知》，强调指出，各单位必须尊重国家赋予财政、银行部门的职权，并积极协助他们行使这些职权，任何人不得干涉和冲击财政、银行、税收、商业、粮食等单位。《紧急通知》强调，一切应纳税的单位和个人都必须照章纳税。偷漏税和抗税不交的，要严肃处理。国营企业的利润，必须按时交库，不准挪用，不准拖欠。这一措施在一定程度上减轻了当时铺张浪费，随意冲击财政、银行，截留国家财政收入的混乱情况，抵制了无政府主义。[①]《紧急通知》还要求，各机关、团体、学校、企业、事业单位，1967年年

---

① 左春台、宋新中主编：《中国社会主义财政简史》，中国财政经济出版社1988年版，第371—372页。

底各项经费和资金的年终结余存款（包括预算外资金），除去未完工程基本建设投资、企业流动资金、大修理基金、设备更新资金、农田水利、优抚救济、安置移民费以外，一律按 1967 年 12 月 31 日银行存款账面数字，实行冻结，不再动用。

1968 年 11 月 18 日，中共中央又及时发布《关于进一步打击反革命经济主义和投机倒把的通知》。《通知》鲜明地强调：（1）关于工资、福利、奖金、附加工资、补贴、劳动保护用品和保健食品等制度的改革，应放在运动后期统一处理。（2）绝对不许分掉集体所有制单位的流动资金、公积金和公益金；凡已私分的，应立即主动交回。手工业合作社等集体所有制企业的年终劳动分红办法，必须停止执行。（3）各种学校毕业生的分配及分配工作后的工资待遇，在中共中央、国务院未做出新规定之前，一律按现有的规定执行。（4）对于有些群众提出的经济条件，必须重新进行审查，凡不符合中共中央、国务院规定的，应立即收回，宣布无效。不管任何组织和个人，凡擅自扣用现金或向银行强行提款，应立即自动交回；否则，要追查责任。这个《通知》对当时财政部门的工作给予了极大的支持，对于制止当时的混乱情况起到了重要作用。

在中央采取有力措施的支持下，财政部努力克服重重困难，维持和稳定财政工作局面。1967 年 10 月，财政部召开全国财政工作会议。会议分析当年财政收支可能会出现赤字，全年的收入预计不能完成原定的年度预算，因此必须大力紧缩支出。主要措施有：财政部门要在保证国家计划内工程和购置设备等所需资金的前提下，严格控制基本建设拨款；对预算中的一些待分配经费和指定用途的专项开支，应尽量节约或控制不分；要求各单位的行政、事业经费，自 9 月起节约 20% 左右；尽量节约其他方面的开支等。会议指出，对本年财政收支可能出现的差额，要正确对待。必须在搞好"文化大革命"的前提下，积极抓紧第四季度的财政工作，厉行增产节约，努力增收节支，减少赤字。1968 年 9 月中旬，全国财政工作座谈会分别在北京、杭州、长沙、沈阳、西安五个地方同时召开，历时 5 ~ 7 天，参加座谈的有各省、直辖市、自治区派出的代表共 65 人。会议总结并交流了工作经验，研究了财政工作情况和任务。会议认为由于贯彻了"要进一步节约闹革命"和中央文件精神，全国群众性的节约工作做得很出色，特别是在节约行政、事业经费开支方面，成效显著。经过一番艰苦努力，初步可以实现收支平衡，并略有结余。1970年3月，全国财政座谈会召开，会议围绕增收节支，实现财政平衡，提出了财政工作的几点要求：首先，要充分利用财政、税收工具，配合有关部门，坚决打击贪污盗窃、投机倒把活动，反对铺张浪费。其次，大搞增产节约，狠抓增收节支。同时提出，生产建设领域积压的物资和资金很多，要大搞清仓挖潜，1970年动员出来50亿~60亿元是可能的。①

在"文化大革命"十年中，有4年出现财政赤字，有6年是维持财政平衡的，虽然总体上是有赤字的，但是如果不是中央的支持，如果不是财政部的努力维持平衡，赤字会更大。

二、支持经济建设和开展对外援助

"文化大革命"期间，国家财政在困境中发挥分配、监督的职能和作用，多次采取增加收入，节约支出，冻结单位在银行的存款，压缩社会集团购买力，控制货币投放等措施，除了保证国家最低限度需要的经常性开支外，集中有限财力，积极支持了国家经济建设和工农业生产的发展，开展了对外援助，在那样混乱的情况下，仍然取得了不少成绩。

（一）支持经济建设

在这10年期间，农业方面，建设了大批水利工程，使其配套发挥效益，农业现代化的装备水平也有了较大提高，从而使粮食生产保持了比较稳定的增长。

工业方面，建设了一批大型工业企业。最突出的是石油工业在这个时期中进一步探明了石油资源，除大庆油田形成年产5 000万吨原油的大型

---

① 田一农、宋新中主编：《中华人民共和国财政大事记》，中国财政经济出版社1993年版，第313页。

企业外，山东胜利油田和天津大港油田也初具规模。国家原油产量 1976年达到 8 700 多万吨，相当于 1967 年的 6.7 倍，使中国由贫油国一跃而成为能够自给自足的产油国。随着原油产量的增加，石油化学工业也在这个时期迅速崛起。冶金工业新建了四川攀枝花钢铁厂、成都无缝钢管厂、贵州铝厂等重要企业。为解决钢材品种问题，武汉钢铁公司引进了国外先进设备一米七轧机。机械工业建设了湖北第二汽车厂、四川德阳第二重型机械厂等大型企业。煤炭工业建设了贵州六盘水、四川宝顶山、广东芙蓉山、山东兖州等大型煤矿。电力工业重点建设了甘肃刘家峡、湖北丹江口等一批水电站和火电站。著名的湖北葛洲坝大型水电站也在这个时期投资开始动工兴建。

交通运输方面，也有进一步的改善和加强。这个时期完成了一些主要的交通工程。全长 1 085 公里的成昆线，在 1970 年完成了最艰巨的路段，并于 1971 年全线交付运营。1969 年 10 月开工的焦枝线，全长 825 公里，投资 10.6 亿元，1975 年全部竣工。宏伟的南京长江大桥，全长 6 700 米，是具有世界先进水平的双层铁路、公路两用桥，也于 1968 年完工。

科学技术方面，取得了一批重大成果。在此期间，我国广大科技人员冲破压力，克服重重困难，在籼型杂交水稻的育成推广、核技术、人造卫星、运载火箭等尖端科学技术研究方面取得了丰硕成果。1967 年 6 月 17日，在我国西部地区成功地爆炸了第一颗氢弹。这次试验是我国继第一颗原子弹爆炸成功后，在核武器发展方面的又一次飞跃，标志着我国核武器的发展进入了一个新阶段。1975 年 11 月 26 日，我国发射的人造地球卫星，在正常运行后，按预定计划返回地面，使我国成为继美国、苏联之后第三个能回收卫星的国家。①

以上领域成就的取得，是广大工人、农民、知识分子、革命干部辛勤劳动的结果，而这也与国家在财政困境中努力维持财政经济工作局面直接相关。

---

① 项怀诚主编：《中国财政 50 年》，第 163—164 页。

（二）坚持开展对外援助

对外援助从新中国成立后就已开始。新中国成立初期，尽管国家处于国民经济恢复时期，百废待兴，国力有限，但全国人民节衣缩食，克服重重困难，尽力进行了对外援助工作。1966—1970 年，中国继续支援亚、非、拉第三世界国家争取民族解放、发展民族经济，向 37 个国家提供了巨额援助（"一五"时期援助国家为 9 个、"二五"时期援助国家为 19 个）。1971—1975 年，即第四个五年计划期间，中国先后向 60 多个国家和地区提供了援助，建立了经济技术合作关系，特别是支持越南、老挝和柬埔寨三国抗美救国战争，使中国对外援助支出急剧增长。在此期间，对外援助总金额比上一个五年计划期间增长 1 倍以上。到 1972 年年底，对外经援超过 400 亿元人民币，其中越南、朝鲜、阿富汗占 80%。

在"文化大革命"期间，在自身经济和财政非常困难的条件下，中国还为发展中国家提供了数目相当可观的财政援助，使受援国得到了经济利益，体现了无产阶级国际主义精神。1967 年，中国政府和坦桑尼亚联合共和国政府、赞比亚共和国政府在北京签订关于修建坦桑尼亚—赞比亚铁路的协定，确定中国援助坦桑尼亚和赞比亚近 10 亿元人民币，均属无息贷款性质。1968 年，中国政府与巴基斯坦伊斯兰共和国在拉瓦尔品第签订了经济技术合作协定，确定中国政府给巴基斯坦政府以 1 亿元人民币的无偿援助。1969 年，中、越两国政府在北京签订关于 1970 年中国给予越南经济援助的协定和有关协定书。中国为越南提供的这笔援助，折合人民币 6.56 亿多元人民币，属于无偿援助。这一年，中国同越南签订了 7 份援助协议，确定无偿援助 6.61 多亿元人民币。1970 年，毛泽东会见巴基斯坦总统叶海亚·汗，并同他进行了友好谈话。毛泽东在谈话中批评第四个五年计划安排的对外经济援助太少，特别是对巴基斯坦的经济援助很不够，提出要由原定的 2 亿元人民币增加到 5 亿元人民币。[1]

随着对外关系的迅速发展，中国与第三世界国家的经济技术合作越

———————

[1] 田一农、宋新中主编：《中华人民共和国财政大事记》，第 316 页。

来越广泛深入，要求中国给予援助的国家也越来越多。但是，由于十年动乱给我国国民经济造成严重困难，财政收支出现了较大赤字，所以，没有力量再拿出更多的资金进行对外经济援助。为此，中共中央于1975 年 4 月决定压缩和调整我国对外援助支出，决定在第五个五年计划期间，将援外支出占财政支出的比例，由"四五"时期的 6.5% 降到5% 以内。援外资金总额基本维持"四五"时期的水平。同时，要求援助项目一定要保质保量，经济实用，使受援国得到效益，真正体现无产阶级国际主义精神。

三、严肃财经纪律

"文化大革命"期间，国家的财政制度一度遭到破坏，财经纪律较为混乱，严重影响了国家财经秩序和国家财政安全。针砭时弊，财政部采取了一系列措施，强调和宣传财政制度，并出台一些管理办法严肃财经纪律，对纠正时弊发挥了重要作用。

（一）坚持和强调财政制度

为了强化财政制度的权威性，严肃财经纪律，财政部开始整理新中国成立以来的财政制度文件。从众多文件中，选取针对当时时弊的文件，汇编在一起，以财政部办公室的名义印发了《财政制度摘编》，强调财政制度是国家财政工作的办事规程，它体现着党的路线、方针和政策。在书中强调"正确地制定和执行财政制度，是贯彻毛主席无产阶级革命路线的重要保证。为了帮助广大财政、税收、财务和会计工作人员熟悉与掌握财政制度，在工作中更好地贯彻执行发展经济、保障供给的总方针，特编印一本《财政制度摘编》"。在这本《财政制度摘编》（财政部，1972 年）中，编辑了中共中央和国务院有关财政经济工作的 9 篇重要指示等文件。这本书的印发，对于各机关和企事业单位认真执行财政制度，切实做好财政、财务管理工作，发挥了积极的作用。

（二）规范中央金库管理

为了规范中央金库管理，整顿金库出纳手续，保证国家财政资金及时、完整地交入国库,并正确及时地办理库款的拨付,1971年3月,财政部发布了《中央金库条例施行(第七次修订)》,提出为了及时、准确、完整地反映中央预算收入的完成情况,支库向分库(一般是5天一次)报送的收入统计表,改为只报收入总数,不报分"款"数字;另外,支库在每月终了后增加一个收入分"款"的电月报报分库,并由分库汇总电报总库。

(三)开展清产核资工作

1971年4月16日,国务院批转国家计委、财政部《关于开展清产核资工作的报告》,为了更好地整顿企业,建议在最近两年清企查库的基础上,进行一次全面的清产核资工作,彻底弄清家底,进一步挖掘物资潜力,以促进生产建设的发展。1972年4月24日,国家计委、财政部发布了《关于清产核资工作情况和一九七二年工作的意见》和《全国清产核资实施办法(草案)》,要求各部门、各地区加速企业流动资金的核定,狠抓薄弱环节和多余积压物资的处理利用;彻底查清固定资产和核定其需要量,以加强企业管理。《实施办法》规定,凡是全民所有制单位的一切国家财产和合作工厂、手工业合作社等集体所有制企业的财产都应当进行清查,主要是清查厂矿企业、交通运输企业,物资、商业、外贸部门,科研单位和校办工厂的流动资金、固定资产、债权债务以及用基本建设资金购置的材料、设备和在建工程等。凡是多余积压物资,要边清查,边调剂处理。

四、恢复财税机构

(一)恢复税务局建制

1972年3月,国务院在批转财政部的报告中,明确指出基层税收人员太少的可适当充实。财政部于同年6月7日发出《关于税务助征员列入国家编制的通知》。《通知》指出,为了适应形势发展的需要,有必要把税务助征人员适当稳定下来,将现有税务助征人员由省、市、自治区列入国家编制。各地陆续恢复了机构,增加了人员。原附设在财政部业务组下面的税务组，1972 年恢复了"税务局"建制。

（二）恢复建设银行

中国人民建设银行与中国人民银行合并后，基建财务管理和拨款监督工作放松了，有的甚至连一些基本情况和拨款数字也反映不上来。财政部在《关于恢复建设银行的报告》中建议，恢复中国人民建设银行总行，各省、市、自治区恢复建设银行分行，省以下建设任务比较集中的地区和大中型建设工程所在地，分别设立分行、支行或办事处。

1972 年 4 月 18 日，国务院批转了这个报告。机构的恢复和人员的充实，给财政工作的恢复和财政业务的恢复带来有力支持。

五、加强财政整顿

"文化大革命"后期，财政部门根据中央关于整顿的要求，采取了一系列措施进行整顿，使财政经济状况得到极大的改善，对维护国家财政稳定大局发挥了积极作用。[①]

（一）整顿企业财务管理

1972 年，财政部针对当时企业管理混乱的情况，加强了对国营企业的财务管理工作。当年 10 月 12 日，国家计委、财政部、农林部经国务院批准在北京召开了加强经济核算，扭转企业亏损会议，提出了要切实抓好企业整顿，严格实行经济核算制，建立健全企业的各项规章制度和经营管理的基础工作。这次会议还针对当时发现的"三个一百亿"的问题（即：同历史上较好水平比，工业利税少收了 100 亿元，工业流动资金多占了 100 亿元，基本建设尾巴拖长了 100 亿元），提出了扭亏增盈的措施。主要有：第一，严格实行经济核算，包括搞好清产核资、健全财务会计、统计、定额管理、计量验收、原始记录等制度，加强成本管理和定期检查生产计划、财务计划的执行情况等。第二，为企业搞好经济核算创造条件。通过整顿，确定企业的产品方向、生产规模、职工人数、资金数额、原材

[①] 左春台、宋新中主编：《中国社会主义财政简史》，第 378—385 页，第 389—394 页。

料来源和协作关系；落实企业的生产计划，做到生产指标、物资指标、资金指标互相协调。允许国营企业在完成七项计划指标之后，从利润中提取奖励基金，用于职工集体福利、宿舍维修和先进生产者必要的奖励。第三，改进国家对企业亏损的管理制度，对亏损企业实行计划补贴，逐级负责，限期扭转的办法，不能亏多少补多少。对于各省、自治区、直辖市和主管部门所属企业的亏损总额（不包括粮食、外贸企业），要求 1973 年比 1972 年减少 30% ~ 50%。亏损超过计划的，各级财政自求平衡，不能用减少上缴的办法来弥补。小钢铁、小化肥、小水泥需要国家给予补贴的，实行定额补贴的办法。第四，严格财经纪律。对违反财经纪律和工作严重失职，使国家财产造成重大损失的，要给予刑事处分。这次会议对加强企业经济核算、扭亏增盈，增加财政收入起了一定的积极作用。

为了促进企业进一步加强经济核算，改善经营管理，财政部于 1973 年 5 月 15 日发布《关于加强国营工业企业成本管理工作的若干规定》，要求企业认真编制成本计划；正确计算产品成本；加强定额管理；严格执行国家规定的成本开支范围和费用开支标准等。

（二）整顿税收工作

在"文化大革命"中，由于国民经济的不稳定，也带来了税收收入的波动，同时税收制度也较为混乱，偷税漏税情况严重，稽征管理放松了，"税收无用论"一时喧嚣尘上，税务干部的积极性受到挫折，有税无人收的情况比较普遍，税收的积极作用没有得到充分的发挥。针对这种情况，必须进一步从思想上澄清是非，端正对税收工作的认识，肯定税收在社会主义建设中的地位和作用，以利于进一步加强税收工作。1975 年 4 月 7 日至 19 日，财政部专门召开了全国税务工作会议，着重讨论了税收的地位、作用以及如何加强税收工作的问题。会议本着整顿税收、加强税收征收管理的精神，揭露了放松税收管理，偷漏严重，政出多门、制度混乱等思想上、工作上的问题。这次会议强调，必须继续充分地发挥税收的作用，要求各级财政税务部门，要在党委领导下，加强税收管理工作，采取有力措施，坚决堵塞漏洞，严肃纳税纪律，维护国家财政收入。为了进一步落实这次会议的精神与措施，财政部又于同年 7 月 30 日发出《关于开展税收政策检查，清理漏欠税款的通知》，进一步整顿纳税纪律。

（三）全面整顿财政工作

为了全面整顿财政工作，1975 年夏秋之间，根据邓小平关于全面整顿的精神，财政部起草了《关于整顿财政金融的意见》（即《财政十条》）。提出了努力促进工农业生产的发展、调整财政收入、节约财政支出、迅速扭转企业亏损、加强基本建设拨款的管理、管好用好更新改造资金、加强信贷管理、控制货币发行、改进财政和信贷管理体制、严格财经纪律等十大问题。

《财政十条》要求进一步改进财政信贷管理体制，针对当时生产遭到破坏，资金偏于分散的情况，提出财政资金需要适当集中，管理权限主要集中于中央和省、市、自治区两级；强调国家财政的方针、政策、国家预算、税法税率、全国性的开支标准、企业基金提取的比例、生产成本和商品流通费用的开支范围等，都由中央统一规定。并提出为了加强省、直辖市、自治区核定一定数额的机动财力以外，实行"定收定支，收支挂钩，总额分成，一年一定"的办法。即每年由财政部分别核定各省、直辖市、自治区的收入任务和支出总额，按照支出占收入的比例，作为地方分成的比例。在执行中，超收了可以按分成比例相应地多分收入，短收了就要相应地减少支出，自求平衡。

《财政十条》虽然由于"文化大革命"的破坏没有正式出台。但这个文件的精神在实际工作中仍得到贯彻执行，对财政工作的整顿仍起了一定的作用。

1976 年 10 月，党中央一举粉碎了"四人帮"，结束了历时 10 年的"文化大革命"。但是，由于十年动乱遗留下来的问题堆积如山，财政经济发展也异常艰难。为了争取国家财政经济的尽快好转，国家采取了一系列有效的财政措施。一是狠抓扭亏增盈。1977 年 7 月 8 日，国务院成立扭亏增盈领导小组，大力开展扭亏增盈工作。随着生产的恢复与发展，整顿企业、扭亏增盈的工作收到明显效果。企业收入 1977 年达到 402.35 亿元,比上年增长 19%。全国国营企业中的亏损企业 1977 年减少亏损 24.1 亿元,其中工业企业减少亏损 15.4 亿元。二是控制和节约非生产性开支。为了平衡财政收支,控制货币投放,保证市场物价的基本稳定,1977 年 3 月国务院批转财政部、国家计委、商业部、全国供销合作总社《关于坚决压缩和严格控制社会集团购买力的请示报告》,要求各地区、各部门注意控制和节约各项非生产性开支。同年 12 月 8 日,上述四部委又发出《社会集团购买力管理办法》,对社会集团购买力实行计划管理,限额控制,凭证购买,定点供应,专用发票以及对某些商品采取专项审批等办法。经过努力,基本上控制了社会购买力持续大幅度上升的趋势。三是加强税收管理的集中统一。为了改变"文化大革命"期间任意下放税收管理权限、任意减免税收等混乱状况,国务院于 1977 年 11 月 13 日向全国转发了财政部《关于税收管理体制的规定》。其中要求:税收政策的改变,税法的颁布实施,税种的开征和停征,税目的增减和税率的调整,一律由国务院统一规定;凡是一个省(直辖市、自治区)范围内对某一产品或行业的减税免税,必须报经财政部批准。上述几项措施的贯彻执行取得了显著的成效,财政状况由此出现了好转。1977 年,财政总收入为 874.46 亿元,比 1976 年增长 12.6%;总支出为 843.53 亿元,比 1976 年增长 4.6%;收支相抵结余 30.93 亿元。财政状况的好转为国民经济的恢复创造了条件,加上广大人民群众被压抑的积极性开始发挥出来,形成了推动国民经济发展的巨大力量,国民经济也开始摆脱停滞下降的局面。

第 二 篇

1978—1992 年的中国财政

第五章
财政体制改革成为经济
体制改革的突破口

党的十一届三中全会以后，党中央认真总结历史经验，提出对经济体制逐步进行全面改革，并要求以扩大地方和企业的财权为起点，以财政体制改革为突破口，先行一步。根据这一精神，国家对财政体制相继进行了一系列的改革。

第一节　财政体制改革背景

一、传统财政体制存在明显弊端

从新中国成立至改革开放之前，我国基本上实行的是高度集中的统收统支财政体制，这是由计划经济体制下社会资源的配置方式所决定的。计划经济是通过行政命令、计划指标配置社会资源的，而财政作为国家筹集和运用资金、实现国民经济和社会发展计划的主要工具，其管理体制和运行机制自然要服从于、服务于计划经济这种资源配置方式。虽然在有些时期对财政体制做过一些微调，向地方政府下放了部分财权和财力，但都是在特定情况下的短期措施，是在集权前提下的有限放权，而不是规范化的分权。高度集中的财政体制与运行机制在我国大规模工业化建设初期，对于集中全国的人力、物力、财力进行重点建设无疑发挥过巨大的作用，但在社会主义经济建设规模不断扩大、经济关系日趋复杂、人民物质文化生活需求不断提高的新形势下，却表现出明显的弊端。

（一）抑制了各方面的积极性、创造性

高度集中的财政体制和运行机制，使权力过分集中，政府职能膨胀。从财政收入机制看，以低价收购农副产品和低工资制为基础的特殊财政收入形成机制，使国家财政几乎集中了物质生产部门创造的所有纯收入；从财政支出机制看，大而宽的财政支出范围、高度集中的财政管理机制，使国家财政控制了各部门、各地区及各企事业单位的支出，财政取代企业微观决策职能，并包办各项社会事业。特殊的财政收入形成机制加上过于宽泛的财政职能严重限制了地方、部门和企事业单位的积极性、创造性，难以适应丰富多样的经济事务，不利于充分发挥各方潜力、提高资源配置效率和促进社会生产力进一步发展。

（二）重积累轻消费，不利于人民生活水平的提高

在高度集中的财政体制下，由于过分强调积累，城市居民的工资收入一直较低。统计资料表明，在 1957—1977 年的 20 多年间，城镇职工工资水平基本没有提高，农民收入徘徊不前。而在这一时期，国家利用以低价收购农副产品和低工资制为基础的特殊财政收入形成机制，积累资金进行了大规模经济建设投资，建立了比较完整的国民经济体系。然而，这种"重经济建设、轻人民生活"的倾向，背离了社会主义生产目的，使人民生活长期处于贫困状态，严重挫伤了劳动者的积极性。

（三）财政体制不规范，运行效率低

在大部分年份，地方收支指标、分成比例由中央审核批准，一年一变。截至 1978 年，财政分配领域除 1958 年 6 月全国人大常委会通过的《中华人民共和国农业税条例》外，还没有一项其他方面的规定、制度完成立法程序，成为国家正式法律，税收、企业收入、预算、基本建设财务

等财政分配主要环节，其依据都是行政法规。这不利于形成稳定规范的制度体系，造成运行效率低下。

二、经济发展形势对财政体制改革提出新要求

"文化大革命"结束后，社会秩序逐步恢复正常，广大人民群众长期被压抑的生产积极性开始发挥出来，国民经济摆脱了长期停滞的局面，开始出现生机。农业总产值，1977 年比 1976 年增长 1.7%，1978 年比 1977 年增长 9%。工业总产值，1977 年比 1976 年增长 14.3%，1978 年比 1977 年增长 13.5%。由于国民经济迅速恢复，财政状况也有所好转。1977 年财政总收入为 874.46 亿元，比 1976 年增长 12.6%；总支出为 843.53 亿元，比 1976 年增长 4.6%；收支相抵，结余 30.93 亿元，扭转了过去连年收入完不成计划、支大于收的状况。1978 年财政总收入为 1 132.26 亿元，比 1977 年增长 29.5%；总支出为 1 122.09 亿元，比 1977 年增长 33%；收支相抵，结余 10.17 亿元。经过努力，财源扩大，收入大幅度增长，国家财政经济状况好转。

在国民经济迅速恢复的同时，由于过去长期存在的"左"的思想未得到及时清理，在新的情况下又出现了急于求成的思想。在这种思想指导下，1978 年不断追加基本建设投资，扩大引进规模。在未经充分论证和综合平衡的情况下，仓促上马，引进了 22 个耗能大的项目。除了基建投资追加过多、国外技术引进过急之外，对职工奖金的发放范围和标准也掌握得不够好，以致奖金发放失控。这加剧了原已长期存在的积累与消费、农轻重以及工业内部等重要国民经济比例关系的失调，如不及时调整，不仅严重影响国民经济发展，加剧国家财政困难，而且必然对以后年度的财政平衡产生不利影响。

急于求成的错误指导思想在财政工作中的表现，主要是"寅吃卯粮"，以非正常的财政收入安排财政支出。1978 年下半年，中央要求全国财政收入全年突破 1 000 亿元大关，同时做出了地方当年超收数额全部留给省、自治区、直辖市使用的决定，结果导致地方为实现更多的增收，采

取了费用该摊销的不摊销，机器设备该报废的不报废，挂账问题该处理的不处理，甚至提前发货、提前实现财政收入等手段。此外，在加强财政工作中，过去税收上应收未收、各单位应缴未缴的收入，这次也作为当年收入入库，而这些收入实际上并不是当年创造的，所以当时人们称为"扫浮财"。急于求成的结果是，1978 年尽管财政收入突破了 1 000 亿元大关，并且实现了财政收支平衡，但由于财政执行"寅吃卯粮"、虚收实支以及"扫浮财"等政策，当年看起来多收了，下一年很可能要少收，当年多支了，基数上去了，下一年还要多支，将矛盾逐年后推，影响到以后几年的收支平衡。为了制止经济上的冒进，推动社会主义经济建设健康、持续发展，必须分清中央和地方财政的责权范围，这就需要从财政体制上来解决问题。

三、党的十一届三中全会提出要加快改革财政体制

党的十一届三中全会提出，要"对经济管理体制和经营管理方法着手认真的改革"，"现在我国经济管理体制的一个严重缺点是权力过于集中，应该有领导地大胆下放，让地方和工农业企业在国家统一计划的指导下有更多的经营管理自主权"。

党的十一届三中全会以后，中央和地方的一些领导同志通过对实际情况进行深入调查研究，认识到国民经济比例失调的严重性。1979 年 3 月，陈云、李先念等根据国民经济中存在的问题，提出应对国民经济进行调整，并建议在国务院设立财政经济委员会，作为研究制定财经工作方针政策和决定财经工作大事的决策机关。

1979 年 4 月中央召开工作会议，讨论了当时的经济形势和对策。在这次会议上，中央正式提出对国民经济进行"调整、改革、整顿、提高"的八字方针，要求坚决纠正前两年工作中的失误，认真清理过去在这方面长期存在的"左"倾错误影响。李先念代表中共中央在大会上做了《调整国民经济，改革经济管理体制》的重要讲话，分析了当时国民经济比例失调的严重情况，阐明了调整国民经济的必要性和方针任

务，提出"体制改革的确是一件关系到国民经济全局的大事，是一件极其复杂和艰难的工作，我们的态度要积极，但改革的方法步骤一定要稳妥可靠"。在财政体制改革方面，提出"中央和地方以至企业的权限究竟如何划分，怎样才能更有利于用经济的办法管理经济，都要做出明确的规定。在进行这些局部改革的同时，要认真调查研究，搞好试点，做好准备，提出比较全面的改革方案，经中央批准后，到条件成熟时再着手进行"。

四、财政体制改革先行一步的必然性

　　传统体制窒息经济活力，不适应现代化生产发展的要求。改革是社会主义制度的自我完善，是要解放和发展生产力，改革一切与社会生产力发展不相适应的上层建筑，激发国民经济活力。改革的核心问题就是要从根本上改变束缚生产力发展的原有经济体制，建立充满生机与活力的新经济体制。党的十一届三中全会以后，党中央提出要认真总结历史经验，对经济体制逐步进行全面改革，并要求以扩大地方和企业的财权为起点，以财政体制改革为突破口，先行一步。高度集中的传统财政体制将绝大部分经济资源控制在财政部门，控制在中央政府，为了激发国民经济活力，必须首先采取"放权让利"的办法来逐步改变这种高度集中控制的资源配置方式。所谓"放权让利"，"放"的是一部分资源配置权，使地方政府和国营企业能够拥有一定的财权，"让"的是地方和企业层面因既定的配置资源权力而产生的相应利益，目的是提高资源配置的效率和通过利益激励调动地方和企业的积极性，从而在计划体制的边界上随着地方分配权的扩大、企业自主权的扩大、多种所有制形式的成长、企业和个人收入分配比重的提高、银行经营业务的扩大、物资流通的放松等，形成以利益为导向、以供求为平衡机制、以资本社会动员和形成为核心的市场化体制的雏形。正因为如此，中央选择财政体制改革作为我国经济体制改革的重要突破口，发挥改革先导作用。

第二节　推进财政体制改革

一、1980 年以前对财政体制改革的初步探索

1980 年之前，我国已开始对财政体制改革进行了一些有益的探索。

江苏省从 1977 年开始试行比例包干办法，其主要内容有：根据江苏省 1976 年决算口径，参照历史上该省财政总支出占财政总收入的比例，确定一个收入上缴与留用的比例，一定四年不变；留给地方的部分由地方根据中央的方针和该省的实际情况统筹安排，多收多支，少收少支，自求平衡；除特大自然灾害等重大变化外，上缴与留用的比例一般不作调整；年度执行过程中，如企事业单位隶属关系有变动，在年度决算时，通过上缴或补助办法另行结算；实行这种体制后，中央各主管部门对于应当由地方安排的各项事业，不再归口安排支出，也不再向地方分配财政支出指标，但江苏省财政预算要报国家审批；考虑到当时国家财政平衡较紧的情况，经财政部和江苏省共同商定，1977 年暂按上缴 58%、留用 42% 的比例执行；1978—1980 年，按上缴 57%、留用 43% 的比例执行。根据新体制的运行情况，1978 年又对江苏省财政包干办法做了部分调整，适当缩小财政包干范围，相应调整江苏省财政收入的留缴比例，从 1978 年起，按上缴 61%、留用 39% 的比例执行。

江苏省财政包干办法是财政体制改革迈出的重大一步，它扩大了地方自主权，把过去的以"条条"为主改变为以"块块"为主，从而调动地方当家理财的积极性，也避免一年一度在预算指标上的争论。但由于缺乏经验，执行中出现了一些"扯皮"现象，同时地方的包干范围和分成比例也定得宽了一些，该省体制执行到 1980 年到期，从 1981 年起基本上改按全国的体制来运行。

在江苏省试点后，为了进一步调动各方面的积极性，促进增产增收，又开始在其他省市进行了多种形式的探索，以进行比较，选择有效的改革模式新路子。1978年在10个省市试行"增收分成、收支挂钩"的体制，主要内容是：地方预算支出仍同地方负责组织的收入挂钩，实行总额分成；地方预算收支指标及中央和地方的收入分成比例仍是一年一定；地方机动财力的提取按当年实际收入比上年增长部分确定的分成比例计算，实行地方机动财力与地方预算收入增长部分挂钩，地方多增收可以多得机动财力。从改革结果看，这种体制的实施对于调动地方积极性有一定的积极作用。但由于1978年经济工作在指导思想上仍然存在"左"的错误，片面追求产值，盲目扩大基建，致使国民经济比例严重失调；在国家预算方面，出现了"寅吃卯粮"、财政虚收的现象。结果，地方财力增加，而中央预算则出现了赤字，1978年地方的滚存结余增长64%，中央预算则出现支大于收的现象。这个体制只执行了一年，后又暂时改为"收支挂钩、超收分成"的过渡办法。

此外，1979年又对少数民族地区实行特殊体制，规定在广西、内蒙古、新疆、宁夏、西藏等5个少数民族自治区和云南、青海、贵州等省实行核定基数、超收全部留用的财政体制。它的特点是：收支指标一年一定；预备费比一般省市多，一般省市为3%，这些地方是5%；除正常支出外，另加5%的机动金；中央财政增拨一笔民族地区的补助费；超收部分全部留给自治区或省。

总体来看，我国在1980年以前对财政体制改革进行的初步探索，为以后的改革积累了一定的经验。这些体制在形式上与以前实行过的某些体制有许多相似之处，但具体内容已有所改进，而且同一时期对不同地区分别实行四种不同体制形式，这是以往从没有过的。但是，这三年实行的几种财政体制从实践过程看，也存在着不少问题，主要是体制本身不完善，矛盾很多，如每年核定财政收支，一年一变，年初吵"盘子"、年中吵追加、年底吵遗留等，高度集中、吃"大锅饭"的局面仍未得到根本改变。

二、1980 年"分灶吃饭"财政体制改革

从 1980 年起，国家下放财权，在财政管理体制上实行"划分收支、分级包干"的办法，俗称"分灶吃饭"体制。这次改革的基本原则是：在巩固中央统一领导和统一计划、确保中央必不可少的开支的前提下，明确划分各级财政和经济单位在财政管理方面的权力和责任，做到权责结合、各行其职、各负其责，充分发挥中央和地方两个积极性。其基本内容是：按经济管理体制规定的企业隶属关系，明确划分中央和地方的收支范围，收入实行分类分成，分为中央固定收入、地方固定收入、固定比例分成收入和调剂收入；中央和地方的支出范围按企事业单位的隶属关系划分，地方的预算支出首先用地方的固定收入和固定比例分成收入抵补，有余者上缴中央，不足者从调剂收入中解决，并确定相应的调剂分成比例；若三项收入仍不足以平衡地方预算支出的，由中央按差额给予定额补助；中央与地方对收入的各项分成比例或补助定额确定后，原则上 5 年不变。地方在划定的收支范围内多收可以多支，少收则要少支，自求收支平衡。

（一）"分灶吃饭"财政体制的做法

由于我国幅员辽阔，各地的实情不同，因此"分灶吃饭"的做法在各地不尽相同。除了北京、天津、上海三个直辖市实行"收支挂钩、总额分成、一年一定"的体制外，各地做法大致有以下几种：

（1）对广东、福建两省实行"划分收支、定额上交或定额补助"的特殊照顾办法。广东、福建两省靠近港澳，华侨多，具有加快经济发展的许多条件，因此中央对两省的对外经济活动实行特殊政策和灵活措施，给两省更多的自主权，使之利用有利形势先行一步，把国民经济尽早发展起来。在财政收入方面，除中央直属企业、事业单位的收入和关税划归中央以外，其余收入均作为地方收入。在财政支出方面，除中央直属企业、事业单位的支出归中央外，其余的支出均作为地方支出。按照上述划分收支的范围，以这两省 1979 年财政收支决算数字为基数，确定一个上缴或补

助的数额，5 年不变。执行中收入增加或支出结余部分全部留归地方使用。在财政体制上，对广东实行"划分收支、定额上交"的包干办法，对福建实行"划分收支、定额补助"的包干办法。这种做法使地方得到的好处多一些，能促使这两省尽快把生产建设发展起来，为国家多创造外汇收入。

（2）对四川、陕西、甘肃、河南、湖北、湖南、安徽、江西、山东、山西、河北、辽宁、黑龙江、吉林、浙江等省实行"划分收支、分级包干"的办法。所谓"划分收支"，就是按照企业隶属关系，明确划分中央和地方的收支范围。在收入方面，中央企业收入、关税收入归中央财政，作为中央财政的固定收入；地方企业收入、盐税、农牧业税、工商所得税、地方税和地方其他收入归地方财政，作为地方财政的固定收入。经国务院批准，上划给中央部门直接管理的企业，其收入作为固定比例分成收入，中央分 80%，地方分 20%。工商税则作为中央和地方的调剂收入。在支出方面，中央所属企业的流动资金、挖潜改造资金和新产品试制费、地质勘探费，国防战备费，对外援助支出，国家物资储备支出，以及中央级的文教卫生科学事业费，农林、水利、气象等事业费，工业、交通、商业部门事业费和行政费等，归中央财政支出。地方的统筹基本建设投资，地方所属企业的流动资金、挖潜改造资金和新产品试制费，支援农村人民公社支出和农林、水利、气象等事业费，工业、交通、商业部门事业费、城市维护费、文教卫生科学事业费、抚恤和社会救济费、行政管理费等，归地方财政支出。有些特殊支出，如特大自然灾害救济费、支援经济不发达地区的发展资金等，则由中央专项拨款。所谓"分级包干"，就是按照划分的收支范围，以 1979 年收入预计数字为基数计算，地方收入大于支出的，多余部分按比例上缴；支出大于收入的，不足部分由中央从工商税中确定一定比例进行调剂；个别地方将工商税全部留下，收入仍小于支出的，由中央给以定额补助；分成比例和补助数额确定以后，5 年不变；在包干的 5 年中，地方多收了可以多支，少收了就要少支，自行安排预算，自求收支平衡。该办法的好处是有利于地方在 5 年内统筹规划生产建设和各项事业的发展，有利于促进增产节约、增收节支，也有利于鼓励先进、鞭策落后。

（3）内蒙古、新疆、西藏、宁夏、广西五个自治区和云南、青海、贵州少数民族比较多的三个省，仍然实行民族自治地方财政体制，保留原来对民族自治地区的特殊照顾，并在两方面进行了改进和完善：一条是对这些地区也采取包干的办法，参照上述第（2）种办法划分收支范围，确定中央补助的数额，并由一年一定改为一定五年不变；另一条是地方收入增长的部分全部留给地方，中央对民族自治地方的补助数额每年递增10%。这两条措施体现了党和国家的民族政策，对于民族地区加快发展发挥了重要作用。

（4）江苏省继续试行固定比例包干办法。如前所述，江苏省从1977年就开始试行的固定比例包干的财政管理体制执行到1980年到期。从1981年起，改按"划分收支、分级包干"的办法执行。

（二）"分灶吃饭"财政体制的特点

实行分级包干的财政管理体制打破了计划经济时期高度集中财政体制的僵化局面，是国家财政管理体制的一次重大改革，调动了地方和企业的积极性，为经济体制改革打开了突破口，具有十分重要的意义。它在收支结构、财权划分和财力分配等方面都发生了很大变革。同传统的财政体制比较，"分灶吃饭"财政体制有以下几方面特点：

（1）由"一灶吃饭"改为"分灶吃饭"，打破了统收统支、吃"大锅饭"的局面，有利于在中央统一领导和计划下调动两个积极性，有利于经济的调整和整顿。

（2）财力的分配由"条条"为主改为"块块"为主，改变了"条条"管理体制下地方难以统筹安排的局面。地方可根据中央的方针政策、国家计划和自有财力统筹安排，大大增加了地方的财政权限，有利于因地制宜地发展地方生产建设及社会服务事业。

（3）分成比例和补助数额由一年一定改为五年一定，减少了中央和地方之间的争吵，便于地方制定和执行长远规划，发展地方的经济和社会事业。

（4）探索了事权和财权统一、权力与责任的统一。这种财政体制是根据计划与财政实行两级管理的原则设计的，财政的收支范围又是根据企事业单位的隶属关系划分的。谁的企业，收入就归谁支配；谁的基建、事业，支出就由谁安排。其事权与财权比较统一，"分灶吃饭"自求平衡，权力与责任也挂得比较紧。

实践证明，"分灶吃饭"财政体制体现了它的优越性，不仅扩大了地方的财权，同时也加强了地方的经济责任，因而促使地方各级领导加强对财政工作的指导，使地方有了发展本地区生产建设事业的内在经济动力和能力，促使他们大力挖掘本地区的生产、物资和资金的潜力，合理、节约、有效地安排和使用资金，提高资金的使用效果，不断增加财政收入，促使地方加快了对国民经济结构调整的步伐。

（三）"分灶吃饭"财政体制的调整和改进

"分灶吃饭"财政体制在执行过程中也暴露出一些缺陷，如统收的局面已被打破，而统支的局面却没有完全打破，地方发生一些当地财力解决不了的事情还是向中央要钱。中央财政收入逐年下降，而中央财政支出却未减少，中央财政困难，国家重点建设资金缺乏保障，以致中央财政不得不向地方财政借款以弥补缺口。因此，1983年在总结前三年实践的基础上，对"分灶吃饭"的财政体制又做了一些调整和改进。

（1）除广东、福建两省继续实行大包干财政体制外，相当一部分省、市、自治区实行收入按固定比例总额分成的包干办法。

（2）由于1979—1981年国家财政连续几年发生赤字，中央财政困难，因而将中央财政向地方财政的借款改为调减地方的支出包干基数，或者以减少补助数额予以解决。

（3）将卷烟、酒两种产品的工商税划归中央财政收入，以限制其盲目发展。

（4）凡是中央投资兴建的大中型企业收入，属中央财政收入；中央与地方共同投资兴建的大中型企业收入，按投资比例分成。

（5）将县办工业企业的亏损由中央财政分担 80%、县财政负担 20% 的分担办法，改由中央财政和县财政各负担一半的办法。

"分灶吃饭"财政体制经过调整和改进之后，有效调动了地方政府发展生产、增收节支的积极性，促进了财政经济体制改革的深入。

三、1985 年"分级包干"财政体制改革

1983—1984 年，对国家和企业的分配关系进行了改革，对企业先后实行了两步"利改税"改革，税收成为国家财政收入的主要形式，税后利润归企业自主安排使用。在此基础上，中央决定从 1985 年起实行"划分税种、核定收支、分级包干"的财政管理体制，其目的是在总结前几年财政管理体制经验的基础上，存利去弊，扬长避短，继续坚持"统一领导、分级管理"的原则，进一步明确各级财政的权力和责任，做到权责结合，充分发挥中央和地方两个积极性。其主要内容包括：按税种将收入分为中央固定收入、地方固定收入、中央和地方共享收入；按隶属关系划分中央财政支出和地方财政支出，对不宜实行包干的专项支出，由中央专项拨款安排；按基数核定的地方预算收支，凡是固定收入大于支出的，定额上解中央，固定收入小于支出的，从中央和地方共享收入中确定一个分成比例留给地方，地方固定收入和中央地方共享收入全留地方仍不足以抵补其支出的，由中央定额补助；收入分配办法确定以后，一定五年不变，地方多收多支、少收少支、自求平衡。

（一）收入改革

在收入方面，按照利改税第二步改革以后的税种设置，划分各级财政收入。

（1）中央财政的固定收入包括：中央国营企业的所得税、调节税；铁道部和各银行总行、保险总公司的营业税；军工企业的收入；中央包干企业的收入；烧油特别税；关税和海关代征的产品税、增值税；进口调节税；海洋石油、外资合资企业的工商统一税、所得税和矿区使用费；国库券收入；国家能源交通重点建设基金；其他收入。石油部、电力部、石化

总公司、有色金属总公司所属企业的产品税、营业税、增值税，以其70%作为中央财政固定收入。

（2）地方政府的固定收入包括：地方国营企业的所得税、调节税和承包费；集体企业所得税；农牧业税；车船使用牌照税；城市房地产税；屠宰税；牲畜交易税；集市交易税；契税；地方包干企业收入；地方经营的粮食、供销、外贸企业收入；税款滞纳金、补税、罚款收入；城市维护建设税和其他收入。尚待开征的土地使用税、房产税和车船使用税，将来也列入地方财政固定收入。石油部、电力部、石化总公司、有色金属总公司所属企业的产品税、营业税、增值税，以其30%作为地方财政固定收入。

（3）中央和地方财政共享收入包括：产品税、营业税、增值税（以上三种均不包含石油部、电力部、石化总公司、有色金属总公司四个部门所属企业以及铁道部、各银行总行和保险总公司缴纳的部分）、资源税、建筑税、盐税、个人所得税、国营企业奖金税，以及外资、合资企业的工商统一税、所得税（不含海洋石油企业缴纳的部分）。

（二）支出改革

在支出方面，仍按照隶属关系划分各级财政支出。

（1）中央财政支出包括：中央基本建设投资；中央企业的挖潜改造资金、新产品试制费和简易建筑费；地质勘探费；国防费；武装警察部队经费；人民防空经费；对外援助支出；外交支出；国家物资储备支出以及中央级的农林水利事业费；工业、交通、商业部门事业费；文教科学卫生事业费；行政管理费和其他支出。

（2）地方财政支出包括：地方统筹基本建设投资；地方企业的挖潜改造资金、新产品试制费和简易建筑费；支农支出；城市维护建设费，以及地方的农林水利事业费；工业、交通、商业部门事业费；文教科学卫生事业费；抚恤和社会救济费；行政管理费（含公安、安全、司法、检察支出）；民兵事业费和其他支出。

（3）对于不宜实行包干的专项支出，如特大自然灾害救济费、特大干旱和防汛补助费、支援经济不发达地区的发展资金、边境建设事业补助费等，由中央财政专项拨款，不列入地方财政支出包干范围。

为了适应经济体制改革中变化因素较多的情况，正确处理中央与地方的关系，在 1985 年和 1986 年两年内，除了中央财政固定收入不参与分成外，把地方财政固定收入和中央、地方共享收入加在一起，同地方财政支出挂钩，确定一个分成比例，实行总额分成。

此外，对广东、福建两省继续实行财政大包干办法，原定上解或补助数额，应根据上述收支划分范围和第二步利改税后的收入转移情况进行相应的调整。对民族自治区和视同民族地区待遇的省，按照中央财政核定的定额补助数额，在 5 年内继续实行每年递增 10% 的办法。经国务院批准实行经济体制改革综合试点的重庆、武汉、沈阳、大连、哈尔滨、西安、广州等城市，在国家计划中单列以后，也实行全国统一的财政管理体制。

在"分级包干"财政体制执行过程中，由于企业、事业单位的隶属关系改变，应相应地调整地方的分成比例和上解、补助数额，或者单独进行结算。除国务院另有规定外，一律不因价格调整、职工工资增加和其他改革措施而再调整地方的分成比例和上解、补助数额。中央各部门未经国务院批准和财政部同意，均不得对地方下达减收增支的措施。

此外，从 1983 年起，财政部根据中共中央、国务院的部署逐步开展了乡镇财政建设工作，各地采取试点、探索、逐步完善的办法，确定了不同的体制形式，主要有以下几种：一是收支挂钩，即定收定支，收支挂钩，总额分成，一年一定或一定几年。二是超收分成，即定收定支，收入上缴，超收分成（或增长分成），支出下拨，超支不补，结余留用，一年一定。三是收支包干，即县财政对乡镇财政划分一定的收支范围，确定收支基数后，计算上缴或补助数额，一次包死，一年一定或一定几年不变。

四、1988 年财政包干体制改革

1985 年实行的"划分税种、核定收支、分级包干"的体制，存在着两方面弊端。一方面，是"鞭打快牛"，地方留成比例小，不利于调动地方发展经济和组织收入的积极性，有的地区甚至出现了财政收入下滑的情况；另一方面，中央财政经过几年下放财权，中央本级直接组织的收入占全国财政收入的比例逐年下降，中央负担的支出有增无减，以致连年发生赤字。针对这些问题，1988 年 7 月 28 日，国务院发布了《关于地方实行财政包干办法的决定》，要求从 1988 年开始，对全国 39 个省、自治区、直辖市和计划单列市，除广州、西安两市财政关系仍分别与广东、陕西两省联系外，其余 37 个地区分别实行不同形式的包干办法。

（一）"收入递增包干"办法

该办法以 1987 年决算收入和地方应得的支出财力为基数，参照各地近几年的收入增长情况，确定地方收入递增率（环比）和留成、上解比例。在递增率以内的收入，按确定的留成、上解比例实行中央与地方分成；超过递增率的收入，全部留给地方；收入达不到递增率，影响上解中央的部分，由地方用自有财力补足。实行该办法的地区有 10 个，它们的收入递增率和留成比例分别为：北京市 4% 和 50%，河北省 4.5% 和 70%，辽宁省（不包括沈阳市和大连市）3.5% 和 58.25%，沈阳市 4% 和 30.29%，哈尔滨市 5% 和 45%，江苏省 5% 和 41%，浙江省（不包括宁波市）6.5% 和 61.47%，宁波市 5.3% 和 27.93%，河南省 5% 和 80%，重庆市 4% 和 33.5%。

（二）总额分成法

该办法根据前两年的财政收支情况核定收支基数，以地方支出占总收入的比重确定地方的留成和上解中央比例。实行该办法的地区有 3 个，其中地方的总额分成（地方留用）比例为：天津市 46.5%，山西省 87.55%，安徽省 77.5%。

（三）总额分成加增长分成办法

该办法在上述总额分成办法的基础上，对收入比上年增长的部分另加分成比例，即每年以上年实际收入为基数，基数部分按总额分成比例分成，增长部分除按总额分成比例分成外，另加"增长分成"比例。实行该办法的地区有 3 个，其中地方的总额分成比例和增长分成比例分别为：大连市 27.74% 和 27.26%，青岛市 16% 和 34%，武汉市 17% 和 25%。

（四）上解额递增包干方法

该方法以 1987 年上解中央的收入为基数，每年按一定比例递增上缴。实行该办法的地区有 2 个，其上解额和递增包干比例分别为：广东省 14.13 亿元和 9%，湖南省 8 亿元和 7%。

（五）定额上解办法

该办法是按原来核定的收支基数，收大于支的部分确定固定的上解数额。实行该办法的地区有 3 个，其上解额分别为：上海市 105 亿元，山东省（不包括青岛市）2.89 亿元，黑龙江省（不包括哈尔滨市）2.99 亿元。

（六）定额补助办法

该办法按原来核定的收支基数，支大于收的部分实行固定数额补助。实行该办法的地区有 16 个，中央对它们的补助数额分别为：吉林省 1.07 亿元，江西省 0.45 亿元，福建省 0.5 亿元（1989 年开始执行），陕西省 1.2 亿元，甘肃省 1.25 亿元，海南省 1.38 亿元，内蒙古自治区 18.42 亿元，广西壮族自治区 6.08 亿元，贵州省 7.42 亿元，云南省 6.73 亿元，西藏自治区 8.98 亿元，青海省 6.56 亿元，宁夏回族自治区 5.33 亿元，新疆维吾尔自治区 15.29 亿元；湖北省和四川省划出武汉、重庆两市后，由上解省变为补助省，其支出大于收入的差额分别由两市从其收入中上缴省一部分，作为中央对地方的补助，两市上缴本省的比例分别为 4.78% 和 10.7%。

上述各省、自治区、直辖市、计划单列市的财政包干基数中，都不包括中央对地方的各种专项补助款，这部分资金在每年预算执行过程中，根据专款的用途和各地实际情况进行合理分配。

各省、自治区、直辖市和计划单列市对所属市、县的财政管理体制，由各地人民政府根据国务院的上述决定精神和当地的情况自行研究决定。

五、1992 年分税制财政体制改革试点

20 世纪 80 年代中期，在财政包干体制的改革与调整过程中，关于分税制改革的理论与政策探索也在不断深入中。1990 年 3 月 20 日，国务院总理李鹏在第七届全国人大第三次会议上的《政府工作报告》中提出，

要在有条件的地方，积极进行"分税制"的试点。1991年4月，第七届全国人大第四次会议通过的《中华人民共和国国民经济和社会发展十年规划和第八个五年计划纲要》中指出："八五"期间，在继续稳定财政包干体制的同时，有条件的城市和地区应积极进行"分税制"改革的试点工作。

根据中央精神，财政部从1990年开始提出了"分税制"财政体制改革试点方案，1992年公布了《关于实行"分税制"财政体制试点办法》，并选择天津市、辽宁省、沈阳市、大连市、浙江省、武汉市、重庆市、青岛市、新疆维吾尔自治区等9个地方进行分税制试点。其基本内容如下：

（1）明确划分中央和地方的财政收支。在财政收支范围的划分上，基本按照第二步利改税后实行的财政体制框架，但在固定收入和共享收入的内容上增加了税收的成分，将各种收入划分为中央固定收入、地方固定收入和中央地方共享收入。支出方面未做调整，维持原体制的划分格局。固定比例分成收入、专项收入，继续按原体制操作。

（2）确定补助或上解。补助与上解以1989年的决算数为基础，进行必要因素调整加以确定。按照试点体制的收支范围计算，凡是地方固定收入加地方分享收入大于支出基数的部分，一律按5%递增上解；凡地方财政固定收入加地方分享收入小于地方支出基数的部分，由中央财政给予定额补助；对少数民族地区给予适当照顾。

（3）原来实行固定比例分成的收入以及专项收入继续执行不变。中央和地方按固定比例分成的收入，包括能源交通重点建设基金、国家预算调节基金、耕地占用税、城镇土地使用税、保险公司上缴收入，以及列收列支的专款收入（包括征收排污收入、城市水资源费收入、电力建设资金、社会保险基金、下放港口以港养港收入和教育附加收入等），不列入"分税制"财政体制范围，仍按现行办法执行。外贸企业出口退税由中央和地方共同负担，其中中央财政负担80%，地方财政负担20%。卷烟和酒的产品税分成办法，由环比增长分成办法改为定比增长分成办法，增长分成比例不变，定比的基数按照1991年实际征收额来核定。

第三节　财政体制改革成效及问题

1978—1992 年的财政体制改革是对传统财政体制的重大改革。这些改革打破了原来僵化的体制，调动了地方和企业的积极性，促进了社会生产力的发展，为下一阶段的财政改革奠定了基础。

一、取得的成效

20 世纪 80 年代的财政体制改革，无论是 1980 年实行的"分灶吃饭"，还是 1985 年的"分级包干"，或是 1988 年的地方财政包干体制，尽管其形式和内容各不相同，但其实质都是财政包干体制。与传统的财政体制相比，这一时期的财政体制改革取得了突破性进展。

第一，打破了高度集中财政体制的僵化局面。"分灶吃饭、分级包干"的财政体制打破了高度集中财政体制的僵化局面，为经济体制改革打开了突破口。财权划分和财力分配等方面实行"分灶吃饭"，改变了过去"吃大锅饭"的局面，中央和地方的收入、支出都有了比较明确的划分，有利于调动中央和地方两个积极性，有利于经济的调整和整顿。财力的分配也由"条条"为主改为"块块"为主，地方可以根据需要统筹安排、调剂使用，大大增加了地方的财政权限，有利于因地制宜地发展地方生产建设事业。在分成比例和补助数额方面，由一年一定改为五年一定，便于地方制定和执行长远规划，发展地方的经济和社会事业。总之，这期间的财政体制改革使国家财政体制原来存在的财权集中过多、分配统得过多、管得过死的僵化局面被打破，转而积极构建一个比较合理的、分层次的国家财力分配结构，有利于调动地方政府组织财政收入的积极性，从而推进了地方经济发展。

第二，地方和企业发展步伐明显加快。"分灶吃饭、分级包干"等形式的财政体制使地方每年应得的好处很明确，扩大了地方的财力和自主权，因而提高了地方的生产积极性，使地方有了发展本地区生产建设事业的内在经济动力和能力。地方政府为促进当地经济发展，会主动为本地的企业发展创造宽松和良好的环境，扶植乡镇企业、私营企业、外资企业等非国有经济成分或非公有制经济成分的发展，使"体制外经济"比重上升，形成了市场主体多元化格局，促使地方加快了国民经济结构调整的步伐。由于划分收支、自求平衡，不仅提升了地方政府的财权，同时也加重了它们的责任，促使地方各级政府加强对财政工作的指导，加强了地方政府的财政管理责任，形成一个增产节支的管理机制。

第三，初步构建了有利于市场机制形成的体制环境。这一时期以财政包干为主要特征的财政体制改革和打破仅以计划手段配置资源的方式，促进了公有制为主体、多种所有制并存的经济格局的形成。相应地，市场交易逐步恢复，交易规模不断扩大，自主经营的市场主体开始形成并日趋增加，市场价格机制和竞争机制逐渐发挥作用。

随着农村和城市改革的逐步推进，个体、私营经济等非公有制经济作为公有制经济的必要补充，获得了一定的发展空间，开始成为所有制结构中的重要组成部分。在对外开放战略思想的指导下，政府积极支持涉外经济发展，鼓励引进和利用外资，中外合资经营企业、合作经营企业和外商独资企业也获得了较快发展，混合所有制经济成为中国所有制结构中极富活力的增长点。该时期的经济格局如表 5－1 所示。

表 5－1　1978—1992 年部分经济指标的所有制格局　　单位：%

年份 项目	1978	1980	1985	1990	1991	1992
1. 工业总产值比例						
全民所有制	77.6	76.0	64.9	54.6	52.9	48.1
集体所有制	22.4	23.5	32.1	35.6	35.7	38.0
个体经济			1.8	5.4	5.7	6.8
其他经济类型		0.5	1.2	4.4	5.7	7.1

续表

年份项目	1978	1980	1985	1990	1991	1992
2. 国家财政收入比例						
全民所有制	86.8	85.4	73.1	70.2	67.9	66.1
集体所有制	12.7	14.0	21.8	17.4	16.0	14.6
个体经济	0.5	0.6	4.1	7.3	10.5	14.5
其他经济类型			1	5.1	5.6	4.8
3. 社会商品零售总额比例						
全民所有制	54.6	51.4	40.4	39.6	40.2	41.3
集体所有制	43.3	44.6	37.2	31.7	30.0	27.9
个体经济	0.1	0.7	15.4	18.9	19.6	20.3
其他经济类型	2.0	3.3	7.0	9.8	10.2	10.5

资料来源：国家统计局编：《中国统计年鉴（1993）》；《中国财政年鉴（1993）》。

虽然 20 世纪 90 年代初期的分税制财政体制改革试点仅在少数省、自治区、直辖市进行，但是其意义重大而深远，为 1994 年正式实施的分税制财政体制积累了经验。一是 1992 年的分税制财政体制试点扩大了地方固定收入范围，进一步调动了地方政府组织财政收入的积极性。二是将各类企业政策性亏损补贴由中央与地方共享改为全部由地方负担，有利于促进地方政府关注企业经济效益。三是在一定程度上缓解了区域封锁和盲目建设，有利于产业政策的贯彻实施。分税制财政体制试点对流转税采取中央和地方"五五"分享的办法（民族地区"二八"分享），在一定程度上淡化了地方政府对流转税的追求，遏制了地方政府盲目发展高税率产品和片面追求产值、速度的冲动，有利于产业政策的贯彻实施。四是淡化了过去一向实行的各级政府对企业的"条块分割"式的行政隶属关系控制，有利于促进企业自主经营、公平竞争。五是有利于各级政府调整和明确各自的事权，重新核定各级财政支出范围。除中央政府要承担一些大型、长周期、跨地区的重点建设项目投资外，大量的一般营利性项目交给企业和企业联合体去办，地方财政把支出重点放在基础设施、公用事业等方面。

二、存在的主要问题

20世纪80年代的财政包干体制改革，打破了原来高度集中、统收统支的财政体制，但也带来了一些问题。

第一，削弱了中央宏观调控能力。收支难以平衡，两个比重下降（见图5-1），弱化了政府尤其是中央政府的宏观调控能力。随着"分灶吃饭"财政体制改革的不断推进，财政收入占GDP的比例由1985年的22.2%降低到1992年的12.9%，中央财政收入占全国财政收入的比重由1985年的38.4%下降为1992年的28.1%。在财政包干体制下，财政收入不能随着经济的增长而同步增长，中央财政收入不能随着财政收入的增长而相应增长。国家财政从1979年起连续几年发生赤字，中央财政非常困难。为了解决中央财政困难，适当集中资金进行重点建设，中央财政不得不向地方财政借款，第一次借款从1981年开始，1989年停止，9年共向地方借款689.77亿元。地方政府采取某些保护地方利益的措施，税收优惠和减免过滥，自定某些政策藏富于企业。特别是一些地区随意减免税，导致经济秩序紊乱，造成市场的无序竞争，冲击了税制的严肃性和权威性，形成税负畸轻畸重，丧失税收公平；同时，也造成国家财政收入的大量流失。而在支出方面，中央财政增支因素不断增加。两个比重同时下滑和中央支出的增加，造成了中央政府调控能力的弱化和中央财政的被动局面。

第二，助长了地方保护、无序竞争和市场分割。地方政府出于增加本级收入的目的，一方面从中央政府那里争夺各种体制性资源和各种优惠政策；另一方面，倾向于投向资金需求少、建设周期短、收效快的短、平、快项目，造成盲目生产和重复建设，加剧投资膨胀和产业结构失调。各地滥行减免税、低水平重复建设、市场分割和地方保护主义措施纷纷出台，

（单位：%）

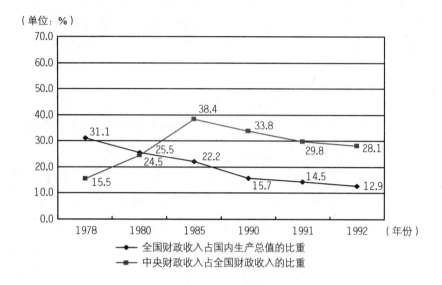

图 5 - 1　1978—1992 年两个比重变化

资料来源：国家统计局：《中国统计年鉴（1993）》。

演化成"诸侯经济"，割裂统一市场，妨碍市场竞争和产业结构的优化升级。

第三，强化了对企业的行政干预。各级政府热衷于尽力多办"自己的企业"并对其过多干预与"关照"，而对收入不属于本地区的企业则漠不关心，不能形成规范的优胜劣汰、资产重组机制。在人事任用方面，国营企业的厂长、经理对上级任用机构负责而非对企业盈利负责，存在大量的行政性直接控制或变相的行政控制，企业自主经营仍步履维艰，各种形式的"大锅饭"难以有效消除。

第四，加剧了制度的不规范性和不稳定性。在核定收支基数和上缴（或补助）比例时缺乏充分的客观性，每一次体制调整都以地方政府前期的既得财力为主确定基数。中央和地方的关系仍然缺乏稳定性，在许多具体事项上并不能划清范围，结果"包而不干"，打破了统收却实际并未打破统支的局面，地方财力解决不了的事情，还是向中央要钱。最后，矛盾集中反映到中央财政，中央财政不得不填补地方上的收支缺口。

1992 年分税制财政体制试点的成效是明显的，但是由于当时税制不够完善，并带有明显的旧体制痕迹，不是严格意义上的分税制财政体制。一是财政收入的划分不尽合理，过于复杂。分税制试点将财政收入划分成中央固定收入、地方固定收入、中央与地方共享收入、固定比例分成收入、列收列支的专项收入等几大块，其中的分成比例也不一样，如耕地占用税收入中央与地方"三七"分成、能源交通建设基金收入中央与地方"七三"分成、城镇土地使用税中央与地方"五五"分成等，在税票填列、缴库和资金划解上比烦琐，执行难度较高。二是实施办法不够科学。按企业隶属关系划分收入，难以克服各级政府对所属企业干预过多的弊病，同时也因企业隶属关系的变动而给中央和地方间财政关系带来很大的不确定性。同时在中央与地方的收入划分中仍然沿用基数法，没有对地区财力分布进行合理调节。三是配套措施不够完善。由于当时的税制不完善，加之机构设置上，财政收入虽然按中央、地方不同级次进行了划分，但其收入仍按条条由原有的税务机构进行征管，条块矛盾依然存在。制度建设方面，分税制试点办法出台后，相应的制度建设没有跟上，如分税制试点地区的预算管理制度、预算会计报表制度、税收报表制度、金库报表制度等，各试点地只能根据现有的制度因地制宜地加以改进，暂时使用，无法统一。

第六章
构建新的税收体系

　　税收是国家财政收入的主要来源，是国家进行宏观调控的重要手段，是规范收入分配秩序的制度保障。建立健全税收制度，对于深化体制改革、促进经济发展具有重大而深远的影响。改革开放前，我国税制建设走过了一条过度简化的道路。改革开放后，过度简化的税制对内不能适应发展社会主义商品经济的实际需要，对外不能适应利用外资、引进先进技术、扩大国际交往的新形势。为了全面改革与完善工商税制和适应改革开放的要求，在1978—1992年期间，经过建立涉外税制、完善税收体系等方面的改革与发展，初步建立了一套适应社会主义有计划商品经济发展的、以流转税和所得税为主体、其他税种相配合的复合税制体系，在组织财政收入、加强宏观调控、规范分配程序、促进经济健康发展中发挥了重要作用。

第一节　税制改革的背景

一、改革开放前税制过度简化

　　新中国成立以后，政务院于1950年1月30日发布《全国税政实施要则》，在清理旧税制的基础上，建立了一套以多种税、多次征为特征的复合税制。这套新税制的建立和实施，对于保障革命战争的胜利成果，实现国家财政经济状况的根本好转，促进国民经济的恢复和发展，以及国家对农业、手工业和资本主义工商业的社会主义改造，建立社会主义经济制度，发挥了重要的作用。在此之后，由于"左"的指导思想和苏联经济理论及财税制度的影响，片面否定税收的经济杠杆作用，我国的税制建设走了一条过度简化的道路。我国先后在1958年和1973年进行了两次大规模的税制改革，这两次税制改革的核心都是简化工商税制，改革的结果导致税种越来越少，税制越来越简单。1973年以后，我国工商税制一共只设7种税，对国营企业只征收一道工商税，对集体企业只征收工商税和工商所得税两种税，城市房地产税、车船使用牌照税、屠宰税仅对个人和极少数单位征收，工商统一税仅对外适用。税制的过度简化大大缩小了税收在经济领域中的活动范围，严重妨碍了税收职能作用的发挥。

二、改革开放以后多种经济成分不断发展

党的十一届三中全会做出了改革开放的战略决策，我国经济开始由单一的封闭式产品经济向多样化的开放型商品经济转变。一是在国营经济为主导、多种经济形式并存的政策引导下，城乡集体所有制经济迅速发展，个体经济也日益活跃。二是随着对外开放不断深入，外商和外资的进入，中外合资企业、外资企业大量涌现。而原有的税收制度因税种过少，难以适应多种经济成分并存的新形势，也不利于对外开放政策的施行。三是某些税种征税范围过窄，税负不公平，集体商业和个体工商业户的税负偏重，不利于多种经济成分公平竞争。因此，必须对税收制度进行改革。

三、国营企业利润分配制度改革逐步深入

为了改革和规范国家与企业的分配关系，调动和激发企业发展生产的积极性，我国先后于1983年、1984年实行了两步"利改税"改革。第一步"利改税"后，各类国营企业均要根据实现利润和适用税率缴纳企业

所得税，税后利润再按相关规定在国家和企业之间进行分配。"利改税"第二步改革，将原来的工商税分为产品税、增值税、营业税和盐税；国营企业收入按 11 个税种向国家交税，税后利润归企业自主安排使用。1988年开始又实行了"税利分流"改革。两次"利改税"和"税利分流"改革直接促进了工商税制的相关改革。

四、生产、流通和分配结构发生明显变化

在生产领域，改革开放推动了经济改组、工业专业化协作生产的发展，各种联合企业、专业公司相继出现，合作生产企业和补偿贸易等经济形式发展很快。在商品流通领域，改变了国营企业一家独揽的局面，出现流通渠道多样化的格局，市场开始繁荣兴旺，交易活动内容开始扩展。在分配领域，由于多种经济成分的发展和国营企业利润分配制度的改革，企业职工和居民个人的收入水平开始增长，同时个人收入差距也开始拉大。这些变化了的经济环境要求改革以往过度简化的税制，建立健全新的税收体系。

第二节　改革工商税制

一、工商税制改革的原则

根据当时经济体制改革和经济发展的要求，工商税制的改革贯彻了以下原则：

（1）适应经济情况的复杂性和所有制性质、经营形式的多样性，逐步恢复一些税种，使每个税种在生产经营的各个领域发挥各自不同的作用。

（2）加强经济责任制，逐步把国营企业上缴的一部分利润改为征税，

以促进企业加强经济核算，改善经营管理，提高经济效益，增加财政收入。

（3）根据国家经济政策的要求，按不同产品和不同行业规定高低不同的税率，从经济利益上来调节生产和消费。根据发展对外贸易的政策，税制要鼓励扩大出口，保护国内生产，要有利于有计划地利用外资和引进先进技术设备。

（4）在当时市场价格调节机制尚不健全的情况下，用税收杠杆来调节一部分企业的利润，适当解决企业之间由于价格和资源条件不同而形成的利润水平悬殊的问题。

（5）在保证国家财政收入的前提下，兼顾地方、部门、企业合理的经济利益，以调动各方面的积极性。

（6）将各项工商税收划分为中央税、地方税、中央和地方共享税，使中央和地方政府都有相应的财力来源和税收管理权。

二、改革流转税制

流转税对稳定财政收入、引导生产方向、协调产业结构、贯彻鼓励和限制的政策，有着十分重要的作用。流转税制度的改革首先是从引进和试行增值税，以解决原来工商税存在的重复征税弊病开始的。改革的进程可以划分为两个阶段：第一阶段从开始考虑引进增值税并进行调查研究和试点到 1984 年工商税制全面改革前，初步建立了了新的流转税体系；第二阶段是从 1984 年 10 月以后，进一步改革流转税的内部结构，逐步完善流转税的征收制度。

（一）设立独立的产品税、增值税和营业税

从 1979 年下半年开始，借鉴国际上推行增值税的经验，选择部分城市对机器机械、农业机具和部分日用机电产品进行了增值税的试点。试点首先在湖北襄樊市进行，随后扩大到上海、柳州、长沙、株洲等城市。经过几年的试点，证明增值税确实是一个既有利于贯彻公平税负、适应生产结构和产业结构的调整、促进社会化大生产的发展，又有利于增加和稳定财政收入的税种。1984 年 9 月，第六届全国人大常委会第七次会议根据国务院的建议，决定授权国务院在实施国营企业第二步利改税的同时，改革工商税收制度，拟定有关税收试行条例草案。经国务院决定，将原工商税按性质划分为产品税、增值税、营业税、盐税等四种税。1984 年 9 月 18 日，国务院发布了《中华人民共和国产品税条例（草案）》、《中华人民共和国增值税条例（草案）》和《中华人民共和国营业税条例（草案）》，均自 1984 年 10 月 1 日起试行。至此，新的流转税体系基本建立起来。

产品税制的主要内容有：

（1）建立独立的税种。这样既保留了历史上以产品为课税对象的特征，又强化了产品税的作用。产品税以产品为课税对象，按产品设计税率，并基本上在商品实现销售时征收。从财政方面来讲，它具有收入及时、稳定，计算简便等优势。从调节经济来说，由于产品税对不同产品使用差别税率，在产品课税对象和调节深度上都具有选择性，可以起到调节生产、调节消费的作用。

（2）改进税目的设置。将工商税的大部分按行业设置税目改为按具体产品和产品类别设置税目，使税收调节与当时产品结构的现状和产业政策的要求相适应，以利于发挥调节经济的作用。对那些同一产品因生产能力、原材料结构等不同而形成的利润水平相差悬殊的产品，单独设置税目，分档定率，使之在税率上体现国家的奖励和限制的政策。在当时发布的条例（草案）中，将产品税税目由原来工商税的 44 个划细为 270 个，其中工业品部分有 260 个税目，农林牧水产品部分有 10 个税目。

（3）税率的设计打破了历次税制调整所强调的"保持原税负"的框框。根据有利于经济调整、有利于经济改革和合理负担的原则，为实现社会供需总量平衡、资源合理配置和国民经济协调发展的目标，对税率作了必要的调整。产品税税率档次多，差别幅度大，最高税率为 60%，最低税率为 3%。

（4）对进出口产品的税收政策作了较大的调整。对出口的产品实行免税或退税政策，以促进中国产品进入国际市场，增加出口创汇能力，推动国际贸易的发展。对进口产品，除国家根据政策需要鼓励引进的产品和经批准可以减免税的以外，实行进口征税政策，以平衡进口产品与国内产品的税收负担，维护国家权益，保护国内生产。

增值税是为了适应生产结构的调整和促进专业化协作生产的发展，避免因企业向外扩散生产环节、实行专业化协作而增加企业的负担，以及因企业实行联合而减少国家的财政收入等问题，借鉴国外做法，把按产品销售额全额征税改为按生产销售环节产品销售额中的增值部分征收的一种税。由于各方面的条件尚不成熟，增值税最初的征收范围比较小。1984年9月国务院公布的《中华人民共和国增值税条例（草案）》规定，开始只在机器机械、汽车、机动船舶、轴承、农业机具、钢坯、钢材、自行车、缝纫机、电风扇、印染绸缎、西药等少数产品范围内实行。在计算方法上，分别采用"扣额法"（从销售收入中扣除外购原材料、燃料、动力、包装物等金额后计算税额）和"扣税法"（从销售收入乘以税率计算的总税额中扣除为生产应税产品外购部分的已纳税额）两种计算方法，并且两种方法对扣除项目既可以按当期购入数计算（简称"购进法"），也可以按实际耗用数计算（简称"实耗法"）。

营业税是对经营商品批发、零售业务和各种服务业取得的营业收入征收的一种税。1950年我国曾经征收过营业税，1958年和1973年改革税制，把营业税并入了工商统一税、工商税。1984年恢复征收营业税，同时作了一些重大改进。一是调整了征税范围，确定营业税只对商业、出版业、娱乐业、加工修理业和其他各种服务业征收；二是对批发业务征收的营业税由过去按销售全额征税改为按进销差额征税，适应了多环节经营的特点，避免了重复征税；三是对国营粮食企业按平价销售粮油的收入，农业机械站、排灌站的机耕和排灌收入，外贸出口商品的调拨和出口销售收入等，给予免税，以体现国家对这些企业的奖励和鼓励发展的政策。

通过1984年的改革，一个适合经济发展要求的新的流转税体系初步建立起来了。由于受当时各种主客观条件的限制，不可避免地还存在着一些缺陷和问题。主要表现在以下几方面：一是增值税的征收范围过窄，工业环节重复征税的现象仍然普遍存在。对出口产品不能实行彻底退税，影响了对外贸易的进一步发展。二是增值税征收制度不规范，主要表现在税率档次多，扣除范围不一致，计算方法复杂而又不统一，出现了高税率低扣除、低税率高扣除和未征税照扣除的现象，造成税制复杂、税负不平衡、税企双方扯皮，使增值税普遍调节、稳定收入的合理性和优势没有得到很好地发挥。三是在产品税、增值税和营业税结构的组合中，也存在着与经济发展不适应、不合理的问题，不利于流转税聚集财政收入和调控经济功能的发挥。

针对这些问题，根据税制必须适应生产专业化发展、促进国际经济交往、促进商品经济发展的要求，国家有计划地采取了一系列进一步完善流转税制度的改革措施。

（二）调整增值税和产品税的征税范围

为了逐步解决重复征税问题，从 1985 年开始，先后选择了纺织品通用机械、日用电器、电子产品、轻工产品、建材、有色金属等产品试行增值税，不断扩大增值税的征收范围。1989 年 3 月，国家税务局又发出了《关于对工业性加工、工业性修理、修配改征增值税的通知》，对已经实行增值税的工业企业从事的工业性加工、修理、修配业务，由征收营业税改为征收增值税。

经过改革，征收增值税和产品税的范围发生了很大变化。从征收税目上看，产品税的税目由 270 个减少到 96 个，增值税由过去的几个行业几个产品试行，发展到除卷烟、酒、石化、电力等产品以外的大部分工业产品。由于增值税范围的扩大，大大缓解了流转税重复征税的矛盾，促进了经济体制改革和国民经济的发展。从收入规模上看，1988 年增值税收入占工商税收的比重由 1985 年的 13.46% 上升到 25.87%，占产品税的比重由 1985 年的 19.90% 上升到 44.42%，增值税已成为我国税收体系中的重要税种之一。

（三）规范增值税的计税及征收制度

在扩大增值税征收范围的过程中，对增值税的征收制度也进行了改革和完善。1987 年 3 月财政部发布《关于完善增值税办法的若干规定》，对征收增值税的扣除项目范围、适用税率和计税方法等方面都作了统一规范。在扣除项目的范围上，由原来只扣除主要原材料或零部件，增加到扣除原材料、燃料、动力、低值易耗品、包装物和支付的委托加工费等六项，即把固定资产以外的物化劳动部分都列入了扣除范围，为彻底排除重复征税的因素、最终实现税收负担合理化创造了条件。在税率的使用上，由原来分产品换算税率、税率档次多样化，逐步朝着简化税率方向发展，把差别税率的使用限制在一定范围内，初步形成 14% 的基本税率，从而向实现增值税税率的规范化目标迈进了一大步。在计税方法上，由最初的"扣额法"与"扣税法"并用，统一到"扣税法"，并由"购进法"与"实耗法"并用，逐步向"购进扣税法"过渡。这一改进有利于建立增值税凭发票注明税款这一扣税制度的实施。

针对计税方法中存在的问题，1988 年初，财政部、国家税务局在调查研究和充分论证的基础上，同意在武汉、上海纺织行业进行"价税分流购进扣税法"试点。1989 年，经财政部同意，国家税务局下发通知，要求各省、自治区、直辖市和计划单列市按照自愿的原则，选择一到两个城市（或区、县）试点，并决定在全国统一选定纺织、有色金属两个行业和自行车、铝制品、搪瓷制品三项产品进行试点。"价税分流购进扣税法"的基本原理是：增值税应纳税额的计算与企业产品成本的核算分离，企业在生产环节以不含税的价格进行成本核算，在产品的销售环节以整体税额作为销售税金计算利润。这样，企业的利润就不会因当期应纳税额的变化而发生变化，避免了按"购进扣税法"计算增值税而使企业利润核算不均衡的问题。"价税分流购进扣税法"的试点，对探索增值税规范化的途径和解决增值税计算复杂等问题具有积极的意义。

（四）调整营业税若干政策，增设新的营业税税目

营业税开征初期，对国营商业企业经营的商品批发业务只就石油、五

金、交电、化工四类商品征收营业税，造成了不同行业税负之间不公平。财政部于 1985 年 9 月发出通知，对国营商业企业（包括国营物资、供销、外贸、医药、文教及其他国营企业）经营其他商品的批发业务取得的收入，从 1985 年 11 月 1 日起征收营业税。1986 年 12 月，财政部发出《关于对国营建筑安装企业承包工程收入恢复征收营业税的通知》，决定从 1987 年 1 月 1 日起，对国营建筑安装企业承包建筑安装工程、修缮业务及其工程作业所取得的收入一律恢复征收营业税。

为了适应经济体制改革中出现的新情况，发挥税收调节经济的作用，贯彻公平税负的原则，统一税收政策，1988 年 5 月 18 日，财政部发出了《对典当业征收营业税有关问题的通知》，决定在营业税税目中增设典当业，下设"典当物品的保管费和利息"、"死当物品销售"两个子目，税率分别为 5% 和 3%。1990 年 8 月 22 日，财政部又发出了《关于营业税增设"土地使用权转让及出售建筑物"和"经济权益转让"税目的通知》，决定在营业税税目中再增设"土地使用权转让和出售建筑物"、"经济权益转让"两个税目，税率为 5%。营业税的税目由原来的 11 个增加到了 14 个，使一切有营业收入的单位都应依法纳税的原则得了进一步贯彻，同时也进一步发挥了营业税调节经济的作用。

三、建立健全所得税制

所得税制改革在税制改革乃至整个经济体制改革中占有重要的地位。建立健全所得税制度，正确处理国家与企业、个人之间的分配关系，对于深化改革、促进各种所有制经济公平竞争、引导和促进经济健康发展具有深远影响。

（一）征收国营企业所得税

在经济改革初期，国家就陆续在一些地区的部分国营企业中进行征收所得税的试点。在总结经验的基础上，1983 年 4 月，国务院批转了财政部《关于国营企业利改税试行办法》，财政部发布了《关于对国营企业征收所得税的暂行规定》，对国营大中型企业（包括金融、保险）实现的利润按55%的税率征收所得税。所得税后的利润，一部分上缴国库，一部分按照国家核定的留利水平留给企业。对国营小型企业，根据实现利润按八级超额累进税率征收所得税，税后利润原则上归企业支配。1984年9月，在总结第一步利改税经验的基础上，国务院批转了《国营企业第二步利改税试行办法》，同时发布了《中华人民共和国国营企业所得税条例（草案）》和《国营企业调节税征收办法》。盈利的国营大中型企业，按照55%的固定比例税率缴纳所得税后，按照核定的调节税税率计算缴纳调节税。1989年3月，财政部、国家经济体制改革委员会（以下简称体改委）发布了《关于国营企业实行税利分流的试点方案》，规定所有盈利的国营企业一律改按35%的比例税率缴纳所得税，取消调节税，推行多种形式的承包办法。为了进一步完善和规范税利分流试点办法，1991年8月14日，财政部、国家体改委又发布了《国营企业实行"税利分流、税后还贷、税后承包"的试点办法》，所得税率降低到33%。这有利于进一步理顺和规范国家与国营企业的分配关系，增强企业的活力。

（二）完善集体企业所得税制度

集体企业所得税是由原来的工商所得税演变而来的。对集体企业征收工商所得税一直是按1963年国务院《关于调整工商所得税负担和改进征收办法的试行规定》执行，采用八级超额累进税率。改革开放以后，原来集体企业所得税制度累进起点和最高一级的所得额都显得偏低，难以起到调节收入的作用；同时，国营企业第二步利改税以后，对国营小型企业已按新的八级超额累进税率征收所得税，税负比原来实行的老八级超额累进税率有所减轻。为了平衡集体企业和国营小型企业之间的税负，有必要对原来的工商所得税办法加以调整。在调查研究和总结经验的基础上，国务院于1985年4月11日发布了《中华人民共和国集体企业所得税暂行条例》，从1985年度开始实施。

新的集体企业所得税条例适当调整了八级超额累进税率，降低了所得税负担。同原来的八级超额累进税率相比，新的八级超额累进税率最低一级累进起点由300元调为1 000元，最高一级由8万元调为20万元，最高一级税率仍维持为 55%，中间级距都相应地拉开，使各个级距的负担都有所降低。修改后，集体企业的税负与国营小型企业的税负基本持平，有利于鼓励国营企业与集体企业在同等税负的基础上开展竞争，也使各类企业所得税逐步向着简化、统一的改革方向迈进了一步。

在对城镇集体企业所得税进行调整和改革的同时，也对农村乡镇企业（社队企业）征收所得税的办法和税收负担作了一系列重大调整和改革。根据中共中央《关于加快农业发展若干问题的决定》，1981 年和 1982 年，国务院两次发出通知，调整了农村社队企业的税收负担。1983 年，国务院办公厅又转发了财政部《关于调整农村社队和基层供销社缴纳工商所得税税率的规定》，对农村社队企业和基层供销社所得一律改按八级超额累进税率征收工商所得税，停止执行原来实行的 20% 和 39% 的比例税率，并取消了社队企业所得税起征点。经过这一改革，平衡了城镇集体企业与农村社队企业之间的税收负担，适应了农村经济发展的要求，促进了集体经济的全面发展。第二步利改税后，对农村社队企业也改按《中华人民共和国集体企业所得税暂行条例》执行。

（三）开征城乡个体工商业户所得税

我国对个体经济历来都是征收所得税的。1963 年以前，一直按照《工商业税暂行条例》中有关所得税的规定执行。1963 年调整所得税时，规定对个体经济适用十四级全额累进税率，并对全年所得额在 1 800 元以上的实行加成征税。

党的十一届三中全会以后，为鼓励扶持个体经济适当发展，经国务院批准，从 1980 年起，对个体工商业户所得税作了适当调整，由各地比照八级超额累进税率自定征收办法，减轻了税收负担。针对各地做法不一、税负很不平衡、个体工商业户税收征管困难等问题，国务院于 1986 年 1 月发布了《中华人民共和国城乡个体工商业户所得税暂行条例》，规定对从事工业、商业、服务业、建筑安装业、交通运输业及其他行业，经工商行政管理部门批准的城乡个体工商业户从 1986 年开始按条例规定征收所得税。城乡个体工商业户所得税，按十级超额累进税率征收；最低一级年所得额不超过 1 000 元的，税率为 7%；最高一级年所得额超过 3 万元的，税率为 60%；对年所得额超过 5 万元以上的部分，可加征 10% ~ 40% 的所得税。

（四）开征私营企业所得税

随着个体经济的恢复和发展，私有资产规模不断扩大，以雇佣劳动关系为基础的私营企业也产生和逐步发展起来。为了调节私营企业的收入，保护私营企业的合法利益，调动私营企业经营者的积极性，加强对私营经济的引导、监督和管理，1988 年 6 月 25 日，国务院发布了《中华人民共和国私营企业所得税暂行条例》，从 1988 年起，开征私营企业所得税，采用 35% 的比例税率。同时，国务院发布了《关于征收私营企业投资者个人收入调节税的规定》，明确规定对私营企业投资者参加经营取得的工资收入征收个人收入调节税，对私营企业投资者将私营企业税后利润用于个人消费的部分，按 40% 的比例税率征收个人收入调节税，对用于发展生产基金的部分国家不再征税。

第三节　建立涉外税收制度

由于我国过去长期被迫实行封闭的计划经济，与外国经济交流与合作很少，所以至"文化大革命"结束，我国的涉外税制基本上是一片空白。实行改革开放战略以后，我国政府采取了一系列重大战略举措促进对外开放：通过吸收国际金融组织贷款、外国政府贷款和外国金融机构贷款，积极开展对外融资；通过举办三资企业、开展补偿贸易、合作开发资源等方式，积极吸引外商直接投资、引进先进技术和管理经验。采取这些措施后，前来洽谈合资经营和贸易的外商日益增多。当时中国还没有相应的涉外税法，无法有效维护国家税收权益，也不利于中外合资经营企业的发展和对外开放政策的进一步落实。为了适应改革开放以后对外经济交流日益扩大的新形势，在平等互利、维护国家主权和经济利益的原则下，促进对外经济交流的发展，亟须建立一套完整的涉外税收制度。

一、初步建立涉外所得税制

为适应对外经济关系发展的需要，财政部从 1979 年开始即着手调查研究，参照国际惯例，拟定有关涉外税收法规。1980—1981 年，先后经过第五届全国人大第三次、四次会议审议，通过并颁布了《中华人民共和国中外合资经营企业所得税法》、《中华人民共和国个人所得税法》、《中华人民共和国外国企业所得税法》，并经国务院批准，由财政部分别颁布了这三个税法的实施细则。1984 年，国务院又公布了经济特区及 14 个开放城市对外税收的有关规定。经过短短几年时间，初步建立了一套比较完整的涉外税收法规。在此期间，我国还逐步建立了涉外税收机构，办理涉外税收业务，并同一些国家签订了避免双重课税协定和其他单项税收协定，使中国的对外税收从立法到执法，步入了正常发展的轨道。

（一）中华人民共和国中外合资经营企业所得税法

1980 年 9 月 10 日，第五届全国人大第三次会议通过了《中华人民共和国中外合资经营企业所得税法》。这部法律主要规定了征税范围、税率和税收优惠等方面的内容，在维护国家权益的前提下，体现了税负从轻、优惠从宽、手续从简的原则。

（1）征税范围。主要针对设在中国境内的中外合资经营企业生产、经营所得和其他所得。但考虑到中外合资经营企业的发展，在中国境内和境外可能设立分支机构的情况，税法采取国际税收通行的做法，对这类企业分支机构的所得，由总机构汇总缴纳所得税，并规定它在国外缴纳的所得税，可在总机构应纳所得税额内抵免。这样规定，既维护了中国的税收主权和利益，也充分照顾了国际间税收管辖权的合理划分。

（2）税率。采用比例税率。中外合资经营企业所得税税率为 30%，另按应纳所得税额征收 10% 的地方所得税，两项合计，共为 33%。这个税率在当时是比较低的。为了鼓励外商将获得的利润在中国使用或转为投资，还规定对外国投资者将从合营企业分得的利润汇出国外的，按汇出额缴纳10%的所得税，不汇出的，不征税。

（3）优惠规定。对新办的中外合资经营企业，合营期在10年以上的，从开始获利的年度起，头两年免征，第3～5年减半征税。对从事农业、林业等利润较低的和在经济不发达的边远地区开办的中外合资经营企业，给予特别优惠，在规定享受减免税期满后，经财政部批准，还可以在以后的10年内继续减征15%～30%的所得税。对中外合资经营企业的合营者，从企业分得的利润在中国境内再投资，期限不少于5年的，可以退还再投资部分已纳所得税款的40%。

所有这些规定，都有利于在平等互利的基础上，积极利用外资，引进新技术，为发展我国经济服务，也有利于在维护国家权益的前提下，充分保障投资者的合法权益。

（二）中华人民共和国个人所得税法

在1980年9月第五届全国人大第三次会议通过《中华人民共和国中外合资经营企业所得税法》的同时，还通过了《中华人民共和国个人所得税法》，建立了我国的个人所得税制度，也解决了外籍人员的个人所得课征问题。该法既是一项国内税法，又是一部涉外税法的适用法规。这部法律主要规定了征税对象、征税范围和税率等方面的内容。

（1）征税对象。凡在中国境内居住满1年，并从中国境内和境外取得所得的个人，都要按税法规定征税；不在中国居住或者居住不满1年的个人，只就从境内取得的所得征税。这样规定既有利于维护中国的经济利益，行使税收管辖权，也符合国际通例，便于按对等原则订立税收协定。

（2）征税范围。税法规定的征税项目较少，只列举了工资、薪金所得，劳务报酬所得，特许权使用费所得，利息、股息、红利所得，财产租赁所得等5个项目。考虑到对外经济往来正在发展，可能出现需要征税的新项目，增列了"经中华人民共和国财政部确定征税的其他所得"一项；同时还明确规定，对科学、技术、文化成果奖金等8个项目，免于征税。

（3）税率。采取分项计算征收办法。规定两种税率：一是工资、奖金所得，按月计征；使用七级超额累进税率，最低一级为5%，最高一级为45%；确定计税所得额时，每月定额减除800元，作为本人及赡养家属的生活费用及其他必要费用，只就超过800元的部分征税。二是劳务报酬所得，以及其他所得，使用20%比例税率；劳务报酬和特许权使用费所得，在确定计税所得额时，每次收入在4000元以上的，按定率减除20%的费用，就其余额征税；每次收入在4000元以下的，按定额减除800元费用，就其余额征税；但不在中国居住的人，不能扣除20%的费用。这样既缩小了征税面，也照顾了所得较少而费用较多的纳税人。至于利息、股息、红利所得，则按国际通例不扣除费用，就收入全额征税。

与世界很多国家和地区的法律规定相比，我国的这部个人所得税法具有征收面小、税率低、扣除额宽、计算简便的特点。据测算，外国来华的经济专家在中国缴纳的个人所得税，实际负担大都低于他们在本国或本地区的负担。

（三）中华人民共和国外国企业所得税法

1981年12月13日，第五届全国人大第四次会议通过并公布了《中华人民共和国外国企业所得税法》，规定了更广泛范围的所得税减免优惠政策，更进一步地为外国投资和先进技术进入中国创造了条件。这部所得税法的主要内容包括：

（1）纳税义务人。包括三个方面：在中国境内设立机构、场所、独立经营的外资企业；在中国境内同中国公司、企业合作生产、经营的外国企业；在中国境内没有设立机构而有来源于中国的股息、利息、租金、特许权使用费和其他所得的外国企业。

（2）税率。实行超额累进税率，按企业所得额大小分为五级。最低一级是年所得额不满25万元部分，税率为20%；最高一级是年所得额超过100万元的部分，税率为40%。另外，按应纳的所得额，征收10%的地方所得税。这样设计的好处是：第一，不分国籍，不分行业，都用同一个税率表征税，体现同等对待原则，有利于外国企业在中国缴纳的所得税得到本国政府的抵免，并为中国政府与外国政府签订税收协定奠定法律基础。第二，可以适应大小企业的不同情况，体现利多多征、利少少征的原则。

（3）预提所得税。税法规定，凡外国企业在中国境内没有设立经营机构，但有来源于中国的股息、利息、租金、特许权使用费等项所得，缴纳 20% 的所得税。这就是国际上通常所说的预提所得税。

（4）减免税优惠。对在中国从事农业、林业、牧业和深井开采煤矿等利润低的中外合作经营企业和外资企业，经营期在 10 年以上的，从开始获利的年度起，给予免征所得税 1 年，减半征收 2 年；免征、减征所得税期满后，经财政部批准，还可以在以后 10 年内继续减征 15%～30% 的所得税。对国际金融组织贷款给中国政府和中国国家银行的利息所得以及外国银行按照优惠利率贷款给中国国家银行的利息所得，可免于征收预提所得税。此外，各省、直辖市、自治区人民政府，可以根据国家政策和发展本地区经济的需要，给予外国企业适当减征或免征地方所得税。这些优惠政策，对于吸引外国企业投资起到了积极的推动作用。

（四）中华人民共和国外商投资企业和外国企业所得税法

随着我国对外开放步伐的进一步加快和外资经济的进一步发展，涉外税收制度本身的不完善和固有的缺陷进一步显露了出来。为更好地贯彻落实对外开放和实施沿海地区经济发展战略的方针政策，解决《中华人民共和国中外合资经营企业所得税法》和《中华人民共和国外国企业所得税法》与经济形势发展不相适应的矛盾，改善投资环境，促进对外经济技术交流，更好地按照我国的产业政策和鼓励投资的重点引导外资投向，实现税法的连续性、稳定性和适应性的有机结合，更好地维护国家税收权益，1991 年 4 月 9 日，第七届全国人大第四次会议通过并公布了《中华人民共和国外商投资企业和外国企业所得税法》，同时相应废止了《中华人民共和国中外合资经营企业所得税法》和《中华人民共和国外国企业所得税法》，实现了外商投资企业和外国企业在所得税制度上的统一。这部税法是立足于改革开放的基本国策，以维护国家权益为前提，以服务于对外开放为中心，在总结前面两个涉外企业所得税法 10 多年实践经验的基础上制定的，是涉外企业所得税制基本完善的标志。

二、建立涉外流转税、财产税和行为税制

在流转税方面，涉外企业一直适用 1958 年全国人大常委会原则通过的《工商统一税条例（草案）》。然而，随着改革开放的进一步深入，当时内外有别的流转税制度已经不适应新的形势。为了适应经济社会的发展的要求，改革工商税制，从 1978 年年底开始，财政部就着手进行税制改革的研究和探索工作。经过三年多的试点，提出了税制改革的轮廓设想。1981 年 9 月，国务院批转了财政部《关于改革工商税税制设想的报告》，明确了工商税制改革的指导思想，提出了根据国家经济政策的要求，按不同产品和不同行业规定高低不同的税率，从经济利益上调节生产和消费。

在财产和行为税方面，对外资企业一直适用 1951 年政务院发布的《城市房地产税暂行条例》和《车船使用牌照税暂行条例》。1988 年，国务院颁布了《中华人民共和国印花税暂行条例》，内外资均适用。

在 1978—1992 年期间，经过 10 多年的努力，从所得税到流转税、财产税，从税法到细则，一套比较完整的涉外税收制度初步建立。全国人大常委会陆续对上述税法作了适当修改，进一步放宽了优惠政策，有效促进了我国吸引外资、引进技术、扩大对外经济交流与合作。

三、建立和完善关税制度

（一）《中华人民共和国进出口关税条例》的颁布和修订完善

关税是国际通行的税种，是国家根据本国政治经济的需要，按照国家制定的方针政策，用法律形式确定的由海关对进出口货物和物品所稽征的一种税，是调节进出口和组织财政收入的重要工具。但在改革开放以前，关税的作用没有得到很好地发挥，"文化大革命"期间甚至曾停止征收关税。1980 年，我国恢复征收关税。

1984 年以前，我国一直以 1951 年政务院公布实施的《海关进出口税则暂行实施条例》为征收关税的法律依据。1985 年 3 月，我国颁布了修

改后的《中华人民共和国进出口关税条例》，将原来的 16 条扩大为 8 章 37 条，补充完善了关税管理，作为稽征关税新的法律依据。

为了维护国家主权和利益，促进对外经济贸易和科学技术文化交往，强化海关对进出境运输工具、货物和物品的监督管理，在总结多年来暂行海关法、进出口关税条例和税则实践经验的基础上，根据深化改革、扩大开放的要求，1987 年 1 月 22 日，第六届全国人大常委会第十九次会议通过了《中华人民共和国海关法》（以下简称《海关法》），自 1987 年 7 月 1 日起施行。在《海关法》中，除了规定国家的进出关境监督管理机关及其职权，确立进出境运输工具、进出境货物和进出境物品管理制度外，还专设一章规定关税。《海关法》关于关税的规定有：（1）准许进出口的货物、进出境的物品，除本法另有规定外，由海关依照进出口税则征收关税。（2）进口货物的收货人、出口货物的发货人、进出境物品的所有人，是关税的纳税义务人。（3）纳税义务人逾期不缴纳关税，由海关征收滞纳金；超过 3 个月仍未缴纳的，海关可以责令担保人缴纳税款或者将货物变价抵缴，必要时可以通知银行在担保人或者纳税义务人存款内扣缴。（4）进口货物以海关审定的正常到岸价格为完税价格，出口货物以海关审定的正常离岸价格扣除出口税为完税价格。（5）减征或者免征关税的进出口货物、进出境物品包括：无商业价值的广告和货样，外国政府、国际组织无偿赠送的物资，在海关放行前遭受损坏或者损失的货物在规定数额以内的物品，法律规定减征、免征关税的其他货物、物品以及中华人民共和国缔结或者参加的国际条约规定减征、免征关税的货物、物品；对经济特区等特定地区进出口的货物，外商投资企业等特定企业进出口的货物，有特定用途的货物，用于公益事业的捐赠物资等。

《海关法》关于关税的规定，确立了中国关税制度的基本内容，为健全和完善中国的关税制度提供了法律依据。

随着经济体制改革的深化和对外开放的扩大，中国关税制度逐步健全，关税结构不断优化，进出口税收持续增长。同时，关税职能不断完善，关税对经济的调节作用越来越充分地发挥出来，在加强和改善宏观调控、推动产业结构优化升级、促进双边多边经贸合作等方面取得了显著成效。

（二）国务院关税税则委员会的成立

1987 年 3 月，为适应改革开放的需要，更好地发挥关税在调节进出口、保护和促进国内生产的作用，国务院批准成立国务院关税税则委员会。作为国务院常设的高层次议事协调机构，关税税则委员会由国家宏观经济及各主要行业部门的领导组成，不定期地对涉及国家利益及行业的重大关税事项进行审议。

（三）两次修订《进出口税则》，关税制度逐步与国际接轨

我国曾在 1985 年、1992 年先后两次修订《进出口税制》，关税制度逐步与国际接轨。

1985 年 3 月起，我国开始实施以《海关合作理事会税则商品目录》和《中华人民共和国进出口关税条例》为基础的进出口税则，大幅度降低了部分商品的进口关税税率，降低了税级起点税率，平衡了税率结构，减少了征收出口关税的商品品种。

从 1992 年 1 月起，为适应进一步深化改革开放和对外经济贸易快速发展的需要，我国开始实施以国际上通行的《商品名称及编码协调制度》为基础的进出口税则。新税则除 5 019 个基本税目外，根据我国进出口商品的实际结构和体现关税政策的需要，增加了部分子目，税目总数达到 6 250 个，比转换前增加了 4 042 个；从税率情况看，总体税率水平有一定幅度的降低，也有少数商品的税率有所提高。

关税制度改革成就很大，促进和保护了国内生产，支持和发展了对外经济贸易的技术合作，体现了新时期国家关税政策的正确性。在关税收入方面，1980—1991 年，海关累计征收了 1 529 亿元。关税已成为国家财政特别是中央财政的一个重要收入来源。

为了更好地适应进一步深化改革、扩大开放的新形势，同时为了履行我国在复关谈判给出的基本承诺，尽快恢复我国在关贸总协定中的缔约国地位，从 1992 年起，我国开始大规模进行自主降低关税，第一步自主降

低关税的实施时间是 1992 年 12 月 31 日。

四、签署多个国际税收协定，加强税收制度的国际协调与合作

1978 年以前，我国与其他国家一般只是通过税收换文或在某些经济活动的协定中写上税收条款，达到对某项特定经济活动的收入或所得实行税收互免的目的。1978 年以后，我国同外国缔结税收协定工作才起步，并从签订单项税收协定开始。最早签订的单项税收协定是 1979 年 1 月 23 日在巴黎签订的《中华人民共和国政府和法兰西共和国政府关于互免航空运输企业税捐的协定》。为了适应引进外资和技术、发展对外经济合作的需要，从 1981 年起，我国开始进行同外国缔结综合税收协定的谈判工作。最早签订的综合税收协定是 1983 年 9 月 6 日在北京签订的《中华人民共和国政府和日本国政府关于对所得避免双重征税和防止偷漏税的协定》。截至 1992 年年底，中国已先后同日本、美国、英国、法国、德国等 30 多个国家正式签署了避免双重征税协定。这些协定的签署有利于维护国家主权和经济利益，也有利于我国税收制度同国际接轨，使我国经济更好地融入世界。

五、建立涉外税制意义重大

（一）有利于在对外经济交往中维护我国主权和经济利益

税收管辖权是国家主权的重要组成部分。对境内的经济活动主体依法征税，是一国主权的重要体现。建立涉外税制，在行使税收管辖权时有法可依、有章可循，是维护国家主权的需要。依法行使税收管辖权，能更好地处理国家与国家之间、国家与涉外企业之间的税收分配关系。而国家与国家之间、国家与涉外企业之间的这种税收分配关系，实际就是一种经济利益关系。因此，建立涉外税制有利于在对外经济交往中维护我国主权和经济利益。

（二）有利于吸引外资、引进技术，加快经济建设步伐

改革开放之初，我国经济发展水平落后，经济建设缺乏资金，技术水平较低，迫切需要吸引大量资金和引进先进技术，因此，建立健全涉外税

收制度，有利于我国充分运用各种税收优惠措施更好地吸引外资、引进先进技术，保证外国投资者的利益，发挥其生产经营积极性，加快中国经济建设步伐。

（三）有利于加强对涉外企业的监督和管理，促进涉外企业的健康发展

外国投资者在我国进行投资和生产经营活动，必然保持着某些与我国具体国情不一致的生产经营方式、经济核算方法和内容等。对此，我国一方面可以通过必要的行政管理方法来进行监督；另一方面可以通过税收征管对其生产经营、经济核算等方面加强管理和监督，促进涉外企业健康发展，引导其为我国的经济建设服务。

（四）有利于我国税收制度的完善，开拓了更为广阔的财源

涉外税收制度是一国税收制度中的重要组成部分。我国涉外税制的建立，填补了我国在涉外税收领域的制度空白，是完善税收制度的重要一步，为以后健全和完善税收制度打下了坚实的基础。建立涉外税收制度，运用税收手段对外国企业和个人的经济活动进行调节，既是以法律的形式承认其投资经营的合法性，又是以税收的形式参与其经营成果的分配，调节其经济活动，为政府开拓了一项重要的财政收入来源。

第四节 税制改革的成效及问题

在 1978—1992 年期间，为了充分发挥税收调节作用，促进经济增长与结构调整，除了改革工商税制和建立涉外税收制度外，国家还先后开征了一些新税种和恢复开征了部分具有特定目的的老税种，主要包括烧油特别税、建筑税（1991 年起改为固定资产投资方向调节税）、国营企业工资调节税、个人收入调节税、耕地占用税、印花税、资源税、房产税、城镇土地使用税、车船使用税和城市维护建设税等。这些税种的开征和恢复对

于完善我国税收体系、完善政府经济调控手段和公平收入分配具有积极的意义。

经过上述改革和完善，我国初步建成了一套内外有别的、以流转税和所得税为主体、其他税种相配合的新的税制体系。这一阶段的税制改革，突破了长期以来封闭型税制的约束，转向开放型税制；突破了统收统支的财力分配关系，重新确立和规范了国家与企业的分配关系；突破了以往税制改革片面强调简化税制的框框，注重多环节、多层次、多方面地发挥税收的经济杠杆作用，由单一税制转变为复合税制。但在取得这些成绩的同时，由于经济体制中一些因素的束缚和税制构建过程中为缓和矛盾而做出的妥协，这一时期的税制改革也存在一定的缺点和不足，并成为1994年税制改革的主要原因。

一、税制改革的主要成效

这一期间税制改革的突破与发展使中国的税制建设开始进入健康发展的新轨道，与国家财政经济体制改革的总体进程基本一致，并为加强国民经济调整、推进改革开放事业打下了良好基础。此期间税制改革的主要成效有以下几点。

（一）初步形成一套多税种、多环节、多层次的复合税收体系

1978—1992年，我国改变了以往片面强调简化税制的做法，重视发挥税收的调控作用，经过一系列的改革，初步建立了一套以流转税、所得税为主体，其他各税相结合的多税种、多环节、多层次的复合税收体系。它突破了原计划经济体制下统收统支的分配格局，调节的对象遍及工农业生产、商品流转、劳务服务、企业各种所得、个人各种所得、资源土地利用、财产占用、利润分配、工资奖金发放、特种行为的各个方面和多个环节，大大拓宽了税收调控作用的范围，强化了税收调控的力度，基本上适应了当时发展有计划商品经济体制下多种经济成分、多种组织形式、多种经营方式、多种流通渠道并存的经济发展模式。至1992年，我国的税种已达37种，其中流转税类5种，所得税类12种，资源税类3种，财产税

类 2 种，行为目的税类 13 种，农业税类 2 种（见表 6-1）。

表 6-1 1978—1992 年税收体系简况

税类	税种	颁布时间	实施时间	备 注
流转税类	工商统一税	1958 年 9 月 11 日	1958 年 9 月 11 日	1994 年 1 月 1 日失效
	产品税	1984 年 9 月 18 日	1984 年 10 月 1 日	1994 年 1 月 1 日失效
	增值税	1984 年 9 月 18 日	1984 年 10 月 1 日	1994 年 1 月 1 日修改
	营业税	1984 年 9 月 18 日	1984 年 10 月 1 日	1994 年 1 月 1 日修改
	关税	1985 年 3 月 7 日	1985 年 3 月 10 日	
所得税类	国营企业所得税	1984 年 9 月 18 日	1984 年 10 月 1 日	1994 年 1 月 1 日失效
	集体企业所得税	1985 年 4 月 11 日	1985 年度	1994 年 1 月 1 日失效
	私营企业所得税	1988 年 6 月 25 日	1988 年度	1994 年 1 月 1 日失效
	城乡个体工商业户所得税	1986 年 1 月 7 日	1986 年 1 月 1 日	1994 年 1 月 1 日失效
	个人所得税	1980 年 9 月 10 日		只对外籍人员征收，1994 年 1 月 1 日失效
	个人收入调节税	1986 年 9 月 25 日	1987 年 7 月 1 日	1994 年 1 月 1 日失效
	国营企业调节税	1984 年 9 月 18 日	1984 年 10 月 1 日	1994 年 1 月 1 日失效
	国营企业奖金税	1984 年 6 月 28 日	1985 年度	1994 年 1 月 1 日失效
	集体企业奖金税	1985 年 8 月 24 日	1985 年度	1994 年 1 月 1 日失效
	事业单位奖金税	1985 年 9 月 20 日	1985 年度	1994 年 1 月 1 日失效
	国营企业工资调节税	1985 年 7 月 3 日	1985 年度	1994 年 1 月 1 日失效
	外商投资企业和外国企业所得税	1991 年 4 月 9 日	1991 年 7 月 1 日	原《中外合资经营企业所得税法》（1980 年 9 月 10 日）和《外国企业所得税法》（1981 年 12 月 13 日）失效

续表

税类	税种	颁布时间	实施时间	备　注
资源税类	资源税	1984 年 9 月 18 日	1984 年 10 月 1 日	1994 年 1 月 1 日失效
	盐税	1984 年 9 月 18 日	1984 年 10 月 1 日	1994 年 1 月 1 日失效
	城镇土地使用税	1988 年 9 月 27 日	1988 年 11 月 1 日	
财产税类	房产税	1986 年 9 月 15 日	1986 年 10 月 1 日	
	城市房地产税	1951 年 8 月 8 日	1951 年 8 月 8 日	
行为目的税类	城市维护建设税	1985 年 2 月 8 日	1985 年度	
	耕地占用税	1987 年 4 月 1 日	1987 年 4 月 1 日	
	建筑税	1983 年 9 月 20 日	1983 年度	1991 年改征固定资产投资方向调节税
	固定资产投资方向调节税	1991 年 4 月 16 日	1991 年度	
	车船使用牌照税	1951 年 9 月 20 日	1951 年 9 月 20 日	
	车船使用税	1986 年 9 月 25 日	1986 年 10 月 1 日	
	印花税	1988 年 8 月 6 日	1988 年 10 月 1 日	
	契税	1950 年 4 月 3 日	1950 年 4 月 3 日	1997 年 10 月 1 日失效
	屠宰税	1950 年 12 月 19 日		征收与否和如何征收由各省、自治区、直辖市自行决定
	烧油特别税	1982 年 4 月 22 日	1982 年 4 月 22 日	1994 年 1 月 1 日失效
	特别消费税	1989 年 4 月 14 日（小轿车）1989 年 2 月 14 日（彩电）	1989 年 4 月 22 日（小轿车）1989 年 2 月 1 日（彩电）	1994 年 1 月 1 日失效
	集市交易税	1962 年 4 月 16 日		由各省、市、自治区制定具体办法贯彻执行，1994 年 1 月 1 日失效
	牲畜交易税	1982 年 12 月 31 日	1983 年 1 月 1 日	1994 年 1 月 1 日失效
	筵席税	1988 年 9 月 22 日	1988 年 9 月 22 日	征收与否和如何征收由各省、自治区、直辖市自行决定

续表

税类	税种	颁布时间	实施时间	备　注
农业税类	农业税	1958 年 6 月 3 日	1958 年 6 月 3 日	1994 年 1 月 31 日国务院发布《国务院关于对农业特产收入征收农业税的规定》
	牧业税			农业税的组成部分，在牧区、半农半牧区征收，无全国性法规，中央只做政策指导，征收办法由开征此税的省、自治区人民政府自行制定

（二）逐步建立了以税收为主体的国家财政收入筹集模式

经过税制改革，国家财政收入结构也发生了很大的变化，由"税利并存、以利为主"的模式，转变为以税收为主体的模式，税收占财政收入的比重不断增加。两步利改税基本理顺了国家与企业的利润分配关系，用法律的形式将国家与企业的分配关系固定下来，扩大了企业自主权，增强了企业活力，也使国家财政收入实现了稳定增长。"利改税"后，税收为国家建设聚集了巨额资金，并已成为国家财政收入的主要支柱（见表6-2 和图6-1）。党的十一届三中全会以后的十多年，通过税收组织的财政收入就已超过以往30 年收入的总和。

表6-2　1980—1992 年我国税收收入占财政收入的比重

年度	税收收入（亿元）	财政收入（亿元）	税收收入/财政收入（%）
1980	571. 7	1 159. 93	49. 29
1981	629. 89	1 175. 79	53. 57
1982	700. 02	1 212. 33	57. 74
1983	775. 59	1 366. 95	56. 74
1984	947. 35	1 642. 86	57. 66

续表

年度	税收收入（亿元）	财政收入（亿元）	税收收入/财政收入（%）
1985	2 040.79	2 004.82	101.79
1986	2 090.73	2 122.01	98.53
1987	2 140.36	2 199.35	97.32
1988	2 390.47	2 357.24	101.41
1989	2 727.40	2 664.90	102.35
1990	2 821.86	2 937.10	96.08
1991	2 990.17	3 149.48	94.94
1992	3 296.91	3 483.37	94.65

注：财政收入中不包括国内外债务部分。
资料来源：《中国财政年鉴（2007）》。

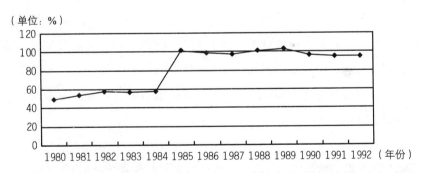

图 6 - 1　1980—1992 年税收收入占财政收入比重

资料来源：《中国财政年鉴（2007）》。

（三）税收的经济调节作用得到有效发挥

税收在促进产业结构和产品结构的调整、理顺产品价格、缓解社会分配不公等方面，都较好地发挥了经济杠杆作用。1978 年以来，税收保障了国家财政收入逐年持续快速增长，宏观调控能力明显增强，对于贯彻国家的经济政策，调节生产、分配和消费，起到了积极的促进作用，并且成

253

为国家监督和引导微观经济活动的有力手段。通过税制改革，逐步为企业建立了公平税负、鼓励竞争的外部环境，也有利于社会主义统一市场的建立和推动商品经济持续、稳定、健康发展。

（四）推动对外开放事业，初步建立和完善了涉外税收制度

按照维护国家权益、优惠政策适度、尊重国际惯例和手续从简的原则，我国初步建立和完善了涉外税收制度，促进了对外开放事业的蓬勃发展。为了改善外商投资环境，推动引进外国资金和先进技术，在维护我国国家利益的基础上，本着税负从低、优惠从宽、手续从简的原则，适时建立了涉外税收制度，并陆续制定了一些税收优惠政策，基本上适应了对外开放的新形势。

二、税制改革的主要问题

这一时期建立起来的税收制度，在一定程度上还保留着计划经济体制下国家用行政手段管理经济的痕迹，主要表现为：

第一，所得税制按照不同经济成分设立税种，有的实行累进税率，有的实行比例税率，税负高低不一，不利于各种经济成分之间开展公平竞争。所得税税前归还银行贷款的办法，实际上形成了投资的"大锅饭"，既不利于控制基本建设规模，也加重了国家财政的负担。同时，缺乏严格的监督管理，所得税制度软化。

第二，产品税、增值税互不交叉的流转税制度，不能完全适应调整产业结构和消费结构的需要。增值税还没有在工业环节全面推行，没有实行增值税的行业仍然存在着重复征税的问题，增值税本身也不够完善、不够规范。不能充分地体现产业政策，同时还存在税负不合理的问题。

第七章
支持国民经济调整和
相关经济体制改革

　　"文化大革命"持续 10 年，国民经济遭到了巨大破坏，几乎到了崩溃的边缘，人民生活长期得不到改善，各项社会事业长期得不到发展，社会矛盾尖锐，改革开放之初的社会经济环境相当复杂，在此背景下起步的经济体制改革面临着很多困难。财政作为国民经济的宏观管理手段和再分配工具，在支持国民经济调整和经济体制改革方面发挥了重要的作用，为改善国民经济状况、提高人民生活生平、缓解社会矛盾、推进改革开放提供了有效的财力保障。

第一节　支持国民经济调整的财政措施

一、"调整、改革、整顿、提高"方针的提出

　　（一）1977—1978 年的经济形势
　　粉碎"四人帮"以后，国民经济得到迅速恢复，生产建设取得了一定成绩。但是，由于长期的政治动乱和极左思想的干扰破坏，遗留的经济

问题堆积如山。国民经济的重大比例关系失调；人民生活水平太低，面临许多实际困难；企业管理和经济管理混乱，生产建设许多基础工作薄弱；经济管理体制僵化，忽视和排斥市场作用；在分配上搞平均主义，压抑了城乡基层生产组织和劳动者的积极性；经济效益差，许多经济技术指标远远低于历史最好水平，企业亏损严重。

在当时的政治、经济背景下，本应首先在思想上清理"左"的错误，适当放慢发展速度，休养生息、理顺关系，调整和扭转比例失调的局面，但由于对当时国民经济存在的严重问题缺乏清醒认识，出现了盲目乐观的情绪，在急于求成思想的支配下，提出了要实现国民经济新的"大跃进"口号，出现了新的失误。一是脱离国情，片面追求高速度，经济发展目标不切实际。过分夸大人的主观能动作用，继续照搬过去提出的在短期内赶超世界先进水平的设想，规定的生产建设任务和计划指标严重脱离了国力。二是在发展战略上过分突出以钢铁和重化工为主的重工业，使本来已经过大的基本建设规模继续扩张。当时，从国外引进 78 亿美元的大型项目，超出了国内配套、消化和付汇的能力，挤压了人民的生活消费，使多年积累下来的生活欠账问题更为突出。

宏观经济决策的失误，使比例失调状况进一步加剧。到 1978 年，积累率上升到了 36.5%，基本建设投资年增长率达 31%，而同期国民收入增长率是 12.8%；农业产值占工农业总产值的比重进一步由 1976 年的 30.4% 下降到 1978 年的 27.8%；煤炭和石油工业采掘、采储比例失调，能源工业与整个工业、原材料工业与加工工业的供求矛盾加剧。企业管理的混乱状况仍很严重，经济效益低下，产品质量低，产品结构不合理，长线产品库存积压增多；城镇有 2 000 万人待业，就业压力增大。特别应该指出的是，政策失误导致了财政赤字严重，货币超量发行，出现了严重的通货膨胀。这一系列问题成为国民经济进一步发展的严重障碍，使经济的高速增长难以为继。

（二）"调整、改革、整顿、提高"方针的提出

1979 年 4 月召开的中央工作会议，讨论了当时的经济形势。在这次

会议上正式提出了对国民经济进行"调整、改革、整顿、提高"的八字方针。这一经济工作的方针是要以调整为中心，在调整中改革，在调整中整顿，在调整中提高。这一方针的主要内容是坚决地、逐步地把各方面严重失调的比例关系基本上调整过来，使整个国民经济真正纳入有计划、按比例健康发展的轨道；积极而又稳妥地改革工业管理和经济管理的体制，充分发挥中央与地方、企业和职工的积极性；继续整顿好现有企业，建立健全良好的生产秩序和工作秩序；通过调整、改革和整顿，大大提高管理水平和技术水平，更好地按客观经济规律办事。

调整国民经济，是在中共中央领导下实现全党工作重点转移、进行改革开放新长征路上具有战略意义的一步。在调整国民经济过程中，国家财政的重要任务就是通过合理的财政分配，积极支持国民经济的合理调整。

二、财政支持国民经济调整的主要措施

（一）控制预算内固定资产投资规模，提高投资效益

加强固定资产投资管理，控制和压缩固定资产投资规模，提高投资效益，以调整国民收入分配中积累与消费的比例关系，这是此次经济调整的重要任务。

现代化建设必须保持一定规模的固定资产投资，以不断壮大物质基础，但绝不是投资规模越大越好。一般来说，固定资产投资规模的确定取决于四个因素：一是国民收入的数量及增长速度；二是国民收入中积累基金和消费基金的比例；三是积累基金中流动资金、储备资金和基本建设投资的比例；四是补偿基金中能够集中于积累的比例。而衡量一定时期固定资产投资规模是否适当，需看四方面的效果：一是保证国民经济的稳定增长；二是人民生活逐步得到改善；三是财政、信贷、物资、外汇保持平衡，物价保持稳定；四是基本建设投资实现良好的社会效益和经济效益。

党的十一届三中全会之后，经过拨乱反正，清除了"左"的影响，重新肯定了建设规模的大小必须同国家的财力、物力相适应的正确方针，对已经膨胀了的固定资产投资规模及时果断地进行了控制和压缩。从评价

固定资产投资的规模和效益的标准看，这次国民经济调整是十分成功的。在整个"六五"时期，国家预算内的基本建设投资规模每年增长速度控制在 10%～25% 之间，从未出现大起大落，其投资效益也比较好。国家预算内基本建设固定资产交付使用率回升到 73.8%，其中 1981 年达到 86.6%，超过了"一五"时期平均 83.6% 的水平。

在国家预算规模得到控制的同时，银行的基本建设贷款也有所控制。但是，这两部分投资 1985 年只占全社会固定资产投资总规模的 39%，国家计划之外的自筹资金投资、更新改造措施投资和集体所有制单位投资增长过猛的势头一直没有刹住，致使 1984 年全社会固定资产规模达到 1 833 亿元，比 1983 年增长 36.6%，1985 年继续猛增到 2 543 亿元，比 1984 年又增长 38.7%。如何运用指导性计划，建立企业自我调节机制，发挥各种经济杠杆的调节作用，控制全社会的固定资产投资总规模，使之保持有节制的发展速度，并引导到正确的投资方面，是当时固定资产投资管理面临的重大问题。

（二）集中资金，保证国家重点建设

1979—1981 年，一方面国家的财政收入有所减少，急需进行的重点建设缺乏资金；另一方面，地方、企业用了大量的自有资金进行投资建设，难以完全符合全国范围的整体需要，也难以防止和克服建设中的盲目性。如果国家的重点建设得不到保证，能源、交通等基础设施上不去，国民经济的全局活不了，局部的发展就必然受到很大限制，即使一时一地有某些发展，也难以实现供产销的平衡，因而不能持久。

为此，党的十二大确定了集中资金进行重点建设的原则。1983 年 6 月召开的中央工作会议又提出集中财力物力，加强以能源、交通为中心的重点建设的决策；同时针对国民收入分配中出现的问题，强调要处理好三个关系，并确定了相应的数量界限：一是正确处理建设和生活的关系，提出积累占国民收入的比重以保持 30% 为宜；二是正确处理集中和分散的关系，提出财政收入占国民收入的比例应提高到 28%～30%；三是正确处理基本建设支出和其他支出的关系，提出基本建设拨款占财政支出的比重提高到 28% ~ 30% 。

解决国家财力不足最根本的是要发展生产，提高经济效益，增加上缴的税收和利润，同时，要适当调整分配关系，改变资金过于分散的现象。根据中共中央、国务院确定的集中资金、调整分配的方针，实行了征集能源交通重点建设基金、国家预算调节基金、发行国库券和国家重点建设债券等措施，适当集中各方面的财力，用于增加能源交通运输方面重点建设的投资。

（三）增加发展轻纺工业的资金，适当满足人民消费需要

为了调整农、轻、重的比例关系，活跃市场，适应人民购买力提高的需要，1979 年国家财政除了增加发展农业资金外，还增加了发展轻纺工业的资金，其中，安排轻纺工业基本建设投资 23 亿元，增加轻纺工业挖潜改造措施费和专项贷款 15 亿元。此外，还在燃料动力和原材料方面采取了优先供应的政策，支持轻纺工业的发展。这一年全国轻纺工业的增长速度达到 9.6%，而重工业增长速度为 7.7%。人民生活迫切需要的各种主要日用工业品，如棉花、化纤织品、纸张、自行车、缝纫机、手表、电视机、合成洗涤剂等，都有了较大幅度的增长。

以后几年仍继续贯彻大力发展农业和轻工业的方针，轻工业的产值逐年增长。随着日用消费品产量的显著增加，市场商品供应也大幅增加。这对于保证城乡人民生活需要起了重要作用，同时对于回笼货币、平衡财政收支也起了重要作用。

（四）加强财政监督检查，保证国民经济调整的顺利进行

为了加强财政监督，整顿财政纪律，以保证国民经济调整的顺利进行，国务院于 1980 年 4 月抽调了 138 人，组成了 28 个工作组，分别到各省、直辖市、自治区协助当地党委和政府开展了以全面检查核实 1979 年财政支出为内容的财政纪律大检查。这次检查工作，领导重视，力量集中，上下联动，自查、互查和重点检查结合，基本达到了预期的目的。像这样大规模地全面检查核实财政收支，是新中国成立后的第一次，对推动增产节约、整顿财政纪律和加强财政财务工作都有很大的作用。此后，该项工作持续坚持下来，并逐步深入、规范。

第二节　支持农村经济改革

党的十一届三中全会做出了把党的工作重点转移到社会主义现代化建设上来的重大决策，揭开了我国经济体制改革的序幕。同时，根据我国农民收入低、贫困人口众多、农业生产增长缓慢的落后面貌做出了关于加快农业发展的决定，经济改革率先从农村开始。农村经济改革极大地调动了亿万农民的生产积极性，农业发展在短时间内出现重大转机，带来了农村经济社会面貌的巨大变化。对此，国家财政适时调整了财政支农政策和工作的重点，一方面继续大力支持粮棉油生产，另一方面积极支持农村经济改革，支持农村开展多种经营和发展乡镇企业，促进了传统农业向现代农业、自然经济向商品经济的转化。其主要措施有以下几方面。

一、较大幅度提高农副产品收购价格

从 1979 年夏收开始，国家提高了粮、棉、油、麻、甘蔗、甜菜、猪、牛、羊、鱼、蛋、蚕茧等 18 种农副产品的收购价格，平均提高 24.3%，其中粮食统购价格提高 20%，棉花、油料分别提高 15% 和 25%；同时对粮棉油实行超购加价 50% 的政策。这是中华人民共和国成立后农副产品提价幅度和提价范围最大的一次，它极大地调动了农民发展生产、踊跃交售农副产品的积极性。1979 年全国粮食征购 1 045.1 亿斤，比上年增加 59.3 亿斤；食用植物油收购 21.9 亿斤，比上年增加 5 亿斤；肥猪收购 1.29 亿头，比上年增加 0.2 亿头；棉花按生产年度计算，从 1979 年 9 月到 12 月底，累计收购量比上年同期增加 22 万担。由于收购价格的提高，当年农民收入增加 70 多亿元。由于农副产品收购价格提高而国家销售价格不变，形成了购销价格倒挂，增加了财政对商业部门的价格补贴。1979

年财政用于这方面的补贴达 79 亿元，1980 年又增加到 118 亿元。国家财政的价格补贴保证了国家调整措施的实施，有力地促进了农业生产的发展。

二、减免部分农村税收

为了减轻农村税收负担，发展农村粮食生产和多种经营，增加农民收入，1979 年国家对低产缺粮地区规定了农业税的起征点，起征点以下的免税，共免征农业税 47 亿斤。1985 年起又对贫困地区农业税实行减免。此外，对农村社队企业还适当提高了工商所得税的起征点，适当放宽了新办社队企业减税免税的年限，并且规定民族自治县（旗）和边境县的社队企业免征工商所得税 5 年。

起征点办法的实行，对减轻农民负担，恢复和发展农业生产，起了积极的作用。随着《中共中央关于加快农业发展若干问题的决定》的全面、深入贯彻执行，农村经济发展很快。到 1983 年，农村经济状况与确定实行起征点办法时的情况相比发生了很大变化，一些原来在起征点以下的生产队由于生产的发展，人均收入和人均口粮超过起征点。在起征点办法执行过程中，一些地方也出现了减免面过宽、平均使用减免指标和截留挪用减免税款等现象。同时，农村实行家庭联产承包责任制后，以生产队为单位核定起征点已不可能，而免税 3 年的期限又已届满，因此，经中共中央、国务院批准，从 1983 年起停止执行起征点办法，但是，对少数口粮和收入水平仍然很低、不能维持基本生活需要、纳税确有困难的农户，继续给予减免农业税照顾。

此外，减免贫困地区农业税政策在执行中也取得了良好的效果。据统计，1989 年全国农村人均纯收入 200 元以下的贫困人口已由 1985 年的 1.1 亿减少到 4 000 万，其中 150 元以下的特困户人口已由 4 000 万减少到 1 300 万。多数贫困地区农民温饱问题已基本解决，有的已经脱贫致富，经济状况好转，具备了一定负担能力。在这种情况下，1990 年 5 月财政部发出《关于贫困地区农业税征收问题的通知》，对贫困地区原则上恢复征税，同时对一部分温饱问题尚未完全解决、缴纳农业税还有一定困难的农户继续予以照顾。

三、对农业生产资料实行价格补贴

为支持农业生产、减轻农民负担，国家对化肥、农药、农用塑料薄膜、小农具、农机、柴油以及农业用电等农业生产资料按优惠价供应，致使这些产品的生产长期处于微利、保本或亏损状态，企业亏损由国家补贴，1978—1993 年累计补贴额为 607.3 亿元。这些资金对于农资企业经营、农业发展和农民增收发挥了积极的作用。

四、多渠道、多层次增加农业投入

1979 年，国家支援农业的各项资金安排达 174 亿元。其中，基本建设拨款为 62 亿元，比上年增加 11 亿元；支援农村社队支出和各项农业事业费 90 亿元，比上年增加 13 亿元。1980 年，在财政十分困难的情况下，国家仍安排了支援农业的各项资金达 150 亿元，其中基本建设拨款 49 亿元，支援农村社队支出及各项农业事业费 82 亿元。许多地区对支农资金的分配贯彻了重点使用的原则。

1985 年，农业生产在前几年大发展之后出现滑坡。1986 年之后，中央调整农业投入政策，不断加大财政支农力度，财政支农资金有了较快增长。首先，设立了一批农业专项资金。为确保农业资金来源稳定，从 1986 年起，国家先后设立了粮食生产、"丰收计划"、商品瘦肉型猪基地建设、"菜篮子工程"等专项资金，用于兴建和整修农田水利设施、改造中低产田、繁育优良品种、推广先进农业技术、防止病虫害等，以改善粮食、生猪等农业生产条件。全国建成了一批商品粮、商品棉和商品畜禽基地。各级财政设立乡镇企业发展专项资金，解决了乡镇企业开办初期起步的特殊困难。其次，对乡镇企业进行技术改造、上规模、上档次以及出口创汇给予了适当支持。1988 年，在我国粮食产量连年徘徊、供求矛盾比较突出的形势下，为了改善农业生产条件，增加大宗农产品尤其是粮食的产量，增强农业发展后劲，国务院决定设立农业发展基金（后改为农业综合开发资金），在全国进行有组织、有计划、大规模的农业综合开发，通过改造中低产田，适当开垦宜农荒地，改造农业基本生产条件，提高粮、棉、油等主要农产品的综合生产能力，实现农业增产、农民增收。这些措施逐步形成了从预算内外广泛筹集资金、多渠道多层次增加支农资金投入的格局。其次，实施专项支农资金配套政策。为了更好地增加和引导地方各级政府对农业的投入，对许多重要专项资金提出配套资金的要求。例如，1986 年设立的粮食生产专项资金，规定中央财政与地方财政按1：1.5 的比例配套。各项配套政策带动了地方政府、社会资金及农民增加农业资金投入，取得了较为显著的效果。

以上这些措施，是中华人民共和国成立之后工农关系方面的一次重大调整，也是国民收入和国家财政分配方面的一次重大调整，对国民经济的发展具有积极的、深远的作用和意义，也为农村的经济体制改革顺利进行提供了有力的支持。

第三节　支持价格改革

1978 年以前，中国实行的是以高度集中的国家定价为主要特征的价格管理体制。这种体制对恢复和发展国民经济，维持群众生活和社会安定，曾起过重要作用。但是，这种价格管理体制也存在着不少弊端，主要是不利于及时调整不合理的价格体系，很难充分反映商品的实际生产成本和市场的供求关系，也难以引导生产要素的合理配置和促进企业提高经营管理水平。因此，在保持物价总水平基本稳定的前提下，有计划、有步骤地进行价格改革，调整价格结构，建立科学合理的市场定价机制，是公平分配和确立市场体系的重要措施。为保障价格改革顺利推进，减少价格改革对经营单位、城乡居民的影响，财政通过为经营单位、城乡居民发放补贴的方式对价格改革提供了有力的保障。

一、对经营粮油的价格补贴

粮食是最基本的生活资料，也是工业生产的重要原料，在国民经济中占有重要地位。国家对农副产品购销实行价差补贴，首先在经营粮食方面实行价格补贴。为了调动农民的生产积极性，党的十一届三中全会决定从1979 年夏粮上市起，将粮食统购价格提高 20%，并在此基础上将超购加价幅度从原来的 30% 提高到 50%；其次，相应提高油料、棉花等农副产品的收购价格。粮油统购价格提高后，统销价格没有变动，继续采取由国家财政补贴的办法，对流通环节的经营单位平均每卖 1 斤粮食国家要补贴0.1 元以上。

在此期间，国家财政除了支付经常性的粮食补贴外，还积极安排资金，解决粮食方面的特殊问题。1982 年，国家平价粮食供应出现缺口，决定将议价收购的粮食平价销售，议价与平价粮食的差价全由国家财政负担，为保证粮食供应发挥了重要作用。1983 年，粮食大面积丰收，为了鼓励地方多收购粮食，国家决定对 1983 年粮食年度计划外多购多上调给中央的粮食，由中央财政支付每斤 2 分 2 厘的费用。1983—1985 年，这项费用补贴达到24 亿元，有力地支持了企业经营活动，促进了粮食生产和流通。

粮油购销价格倒挂对于稳定物价、安定人民生活有着积极作用，但是随着粮食生产的发展以及城镇人口的增加，国家财政的负担也逐年加重。1980 年国家财政的粮油价差补贴、超购粮油加价补贴、粮食企业亏损补贴支出共计 108.01 亿元，比 1979 年增加 47.39%；1982 年为 147.21 亿元，又比 1980 年增加 36.29%；1984 年达到 207.29 亿元，比 1982 年增加40.81%，成为国家财政的一个沉重负担。为此，从 1985 年起，国家对粮油购销政策和价格也作了初步调整，取消粮食统购办法，实行粮食合同定购政策，合同定购量为 1 580 亿斤。合同定购内的小麦、稻谷、玉米三大品种按各省、自治区、直辖市全省（自治区、直辖市）平均计算，30%按原统购价收购，70% 按原超购价收购。取消统购后，国家供应农村人口的口粮和食油实行购销同价，不再倒挂，对城镇人口定量供应的口粮及食油仍按原统销价执行，价差仍由国家财政补贴。

粮油购销政策和价格的改革既促进了农村经济结构的调整，也适当减轻了国家财政负担。

二、对经营棉花的价格补贴

国家对经营棉花实行直接的价格补贴是从 1978 年开始的。1978 年，为了调动棉农的生产积极性，国家将棉花收购价格提高 10%，销售价格仍沿用 1963 年和 1965 年棉花收购价格调整时采用的办法，即工业纺织用棉供应价随收购价同时提高，经营单位保留一定购销差价。絮棉销售价格不动，亏损冲减企业利润，大部分由国家财政负担。

1979 年，根据党的十一届三中全会的决定，作为缩小工农业产品价格"剪刀差"、促进农业发展措施的组成部分，国家将棉花收购价格再提高 17%，并以 1976—1978 年 3 年平均收购量作为基数，实行超基数收购部分加价 30% 的办法。同时，为促进北方棉发展，对北方棉产区又给予5% 的价外补贴。在提高收购价时，为稳定物价，不影响工业生产和人民生活，棉花供应价和销售价格都没有提高，收购价提高部分，包括新收购价与原价的价差、北方棉区的价外补贴以及超购加价款，均由国家财政负担。为了进一步促进棉花生产，1980 年国家又将棉花收购价格提高 10%，新提高的收购价价差及相应提高的北方产棉区 5% 的价外补贴，仍由财政负担。提高棉花收购价格调动了棉农生产积极性，使棉花产区的生产优势开始得到发挥。棉花总产量 1984 年达到 11 900 万担，比 1977 年增加 1.9倍，实现了国内棉花产销平衡并有结余，我国从此结束了棉花依靠进口平衡供求的历史，由进口国变为出口国。

棉花实行超基数收购加价办法同粮食超基数收购加价办法一样，生产越发展，财政补贴越多，同时出现农民串队、串户交售，套取加价款的情况，加重了财政负担。为此，1983 年国务院决定，从 1984 年新棉花上市起，在全国产棉区将棉花收购价格由基数法改为比例法，即南方、北方产棉区的棉花收购价分别按"正四六"（60% 按统购价，40% 按超购价）、"倒二八"（20% 按统购价，80% 按超购价）的办法收购，并取消了北方棉区 5% 的价外补贴。

由于棉花生产发展较快，1984 年又出现了棉花产量超过需求的新问题。面对棉花产销矛盾，国家在生产、流通、消费等多方面采取了一系列措施，其中包括：从 1985 年新棉上市起，对棉花实行计划收购办法，收购计划确定为 8 500 万担；棉花收购价格北方棉区由"倒二八"改为"倒三七"，南方棉区继续实行"正四六"；过去由企业自行消化的少量絮棉亏损改为财政补贴，以鼓励棉花销售。1985 年，为引导棉农按照国家要求安排生产，并缩小南北棉收购价格上的矛盾，国家又决定从 1986 年新棉上市起，北方棉花的加价比例由"倒三七"改为"倒四六"，南方保持"正四六"不变；同时为保护棉农的生产积极性，国家没有缩小已经是购大于销的 8 500 万担的棉花收购计划。这些措施对调整棉花生产起到了重要作用，同时也使国家财政负担有所减轻。

三、对经营肉、禽、蛋、菜的补贴

国家对国营商业企业经营肉、禽、蛋、菜等商品的补贴，早在 20 世纪 50 年代就开始了。1980 年以前，对企业经营肉、蛋、禽商品发生的亏损，不分亏损原因一概由财政承担。这种办法不利于企业改善经营管理，扭亏为盈，也加重了财政负担。1980 年，财政部、商业部下达了《食品公司系统政策性亏损商品定额补贴试行办法》，对企业政策性亏损部分实行核定定额、减亏分成、超亏不补的办法。这种办法对促进企业挖掘潜力、减少经营性亏损起到一定作用，但由于政策亏损和经营性亏损不易划分，亏损定额很难定得比较准确，一些地区在亏损不断增加的同时，企业却获得大量减亏分成，暴露了这种办法本身存在的缺陷。对蔬菜亏损的补贴办法，国家没有统一规定，均由各地自行掌握。

国家在弥补食品公司系统大量亏损的同时，还承担着降价损失及其他补贴。国民经济调整时期，粮食产量逐年增加，带动了生猪生产的发展。

为鼓励消费，国家采取降价办法推销猪肉，降价损失超过1.8亿元，由国家财政承担。1979年，生猪收购价格提高后，1980年和1981年再次出现严重的购大于销问题，又一次大幅度降价处理，两年共发生降价损失10亿多元，均由国家财政弥补。1980年，为了解决猪肉销路，减少降价损失，还利用猪肥膘炼制工业制皂用油，对商业企业炼油成本与猪油出厂价的差额，由财政给予定额补贴。1980—1985年，仅中央财政每年的补贴就在1亿元左右。

国家对国营企业经营肉、蛋、禽、菜等商品实行补贴政策，对平抑物价、保证商品供应、稳定人民生活起到了重要作用。1985年，肉、禽、蛋、菜等商品价格放开后，国家财政的补贴仍没有取消。根据国家有关规定，对大、中城市食品公司为调节供求所需要的一定数量的储存和中长距离调运猪肉而支付的调运储存、利息、损耗等的费用，以及为平抑市价，高进低出发生的价格倒挂损失，由财政给予补贴。对蔬菜亏损，从1985年起，三年内仍按1984年财政实拨数列入地方财政预算，继续给予补贴。这些措施体现了国家对商业改革的大力支持，为国营商业企业在商品流通中发挥主导作用提供了重要保证。

四、对城市居民的生活补贴

从1985年开始，国家逐步提高和放开猪肉等副食品价格以后，为保障城市居民生活水平不受影响，配合调价措施，财政制定了配套政策，给消费者发放大量的补贴。从1985年起，国家在放开生猪收购价格、提高猪肉价格的同时，给城镇居民发放了肉价补贴，财政每年负担城镇居民肉价补贴40多亿元。从1988年起国家在提高四种主要副食品价格的同时，给职工发放副食品价格补贴，补贴随职工工资发放，每年财政支付这方面的补贴达100亿元以上。

1991年，国家提高城镇居民定量粮油统销价格，相应提高职工工资，财政增加支出近40亿元。1992年，国家在提高粮食收购价格后，继续提高粮食统销价格，实行粮食购销同价，相应给职工发放粮价补贴，财政增加支出近 35 亿元。这对稳定人民生活水平，保证价格改革的顺利进行，起到了十分重要的作用。

第四节　支持工资制度改革、扶贫攻坚和社会保障体系建设

党的十一届三中全会以后，随着改革开放的不断深入，社会经济不断发展，各项体制改革向纵深发展，迫切需要调整和改革原有的工资制度，帮助贫困地区人民群众脱贫，也迫切需要建立与经济体制改革相适应的社会保障体系。这是经济体制改革的一项重要内容，也是提高人民生活水平的迫切要求。

一、支持工资制度改革

为改善人民生活，国家财政在正确处理积累与消费关系的基础上，积极参与历次工资改革与调整的研究测算，筹集大量资金用于机关和企事业单位工资改革，为逐步解决工资制度不合理的状况和普遍提高职工工资水平创造了条件。在 1978—1992 年期间，工资制度改革大致可分为三个阶段：

第一阶段是 1979—1980 年，主要是拨乱反正，重新确立按劳分配原则，恢复了过去一些行之有效的工资制度，如计件工资制、提成工资制和奖励制度，为全面推进工资制度改革奠定了基础。全国全民所有制职工年平均工资，1979 年为 705 元，1980 年增加到 803 元。在当时经济调整时期财政比较困难的情况下，国家财政为安排工资支出付出了巨大努力。

第二阶段是 1980—1985 年，结合实行利改税和多种形式的经营责任制，进行多种工资分配改革试点，探索企业工资改革方向，企业工资改革与经济效益相联系的基本思路和制度框架越来越清晰。职工工资在"六

五"时期继续保持增长态势，1984 年全国全民所有制职工平均工资达
1 034 元。

第三阶段是 1986—1992 年，工资制度改革全面开始。国家机关事业
单位实行以职务工资为主的结构工资制，职工工资由基础工资、职务工
资、工龄工资和奖励工资构成。"七五"时期，又在此基础上不断完善。
1986 年在事业单位进行专业技术职务聘任制试点，1987 年起逐步推广。
1987 年适当提高部分中等专业技术人员的工资水平。1987—1988 年又将
国家机关干部职工、中小学和幼儿园教师以及医院医生护士的工资标准平
均提高 10%，等等。为确保工资制度改革顺利实施，国家财政安排了大
量资金，给予了有效的财力保障。为支持企业职工工资制度改革，财政会
同有关部门积极改进和完善企业工效挂钩办法和其他形式的工资分配制
度，使企业经济效益不断提高的同时，职工工资收入水平也有了大幅度的
提高。

二、支持扶贫攻坚工作

财政部门作为政府的重要职能部门，支持扶贫开发工作是其义不容辞
的责任。长期以来，国家财政不断在资金和政策上支持扶贫工作的开展，
为我国贫困人口的大幅度减少做出了重要贡献。

（一）增加扶贫投入，加大扶贫力度

根据"老、少、边、穷"地区的特点，1979 年增设多项专项补助，
支持这些地区发展。同时根据财力可能，分别设置支援经济不发达地区发
展基金、边境事业补助费、"三西"农业建设专项基金，以促进"老、
少、边、穷"地区的生产建设和各项社会事业发展。

（1）支援经济不发达地区发展基金。从 1980 年起，根据国家财力情
况，对"老、少、边、穷"地区设立了"支援经济不发达地区发展基
金"。这项基金是中央财政在国家预算中设置的专门用于帮助边远地区少
数民族地方、革命老根据地和经济基础比较差的地区发展生产、改善群众
生活的专项资金。发展资金的设置使用，体现了党和政府对"老、少、

边、穷"地区人民的关怀，促进了这些地区生产建设和社会事业的发展，加快了这些地区群众解决温饱和脱贫致富的步伐。

（2）边境事业补助费。为支持边疆建设，促进边疆地区工农业生产和社会事业发展，改变落后面貌，改善人民生活，中央财政从 1977 年开始，在国家预算中设置了边境建设事业补助费，这是国家财政主要用于陆地边境地区生产建设事业的专项资金。1989 年 9 月，财政部发布《边境建设事业补助费管理暂行办法》，进一步规范了边境事业补助费的管理。

（3）"三西"农业建设专项资金。针对"三西"地区（甘肃的河西、定西，宁夏的西海固）居民脱贫及农业开发，国务院于 1983 年建立了"三西"农业专项补助资金，决定在 10 年内，中央财政每年给"三西"地区拨款 2 亿元，专款用于农业开发建设。

（二）实施支持扶贫的优惠政策

有不少贫困地区在民族自治区。改革开放初期，对民族自治区的财政体制，其规定比一般地区享有更多的财权和财力上的倾斜。其中在 1979—1987 年间，实行定额补助每年递增 10% 的办法，使民族地区财力有了迅速增加。另外，各地结合自身实际，相继制定了一系列支持贫困地区发展的优惠政策，极大地支持了扶贫开发工作。

经过十来年的扶贫，尤其是 1984 年开始将扶贫方式变为开发性扶贫后，扶贫工作成效显著。全国农村没有解决温饱问题的贫困人口从 1978 年的 2.5 亿人减少到 1993 年的 8 000 万人。我国扶贫工作取得显著成就，受到了世界银行等国际组织的高度重视和赞赏。

三、推进社会保障体系建设

（一）实行国营企业和部分集体企业职工养老保险基金社会统筹

我国养老保险体制改革是与国营企业改革同步进行的。1984 年，党的十二届三中全会之后，国营企业改革全面展开，要求企业独立核算、自负盈亏。新老国营企业之间养老负担不均衡，部分企业无力负担退休职工养老责任等问题日益突出。为此，一些地区开始进行养老保障费用的社会统筹。统筹采取的基本做法是,以县、市(个别以省)为单位,根据"以支定收、略有节余"的原则,按工资总额的一定比例或者按工资和退休费分别定出比例提取养老保险基金,由企业向统筹基金管理机构缴纳,再由统筹基金管理机构按实际开支的退休费用拨付给企业。1987—1991年的5年间,养老保险基金统筹规模由小到大,1991年统筹退休养老基金收入已从最初的60多亿元扩大到294.93亿元,支出已由最初的48.93亿元扩大到247.38亿元,滚存结余基金已达164.35亿元。

1986年,国务院《关于发布改革劳动制度四个规定的通知》中的《国营企业实行劳动合同制暂行规定》提出,对国营企业中的劳动合同制工人实行社会保险制,建立退休养老保险基金,实行社会统筹。1991年,国务院发布了《关于企业职工养老保险制度改革的决定》,正式确定基本养老保险社会统筹制度。社会统筹体制开始在全国逐步推行,统筹层次大多集中在市、县两级,也有个别省实行了省级统筹。

(二)建立国营企业职工待业保险制度,实行了待业保险基金统筹

随着劳动用工制度改革、市场竞争和劳动力流动的发展,必须解决待业保险问题,一方面使企业多余的职工从岗位上游离出来后,能获得基本生活保障;另一方面,使在竞争中破产的企业职工也能获得基本的生活保障。为此,国务院于1986年发布了《国营企业职工待业保险暂行规定》,确定企业按全部职工标准工资总额的1%缴纳待业保险基金。1991年,待业保险基金收入8.37亿元,支出2.5亿元,滚存结余基金已有25.18亿元。

(三)进行医疗制度改革试点

从20世纪80年代初开始,许多地方积极采取各种办法,对公费医疗和劳保医疗制度进行改革,目的是控制医疗费用的不合理增长,合理平衡企业、政府、个人的医疗费负担,改变国家包得过多的状况,建立个人也要负担部分医药费的机制,将公费医疗、劳保医疗引向医疗保险。通过医疗制度的改革试点,基本将医药费与个人利益挂起了钩。

（四）建立健全财务、预算管理制度，加强保障基金的管理

在进行社会保障制度改革中，财政部门从搞好建章建制入手，做了两个方面的工作：一是为了贯彻落实国务院《关于发布改革劳动制度四个规定的通知》，及时配套出台了《关于加强国营企业职工待业保险基金和退休养老基金财务管理的暂行规定》和《国营企业职工待业保险基金和退休养老基金预算管理暂行规定》两个文件，从财务和预算管理制度上做出明确规定；二是建立了全国待业保险基金和养老保险基金的预、决算制度，到 1991 年止，已经编制了 5 年。为了保证保障基金专款专用和预、决算数字的真实、可靠，还采取了专题审计和财务检查措施。

尽管社会保障制度的改革起步较晚，但改革的实践表明，这项改革的影响是巨大的，成效也是显著的。在养老保险方面，到 1991 年，全国已有 2 300 个市县实行了退休费社会统筹，占市县总数的 97%，有 6 000 多万职工和 1 200 万退休人员参加，分别占国营企业在职职工及离退休人员的 82% 和 95%；有 1 300 个市县在集体企业实行社会统筹，占市县总数的 55%。另外，还在 1 700 多万合同制工人中建立了养老保险，部分市县试行了职工个人缴费办法。在待业保险方面，全国国营企业职工基本上全部实行了待业保险基金统筹，区县以上的部分集体企业职工也部分实行了待业保险基金统筹。参加的企业有 42 万个，职工人数为 6 900 万人。到 1991 年年底，累计为 20 万失业职工发放了失业救济金和医疗费。

在社会保障制度改革的过程中，财政部门围绕着财政在社会保障制度改革方面的职能，积极开展各项工作，并提供了资金保证。"七五"时期国家和企业支出的社会保障性费用总额高达 3 162 多亿元（其中国家财政直接支出约 768 亿元），比"六五"时期增加了 2 000 多亿元，有力地支持了这项改革事业的发展。这些改革，在一定程度上促进了企业用工制度的改革和企业经营机制的转换，减轻了一部分老企业的经济负担，也对社会、经济秩序的稳定发挥了积极作用。而且，通过几年的实际运转，提高了广大职工对经济改革的心理承受能力，减少了推行一些改革措施的阻力。

第八章
支持企业改革和多种经济成分发展

企业改革，关系到企业的市场主体地位的确立，关系到市场运行秩序的完善，关系到经济运行的活力与效率，对于国民经济发展和经济体制改革都具有十分重要的意义。在 1978—1992 年期间，国营企业围绕增强企业活力、转换经营机制、实现所有权与经营权分离采取了一系列行之有效的改革措施。在此期间，国家财政通过放权让利、利改税等一系列措施，改革国营企业利润分配制度，为积极推进国营企业改革发挥了巨大作用。与此同时，国家通过宏观经济政策的调整及财务、会计制度的改革，促进多种经济成分发展，为构建市场取向的多元竞争机制发挥了重要作用。

第一节　实行放权让利改革

党的十一届三中全会之后，随着改革开放的深入推进，作为国家现代化建设的重要力量以及国家财政收入主要来源的国营企业，特别是大中型企业，面临着许多困难和问题。为解决企业运行面临的困难和问题，增强企业活力，国家推行了一系列放权让利的改革。

一、实行企业基金制度

为了鼓励企业加强经济核算，改善经营管理，从 1978 年起，国家对国营企业实行基金制度，允许国营企业按照规定提取和使用企业基金。企业可以根据国家下达的产量等年度计划指标的完成情况，确定企业基金的提取比例。各级企业主管部门按其直属企业汇总计算，盈亏相抵以后的利润超过国家年度利润指标的部分，可分别按下列比例提取企业基金：（1）石油、电力、外贸部门 5%；（2）冶金、机械、化工、轻工、纺织、森工、建材、建筑安装、邮电、交通运输、商业、水产、物资供销和其他部门 10%；（3）煤炭、军工、粮食、农牧部门 15%。对已经实行利润留成的部门，不再从超计划利润中提取企业基金。企业基金主要用于建造职工集体福利设施、举办农副业、弥补职工福利基金的不足以及发给职工社会主义劳动竞赛奖金等项开支。企业主管部门提取的企业基金中，50% 用于奖励超额完成利润指标的企业，50% 用于生产技术措施和本系统企业的集体福利设施。在实行企业基金制度之后，国营企业又先后实行了利润留成制度、两步利改税、承包经营责任制，对于完善国家与企业的分配关系，激发企业活力进行了有益探索。

二、试行利润留成制度

利润留成制度是放权让利改革初期实行的重要改革，允许企业按规定留用一部分利润留归企业支配，这是对传统的统收统支制度的变革。

1978 年试行企业基金制度时，国家已批准一些企业试行利润留成。1979 年 7 月，国务院发布了《关于国营企业实行利润留成的规定》，要求各省、自治区、直辖市和中央有关部门在工业、交通系统选择少数企业组织利润留成试点。当年 8 月，财政部、国家经委、中国人民银行联合下发了《关于贯彻国务院改革企业管理体制文件试点中几个具体问题的意见》，明确规定，经营有盈利的试点企业，可以按国家核定的比例留用一部分利润，用于生产发展基金、职工福利基金和职工奖励基金。企业利润留成的比例，按照1978年下列费用与开支占利润总额的比例核定：（1）新产品试制费，按利润额的1%～2%计算。（2）科研经费和职工技术培训费，按国家实际拨给企业的数额计算。（3）从成本中提取的职工福利基金，按照工资总额的11%计算。（4）从成本中开支的职工奖金，按标准工资总额的10%～12%计算。（5）从利润中提取的企业基金，在最多不超过工资总额5%的范围内，由企业主管部门根据企业的不同情况分别核定，其中80%并入职工福利基金，20%并入职工奖励基金。试行利润留成办法的企业，上述各项资金国家不再拨款，企业也不再在成本或费用中开支，提取企业基金的有关规定也停止试行。

1979年，全国有26个省、自治区、直辖市在1 590户工业企业中进行了试点，加上有些省、市按自定办法进行试点的企业，共为2 100多户。这批试点企业的利润约占全国工业企业利润的35%，产值约占26%。在开始试点过程中，利润留成的办法出现了一些问题：一是基数不统一，留成不公平。按照企业1978年的职工福利基金、职工奖励基金、企业基金、科研经费和职工培训费、新产品试制费，同全年利润挂钩核定留成比例的办法，原来利润少、用人较多、留成比例高的企业增加收入潜力大，从利润增长中得到的好处多；反之，则得到的好处少。形成"鞭打快牛"，不够合理。二是企业片面追求利润，计划指标完不成。原办法规定，企业只要有利润，就可以按照核定的比例提取利润留成资金，不利于促进企业全面完成国家下达的各项计划指标。三是有些企业把利润留成资金过多地用于奖金方面，造成滥发奖金的现象。

为解决上述问题，1980年1月，国家对原规定进行了修订。修订的主要内容有：

（1）把规定的全额利润留成办法改为"基数利润留成加增长利润留成"的办法。即企业当年利润低于或相等于上年利润时，按核定的比例提取基数利润留成资金；当年利润比上年增长时，增长的部分，另按国家规定比例提取增长利润留成资金。

（2）区分不同行业，规定企业增长利润留成的比例：石油、电力、石油化工和国外引进成套设备等盈利水平较高的企业为 10%；冶金、机械、电子、化工、轻工、纺织、建材、森工、铁路、交通运输企业为 20%；煤炭、邮电、农机企业为 30%。

（3）工业企业必须完成产量、质量、利润和供货合同四项计划指标，才能按照核定和规定的留成比例提取全部利润留成资金。四项计划指标中每少完成一项，扣减其应提利润留成资金的 10%。

（4）企业从增长利润额中提取的利润留成资金，用于发展生产的部分不得少于 60%，用于职工福利设施和职工奖金的部分不得超过 40%。发给职工的奖金除国家规定的节约奖外，都在职工奖励基金中开支。职工奖励基金较多的企业，当年发放的奖金总额，以企业为单位计算，最多不得超过本企业职工两个月的标准工资。节余的资金，可留作下年使用。

1981 年 12 月，财政部和国家经委在总结两年试点经验的基础上，又发出了《关于国营工交企业实行利润留成和盈亏包干办法的若干规定》，对利润留成办法作了进一步的改进，扩大了实施范围，对企业和主管部门根据不同情况，实行多种形式的利润留成和盈亏包干办法。当时的主要形式有：

（1）对增产增收潜力比较大的部门和企业，实行"基数利润留成加增长利润留成"办法。

（2）对生产正常、任务饱满、利润比较稳定的部门和企业，实行"全额利润留成"办法。

（3）对任务严重不足、利润大幅度下降的部门和企业，实行"超计划利润留成"办法。

（4）对于潜力比较大的微利部门和企业，分别实行"基数包干、超收分成"和"基数递增包干、超收分成或留用"等办法。

（5）对亏损的部门和企业，实行"亏损基数包干、超亏不补、减亏分成"、"亏损递减包干、减亏留用或分成、超亏不补"、"定额补贴包干、超亏不补、减亏分成留用"等办法。

此外，还有首钢等大企业，经国家批准实行了"上缴利润递增包干办法"。

　　除了在工交企业开始试行利润留成试点外，国家还根据商业、外贸、建筑及文化类企业的不同特点，试行和实施了不同的利润留成制度。

　　试行企业基金制度和实行利润留成制度后，扩大了企业的自主财权，改变了国家对企业统得过多、管得过死的状况，使企业在国家统一计划下能在一定范围内自主地从事生产经营活动，成为财务相对独立的经济实体，使企业的经济权利、经济责任、经济利益、经济效果更好地结合起来，有利于正确处理国家、企业和职工三者之间的物质利益关系。据不完全统计，在1978—1982年的5年间，留给工交企业的利润共有352.50亿元，其中，1978年为10.3亿元，1982年达到127.6亿元。企业留用的利润占实现利润的比重，从1978年的2%提高到1982年的21.1%。企业自主财权的扩大，调动了企业和职工的积极性，增强了职工的责任感，对搞活经济、促进发展起到了积极的作用。

三、实行两步利改税

　　利改税是国家与企业之间分配体制的一项重大改革，是将国营企业上缴利润改革为按照国家规定的税率和税额缴纳税款，税后利润归企业支配，逐步把国家与国营企业之间的分配关系通过税收固定下来。利改税既是企业收入分配制度改革，也是税收制度改革。

　　（一）实行利改税的背景

　　利润留成制度的缺陷在试点及实施过程中逐步暴露出来。由于企业情况千差万别，利润留成基数和比例很难合理确定，只能"一户一率"。如果基数和比例确定后几年不变，就不能适应不断发展变化的经济情况；如果基数和比例经常调整，国家和企业的分配关系则不能相对地稳定下来，企业心中无数，不能做出长期安排。而且，在利润留成制度下，上缴利润的弹性较大，往往发生地方、企业与国家争利的扯皮现象。因此产生了用税收形式取代利润留成来规范国家和企业分配关系的改革要求。

　　1982年全国人民代表大会通过的《关于第六个五年计划的报告》提出："在今后三年内，对价格不作大的调整的情况下，应该改革税制，加快以税代利的步伐……这项改革需要分别不同情况，有步骤地进行。对大中型国营企业，要分两步走。"根据我国地域辽阔，各地区经济发展很不平衡，各行业、各企业之间生产规模、经营条件等差距很大，盈利水平相差悬殊的实际情况，1982 年年底，财政部按照全国人民代表大会的决议和国务院的要求，提出了利改税第一步改革先按税利并存模式进行的设想。

（二）第一步利改税

1983 年 4 月，国务院批转了财政部拟订的《关于国营企业利改税试行办法》，决定从 1983 年 1 月 1 日起，在全国范围内对国营企业实行利改税第一步改革。《办法》的主要内容是：

（1）根据企业固定资产、年利润、职工人数等指标，将国营企业分为大中型企业与小型企业两类。

（2）凡有盈利的大中型企业（包括金融、保险机构），其实现的利润按 55% 的比例税率缴纳所得税。税后的利润在国家和企业之间进行分配，一部分按照国家核定的留利水平留给企业，一部分上缴国家。上缴国家的部分根据企业的不同情况，分别采取递增包干上缴、固定比例上缴、定额包干上缴和缴纳调节税等四种办法。其中，缴纳调节税办法规定为：按企业应上缴国家的利润部分占实现利润的比例确定调节税税率。在执行中，基数利润部分，按规定税率缴纳；比上年增长的部分，减征 60% 的调节税。

（3）凡有盈利的国营小型企业，根据实现的利润按八级超额累进税率缴纳所得税，税后利润原则上留归企业自主支配。但对税后利润较多的企业，国家可以收取一定的承包费，或者按固定数额上缴一部分利润。

（4）营业性宾馆、饭店、招待所和饮食服务公司，都缴纳 15% 的所得税，国家不再拨款。

（5）军工企业、邮电企业、粮食企业、外贸企业、农牧企业和劳改企业，仍按原定办法执行，在条件成熟后，再实行利改税办法。少数企业经国务院或财政部、国家经委批准，实行上缴利润递增包干等特殊办法的，在包干期满之前，也暂不实行利改税办法。

（6）企业税后留利要建立新产品试制基金、生产发展基金、后备基金、职工福利基金和职工奖励基金。前三项基金的比例不得低于留利总额的60%，后两项基金的比例不得高于40%，由省、自治区、直辖市人民政府根据实际情况做出规定。

（7）国营企业归还各种专项贷款时，经财政部门审查同意后，可用缴纳所得税之前该贷款项目新增的利润归还。

第一步利改税与利润留成相比，有了明显的进步。它把企业的大部分利润用征收所得税的办法上缴国家，以法律形式把国家与企业的分配关系固定下来，有利于加强企业的经营管理和稳定国家财政收入，较好地处理了国家、企业和职工个人三者的利益关系。1983年实行第一步利改税的工业企业28 110个，占盈利工业企业数的88.6%，这些企业1983年完成的工业总产值比上年增长9%，实现利润比上年增长10.9%。在1983年比1982年企业新增的42.2亿元利润中，缴纳所得税和上缴利润占61.8%，企业所得占24.9%，职工所得占13.3%。这些企业1983年的留利显著增加，比1982年增长25.8%。改革扩大了企业财权，也调动了企业和职工的积极性。

（三）第二步利改税

第一步利改税取得了显著的成功，但也存在一些问题。尤其是第一步利改税实施的税种比较单一，难以充分发挥税收调节经济的杠杆作用，税后利润的分配办法仍然比较复杂，国家与企业之间的分配关系没有定型，某些企业之间留利悬殊的问题没有很好解决。因此，在总结第一步利改税经验的基础上，1984年9月，国务院决定从1984年10月1日起在全国推行利改税第二步改革。将国营企业应当上缴的财政收入改为向国家上缴产品税、增值税、盐税、资源税、所得税、调节税、房产税、土地使用税、车船使用税和城市维护建设税等11个税种，税后利润归企业自主安排使用，也就是由"税利并存"逐步过渡到完全的"以税代利"。改革的基本内容包括：

（1）将原来的工商税分为产品税、增值税、营业税和盐税。产品税税率和增值税税率按中间偏下的利润水平设计，适当调整税率，并将产品税税目划细，充分发挥产品税对保证财政收入和对生产、流通的调节作用。

（2）大中型盈利企业仍实行按55%的比例税率征收所得税。对征收所得税后所余利润，取消原来实行的四种上缴办法，改为统一征收调节税。调节税税率在基本保证企业1983年合理留利水平的基础上，按各企业的不同情况分别核定。

（3）适当放宽小型企业的划分标准。对小型盈利企业所得税实行新的八级超额累进税率，调整了累进的起点和级距，适当减轻企业的负担。征收所得税后，一般企业自负盈亏，国家不再拨款。但对税后利润较多的企业，国家可以收取一定数额的承包费。

（4）对于企业借款项目，可在缴纳所得税之前，用借款项目投产后的新增利润归还贷款。并补充规定，可以按还款利润提取职工福利基金和职工奖励基金。

（5）营业性的宾馆、饭店、招待所和饮食服务企业，都按新的八级超额累进税率缴纳所得税。企业缴纳的所得税比第一步利改税办法多缴的部分，由同级财政部门列作预算支出，拨给主管部门用于网点建设、技术改造和重点扶持。

（6）对原油、天然气、煤炭征收资源税，其余金属矿产品及其他非金属矿产品暂缓开征，恢复开征房产税、土地使用税、车船使用税和城市维护建设税保留税种。

（7）军工、邮电、民航、外贸、农牧和劳改企业，以及少数经批准试行上缴利润递增包干等办法的企业，暂不缴纳所得税和调节税，但其他税种均按规定缴纳。

（8）企业留用利润应合理分配使用。要建立新产品试制基金、生产发展基金、后备基金、职工福利基金和职工奖励基金。企业的增长利润中留用的利润，一般应将50%用于生产发展，20%用于职工集体福利，30%用于职工奖励。

实行利改税改革中，根据一些行业的特殊情况和产业政策的要求，对若干企业和部门，经国家批准，实行了多种形式的利润包干办法和特殊政策：

（1）上缴利润递增包干办法。二汽、一汽等几十户大中型工业企业，实行首钢模式的上缴利润递增包干办法。

（2）对亏损企业和微利企业继续实行盈亏包干办法。对于亏损企业，凡属国家政策允许的亏损，实行定额补贴或计划补贴办法，超亏不补、减亏分成；凡属经营性的亏损，规定整顿期限，在规定期限内提前扭亏为盈的，扭亏当年的亏损补贴照拨，盈利全部留给企业。对实现利润不足1983年合理留利的微利企业，根据不同情况，实行微利包干，超过合理留利的，实行超收分成，一定三年不变。

通过两步利改税，既改革了企业收入分配体制，又对我国税制进行了改革。特别是第二步利改税，修订了税种、税目和税率，不仅适用于国营企业，而且适用于集体企业和个体工商户，实质上是工商税制的一次全面改革。通过这一改革，改变了过去税种过于简单的格局，初步建立起一套以流转税和所得税为主体、与其他各税种相配合的复合税制，适应了我国新时期多种经济成分、多种经营方式、多种经济渠道的特点，可以多层次、多环节地发挥调节作用。

四、推行承包经营责任制

承包经营责任制是通过国家财政与国营企业签订承包合同、明确经济责任的一种经营方式，是在不改变国营企业所有制性质的前提下，以承包合同形式，确定企业与国家财政的关系，明确承包人的责任、义务及相应的权利，实现两权适当分离，扩大企业自主权，以推进国营企业改革。它进一步明确了企业的经济责任，扩大了企业的财力，使权、责、利紧密结合起来，调动了企业和职工的积极性。

（一）推行承包经营责任制的背景

实行两步利改税，逐步扩大企业财权，增强企业活力，促进经济发展和财政收入的增长。但是，由于当时价格体系尚未根本改革，对国营大中型企业征收 55% 的企业所得税，对盈利多的企业还要加一道调节税，企业税收负担偏重，不利于生产发展。为了深化企业改革、增强企业活力，1986 年 12 月，国务院决定"推行多种形式的承包经营责任制，给企业以充分的经营自主权"。考虑到财政的承受能力，财政部提出了三条重要原则：一是在利改税的基础上实行企业承包经营责任制；二是财政不能再减税让利，各地进行自费改革；三是坚持"包死基数、确保上交，超收多留、欠收自补"的自负盈亏原则。

（二）推行多种形式的承包经营责任制

1987 年开始，按照企业的不同情况，分别实行多种形式的承包经营责任制：

（1）"双保一挂"。即保上缴利润，保"七五"期间国家批准的技术改造项目，工资总额同上缴税利挂钩。

（2）上缴利润递增包干。即企业在上缴利润基数的基础上，逐年按规定的递增率向财政上缴利润。

（3）上缴利润基数包干或目标包干、超收分成。即确定企业上缴利润基数，超收部分按规定进行比例分成或分档分成。

（4）微利企业上缴利润定额包干。即根据企业的实际情况，确定一个上缴国家财政的利润额，超定额部分企业全部留用。

（5）亏损企业减亏（补贴）包干。即对亏损企业确定一个减亏或补贴定额，超亏自补、减亏全留或与国家按比例分成。

除了上述五种形式以外，还有企业经营目标责任制、企业资产经营责任制、租赁承包经营责任制、厂长（经理）任期目标责任制、工资—经济效益挂钩等形式。

为引导承包经营责任制健康发展，规范企业在承包过程中的行为，财政部于 1987 年 8 月和 1988 年 4 月先后发布了《关于国营大中型工业企业推行承包经营责任制有关财务问题的暂行规定》、《关于国营大中型商业企业推行承包经营责任制有关财务问题的暂行规定》和《全民所有制工业企业推行承包经营责任制有关财务问题的规定》。这些规定中明确：第一，企业只能承包上缴国家的所得税和调节税，不能包产品税、增值税、营业税、资源税、盐税和其他各税。第二，企业承包后要处理好还贷问题，对 1986 年年底未还的贷款，在合同中核定每年还贷数额；新借入的技措等各项贷款，由企业用超承包目标收入和自有资金归还。第三，实行承包经营责任制的企业，都要完善企业内部的责任制，要把承包的各项指标落实到车间、班组和职工个人，把责、权、利结合起来，充分调动广大职工的积极性。第四，承包后多得的留利应当合理使用，其中用于发展生产和技术改造的部分不低于 75%，用于奖金福利方面的部分不超过 25%。第五，要保证设备完好和固定资产增值，要正确核实企业成本，不准弄虚作假。

承包经营责任制对企业和职工利益的激励作用是比较明显的。1987—1988 年企业的生产形势和承包合同的完成情况出现较好的势头，对稳定财政收入、促进经济发展起了一定的作用。据统计，全国 31 660 户实行承包的预算内工业企业（占全部预算内工业企业的 81.7%）1987 年和 1988 年工业总产值年增长率分别为 13.5% 和 12.1%，销售收入年增长率分别为 22% 和 25.4%，实现税利增长率分别为 16.3% 和 20.2%，实现利润年增长率分别为 19.8% 和 18.2%。但是，承包中也出现了一些问题。如承包基数定得不合理，承包办法不够科学，核定的承包目标偏低，使新增利润大部分留归企业，国家财政收入不能随企业利润增长而相应增长；收入分配过分向企业和个人倾斜，向非生产性建设倾斜；以包代管；一些企业包盈不包亏，行为短期化，没有解决企业自负盈亏问题等。尤其是在第一轮承包到期后，如何落实新一轮承包，面临诸多矛盾。

（三）改进和完善新一轮承包经营责任制

根据中共中央、国务院关于"八五"期间继续坚持和完善企业承包经营责任制的精神，针对新一轮承包合同落实难度大的实际情况，财政部门从 1991 年年初起，重点帮助企业落实新一轮承包合同。改进和完善新一轮承包的政策和措施主要有：

（1）合理确定承包基数和上缴比例。对原承包基数明显偏低、上缴比例不合理的，予以调整；对企业非正常经营收入进行征税，或通过调增承包基数上缴财政一半以上；改变过去的包干做法，实行各种形式的超目标分成办法，坚持做到财政分成比例一般不低于 33%，以利于将来与税利分流办法衔接。

（2）推行全员风险抵押承包办法。对有条件的企业，试行风险抵押承包办法，由经营者或经营者集团成员交纳一定数额的承包风险抵押金。在贯彻自愿原则的基础上，由职工个人交纳一定数额的承包风险抵押金。要求承包企业从留利中提取一定比例的资金，建立承包风险基金。承包期内企业未完成承包上缴利润任务的，其欠缴部分应用承包风险基金、抵押金、留利及其他自有资金抵补。

（3）加强对承包企业的管理和监督。完善企业考核指标，建立质量、管理、效益和资产增值等综合考核指标体系，加强对承包企业的合同审计和经营者业绩审计。

针对企业运行中出现的困难和问题，国家财政从加强企业内部管理和改善外部环境两个方面采取一系列政策措施，来进一步增强国营大中型企业的活力。一是适当提高部分企业的折旧率，逐步完善折旧制度。确定对 896 户大中型企业实行加速折旧，1991 年增提折旧基金 30 亿元；同时对实行加速折旧的企业，在国家规定的额度内免征能源交通重点建设基金和预算调节基金，以增强企业的技术改造和偿还贷款的能力。二是适当增加新产品开发基金。财政部规定，对有技术开发任务和消化能力的大中型企业，可视情况按销售收入提取 1%～1.5% 的技术开发费；同时，对这部分增提的技术开发费免征能源交通重点建设基金，从 1991 年下半年起，再免征预算调节基金。三是补充一些企业的自有流动资金。根据国务院决定，"八五"期间要增补企业自有流动资金 400 亿元。除由企业留用资金补充 200 亿元外，其余由国家批准的 1 109 户重点企业（中央企业 103 户、地方企业 1 006 户）在 1991—1996 年期间按销售收入提取 1% 等办法进行补充。四是降低国营工业企业所得税税率。根据中央工作会议精神，按照国家产业政策和技术改造政策的要求，结合税利分流试点，从 1992 年起，用 3 年时间分批将国营大中型企业缴纳所得税的税率降低到 33%，并实行税利分流的实施方案。五是免征全国国营工交企业折旧基金部分交纳的"两金"（能源交通重点建设基金和预算调节基金）。从 1992 年起，按行业分 3 年完成。1992 年免征"两金"的数额为 40 亿元。财政采取的这些措施为搞好国营大中型企业，转换机制，发展生产，提高效益，壮大财源，提供了有力的支持。

国营企业承包经营责任制对稳定收入规模，缓解因放权让利给国家财政形成的压力有一定的作用。但由于国营企业承包经营责任制中承包人负盈不负亏，切断了财政收入随经济增长而增长的联系，使国营企业承包经营责任制对财政收入正常增长的贡献大大降低。而且，一户一率、讨价还价的企业承包，难以形成符合经济规范运行的政府与企业的关系。

五、放权让利改革的成效及存在的问题

（一）对国营企业放权让利改革的成效

1. 扩大了企业的财权财力

1978 年以后，国家逐步深化改革国营企业管理体制，采取了一系列减税让利政策，不断扩大企业留利，扩大了企业自主财权，增加了企业用于扩大生产和加快技术改造的资金。据统计，从 1979 年到 1992 年，国营工业生产企业的留利、折旧基金、税前还贷累计总额达 7 039 亿元，扣除同期企业累计上缴的能源交通重点建设基金和预算调节基金后，留用的财力仍有 6 359 亿元，平均每年递增 35%。到 1991 年年底，国家与企业的收入分配比例，已由 1978 年的 96:4 变为 21:79。企业财力的增加，对加强技术改造、发展生产起到了很大的作用。

2. 推动企业建立和健全经济责任制

实行放权让利改革后，有更多的利润留归企业自行支配，使企业有了稳定的收入来源，同时把企业经营的好坏与企业及职工的物质利益更加紧

密地联系起来，这种责、权、利的密切结合，使企业有了内在的发展动力。企业要有所发展，职工的物质利益要有所增加，就必须改变经营思想，提高经营管理水平，在加强经济核算、层层建立经济责任制、努力挖掘内部潜力、不断提高经济效益上下工夫。

3. 减少行政干预，为实行政企分开、企业开展平等竞争创造条件

在传统体制下，我国的经济管理体制是以部门、地区行政管理为主的体制，各行各业的大小企业都直接分别隶属于各级政府及其主管部门，企业创造的利润则按企业的行政隶属关系分别上缴各级财政，企业实际上是各级政府和主管部门的附属物。实行放权让利改革，特别是利改税后，赋予了企业更多的财权，国家对企业的干预减少，国家财政收入基本上来自税收收入，各级各类企业不论其隶属关系如何，都要向中央和所在地方按税法规定纳税，这就为财政体制的进一步改革特别是为实行按税种划分各级财政收入的财政体制、合理地解决中央与地方的分配关系问题创造了条件，并使企业逐步从"条条"、"块块"的行政干预束缚下解脱出来，更加充分地行使自主权。

（二）存在的问题

改革开放初期的放权让利改革是在价格还没有理顺、企业内部机制还不完善以及其他方面的改革还不配套的情况下进行的，改革存在一些不完善之处，一些矛盾逐渐暴露出来。一是忽视了社会主义国家作为社会管理者和生产资料所有者的双重身份，把一部分属于应由企业所有者与经营者之间进行分配的税后利润也改为用税收的形式征收，混淆了税利两种分配的界限，特别是大中型企业还保留了一户一率的调节税，使企业之间税负不均，活力相对不足。二是企业留利的分配使用未能相应形成合理的、严格的自我约束机制，分配过于向个人倾斜，影响了企业的发展后劲。实行"税前还贷"改革，对企业加速技术改造起了一定的支持和鼓励作用，但是由于各方面的改革不同步，助长了企业投资规模的膨胀，影响了投资效益，也使国家和企业都背上了沉重的包袱。

第二节　进行税利分流改革试点

对国营企业进行税利分流试点，是在总结"利改税"与承包经营责任制实践经验的基础上，根据政企职责分开、两权分离和企业之间实行公平竞争的原则，为进一步理顺国家与企业利润分配关系而提出来的。政府的社会管理者职能和国有资产所有者职能要求有相应的不同的实现形式和参与分配方式，前者为国家税收，后者为资产收益，将两者混淆在一起是不合适的。因此，在国营企业改革过程中，提出了税利分流的思路，即继承利改税的积极成果，降低企业所得税并取消调节税，实行不同形式的税后承包，并改税前还贷为税后还贷，从而把企业改革引导到明晰产权、规范竞争的方向上来。

一、税利分流改革的试点情况

1987 年，财政部针对第二步利改税中出现的一些问题，提出了实行税利分流改革的设想，把国家和国营企业的利润分配关系概括为"税利分流、税后还贷、税后承包"，即把国营企业上缴给国家的利润分解为两个层次：第一个层次是，国营企业实现的利润，先以所得税的形式上缴国家；第二个层次是，企业税后利润的一部分以利润形式上缴国家，税后利润的其余部分留归企业自主使用。固定资产投资借款，改为由企业用税后留用利润、固定资产折旧及其他可以用于生产发展的、企业自主使用的资金归还。国家适当降低所得税税率，以增强企业的还款能力。中共中央、全国人大和国务院对试行税利分流问题十分重视，多次肯定了税利分流改革的方向。

税利分流最早于1988 年在重庆、厦门等城市进行试点。以后税利分流试点范围逐步扩大，到1991 年年底，全国已有33 个省、市（包括计划单列市）、自治区和 5 个中央部门进行了税利分流试点，试点企业约 2 200 多户。在总结重庆试点经验的基础上，财政部和国家体改委于 1989 年联合发布了《关于国营企业实行税利分流的试点方案》，以扩大试点范围。《方案》指出，税利分流改革要有利于增强企业活力，完善经营机制，建立自我约束机制；在国家与企业利益分配关系上，必须兼顾国家与企业的利益，要有利于税制的规范和统一。

税利分流改革的具体内容主要有：

（1）在适当降低国营企业所得税税率的基础上，统一所得税制。将当时大中型企业 55% 的比例税率和小型企业的八级超额累进税率统一改为比例税率，定为 35%。

（2）取消"税前还贷"和按还款额提取职工福利基金、职工奖励基金的办法，企业固定资产借款用企业留用资金归还，根据一些企业借款余额过大的实际情况，采取区别对待的过渡办法，即以 1988 年年底为界，划分新老贷款，新贷款在税后归还，凡老借款的本金一律用留用资金归还；用留用资金归还老贷款确有困难的企业，根据不同情况分别用税前、税后利润以及企业留用资金各还一部分。

（3）取消调节税，税后利润需要上缴国家的部分，实行税后多种形式的承包办法，其余留归企业。对税后承包，通过总结试点经验，适应国营企业与其他所有制企业联合经营和股份制企业的发展，改为税后按资分红。

为了支持企业技术改造和技术进步，增强企业还款能力，1991 年 8 月，财政部与国家体改委修订了试点方案，联合发布《国营企业实行"税利分流、税后还贷、税后承包"的试点办法》，调整了有关政策和企业的负担水平。调整的主要内容有：（1）所得税税率由 35% 降为 33%；（2）新老贷款的划分时间由 1988 年年底改为 1989 年年底；（3）试点的地区、部门（或行业）的试点企业，用于归还贷款的留用资金免交"两金"（能源交通重点建设基金和预算调节基金）；（4）1991 年起，对新投产的固定资产所提折旧免征"两金"。这些政策在一定程度上减轻了试点企业的负担，有利于改革的推进。

二、税利分流改革的主要成效

税利分流的主要特点是，国家先以社会管理者的身份依法对企业利润征收所得税，然后依据所有者的身份参与企业税后利润分配。税利分流有利于规范和稳定国家与企业之间的分配关系，强化企业的激励机制和约束机制，有利于促进企业转换经营机制和较好地发挥所得税的弹性调节作用，改革实施后取得了明显的成效。

（一）国家与企业的利润分配格局趋向合理稳定

以试点最早的重庆市的212户企业为例，国家所得、企业留利及利润还款三者占可分配利润的比例，在全面实行第二步利改税之前的1985年为45：34：21，在1987年则为26：45：29。在进行税利分流试点的1988—1990年经济情况变化很大，1988年经济高速增长，1989年发展速度下降，1990年大幅度滑坡。而国家所得、企业所得和还款三者的比例1988年为27：40：33，1989年为29：45：26，1990年为32：39：29，3年平均大体为30：40：30，说明了在经济波动较大的情况下，国家与企业之间利润分配结构不仅比较稳定，而且趋向合理。

（二）初步实现了国家与企业利益共享、风险共担

实行税利分流后，企业无论实现利润多少，都必须按规定税率缴纳所得税。由于所得税具有弹性调节功能，因此在经济增长时，国家财政收入和企业的留利都可以相应增长，经济滑坡时，企业上缴财政收入和企业留利也将一同减少。1988年，重庆市工业试点企业上缴国家的所得税和税后承包利润比上年增长51%，企业留利比上年增长45%。1990年，重庆、成都、厦门、牡丹江、本溪、南阳、大安、益阳8个试点地区，由于经济低速增长，试点工业企业的计税利润比1989年下降了48.4%，当年上缴所得税比1989年下降了44%，企业留利下降了61%。对企业来说，税利分流要比其他分配体制更能适应客观经济形势的变化。

（三）还贷机制的转变抑制了投资膨胀，但没有影响企业的发展后劲

重庆市属国营工业试点前的 1985—1987 年新增借款年均递增 26.9%，而试点后的 1988—1990 年新增借款年均递增率降为 17.8%，比前三年下降了 9.1 个百分点，投资膨胀受到抑制。新增借款的增长幅度虽然下降了，但仍然高于同期重庆市工业总产值的增长幅度，也高于同期经济效益的增长幅度。此外，1990 年 8 个试点地区的试点工业企业还款总额仅比 1989 年下降了 15.7%，远低于同期利润下降幅度，而当年用折旧基金还款额却比上年上升了 40.7%。上述情况表明，实行税后还款以后，试点企业新增借款的增长幅度有所下降，但还款的责任感强了。

（四）有利于发挥税后承包办法的激励作用和约束作用

税利分流改革试点方案从实际情况出发，注重与承包制的衔接，规定企业所得税后利润应当上缴财政的部分可以用承包的形式上缴，在实践中取得了一定的效果。1990 年 8 个试点地区的试点工业企业中有些由盈变亏，这些企业尽管不交所得税，但税后承包利润仍要按合同规定上缴，保证了财政收入的正常增长。

三、税利分流改革的重要意义

税利分流试点的初步成效表明，中央关于通过试点逐步推进税利分流改革的决策是完全正确的。税利分流改革是理顺国家与国营企业利润分配关系的重大措施，符合政企职责分开，所有权、经营权适当分离的改革方向。它把激励机制与约束机制统一起来，对于推动完善市场取向的运行机制、转换企业经营机制具有重要的意义。

（1）有利于组织国家财政收入。国家凭借社会管理者和国有资产所有者的双重身份，运用税收和利润两个内涵不同的经济调控手段，来组织收入和调节经济运行，使国家的财政收入随企业收入的增加而增加，从而提高国家对宏观经济的调控能力，有效地引导社会投资方向，促进产业结构的优化，提高宏观经济效益。

（2）有利于完善企业经营机制。实行税利分流后，国家和企业利益共享、风险共担。生产增长、效益提高时，国家多得，企业多留；反之，国家少得，企业也要少留。因此，不仅增强了企业的市场风险承受能力，也有利于激发企业努力发展生产，改善经营管理，提高效益。同时，还贷机制的改革，还有利于约束企业的投资行为，增强借贷双方的经济责任，促使借贷双方都注重投资效益。

（3）有利于企业进行平等竞争。实行税利分流，统一所得税制和税率，国营企业和其他不同类型的企业一样，依法承担缴纳所得税义务，为各种类型的企业平等竞争创造了良好的外部环境。这不仅有利于巩固全民所有制经济，也可以促进各种经济成分的共同发展，适应社会主义商品经济发展的需要。

第三节　规范企业财务和会计制度

财务和会计管理是财政管理的基础工作。党的十一届三中全会以后，随着经济体制改革的全面展开，企业财务和会计制度改革逐步深入，对于恢复经济秩序、推进企业改革、增强企业活力、促进企业平等竞争发挥了越来越重要的作用。

一、建立适应经济管理体制改革的企业财务制度

改革开放初期，与国家实行"计划经济为主、市场调节为辅"的管理体制相适应，我国进一步强化了按照不同所有制、不同行业、不同组织形式和不同经营方式制定企业财务制度的管理模式。为适应国营企业先后实行企业基金、利润留成、利改税、承包经营等情况，财政部制定了一系列相关的企业财务规定。对国营企业按规定计提的留用资金，一般按照"五三二"的比例用于企业生产发展、职工奖励和改善职工福利条件。对集体

企业、外商投资企业及私营企业在发展过程中出现的突出问题，也制定了相关的财务制度规范。在多种所有制形式并存、各类企业平等竞争的背景下，1992 年根据国务院授权，财政部发布了《企业财务通则》，随后又陆续发布了工业、农业、商品流通、交通运输、邮电通信、金融、旅游服务、对外经济合作、施工与房地产开发、新闻出版等十大行业的企业财务制度。这次财务制度改革，打破了国家对企业财务的"统收统支"管理模式，初步构建起了适应多种所有制形式并存格局的企业财务管理模式，为建立适应社会主义市场经济发展需要的现代企业制度奠定了财务基础。

二、逐步建立和规范企业会计核算制度

（一）恢复和重建企业会计制度

改革开放以后，为适应国营企业改革，财政部逐步恢复和重建会计制度。1980 年 9 月，财政部发布《国营工业企业会计制度》，1981 年起开始实施，并于 1985 年和 1989 年先后两次进行修订。该制度扭转了会计核算强调简化、不讲科学的片面性倾向，从加强经济核算、加强管理和整顿恢复会计工作秩序的要求出发，增设了必要的会计科目和报表。从 1981 年 1 月至 10 月，财政部相继颁布了国营、供销、施工、对外承包等企业会计制度，此后，商业、铁道、交通以及农业、林业、水利等行业会计制度相继出台。1985 年，新中国成立后第一部《中华人民共和国会计法》颁布，将会计工作纳入了法制轨道。

（二）建立外资企业会计制度

党的十一届三中全会之后，由于对外开放政策的实施，一些外商纷纷到我国投资，中外合资经营企业大量涌现。但是，我国企业当时实行的是按所有制、分行业的会计制度，特别是三段平衡式的资金平衡表，使得中外合资经营企业的外方人员在会计核算和利用会计信息方面有很大困难，迫切需要出台新的制度来解决实际工作中的问题。随着我国对外开放的进一步深入，为满足外商投资企业的会计核算需要，财政部根据国际会计通行惯例，于 1985 年、1992 年分别发布了《中外合资经营企业会计制度》、

《外商投资企业会计制度》。制度所规定的会计基本原则和确认、计量、报告要求与国际惯例有了衔接，建立了包括资产负债表、利润表、财务状况变动表等在内的财务报告体系，有力地推动了我国对外开放和吸引外资的工作。

外商投资企业会计制度的制定与实施，是我国在社会主义商品经济下企业会计制度改革的先导。其中，《中外合资经营企业会计制度》是新中国第一部参照国际惯例设计的全新的会计制度，它与以往的国营企业会计制度相比，主要从以下几个方面进行改革：一是明确规定了合法性原则、一致性原则、配比原则、历史成本原则、划分资本性支出与收益性支出的原则等五项原则作为会计核算的一般原则。二是把资产、负债、资本、成本、损益定为会计的基本要素。三是确定了"资产＝负债＋资本"的平衡公式。四是成本核算方面把直接材料、直接人工和制造费用作为工业企业成本项目，并将管理费作为期间费用计入当期损益。五是允许企业经过批准后采用加速折旧法。六是规范了无形资产和开办费的核算方法。七是明确了收入确认原则。八是将财务状况变动表规定为除资产负债表和利润表以外的第三大对外报表。

《中外合资经营企业会计制度》适用于我国境内设立的各个行业所有的中外合资经营企业，淡化了行业色彩，突出了会计核算的实质内容，实际上树立了一个不同行业通用会计规范的典范。与此相适应，财政部颁布了《中外合资经营工业企业会计科目和会计报表》。根据这项规定，中外合资经营工业企业应当按照规定按季、按年编制资产负债表、利润表和财务状况变动表以及一些附表，从而使中外合资经营企业会计制度进一步具体化。

（三）颁布《股份制试点企业会计制度》

为推动国营企业改革，我国自 20 世纪 80 年代试行股份制，国营企业为实现公司化向雇员和其他国营企业发行股票以募集资金，然后再让这些股票上市交易。1990 年和 1991 年，上海证券交易所和深圳证券交易所正式成立，使股票的发行和交易正规化。此后，股份制企业迅速发展，越来越多的企业通过发行 A 股、B 股和 H 股在国内和国外市场募集资金。在这一背景下，旧的会计体制主要为国家计划经济提供会计信息，已不能适应新的经济形势，很难服务于新兴资本市场的投资者和企业的债权人。20世纪 90 年代初期，财政部开始着手建立新的会计框架以服务投资者。1992 年 5 月，财政部与国家体改委联合颁布了《股份制试点企业会计制度》，该制度适用于股份制企业，着眼于推进公司化进程。这是我国第一部适用于国内企业而又借鉴国际会计惯例的会计制度。

（四）建立"两则两制"

1992 年 11 月颁布的《企业会计准则》标志着我国会计国际化框架的建立，是我国会计改革的重要里程碑。《企业会计准则》适用于所有在我国成立和经营的企业，并参考发达国家有关会计框架对有关行业的会计制度做出了严格和统一的规定。1992 年，财政部发布了《企业会计准则》、《企业财务通则》，以及 13 个行业会计制度和 10 个行业财务制度（简称"两则两制"，1993 年 7 月 1 日起施行）。这次财务制度改革，取得了划时代的成就，推动了经济体制改革的深化，促进了《中华人民共和国公司法》的出台和现代企业制度的建立，使我国会计核算符合了以市场化为导向的经济体制改革的需要，并为我国会计核算制度逐步实现与国际会计衔接奠定了坚实的基础。

三、健全政府主导型企业会计管理体制

（一）设立专门管理机构

改革开放后，为了加强对会计工作的领导，财政部报经国务院批准，于 1979 年恢复了管理会计制度的职能机构——会计制度司。1982 年，为适应会计工作发展的需要，会计制度司更名为会计事务管理司，1998 年国务院机构改革时更名为会计司。1984 年以后，各省级财政厅（局）相继成立会计管理的专门机构，绝大多数地、市、县财政部门也陆续成立了会计管理机构，进一步健全了"统一领导、分级管理"的政府主导型会计管理体制。

（二）出台专门的法律

在会计管理方面，为适应市场取向改革的需要和企业结构的变化，1985 年我国颁布了《中华人民共和国会计法》，第一次以国家法律的形式明确规定国务院财政部门管理全国的会计工作，地方各级人民政府的财政部门管理本地区的会计工作。这使我国会计管理体制得以以立法形式确立，标志着我国政府主导型会计管理体制逐步完善并步入法制化的轨道。

（三）改进会计人员管理制度

一是加强会计从业资格管理。会计从业资格管理制度是在原会计证管理制度的基础上发展起来的。1984 年，河北省财政厅经省政府批准，率先在全省全民所有制和县以上集体所有制单位试行会计证制度。1990 年 3 月，财政部在总结各地试点经验的基础上，制定发布了《会计证管理办法（试行）》，在全国范围内试行会计证管理制度。此外，还根据会计人员管理需要，发布了《会计人员职权条例》，并和国家档案局共同制定发布了《会计档案管理办法》等。

二是实施会计专业技术资格的认定与管理。1981 年，国务院颁布的《会计干部技术职称暂行规定》恢复了会计干部技术职称评定工作。1983 年 9 月，国务院进行职称改革试点，将职称评定制改为专业职务聘任（任命）制。1986 年 4 月，中央职称改革工作领导小组转发了财政部制定的《会计专业职务试行条例》及其实施意见。该条例规定，会计职称分为初级（会计员、助理会计师）、中级（会计师）、高级（高级会计师）三个等级。1992 年首次举办会计专业技术资格考试。

三是规范会计人员继续教育。为进一步提高我国会计人员的整体素质，规范会计人员继续教育工作，财政部于 1998 年印发了《会计人员继续教育暂行规定》等多项规定。

四是实施会计人员表彰奖励制度。1990 年 11 月，财政部、人事部联合召开了新中国成立以后首次全国先进财会工作集体和先进会计工作者表彰大会，以后在 1995 年、2005 年、2008 年先后举行了三次全国性的会计人员表彰和评选活动。

四、重建注册会计师制度

新中国成立前，我国已引入了注册会计师制度。新中国成立后，国家实行高度集中的计划经济，并于 20 世纪 50 年代初期完成社会主义改造，注册会计师行业失去了生存的土壤，悄然退出了历史舞台。1980 年 12 月，为适应外商投资管理的需要，财政部颁布的《中华人民共和国中外合资经营企业所得税法实施细则》明确规定，合资企业的所得税申报表和会计决算报表应当附送经在中国注册登记的公正会计师的查账报告。这一规定为恢复注册会计师制度提供了法律依据。同月，财政部发布《关于成立会计顾问处的暂行规定》，注册会计师制度又开始在我国逐步建立。1986 年 7 月，国务院颁布的《中华人民共和国注册会计师条例》，成为新中国第一部注册会计师行业管理行政法规。依据该条例，1988 年 11 月中国注册会计师协会正式成立。注册会计师制度恢复之初，注册会计师实行考核认定。1987 年，财政部依据《注册会计师条例》制定了《注册会计师考试、考核办法》，规定注册会计师资格可以通过考核或考试两种方式取得。1991 年，财政部举办了第一次注册会计师全国统一考试。

第四节　促进和规范多种经济成分发展

一、鼓励和规范多种经济成分发展的政策背景

党的十一届三中全会以后，随着经济体制改革的逐步进行，社会经济由单一的封闭式的产品经济向多样化开放型的有计划商品经济发展，经济领域发生了一系列深刻的变化。在所有制结构方面，贯彻以公有制经济为主体、多种经济形式并存的方针，城乡集体所有制经济迅速发展，中外合资经营企业、中外合作经营企业和外商独资经营企业也不断增多，我国中

小企业特别是民营中小企业得到前所未有的蓬勃发展，经济结构上出现了全民、集体、个体、中外合资、外资等多种经济形式并存的局面。

（一）允许和鼓励非公有制经济存在和发展

党的十一届六中全会通过的《中国共产党中央委员会关于建国以来党的若干历史问题的决议》指出："国营经济和集体经济是我国的基本经济形式，一定范围的劳动者个体经济是公有制经济的必要补充。"党的十二大报告提出："由于我国生产力发展水平总的说来还比较低，又很不平衡，在很长时期内需要多种经济形式的同时并存……在农村和城市，都要鼓励劳动者个体经济在国家规定的范围内和工商行政管理下适当发展，作为公有制经济的必要的、有益的补充。"党的十二届三中全会通过的《中共中央关于经济体制改革的决定》指出，我国现在的个体经济是和社会主义公有制相联系的，不同于和资本主义私有制相联系的个体经济，是社会主义经济必要的、有益的补充，是从属于社会主义经济的。坚持多种经济形式和经营方式的共同发展，是我们长期的方针，是社会主义经济的需要。党的十三大报告提出："对于城乡合作经济、个体经济和私营经济，都要继续鼓励它们发展……实践证明，私营经济一定程度的发展，有利于促进生产，活跃市场，扩大就业，更好地满足人民多方面的生活需求，是公有制经济必要的和有益的补充。"1991年3月发布的《中共中央关于制定国民经济和社会发展十年规划和"八五"计划的建议》，概括地提出了坚定不移地走建设有中国特色社会主义道路应遵循的12条主要原则。其中第五条提出，坚持社会主义公有制为主体的多种经济成分并存的所有制结构，发挥个体经济、私营经济和其他经济成分对公有制经济的有益的补充作用，并对它们加强正确的管理和引导。

（二）鼓励外资经济发展

为适应对外开放的需要，国家先后颁布了《中华人民共和国中外合资经营企业法》、《中外合资经营企业登记管理办法》、《中华人民共和国外资企业法》、《中华人民共和国中外合作经营企业法》等法律和法规，使外国投资者在中国投资有了充分的法律保障。国家还建立了深圳、珠海、汕头、厦门 4 个经济特区，开放天津、上海、大连、秦皇岛、烟台、青岛、连云港、南通、宁波、温州、福州、广州、湛江、北海 14 个沿海港口城市，开辟长江三角洲、珠江三角洲和闽南厦（门）漳（州）泉（州）三角地区为沿海经济开放区，在这些地区实行特殊政策，在利用外资和引进技术方面给予更多的自主权。

二、鼓励多种经济成分发展的税收优惠政策

在多种经济成分蓬勃发展的新形势下，我国在财税制度和政策方面适时进行了调整和改革。

一是适时改革税收制度，包括建立涉外税制、完善集体企业所得税、开征城乡个体工商业户所得税和私营企业所得税，规范国家和非公有企业分配关系，保护非公有企业合法权益，平衡税负，创造公平竞争条件。例如，调整集体企业和城乡个体工商业户所得税负担水平，对集体企业实行与国营小型企业相同的八级超额累进税率，体现公平税负，鼓励竞争的原则。对城乡个体工商业户实行十级超额累进税制，以税收调节收入，引导其健康发展。

二是实行了多方面的税收优惠和扶持政策。改革开放初期，我国就对农村社队企业采取一系列减免工商税和所得税的措施。随着经济体制改革的深入，国家采取的有利于多种经济成分和多种生产组织形式的税收优惠政策主要有：对实行统一核算的经济联合组织内部各单位相互提供的产品，不征产品税；对不实行统一核算的经济联合组织，在全国未实行增值税前，除了生产烟、酒、化妆品等高税率产品外，均可以经济联合组织为单位试行增值税；没有条件实行增值税的，分别不同情况减征或者免征产品税。

对企业、单位向能源、交通基础设施以及"老、少、边、穷"地区投资分得的利润，在 5 年内减半征收所得税。

为了鼓励技术转让，加快技术进步，对全民、集体所有制企业进行技术转让，年净收入在 30 万元以下的，暂免征收所得税；各企业、事业单

位和个人的技术成果转让收入，暂免征收营业税。

配合企业承包经营责任制的推行，国家实行支持技术开发的优惠政策：凡在全国范围内第一次试制并列入国家经委、科委新产品试制计划或经国家经委、科委鉴定确认的新产品，从试制品销售之日起，免征产品税或增值税 3 年；列入国务院各部委或省、自治区、直辖市试制计划的新产品，从试制品销售之日起，可区别不同情况免征产品税或增值税 1~2 年；企业为开发研制新产品、新技术所必需的单台价值在 5 万元以下的测试仪器、试验装置、试制用关键设备购置费可摊入当年成本，数额较大的允许分 3~5 年摊入成本；对于大型机械工业企业单台设备价值超过 5 万元的，经财政部门批准，也可分期摊入成本。此外，国家还发放技术开发低息或贴息贷款，鼓励企业从事技术开发。

第九章
支持能源交通等
国家重点建设

在 1978—1992 年期间，在社会投融资机制不完善、资本市场刚开始发展、融资功能尚不健全的情况下，财政不断加大对能源、交通等重点建设的投入力度，促进了能源交通等重点建设的快速发展，为国民经济的可持续发展奠定了基础。同时开始注重提高财政资金的使用效益，探索改进基本建设的投资方式，扩大基本建设投资资金来源。

第一节　集中资金支持能源交通等重点建设

在 1978—1992 年期间，针对能源、交通对国民经济的"瓶颈"制约，财政基本建设支出重点投向了交通等基础设施和能源等基础领域。

一、加强能源、交通建设成为整个国民经济转向主动的重要环节

（一）能源、交通"瓶颈"对国民经济发展的制约

由于"文化大革命"的十年经济停滞不前，能源、交通投资不足已成为国民经济的薄弱环节。改革开放以后，各地发展经济的积极性高涨，大力发展加工工业，导致能源和交通短缺的状况更加突出，成为制约国民经济全局发展的"瓶颈"环节。电力供应紧张使得一些地方不得不用拉闸限电的办法来平衡供需，导致一些企业开工不足。交通运输能力的不足也拉长了物资流通和周转的时间，阻碍了经济的增长。加快能源及交通基础设施建设，改善能源交通供应，成为当时国民经济发展的关键任务。

1982年9月1日，党的十二大报告指出："要实现今后20年的战略目标，必须由国家集中必要的资金，分清轻重缓急，进行重点建设……如果国家的重点建设得不到保证，能源、交通等基础设施上不去，国民经济的全局活不了，各个局部的发展就必然受到很大限制，即使一时一地有某些发展，也难以实现供产销的平衡，因而不能持久。"1982年11月30日，第五届全国人大第五次会议提出："要集中力量搞好以能源、交通为中心的重点建设，使国民经济中这两个最薄弱的部门得到改善和加强，这是使整个国民经济转向主动的重要环节，是关系经济建设全局的大事。"为此，在第六个五年计划期间，在全国基本建设投资总额计划安排2 300亿元，大体保持第五个五年计划期间水平的情况下，把能源、交通建设作为基本建设投资的重点，这两方面的投资占总投资的38.5%。

（二）放权让利以后，预算内投资财力不足

加快能源、交通建设需要大量的资金投入，而改革开放初期高度集中的计划经济投资体制尚未改变，能源和交通基本建设投资的筹资渠道窄，基本上依靠国家财政投入。当时国家财政为促进国民经济调整和偿还历史欠账，面临巨大的财政支出压力，而同期财政对企业的不断放权让利又导致了财政预算内收入增长率大幅下滑，1979—1992年财政收入的增长率在

1.2% ~ 3.1% 之间徘徊，财政收入占国民生产总值的比重由 1978 年的 31.1% 下降到 1992 年的 12.9%。由此，尽管国家财政加大了投入力度，但财政预算内投资仍难以满足能源交通重点建设的需要。随着国家对企业的放权让利和中央对地方的下放财权，预算外资金的规模迅速增长，在一些年份甚至超过了预算内收入的规模。如在 1992 年，预算外收入达到 3 854.9 亿元，比当年财政收入（不包括国内外债务收入）还多 371.5 亿元。

在这种情况下，出现了国家计划内的重点建设项目缺乏资金，而地方、企业的自有资金大幅度上升，计划外的建设项目大大增加的现象。由于地方预算外投资更多地投向一般加工工业和非生产性的楼堂馆所等建设，由此更进一步加重了能源交通建设资金短缺的矛盾。因此，必须集中一部分预算外资金，调节社会投资结构，保证能源和交通重点建设的需要。

二、 能源交通重点建设基金制度的建立

作为全面实现国民经济和社会发展"六五"计划的主要措施之一，中共中央、国务院于 1982 年 12 月 15 日发出了《关于征集国家能源交通重点建设基金的通知》；同日，国务院发布了《国家能源交通重点建设基金征集办法》，决定从 1983 年 1 月 1 日起开征国家能源交通重点建设基金。

根据《国家能源交通重点建设基金征集办法》和国务院先后于 1983 年 9 月、1987 年 4 月两次做出的《关于提高征收比例、扩大征集范围以及中央与地方的收入分成问题的决定》，能源交通重点建设基金制度的主要内容有：

（1）征集范围：包括地方财政的预算外资金，行政事业单位的预算外资金，国营企业及其主管部门提取的各项专项基金，其他没有纳入预算管理的资金，以及城乡集体企业、私营企业和个体工商业户缴纳所得税后的利润。

（2）征集比例：按 15% 计征。对纳入征集范围的城镇合作商店、运

输合作社、街道企业、知青办企业、乡村办的乡镇集体企业、农村信用合作社和经工商行政管理部门批准的其他城乡集体企业，以及私营企业和城乡个体工商户缴纳所得税后的利润，从 1987 年 5 月 1 日起按 7% 计征。

（3）减免规定：对地方财政的农（牧）业税附加、中小学校的学杂费、国营企业的大修理基金、国营石油企业的油田维护费、林业部门的育林基金，以及城乡集体企业、私营企业和个体工商户的税后利润不足5 000 元的，都予以免征。对因遭受自然灾害需要给予减征或免征照顾的，根据单位申请报告，由省、自治区、直辖市和计划单列市税务局审核批准，给予定期减征或免征照顾。

为了增强企业活力，国务院决定，从 1991 年起，分 3 年免征国营大中型工业企业税后利润缴纳的国家能源交通重点建设基金。

（4）中央与地方的基金收入分成比例：能源交通重点建设基金开征以后，中央与地方的分成比例做过几次调整。从 1986 年起，将原来与地方按分配的任务超收分成的办法改为总额分成办法，即省、自治区、直辖市和计划单列市征收的地方单位能源基金总额中，30% 留给地方财政，70% 上缴中央财政。为了鼓励各地征收的积极性，对当年超额完成国家下达任务的部分，多给地方分成 20%。

国家能源交通重点建设基金自 1983 年开征到 1993 年停止征收，1994—1996 年对尾欠款进行了清收，该项基金累计征收 1 810.89 亿元。这笔巨额财政资金的投入使用对发展电力、煤炭、交通运输和通信等重点建设事业，缓解国民经济发展中的"瓶颈"难题，起到了非常重要的作用。国家能源交通重点建设基金收入成为支援重点建设、调整产业结构和增强国家宏观调控能力的重要物质基础和调控手段。一批能源、交通重点建设项目的建成投产，对国民经济和社会可持续发展以及改善人民生活都产生了重要影响。

三、征集国家预算调节基金

为了加强国家宏观调控能力，适当集中一部分财力，确保国家重点建设项目顺利进行，1989 年 2 月 17 日，国务院发布了《国家预算调节基金征集办法》，决定从 1989 年 1 月 1 日起征集国家预算调节基金。

国家预算调节基金的征集范围是所有国营企业事业单位、机关团体、部队和地方政府的各项预算外资金，以及所有集体企业、私营企业和个体工商户缴纳所得税后的利润，征集比例为 10%，其减免范围与国家能源交通重点建设基金的减免范围相同。

关于中央与地方的基金收入分成比例，凡中央单位缴纳的预算调节基金，全部归中央财政；凡地方单位缴纳的预算调节基金，50% 上缴中央财政，50% 留归地方财政。

征集国家预算调节基金也是针对当时预算外资金增长过快、管理不善、使用不当的问题，通过适当集中一部分财力来强化国家的宏观调控能力，对资金投入进行正确的引导，加强重点建设，调整投资结构。

从 1989 年开征至 1996 年全面停征，累计征收的国家预算调节基金达 685.97 亿元。这笔资金的征集对缓解国家财政困难、调节预算外资金的流向和流量、缓解社会总供需的矛盾和加强能源交通重点建设都起到了积极的作用，在整体上有利于国家加快改革开放的步伐。

四、运用国债手段筹资支持重点建设

党的十一届三中全会确立以经济建设为中心的工作方针以后，我国进入大规模的重点建设时期。为了缓解财政困难，筹集国家建设所需的资金，1981 年国务院决定发行国库券来弥补中央财政赤字。1981 年 1 月 16 日，《中华人民共和国国库券条例》获得通过，并于当年开始发行内债，结束了我国自 1959 年起既无内债又无外债的历史。

（一）发行国库券和国家重点建设债券

1979 年和 1980 年连续两年财政出现巨额赤字，财政向银行透支，引起物价较大幅度的上涨。面对困难形势，我国政府开始重新启用国债，于 1981 年开始发行国库券。1981 年 1 月 16 日，国务院会议通过了《中华人民共和国国库券条例》，决定从 1981 年开始，发行中华人民共和国国库券。1981 年国库券发行的目的是弥补 1980 年的财政赤字，以稳定物价。国库券主要采取分配发行的办法，个人实行自愿认购。国家规定国库券不得当作货币流通，不得自由买卖、不得向银行贴现和抵押。

1982 年 1 月 8 日，国务院常务会议通过了《中华人民共和国 1982 年国库券条例》，决定继续通过发行国库券筹集资金，保证预算支出的安排。1982 年以后，国债收入开始作为每年预算收入的一部分，全部列入国家预算，作为国家财政的正常收入来源之一，国库券发行对象也逐步向居民转移。1984 年 11 月 27 日，国务院发布了《中华人民共和国 1985 年国库券条例》，与以前相比，不仅利率有所提高，期限缩短，而且国库券的年发行额增加，城乡居民购买比例提高。

1988 年国库券作了较大的改进，不仅偿还期限进一步缩短，使购买国库券变得更为有利，而且国库券可以转让，在 61 个城市进行国库券流通转让试点，标志着我国国债二级市场建立。从 1990 年开始，在全国范围内出现了一股"国债热"。它向人们展示了国债作为"金边债券"在证券市场上的主体地位和很高的信誉，国债发行的市场基础日渐强化，为国债的顺利发行提供了良好的基础。

1991 年，国家进行了国库券承购包销试点工作，共有 58 家金融机构参加，组成"1991 年国库券承购包销团"，由中国工商银行信托投资公司任承销团干事，共计承销 38.76 亿元。据统计，1991 年以承购包销方式发行的国库券占年发行总量的 65%，使当年国债发行任务超额完成。在 1991 年承购包销试点取得经验的基础上，1992 年在全国范围内进一步推广承购包销的发行方式，利用市场机制推销国债，基本上实现了从过去的行政性分配认购的发行方式向以承购包销为主的市场化发行方式转变，标志着我国国债发行市场已初步建立起来。同时，增加发行频率，缩短发行周期，合理安排发行日期，既有利于吸收社会资金，也有利于加强国债管理和提高服务水平。在此期间，国债二级市场交易品种也在不断丰富，作为国债二级市场衍生交易品种的国债期货业，开始在我国进行试点。

1987 年，国家建设资金供求矛盾突出，预算内资金不足，而预算外资金大量增长。为了调整投资结构，保证国家重点建设项目的资金需要，财政部决定发行国家重点建设债券。该债券共发行 54 亿元，其中单位认购的约占 90%，个人认购的占 10%，期限为 3 年，对单位发行的利率为 6%，对个人发行的利率为 10.5%。

1981—1992 年期间，我国在国内共发行国债 1 199.43 亿元，除 1981 年用于弥补财政赤字外，主要用于增加能源、交通运输方面的重点建设投资。通过发行国债，相应地增加了财政收入，使国家财政增加了能源和交通重点建设的投入，使一些当时因资金不足而不得不缓建的重点建设项目重新开工，发挥了应有的效益。与此同时，相应地减少了计划外建设投资，有利于投资结构和投资方向的调整。

（二）借用外债建设能源交通重点项目

吸收国外资金，引进先进技术，是中国对外开放的重要内容。适度举借外债，是吸收国外资金、支持国内经济建设的重要方式。我国在 1979 年由中国银行与日本输出入银行首次签订了开发资金贷款协议，从此结束了我国 20 年无外债的历史，开始以外债的方式利用外资。

自 1980 年国家财政承担第一批统借统还外债以后，国家陆续批准了数十个建设项目的国外进口设备资金和部分国内基建资金由财政筹借国外贷款解决。当时借用外债的形式主要有外国政府和政府机构贷款、国际金融组织贷款、商业性贷款等。外债资金中有相当一部分用于建设了一大批能源和交通重点建设项目，如最早使用世界银行贷款的天津、上海、黄埔三港项目，利用日本海外协力基金贷款建设的秦皇岛二期码头、山东石臼所港、京秦铁路复线电气化和兖州至石臼所铁路，利用日本输出入银行第一批能源贷款建成了兖州、开滦、古交、大同矿区等七对矿井，等等。我国在使用外债资金进行建设的同时还引进了一大批具有世界先进水平的技术、设备和管理经验，带动了国内技术水平的提高，促进了国内的管理现代化发展。

五、支持能源交通重点建设成效明显

实践表明，国家采取的集中资金加强能源交通重点建设的方针是十分正确和有效的。从 1983 年开始征收"能源交通重点建设基金"到 1993 年结束征收，我国能源产品的产量有了很大的提高，与 1983 年相比，原煤的产量增长了 60.8%，原油的产量增长了 36.9%，天然气的产量增长了 37.3%，发电量增长了 138.9%；交通运输能力也有了很大的提高，除铁路营业里程增长了 8.3% 增幅较小外，公路、民航货运、客运都保持了较快的增长速度，其中，公路长度增长了 18.4%，民航航线长度增长了 319.4%，货物周转量增长了 117.1%，旅客周转量增长了 153.9%（见表 9 – 1、表 9 – 2、表 9 – 3）。能源交通状况的改善，为整个国民经济的健康快速发展创造了良好的基础条件，使得国民经济获得了长期快速发展的后劲。

表 9 – 1　1983—1993 年我国主要能源产量

年份	原煤（亿吨）	原油（万吨）	天然气（亿立方米）	发电量（亿千瓦时）
1983	7.15	10 607	122.10	3 514
1984	7.89	11 461	124.30	3 770
1985	8.72	12 490	129.30	4 107
1986	8.94	13 069	137.60	4 495
1987	9.28	13 414	138.90	4 973
1988	9.80	13 705	142.60	5 452
1989	10.54	13 764	150.50	5 848
1990	10.80	13 831	153.00	6 212
1991	10.87	14 099	160.73	6 775
1992	11.16	14 210	157.90	7 539
1993	11.50	14 524	167.70	8 395

资料来源：根据国家统计局国民经济综合司编、中国统计出版社 1999 年版的《新中国五十年统计资料汇编》数据整理。

表9－2 1983—1993年我国运输线路长度　　单位：万公里

年份	铁路	公路	内河	民航	管道
1983	5.41	91.51	10.89	22.91	1.08
1984	5.45	92.67	10.93	26.02	1.10
1985	5.51	94.24	10.91	27.72	1.17
1986	5.57	96.28	10.94	32.43	1.30
1987	5.58	98.22	10.98	38.91	1.38
1988	5.60	99.96	10.94	37.38	1.43
1989	5.69	101.43	10.90	47.19	1.51
1990	5.78	102.83	10.92	50.68	1.59
1991	5.78	104.11	10.97	55.91	1.62
1992	5.81	105.67	10.97	83.66	1.59
1993	5.86	108.35	11.02	96.08	1.64

资料来源：根据《新中国五十年统计资料汇编》数据整理。

表9－3 1983—1993年我国旅客和货物运量和周转量

年份	客运量 （万人）	旅客周转量 （亿人公里）	货运量 （万吨）	货物周转量 （亿吨公里）
1983	470 614	3 095	576 887	14 054
1984	530 217	3 620	716 907	15 694
1985	620 206	4 437	745 763	18 126
1986	688 212	4 897	853 557	20 148
1987	746 422	5 411	948 229	22 228
1988	809 592	6 209	982 195	23 825
1989	791 376	6 075	988 435	25 591
1990	772 682	5 628	970 602	26 207
1991	806 048	6 178	985 793	27 986
1992	860 855	6 949	1 045 899	29 218
1993	996 634	7 858	1 115 771	30 510

资料来源：根据《新中国五十年统计资料汇编》数据整理。

第二节 探索基本建设投资体制改革

新中国成立以后到党的十一届三中全会以前的30年里，国家财政用于基本建设的资金一直采用财政拨款、建设单位无偿使用的办法。这种资金管理办法和投资管理体制与当时集中统一的计划经济体制和统收统支的财政体制相适应，对集中资金保证国家重点项目建设，迅速建立起我国的工业体系和国民经济体系起到了积极作用。改革开放后，随着投资规模的增长，这种无偿分配和使用资金的办法越来越暴露出许多弊端，主要是企业无偿使用投资资金，缺乏权、责、利相统一的自我约束机制，助长了部门、地方、企业争投资、争项目的倾向，固定资产投资领域长期存在的"长（战线长）、散（资金分散）、乱（管理混乱）、费（损失浪费严重）、差（投资效果差）"问题显得更加突出，国家投资资金使用浪费严重，投资效益低下。改革开放初期，投资体制改革还没有全面展开，基本建设的投资主体仍以政府为主，为了解决基本建设战线存在的上述问题，提高投资效益，控制投资规模，首先从国家预算内基本建设投资管理体制入手进行了改革。这一方面的改革大体经历了两个阶段：第一阶段是推行预算内基本建设投资拨款改为贷款的制度，第二阶段是实行基本建设基金制。

一、推行基本建设投资"拨改贷"

预算内基本建设拨款改贷款是试图通过把基本建设投资由财政无偿拨款改为银行贷款有偿使用（简称"拨改贷"），以增强基本建设资金使用单位的经济责任。

（一）"拨改贷"的试点与推广

1979年8月，国务院批转了国家计委、国家基本建设委员会（以下简称国家建委）和财政部《关于基本建设投资实行贷款办法的报告》，决定从 1979 年开始对国家预算内投资有偿还能力的基本建设项目，逐步由财政拨款改为建设银行贷款，并责成其承担此项改革任务。同年，建设银行根据国务院批准的《基本建设贷款试行条例》，制定了《基本建设贷款实施细则》，并选择少量条件较好的项目进行了试点。

到 1980 年年底，试点工作在全国 28 个省（自治区、直辖市）和电力、纺织、煤炭、交通等 10 多个行业展开。建设银行与这些试点行业的 619 个项目签订了 32 亿元的贷款合同，当年贷款发放额为 15 亿元。在总结试点经验的基础上，国务院决定从 1981 年起，扩大拨款改贷款试行范围，凡是实行独立核算的有还款能力的企业，都应该实行基本建设拨款改贷款的制度。到 1983 年年底，"拨改贷"投资占预算内基建支出的比例提高到 11.3%。进展较快的电力、冶金、建材、广播电视等行业和部门试行"拨改贷"的比重占到预算内基建支出的一半以上。

但是在 1983 年和 1984 年扩大"拨改贷"试点的过程中，实际进展缓慢，实行"拨改贷"的投资只维持在 30 亿元左右，实行"拨改贷"的建设项目占预算内投资的比重下降到 10% 左右。其主要原因：一是改革不配套。计划管理体制同实行基本建设贷款的要求不相适应，增加了推广"拨改贷"的阻力。投资没有中长期计划，缺乏通观全局的长远打算和综合平衡，建设项目靠指令性计划，物资供应靠分配，施工力量靠排队，计划经济体制下的投资管理体制没有改变，贷款单位的自主权得不到应有的发挥。二是财政"分灶吃饭"的体制与基本建设投资"拨改贷"办法有矛盾。各部门下放地方企业的基本建设投资由中央直接供应，企业经营收入归地方财政，而"拨改贷"后收回的贷款归中央财政，地方积极性不大，不愿实行"拨改贷"。三是基本建设投资长期习惯于无偿拨款办法，一些行业亏损企业较多，没有还款能力，难以承担"拨改贷"的经济责任。上述诸多因素交织在一起，影响了"拨改贷"的普遍推行。但从试点情况看，"拨改贷"已逐渐显示出优越性，因此国务院决定进一步全面推广"拨改贷"。

1984 年 7 月，国务院颁布了《建筑业和基本建设管理体制改革的规定》。规定指出：为了促使建设单位、项目主管部门缩短工期，按期或提前建成，投产发挥效益，凡是需要国家财政预算内安排的基本建设投资，都需按照资金有偿使用的原则改财政拨款为银行贷款。实施这一重大改革主要是考虑到在财政拨款和银行贷款两种资金供应方式并存的条件下，仅靠宣传动员拨款改贷款困难很大，必须从立法上规定基本建设投资一律实行贷款，切断无偿拨款的资金供应渠道。对于那些确实无还款能力的项目，经有关部门批准，可豁免本金或利息。为了实施这项改革措施，1984年12月，国家计委、财政部、建设银行颁发了《关于国家预算内基本建设投资全部由拨款改为贷款的暂行规定》，决定从1985年起，凡是由国家预算内安排的基本建设投资，全部实行拨款改贷款。为了保证"拨改贷"的顺利实施，《暂行规定》就计划管理与资金来源、贷款利率、借款合同、贷款的支付、贷款本息的偿还与豁免、奖励与惩罚等方面提出了具体要求，这对保证"拨改贷"的顺利推行起到了推动和监督作用。《暂行规定》下达后，"拨改贷"得到全面推行。1985年"拨改贷"投资总额为551亿元，占当年预算内投资的92%，其中，中央预算内投资改为贷款368亿元，占中央预算内投资的95.3%。

（二）实行拨款和"拨改贷"的"双轨制"

1985年基本建设拨款改贷款的全面实施，对于增强部门、企业投资使用的责任感，提高资金的使用效益起到了积极的促进作用。但是，也遇到一些困难和问题，主要是由于豁免贷款本息的项目过多，一些没有偿还能力的行政事业单位和偿还能力很差的工业建设项目一面申请贷款，一面请求豁免，给资金管理带来许多困难。另外，由于其他方面的改革滞后，贷款项目在项目决策、计划安排以及资金分配等方面与以前实行拨款时的体制基本相同，难以真正建立权、责、利相统一的机制。

针对"拨改贷"全面实施中出现的新问题，1985年年底，国家计委、财政部、建设银行联合颁发了《关于调整国家预算内基本建设投资拨款改贷款范围等问题的若干规定》，决定从1986年起，对国防科研项目、各级各类学校等十类无经济效益的项目不再采用"拨改贷"管理，恢复拨款办法；国家预算直接安排的基本建设投资分为国家预算内拨款投资和国家预算内"拨改贷"投资两部分，并对拨款投资安排的建设项目限定了范围，对经营性项目仍实行"拨改贷"。

实行拨款和"拨改贷"双轨制后，"拨改贷"管理进一步规范化，避免了资金有偿使用流于形式，减少了建设银行和项目主管部门大量的事务性工作。经过调整后的"拨改贷"投资每年大约为 100 亿元，约占预算内基本建设投资的 1/3。到 1988 年年底，实行基本建设基金制时，建设银行经办的"拨改贷"贷款余额为 806.89 亿元；到 1993 年年底，"拨改贷"贷款余额为 700 多亿元。

（三）"拨改贷"的成效与缺陷

从 1979 年试点起，到 1988 年实行基本建设基金制，"拨改贷"制度对于突破计划经济体制下的传统投资管理模式，改变预算内基本建设资金无偿使用，加强财政资金使用单位经济责任，起到了改革创新的舆论先导和实践探索作用。尽管由于外部条件不配套，在推行中经历了一些曲折，但它在有限条件下取得了积极成果，为今后的改革积累了经验。

"拨改贷"的成效主要有以下几点：一是促进观念的转变。推行"拨改贷"促进了观念上的转变，促使贷款单位改变过去那种盲目争项目、争投资的现象，慎重选择建设方案，深入细致地对建设项目的经济效益做出科学的评估和预测，促使项目的主管部门改变过去只注重进度、不注重效益，只重生产、不重还贷的做法，促使其进行科学的投资决策。二是有利于建立财政、银行和企业之间的经济约束机制。实行"拨改贷"，对建设单位用款建立了经济约束机制（包括计划约束、合同约束、指标约束、利率约束、借款期限约束等），打破了改革前长期形成的"国家拿钱、计委分配、部门花钱、建行报销、财政核算"的吃"大锅饭"的投资管理体制，改变了拨款体制下建设单位与建设银行之间单纯的资金领拨关系，形成了负有经济和法律责任的债权和债务关系。因此，在当时的条件下，"拨改贷"促进了投资效益的改善，并在国家财政收支矛盾尖锐的情况下，回收了一部分建设资金，是一个具有创新意义的探索。

但是，"拨改贷"并不是国家投资管理体制的实质性改革，只是改变了预算内基本建设投资的资金供应方式。这一改革的缺陷表现在以下几点：第一，没有从根本上解决投资主体的问题。由于当时按行业归口切块分配投资计划的做法并未改变，企业不是真正的投资主体，仍然没有投资决策权。第二，改革初期各项改革的不配套，使得"拨改贷"制度条件先天不足，推进改革难度较大。第三，在全面推行"拨改贷"的过程中，由于一部分建设单位还款能力不强，成为后期银行不良资产扩大的一个重要原因。

二、建立基本建设基金制和国家专业投资公司

基本建设基金制和国家专业投资公司的设立，是继"拨改贷"后国家预算内投资管理体制的又一项重要改革。

（一）建立基本建设基金制

20 世纪 80 年代后期，在深化经济体制改革的进程中，随着财政和投资管理体制深化改革措施的实施，我国投资领域出现了投资渠道多样化、投资主体多元化、投资决策分权化的局面。这对搞活经济、调动各方面的积极性发挥了重要作用，但随之带来两大问题：一是在资金运用上形不成整体合力，资金分散使用导致了一般性的重复建设屡禁不止，效率低下。二是由于当时受中央财政的财力限制，每年安排的预算内基本建设投资数额相对较小且不稳定，无法保证关系国计民生的重点建设项目和基础设施建设，也无法用中央投资来引导地方投资，进而实现投资的宏观调控目标。在这种情况下，急需寻求一种较稳定的中央投资基金来源，一方面保证国家重点建设的资金需要；另一方面实现对地方和预算外投资的引导。基本建设基金制就是在这样的经济背景下建立起来的。

1986 年，国家有关部门酝酿投资体制改革方案时，提出改革政府投资的分配方式和经营方式，建立基本建设基金制度，并设立若干国家专业投资公司从事经营性基金经营管理的改革思路。1988 年 7 月，国务院发出了《国务院关于印发投资管理体制近期改革方案的通知》，并附发了

《国家基本建设基金管理办法》，决定从 1988 年起，对中央级预算基本建设投资实行基本建设基金制度。中央财政从预算中划出以下五项资金作为中央基本建设资金的来源：（1）征收的能源交通重点建设基金由中央使用的部分；（2）征收的建筑税收入由中央使用的部分；（3）铁道部包干收入中用于预算内基本建设的部分；（4）国家预算内"拨改贷"投资收回的本息（利息部分扣除建设银行的业务支出）；（5）财政定额拨款。随后，中央基本建设基金正式建立。上述基本建设基金在国家预算中列收支，但与财政经费性开支分开，由财政部按期拨给建设银行，建设银行按计划负责实施，实行专款专用。基本建设基金的使用必须符合国家的产业政策、投资政策、生产力布局和中长期计划的要求，坚持量入为出的原则。

基本建设基金分为经营性和非经营性两种类型。经营性基金中一部分由国家计委切块安排给国家能源、交通、原材料、轻工纺织、农业、林业投资公司分配使用，主要用于中央主办的重大能源、原材料工业基地，面向全国的交通运输、邮电、通讯骨干设施，关键的机械、电子、轻纺工业项目，重大农业基地和重点防护林工程，以及一些新兴产业项目的建设，另一部分由国家计委安排给行业主管部门，由行业主管部门分配使用。非经营性基金由国家计委安排给主管部门包干使用，主要用于国家计委确定的中央各部门直接举办的没有直接经济效益的文化、卫生、教育、科技和大江大河治理等大中型项目建设，小型项目由国家计委核定基数后主管部门包干使用。基金管理办法还规定，在基本建设基金中每年确定一定数额的银行贷款贴息资金，按国家规定对基建贷款项目贴息。

实行"基金制"以后，尽管国家财政十分困难，但在每年的国家预算中尽可能地保证了基金基数，使能源、交通、原材料等重点建设项目有稳定的资金来源。据统计，从 1989 年到 1994 年，在实行"基金制"的 6 年时间里，不包括铁道包干投资、下放港口以港养港投资、补助地方包干建设的拨款投资等，中央经营性基金贷款余额达到 1 000 多亿元，其中由建设银行经办的能源、交通、原材料、机电轻纺、农业和林业六个国家专业投资公司委托贷款和经营性基金部门贷款各500亿元左右，支持了一批重点项目按计划建成投产，提高了能源、交通、原材料等基础工业的生产能力，为国民经济的持续稳定发展提供了一定保障。

（二）成立国家专业投资公司

作为基本建设基金制的配套改革措施，国务院批准在中央一级设立了能源、交通、原材料、机电轻纺、农业、林业六个国家专业投资公司。它们使用中央基本建设基金，分别经营本行业中央投资的经营性项目（包括基本建设和技术改造）的固定资产投资，经营与本行业有关的横向交叉和综合利用等方面的项目；向地方、企业投资的项目参股，经营利用外资、中外合资（合作）经营项目和对外投资，并确保新增生产能力和国家建设任务完成；通过基本建设、技术改造和对地方、企业资金的导向，不断优化产业结构和地区结构。国家专业投资公司既是从事固定资产投资开发和经营活动的企业，又是组织中央经营性投资活动的主体；既具有控股公司的职能，使资金能够保值增值，又承担有国家政策性投资的职能。同时，各个国家专业投资公司实行独立核算，用经济办法进行管理。其中能源、交通、原材料、机电轻纺四个投资公司由国家计委归口领导，行业归口主管部门参与指导；农业、林业投资公司由国家计委与主管部门归口领导，以国家计委为主。

基本建设基金制的实施和国家专业投资公司的建立，是我国改革开放前期在投资领域实行的重大改革，在保证重点建设资金来源和改革基本建设投资管理体制方面发挥了积极的作用。但是随着经济体制改革的深入，逐渐遇到了一些问题，如国家专业投资公司与建设银行、行业归口部门的关系不顺；客观经济形势变化、社会财力结构及社会积累模式的变化，使作为基金来源的五项资金的数量和结构发生了新的变化，如能源交通重点建设基金等逐步减免，资金来源得不到保证。到了1994年3月，国务院将六个国家专业投资公司并入国家开发银行，同时筹组国家开发投资公司。

第三节 改革基本建设管理制度

为了克服基本建设投资责任机制不健全、吃"大锅饭"的弊病，理清建设单位和项目主管部门的关系，提高投资效益，改革开放以后，国家在积极推进基本建设投资体制改革的同时，通过采用投资包干、工程项目招投标等措施，尝试在基本建设管理中引入自我约束机制和竞争机制。

一、推行投资包干制度

基本建设投资包干制度早在 20 世纪 50 年代就曾经试行过。它的实质是将权力下放给企业，明确责任，调动企业管好用好基本建设投资、提高投资效益的积极性。但是在"大跃进"中受"左"倾思想的影响，片面夸大投资包干的作用，否定国家对基本建设活动必要的监督管理，产生了严重的负效应，造成基本建设投资规模失控、基本建设程序被破坏、损失浪费严重，投资包干制度因此夭折。1982 年开始的建筑业改革，重新提出了基本建设投资包干并赋予了新的内容。它是根据经济体制改革的要求，在基本建设中实行责、权、利相结合的一种经营管理制度，是基本建设管理制度的一项改革措施。

（一）投资包干制的主要内容

1984 年 9 月，国家计委、城乡建设环境保护部、劳动人事部、建设银行正式颁发了《基本建设项目投资包干责任制办法》，将投资包干以新的形式和内容在基本建设中普遍推行。投资包干制度的主要内容是：包干双方以项目投资概算或施工图预算确定的投资额为基础，订立包干合同或协议；承包单位对国家实行"五包"（包投资、包建设工期、包工程质量、包材料消耗、包形成生产能力），国家对承包单位实行"五保"（保资金供应、保设计图纸、保设备材料供应、保施工队伍、保外部配套条件）。在"五包"原则下，承包单位有权调剂建设资金，调整工程进度，有权按国家规定支配、使用投资包干结余。

在实施过程中，投资包干形式丰富多样。既有主管部门按行业包干，也有建设单位按项目包干；既有建设单位包干，也有施工单位包干；既有按概算包干，也有按平方米造价包干；既有按整个项目包干，也有按单项工程或某项费用包干；既有对生产性项目包干，也有对非生产性项目包干。

（二）推行投资包干制的主要效果

投资包干制在当时较好地处理了在使用基本建设投资上国家、企业和职工三者之间的利益关系，而且使承包制度扩大到了相关联的主管部门、设计单位、施工企业、物资供应部门和单位，为各方齐心协力，更快、更好、更省地进行建设创造了条件。

投资包干制促进了基本建设活动各个环节的管理。一是促使设计单位提高编制概算的质量，为合理确定包干投资额提供可靠依据；二是对包干单位既加重了责任，又扩大了权利，使责、权、利得到较好结合，在一定程度上调动了建设单位和广大职工合理节约使用资金的积极性；三是建设单位实行包干后，还要对工程进行公开招标，与施工企业签订承包合同，使经济责任制在更大的范围得到推行；四是促使建设单位千方百计改善经营管理，加强经济核算，降低建设成本。

投资包干制实行 3 年后，全国已有 815 个工业项目和 1 980 个民用工程项目实行了各种形式的投资包干制，包干总投资 316 亿元，在概算造价基础上节约投资 13.8%。从实践情况来看，采用投资包干制建设的项目一般都程度不同地收到了进度快、质量高、投资省的效果，尤其是绝大部分中小型建设项目，经济效益较为明显。大型重点建设项目建设工期很长，设计施工牵涉的外部条件错综复杂，特别是引进项目还要受国外设备到货的制约，投资、工期以及设备材料多数不能在开工初期定死，因而难以具备"五包"、"五保"的条件，实行投资包干制就比中小型建设项目效果差。

二、改革项目决策程序

改革开放以前，国家对基本建设投资的管理主要局限于建设期的资金管理，对前期的项目决策管理比较粗放。改革开放以后，国家在对基本建设项目推行投资包干的同时，还积极开展项目评估，进行可行性论证，并加强项目投产后的经营管理。

（一）基本建设投资管理向"两头"延伸

随着"拨改贷"的实行和大规模基本建设投资信贷的兴起，基本建设项目决策工作上升到了重要地位，首先引起发放基本建设投资贷款的银行的关注。建设银行提出了固定资产投资的财务管理工作要向"两头"延伸，即一头延伸到项目的前期工作，开展项目评估，参与投资决策，另一头延伸到投产后的经营管理，实现预期经济效益，保证贷款回收。1980 年以后，建设银行开展了大规模的项目评估和投资信息调查工作。

（二）大力开展项目评估

在改革初期，建设银行贷款项目大多由计划和主管部门安排，建设银行自己没有贷款决策的自主权，致使不少贷款建设的项目经济效益不理想，贷款回收困难。从 1984 年开始，建设银行学习借鉴了世界银行的项目管理办法，对要使用基本建设贷款的项目进行评估论证，择优发放贷款。

基本建设投资财务管理延伸到参与建设项目的投资决策，开展项目评估，是转入以提高经济效益为中心的轨道的一个重要标志，是防止基本建设发生严重浪费、实现最佳投资效益的重要途径。

三、推行工程招标投标制度

实行工程招标投标制度是把市场竞争机制引入基本建设活动，使建设单位和施工企业能够双向选择，促进施工企业之间开展合理竞争的有效制度。

　　在改革之前，建筑企业的生产任务是由其主管部门统一分配的，企业间缺少竞争，生产效率不高，一些非国有建筑企业更是处于弱势地位。改革后全面实行招标、投标制，要求新建项目凡是不涉及特定地区或不受资源限制的，都要通过招标选定建设地点；建设项目的设计、工程承包、设备供应和施工，都要通过招标、投标择优选定，不得按行政办法分配任务。大型项目的招标、投标必须在全国进行，部门、地区不得封锁。实行招投标制充分发挥了市场和竞争机制的作用，为广大建筑企业提供了公平竞争的机会，促进了我国建筑企业和基本建设投资管理水平的提高。

　　总的来说，在1978—1992年期间，国家发展能源交通建设所采取的重要财政措施，及时、有效地解决了分权让利改革过程中国家财力短缺和能源交通重点建设资金需要之间的矛盾，为日后国民经济的快速发展奠定了基础。国家在基本建设管理体制和管理制度方面进行的各种重要改革尝试，虽然有些内容并不成熟、完善，改革的效果也没有完全达到预期效果，但仍然在一定程度上促进了基本建设投资经济效益的提高。

第十章
加强各项财政管理

1978—1992 年，各项经济体制改革不断深入，经济社会环境发生了深刻的变化，对加强财政管理提出了新的要求。为适应改革的需要，保障各经济社会事业的顺利进行，财政在加强国有资产管理、教科文卫行政事业单位财务管理、预算外资金管理以及财政监督等方面进行了有益的探索，为下一阶段的改革发展奠定了基础。

第一节　建立健全国有资产管理

随着改革开放的不断深入，计划经济体制下的国有资产管理体制已不能适应新形势的发展要求，管理中出现了许多问题。主要表现为：管理混乱、家底不清；国有资产大量流失；国家投资损失浪费严重，投资效率低下；国营企业"啃老本"；对国营企业经营人员的激励约束机制没有建立起来；国有资产管理效益下降；等等。因此，必须理顺国有资产管理体制，加强国有资产管理。

一、改革开放初期的国有资产管理

在计划经济时期，国有资产管理主要是以中央各部门为主体进行全国资源的配置，实行中央集中统一管理。由于没有单独的国有资产管理概念，所以国有资产的管理主要通过对国有资产占有、使用单位的管理来实现。改革开放以后，随着国营企业经营和改革的不断深入，国有资产管理问题逐渐突出。在这一阶段我国国有资产管理进行了以下工作：

第一，对国有资产进行清产核资。党的十一届三中全会以后，为了贯彻党中央确定的对国民经济实行"调整、改革、整顿、提高"的方针，建立健全良好的生产秩序和工作秩序，提高经济管理水平，1979 年 4 月，国务院决定在全国开展清仓查库、扭亏增盈工作的基础上进行清产核资工作。至 1981 年 2 月，清产核资工作结束时，全国工交企业清出闲置固定资产 100 亿元，多余流动资产 9 亿元，短缺流动资产 14 亿元，划出超储积压物资 272 亿元；商业企业清出有问题的商品 100 多亿元。当时一年全社会固定资产投资才 900 多亿元，国家投资不过 200 多亿元，清产核资工作取得了巨大成绩。

第二，向地方和国营企业下放资产管理权利。以国营企业改革为主要载体，在企业隶属关系和收益权利调整等问题上，中央不断向地方和国营企业放权让利，降低中央过高的集中度。在调整中，较好地坚持了国有资产权利和责任的一致性，地方、企业在不断增加自身权益的同时，对国有资产管理的责任也越来越重大。

第三，推行"利改税"和"税利分流"改革。财政在解决国家和国营企业分配关系的过程中，如何体现国家对国营企业的经济权益，国家作为资产所有者的问题逐渐显化。综合考虑国家对国营企业双重身份，我国推行了"利改税"改革，通过把国营企业上缴利润改为按照国家规定的税种和税率缴纳税款，税后利润由企业支配的办法，体现了国家对于国营企业的双重权力，并为后来的政企分开、政资分开打下了基础。

二、专职管理机构建立后的国有资产管理

1988 年，为加强国有资产管理、推进国有资产保值增值、防止国有资产流失，按照政府的社会经济管理职能与国有资本所有者职能分开的原则，国务院决定设立国资局作为国家国有资产的代表者，行使国家赋予的国有资产所有者的代表权、国有资产的监督管理权、国家投资的收益权、资产处置权，同时，规定了具体管理职责、管理对象与范围。

（一）明确国有资产管理任务

在 1989 年 11 月党的十三届五中全会通过的《中共中央关于进一步治理整顿和深化改革的决定》中，明确提出了"认真清产核资、加强国有资产管理"的任务。1990 年 1 月召开了第一次国有资产管理工作会议，国务委员王丙乾受国务院总理李鹏的委托，到会讲话。1990 年 7 月，国务院又下发了《关于加强国有资产管理工作的通知》。《通知》明确指出，要在八个方面加强管理：一是在全国范围内有计划地开展清产核资、核实国家资金、摸清国有资产"家底"（简称清产核资）的工作；二是坚决防止和纠正损害国有资产产权的行为；三是完善企业的国有资产产权管理机制，继续深化企业改革；四是改进、完善企业经济效益考核内容；五是切实加强对国家固定资产投资的管理；六是在深化经济体制改革中，逐步建立与社会主义有计划商品经济相适应的新型的国有资产管理体制；七是按照统一领导、分级管理的原则，逐步建立和健全国家国有资产管理机构；八是要求各省、自治区、直辖市人民政府，按照这个通知要求，对本地区、本部门如何加强国有资产管理工作进行研究，提出贯彻落实措施。

（二）开展清产核资、产权登记和资产评估工作

根据中共中央、国务院的精神，国资局有计划、有步骤地开展了清产核资工作，积极进行国有资产产权登记工作，大力推进国有资产的评估工作。

1. 清产核资

国资局于 1990 年 2 月成立了清产核资工作办公室，向国务院报告了在全国范围内组织开展清产核资工作的初步设想，并草拟了《清产核资总体方案》、《清产核资办法（初稿）》等文件。

2. 产权登记

1990 年年底，财政部、国家工商行政管理局（以下简称国家工商局）、国资局联合发布了《国有资产产权登记管理办法（试行）》，要求各地区、各部门结合实际组织试行。

3. 开展资产评估

1989 年 9 月国资局发布了《关于在国有资产产权变动时必须进行资产评估的若干暂行规定》；1989 年 10 月国家编委批准国资局成立资产评估中心，此后，各省也相继成立了资产评估机构；1990 年 5 月又发布了《资产评估机构管理暂行办法》。此后，全国的资产评估工作逐步开展起来。

由于采取了上述一系列措施，国有资产的管理得到加强，国有资产流失的势头得到一定程度的遏制。

（三）参与清理整顿公司，完善企业承包经营责任制工作

为了确保国有资产的保值增值，国资局参与了清理整顿公司和完善承包经营责任制工作。

一是参与清理整顿公司工作。1989 年，中共中央、国务院做出了《关于进一步清理整顿公司的决定》。这个决定发布之后，为了保证国有资产在清理整顿过程中不遭受损失，各级国有资产管理部门在全国清理整顿公司领导小组的统一领导下，与有关部门密切配合，连续发出了一系列文件，加强国有资产管理工作。如：1989 年 12 月财政部、中国人民银行和国资局联合发出了《关于做好撤销、合并全民所有制公司债权债务工作的通知》；1990 年 4 月国资局发出了《关于做好撤销、合并全民所有制公司国有资产清理收缴工作的通知》；1990 年 6 月国资局与财政部、国家工商局发出了《关于立即组织力量做好清理整顿公司中国有资产的清理、划转和收缴工作的紧急通知》；当年 12 月国资局又发出了《关于对清理整顿公司后保留公司进行产权登记有关问题的通知》。这些文件的发布和贯彻执行，有力地推动了清理整顿公司的工作，同时及时地保证了国有资产免受不应有的损失，保护了国有资产的安全和完整，推动了国有资产管理工作的开展。

二是参与完善企业承包经营责任制工作，建立国有资产保值增值的考核指标和管理制度。1990 年 7 月国务院《关于加强国有资产管理工作的通知》中明确提出，新一轮承包要"在正确处理国家、企业和个人利益关系的原则下，确定承包合同中的资产、财务指标，严格考核，确保国有资产完整和增值"。依据这一精神，国资局与财政部、国家体改委和国务院生产办公室联合制定发布了《关于加强承包经营责任制企业国有资产管理的试行办法》。该办法规定了加强国有资产管理、防止国有资产流失、严格按规定提取和使用各项基金、提高国有资产使用效益、确定国有资产保值增值指标，明确要求承包企业国有资产的保值增值指标要与企业职工与经营者的利益挂钩等。国资局参与完善企业承包经营责任制工作，建立国有资产保值增值的考核指标和管理制度，对加强承包企业的产权约束、增强企业的产权意识、维护国有资产所有者的权益起了积极作用。

三、国有资产管理的主要成就

这一时期，我国的改革事业不断发展和深化，国有资产管理工作也取得了重大突破。

（一）开创了国有资产管理职能独立的新时代

1988 年，我国国有资产管理职能开始独立于政府其他职能。尽管机构经过多次调整，但是国有资产管理职能独立的做法却一直延续下来，其观念也已深入人心。国有资产管理职能的独立是我国理顺政企关系、政资关系的重要基础。国有资产管理职能的独立实现了政府的一般经济管理职能、国有资产管理职能和企业经营职能的分开，这种分开既有利于维护国家所有权的统一性，保证国家对国营企业的领导和监督，巩固全民所有制经济，又有利于在两权分离基础上明确企业的权利、义务，把企业的权、责、利有机地结合起来，使之在社会主义市场经济中成为具有一定生机和活力的独立商品生产者和经营者。

（二）为国营企业深化改革创造了条件

在国营企业改革初期，由于经济决策上的一些失误，削弱了资产所有者从国家宏观利益出发对经营者行为的必要约束，加剧了资产配置和产业结构的失调，降低了经济和社会效益，并给国家、企业、职工三者的分配关系带来了不利影响。为此，我们必须继续推进国企改革，落实企业的经营权，使企业逐步成为自主经营、自负盈亏、自我发展、自我约束的商品生产者和经营者，必须建立起所有权对经营权的合理有效约束机制，保障国家的所有权。

（三）初步实现了国有资产的价值管理

在计划经济时代和改革初期，只强调对国有资产的实物管理，没有界定国有资产的种类，也没有进行产权登记。随着改革开放的深入进行，出现了多种经济成分并存和混合所有制的新型企业组织，资产开始进入市场进行交易，国有资产也不例外。为保障国有资产不流失，不使资产的账面价值与实际价值发生背离，初步建立了国有资产价值管理模式，包括实施产权登记、清产核资、资产评估等，既维护了国有资产权益和经营者各方的权益，也成为实现国有资产保值增值的重要手段。

第二节　改革教科文卫行政事业单位的财务管理体制

教育、科学、文化、卫生等社会事业的发展，既是社会主义精神文明的标志，也是保证现代化物质文明建设的重要条件。改革开放初期，教科文卫事业的复兴和发展急需大量资金投入，财政收支矛盾十分突出。为此，财政把对教科文卫等行政事业单位实行的"大包大揽"的经费保障方式改为财务包干的办法，并逐步调整和完善，以改进财务管理制度，建立激励和约束机制，提高财政资金的使用效率。

一、 总体改革情况

1980 年 1 月 24 日，中共中央、国务院发出《关于节约非生产性开支，反对浪费的通知》，《通知》明确规定：从 1980 年起，国家对文教、卫生、科学、体育等行政事业单位试行"预算包干"办法，结余留用，增收归己，超支不补，以调动努力增收节支、提高资金使用效果的积极性。一切有条件组织收入的事业单位，都要积极挖掘潜力，从扩大服务项目中合理地组织收入，以解决经费不足的问题，促进事业发展；应用科研单位和设计单位要积极创造条件，改为企业化经营，不仅不用国家的钱，还要力争上缴利润。

这些制度实行以后，事业单位创收积极性高涨，财务状况明显改善，并出现了一些企业化管理的事业单位，与企业一样，独立核算、自负盈亏。同时，也出现了一些弊病，表现在：一是出现不同单位、不同部门之间利益苦乐不均的现象，而且差距越拉越大。二是一些事业单位的营利性行为没有遵守相应的法律法规，利用单位职权投机钻营，非法牟取利益，出现了不正当经营的现象。

针对这些问题，财政部 1988 年 5 月对原预算包干办法进行了修订，重新制定颁发了《文教科学卫生事业单位、行政机关"预算包干"办法》，根据教科文卫行政事业单位的不同特点，规定了四种单位预算包干方式，并相应制定了四种预算包干经费的核定办法：（1）经费和任务挂钩，一年一定；（2）核定基数，比例递增；（3）包死基数，一定几年不变；（4）核定基数，比例递减。

1989 年，财政部颁布了《关于事业单位财务管理的若干规定》，明确规定了对事业单位要根据不同的情况分别实行全额、差额、自收自支三种预算管理形式，加强了事业单位的财务管理。一是将事业收入全部纳入单位预算，与国家预算拨款统一核算，统一管理；二是改革现行预决算制度，事业单位的预决算不仅要反映国家预算拨款的情况，也要反映事业单位的收入情况，防止收支两张皮；三是加强事业单位收入的核算工作，准确反映组织收入活动的收益情况，防止单位增收、财政增支、虚盈实亏现象发生。

二、教育事业财务管理改革

中华人民共和国成立以后，对教育单位的预算管理基本上采取"统收统支"的形式，这虽然对保证教育单位的资金供应、支持教育事业的发展起过一定作用，但其弊端是权力过于集中，统得过多，管得过死，助长了吃"大锅饭"的思想，不利于调动单位的积极性。从1980年起，配合财政管理体制的改革，在教育部门的事业单位和行政管理机关全面试行了预算包干办法，即对实行全额预算管理和差额预算管理的教育行政事业单位按照上级单位批准的行政工作任务、事业计划和年度预算，包干使用预算资金。年终结余和增收都留归本单位下年继续使用，不上缴财政，如有超支或短收也不补助。通过预算包干，将国家和单位之间的经费预算关系相对地固定下来，确定了单位在预算包干资金使用上的自主权，鼓励了教育事业单位在注重社会效益的同时，努力提高经费自给水平，增强自我发展的能力。这是运用经济手段进行管理的一项重要措施，是单位预算管理制度的一项重要改革。通过改革，提高了资金的使用效益，促进了增收节支，加强了财务管理。

在推进预算包干办法的同时，教育财务管理也得到加强。一是改革教育经费的分配办法。对高校年度教育事业费预算的核定，实行按不同科类、不同层次学生的需要和学校所在地区的不同情况，结合国家财力的可能，按综合定额加专项补助的分配办法进行核定。这种新办法的核心是使教育事业经费多少同学生人数挂钩，改变了过去"基数加发展"的供给制分配形式，对于调动学校的积极性，推动学校挖掘内部潜力，讲究经济效益，发挥学校主动、能动作用，保证教学、科研各项计划的完成，起了积极的作用。二是实行奖学金和学生贷款制度。改变过去上大学都由国家包下来的状况，逐步推行大学生一部分费用自理，推动勤工俭学活动的深入开展，同时也进一步调动学生的学习积极性，促进教育质量的提高和高等教育事业的发展。

三、科学事业财务管理改革

党的十一届三中全会以前，我国一直实行"统收统支"的科技经费管理模式，各单位管理支出的责任不明确，存在有钱就花、没钱就要的情况，支出主观性和随意性较大。1978 年，国家改变了长期以来的这种科技经费管理模式，对多数科研单位逐步推行了以"划分收支、分级包干"为特点的单位预算包干管理办法。单位预算包干管理主要有全额预算包干和定额预算包干两种形式：全额预算包干，即对于全额预算管理的科学事业单位，由过去国家核定预算、年终结余收回财政的办法，改为财政部门核定年度经费预算数额，全部包干给科研单位，超支不补，结余留用；定额预算包干，即财政部门在核定科学事业单位收入和支出的基础上，确定补助数额，包干给单位使用，超支不补，结余留用。这对改变当时财政科技投入资金不足的情况起到了一定的作用。

随着财政工作的不断深入，单位预算包干管理的弊端也逐渐显现出来，如体现科研活动的客观规律和特点不够，将科研单位作为一般事业单位进行管理，科研人员吃单位的"大锅饭"，科研单位吃国家的"大锅饭"，缺乏面向生产和市场的动力与活力，等等。针对上述问题，按照1985 年《中共中央关于科学技术体制改革的决定》的要求，1986 年国务院发布了《关于科学技术拨款管理的暂行规定》，财政为配合国家科技体制改革的总体部署，对科技拨款制度进行了重大改革。这次改革主要包括以下内容：

一是各部门科研事业费归口科技行政管理部门统一管理。除基本建设经费、科技三项费用、企业与高校所属科研机构的科学研究经费之外，原来在各部门事业费中开支的科学研究费和文教类科学研究费划归各级科委统一管理。归并和调整原有的预算科目，增设"科学事业费"大类，将原来分散在农业、公交、商贸、文教等事业费类中的各部门"科学研究费"科目全部取消。同时，对各类科研单位预算资金实行"分级管理"，即科研单位向主管部门负责，主管部门向科委负责，科委向财政部门负责。

二是对科研单位实行分类管理，将科研单位分为应用研究单位、基础研究单位等几大类。对于主要从事技术开发和近期可望取得实用价值的应用研究单位，实行差额预算管理、核定收支、定额补助的管理办法；对于主要从事基础研究和近期尚不能取得实用价值的应用研究单位，实行全额预算管理、经费包干、结余留用、超支不补的管理办法；对于主要社会公益事业、技术基础工作的社会公益事业及社会服务性质的科研单位，实行全额预算、经费包干、结余留用、超支不补的管理方式；对于同时从事上述基础研究、技术开发两种类型工作，其中每种类型工作均占相当比重，但又均不占明显优势的单位，管理上一般按照各级科委审定的分类比重，参照技术开发类和基础研究类的科研单位办法进行管理。对科研单位实行分类管理的意义非常重大，这种改革不仅解决了财政困难，更重要的是推动了科技的市场化，加快了科技成果的转化。

三是对重大科技项目逐步实行招投标合同制。对列入中央和地方发展计划的重大项目，逐步实行招投标合同制，将科技经费与科研任务直接挂钩，并部分实行有偿使用，将竞争机制引入科技工作，以改进管理和提高资金使用效益。

四、文化事业财务管理改革

1978—1992 年期间，文化事业单位也进行了预算大包干的财务管理体制改革。标志性的改革主要有两个：一是对人民日报社的财务制度进行改革。1978 年，财政部批准《人民日报》等新闻单位实行"事业单位、企业化管理"，标志着新闻出版传媒机构开始从意识形态宣传型向宣传与经营并重、双轨制运行的方向发展。二是改革中央电视台的财务制度。1978 年 5 月 1 日，北京电视台正式更名为中央电视台。1979 年，中央广播事业局决定，根据财政部规定试行"预算包干"，选取中央电视台作为试点单位，实行经费"差额补助、节余留用"的财务管理办法。1984 年 10 月 24 日，国务院进一步批准了中央电视台财务预算包干改革方案："在办好电视节目、提高电视质量的前提下，扩大中央电视台的自主权，实行经费包干，三年不变。"

在总结先期改革经验的基础上，1987 年，文化部、财政部、国家工商总局联合颁布了《文化事业单位开展有偿服务和经营活动的暂行办法》，鼓励文化事业单位利用自己的知识、艺术、技术和设备等条件，开展有偿服务，取得收入，用于补充事业经费的不足，自此打破了文化事业单位一切开支都由国家财政包起来的传统模式。为了给文化事业单位发展开辟新的资金渠道，1990 年对中央电视台进行"预算包干"改革试点。改革办法规定：核定年收入 1 亿元，每年财政拨款 4 500 万元；核定六项经济考查指标；在完成六项业务经济指标的前提下，实行预算包干、节余留用的分配和使用方案；明确了总会计师负责制。该财务管理办法的主要特征是，在包干期间，中央电视台收入全部纳入预算管理，实行定收定支，以收抵支，定额拨款，包干使用，减收超支不补，增收节支留用，三年不变。通过预算包干，国家财政的支出没有增加，但中央电视台充分运用包干政策，积极通过广告等创收手段，在较短的时间内积累起一笔资金，解决了台内设备和技术更新的问题。这是财政部门对中央电视台的发展在体制上给予的支持，也是预算大包干改革的一个成功范例。此外，各级文化事业单位也进行了预算包干制财务管理体制改革。

实践证明，文化领域根据各事业单位的具体情况，采取与之相适应的财政管理形式，可以调动一切积极因素，促进各项文化事业的快速发展。尽管这种财务管理体制在具体实践中也带来了一些负面影响，但在当时财力不宽裕的背景下，进行这样的改革是非常必要的。一方面减轻了财政支出的压力，使国家能够将主要资源用于经济建设；另一方面又创新了文化单位的激励机制，改变了单纯依靠国家的力量办文化事业的局面，将文化事业的发展放在有计划商品经济的大环境下，为文化事业的繁荣发展奠定了制度基础。

五、卫生事业财务管理改革

20 世纪 80 年代以来，在改革开放的大背景下，我国卫生事业改革也沿着放权搞活的思路推进。当时卫生事业的财务管理改革主要是针对医疗资源短缺、医疗服务效率低下、医务人员人浮于事、群众看病难等问题，重点通过增加服务项目、调整收费标准等多渠道筹集资金，放开搞活医疗机构经营机制，扩大医疗卫生资源，提高医疗服务效率。同时，为向广大人民群众提供价廉的医疗服务，国家财政将公立医疗机构作为差额拨款的事业单位，给予一定的财政拨款。此后，卫生事业的财务管理跟随国家财政体制一起，推进了财政包干的改革。

1985 年国务院批转中华人民共和国卫生部（以下简称卫生部）《关于卫生工作改革若干政策问题的报告》，1989 年国务院批转卫生部等五部委《关于扩大医疗卫生服务有关问题的意见》，提出了一系列对医院实行定额包干政策等扩大医疗卫生服务的政策措施。医院收支结余部分，除按规定提留事业发展基金外，其余部分由单位自主分配。财政补助政策的调整使医疗机构的运行方式发生了重大转变。医疗机构在财政硬预算约束下，结合自身特点，吸取和借鉴国营企业改革的经验，逐步从国家预算控制的核心公共部门向着自主化和法人化的方向发展。从 20 世纪 80 年代中期实行的承包经营责任制、综合目标管理责任制，到中、小医疗机构自发实行的股份合作制、租赁经营。1990 年以后，公立医院改革开始出现了法人化趋势，包括股份制医院、医院集团、医院托管经营、医疗机构的产权转让和并购。

上述管理改革，在促进医疗卫生事业发展的同时，也由于对经营服务行为缺乏严格的监管，在经济利益机制的激励下，医疗机构开大处方、滥检查、乱收费等现象越来越普遍，医疗费用大幅上涨，加重了国家和人民群众的负担。

第三节　加强预算外资金管理

预算外资金是指国家机关、事业单位、社会团体、具有行政管理职能的企业主管部门和政府委托的其他机构为履行或代行政府职能，依据国家有关法律法规和具有法律效力的规章而收取、提取、募集和安排使用，未纳入财政预算管理的各种财政性资金。此外，在改革开放初期，国营企业实行"税利分流"之前，国营企业的留存利润在性质上也属于预算外资金的范畴，这也是改革开放初期预算外资金迅速膨胀的原因之一。

一、预算外资金管理改革背景

在财政经济体制改革过程中，随着"放权让利"、"分级包干"等改革政策的实施，地方政府和国有企业的自主财权得到扩大，原有的财政筹集收入的能力被削弱，为推进改革开放事业，实施国民经济调整，各级政府纷纷采用筹集预算外资金的方式弥补自身财力的不足。1980 年，《中共中央、国务院关于节约非生产性开支、反对浪费的通知》规定："一切有条件组织收入的事业单位，都要积极挖掘潜力，从扩大服务项目中合理地组织收入，以解决经费不足的问题。"这一规定打破了事业单位开支由财政包起来的传统模式，为减轻财政负担、增加事业发展资金开辟了新渠道，但同时也使得行政事业单位收费大大增加，导致了预算外收入的快速膨胀。这些收费主要有养路费、隧道车辆通行费、港口费、环境保护费、排污费，以及名目繁多的管理费、注册登记费、审批费、检验费、防疫费、教育附加费等。

与此同时，随着农村家庭联产责任承包制的实行和人民公社的逐步解体，为了满足县乡政府履行职能需要，满足农村公共服务需求，农村收费也日益增加，形成了预算外资金膨胀的另一重要来源。收费方式主要有村提留、乡统筹、摊派、收费、派购、克扣、罚款等。尽管中央三令五申要减轻农民负担，但农民的负担却与日俱增，有的地方对农民的收费达 100多种，仅与婚姻登记有关的收费就有 10 多种。

　　预算外资金改变了传统的资源配置方式，但由于缺乏有效管理，不利于形成商品经济中规范的资源配置机制，降低了经济运行效率，造成一定程度的资源浪费，同时也影响了政府对经济调节和控制的能力，带来了不好的社会影响。在预算内收入规模仍保持较快增长的同时，出现了财政收入占国民经济的比重持续下降的局面（见表 10 - 1）。

表 10 - 1　1978—1992 年预算内收入的
规模与增长情况　　　　　　单位：亿元，%

年份	财政收入	增长率	国内生产总值	增长率	财政收入占国内生产总值的比重
1978	1 132.2	29.5	3 624.1	13.2	31.1
1979	1 146.3	1.2	4 062.5	12.1	28.2
1980	1 159.9	1.2	4 545.6	11.9	25.5
1981	1 175.7	1.4	4 891.5	7.6	24.0
1982	1 212.3	3.1	5 323.3	8.8	22.9
1983	1 366.95	12.8	5 962.7	12.0	22.9
1984	1 642.86	20.2	7 208.1	20.9	22.8
1985	2 004.82	22.0	9 016.0	25.1	22.2
1986	2 122.01	5.8	10 275.2	14.0	20.7
1987	2 199.35	3.6	12 058.6	17.4	18.2
1988	2 357.24	7.2	15 042.8	24.7	15.7
1989	2 664.9	13.1	16 992.3	13.0	15.7
1990	2 937.1	10.2	18 667.8	9.9	15.7
1991	3 149.48	7.2	21 781.5	16.7	14.5
1992	3 483.37	10.6	26 923.5	23.6	12.9

注：财政收入中不包括国内外债务部分。
资料来源：《中国财政年鉴（2007）》。

为维护经济社会正常运转和满足人民群众不断提高的物质文化生活需要，预算外资金规模不断扩大，相当于预算内收入的比重总体不断提高，甚至一度超过预算内收入的规模（见表 10 - 2）。

表 10 - 2　1978—1992 年预算外资金的

规模及增长速度　　　　　单位：亿元，%

年份	预算外资金总额	占 GDP 比重	增长速度	预算内收入增长速度	预算外资金相当于预算内收入的比重
1978	347.11	9.6	11.5	29.5	30.7
1979	452.85	11.1	30.5	1.2	39.5
1980	557.40	12.3	23.1	1.2	48.1
1981	601.07	12.3	7.8	1.4	51.1
1982	802.74	15.1	33.6	3.1	66.2
1983	967.7	16.2	20.5	12.8	70.8
1984	1 188.5	16.5	22.8	20.2	72.3
1985	1 530.0	17.0	28.7	22.0	76.3
1986	1 737.3	16.9	13.5	5.8	81.9
1987	2 028.8	16.8	16.8	3.6	92.2
1988	2 360.8	15.7	16.4	7.2	100.1
1989	2 658.8	15.6	12.6	13.1	99.8
1990	2 708.6	14.5	1.9	10.2	92.2
1991	3 243.3	14.9	19.7	7.2	102.9
1992	3 854.9	14.3	18.9	10.6	110.7

资料来源：根据《中国财政年鉴》相关年度数据计算整理。

这种政府收入格局对搞活企业、促进经济社会发展发挥了积极作用。但由于财经纪律松弛，管理制度不完善，资金收入与支出监管不到位，预算外资金的管理和使用存在很多问题。主要表现在：

（一）预算外资金的过度膨胀加剧了国家财政困难，削弱了宏观调控能力

预算外资金的增长势必削弱预算内资金的增长。从 1978 年以来，随

着放权让利改革的不断推进，预算外资金开始迅速增长。各种收费、基金列入企业成本，不断侵蚀着税基，限制了预算内收入的增长，影响了对国家一些重大项目的投入力度。

预算内资金规模同其所承担的宏观调控任务之间存在着相当大的差距，国家财政缺乏足够的资金来支持农业、交通、能源等基础产业以及科教文卫事业发展，对结构调控能力弱化。规模庞大的预算外资金主要分散在各级政府和行政事业单位手中，支出具有相当的随意性，由局部利益所决定，有时还会对国家宏观调控形成冲击，例如对那些具有外部型的基础设施投入不够，不顾国家产业政策而大量投入一般加工业，进一步加剧了能源、交通的紧张局面。此外，预算外资金的膨胀还加大了宏观调控的难度，不利于资源配置和资金使用效率的提高。

（二）预算外资金膨胀导致基建投资和社会集团消费失控

为促进本地区发展，各级地方政府往往把投资重点放在既具有投资周期短、见效快，投资门槛低，又具有提高本地财政收入、就业及产值的加工业上，导致了基建投资规模快速增长，影响了国家产业政策的贯彻落实。1980 年，国家财政赤字达 121 亿元，超过预算 41 亿元，其重要原因就是基建规模一直难以压下来。1979 年下半年，停建缓建了一批基建项目，压缩未完工程投资 200 多亿元。1980 年 3 月下旬至 4 月上旬，国务院召开全国基建工作会议，敦促各地加大压缩基建力度。然而，由于预算外投资迅速膨胀，基建战线过长、项目过多、总规模过大的问题并没有解决。到 7 月已有 17 个省市自筹基建资金大幅度地突破了国家规定的全年控制指标。

社会集团购买力是消费基金的一个重要组成部分，这部分购买力的过度膨胀，不仅会造成消费基金过快增长，而且还会增加国家财政负担，增加群众购买紧俏商品的困难，影响政府同群众的关系，影响社会风气的改进和精神文明建设。据国家统计局统计，从 1984 年下半年以后，由于宏观控制不严和预算外资金的膨胀，社会集团购买力出现了大幅度增长的情况。1984 年和 1985 年的集团购买力分别比上年增长 26.5% 和 26.3%，大大超过了这两年工业总产值分别增长 14% 和 18% 的幅度，其中 1984 年还超过居民购买力增长 18.7% 的幅度。1985 年国务院曾确定，1985 年社会集团购买力必须在上年基础上压缩 20%，实际执行结果，不仅没有压缩，反而增长较多，这与预算外资金的膨胀有着重要的关系。

（三）预算外资金膨胀扰乱了分配秩序

预算外资金的快速膨胀扰乱了中央与地方、政府与企业、国家与个人的分配关系。在中央与地方的分配关系上，预算外资金膨胀已使其成为地方财力的主要部分，破坏了国家预算的完整性。在地方收入增长的情况下，通过预算外资金的获取，削弱了中央固定收入；在政府与企业的分配关系上，名目繁多的罚款、收费、摊派等预算外收入，加重了企业负担，破坏了社会经济秩序，各行业间收费标准不一，不利于企业形成公平竞争局面；在国家和个人的分配关系上，预算外资金收支挂钩，鼓励了各单位"小金库"的膨胀，挤占了预算内收入，由于各单位的创收能力不同，导致了收入分配失衡的局面不断加剧。

为加强对预算外资金的管理，搞好社会财力的综合平衡，更好地发挥其在国民经济建设中的作用，对预算外资金的管理进行改革势在必行。

二、我国预算外资金管理改革

（一）20 世纪 80 年代初期的预算外资金管理

我国预算外资金的管理在 1983 年以前基本上是"自收自支、自行管理"。由于这一时期预算外资金项目很少，且零星、分散，规模也较小，国家对预算外资金管理基本上采取放权于基层部门和企事业单位，实行自收自支、自行管理。

这一时期的预算外资金包括各项附加（农业税附加、工商税附加、城市公用事业附加）、专项基金（企业基金、企业利润留成、更新改造基金）、事业收入（中央事业收入、科研事业收入、文教事业收入、环保事业收入、其他事业收入）、各项收费等。当时设立的几项重点预算外资金情况是：从 1978 年起，规定了有关地区可以从盐税收入中提取 1% 作为地方附加收入，实行盐税提成制度；1979 年修订了公路养路费征收与使用办法；1980 年规定了高等学校建立学校基金制度；1983 年对勘察设计单位实行了技术经济责任制，规定了勘察设计收费标准；等等。此外，还对企业陆续制定了各种利润留成制度，对一些行业和部分企业提高折旧率，并且规定国家财政不再集中企业折旧基金。

（二）1983 年财政部颁发《预算外资金管理试行办法》

从 1983 年开始，预算外资金进入了全国统一管理阶段。根据经济形势发展和建立综合财政计划要求，1983 年 2 月财政部颁发了《预算外资金管理试行办法》，这是第一个全国性、综合性的预算外资金管理制度。办法明确了预算外资金的概念、性质、范围、项目及用途，明确了预算外资金的收费标准、留成比例、开支范围必须按国家规定执行；规定预算外资金项目的设立权在国务院或国务院授权的单位，各地方、各部门、各单位均无权增设预算外资金项目；明确了预算外资金管理的重要原则；提出了建立预算外资金的预决算和财务会计核算管理等制度；要求各级财政部门设立机构，配备必要人员对各单位的预算外资金收支采取合适方式管理。此后，各地区、各部门根据该办法，结合各自的具体特点制定了地区和部门的预算外资金管理办法，并对本地区预算外资金进行了普查和清理整顿。至此，全国预算外资金管理制度开始建立。

（三）1986 年国务院颁发《关于加强预算外资金管理的通知》

1986 年 4 月，国务院颁布了《关于加强预算外资金管理的通知》，再一次明确了预算外资金管理的指导思想，要求针对各地区各部门预算外资金的实际情况，通过引导、服务和监督，调动各方面积极性，使预算外资金既能满足微观搞活的需要，也能纳入到宏观控制之中。随后，国务院各部门和各省、自治区、直辖市开始编制预算外资金收支计划和决算工作，把预算外资金纳入计划管理，包括建立预算外资金计划、编制预算外资金年度决算、预算外资金半年执行报表、强化管理机构队伍建设等。

（四）加强预算外资金管理的主要措施

根据财政部的《预算外资金管理试行办法》和国务院《关于加强预

算外资金管理的通知》精神，主要采取了以下四方面的措施：

一是编制预算外资金收支计划。预算外资金分布范围广，长期以来管理松散，致使一些单位和基层财政部门没有编制过本单位或本地区的预算外资金收支计划。1983 年，根据《预算外资金管理试行办法》，国务院各部门和各省、自治区、直辖市在编制预算内收支的同时，也开始编制预算外资金收支计划，以便进行综合财政计划，全面统筹财政资金，综合平衡社会财力。

二是编制预算外资金年度收支决算。按照 1983 年 2 月财政部制订的全国统一的预算外资金科目和决算表格，从编制 1982 年全国预算外收支决算开始，预算外资金年度收支决算编审驶入正常轨道。预算外资金收支决算，由财政部先下达编报要求，规定编报预算的范围和口径，然后由各基层单位按照统一的科目、表格编制后报送主管部门，主管部门汇总后报送财政部门审核；各级财政部门将本级预算外收支决算和下级上报的决算进行汇总，报同级人民政府审批，同时报送上级财政部门；最后由财政部汇总全国数据，审核后报送国务院。1982 年的预算外收支决算是我国第一个全国预算外收支决算，涵盖中央和地方的比较完整的决算，在对加强预算外资金管理方面迈出了重要一步，为中央和有关部门了解预算外资金的状况，研究财政经济提供了可靠材料，为搞好综合平衡提供了重要依据。

三是编报预算外资金半年执行情况报表。从 1985 年开始，要求各地区、各部门编报预算外收支半年执行情况报表，通过编报各年度上半年预算外资金收支执行情况，可以及时掌握收支动态，把握发展趋势，并预测全年计划完成情况，对国家进行宏观决策、引导资金有效使用起了重要作用。

四是加强机构能力建设。财政部门以此《通知》为指导，全面落实中央精神，在各省、自治区、直辖市财政厅（局）成立了相应的管理机构，地市县级配备了专职人员，用一支专业管理队伍把预算外各项资金的管理工作抓起来。各地财政部门对完善和改进预算外资金管理也进行了各种有益的探索和尝试，对行政事业单位的预算外资金实行由财政部门专户储存、计划管理、财政审批、银行监督等管理模式，不断扩大专户范围，取得了很好的效果。此外，还对国营企业及其主管部门的预算外资金采取了计划管理、政策引导方式；不少地区还制定了自筹基建审批办法，强化了审批标准，有效地控制了重复、盲目建设。

第四节　强化财政监督

1978—1992 年期间的财政监督，主要是以财政为主体，对社会经济的各个领域进行收入管理的财务大检查。这一时期的财务大检查工作，为避免国家财政收入流失、维护正常的国民经济秩序做出了重要贡献。

一、开展财务大检查的背景

在改革开放初期，正常的财经秩序还没有完全建立起来，财经法制建设滞后，财政领域监督机制不健全，监督机构力量比较薄弱，财政监督处于起步阶段。而此时财经领域的一些问题却相当突出，一方面企业税收"跑、冒、滴、漏"的情况非常严重，一些部门和单位不能正确处理国家、集体和个人三者之间的分配关系，应上缴国家的收入不能及时足额地收缴入库，转移、截留、挪用国家财政收入的情况时有发生，财政收入流失情况非常严重；另一方面，两步利改税后，财政收入比较紧张，平衡预算难度较大。因此，为了实现财政收支平衡，必须狠刹铺张浪费，堵塞税收漏洞。1981 年，按照部署，财政部开始对企业进行财务大检查，1984年，财政部在全国范围内再次开展了企业财务大检查。从执行情况看，两次财务大检查所反映出来的一些问题比较突出，个别问题甚至非常严重，需要进一步把这个大检查的规格提高，范围扩大，作用进一步发挥。1984年，财政部向国务院提交《财政部关于开展财务大检查的情况和进一步严肃财经纪律的报告》，国务院批转了该报告，要求最近两三年内每年都要集中力量和时间开展财务大检查。此后，自 1985 年 8 月起，开始了一年一度、历时 13 年的全国税收、财务、物价大检查。

二、财务大检查的主要情况

为了加强财政监督，整顿财政纪律，以保证国民经济调整的顺利进行，国务院于 1980 年 4 月抽调了 138 人，组成了 28 个工作组，分别到各省、直辖市、自治区协助当地党委和政府开展了以全面检查核实 1979 年财政支出为内容的财政纪律大检查。这次检查工作，领导重视，力量集中，上下联动，自查、互查和重点检查结合，基本达到了预期的目的。

这次检查到 1980 年 5 月底基本结束，检查出有问题的资金达 37.9 亿元。从检查所发现的情况看，问题相当严重。比如：在截留坐支财政收入问题上，不仅企业擅自做主，有的地区和部门还授意企业这样做；在企业归还贷款问题上，不仅普遍存在贷款项目还没有投产就先拿本应上缴的利润归还贷款的情况，而且发展到用弄虚作假的手法随贷随还，甚至未贷先还，使应上缴的利润留为己有。在处理历年遗留问题上，有的发展到以处理历年遗留问题为名而处理当前问题，甚至把未知的未来的问题也当做"遗留"问题来处理；在扩大企业财权的问题上，有些地区不按国家规定的办法执行，自定办法，随意开口子，有的企业留成数字占当年增长利润的 67%，有的企业在"月超、月提、月奖"之外，年终又总算，再提一笔，搞重复提成；在收入退库问题上，有的地方为了压低当年收入基数，发展到地方党委出面，布置任务，强行退库；在发奖金问题上，滥发奖金，名目繁多，五花八门，除了规定的综合奖、节约奖以外，还有"采购奖"、"推销奖"、"收账奖"、"找米下锅奖"、"操心奖"、"疲劳奖"，等等，据统计有上百种之多。像这样大规模地全面检查核实财政收支，是新中国成立后的第一次。它对推动增产节约、整顿财政纪律和加强财政财务工作都有很大的作用。

为了加强财政监督工作，在这次财经纪律大检查结束之后，国务院于 1980 年 7 月 2 日向全国转发了《财政部关于监察工作的几项规定》，指出，"做好财政监察工作，对于加强社会主义法制，维护财政纪律，正确贯彻国家财政政策，促进社会主义四个现代化建设，有着重要的意义"。《规定》还明确了全国各地财政部门中财政监督机构的设置问题，规定了财政监督工作任务、职权范围，等等。仅 1980 年全国财政监督机构就检查了各种违反财经纪律的案件 12 000 多件，查出挤占、挪用、挥霍国家的资金 6.8 亿元。1981—1983 年，国务院连续三年发出或批转财政部关于开展财务大检查的通知，在全国范围内进行了两次大检查。但在检查内容上，没有把违反物价和外汇政策、法规的问题纳入检查范围，检查时间也不统一。1984 年 4 月，国务院指出：目前违反财经纪律的问题非常严重，已成为"常见病"、"多发病"，在之后的两三年内，每年都要集中力量和时间开展财务大检查。1985 年 8 月，国务院转发了财政部关于开展税收、财务大检查的通知，决定当年起在全国范围内开展税收、财务、物价大检查，并决定设立非常设机构——税收、财务大检查办公室（1986年更名为税收、财务、物价大检查办公室，简称大检办），同时国务院要求各地层层设立大检办。1989 年 8 月国务院要求把大检办变为常设机构，挂靠同级财政部门（也有的地区与财政部门并列），负责本地区大检办的日常工作。大检办组织体系的形成，为 1985—1997 年连续 13 年轰轰烈烈的大检办工作顺利开展、有效推进提供了组织保证。

与此同时，作为维护当时财经秩序的重要组成力量，财政驻厂员机构也积极发挥作用。1988 年，仅中央财政就在全国共派设了 32 个中央企业财政驻厂员处，而且根据工作的需要还将机构延伸到地市一级，即在地市财政局设立了 173 个中央企业财政驻厂员组（科）；各省、市、自治区财政厅（局）比照中央财政的做法，又进一步扩大了财政驻厂员规模。1987—1991 年的 5 年间，全国财政驻厂员机构就查出各类违纪金额 200 多亿元，有效地维护和整顿了当时的财经纪律，促进了国民经济调整的顺利进行。

三、财务大检查取得的成效

在全国范围内连续 13 年开展税收、财务、物价大检查是在我国市场经济改革初期，在经济管理各项法规制度还不完善的情况下推行的，在当时的历史条件下，为保障财政收入、加强财经纪律，维护国民经济调整的顺利进行都做出了重要贡献。总体来看，大检查取得了五方面的成绩。

一是增加财政收入，平衡财政预算。1985—1997 年这 13 年，全国累计查出各种违法违纪金额达到 2 044 亿元，追回财政收入 1 331 亿元，占13 年累计财政收入的 2.66%，减少了财政收入的流失，对平衡预算发挥了较大的作用。

二是强化了财经纪律。大检查发现并纠正了违反党的方针和政策、侵害群众利益、违反财经纪律和财务制度、违反税收法规、浪费资金等现象，严厉打击了一部分贪污盗窃、化公为私的不法行为，维护了国家有关政策的严肃性，对配合整顿党风，打击经济领域严重犯罪活动有积极作用。财务大检查不仅是抓经济，而且对纠正个人主义、本位主义、分散主义、无政府主义的不正之风有重要作用。所以，大检查不仅有经济意义，而且有政治意义。

三是增强了单位和个人的法制意识。通过税收、财务、物价大检查，使国家有关税收、财务、物价方面的政策、法规、规章、制度得到了广泛、深入、系统的宣传和行之有效的贯彻落实，增强了有关单位和个人的法制意识，提高了单位和个人遵守和执行国家各项经济政策的自觉性。

四是帮助企业改善经营管理，健全财务管理制度。对单位已经发生的各项经济业务的事后监督，可以发现这些单位经营管理中的问题以及财务核算、制度建设等方面的薄弱环节。在大检查过程中，一旦发现问题，检查人员会认真负责地传授核算知识，宣传法规、制度，并针对问题提出改进意见和措施。因此，大检查可以促进和帮助企业改善经营管理，健全财务管理制度，搞好经济核算，有效地杜绝和防止违纪问题的重复发生。

五是有助于完善财税法规建设。通过大检查，及时发现财税法规和财政管理上的漏洞，从而改进财税法规建设，完善财政管理制度，促进了财政的改革与发展。

第十一章
支持扩大开放

党的十一届三中全会做出了把工作重点转移到社会主义现代化建设上来的战略决策，制定了"对内搞活经济，对外实行开放"的政策，实现了中国经济建设的伟大历史转折。在开放政策的指导下，我国除了及时建立健全涉外税制以外，还制定和实行了一系列促进对外经济合作和技术交流的有效财税措施，维护了国家权益，促进了外商投资和进出口贸易的快速增长。

第一节　促进外商投资的税收优惠政策

我国实行改革开放政策以后，为了吸引外资、引进先进技术和管理经验、发展对外经济技术交流，在所得税、工商统一税、关税等税收方面给予了外商投资企业和外国企业适当的优惠政策，促进了外商投资的快速增长。

一、分税种优惠政策

（一）所得税优惠政策

1. 直接投资所得税优惠

一是税率优惠。外商投资企业所得税规定了 15% 和 24% 两个优惠税率。其中，15%的优惠税率适用于：在沿海经济开放区和经济特区、经济技术开发区所在城市的老市区设立的从事下列项目的生产性外商投资企业：技术密集、知识密集型的项目，外商投资在3 000万美元以上且回收投资时间长的项目，能源、交通、港口建设的项目；从事港口码头建设的中外合资经营企业；在经济特区和国务院批准的其他地区设立的外资银行、中外合资银行等金融机构，但以外国投资者投入资本或者分行由总行拨入营运资金超过1 000万美元、经营期在10年以上的为限；在上海浦东新区设立的生产性外商投资企业，以及从事机场、港口、铁路、公路、电站等能源、交通建设项目的外商投资企业；在国务院确定的国家高新技术产业开发区设立的被认定为高新技术企业的外商投资企业，以及在北京市新技术产业开发试验区设立的被认定为新技术企业的外商投资企业；在国务院规定的其他地区设立的从事国家鼓励项目的外商投资企业。24%的优惠税率适用于：设在沿海经济开发区、经济特区、经济技术开发区所在城市的老市区的生产性外商投资企业。从1992年9月起，又扩大到对外开放的边境、沿海和内陆省会城市、沿海开放城市。

二是定期减免税优惠。对从事鼓励投资开发项目的外商投资企业给予定期减征免征企业所得税，是涉外税收优惠措施的重要部分，主要内容包括：

对生产性外商投资企业，经营期在10年以上的，从开始盈利的年度起，第一年和第二年免征企业所得税，第三年到第五年减半征收企业所得税。

从事农业、林业、牧业的外商投资企业和设在经济不发达的边远地区的外商投资企业，在享受法定免税、减税待遇期满后，经企业申请，国务院税务主管部门批准，在以后10年内可以继续按应纳税额减征15%～30%的企业所得税。

从事港口、码头建设的中外合资经营企业，经营期在15年以上的，经企业申请，所在地省、自治区、直辖市税务机关批准，从开始获利的年度起，第一年到第五年免征企业所得税，第六年到第十年年减半征收企业所得税。

在海南经济特区设立的从事机场、港口、码头、铁路、公路、电站、煤矿、水利等基础设施项目的外商投资企业和从事农业开放经营的外商投资企业，经营期在 15 年以上的，经企业申请，海南省税务机关批准，从开始获利的年度起，第一年到第五年免征企业所得税，第六年到第十年减半征收企业所得税。

在上海浦东新区设立的从事机场、港口、铁路、公路、电站等能源、交通建设项目的外商投资企业，经营期在 15 年以上的，经企业申请，上海市税务机关批准，从开始获利的年度起，第一年到第五年免征企业所得税，第六年到第十年减半征收企业所得税。

在经济特区设立的从事服务性行业的外商投资企业，外商投资超过 500 万美元，经营期在 10 年以上的，经企业申请，经济特区税务机关批准，从开始盈利的年度起，第一年免征企业所得税，第二年和第三年减半征收企业所得税。

在经济特区和国务院批准的其他地区设立的外资银行、中外合资银行等金融机构，外国投资者投入资本或者分行由总行拨入营运资金超过 1 000 万美元、经营期在 10 年以上的，经企业申请，当地税务机关批准，从开始盈利的年度起，第一年免征企业所得税，第二年和第三年减半征收企业所得税。

在国务院确定的国家高新技术产业开发区设立的、被认定为高新技术企业的中外合资经营企业，经营期在 10 年以上的，经企业申请，当地税务机关批准，从开始盈利的年度起，第一年和第二年免征企业所得税。设在经济特区和经济技术开发区的外商投资企业，依照经济特区和经济开发区的税收优惠规定执行。设在北京市新技术产业开发试验区的外商投资企业，依照北京市新技术产业开发试验区的税收优惠规定执行。

外商投资企业举办的产品出口企业，在依照税法规定免征、减征企业所得税期满后，凡是当年出口产品产值达到当年企业产品产值 70% 以上的，可以按照税法规定的税率减半征收企业所得税；但是，经济特区和经济技术开发区以及其他已经按 15% 的税率缴纳企业所得税的产品出口企业，符合上述条件的，可以按 10% 的税率征收企业所得税。

外商投资企业举办先进技术企业，依照税法规定免征、减征企业所得税期满后仍为先进技术企业的，可以按照税法规定的税率延长 3 年减半征收企业所得税。

三是再投资退税优惠。为了鼓励外国投资者将从企业取得的税后利润继续投资于我国境内，根据税法规定，可全部或部分退还其再投资部分已缴纳的所得税税款，属于一项针对外资的税收优惠。

根据相关规定，将从企业取得的利润再投资于该企业或者开办其他外商投资企业，可以退还再投资部分已交纳的企业所得税税款的 40%；将从企业分得的利润再投资于开办、扩建产品出口企业或者先进技术企业，和从海南岛内企业取得的利润直接投资用于海南岛内的基础设施和农业开发企业，可以全部退还再投资部分已缴纳的企业所得税税款。

退税的条件包括：必须是从外商投资企业取得的利润，并直接再投资于该企业，增加注册资本，或者直接作为资本投入开办其他外商投资企业。必须是确定缴纳了企业所得税后的利润，免税期的利润不存在再投资退税问题。因此，在计算退税时，外国投资者应提供能够确认其用于再投资的利润所属年度的证明；不能提供证明的，由当地税务机关采用合理的方法予以推算确定。再投资举办、扩建产品出口企业或者先进技术企业，应提供审核确定部门出具有关确认举办、扩建的企业为产品出口企业或者先进技术企业的证明。必须在期限内办理退税。外国投资者必须自资金实际投入之日起 1 年内，持载明其投资金额、投资期限的增资或出资证明，向原纳税地的税务机关申请退税；逾期未办的，不予退税。再投资的经营期不得少于 5 年。再投资不满 5 年撤出的，应当缴回已退的税款。再投资举办、扩建产品出口企业或者先进技术企业，自开始生产、经营起 3 年内没有达到产品出口企业指标的，或者没有被继续确认为先进技术企业的，应缴回已退税款的 60%。

2. 间接投资优惠

除了鼓励外商来华进行直接投资外，我国也鼓励外商提供资金、技术进行间接投资，并提供了很多税收优惠政策。根据《中华人民共和国外商投资企业和外国企业所得税法》规定，外国企业在中国境内未设立机构、场所，而有取得的来源于中国境内的利润、利息、租金、特许权使用费和其他所得，或者虽设立机构、场所，但上述所得与其机构、场所没有实际联系的，都按 20% 的优惠税率征收所得税。此外，还规定了一系列鼓励间接投资的税收优惠政策：一是外国投资者从外商投资企业取得的利润，免征所得税；二是国际金融组织贷款给中国政府和中国国家银行的利息所得，免征所得税；三是外国银行按照优惠利率贷款给中国国家银行的利息所得，免征所得税；四是为科学研究、开发能源、发展交通事业、农林牧业生产以及开发重要技术提供专有技术所取得的特许权使用费，经国务院税务主管部门批准，可以减按 10% 的税率征收所得税，其中技术先进或者条件优惠的，可以免征所得税。

（二）工商统一税优惠政策

工商统一税以商品和非商品的流转额为征税对象。凡在我国境内从事工业生产、农产品采购、外贸进口、商品零售、交通运输和服务性业务的单位和个人，都是工商统一税的纳税义务人。

1979 年的全国税务工作会议决定，我国对外商征收流转税暂时沿用全国人大常委会在 1958 年 9 月通过的《工商统一税条例》。为了适应对外开放的形势，我国从 1983 年到 1991 年，几乎年年都做出新的工商统一税税收优惠规定，其中影响较大的有：

1984 年 11 月，国务院发布的《关于经济特区和沿海 14 个港口城市减征、免征企业所得税和工商统一税的暂行规定》，扩大了工商统一税的免征范围；1985 年 5 月，经国务院批准，财政部发布的《对外国企业常住代表机构征工商统一税、企业所得税的暂行规定》，明确了这些企业机构从事代理业务收取佣金、回扣、手续费的征税问题；1986 年 10 月，国务院发布的《关于鼓励外商投资的规定》，对外商投资的产品出口企业和先进技术企业，在减免所得税和再投资退税、工商统一税等方面做出了进一步的优惠规定。此外，还有国家对开发海南、上海浦东新区出台的税收减免优惠政策。

在这一时期，国家对外资在工商统一税税收方面的优惠规定归纳起来主要有：

（1）外商投资企业生产的出口产品，除国家限制出口的以外，免征工商统一税，但是产品内销的，要照章补税。

（2）外商投资企业专为生产出口产品而从国外进口的原材料、零部件等，免征工商统一税，但是转为内销的，要照章补税。

（3）外商投资企业作为投资进口、追加投资进口的本企业生产用设备、营业用设备、建筑设备以及企业自用的交通工具和办公用品，免征工商统一税，但是转为内销的，要照章补税。

（4）外商来料加工、来件装配和中小型补偿贸易，根据合同规定，生产上所需进口的原材料、零部件和设备，免征工商统一税。

（5）中外合资经营企业生产内销产品，开办初期纳税有困难的，可以申请在一定期限内减免工商统一税。

（6）为了中外合作开采海洋石油，经核准需要进口直接用于作业的机器、设备和材料，以及为在国内制造供海洋开采石油作业的机器、设备、备件和经核准需要进口的零部件和材料，在进口时均予以免税。外国合作者为开采海洋石油而暂时进口并保证复运出口的机器和其他工程器材，在进口或复运出口时予以免税。

（7）经济特区企业生产的出口产品除原油、成品油和国家另有规定外，都免征工商统一税；特区进口用于特区建设和生产所需的机器、设备、零部件、原料、材料、燃料及货运车辆，以及特区内企业、行政机构、事业单位和其他机构进口的办公用品和交通工具，免征进口工商统一税；特区内企业进口供区内市场销售的货物，在审定的进口额度内减半征收进口工商统一税。

（8）对保税区内的企业、行政管理机构进口建设保税区基础设施所需的机器、设备和其他建设物资，保税区内企业、行政管理机构进口自用的建筑材料、生产和管理设备、生产用燃料、数量合理的生产用车辆、交通工具、办公用品，以及上述机器、设备、车辆所需的维修零配件，免征工商统一税；对保税区内企业专为生产加工出口产品所需进口的原材料、零部件、包装材料，以及转口货物，免征工商统一税；从非保税区进入保税区的货物，凡符合出口条件并确实用于出口的，除国家另有规定外，免征生产环节的工商统一税；保税区内企业生产加工的产品出口，免征生产环节的工商统一税；保税区内企业生产的产品在保税区内销售时，免征生产环节的工商统一税。

（三）关税优惠政策

1978 年实行对外开放以后，为了鼓励吸引外资、促进科学技术交流，我国出台了支持技术引进、企业技术改造、促进"三来一补"以及扶持经济特区等一系列关税税收优惠政策。据统计，1979—1992 年期间，我国共制定了 50 类关税优惠措施，涉及 157 项优惠规定。这些政策涉及领域之广、优惠幅度之大是前所未有的，主要有以下两项：

（1）为了支持深圳、珠海、厦门、汕头和海南经济特区的经济建设，发展外向型经济，经国务院批准，海关总署公布了对出入经济特区的关税优惠政策，包括对经济特区进口用于特区建设和生产所需的机器、设备、零部件、原材料以及自用的其他物资免征进口关税和进口环节增值税；进口供特区内市场销售的货物，在审定的进口额度内减半征收进口关税和进口环节增值税。特区内企业生产的出口产品免征出口关税。

（2）1984 年，国务院批准大连、秦皇岛、天津、烟台、青岛、连云港、南通、宁波、福州、广州、湛江、上海、温州、北海等 14 个城市为沿海开放城市，继而又先后批准除北海以外的 13 个城市设立经济技术开发区。对 14 个沿海开放城市实行的关税优惠政策有：沿海开放城市企业生产的出口产品，除国家限制的产品以外，免征出口关税；外商投资企业进口的用于本企业生产和管理的设备、建筑器材，为生产出口产品所实际耗用的进口原材料、零部件、元器件、包装物料免征进口关税和进口环节增值税；为进行技术改造而进口国内不能生产的设备、仪器、仪表和必需的其他器材在 1995 年以前减半征收进口关税和进口环节增值税。

上述关税优惠政策，适应了中国在对外开放方面逐步形成的由沿海到内地，以及沿江、沿边开放的经济发展战略新格局的需要；同时，国家还为来料加工、补偿贸易、技贸结合、边境贸易、利用外国政府贷款、国际金融组织贷款等进口货物制定了关税优惠政策。这一系列关税优惠政策的实行，对于更好地吸引外资，发展中国经济，起到了积极的推动作用。

二、 特定区域的税收优惠政策

为了配合对外开放政策，1979 年 7 月，中共中央、国务院决定，广东、福建两省在对外经济活动中实行特殊、灵活措施，定期 5 年。1980 年 8 月 26 日，第五届全国人大常务委员会第十五次会议批准《广东省经济特区条例》之后，深圳、厦门、珠海、汕头四个经济特区建设随即相继展开。1984 年 4 月，在总结兴办经济特区和对外开放的实践经验之后，中共中央、国务院决定进一步开放 14 个沿海港口城市和海南行政区，建立经济技术开发区。1985—1986 年间，国家批准长三角、珠三角、闽东南三角洲和环渤海湾地区等 4 个地区实行开放政策。1987 年 9 月，海南省设立后被批准为第 5 个经济特区。1988 年 3 月，国务院批准 140 个沿海市县的开放，范围大体相当于过去 9 年开放范围的总和。1990 年 4 月，上海浦东被批准为特区。

由此，到 1992 年前后，我国对外开放的地区就逐步形成了一条沿太平洋西岸的经济特区—沿海开放城市—沿海经济开发区的中国沿海开放地带，一个多层次、有重点的对外开放地带开始形成和发展。

在这一时期，国家针对不同的经济开发区在税收方面制定了不同的优惠政策，形成了分地区、分重点、多层次的税收优惠格局。

（一） 四个经济特区

1. 所得税

对在特区（包括海南行政区）内开办的中外合资经营企业、中外合

作经营企业和外资企业，其从事生产、经营所得和其他所得，一律减按
15% 的比例税率征收所得税。其中生产性的、经营期 10 年以上的，免税
两年，减半征收三年；服务性行业，外商投资额超过 500 万美元的、经营
期 10 年以上的，免税一年，减半征收两年。特区人民政府还可以根据需
要减征或免征地方所得税。

外商在我国境内没有设立机构而有来源于特区的股息、利息、租金、
特许权使用费等所得，除依法免征所得税的以外，都减按 10% 的税率征
收预提所得税。

2. 工商统一税

对特区进口的货物，在特区管理线建成以前，属于生产必需的机器设
备、原材料、零部件、交通工具和其他生产资料，都免征工商统一税；进
口的各种矿物油、烟、酒和其他各种生活用品，减半征收工商统一税。在
特区管理线建成后进口的各种矿物油、烟、酒，仍按税法规定的税率减半
征收工商统一税，其余的进口货物，都免征工商统一税。特区企业生产的
出口产品，除国家限制出口或另有规定的少数产品外，都免征工商统一
税。特区企业生产的产品，在本特区内销售的，烟、酒、矿物油等按税法
规定减半征收工商统一税，其他产品均不再征收工商统一税。企业将进口
和生产的减免税产品运往内地的，应在进入内地时按照税法规定补征工商
统一税。

(二) 沿海 14 个港口城市的经济技术开发区

1. 所得税

对在开发区内开办生产性的中外合资经营企业、中外合作经营企业和
外资企业，从事生产、经营所得和其他所得，减按 15% 的税率征收企业
所得税，其中，经营期 10 年以上的，可享受免税两年、减半征税三年的
优惠。开发区企业减免地方所得税，由开发区政府决定。客商将从企业分
得的利润汇出境外，免征所得税。外商在我国境内没有设立机构而有来源
于开发区的股息、利息、租金、特许权使用费等所得，除依法免征所得税
的以外，都减按 10% 的税率征收预提所得税。

2. 工商统一税

对开发区企业生产的出口产品，除国家限制出口或另有规定的少数产品外，都免征工商统一税；内销产品照章征税。开发区企业进口自用的建材、生产设备、原材料、零部件、元器件、交通工具、办公用品，免征工商统一税；用上述原材料、零部件、元器件加工的产品转为内销的，则照章补税。

（三）沿海14个港口城市的老市区和汕头、珠海市市区

1. 所得税

对在沿海14个港口城市的老市区内的生产性中外合资经营企业、中外合作经营企业和外资企业，属于技术密集、知识密集型项目，或者客商投资额在3 000万美元以上、回收投资时间长的项目，或者属于能源、交通、港口建设的项目，经财政部批准，企业所得税减按15%税率征收。对地方所得税的减税，由所在地、市政府决定。外商在我国国内没有设立机构而来源于各该老市区的股息、利息、租金、特许权使用费等所得，除依法免征所得税的以外，都减按10%的税率征收预提所得税。市政府还可决定对其中条件优惠、技术先进的，给予更多的减税或者免税优惠。

2. 工商统一税

其减免税优惠规定与开发区基本相同。此外，对长江三角洲、珠江三角洲和闽南的厦门、漳州、泉州三角地区的中外合资经营企业、中外合作经营企业和外资企业，也分别规定了减免税的优惠。

三、对外资的税收优惠政策成效明显

（一）促进了外来投资的迅速增长

1978—1992年间，我国利用外资迅速增长（见表11-1）。合同利用外资总额从1983年的34.3亿美元增加到1992年的694.39亿美元，增长19倍多，年均增长39.2%，其中合同利用外商直接投资（FDI）从1983年的17.32亿美元增加到1992年的581.24亿美元，10年间增长32倍多，年均增长47.2%；实际利用外资总额从1983年的19.81亿美元增加到1992年的192.02亿美元，增长接近9倍，年均增长28.4%，其中外商直

接投资额从 1983 年的 6. 36 亿美元增加到 1992 年的 110. 07 亿美元，增长
16. 3 倍，年均增长 36. 8%（见表 11 - 1）。

表 11 - 1　1979—1992 年我国利用外资情况　　单位：亿美元

年份	合同利用外资额			
	总计	对外借款	外商直接投资	外商其他投资
1979—1982	205.48	135.49	60.1	9.89
1983	34.30	15.13	17.32	1.85
1984	47.91	19.16	26.51	2.24
1985	98.67	35.34	59.32	4.02
1986	117.37	84.07	28.34	4.96
1987	121.36	78.17	37.09	6.10
1988	160.04	98.13	52.97	8.94
1989	114.79	51.85	56.00	6.94
1990	120.86	50.99	65.96	3.91
1991	195.83	71.61	119.77	4.45
1992	694.39	107.03	581.24	6.12
	实际利用外资额			
1979—1982	124.57	106.90	11.66	6.01
1983	19.81	10.65	6.36	2.80
1984	27.05	12.86	12.58	1.61
1985	46.47	26.88	16.61	2.98
1986	72.58	50.14	18.74	3.70
1987	84.52	58.05	23.14	3.33
1988	102.26	64.87	31.94	5.46
1989	100.59	62.86	33.92	3.81
1990	102.89	65.34	34.87	2.68
1991	115.54	68.88	43.66	3.00
1992	192.02	79.11	110.07	2.84

资料来源：国家统计局编：《中国统计年鉴（1993）》。

外国投资快速增长，其原因是多方面的，包括中国市场巨大的需求潜力、低廉的劳动力成本等，但是在改革开放前期，我国对外资实行极其优惠的税收政策，无疑也是一个重要的原因。

（二）促进了经济增长和财政收入的提高

在各种优惠条件特别是税收优惠政策的鼓励下，外资大量进入我国。有效缓解了我国经济建设中的资金短缺问题，为经济快速增长注入了新的血液，提供了新的动力。

首先，涉外企业对国民经济的贡献不断加大。改革开放后，我国的"三资"企业经济规模不断扩大，出口大幅度上升，到1992年，"三资"企业出口额达174亿美元，占出口总额的比重为20.4%。1984年之后的一段时期，外商直接投资对中国经济增长的贡献率平均超过10%。

其次，增加了就业，缓解了我国就业压力。随着投资领域的拓宽和开放地区扩大，"三资"企业数量大幅增加。到1992年年底，在我国注册的"三资"企业已达8.4万个，外商直接投资企业职工人数达到221万人，占我国职工人数的1.49%。同时，外商投资企业通过前后向的产业联系，也间接地创造了大量就业机会。

最后，外商投资企业在促进我国经济增长的同时，也促进了财政收入的增长。1980年我国的涉外税收收入仅有100万元，仅占税收收入总额的0.02%，1990年我国的涉外税收收入达到49.15亿元，已占税收收入总额的2.5%。1992年涉外税收首次突破百亿元大关，达到122.26亿元，特别是来自外商直接投资企业的税收总额，占我国涉外税收总额的98%以上。

（三）促进了产业结构优化升级和多层次经济结构布局的形成

据统计，1978—1992年，近70%的外资投向第二产业，近30%投向第三产业，投向第一产业的比重尚不足2%。外资的进入，加速了我国产业结构的更新换代过程。

为了大规模地吸引外资，加快利用外资的步伐，在当时的国际大环境下，我国选择了一条"以优惠促开放"的道路。通过给予外商投资一系列的税收优惠待遇，使得外商投资企业的税负明显地低于本国企业的税负，并且，围绕经济特区、经济技术开发区、沿海经济开放区、高新技术产业开发区和保税区等的建设，逐步形成了"经济特区—经济技术开发区—沿海经济开放区—其他特定地区—内地一般地区"的多层次的经济结构布局。与此相适应，我国的涉外税收制度也采取了分地区、分重点、多层次的优惠布局。全面的涉外税收优惠政策的实施，以及多层次的涉外税收优惠布局的形成，对外资服务于我国国民经济发展发挥了巨大的作用。

第二节　促进对外贸易的财政政策

改革开放之后，国家实行了鼓励出口的财政政策，采取了建立基金制度、完善出口退税政策等多种措施，鼓励扩大出口，有力地支持和促进了我国对外贸易的发展。

一、建立一系列促进出口贸易发展的财政基金

（一）出口工业品生产专项贷款基金

为加强出口工业品的生产，1979 年，中央财政拨出 5 亿元资金作为出口工业品生产专项贷款基金，由建设银行和经贸部共同掌握发放。这些资金主要用于出口工业品生产企业在现有基础上改造原有设备、扩建以及调整工艺、革新技术以增加出口可供货源等方面。到 1985 年，该项贷款基金达到 6.5 亿元。各地方财政部门也拨出了一部分资金增加这项贷款基金，与此同时，建设银行在各地的分行和地方经贸部门担负着这项基金的日常具体管理工作。在专项基金的支持下，我国建成了一批优质出口项目，增加了产品出口与创汇，收到了良好的效果。

（二）扶持生产基金

为了支持外贸发展农、副、土、特、畜、水、海产品和矿产品出口商

品生产，增加出口货源，以及支持出口工业品的新产品试制，国家财政设立了扶持出口商品生产周转基金（简称"扶持生产基金"），1979—1987年的近 10 年间，国家财政共拨出了 2.4 亿元扶持生产基金。扶持生产基金的设立和使用，对发展我国农副商品生产、加快农副产品出口生产基地建设、加速出口商品生产专业化、进而扩大我国对外贸易出口，起到了巨大的作用。

（三）轻纺产品重点出口企业发展基金

为了提高轻纺生产企业出口产品质量、档次和加工深度，国家财政在"七五"期间设立轻纺产品重点出口企业发展基金。从 1987 年起，以上年实际收汇为基数，每新增 1 美元，拨付重点出口企业发展基金 0.4 元人民币，专项用于重点出口企业发展深加工出口产品。该项基金对出口纺织品适用于广州、大连等 12 个出口基地城市的出口企业及这些城市以外的重点出口企业。出口轻工业品适用于北京、天津等 9 个省市出口企业及这些城市以外的 150 个重点出口企业。在该政策实施期间，国家财政累计拨付该项资金 12.7 亿元。轻纺产品重点出口企业发展基金的有效使用，对于解决沿海地区轻纺工业面临的困难、增强沿海地区轻纺产品出口企业活力、鼓励轻纺企业提高产品质量、档次和加工深度，以及开发新产品和轻纺产品重点出口企业的技术改造、增加深加工出口产品的生产能力等起到了很大的作用。

（四）出口奖励基金

为了调动外贸企业扩大出口、降低出口成本、增加出口收汇、提高经济效益的积极性及增强自我改造能力，经国务院批准，从 1987 年起，对外贸企业实行了出口奖励金制度。全面完成国家核定的出口收汇、盈亏总额和每 1 美元综合出口成本三项指标的外贸企业，均可按出口收汇每 1 美元提取人民币 2 分和外汇额度 1 美分作为奖励。外贸企业提取的人民币出口奖励金 70% 用于发展生产和开展业务，30% 用于职工福利和职工奖励。对外贸企业实行奖励制度取得了明显的效果，出口成本有所下降，外贸企业经济效益也有了一定程度的提高，外贸出口增加，贸易逆差逐步减小，

1985 年出口 273.5 亿美元，进口 422.5 亿美元，逆差 149 亿美元，1986 年出口 309.4 亿美元，进口 429.1 亿美元，逆差 119.7 亿美元，1990 年出口 620.9 亿美元，进口 533.5 亿美元，顺差 87.4 亿美元。

二、建立和完善出口退税政策

出口产品退（免）税简称出口退税，其基本含义是指对出口产品退还其在国内生产和流通环节实际缴纳的产品税、增值税、营业税和特别消费税。出口产品退税制度是一个国家税收制度的重要组成部分。出口退税主要是通过退还出口产品的国内已纳税款来平衡国内产品的税收负担，使本国产品以不含税成本进入国际市场，与国外产品在同等条件下进行竞争，从而增强竞争能力，扩大出口创汇。

1983 年，经国务院批准，财政部颁布了对钟表、自行车等 17 种出口机电产品退还最后生产环节所纳的工商税或已征收的增值税税款的文件。到了 1985 年，退税范围扩大到除原油、成品油以外的其他出口产品。1986 年，为进一步鼓励出口，财政部又发出通知，从当年 10 月 1 日起，对卷烟、服装等 10 类产品实行退还中间环节产品税和增值税的办法。到了 1987 年年底，根据深化外贸体制改革的精神，财政部规定从 1988 年 1 月 1 日起对出口商品根据"征多少、退多少、未征不退"的原则，彻底退还各道生产、流通环节的累计间接税。

出口退税政策的实施，降低了企业的出口成本，增强了出口产品国际竞争力，加速了企业资金周转，支持了外贸企业和工业品出口生产企业的生产经营和发展。

三、支持外贸企业的改革与发展

（一）向外贸企业倾斜的利润分配政策

1. 实行外汇留成制度，调动外贸企业积极性，增强外贸企业自负盈亏的能力

外汇留成制度即从外贸企业出口收汇中，留给地方、部门和提供出口

货源的生产企业一定比例的外汇额度。留成外汇主要用于进口生产出口产品所需的原材料，引进先进技术设备，也可以按国家规定的价格和办法调剂给其他企业使用。具体来讲，一是对外贸企业直属的 38 个加工企业实行了利润留成办法，基数利润留成比例为 17%，增长利润留成 30%。二是对地、县外贸企业实行了全额利润留成制度。三是对统一经营茶叶、畜产品的内销、调拨利润实行同地方财政分成的办法。

1985 年，为鼓励出口，进一步扩大了企业外汇的留成比例，国家重新修订了外汇留成办法；对超计划出口由地方自负盈亏，所收外汇实行中央和地方倒三七分成。1988 年，外汇调剂市场放开以后，外贸企业留成外汇调剂收入逐步成为企业调节盈亏的一个重要手段。1991 年，我国取消了对外贸出口的财政补贴，实行了出口商品收汇全额分成办法，进一步扩大了外贸企业留成外汇的分成比例。为确保中央外汇收入，对一般商品出口收汇采取上缴中央 50%、其中有偿上缴 30% 的办法。国家财政从 1991 年至 1992 年共拨付有偿上缴中央外汇补偿资金 185.44 亿元。有偿上缴中央外汇补偿资金的拨付，为外贸企业改善出口经营、降低亏损、进一步扩大外贸出口创造了有利的条件。

2. 通过留利分配支持外贸企业改善经营条件

国家财政对外贸企业实行多个单项留利政策及工资奖励政策，如联合经营投资收益分成、代销国外商品利润留成、加工装配收入留成等。另外，为支持外贸企业抵御国际市场经营风险，同意外贸企业按销售收入的一定比例提取外贸出口风险基金。

（二）出口补贴与奖励措施

改革开放初期，为了增加外汇收入，政府开始对外贸企业实施了出口补贴政策，以弥补出口成本与出口价格之间的缺口，促进出口贸易的发展，进而增加国家的外汇收入。1979—1987 年，外贸进出口年均增长速度为 13.8%，其中出口增速为 14.2%，进口增速为 13.5%。1987 年国家外汇储备比 1979 年增长了 247.9%；同期，政府对外贸企业的补贴每年约为 200 亿元左右。对外贸企业的补贴占全部对国营企业补贴额的比例为 58.3%。

1986 年，国家对出口生产企业实行了出口供货奖励制度，即以 1985 年实际出口收汇为基数，基数内每实现出口创汇 1 美元，奖励人民币 3 分；超基数创汇奖励人民币 1 角。为便于执行，1987 年改为不分基数内外，对每 1 美元出口收汇一律奖励人民币 5 分，供货企业得到的出口奖励可直接进入企业专用基金，按规定的比例计提企业发展基金和奖励基金。

（三）支持外贸体制改革

这一时期的外贸体制改革分三个阶段：第一阶段为 1978—1987 年"简政放权"阶段，第二阶段为 1988—1990 年"三年承包"阶段，第三阶段为 1991—1992 年外贸"转机"阶段。为支持外贸体制改革，财政在不同阶段采取了不同的政策措施。

第一阶段，下放权力调动企业积极性。首先，开始改变了外贸盈亏一直由当时的外贸部统一核算的体制，先后对中央各部门成立的 50 多个工贸公司中的 20 多个拨付了开办费和流动资金，同时，按照当时的财务管理办法每年统一核定出口额、出口成本和盈亏总额，按月办理盈亏缴拨，盈亏全部纳入国家预算。对少数公司实行了核定出口成本、实行盈亏包干等财务管理办法。对地方成立的进出口公司、工贸公司，以及部分军工口部（委）所属承担国家出口计划和上缴中央外汇的进出口公司，实行按核定的退税后每 1 美元出口成本办理盈亏缴拨的办法。这些办法对于扩大出口收汇发挥了重要作用。其次，积极进行中央外贸企业下放地方管理、推进各种形式工贸结合、为外贸企业逐步实现自主经营和自负盈亏创造条件等财务管理体制的探索。

第二阶段，重点改革外贸的利益分配机制。主要措施是打破当时外贸统负盈亏吃国家"大锅饭"的财务体制。在 1987 年轻工、工艺、服装三个进出口行业进行外贸企业自负盈亏的改革试点的基础上，国务院决定从 1988 年起，全面推行对外贸易承包经营责任制。其主要内容有：由各省、自治区、直辖市和计划单列市政府以及全国性外贸（工贸）总公司向国家承包出口收汇、上缴中央外汇和补贴额度，承包基数三年不变；取消原有使用外汇控制指标，凡地方、部门和企业按规定所取得的外汇留成，允许自由使用，并开放外汇调剂市场；进一步改革外贸计划体制，除统一经营、联合经营的 21 种出口商品外，其他出口商品由各省、自治区、直辖市和计划单列市直接向中央承担计划，大部分商品由有进出口经营权的企业按国家有关规定自行进出口。

第三阶段，促进外贸企业逐步走上规范发展的轨道。国家从 1991 年起取消了财政对出口的补贴，改革外汇留存分配办法，在进一步实施外汇额度有偿使用的情况下，从建立自负盈亏机制入手，促使外贸逐步走上统一政策、平等竞争、自主经营、自负盈亏、工贸结合、推行代理制、统一对外的轨道。这一期间财政对外贸财务管理主要是实行了上缴相当于33% 的所得税利润和定额包干利润政策，为外贸企业逐步向缴纳所得税过渡打下了基础。同时，为增强外贸企业自负盈亏能力，国家采取了上缴中央外汇进行有偿补偿的政策。

四、财政支持外贸发展成效显著

1978—1992 年，我国出台了大量鼓励发展外贸的财政政策，经济外向发展受到了有力的推动对外贸易快速发展，出口规模快速增长，出口结构明显优化，外汇储备大幅增加。

（一）外贸出口规模迅速扩大

1979 年，我国实现对外贸易出口 221.7 亿元；到 1992 年，达到4 676.3 亿元，增长了 20.1 倍，年均增长 26.43%。14 年间，除个别年份增幅低于两位数外，其余年份均保持较快速度增长，1990 年增速最快，达到 52.65%。与此同时，我国的出口贸易在 GDP 中的比重上升很快。1979 年出口额只占 GDP 的 5%，此后逐年上升，1986 年突破 10%，到1991 年已经达到 17.6%。出口贸易在 GDP 中的比重越来越大，对整个国民经济的发展起到了重要的推动作用（见表 11 - 2）。

表 11 - 2　　1979—1992 年我国对外贸易出口情况和

出口依存度变化　　　　　单位：亿元，%

年份	出口总额	出口增长率	GDP	出口依存度	年份	出口总额	出口增长率	GDP	出口依存度
1979	221.7	—	4 038.2	5	1986	1 082.1	33.77	10 202	10.4
1980	271.2	22.33	4 517.8	6	1987	1 470.0	35.85	11 963	12.2
1981	367.6	35.55	4 862.4	7.72	1988	1 766.7	20.18	14 928	11.8
1982	413.8	12.57	5 294.7	7.98	1989	1 956.0	10.71	16 909	11.7
1983	438.3	5.92	5 934.5	7.4	1990	2 985.8	52.65	18 548	16.0
1984	580.5	32.44	7 171.0	8.48	1991	3 827.1	28.18	21 618	17.6
1985	808.9	39.35	8 964.4	8.9	1992	4 676.3	22.19	26 638	17.5

资料来源：根据国家统计局编《中国统计年鉴（1993）》计算整理。

（二）外贸出口结构明显优化

在这一阶段，我国出口商品的结构得到明显优化，实现了由主要出口初级产品向主要出口制成品的历史性转变，技术含量和附加值较高的机电产品出口迅速增长。

1980 年，在我国的出口商品中，农产品、食品和矿产品等初级产品占到 50.3%。到 1981 年，在出口商品中，机械、轻纺、化工、金属等工业制成品所占比重由上年的 49.7% 上升到 53.4%，农产品、食品、矿产品、轻纺原料等初级产品所占比重下降到 46.6%。这一年工业制成品出口份额首次超过初级产品。1992 年，出口产品结构进一步改善，工业制成品出口所占比重已上升到 80%。兼具劳动力密集和资本技术密集型特征的机电产品逐渐成为出口最大类产品。出口产品结构的不断优化，是我国国民经济结构不断调整、产业结构不断优化升级的结果，而这与财政大力支持工业企业出口是分不开的。

（三）外汇储备大幅增加

伴随着出口贸易的迅速发展，我国的外汇储备余额也大幅增加。1978

年年底，我国外汇储备余额只有 1.67 亿美元。到 1991 年，外汇储备突破 200 亿美元，达到 217.12 亿美元。至 1992 年，我国外汇储备余额已达 194.43 亿美元，同 1978 年相比，14 年中增加了 115 倍（见表 11-3）。外汇储备的增加具有十分重要的意义：至 1992 年我国外汇储备的规模已经基本上达到国际公认的外汇储备安全线水平，即外汇能够应付 3 个月的进口需求，这就保证了我国的进口贸易对外汇的正常需求，是我国国际收支平衡能力提高的体现。外汇储备的增加还有利于我国对外贸易条件的改善，进一步扩大进口贸易的规模和改善进口产品结构，从而提高我国产业的装备技术水平，促进产业结构的优化升级。

表 11-3 1978—1992 年我国外汇储备情况　　单位：亿美元

年份	外汇储备	年份	外汇储备	年份	外汇储备
1978	1.67	1983	89.01	1988	33.72
1979	8.40	1984	82.20	1989	55.50
1980	-12.96	1985	26.44	1990	110.93
1981	27.08	1986	20.72	1991	217.12
1982	69.86	1987	29.23	1992	194.43

资料来源：《中国财政年鉴（2004）》。

第 三 篇

1993—2002 年的中国财政

第十二章
进入建设公共财政
新时期

  1992 年 10 月，党的十四大明确提出，我国经济体制改革的目标是建立社会主义市场经济体制。2002 年 11 月，党的十六大把"完善社会主义市场经济体制"作为本世纪头二十年经济建设和改革的主要任务之一。与之相适应，从 1993—2002 年，中国财政进入了一个新的历史时期。按照社会主义市场经济发展的要求，我国开始构建具有公共财政特征的财政运行模式。经过十年努力，我国公共财政框架初步建立，财政面貌发生了巨大变化。

第一节　明确提出建立公共财政框架

一、建立社会主义市场经济体制改革目标的确立

  1992 年春，邓小平同志视察中国南方并发表重要谈话，带来了一次大的思想解放。邓小平同志指出，计划经济不等于社会主义，资本主义也有计划；市场经济不等于资本主义，社会主义也有市场。计划和市场都是

经济手段。计划多一点还是市场多一点，不是社会主义与资本主义的本质区别。这个精辟论断，从根本上解除了把计划经济和市场经济看做属于社会基本制度范畴的思想束缚，使我们在计划与市场关系问题上的认识有了新的重大突破，为深化改革指明了方向。改革开放十多年来，市场范围逐步扩大，大多数商品的价格已经放开，计划直接管理的领域显著缩小，市场对经济活动调节的作用大大增强。实践表明，市场作用发挥比较充分的地方，经济活力就比较强，发展态势也比较好。我国要优化经济结构，提高效益，加快发展，参与国际竞争，就必须继续强化市场机制的作用。实践的发展和认识的深化，要求我们明确提出，我国经济体制改革的目标是建立社会主义市场经济体制，以利于进一步解放和发展生产力。

1992 年 10 月，党的十四大胜利召开，第一次把社会主义市场经济确立为中国经济体制改革的目标模式，标志着中国改革开放进入了一个新的发展阶段。党的十四大明确指出：我们要建立的社会主义市场经济体制，就是要使市场在社会主义国家宏观调控下对资源配置起基础性作用，使经济活动遵循价值规律的要求，适应供求关系的变化；通过价格杠杆和竞争机制的功能，把资源配置到效益较好的环节中去，并给企业以压力和动力，实现优胜劣汰；运用市场对各种经济信号反应比较灵敏的优点，促进生产和需求的及时协调。同时也要看到市场有其自身的弱点和消极方面，必须加强和改善国家对经济的宏观调控。我们要大力发展全国的统一市场，进一步扩大市场的作用，并依据客观规律的要求，运用好经济政策、经济法规、计划指导和必要的行政管理，引导市场健康发展。

二、建立公共财政框架的提出

社会经济体制决定财政体制。在我国计划经济体制下，政府是资源配置的主体。国家财政不仅要满足从国防安全、行政管理、公安司法到环境保护、文化教育、基础科研、卫生保健等方面的社会公共需要，进行能源、交通、通信和江河治理等一系列社会公共基础设施和非竞争性基础产业项目的投资，还要承担为国有企业供应经营性资金、扩大再生产资金以及弥补亏损的责任，甚至还要为国有企业所担负的诸如职工住房、医疗服务、子弟学校、幼儿园和其他属于集体福利设施的投资提供补贴，等等。正是由于财政职能范围所带有的事无巨细、包揽一切的特征，我们将计划经济体制下的财政称为"生产建设财政"。

随着建立社会主义市场经济体制改革目标的确立，迫切要求有与之相适应的财政体制，党的十四大召开以后，财政实践就开始向公共财政迈进。1994 年的财税体制改革，适应社会主义市场经济发展的要求，朝着建立社会主义公共财政方向迈出了重要一步。1998 年年底，经过长期探索，全国财政工作会议明确提出了建立公共财政基本框架的目标。之后，公共财政建设不断推进。

第二节　构建公共财政框架体系

这一时期，我国按照公共财政内涵特征提出的基本要求，从解决政府"越位"和"缺位"问题入手，加快财政改革与发展，着力构建公共财政框架体系。

一、构建公共财政框架体系的基本要求

世界上实行市场经济体制国家的财政运行机制，尽管形式各异，侧重点多样，但其基本的模式是相似的。这就是，以满足社会的公共需要为口径界定财政职能范围，并以此构建政府的财政收支体系。这种为满足社会公共需要而构建的政府收支活动模式或财政运行模式，在理论上被称为"公共财政"。公共财政的内涵特征，对我们构建公共财政框架体系提出了如下基本要求。

（一）着眼于满足社会公共需要

所谓社会公共需要，是相对于私人个别需要而言的，它指的是社会作

为一个整体或以整个社会为单位而提出的需要。相比之下，其突出的特征在于，一是它的整体性。即它是由所有社会成员作为一个整体共同提出，或者说大家都需要，而不是由哪一个或哪一些社会成员单独或分别提出。二是它的集中性。即它要由整个社会集中执行和组织，而不能由哪一个或哪一些社会成员通过分散的活动来加以满足。三是它的强制性。即它只能依托政治权力、动用强制性的手段，而不能依托个人意愿、通过市场交换的行为加以实现。易于看出，社会公共需要实质就是不能通过市场得以满足，或者通过市场解决不能令人满意的需要。据此界定了具有代表性的财政职能事项：

首先，提供公共物品或服务。公共物品或服务是典型的用于满足社会公共需要的物品或服务。之所以要由政府通过财政手段来提供这类物品或服务，主要是因为：第一，它是向整个社会提供，全体社会成员联合消费，共同受益，即它具有效用的非分割性；第二，一个或一些社会成员享受这些物品或服务，并不排斥、妨碍其他社会成员同时享用，即它具有消费的非竞争性；第三，它在技术上没有办法将拒绝为其付款的社会成员排除在受益范围之外，即它具有受益的非排他性。具有如此特点的物品或服务，显然企业不愿意也没有能力生产，必须由政府担当起提供的责任。社会治安、环境保护、公路修建等，就是这类物品或服务的典型代表。

其次，调节收入分配。一般而言，决定市场经济条件下居民收入分配状况的因素，一是每个人所能提供的生产要素（如劳动力、资本、土地等）的数量；二是这些生产要素在市场上所能获得的价格。由于人们所拥有（或继承）的生产要素的差别，人与人之间的收入分配状况往往高低悬殊，客观上需要社会有一种有助于实现公平目标的再分配机制。而在市场机制的框架内，并不存在这样的再分配机制。所以，只有借助于非市场方式——政府以财政手段去调节居民收入分配上的高低悬殊现象，实现收入分配公平合理的社会目标。

最后，促进经济稳定增长。自发的市场机制并不能自行趋向于经济的稳定增长，相反，由总需求和总供给之间的不协调而导致的经济波动，是经常发生的。为此，需要政府运用宏观上的经济政策手段，有意识地影响、调节经济，保证宏观经济得以稳定、均衡地发展。其中，通过不同时期财政政策的制定和财政实践上的制度性安排，来维系总供给与需求之间的大致平衡，便是政府所掌握和运用的重要政策手段之一。

可以看出，上述事项，基本上是限定在满足整个社会的公共需要这一层次的。这也正是实行市场经济国家的财政运行机制模式大都称之为公共财政的主要原因。

（二）立足于非营利性

在市场经济条件下，政府部门和企业部门所扮演的角色截然不同。企业作为经济行为主体，其动机是利润最大化，要通过参与市场竞争实现营利的目标。政府作为社会管理者，其动机不是也不能是取得相应的报偿或盈利，而只能以追求公共利益为己任，其职责只能是通过满足社会公共需要的活动，为市场的有序运转提供必要的制度保证和物质基础。因此，财政收入的取得，要建立在为满足社会公共需要而筹措资金的基础上；财政支出的安排，要始终以满足社会公共需要为宗旨。政府的财政收支行为，不应也不能带有营利的色彩。这是因为：

第一，作为社会管理者的政府，拥有相应的政治权力。拥有政治权力的政府，如果直接进入市场参与竞争、追求盈利，它将很自然地动用政治权力去实现追逐利润的愿望。其结果，很可能会因权钱交易的出现而干扰或破坏市场的正常运行。

第二，一旦政府出于营利的目的而作为竞争者直接进入市场，市场与政府分工的基本规则将会被打乱。由于政企不分，本应着眼于满足社会公共需要的政府行为，很可能异化为追逐利润的企业行为。其结果，政府活动会偏离追求公共利益的公共性轨道，财政性资金也会因用于牟取利润项目而使社会公共需要的领域出现"缺位"。

第三，只要政府活动超出满足社会公共需要的界限，就可能使包括财政收支在内的整个政府行为发生变异，给市场经济的有序发展造成障碍。即使出于公共目的进入市场，政府也不应为了营利而破坏市场规则，如公共基金的增值、国有资产的保值等。

（三）收支行为规范化

与计划经济条件下的"生产建设财政"不同，公共财政既是以满足社会公共需要为基本着眼点的，便与全体社会成员的切身利益直接挂钩。不仅财政收入要来自于社会成员的缴纳，财政支出要用于向社会成员提供公共物品或服务的事项，就是财政收支出现差额而带来的成本和效益，最终仍要落到社会成员的身上。所以，社会成员对于公共财政的运行拥有天然的监督权利，从而要求和决定着政府财政收支行为的规范化。

首先，要以法制为基础。即财政收入的方式和数量，或财政支出的去向和规模，必须建立在法制的基础上，不能想收什么就收什么，想收多少就收多少，或者想怎么花便怎么花。无论哪一种形式、哪一种性质的收入，都必须先立法，后征收。无论哪一类项目、哪一类性质的支出，都必须依据既有的制度来安排。

其次，全部政府收支进预算。政府预算不仅是政府的年度财政收支计划，还是财政收支活动接受立法机关和社会成员监督的重要途径。通过政府预算的编制、审查、执行和决算，可以使政府的收支行为自始至终置于立法机关和社会成员的监督之下。因此，预算的实质是透明度和公开化，并非简单地将政府收支交由哪一个部门管理或列入哪一类表格反映。政府的收与支必须全部置于各级立法机关和全体社会成员的监督之下，不允许有不受监督、游离于预算之外的政府收支。

最后，财税部门总揽政府收支。即所有的政府收支完全归口于财政税务部门管理。即便出于工作便利的考虑，把某些特殊形式的收入，如关税、规费交由特定的政府职能部门收取，那也是一种在"收支两条线"前提下的"代收"、"代征"。这样做，可以切断各个政府职能部门的行政、执法同其经费供给之间的直接联系，从根本上铲除"以权牟钱、以权换钱"等腐败行为。

二、从解决政府"越位"与"缺位"问题入手

从公共财政角度来看，财政支出主要是为社会提供公共产品或服务，同时还要纠正市场失灵。如果政府提供公共产品或服务不足或纠正市场失灵不够及时，可称为政府"缺位"；如果政府做了本应由市场来做的事情，可称为政府"越位"。构建公共财政框架体系，就是从解决政府"越位"与"缺位"入手，"越位"的领域逐步退出，"缺位"的领域尽快进入。

历史地分析，可以纳入"越位"的事项不少。比如，竞争性领域的投资，竞争性活动是典型的市场活动，按照"市场能干的，就交给市场"的原则，财政无论如何要从竞争性领域退出去。再如，应用性研究与基础性研究的性质不同，后者属于公共物品或服务范畴，其成果为社会共享，不能作为商品出售，财政理应给予支持，负担全部经费；前者的成果可以直接运用于生产和生活，在专利制度下可以作为商品出售，研究费用既可以由此得到补偿，还可获得相应盈利，财政就不应负担或不应全部负担其经费。又如，一般性文艺团体，它们的经营收入，同样可以弥补成本并获得盈利，应当实行企业化管理，财政不应提供经费。还如，弥补国有企业亏损（特别是弥补竞争性领域的国有企业亏损），以及给予一般加工工业的投资补贴，从发展的角度看，它们绝对不是社会公共需要领域的事项，财政必须逐步退出去。

可以视为"缺位"的事项也有许多。比如社会保障，在实行市场经济制度的国家中，社会保障作为一种社会公共需要颇受各国政府重视，财政在社会保障方面的支出历来不是一个小数。随着我国市场化进程的逐步加快，社会保障体系欠缺对于改革的制约作用已经越来越突出地显露出来，财政应当加大这方面的投入。再如，调节收入分配，从计划经济走向市场经济，政府不再拥有直接调节收入分配的工具，而只能使用间接手段，财政恰恰具有可作为间接调节收入分配手段的有利条件，但在这个方面，财政很长时间没有多少作为。又如，科学教育事业，无论从其给全社会带来的经济效益或社会效益来看，科学教育事业都属于社会公共需要，

相对于世界各国的平均水平而言,我国对科学教育事业的财政投入不足。除此之外,诸如宏观调控、环境保护、维护市场秩序等,都是市场本身所不能解决的问题,财政在过去给予的注意也存在着明显的不足。

从"越位"的领域退出并补足"缺位"的事项之后,我们可以纠正因"越位"和"缺位"而带来的政府职能"错位"现象,科学地界定财政的职能范围,从而实现向市场经济所要求的公共财政职能转变。

第三节　财政实力壮大和收支结构优化

围绕构建公共财政框架体系,从 1993—2002 年,我国先后实施了分税制财政体制、税收制度、预算管理制度等改革。这一系列改革理顺了政府与市场、各级政府之间的关系,规范了财政收支行为,壮大了财政实力,提高了财政调控能力。中国特色的公共财政框架体系初步建立,财政在社会、经济等领域的作用卓有成效。

一、财政实力明显壮大

1993 年以来,国家财政收支规模逐年扩大。国家财政收入从 1992 年的 3 483.37 亿元增加到 2002 年的 18 903.64 亿元,绝对数增长了 4.4 倍,收入增长速度均保持在两位数,年均增长率达到 17.7%。尤其是 1998 年以来,国家财政收入连年大幅增长,1999 年首次突破 1 万亿元,仅用两年时间就超过 1.5 万亿元。国家财政支出从 1992 年的 3 742.2 亿元增加到 2002 年的 22 053.15 亿元,绝对数增长了 4.89 倍,年均增长率为 18.6%(见图 12 - 1)。与此同时,财政收入"两个比重"(财政收入占 GDP 比重和中央财政收入占全国财政收入比重)呈现出稳步上升的趋势。1992 年全国财政收入占 GDP 的比重为 12.9%,2002 年上升到 14.9%,中央财政收入占全国财政收入的比重由 28.1% 上升到 55.0%。政府对经济、社会的调控能力和中央政府的均衡财力的调节能力都大大增强。

坚实的财政实力,为我国各项社会、经济事业的发展奠定了物质基础。社会主义市场经济体系的构建,是一个"摸着石头过河"的过程,其间充满了不确定性,各个领域的改革离不开财政的支持,同时,财政改革也成为其他领域改革的助推器。在这十年时间里,中国经济更是经历了高峰与低谷两个时期,国家宏观调控政策适时适度发挥作用,在经济过热时实施了适度从紧的财政政策,在经济形势严峻时实施了积极财政政策,促进经济保持了持续平稳快速增长。这也充分表明了财政改革与发展取得的伟大成效。

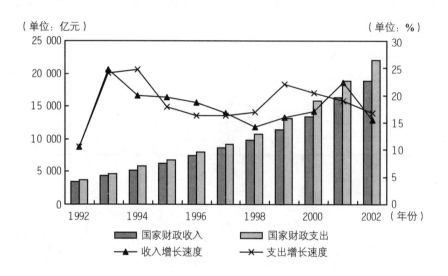

图 12 - 1 1992—2002 年国家财政收支规模及增长速度

资料来源:《中国财政年鉴(2008)》。

二、财政收支结构不断优化

伴随着财政实力的壮大,财政收支结构也得到优化。在财政收入方面,1994 年实施的税制改革,统一税制,简化税种,建立了与社会主义市场经济体制相适应的税收制度,为经济发展创造了良好的税收环境,打破了原有的按经济成分设置税种、扭曲市场的局面，确保了各类市场主体公平竞争，为形成现代市场体系创造了条件。而且以流转税、所得税和进口税收为主体税种的新税制，形成了支撑财政收入稳步增长的格局，进一步巩固了稳定的财政收入增长机制。

在财政支出方面，1993—2002 年，我国通过深化改革、推动调整和优化支出结构，财政支出更多地向基础设施建设、农业、教育、医疗卫生、社会保障、环境保护等方面倾斜，逐步矫正政府的职能"错位"，各级财政用于社会性、公共性支出的比重不断提高（见图 12 – 2）。立足于我国国情，财政支出还需要支持经济发展，但财政支持经济发展的方式得到了转变，逐步减少和退出了对一般竞争性和经营性领域的财政直接投资和补贴，促进改变了政府调控经济的方式，更多地用间接和规范的财政手段支持国有企业和经济发展。

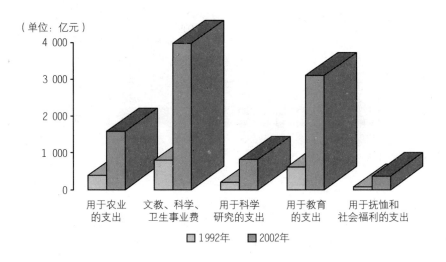

图 12 – 2　1992 年与 2002 年财政支出比较示意

资料来源：财政部主管：《中国财政年鉴（2008）》。

在财政收支结构调整以后，1998 年，财政部门按照公共财政的导向，积极推进部门预算、国库集中收付、政府采购、收支两条线等预算管理制度改革，促进了财政资金使用效益的进一步提高。财政收支改革符合公共财政体系的要求，解决了政府越位与缺位的问题，使得税收符合公平、效率原则，支出满足社会公共需要，减少了政府对市场的扭曲，进一步推进了公共财政的建设。

第十三章
实施分税制改革

为了适应社会主义市场经济发展的需要，在借鉴市场经济国家成功经验并充分考虑国情的基础上，我国于 1994 年进行了分税制财政体制改革。分税制财政体制改革突破了"让利、放权"的传统改革思路，向构建市场经济条件下的财政运行机制迈出了关键的一步，也是新中国成立以来政府间财政关系方面涉及范围最广、调整力度最强、影响最为深远的重大制度创新，在中国财政史上具有里程碑意义。分税制改革实施后，按照税种划分收入，打破了长期以来实行的"条块分割"的行政隶属关系，增强了中央宏观调控能力，调动了地方的积极性，促进了全国统一大市场的形成，为社会主义市场经济的发展提供了有力的财政体制支撑。

第一节 1994 年的分税制财政体制改革

一、分税制财政体制改革的背景

党的十四大确立了建立社会主义市场经济体制的总体目标。我国各项经济体制都按照市场经济的要求加快改革。在财政体制方面，原有财政体制采取多种形式的包干办法，既不规范，也明显不能适应社会主义市场经济的要求，同时包干体制弱化了中央财政宏观调控能力，造成地方政府减免税无序竞争以及重复建设和区域封锁等问题，已呈愈演愈烈之势。在这种背景下，分税制财政体制改革被提上重要的议事日程，目的就是适应改革和发展的需要，适应市场经济体制改革的基本要求。

（一）社会主义市场经济需要建立统一的、开放的大市场

在市场经济体制下，资金、人才、劳动力、生产资料和消费资料可自由流动，通过流动使资源达到合理配置。这要求政府营造良好的经济发展氛围，以利于企业在市场经济条件下公平竞争。通过市场实现资源的有效配置，达到提高全社会综合经济效益的目的。而包干体制对不同产品按不同税率征收的流转税全部作为地方收入，导致各地政府在自身利益的驱动下，热衷于发展那些税高利大的企业，重复建设和资源浪费严重；同时，这种体制强化了政府对企业生产经营的干预，不利于政企职能的分离。

（二）社会主义市场经济体制要求构建间接调控的财政政策工具

市场经济下国家对经济的调控要由过去的以计划手段为主的直接管理向以经济杠杆为手段的间接调控为主转变，财政调控是间接调控的重要政策工具。但是在包干体制下，一方面，很难建立有效的政府对企业、中央对地方的协调机制，政府对企业仍按照行政隶属关系实施控制和组织财政收入；中央财政调控手段单一，对上解地区基本上只是控制一个上解比例；对收不抵支地区基本上只是运用无条件的补助形式。包干制本身缺乏建立间接调控机制的基本条件。另一方面，中央财政收入占全部财政收入的比重不断下降，困难日益加剧，也严重弱化了中央的调控能力，与建立社会主义市场经济体制的总体目标相悖。

（三）社会主义市场经济要求有全国统一、规范而又稳定的财税制度

财政包干体制种类繁多，计算复杂，人为因素影响大，容易造成各地区间的苦乐不均，不利于地方经济的均衡发展，不利于营造规范的社会主

义市场经济环境。为减少不必要的波动和人为因素的干扰，需要建立与市场经济体制相适应的、统一规范的财政制度。

1993 年上半年，国家财政特别是中央财政十分紧张：整个财政收入第一季度比 1992 年同期下降 2.2%，按可比口径也仅仅持平；工商税收 1 400 亿元，比上年同期增长 12%，扣除出口退税因素，仅比上年同期增长 1.4%。而 1993 年第一季度的国民生产总值增长 15.1%，上半年达到 14%，与 1992 年 GDP 增长 12.8% 相比高出不少。财政收入增长与经济增长比例失衡，全国生产增长速度很快，而国家财政特别是中央财政十分紧张。税收增幅小，开支却大幅增长。资金不到位的情况多方出现：粮食收购财政亏损性补贴资金不到位；重点建设资金不到位，很多重点建设受到制约，如铁路、港口、民航等。按照往年的进度，重点建设资金上半年至少要拨付全年的 40%，而 1993 年上半年为 19.5%，差了将近一半；重点生产企业和重点出口企业缺乏流动资金。与此同时，需要由中央财政收入中支出的硬支出，一分也不能少。正是在上述情况下，党中央果断决策，一场具有深远影响的分税制改革在中国拉开了序幕。

1993 年 11 月，党的十四届三中全会通过了《中共中央关于建立社会主义市场经济体制若干问题的决定》，特别指出要积极推进财税体制改革，其宗旨就是建立与社会主义市场体制相配套的、合理规范的财政体制。财税体制改革的重点，一是要把现行地方财政包干制改为在合理划分中央与地方事权基础上的分税制，建立中央税收和地方税收体系。维护国家权益和实施宏观调控所必需的税种列为中央税；同经济发展直接相关的主要税种列为共享税；充实地方税税种，增加地方税收入。通过发展经济，提高效益，扩大财源，逐步提高财政收入在国民生产总值中的比重，合理确定中央财政收入和地方财政收入的比例。实行中央财政对地方的返还和转移支付制度，以调节分配结构和地区结构，特别是扶持经济不发达地区的发展和老工业基地的改造。二是按照统一税法、公平税负、简化税制和合理分权的原则，改革和完善税收制度。

二、分税制财政体制改革的主要内容

1993 年 12 月，国务院发布了《关于实行分税制财政管理体制的决定》，决定从 1994 年 1 月 1 日起在全国实行分税制财政体制。这次改革是按照"存量不动、增量调整，逐步提高中央的宏观调控能力，建立合理的财政分配机制"的原则设计的。在原包干体制确定的地方上解和中央补助基本不变、不触动地方既得利益的情况下，结合税制改革，对财政收入增量分配进行了重大调整。

分税制财政体制改革，既要考虑社会主义市场经济体制一般要求，又要兼顾我国的具体国情；既要考虑经济发展的长远目标，又要兼顾当时的客观现实；既要考虑中央的需要，也要兼顾地方的利益。因此，当时确定分税制财政体制改革的指导思想包括四个方面：一是正确处理中央与地方的分配关系，调动两个积极性，促进国家财政收入的合理增长。既考虑地方利益，调动地方发展经济、增收节支的积极性，又逐步提高中央财政收入的比重，适当增加中央财力，增强中央政府的宏观调控能力。中央从财政收入的增量中适当多得一些，以保证中央财政收入的稳定增长。二是合理调节地区之间财力分配。既有利于经济发达地区继续保持较快的发展势头，又通过中央财政对地方的税收返还和转移支付制度，扶植经济不发达地区的发展和老工业基地的改造。同时，促使地方加强对财政支出的约束。三是坚持统一领导与分级管理相结合的原则。划分税种不仅考虑中央与地方的收入分配，还考虑税收对经济发展和社会分配的调节作用。中央税、共享税以及地方税的立法权都集中在中央，以保证中央政令统一，维护全国统一市场和企业平等竞争。税收实行分级征管，中央税和共享税由中央税务机构负责征收，地方税由地方税务机构负责征收。四是坚持整体设计与逐步推进相结合的原则。分税制改革既要借鉴国外经验，又要从我国的实际出发。在明确改革目标的基础上，力求规范化，抓住重点，分步实施，逐步完善。通过划分税种和分别征管堵塞漏洞，保证财政收入的合理增长；先把主要税种划分好，其他收入的划分逐步规范；作为过渡办法，原有补助、上解和有些结算事项继续按原体制运转；中央财政收入占全部财政收入的比重要逐步提高，对地方利益格局的调整也逐步进行。

根据上述指导思想，1994 年分税制财政体制改革的基本内容如下。

（一）中央财政与地方财政支出划分

根据中央政府和地方政府的事权划分，合理确定中央财政与地方财政的支出范围，这是实行分税制财政体制的重要内容。1994 年分税制财政体制改革确定中央与地方支出划分的基本原则是：中央财政主要承担国家安全、外交和中央国家机关运转所需经费，调整国民经济结构、协调地区发展、实施宏观调控所必需的支出以及由中央直接管理的事业发展支出。地方财政主要承担本地区政权机关运转所需支出以及本地区经济、事业发展所需支出。

经过划分，中央财政支出主要有 14 个方面，地方财政支出主要有 13 个方面。各自的支出范围见表 13 - 1。

表 13 - 1　1994 年中央与地方支出划分

中央财政支出	地方财政支出
1. 国防费	1. 地方行政管理费
2. 武警经费	2. 公检法支出
3. 外交和援外支出	3. 部分武警经费
4. 中央级行政管理费	4. 民兵事业费
5. 中央统管的基本建设投资	5. 地方统筹的基本建设投资
6. 中央直属企业技改和新产品试制费	6. 地方企业技改和新产品试制费
7. 地质勘探费	7. 支农支出
8. 由中央财政安排的支农支出	8. 城市维护建设支出
9. 国内外债务的还本付息支出	9. 地方文化支出
10. 中央本级负担的公检法支出	10. 地方教育支出
11. 中央本级负担的文化支出	11. 地方卫生支出
12. 中央本级负担的教育支出	12. 价格补贴支出
13. 中央本级负担的卫生支出	13. 其他支出
14. 中央本级负担的科学支出	

（二）中央财政与地方财政收入划分

立足本国国情，合理借鉴国际经验，并考虑到各税种的特殊情况，分税制财政体制改革将维护国家权益、实施宏观调控所必需的税种划为中央税；将同经济发展直接相关的主要税种划为中央与地方共享税；将适合地方征管的税种划为地方税，并充实地方税税种，增加地方税收入。

在 1994 年分税制收入划分中，中央固定收入有 8 种，地方固定收入有 18 种，中央与地方共享收入有 3 种。具体税种见表 13－2。

表 13－2　1994 年中央与地方税收划分

中央固定收入	地方固定收入	中央与地方共享收入
1. 关税 2. 海关代征的消费税和增值税 3. 消费税 4. 中央企业所得税 5. 地方银行和外资银行及非银行金融企业所得税 6. 铁道部门、各银行总行、各保险总公司等集中缴纳的营业税、所得税、利润和城市维护建设税 7. 中央企业上缴的利润 8. 外贸企业的出口退税	1. 营业税（不含铁道部门、各银行总行、各保险公司集中缴纳的营业税） 2. 地方企业所得税（不含地方银行和外资银行及非银行金融企业的所得税） 3. 地方企业上缴利润 4. 个人所得税 5. 城镇土地使用税 6. 固定资产投资方向调节税 7. 城市维护建设税（不含铁道部门、各银行总行、各保险总公司集中缴纳的部分） 8. 房产税 9. 车船使用税 10. 印花税 11. 屠宰税 12. 农牧业税 13. 农业特产税 14. 耕地占用税 15. 契税 16. 遗产和赠与税 17. 土地增值税 18. 国有土地有偿使用收入	1. 增值税 中央分享75% 地方分享25% 2. 资源税 海洋石油资源税归中央，其他资源税归地方 3. 证券交易税 中央分享50% 地方分享50%

需要说明的是，关税、海关代征的消费税和增值税体现国家权益，作为中央收入；消费税的宏观调控功能较强，如果划归地方，受地方利益机制的影响，不利于国家宏观调控政策的实施，同时宏观经济政策的变动会造成收入的波动，不利于地方收入的稳定，也容易形成国家政策对地方预算平衡的冲击，因此作为中央固定收入。出口退税增量改为全部由中央财政负担，主要是因为实行新的收入划分办法后，消费税全部作为中央收入，增值税也大部分作为中央收入，改变了改革前那种征税在地方，退税在中央的状况。资源税，按照资源国有的原则，应当划归中央，但考虑到资源大部分集中在中西部地区，资源大省一般都是财政穷省，因此将资源税划为共享税，除海洋石油资源税划归中央外，其他资源税全部划给地方，以体现对中西部地区的政策照顾。

（三）中央财政对地方财政的税收返还制度

为了使财政体制改革顺利运行，分税制财政体制的方案确定了维持地方 1993 年既得利益的政策。实行按税种划分收入的办法后，原属地方支柱财源的"两税"收入（消费税和增值税收入的 75%，下同）上划到中央，成为中央级收入，如果中央不采取相应补偿措施，必然影响地方的既得利益，不利于新旧体制的平稳转换，为此，分税制财政体制改革制定了税收返还的办法。即以 1993 年为基期年，按分税后地方净上划中央的收入数额，作为中央对地方的税收返还基数，基数部分全额返还地方。为了尽量减少对地方财力的影响，调动地方政府的积极性，国务院还决定，不仅税收返还基数全额返还地方，1994 年以后还要给予一定的增长。增长办法是：从 1994 年开始，税收返还与消费税和增值税（75% 部分）的增长率挂钩，每年递增返还。关于税收返还的递增率，按当年全国增值税和消费税平均增长率的 1：0.3 系数确定。1994 年 8 月，根据各方面的意见和要求，为了更充分地调动各地区组织中央收入的积极性，将税收返还的递增率改为按各地区分别缴入中央金库的"两税"增长率的 1：0.3 系数确定。即各地区"两税"每增长 1%，中央财政对该地区的税收返还增长 0.3%。

　　核定中央对地方税收返还基数关系到中央和地方的切实利益。财政部根据《国务院关于实行分税制财政管理体制的决定》中以1993年为基数的政策，和《国务院批转国家税务总局工商税制改革实施方案的通知》中有关税种的改革办法，制定了中央对地方税收返还基数的计算方法。由于分税制财政体制改革与税收管理体制改革同步进行，分税制体制又以原税制的1993年数字为基数，因此在计算税收返还的时候，需要将原税种数字转换为新税种数字。

　　对分税制税收返还基数的影响主要是在流转税的税种变化上面，税制改革中流转税各税种变化情况如下：

　　原税制下的产品税、增值税、特别消费税、烧油特别税、烟酒专项收入等分别转到新税制下的消费税和增值税，具体来说：（1）对农林牧水产品征收的产品税转入农业特产税；（2）对生猪、菜牛、菜羊征收的产品税转入屠宰税；（3）冶金企业、两碱企业等由于税制改革后增值税税负下降，部分税收通过征收资源税以保持原税负，因此，冶金企业和两碱企业的部分增值税转入资源税；（4）除上述三项外，其余部分转入消费税和增值税。按1992年税收普查资料测算，26.95%转入消费税，73.05%转入增值税。

　　原营业税主要分解为两部分，商业批发零售营业税改为征收增值税，劳务和第三产业继续征收营业税。

　　原工商统一税按三资企业的经营品种和性质，分别转入消费税、增值税和营业税。

　　税收返还基数是按分税制规定的地方净上划中央的收入计算的。净上划收入是指地方上划收入和中央下划收入相抵后的余额。按分税制办法规定，地方上划中央的收入项目主要有消费税、增值税（75%）、证券交易税（50%）、外资银行及地方非银行金融企业所得税。中央下划地方的收入项目主要有城镇土地使用税（50%）、耕地占用税（30%）、国有土地有偿出让收入等（个别地区还包括资源税）。为了计算方便，原来中央与地方实行固定比例分成的流转税收入和烟酒专项收入，采取先下划地方、再上划中央的办法。

（四）配套改革和其他政策措施

1. 改革国有企业利润分配制度

根据建立现代企业制度的基本要求，结合税制改革和实施《企业财务通则》、《企业会计准则》，合理调整和规范国家与企业的利润分配关系。

2. 同步进行税收征管体制改革

从 1994 年 1 月 1 日起，在现有税务机构基础上，分设中央税务机构和地方税务机构，分别征税，这是分税制改革的一个重要的特点。国家税务局负责征收中央固定收入和中央与地方的共享收入，地方税务局负责征收地方固定收入。

3. 改进预算编制办法，硬化预算约束

实行分税制之后，中央财政对地方的税收返还列中央预算支出，地方相应列收入；地方财政对中央的上解列地方预算支出，中央相应列收入。中央与地方财政之间都不得互相挤占收入。改变此前中央代编地方预算的做法，每年由国务院提前向地方提出编制预算的要求。地方编制预算后，报财政部汇总成国家预算。

4. 建立适应分税制需要的国库体系和税收返还制度

根据分税制财政体制的要求，原则上一级政府一级财政，同时，相应要有一级金库。在执行国家统一政策的前提下，中央金库与地方金库分别向中央财政和地方财政负责。实行分税制以后，地方财政支出有一部分要靠中央财政税收返还来安排。为此，要建立中央财政对地方税收返还和转移支付制度，并且逐步规范化，以保证地方财政支出的资金需要。

5. 建立并规范国债市场

为了保证财税改革方案的顺利出台，1994 年国债发行规模适当增加。为此，中央银行开展了国债市场业务，允许国有商业银行进入国债市场，允许银行和非银行金融机构以国债向中央银行贴现融资。国债发行经常化，国债利率市场化，国债二级市场由有关部门协调管理。

6. 妥善处理原由省级政府批准的减免税政策问题

考虑到有些省、自治区、直辖市政府已经对一些项目和企业作了减免税的决定，为了使这些企业有一个过渡，在制止和取缔越权减免税的同时，对于 1993 年 6 月 30 日前，经省级政府批准实施的未到期地方减免税项目或减免税企业，重新报财政部和国家税务总局审查、确认后，从 1994 年起，对这些没有到期的减免税项目和企业实行先征税后退还的办法。这部分税收中属中央收入部分，由中央财政统一返还给省、自治区、直辖市政府，连同地方收入部分，由省、自治区、直辖市政府按政策规定统筹返还给企业，用于发展生产。这项政策执行到 1995 年。

（五）解决原体制遗留问题

1994 年实行分税制后，原包干体制的地方上解和补助办法基本不变。即：原实行递增上解的地区，仍按原规定办法继续递增上解；原实行定额上解的地区，仍按原确定数额继续定额上解；原实行总额分成的地区和原分税制试点地区，改为一律实行递增上解，即以 1993 年实际上解数为基数，从 1994 年起按 4% 的递增率递增上解。

为了进一步规范分税制财政体制，1995 年对上述办法进行了调整，规定：从 1995 年起，凡实行递增上解的地区，一律取消递增上解，改为按各地区 1994 年实际上解额实行定额上解。

（六）过渡期转移支付

1. 背景

作为分税制财政体制重要组成部分的转移支付制度，不仅是完善分税制财政体制的需要，也是确保地方财政健康运转的现实要求。作为 1994 年分税制改革的配套措施，中央财政在深入研究并借鉴国际经验的基础上，引入了旨在均衡地区间财力差异的过渡期转移支付，经国务院批准后于 1995 年开始实施。其指导思想是：不调整地方既得利益，中央财政从收入增量中拿出一部分资金，逐步调整地区利益分配格局；兼顾公平和效率，转移支付力求公正、合理、规范，同时，适当考虑各地的收入努力程度；转移支付有所侧重，重点缓解地方财政运行中的突出矛盾，体现对民族地区的适度倾斜。

2. 基本思路与方法

按照规范的办法，均衡拨款应参照各地方政府的"标准收入"和"标准支出"确定。但是，由于各税种税基的基本数据难以取得，大部分收入项目的"标准收入"测算比较困难。因此，过渡期转移支付按照"财力"低于"标准支出"的差距作为确定转移支付的基础，同时适当考虑各地的收入努力程度。收入努力不足的地区，其"财力"低于"标准支出"的差距，应通过强化征管、合理利用税基等途径增加收入予以弥补，仍有缺口的，其财力不足额则作为计算转移支付的依据。"标准支出"确定的基本思路是：选择对地方财政支出影响较为直接的客观因素，根据经验数据，运用多元回归的方法，建立标准支出模型。

过渡期转移支付制度除了对全国 30 个地区按统一因素、统一公式计算转移支付外，还针对民族地区的财力状况，建立了对民族地区的政策性转移支付，以解决民族地区当时突出的矛盾。少数民族地区财源基础薄弱，人均财政收入水平低，加之主要分布在西部边远地带，自然条件较为艰苦，不仅财政支出成本高，而且财政收入自给率低。为贯彻《中华人民共和国民族区域自治法》，切实帮助解决民族地区的困难，将 8 个民族省区和民族省区之外的民族自治州纳入政策性转移支付的范围，选用"财政供养人口人均财力"、"财政供养人口"、"1979 年以来的财力递增率"等三项综合性指标，增加对民族地区的政策性转移支付。

3. 基本评价

"过渡期转移交付办法"从我国的国情出发，合理借鉴国外的经验，在客观因素的选择和具体计算方法方面，有明显的现实性、政策性和较强的可操作性，主要优点有：一是不触动地方既得利益，保持了分税制的相对稳定，保护了地方发展经济、组织收入的积极性，方案的整体思路符合分税制改革的指导思想，也符合转移支付的长远目标与基本原则。二是中央从收入增量中拿出一部分资金用于转移支付，适度向民族地区及财力薄弱地区倾斜，既体现了民族政策，又有助于缓解地方财政运行中的突出矛盾。三是方案首次采用现代计量经济学的办法，初步达到了科学、规范的基本要求，是我国财政体制改革的一次重大创新。

（七）经济特区与开发区财政管理体制

改革开放后，为利用部分地区经济发展的优势，迅速提升国力，国家对经济特区等各类经济区域制定了一系列财税优惠政策，对促进对外经济贸易往来、吸引外来资金、发展高新技术、带动内地经济发展起到了积极作用。分税制财政体制改革充分考虑了经济特区和开发区的特点，对经济特区和开发区实行了一定时期的特殊财政体制。

1. 经济特区财政体制

1993 年以前，中央政府对经济特区实行特殊的财政体制并给予优惠政策，1994 年以后，除原体制继续执行外，各经济特区统一执行分税制财政体制。

深圳经济特区：1979—1989 年，收入全留，支出以 1979 年为基数，由广东省财政按比例拨款并逐步过渡到全部自理。从 1990 年起，中央财政对深圳市实行上解额递增包干办法，递增率 9%。

珠海经济特区：广东省对该特区实行与深圳一样的财政体制。

汕头经济特区：广东省对该特区实行自收自支的财政体制。

厦门经济特区：初期实行向福建省"定额上解"的财政体制。1991—1993 年，省对其实行"划分收支、递增上解（7%）、一定三年"的财政体制。1993 年厦门市财政实行单列，对福建省财政实行递增上解，递增率 9%。

海南特区：一直实行吃补贴的财政体制，建省前享受中央财政对特区、沿海开放城市、开发区的各项优惠政策。1988 年建省以后，到 1995 年，中央对海南省实行"收支包干、定额补贴"的财政体制。在此期间每年由中央财政定额补贴，同时从 1988 年开始，广东省按体制上缴中央的收入全部补助海南省。从 1991 年开始，取消广东省上缴中央的收入补助海南的政策，改由中央专款补助，用于海南省各项事业的发展。

浦东新区：1990 年中央决定开发开放浦东。"八五"期间，新增财政

收入全部留用;"九五"期间,在统一实行分税制的前提下,以 1993 年
上划中央"两税"收入为基数,新区的"两税"收入增幅在 15% 以内的,
按规定应上划中央财政收入部分全部进入浦东发展基金;超过 15% 部分,
50% 上划中央,50% 进入浦发基金。经国务院同意,浦东新区的财政优惠
政策 2000 年到期后,按 2000 年返还额的一半再补助 1 年。

2. 经济技术开发区财政体制

1984 年、1985 年,国家先后设立天津等 14 个沿海开放城市经济技术
开发区。开发区从建立之日起至 1995 年,新增财政收入全部留用;
1996—1998 年,以 1995 年中央对开发区收入的返还额为基数,按 75%、
50%、25% 的比例递减补助三年;1999 年起统一执行分税制体制。

1992 年、1993 年,国家设立 14 个边境经济技术开发区,"八五"期
间,新增财政收入全部留用;1996—1998 年,按 1995 年的税收返还额定
额补助;1999 年起统一执行分税制财政体制。

1993 年、1994 年起设立武汉等 10 个经济技术开发区,从批准之日
起,5 年内新增财政收入全部留用。经国务院同意,1999—2001 年,以
1998 年返还额为基数,按 75%、50%、25% 的比例再递减补助 3 年。北
京与乌鲁木齐的经济技术开发区由于批准晚 1 年,相应推后 1 年。

3. 苏州工业园区财政体制

1994 年经国务院批准设立苏州工业园区。在统一执行分税制的前提
下,园区新增财政收入 5 年内全部留用。经国务院同意,从 1999 年起,
以 1998 年中央财政对园区的"两税"返还额为基数,按 80%、60%、
40%、20% 的比例再递减补助 4 年。

开发区特殊财政体制的实施,增强了开发区的自我发展能力,促进了
特定区域的快速发展,但是,开发区优惠政策在执行过程中也出现了一些
问题:一是容易引发地区间攀比。部分享受优惠政策的开发区要求比照惯
例延长补助期限,一些未纳入优惠政策范围的开发区要求享受体制照顾。
二是出现违反财政政策、挤占中央财政收入的现象。一些开发区存在区内
注册、区外经营,将区外收入转作区内收入和虚报开发区"两税"收入

的问题，骗取中央财政的"两税"增量返还。

针对上述问题，为了进一步理顺财政分配关系，促进社会主义市场经济体制建设，经国务院同意，对开发区收入分配政策进行调整。调整的主要内容是：停止执行大连、天津等 14 个经济技术开发区及苏州工业园区新增收入全留政策；黑河、绥芬河等 14 个边境经济合作区"两税"定额返还政策。浦东新区政策期满后，按到期返还额的 50% 再补助 1 年；北京、乌鲁木齐等 10 个经济技术开发区新增收入返还政策到期后，按照到期年返还额的 75%、50%、25% 的比例递减补助 3 年。

第二节 分税制财政体制的进一步完善

分税制改革实施以后，根据经济形势的发展变化，我国在稳定分税制体制框架的基础上，采取了一系列调整和完善措施。

一、调整证券交易印花税中央与地方分享比例

实行分税制财政体制初期，证券交易印花税中央与地方（上海市和深圳市）各分享 50%。随着我国证券交易市场的发展，证券交易规模不断扩大，证券交易印花税大幅增长。为妥善处理中央与地方的财政分配关系，增强中央宏观调控能力，国务院决定，自 1997 年 1 月 1 日起，将证券交易印花税收入分享比例调整为中央 80%，地方 20%。后因证券交易印花税税率由原来对买卖双方各征收 3‰调高到 5‰，调高税率增加的收入全部作为中央收入，因此，中央与地方证券交易印花税分享比例折算为中央 88%，地方 12%。2000 年国务院再次决定，从当年起分三年将证券交易印花税分享比例逐步调整到中央 97%、地方 3%。中央由此增加的收入主要用于支持西部贫困地区发展，并作为补充社会保障资金的一个来源。

二、 调整金融保险营业税收入划分

为了发挥税收的调控作用，进一步理顺国家与金融、保险企业之间的分配关系，促进金融保险企业间平等竞争，保证国家财政收入，国务院决定，从 1997 年 1 月 1 日起，将金融保险营业税税率由 5% 提高到 8%。提高营业税税率后，除各银行总行、保险总公司缴纳的营业税仍全部归中央收入外，其余金融、保险企业缴纳的营业税，按 5% 税率征收的部分归地方财政，提高 3 个百分点征收的部分归中央财政。为了支持金融保险行业的改革，从 2001 年起，国务院决定，金融保险业营业税税率每年下调 1 个百分点，分三年将金融保险业的营业税税率降至 5%，中央分享部分也随之取消。

三、 实施所得税收入分享改革

针对所得税划分存在的问题，在深入调查研究和广泛征求地方意见的基础上，国务院决定，从 2002 年 1 月 1 日起实施所得税收入分享改革。改革的指导思想是，根据社会主义市场经济发展的客观要求，并借鉴国际通行做法和经验，在保持分税制财政体制基本稳定的前提下，进一步规范中央与地方的财政分配关系，为企业改革发展和公平竞争创造良好环境，促进地区之间协调发展和经济结构合理调整，维护社会稳定，逐步实现共同富裕。改革的基本原则是：第一，中央因改革所得税收入分享办法增加的收入全部用于对地方主要是中西部地区的一般性转移支付；第二，保证地方既得利益，不影响地方财政的平稳运行；第三，改革循序渐进，分享比例分年逐步到位；第四，所得税分享范围和比例全国统一，保持财政体制规范和便于税收征管。改革的主要内容包括：一是除铁路运输、国家邮政、中国工商银行、中国农业银行、中国银行、中国建设银行、国家开发银行、中国农业开发银行、中国进出口银行以及海洋石油天然气企业外，其他企业所得税和个人所得税收入实行中央与地方按统一比例分享。二是中央保证各地区 2001 年地方实际所得税收入基数，实施增量分成。2002

年所得税收入中央与地方各分享 50%；2003 年中央分享 60%、地方分享 40%，2003 年以后年度，根据实际情况确定中央与地方的分享比例。三是中央因改革所得税收入分享办法增加的收入全部用于对地方主要是中西部地区的一般性转移支付。四是为了保证所得税收入分享改革的顺利实施，妥善处理地区间利益分配关系，跨地区经营企业集中缴纳的所得税中地方分享部分，按分公司（子公司）所在地的企业经营收入、职工人数和资产总额三个因素在相关地区间分配，其权重分别为 0.35、0.35 和 0.3。

四、完善财政转移支付制度

作为分税制财政体制改革的配套措施，1995 年开始实施过渡期转移支付，随着经济社会形势的发展变化，结合分税制财政体制改革的逐步深入，中央财政不断完善对地方的财政转移支付制度。2002 年我国实施的所得税收入分享改革，建立了转移支付资金稳定增长的机制，过渡期转移支付同时改称为一般性转移支付。之后，逐步构建了以财力性转移支付和专项转移支付为主的财政转移支付体系，其中财力性转移支付体系主要包括：一般性转移支付、民族地区转移支付、县乡财政奖补资金、调整工资转移支付、农村税费改革转移支付、年终结算财力补助等。

第三节　分税制财政体制改革的成效

分税制财政体制与以往财政体制相比，有着质的区别，财政体制的调节理念和运行方式都发生了巨大转变，不仅打破了原有的按行政隶属关系组织财政收入的格局，形成了保证财政收入正常增长的良性机制，而且规范了中央与地方的财政分配关系。分税制财政体制改革开创了新中国财政史上的新纪元，成为新中国成立以来财政体制改革的里程碑。实践证明，分税制财政体制改革取得了显著成效。

一、增强了中央宏观调控能力

分税制改革按税种明确划分了中央与地方的财政收入，把与全国性经济、社会调控相关的税种划为中央税，把带有地方性和便于地方管理的税种划为地方税，把少数关系到国计民生的重要税种划为共享税。此后，我国财政收入保持了较快增长势头，国家财政实力显著增强，"两个比重"不断上升，实现了中央和地方财政收入增长的"双赢"，也增强了中央宏观调控能力。

（一）中央本级收入占全国财政收入比重大幅提高

分税制财政体制改革后，中央本级收入大幅度提高。1988 年中央本级收入占全国财政收入的比重为 32.9%，到 1993 年这一比重下降为 22.0%。1994 年中央本级收入占全国财政收入的比重为 55.7%，1995 年这一比重达到 52.2%，1996 年为 49.4%。虽然随后几年这一比重有所下降，但自 1998 年以来，这一比重稳步上升，2002 年中央本级收入占全国财政收入的比重达到 55.0%（见图 13-1）。从分税制国家的一般经验看，中央收入占全国财政收入的比重普遍在 60% 以上，有些国家在 80% 以上。

（二）中央对地方转移支付力度逐步加大

我国地域辽阔，条件各异，地区间经济发展很不平衡。在财政包干制下，由于中央宏观调控能力减弱，难以协调地区间发展差距。分税制财政体制改革后，为缩小地区间财力差距，促进公共服务均等化，我国逐步完善了政府间转移支付制度。一方面，转移支付力度逐步加大：1995—2002 年，地方财力规模由 4 527 亿元提高到 12 745 亿元，其中近 35% 来自中央政府的各项转移支付。另一方面，转移支付结构渐趋合理，财力性转移支付占转移支付比重由 1994 年的 38.7% 上升到 2002 年的 44.7%，上升了 6 个百分点。转移支付机制为调节不同地区间财力的差距，保证各地区协调发展，强化地方政府的财政能力，促进地方政府管理效能的有效行使，发挥积极和显著的作用。

（单位：亿元）   （单位：%）

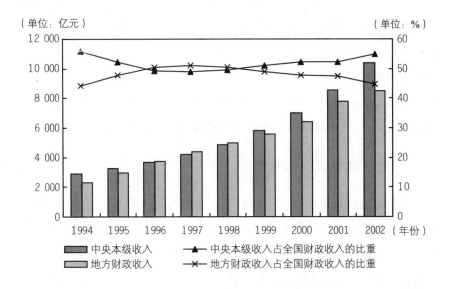

图 13 - 1　分税制改革后中央和地方本级收入占全国财政收入比重的变动情况

资料来源:《中国财政年鉴（2008）》。

（三）财政政策实施能力明显增强

分税制改革后，我国根据国内外形势的变化，采取了不同的宏观调控措施，从而有效保证了国民经济持续稳定快速发展。在调控的方式上，宏观调控综合性加强，直接调控减少，重点加强了间接调控。财政调控的成功转型，也意味着中央宏观调控能力大大提高。

针对 20 世纪 90 年代初出现的经济过热，我国政府坚持以适度从紧的财政、货币政策为主，再辅之以产业政策、外贸政策以及利率、汇率、价格、关税等经济杠杆，对国民经济实行间接宏观调控。经济增长由 1992年的 14.2% 逐步减为 1996 年的 9.7%，降低了 4.5 个百分点；物价上涨幅度由 1994 年的 21.7% 回落到 1996 年的 6.1%，下降了 15.6 个百分点。这次宏观调控使我国经济回到了"高增长、低通胀"的运行轨道，成功地实现了国民经济运行的"软着陆"。亚洲金融危机爆发后，1998 年我国财政政策开始转变为积极的财政政策，采取扩大预算赤字、增加国债发行、加大政府支出等政策，遏制通货紧缩趋势，扩大内需，刺激经济增长。通过加大政府投资带动社会投资，到 2002 年累计发行 6 600 亿元长期建设国债，有力地拉动了经济的快速增长，同时通过其他措施如提高工资收入等刺激居民消费，收到了一定效果。这一时期宏观调控取得了明显成效，成功地抵御了亚洲金融危机的不利冲击，国民经济保持了持续稳定快速增长，宏观调控也积累了防止通货紧缩的经验。

二、调动了地方政府积极性

分税制财政体制改革在规范中央与地方的财政关系方面开辟了新的路径。在处理中央与地方的财政分配关系时，不是按照行政隶属的"条块"关系对财政收入进行分割，而是按照税种进行划分。中央与地方都有自己的税源，从而调动了地方发展经济、依法组织收入和加强税收征管的积极性。

（一）调动了地方政府培养和开辟财源、增加收入的积极性

分税制改革按照税种划分中央与地方的收入，打破了财政包干制下地方辖区内税收和国有企业利润上缴同地方政府利益挂钩的做法，较为彻底地改变了过去那种讨价还价、"鞭打快牛"的不合理状况，调动了地方政府培养和开辟财源、增加收入的积极性。各级地方政府在巩固共享税源的同时，从实际出发，重点培植有利于地方财政增收的财源。分税制财政体制改革后，地方财政收入保持持续增长态势。1994 年地方财政本级收入为 2 311.6 亿元，到 2002 年地方财政本级收入达到 8 515.0 亿元，2002 年为 1994 年的 3.68 倍，年均递增 17.7%。地方财政实力也由此大大增强。

（二）调动了地方政府加强税收征管的积极性

分税制财政体制改革后，由于税务机构分设和税政的统一，强化了税收征管。尤其是地方税务机构建立后，加强了对小税、分散税种的征收管理，扩大了税源基础，极大地提高了地方政府、特别是富裕地区的征税努力程度，减少了税收流失。

（三）调动了地方政府推进产业结构调整和资源优化配置的积极性

分税制改革后，消费税成为中央税，营业税、地方企业所得税和个人所得税成为地方税，增值税成为共享税，制约了地方盲目发展烟、酒等高税产品，减少了各地的重复建设。由于营业税、涉农税收成为地方固定收入中的主体税种，促进了地方发展高效农业和第三产业的积极性，从而促进了产业结构调整，资源得以优化配置。由此，我国产业结构发生了重大变化，基本符合世界范围内产业结构的演变规律。一是第一产业比重下降，第二产业和第三产业比重上升，各产业内部结构也得到提高。第一、第二、第三产业占国内生产总值比重，1978 年为 28.1:48.2:23.7，1995年为 19.8:47.2:33.0，1999 年达到 16.2:45.8:38.0，2002 年这一比例调整为 13.5:44.8:41.7。二是工业持续快速增长，工业化水平进一步提高。三是服务业得到长足发展。这些都充分证明了分税制财政体制对我国产业结构合理调整和资源配置不断优化起到了积极的促进作用。

三、促进了全国统一大市场形成

包干制弱化了国家宏观调控，也强化了市场割据，严重制约了我国统一市场的发育。1994 年的分税制财政体制改革，为全国统一大市场的形成扫清了体制障碍，有力地促进了全国统一市场的形成。

（一）促进企业成为独立的市场主体

在传统财政体制下，由于是按照行政隶属关系组织各级政府的财政收入，相应而来的，是各级政府对"自己的企业"过多干预与过多关照。尽管政府实行了各种"放权让利"措施，然而，"放权"难以真正放到企业，多数国有企业仍然迟迟不能"搞活"，企业很难成为独立的市场主体。分税制按税种划分收入，使地方财政收入与企业的对应关系与以前相比明显淡化，在政府和企业的关系方面，于全国范围内打开了一个淡化"条块分割"关系的新局面，使中央政府和地方政府都开始不再按照企业行政隶属关系，而是按照税种组织财政收入。它标志着我国改革在经过多年的集权—放权的循环后，终于走过了由"行政性分权"向"经济性分权"的转折点，企业开始成为自主经营、自负盈亏的市场主体。

（二）促进各种所有制经济共同发展

市场经济强调的是平等竞争，各类企业都应该有平等发展的权利。分税制改革为企业创造了规范、宽松的财税制度环境，有利于各种所有制经济的公平有序竞争，强化了市场对资源配置的基础性作用，促进了市场经济中不同经济成分的共同发展。1992 年我国国有企业工业总产值占全国工业总产值的比重为 52%，2002 年这一比重下降为 41%；1992 年集体企业工业总产值占比为 35%，2002 年锐减到 9%；而其他经济类型的占比则从 1992 的 13% 上升为 2002 年的 50%（见图 13-2）。2002 年的其他经济类型主要包括除国有控股企业以外的股份有限公司、外商投资企业、港澳台商投资企业及其他私营企业。10 年间，不同经济成分尤其是非公有经济获得长足发展。

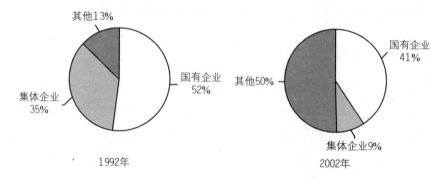

图 13-2　1992 年和 2002 年不同经济成分的工业总产值比重变化示意

资料来源：国家统计局编：《中国统计年鉴（1996）》、《中国统计年鉴（2003）》。

（三）促进商品和要素自由流通

商品和要素在整个大市场中能否自由流通，是衡量市场发育成熟程度的重要标志。长期以来，包干制使得地方政府实行经济上的地区封锁，市场在资源配置中的基础作用难以发挥。分税制财政体制改革将消费税的全部和增值税的大部分划归中央，营业税和地方企业所得税划归地方，按税种组织收入，必然会改变地方政府热衷于发展税高利大产品的倾向，引导地方政府把更多的精力用于促进第三产业的发展和各种经济成分的发展，这有利于转变政府职能，优化产业结构，有利于地方政府改变割据观念，促进统一市场的形成和商品要素的自由流通。

（四）促进企业公平竞争

分税制改革前，我国税制设计烦琐，税负不公平，且中央和地方各级政府都有权对个别企业审批减免税，税收优惠和减免过滥，冲击了税制的刚性，不利于企业作为独立的市场主体参与公平竞争。与分税制改革相配套，1994 年我国实行全面的工商税制改革。按照"统一税法，公平税负，简化税制，合理分权，理顺分配关系，建立符合社会主义市场经济要求的税收体系"的指导思想，这次改革形成了以流转税和所得税为主体，辅之以若干辅助税种的较规范、完整的复合税制体系。其中，统一内资企业所得税，初步解决了原来企业所得税制对不同经济成分之间税负不公平的问题，使国内企业真正站到一条起跑线上。虽然统一内外资企业所得税的工作没有同步进行，但是向税制统一、税政统一、税负统一的方向迈进了一大步。对内外资企业实行统一的流转税制，改变了原产品税和工商统一税重复征税、不利于专业化分工和社会化大生产发展的弊端，也促进了企业的公平竞争。严格了政策性减免税，取消了困难性、临时性减免税，以往过多过乱的随意减免税、越权减免税现象得到了遏制，树立了税法的权威，使市场机制作用得以充分发挥，为企业公平竞争创造了良好的市场环境。

第十四章
推进税制改革

　　1994 年实施的税制改革，是新中国规模最大、范围最广、成效最显著、影响最深远的一次税制改革，它使得我国的税收制度朝着统一、简明、公平和适应市场经济的目标迈出了重要步伐。其后税收制度逐步完善和规范，实现了从计划经济体制下传统税制向市场体制和开放型经济下新税制的转变，初步建立了一个与社会主义市场经济相适应的税制体系，为经济发展创造了更加良好、更为公正的税收环境。

第一节　1994 年的税制改革

　　建立社会主义市场经济体制目标模式的确立，客观上要求有一套全新的税收制度与之相适应。党的十四届三中全会明确提出，"要按照统一税法、公平税负、简化税制和合理分权的原则，改革和完善税收制度"。1993 年 11 月，国务院原则通过《工商税制改革实施方案》和增值税、消费税、营业税、企业所得税、资源税和土地增值税 6 个税收暂行条例。1994 年，遵循统一税政、公平税负、简化税制、合理分权、理顺分配关系、保证财政收入的指导思想，我国对税制进行了全面改革。

一、统一税制，打破按经济成分设置税种

（一）改革动因

我国 1994 年税制改革之前，为吸引外资的需要，对外资和外商投资企业给予各种优惠，逐步形成了国内税制和涉外税制两个不同的税制体系；同时，国内税制部分在一定程度上也保留了计划经济体制下的痕迹，出现税种不统一的情况。税制不统一，造成税负不公平，不利于企业平等竞争，已不适应社会主义市场经济的需要，统一税制势在必行。

流转税制的不统一主要表现为：

（1）不同所有制的企业适用税种不同。对于内资企业，征收的是产品税、增值税和营业税。其中，产品税和增值税是在 1984 年的工商税制改革中从工商税中分离出来的税种。产品税在流转税中处于主体地位，对从事工业品生产和进口应税产品的单位和个人征收。增值税是为了避免重复征税所进行的改革试点，只对部分产品征收，最初设有机器机械、汽车、机动船舶等 12 个税目。而对于涉外企业，未适用产品税、增值税和营业税的改革，一直沿用 1958 年 9 月 11 日全国人大常委会第一〇一次会议通过的《中华人民共和国工商统一税条例草案》，使得国内企业和涉外企业以两套不同的税制运行。

（2）流转税税率差别过大。在计划价格为主的条件下，有些税率是为缓解价格不合理的矛盾设计的，造成税率档次过多，高低差距很大。例如，产品税有 24 类、270 个税目，并有 22 个税率，最高税率达到 60%，最低税率 3%，税负悬殊过高，引发许多矛盾。

（3）重复征税的问题严重。从作为流转税主体税种的产品税来看，由于按产品销售全额征税，对以前环节转移而来的已税因素需要重复课税。

所得税制的不统一主要表现为：

（1）按不同所有制企业分别设置税种。从企业所得税来看，按照所有制设置的税种就有：国营企业所得税、国营企业调节税、集体企业所得

税、私营企业所得税、国营企业奖金税、集体企业奖金税、事业单位奖金税、国营企业工资调节税、外商投资企业和外国企业所得税。不仅内外资企业实行两套税制，内资企业之间也差别悬殊。

（2）企业所得税税率差别较大。例如，国有大中型企业税率为 55%，集体企业实行 8 级超额累进税率（最高 55%，最低 5%），私营企业税率为 35%，乡镇企业税率为 20%，外商投资企业和外国企业的税率为 33% 等。

（3）个人所得税不统一。在对个人所得征税上，存在着个人所得税、个人收入调节税和城乡个体工商业户所得税多个税种，个人所得税适用于外籍人员，导致个人所得税制的不统一和不规范。

除了流转税制和所得税制的不统一外，税制中还存在着大量的减免税。改革开放之后，面临着一系列新情况、新问题，在简政放权、减税让利的情况下，出现了许多违背统一税制的行为，各地自行出台减免税政策的现象较为普遍。同时，在对外开放领域，一些地方为了引进外资，也争相出台税收优惠政策，造成了各地的优惠政策各异、差别较大。

（二）改革内容

在 1994 年税制改革中，特别强调了统一税制和公平税负的要求，即通过统一企业所得税和流转税制，减少税收减免，使各类企业之间的税负大致公平，进而为企业平等竞争创造条件。

1. 统一内外资企业流转税制度

1994 年的流转税制改革，取消了产品税和工商统一税，普遍征收增值税。对包括工业生产、商品流通、加工修理修配等经营活动均开征增值税，对各个行业和各种经济成分实行同等对待，建立了以增值税为主体的新的流转税制：

（1）扩大增值税范围，建立以增值税为核心的流转税体系。新的流转税制取消了产品税，在生产制造环节，改变原先产品税与增值税并存的格局，由增值税完全取代产品税，并且将增值税扩展到流通环节，对商品批发、商品零售、公用事业的水热气电销售、服务业的加工修理修配也适用增值税，税率由原十一档简化为两档（17%和13%），对经营的每一环节的增值部分进行课征。

（2）取消工商统一税，实现流转税的税制统一。新税制对外商投资企业和外国企业不再征收工商统一税，与内资企业一样适用新的流转税制。首先在流转税方面实现了内外企业的税制统一，为整个税制的逐步统一创造了良好的条件。

（3）新设消费税，建立与增值税相配套的消费税、营业税。扩大增值税课征范围后，税收对经营活动的普遍调节增强了，但两档税率无法满足对产品生产和经营进行特殊调节的需要。为此，国家新设消费税，建立了与增值税相配套的消费税、营业税等流转税体系。消费税的税目主要包括烟、酒、化妆品、贵重首饰、摩托车、小汽车、汽油、柴油等。营业税对提供应税劳务、转让无形资产和销售不动产征收，设有交通运输、建筑、金融保险、邮电通信、文化体育、娱乐、服务、转让无形资产和销售不动产等税目，实行行业差别比例税率。

2. 统一内资企业所得税制度

1994年的企业所得税制改革，取消了按内资企业所有制形式设置所得税的做法，对国有企业、集体企业、私营企业以及股份制和各种形式的联营企业，均实行统一的企业所得税制度，逐步实现了企业所得税制的统一：

（1）统一内资企业所得税。一是统一税种，将原国营企业所得税、集体企业所得税、私营企业所得税三个税种统一合并为企业所得税。二是统一税率，把对各种经济成分适用的不同税率以及减征税率，统一为适用33%的较低税率，对一些利润低的小规模企业，适用27%和18%的低税率。三是统一计税标准，改变过去计算应纳税所得额依附于各行业、各经济成分企业财务、会计制度的做法，明确统一按国家税法规定执行，使各种企业的计税口径一致，计算方法相同。四是统一征收方法，明确规定对国有企业不再实行承包上缴所得税的办法，统一由税务机关计算征收。

（2）保留了涉外企业所得税。为了保持我国对外开放的连续性，吸引外资，引进先进技术和管理方法，1994 年的税制改革没有对内外资企业所得税进行统一，仍然保留了外商投资企业和外国企业所得税法，体现了税法的相对稳定。但从名义税负水平看，税率都设置为 33%，初步实现了企业所得税的统一。

3. 统一个人所得税制度

1994 年的税制改革也将原个人所得税、个人收入调节税和城乡个体工商业户所得税合并，建立统一的个人所得税制。新的个人所得税制扩大了征税范围，所有中国居民和有来源于中国所得的非中国居民，一律适用个人所得税，并规范了税基，进一步体现了"公平和效率"原则：

（1）增加应税项目。由于个体工商业户所得税并入个人所得税，新增"个体工商户的生产、经营所得"和"对企业事业单位的承包经营、承租经营所得"项目。适应各种动产、不动产交易日渐活跃和有奖活动日趋增多情况，新增了"财产转让所得"和"偶然所得"项目。

（2）调整费用扣除额。把中国籍公民的生活费用扣除标准，从原 400～460 元提高为 800 元，同时新增了附加扣除费用的规定，适用于外籍人员。

（3）调整税率。规定对不同的应税项目，分别适用不同的九级和五级超额累进税率以及统一的 20% 比例税率。对劳务报酬所得一次所得畸高的，还有加成征税的规定。

（4）采用统一的计算征收办法。统一采用"分项扣除、分项定率、分项征收"的征税模式，以利于实现源头扣除，堵塞税收征管漏洞。

4. 统一规范税收优惠政策

1994 年的税制改革还统一和规范了税收优惠政策，严格了税收减免权限，进一步满足了统一税制的要求：

（1）严格税收减免权限。1993 年 6 月，党中央发出《关于当前经济情况和加强宏观调控的意见》（即中央 6 号文件），提出加强和改善宏观调控的 16 条措施，其中第 13 条专门涉及税收："各地超越权限自行制定的各种减免税政策，一律停止执行"，同时"中央和地方都不再出台新的减免税政策，临时性、困难性的减免税一律暂停审批"。根据国务院的指示，1995 年地方政府取消了非法制定的数百个税收政策，除财政部和国家税务总局以外的部委不再享有税政制定权。通过税收立法和制定政策的法治化，严格了政策性减免税。

（2）规范税收优惠政策。在对流转税制和所得税制进行统一后，也对各个税种的优惠政策进行了统一和规范。税收优惠政策以配合国家产业政策和区域政策为主，取消了困难性、临时性减免。例如，企业所得税统一后，明确了企业所得税的优惠原则和项目，取消了原有过多、过滥的减免税优惠。

二、税收中性化，减少对市场的扭曲

（一）改革动因

税收中性的实践意义在于，尽量减少税收对市场经济正常运行的干扰，在市场对资源配置起基础作用的前提下，有效地发挥税收的调节作用，使市场机制和税收机制达到最优结合。在市场有效的领域中，税收不应该进行干预和调节；而在市场无效的领域，税收应该配合社会主义国家的宏观调控措施，主动发挥调节功能。

长期以来，我国税制的设置一直强调税收的调节性，表现在税制整体上或个别税种和税率上，就是实行"区别对待"、"有奖有限"的差别政策。例如，在社会主义改造时期，对公有制和非公有制企业适用不同的税种税率，以达到通过高低不同的税负扶持公有制发展、配合社会主义改造的目的。1994 年税制改革前实施的产品税，一直是以差别悬殊的税率实行"一品一率"，以便实现"奖短"、"限长"、配合产业政策的目标。这些具有确切针对性的差别税收政策，在不同时期的政策目标方面都取得了显著的成效。

但在实施市场经济体制之后，再强调税收的调节性，就会对市场机制的运行产生极大的负面影响。以产品税作为流转税的主体税种，就商品流转的全额征收，这决定了流转税必然存在重复课税，结果是专业化生产不及全能生产，税制制约了社会化大生产的发展。同时，产品税较多地配合计划价格，实行价内税，不利于价格杠杆充分发挥作用，也制约了税收作用的发挥。因此，为了适应社会主义市场经济的需要，有必要通过税制改革，强调税收中性，减少税收对市场的扭曲。

（二）改革内容

从税收中性的角度来看，1994 年的税制改革主要在以下几个方面体现了该原则：

1. 普遍开征增值税

增值税是以企业所生产的商品或服务的市场增值额为课税对象的一种税。由于只对增加值而不是对全部收入征税，增值税避免了在销售的中间环节和最终环节对同样的投入重复征税。增值税不仅使企业在税负方面更为平等，而且可以促进企业提高效率。显然，增值税是与中性税收所要求的效率原则和普遍原则最相符合的一个税种。

1994 年的税制改革，实行以增值税为主体的流转税制，普遍征收基本统一的增值税，再以消费税为特殊调节。即以在生产和流通环节普遍课征的增值税取代原有产品税，以增值税比较划一的两档税率替代原产品税"一品一率"的差别税率，并采用价外税。同时，在流通环节增设消费税，以其差别税率和列举税目，又能一定程度地强化国家对消费倾向的引导和调控。这样，新的流转税制就彻底摒弃了过去在计划经济条件下，分不同产品制定税率，税率档次过多，税负差别大，而且"道道征税"、"重复征税"的做法，消除了原税制价税不分对市场造成的干扰，体现了税收中性原则。

2. 统一内资企业所得税和个人所得税

在所得税制方面，1994 年的税制改革，一方面统一了内资企业所得税，另一方面统一了个人所得税。统一后的内资企业所得税，因其不再按企业的所有制性质区别课税而大大减少了税收对企业行为的扭曲；中外个人所得税的并轨，避免了税收对人力资源配置的干扰。因此，企业所得税制的改革也体现了税收中性原则。

3. 规范税收优惠政策

为了增进税制中性，并体现税负公平，有必要减少税收的特殊优惠政策，以避免由于过多的优惠政策造成的行业之间及不同形式和来源的所得之间的实际税率存在差异，享受不同税收待遇。据此，1994 年的税制改革也严格了税收减免权限，统一和规范了税收优惠政策。

三、简化税种，降低社会成本

（一）改革动因

简化税种一方面可以使税制结构更加科学、合理，更富有效能，减少税制本身对经济和社会运行带来的扭曲，提高社会效率；另一方面还可以降低征纳双方的税收成本和税制的社会成本。因为复杂的税制对纳税人而言会增加其"遵从成本"，并可能强化其偷逃税动机；对税务部门而言，会增加征收成本和降低税收征管效率；此外，还会带来其他隐性的社会成本。

在 1994 年以前，我国已将原来适应计划经济的一套单一化税制，改为以流转税和所得税为主体，其他税种相互配合的多税种、多环节、多层次征收的复合税制体系，税种也由改革前的 13 种增加到 37 种。可以看到，税种过多、税制不简化是 1994 年前税制的一个主要问题：

一是部分税种已经不能适应形势的需要。原有税制中配合短期经济政策而设置的特定税种，已经不能适应社会主义市场经济的发展要求。例如，原有税制中存在的国营企业奖金税、集体企业奖金税、事业单位奖金税、国营企业工资调节税、烧油特别税、市场交易税、牲畜交易税和筵席税，都是在计划经济时期以满足特定调节需要而设立的，其调控作用已日益弱化。

二是税种重复设置的现象严重。原有税制针对不同所有制成分设置税种，如流转税分内外资企业分别征收产品税（增值税）和工商统一税，企业所得税分各种所有制成分征收国营企业所得税、国营企业调节税、集体企业所得税、私营企业所得税、外商投资企业和外国企业所得税。这种按所有制设置税种的做法，既造成税种数量过多、设置重复，也导致税制不统一。

三是具体税种的制度设计复杂。从具体税种来看，税种本身的制度设计也较为复杂。例如，产品税设置了 22 个税率，最高税率达到 60%，最低税率 3%；集体企业所得税设置了 8 级超额累进税率（最高 55%，最低5%）。这些税种自身的设计过于复杂，增加了整个税制的复杂性。此外，原有税制即使设置了 37 个税种，但相对于经济发展和市场主体的多元化而言，一些该建立的税种没有建立，税制漏洞明显。

（二）改革内容

在 1994 年的税制改革中，有关简化税种的改革内容包括：

1. 取消不必要的税种

一是取消调控作用日益弱化、已无存在必要的税种，如国营企业奖金税、集体企业奖金税、事业单位奖金税、国有企业调节税、国营企业工资调节税、烧油特别税、市场交易税和牲畜交易税。二是将影响不大的屠宰税和筵席税的开停征及一定立法权，下放给地方。其中，筵席税原计划取消，但因有关方面提出不同意见而未能取消。三是在取消部分税种的同时，还取消了其他一些规定。如取消在国有企业所得税前归还贷款，并分步取消了对税后利润征收的国家能源交通重点建设基金和国家预算调节基金。

2. 合并内容重复的税种

一是流转税制的简并。包括将工商统一税、产品税和增值税合并，在生产和流通环节统一征收增值税；将特别消费税、烧油特别税并入具有特殊调节作用的消费税。二是所得税制的简并。包括将国营企业所得税、集体企业所得税、私营企业所得税和国营企业调节税合并为新的内资企业所得税，将个人收入调节税、个人所得税和城乡个体工商户所得税简并为个人所得税。三是其他税种的简并。包括盐税与资源税合并，将属于资源税类、原按盐产区资源确定税率的盐税合并为资源税的一个税目；将原征收产品税的 10 个农林水产品税目与原农林特产农业税合并，改称农业特产税，将烟叶、牲畜产品列入农业特产税的征收范围，解决了部分产品交叉征税的问题。

3. 对具体税种的制度进行简化

对仍然保留的税种，也在计税方法、征管办法等方面进行简化。例如，改革后的营业税由原 14 个税目减为 9 个税目。原营业税中的一些项目改征了增值税。对提供劳务、转让无形资产和销售不动产要征收营业税，同时简化了税率。根据基本保持原税负和简便的原则，改革后的营业税，大部分行业税率为 5%，一部分行业税率为 3%。

4. 开征必要的税种

在对税种进行简化的同时，也根据经济发展的需要开征一些新税种。例如，为了规范土地、房地产市场交易秩序，合理调节土地增值收益，维护国家权益，开征了土地增值税。遗产税和证券交易税也属于计划开征的税种，但没有立法开征。

第二节　新税制的进一步完善

为了巩固 1994 年税制改革的成果，1994 年以后，根据社会经济的发展变化及新税制运行过程中出现的新情况，我国对新税制进行了调整和完善。大致可以分为前后两期：前期是 1994—1997 年，主要是为保证新税制的顺利推行，采取了一些过渡性税政措施，同时为适应市场化改革的需要，在税制、税政上采取了一些补充调整措施；后期是 1998—2002 年，主要是在实施积极财政政策、反经济周期调节、启动内需、扩大出口、保持经济发展速度方面，适时地采取了有增有减的多项税收政策措施。

一、调整和完善增值税政策

为体现国家产业政策，优化产业结构，促进农业和采掘业的健康发展，将农产品、农用水泵、农用柴油机、金属矿和非金属矿采选产品的增值税税率由 17% 调低为 13%。明确了征收增值税的农产品的范围，对农产品的征税范围作了注释和明确。对增值税一般纳税人支付的运输费用和收购的废旧物资准予按 10% 的扣除率计算进项税额予以抵扣。针对商业零售环节税收漏洞较多、税源难以控制的情况，重新确定了商业一般纳税人的认定标准，将商业小规模纳税人的增值税征收率由 6% 调至 4%。将增值税一般纳税人购进农业生产者（含增值税小规模纳税人）销售的农产品进项税额扣除率统一由 10% 提高到 13%。根据运价逐渐提高、运费中物耗比重逐渐下降、运费中所负担的流转税也在下降的实际情况，将增值税运费的抵扣率由 10% 调减为 7%。

二、调整和完善消费税政策

鉴于实行新税制后金银饰品加工企业税负加重和金银饰品价格有所上涨的实际情况，本着不影响金银饰品零售价格和促进金银饰品加工业健康发展的原则，自 1995 年 1 月 1 日起，将金银首饰消费税纳税环节由生产环节改为零售环节，并将税率由 10% 下调为 5%。1998 年，将"护肤护发品"税目的雪花膏、面油、头油、花露水、发乳、洗发水、护发素的消费税税率从 17% 调减到 8%。根据烟酒企业普遍存在侵蚀税基、规避税收以及税负不公平等问题，自 2001 年 5 月起，分别对烟酒产品实行了从量与从价相结合的税率制度；对啤酒按出厂价格高低也实行两档定额税率。将钻石、黄金、铂金以及上述 3 种贵重金属的制品消费税纳税环节后移至零售环节。对香皂实行了停征消费税政策。

三、调整和完善营业税政策

从 2001 年起，将夜总会、歌厅、舞厅、射击、狩猎、跑马、游戏、高尔夫球、保龄球、台球等营业税税率由原来实行 5% ~20% 的幅度税率改为统一实行 20% 的比例税率，鉴于保龄球、台球已逐渐成为全民健身活动的内容，又将保龄球、台球的营业税税率调整为 5%。对以无形资产、不动产投资入股，参与接受投资方利润分配，共同承担投资风险的行为，不征收营业税；对股权转让不征收营业税。从 2003 年起，将按期纳税的营业税起征点幅度由月销售额 200～800 元提高到 1 000～5 000 元；按次纳税的营业税起征点幅度由每次（日）营业额 50 元提高到 100 元。

四、调整和完善所得税政策

为缓解内外资企业在缴纳所得税税前列支政策上的差异，国家逐步提高了内资企业的计税工资标准，扩大了内资企业用于特定捐赠支出的扣除比例。为公平税负，解决个人独资、合伙企业重复征收所得税的问题，促进个体、私营经济的发展，自 2000 年 1 月 1 日起，对个人独资、合伙企业停止征收企业所得税，其投资者的生产经营所得，比照个体工商户的生产经营所得征收个人所得税。调整和完善个人所得税制度。

五、调整和完善关税、出口退税等政策

此外，还改革和完善了关税制度，1993—2002 年期间，我国除关税水平有了大幅度的下降外，在结合外经贸发展的实际情况、借鉴其他国家经验、遵循国际惯例的基础上，对税则税目、征税方法等也进行了较大的改革。调整和完善了出口货物退（免）税政策，亚洲金融危机前，为了既支持外贸的发展，同时又兼顾出口货物的实际税负，调低了出口退税率；亚洲金融危机后，为了促进外贸出口，又提高了出口退税率。自 1995 年以来，国家还根据经济社会发展的需要，适时对证券交易印花税、契税、房产税、资源税等地方税的政策进行了相应的调整和完善；自 2001 年 1 月 1 日起停征固定资产投资方向调节税；2000 年 10 月，国务院颁布了《中华人民共和国车辆购置税暂行条例》，用车辆购置税取代车辆购置费。

第三节　税制改革的成效

一、改革调整后的税收体系

经过 1994 年税制改革及后来的调整和完善，我国已建立起适应社会主义市场经济发展需要的、较为完善的复合税收体系。税种由原来的 37 个减少为 23 个，税制简化，结构趋于合理，税负趋于公平，税收筹集财政收入和调控宏观经济的功能有所增强（见表 14－1）。具体如下。

（1）流转税类（4 种税）。包括增值税、消费税、营业税、关税。

（2）所得税类（3 种税）。包括企业所得税、外商投资企业和外国企业所得税、个人所得税。

（3）资源税类（2 种税）。包括资源税和城镇土地使用税。

（4）财产税类（2 种税）。包括房产税和城市房地产税。

（5）行为目的税类（10 种税）。包括城市维护建设税、耕地占用税、固定资产投资方向调节税、土地增值税、车船使用牌照税、车船使用税、印花税、契税、屠宰税和筵席税。

（6）农业税类（2 种税）。包括农业税（含农业特产税）和牧业税。

表 14－1　1994—2002 年税收体系简况

税类	税种	颁布时间	实施时间	备　注
流转 税类	增值税	1993 年 12 月 13 日	1994 年 1 月 1 日	
	消费税	1993 年 12 月 13 日	1994 年 1 月 1 日	
	营业税	1993 年 12 月 13 日	1994 年 1 月 1 日	
	关税	1985 年 3 月 7 日	1985 年 3 月 10 日	

税类	税种	颁布时间	实施时间	备 注
所得税类	企业所得税	1993 年 12 月 13 日	1994 年 1 月 1 日	
	外商投资企业和外国企业所得税	1991 年 4 月 9 日	1991 年 7 月 1 日	
	个人所得税	1993 年 10 月 31 日	1994 年 1 月 1 日	
资源税类	资源税	1993 年 12 月 25 日	1994 年 1 月 1 日	
	城镇土地使用税	1988 年 9 月 27 日	1988 年 11 月 1 日	
财产税类	房产税	1986 年 9 月 15 日	1986 年 10 月 1 日	
	城市房地产税	1951 年 8 月 8 日	1951 年 8 月 8 日	
行为目的税类	城市维护建设税	1985 年 2 月 8 日	1985 年度	
	耕地占用税	1987 年 4 月 1 日	1987 年 4 月 1 日	
	固定资产投资方向调节税	1991 年 4 月 16 日	1991 年度	
	土地增值税	1993 年 12 月 13 日	1994 年 1 月 1 日	
	车船使用牌照税	1951 年 9 月 20 日	1951 年 9 月 20 日	
	车船使用税	1986 年 9 月 25 日	1986 年 10 月 1 日	
	印花税	1988 年 8 月 6 日	1988 年 10 月 1 日	
	契税	1997 年 7 月 7 日	1997 年 10 月 1 日	
	屠宰税	1950 年 12 月 19 日		征收与否和如何征收由各省、自治区、直辖市自行决定
	筵席税	1988 年 9 月 22 日	1988 年 9 月 22 日	征收与否和如何征收由各省、自治区、直辖市自行决定
农业税类	农业税	1958 年 6 月 3 日	1958 年 6 月 3 日	含农业特产税（1994 年 1 月 30 日颁布实施）
	牧业税			无全国性法规，征收办法由开征此税的省、自治区人民政府自行制定

二、税制改革成效显著

1994 年的税制改革是新中国成立以来规模最大、范围最广泛、内容最深刻的一次税制改革，在我国税制建设的历史进程中，具有重要的里程碑意义。这次改革总体上保持了原税负水平，不仅没有增加企业的负担，没有引起物价大的波动，没有影响对外开放，没有给经济发展带来不利的影响，而且对社会主义市场经济体制的建立和完善发挥了重要的作用。实践证明，这次税制改革取得了突破性进展和历史性成功。主要表现在：

（一）初步统一了税法，实现了公平税负，为市场经济的发展创造了良好的税收环境

新税制统一了内外资企业的流转税，消除了原产品税和工商统一税重复征税、不利于专业化分工和社会化大生产发展的弊端；统一了内资企业的所得税，改变了过去按企业所有制性质设置所得税的做法，体现了公平税负的原则；严格了政策性减免税，取消了困难性、临时性减免税，以往过多、过乱的随意性减免税、越权减免税的现象得到了有效的遏制，树立了税法的权威，使市场机制作用得以充分发挥。

（二）基本理顺了税收分配关系，逐步扭转了税收占国内生产总值比重逐年下降的局面

新税制较好地处理了国家与企业、个人之间的分配关系和中央与地方之间的分配关系，通过统一税法、简并税种，初步实现了税制的简化和规范化，税制要素的设计更为科学、合理、规范，适应了经济发展和税制建设的需要。在经济增长、理顺分配关系和加强管理的基础上，实现了税收收入的持续、快速增长，逐步扭转了税收占国内生产总值比重逐年下降的局面，且总体上没有增加纳税人的负担。同时，提高了中央财政收入占全国财政收入的比重，加强了中央政府的宏观调控能力，税收的宏观调控作用得到了较好发挥。

（三）较好地体现了国家的产业政策，促进了经济结构的有效调整，从而促进了国民经济的持续、快速、健康发展

新税制使行业间、产业间、产品间、企业间以及地区间的总体税负格局基本趋于合理，加上消费税、资源税、农业特产税等政策的配合引导，促进了社会资源的有效配置，加快了产业结构和产品结构的调整。一方面，加强了农业、交通、能源、原材料工业等产业的基础地位，保证了粮、棉、油等生活必需品和农业生产资料等重要物资的生产和销售，支持了"菜篮子工程"和国防、教育、民政等事业的发展；另一方面，使一些重复建设、资源浪费严重的企业，如大量的小烟厂、小酒厂改弦更张，有效地限制了不合理的资源配置。

（四）积极借鉴了国外税制建设的有益经验，从而使中国税制进一步与全球化相融合，并保持了税法的相对稳定性和对外税收政策的连续性，促进了对外开放

新的税制和管理办法与国际通行的做法更加接近，既有利于外商来华投资、洽谈生意，也有利于我国企业对外经贸合作、参与国际竞争。新税制在统一内、外资企业流转税的同时，适当保留了对外商投资企业和外国企业的优惠政策，体现了税法的相对稳定性、连续性，维护了我国对外开放的一贯原则，受到了外商的普遍欢迎，得到了世界银行和国际货币基金组织的高度赞扬，外资继续以较高的增幅进入中国。

（五）平稳过渡，保证了社会的稳定，促进了经济的发展

为避免新税制对社会经济造成过大的震荡，采取了一系列过渡性措施，如在对内资企业普遍征收33%所得税的同时，考虑到部分国有企业利润水平较低和原有适用低税率的集体企业的实际情况，暂时增设了27%和18%两档照顾税率；对1993年12月31日以前批准设立的外资企业，其因流转税改革而新增加的税负在五年内予以返还等。这些措施避免了因新税制的实施使部分企业税负上升进而对物价可能产生的影响，减缓了一些企业和行业的压力，保证了社会的稳定和经济的持续发展。

第十五章
优化财政支出结构

长期以来，政府对一般竞争性领域进行了大量投资，做了许多本该由市场来做的事情，而对农业、教育、医疗卫生、社会保障等领域投入较少，社会公共服务整体提供不足，政府职能"错位"比较严重。党的十四大和十四届三中全会对政府管理经济的职能进行了初步界定，强调主要是制定和执行宏观调控政策，搞好基础设施建设，创造良好的经济发展环境。这些要求为财政调整支出方向和重点、优化支出结构指明了方向。此后十年里，国家财政从整体上进行支出体系的改革，调整和优化财政支出结构，有力地推动了政府职能"越位"和"缺位"问题的解决。

第一节 突出保障重点支出

1993—2002 年，我国通过深化改革，调整和优化支出结构，突出保障重点支出，财政支出更多地向农业、教育、医疗卫生、社会保障、环境保护等方面倾斜，逐步矫正政府的职能"缺位"，财政用于社会性支出的比重不断提高。

一、巩固和加强农业基础地位

（一）大幅增加财政支农资金

农业基本建设投资自 1994 年开始较快增长，当年首次突破 100 亿元，达到 107 亿元，1994—1997 年平均增长超过 13.9%。特别是 1998 年实行积极财政政策以来，农业基本建设投资出现了超常规增长，1998 年为 461 亿元，比上年增长了 1.88 倍，1999—2002 年分别为 357 亿元、414 亿元、480 亿元和 424 亿元。这对于加强农业基础地位发挥了积极作用。

（二）大力改善农村基础设施

主要是按照市场经济发展要求和公共财政原则，加强了对农业农村基础设施建设、农业科技进步、农业抗灾救灾、农村扶贫开发和生态建设等的支持。特别是 1998 年我国实行积极的财政政策，每年发行的长期建设国债资金使用将支持农业农村作为一个重要方面，从而进一步改善和优化了政府财政的支农结构。1998—2002 年，我国累计发行长期建设国债6 600 亿元，主要用于关系国家全局性、战略性的重要基础设施和产业，其中累计安排了国债投资 1 860 亿元（占国债资金总量的 28%），用于改善农村生产生活条件，如节水灌溉、人畜饮水、乡村道路、农村沼气、农村水电、草场围栏等（一般称为农村"六小工程"）。此外，长期建设国债对西部开发、教育、卫生、生态等方面的投入，也有一定比重直接或间接用于农业农村。上述资金投向的调整，非常有利于农村经济社会的协调发展，也有利于增强农业发展后劲。

（三）完善财政支农机制和方式

长期以来，包括财政支农资金在内的整个财政预算管理重收入、轻支出，管理粗放和弱化，资金损失浪费严重现象比较普遍。自 20 世纪 90 年代中期开始，我国支农资金管理出现了积极变化，在财政扶贫、农业综合开发和其他重大支农领域，引入了世界银行的项目管理办法，如报账制、项目库制、专家评审制、绩效评估制度等，效果非常明显。1999 年，我国首次开始进行部门预算改革试点，农业部被列为首批改革试点部门，然后又逐步扩展到所有部门并在全国普遍推开。部门预算通过细化预算和建立将预算外、预算内并入一本账册的综合预算，整合了政府的支农财力，也有助于提高财政支农资金使用效率。

（四）支持推进农村税费改革

我国农民长期以来承担了大量的税费负担，特别是各种名目的非税负担种类繁多。尽管 20 世纪 80 年代以后中央三令五申，采取了多种措施，但农民负担过重的问题并没有从根本上解决。资料表明，2000 年与 1990 年比较，农民承担的税费总额（不含乱收费、乱罚款、乱摊派等"三乱"负担）由 469 亿元增加到 1 359 亿元，其中：农业"四税"由 88 亿元增加到 465 亿元，村级提留由 216 亿元增加到 352 亿元，乡统筹费由 117 亿元增加到 268 亿元，其他收费由 48 亿元增加到 274 亿元，农民人均承担的税费额由 55.8 元增加到 168.4 元。在这种情况下，中央决定从 2000 年起进行农村税费改革，实行"三取消、两调整、一改革"的政策。改革率先在安徽全省试点，到 2002 年试点范围扩大到全国 20 个省，其他 11 个省在部分县（市）试点，试点地区农业人口达 6.2 亿，占全国农业人口总额近 3/4。为了促进和支持农村税费改革，弥补基层财政因降低农业税而减少的财政收入，中央和地方设立了农村税费改革转移支付资金，确保了改革的顺利推进和基层的平稳运转。

二、大力保障教科文卫支出

（一）建立相对规范的教育投入新机制

以 1993 年《中国教育改革与发展纲要》（以下简称《纲要》）颁布为标志，我国教育投入管理机制进行了重大改革。《纲要》指出，要"初步建立起与社会主义市场经济体制和政治体制、科技体制改革相适应的教育新体制"，"改革政府包揽办学的格局，逐步建立起以政府办学为主体，社会各界共同办学的体制"，明确提出在教育事业发展中界定政府与市场的作用界限。并首次提出了"逐步提高国家财政性教育经费支出占国民生产总值的比例，本世纪末达到百分之四，达到发展中国家八十年代的平均水平"，及"中央和地方政府教育拨款的增长要高于财政经常性收入的增长，并使按在校学生人数平均的教育费用逐步增长，切实保证教师工资和生均公用经费逐年有所增长"的"三个增长"原则。1995 年《中华人民共和国教育法》再次明确："国家建立以财政拨款为主、其他多种渠道筹措教育经费为辅的体制，逐步增加对教育的投入，保证国家举办的学校教育经费的稳定来源"。相继颁布的《中华人民共和国高等教育法》、《中华人民共和国义务教育法》、《中华人民共和国职业教育法》、《中华人民共和国教师法》等也对财政教育投入做出了相关规定。

在加大教育投入力度的同时，财政在教育支出结构安排中，重点解决各类教育事业发展中的突出问题。一是加强对基础教育的财政投入，中央与地方财政共同组织实施了国家贫困地区义务教育工程、农村中小学危房改造工程、西部地区农村寄宿制学校建设工程等重大项目，改善了贫困地区义务教育办学条件。二是大力支持职业教育基础能力建设，支持并初步完善"政府主导、依靠企业、充分发挥行业作用、社会力量积极参与，公办与民办共同发展"的多元办学格局，促进形成"在国务院领导下，分级管理、地方为主、政府统筹、社会参与"的管理体制。三是支持高等教育改革和发展，从 1995 年开始实施"211 工程"，从 1999 年开始实施"面向 21 世纪教育振兴行动计划"，1998 年后按照"共建、调整、合作、合并"的方针，约有 200 多所原中央部委所属高校下划地方，实行"中央与地方共建，以地方管理为主"的新体制，努力提高教学水平，改善教学环境和办学条件。四是探索建立农村义务教育经费保障机制，2001年国务院确定对农村义务教育实行"在国务院领导下，由地方政府负责，分级管理，以县为主"的管理体制（简称"以县为主"），帮助解决农村义务教育经费投入不足问题。

（二）建立科技投入新机制和管理制度

1993 年以后，国家在科技管理体制和财政科技投入方面进行了改革，对政府与市场在科技进步的作用边界进行了大致划分，对科研院所尝试进行分类管理，重点加强项目管理，以充分发挥财政资金在科技进步中的带动作用。在财政科技投入安排上，突出向基础研究、高技术研究、社会公益研究和科技基础条件建设等基础领域倾斜，将一些能够取得直接经济效益的应用性研究开发工作逐步推向市场，通过政府与市场的良好结合，促进科技开发与技术推广有序开展。期间，国家财政大幅度增加了国家自然科学基金规模，并大力支持实施"973"计划以及中国科学院"知识创新工程试点"建设。加大了"863"计划的经费投入，较好地支持了事关国家长远发展和国家安全的战略性、前沿性和前瞻性高技术问题的研究。同时，还逐年加大了国家社会科学基金的投入，以支持开展社会科学研究。

在科技经费管理方面，以 2000 年中央部门预算改革为契机，对 1986 年以来由国家科委统一归口管理各部门科学事业费的管理体制进行了改革。科学技术部对"863"计划、"973"计划等国家科技计划项目经费进行统一归口管理，而国务院各部门和各直属机构的人员和机构运转经费，以及除科技计划项目经费以外的科学事业费则直接纳入各部门的部门预算，不再由科学技术部归口管理和分配。2002 年初，国务院办公厅转发《关于国家科研计划实施课题制管理的规定》，国家对科研活动的支持由经常性的经费支持转变为以课题项目招标为主的方式。从"十五"开始，科学技术部归口管理的各项科技计划全面推行"课题制"管理，国家各类科技计划先后制定了更具操作性的经费管理办法。

（三）建立分类管理的文化投入新机制

20 世纪 90 年代初，随着我国市场化改革的深入推进，国家尝试界定不同文化单位的性质和功能，实行分类管理。1996 年，中共中央办公厅、国务院办公厅发布《中央机构编制委员会关于事业单位机构改革若干问题的意见》，提出遵循"政事分开"的方向，推进事业单位的社会化，根据各个单位的不同情况分类进行改革。在分类管理的制度框架下，文化事业单位从体制上向事业和产业分离，国家财政对不同类型的文化事业单位采取不同的支持政策，逐步增加图书馆、博物馆等财政补助文化事业单位经费投入；制定财税扶持政策，促进新闻出版和电影行业等实行企业化管理的文化单位发展。

在区分政府与市场作用边界的同时，国家财政进一步加大了文化投入。1996年，党的十四届六中全会通过的《中共中央关于加强社会主义精神文明建设若干重要问题的决议》明确提出，要切实解决宣传文化事业投入总量偏少、比例偏低的问题，中央和地方财政对宣传文化事业的投入，要随着经济的发展逐年增加，增加幅度不低于财政收入的增长幅度。1996年《国务院关于进一步完善文化经济政策的若干规定》具体规定了开征文化事业建设费，鼓励对文化事业的捐赠，继续给予财税优惠政策，适当增加"万里边疆文化长廊"补助经费以支持少数民族文化事业建设，各种营业性娱乐场所按营业收入的3%缴纳文化事业建设费，广播电台、电视台和报纸、刊物等广告媒介单位以及户外广告经营单位，按经营收入的3%缴纳，由地方税务机关在征收娱乐业、广告业的营业税时一并征收。分别由中央和省级建立专项资金，用于文化事业建设。

1998年后，财政文化经费支出逐步退出一般竞争性文化产业，集中财力保障国家重点公共文化建设工程的经费需求。一是支持农村公共文化服务网络建设，巩固基层文化阵地。加大对农村文化的投入力度，支持实施了广播电视"村村通"工程等农村文化重点工程，有效地丰富了农民群众的文化生活，农村公共文化服务能力有所提高。二是支持中华文化传承与发展。在文化遗产保护方面，支持实施了一系列旨在保护中华优秀传统文化的重点项目；在文化传播方面，有力地加强了广播电视和报刊等新闻媒体的传播与覆盖；在文艺创作方面，重点支持了"国家舞台艺术精品工程"、"国家重大出版工程"等，促进了社会主义先进文化的繁荣和发展。

（四）建立医疗卫生保障新机制

随着社会主义市场经济体制改革的深入，医疗卫生体制改革的目标也逐渐清晰。1993年，中央明确提出要按照"政事分开，政府主管部门制定政策、制度、标准，职工医疗保险资金的收、付和运营等由相对独立的社会医疗保险事业机构承担"的原则，深入推进医疗保障改革。1994年，在江苏镇江和江西九江开展了"两江"试点，形成了"社会统筹与个人账户相结合"的医疗保险制度模式。1998年，国务院下发了《关于建立城镇职工基本医疗保险制度的决定》，决定在全国范围内建立城镇职工基本医疗保险制度，并设定了"广覆盖"的目标，要求城镇所有类型单位的职工都必须参保。此后，参加城镇职工医疗保险的人数逐年增加，覆盖范围逐年扩大。2000 年，财政部、原国家计委、卫生部下发了《关于印发〈关于卫生事业补助政策的意见〉的通知》，明确了政府卫生投入政策，对政府举办的县及县以上非营利性医疗机构的补助项目包括医疗机构开办和发展建设支出、离退休人员费用、临床重点学科研究、由于政策原因造成的基本医疗服务亏损补助。总的来看，1993—2002 年，我国医疗保障制度的改革取得了重大进展，城镇职工基本医疗保险制度改革顺利推进。

三、探索建立新型社会保障体系

（一）大力支持企业职工基本养老保险制度改革

1991 年，国务院发布《关于企业职工养老保险制度改革的决定》，正式确立了基本养老保险的社会统筹制度，但统筹层次大多集中在市、县两级政府。1995 年，国务院颁布《关于深化企业职工养老保险制度改革的通知》，决定在全国范围内推进"统账结合"（社会统筹和个人账户相结合）的养老保险体制改革。1997 年 7 月，在总结前期改革经验的基础上，国务院发布《关于建立统一的企业职工基本养老保险制度的决定》，决定建立统一的企业职工基本养老保险制度。1998 年 8 月，国务院出台《国务院关于实行企业职工基本养老保险省级统筹和行业统筹移交地方管理有关问题的通知》，11 家原实行行业统筹的企业职工基本养老保险于 1998 年 9 月正式移交地方管理。2000 年，《国务院关于印发完善城镇社会保障体系试点方案的通知》对进一步完善城镇社会保障体系做出了安排，并首先在辽宁进行企业职工基本养老保险个人账户试点，然后试点范围逐步扩大。这个时期，财政支持企业职工基本养老保险制度建立的力度不断加大，从 1998 年的 21.55 亿元增加到 2002 年的 517.29 亿元。

（二）逐步建立失业保障和促进就业的政策体系

党的十四大以后，我国失业保障制度的建立和扩大就业政策的实施，对于推动企业用工制度改革，建立与社会主义市场经济相适应的劳动力市场，促进劳动力资源的自由流动，起到了积极的推动作用。1993年4月，国务院发布《国营企业职工待业保险规定》，建立了企业职工待业保险制度。1994年7月《中华人民共和国劳动法》颁布，规定要全面实行劳动合同制，建立失业及相关保障制度。至1997年年底，全国城镇签订劳动合同的职工已占到职工总人数的97.5%。1999年1月，国务院正式颁布实施《失业保险条例》，各地据此建立了失业保险制度，制度覆盖范围包括所有城镇企事业单位及其职工。在建立和完善失业保险制度的同时，为适应国有企业改革和经济结构调整需要，避免失业人员的大规模增加冲击社会稳定，1998年我国开始全面实施国有企业下岗职工基本生活保障和再就业工程。财政对下岗职工基本生活和缴纳社会保险费的资金来源进行了明确，需财政承担部分，中央企业由中央财政解决，地方企业由地方财政解决，对于困难较多的中西部地区和老工业基地，中央财政给予一定的支持。2001年，根据国务院《关于印发完善城镇社会保障体系的试点方案的通知》，在辽宁省开展国有企业下岗职工基本生活保障向失业保险并轨试点工作，并逐步向其他地区扩展。2002年，针对我国企业改革和结构调整中出现的职工下岗和失业问题，中共中央、国务院下发了《关于进一步做好下岗失业人员再就业工作的通知》，开始全面实施积极的就业政策，主要包括鼓励下岗失业人员自主创业，鼓励企业吸纳就业，开发公益性岗位安置就业困难人员，鼓励大中型国有企业主辅分离、辅业改制分流安置富余人员等政策措施。

（三）探索建立低收入人群基本生活保障制度

党的十四大以后，特别是1998年积极财政政策实施以来，国家财政加大了对低收入人群基本生活保障的支持力度。针对传统社会救济制度难以覆盖改革中出现的城镇新贫困人群的问题，一些经济发达地区较早开始探索建立这一制度，并积累了一些经验。1997年，国务院下发《关于在全国建立城市居民最低生活保障制度的通知》，决定在全国建立城市居民最低生活保障制度。1999 年，为进一步规范城市居民最低生活保障制度，保障城市居民基本生活，国务院颁布《城市居民最低生活保障条例》，实现了从制度上保障城市贫困人口基本生活的目的。农村最低生活保障制度则是在原有五保供养基础上逐步探索发展起来的。1994 年国务院《农村五保供养工作条例》颁布实施后，五保供养被定为农村集体福利事业，供养经费明确从"村提留或乡统筹费"中列支，供养形式集中与分散相结合。随着财政经济实力的发展壮大，建立农村最低生活保障的物质基础逐步具备，党的十六大提出有条件的地方探索建立农村最低生活保障制度。一些经济条件较好的地区率先开展了农村低保试点，尚不具备建立农村最低生活保障制度条件的地区，则按照中央确定的"政府救济、社会互助、子女赡养、稳定土地政策"的原则，建立了农村特困户定期定量生活救济制度。

（四）支持住房制度改革

为支持城镇住房制度改革，按照国务院《关于深化城镇住房制度改革的决定》要求，1992 年在上海市率先试行住房公积金制度，1996 年各地区普遍开始实行这一制度。相应的，各级财政也从 1996 年开始，对于人员经费由财政补助的行政机关和事业单位的在职职工，按照职工工资总额的 5% ~ 12% 比例，每年安排住房公积金预算资金。1998 年，国务院发布《关于进一步深化城镇住房制度改革加快住房建设的通知》，提出要停止住房实物分配，逐步实行住房分配货币化，并要求建立廉租住房制度，加速推动我国住房商品化进程。据此，从 1999 年开始，对于房价收入比超过 4 倍的地区，各级财政对于人员经费由财政补助的行政机关和事业单位无房职工以及住房面积未达标职工，按照相应的住房面积及补贴标准，每年安排住房补贴预算资金。1999 年，建设部制定了《城镇廉租住房管理办法》，提出了廉租住房政策的基本框架。为支持住房制度改革，财政部门将解决城市低收入家庭住房困难问题纳入了公共财政保障范围。从 2000 年 4 月 1 日起，对中央在京单位在职职工和离退休人员发放提租补贴。住房制度改革的顺利推进、廉租住房等住房保障制度的逐步建立，推动了住房这一重要商品的市场化，为完善资产价格体系、健全市场传导机制做出了重要贡献。

四、更加重视资源节约和环境保护

改革开放以来，我国长期依靠高耗能、高污染、高投入实现高增长，在环境保护等方面投入不足，资源综合利用效率低下。进入 20 世纪 90 年代，生态建设和环境保护越来越引起人们的关注。1994 年，我国政府发布《中国 21 世纪议程——中国人口、资源、环境发展白皮书》，首次论述经济、社会与环境协调发展问题，并在随后的"九五计划"纲要中，提出了转变经济增长方式、实施可持续发展战略的目标。国家财政主动适应这一变化，调整支出结构，建立和完善投入管理机制，特别是在以下两个方面取得了重要进展。

（一）支持理顺资源管理体制

探索建立了矿产资源有偿使用制度，加快形成公益性与商业性分开的地质工作新体制。1994 年财政部收回建行代行的财政职能后，开始按年度地质勘探费预算总额集中提取，建立地质行业转产基金。1996 年《中华人民共和国矿产资源法》基本确立了矿产资源有偿使用的制度框架，矿产勘察投资多元化开始加速。与此同时，地质勘察的投入结构也发生了重大变化，特别是矿产勘察和其他商业性地勘工作以政府投入为主的模式被打破，逐步形成了以企业投入为主、政府为辅的格局，财政资金逐步从商业性、经营性、竞争性领域退出，主要用于基础性、公益性和战略性地质勘察。1997 年地勘工作投入 161 亿元中，政府财政投入 73 亿元，占45.3%，商业性资金投入为 88 亿元，占 54.7%，居于主体地位。

（二）大幅度增加环境保护和生态建设投入

针对经济快速增长过程中对环境破坏和对脆弱生态系统威胁等问题，环保事业改革的主要要求是"保护和合理利用土地、矿藏、森林、水等资源，努力改善生态环境"。按照这一要求，结合该阶段的国民经济发展和财政状况，财政环保支出的重点在进一步加强生活污染处理和生态建设之外，还着力进行了工业"三废"的防治和濒危动植物的系统保护。在财政支出的支持下，自然保护区的数量由 1993 年的 700 余处增加到 2002 年的 1 757 处。1994 年分税制改革进一步理顺和稳定了政府间财政关系，在增强中央宏观调控能力的同时，也调动了地方经济发展和环境保护的积极性。这一时期政府对环境保护的财政投入大大增加，1996 年和 1997 年两年，全国环境保护投资共 910.7 亿元，接近于"七五"期间环保投资总额的两倍。随着 1998 年积极财政政策的实施和国家财力的不断壮大，中央财政通过增加环保事业费、国债、财政补贴、环境性因素的财政转移支付等方式，环境保护投入呈几何级数增长。

第二节　调整和优化经济建设支出

1993—2002 年，财政支出坚持"有进有退，有所为有所不为"，加大经济建设支出改革力度，逐步减少和退出对一般竞争性和经营性领域的财政直接投资和补贴，纠正政府职能的"越位"，促进更多地用间接和规范的财政手段支持经济发展，逐步转变财政对经济发展的支持方式。

一、财政投资逐步从竞争性领域退出

（一）合理界定财政投资范围

随着我国经济的迅速发展，基本建设投资的需求进一步加大，政府对基本建设投资要全面包揽既力不从心，又不符合市场经济发展的要求。合理界定政府的基本建设支出范围，促进形成基本建设投资来源的多元化格局，是理顺政府与市场关系、促进国民经济持续稳定发展的客观要求。1993 年，党的十四届三中全会通过了《关于建立社会主义市场经济体制若干问题的决定》，提出把投资项目分为公益性、基础性和竞争性三类，

要求公益性项目分别由中央政府和地方政府投资建设；基础性项目以政府投资为主，并广泛吸引企业和外资参与投资；竞争性项目由企业投资建设。按照这一要求，国家财政逐步从竞争性领域退出，对公益性和基础性项目的投资比重加大，特别是农林水利、交通通信、农村电网、城市基础设施等基础设施项目成了中央政府投资的主要支持对象。1998 年实施积极财政政策，对公益性和基础性建设项目的支持力度更是明显加大，投资规模迅速增加，为我国扩大内需、抵御东南亚金融危机的冲击做出了重要贡献。

（二）改革投资审批管理方式

在加快投资体制改革、明确国有企业和国有商业银行产权关系的同时，我国将部分企业"拨改贷"资金本息余额转为国家资本金，试行了财政投资项目业主责任制和项目法人责任制，要求大中型项目实行全过程招标等。对投资审批管理方式进行了改革，从 2001 年开始，对于不需要国家投资的城市基础设施、农林水利项目、地方和企业自筹资金建设的社会事业项目、房地产开发建设、商贸设施等 5 大类投资项目，投资总额在2 亿元以下的，不必报中央审批，改为按"谁投资，谁决策，谁受益，谁承担风险"的原则，地方政府出资的由地方政府审批，企业出资的由企业自主决策，增强了市场主体的风险和责任意识。同时，进一步放宽民间投资准入门槛，提出鼓励民间投资参与基础设施和公用事业建设，促进资金来源多元化。

（三）改进重大项目融资方式

大型基本建设投资期限长、规模大，一般的商业性资本难以满足其内在的要求。同时，随着我国经济实力的不断增长，越来越多的企业开始跨行业、跨地区经营，按行业划分投资主体已不能满足经济发展的需要。根据这些情况，国家稳妥地推进了投融资管理体制改革。撤销了 6 个国家投资公司，组建国家开发投资公司，以保证国家重点建设资金，发挥政府投资的导向作用。从国家预算内基本建设投资中逐年核拨 500 亿元注册资本金，支持组建国家开发银行，以"两基一支"项目作为贷款重点，贷款期限长、规模大，深化了以市场化方式实现国家发展战略和目标的探索。组建了中国进出口银行，以推动中国机电产品、成套设备和高新技术产品进出口，按照国际惯例向出口企业提供出口信贷，为对外承包工程及各类境外投资进行政策性融资，推动深化了外经贸体系改革和政策性金融体系改革。

二、合理承担主要商品改革补贴支出

（一）推动粮食流通市场化

粮食流通体制向市场经济过渡的探索起源于 1991 年的粮油价格改革。粮油价格改革采取了积极稳妥的"分步走"战略：第一步，1991 年适当提高了粮油统销价格，使粮油购销价格倒挂幅度有所缩小；第二步，1992 年在提高粮油统购价格的同时，再次提高了统销价格，基本实行了购销同价，1993 年全面放开粮食经营和价格；第三步，1994 年同时提高了粮食定购价格和销售价格，并将一部分经营费用纳入销售价格，使粮食企业经营国家定购粮食基本"保本微利"。从此，粮油价格基本理顺，为向市场经济过渡创造了条件。1994 年后，改革内容主要包括：一是推行粮食"两条线运行"的改革。1995 年开始建立粮食部门政策性业务和商业性经营两条线运行机制，明确划分业务范围，实行政策性业务和商业性经营分开；明确划分财务核算，实行政策性业务和商业性经营财务分开、单独核算；明确划分业务单位，从事政策性业务的单位有农村粮管所（站）、粮库和军供站。二是加强和改善了粮食宏观调控。从 1990 年以来，建立了粮食储备制度；自 1994 年开始，建立粮食风险基金制度，按国务院规定，粮食风险基金用于按保护价购进后暂时销售不出去的超储库存粮食（扣除合理周转库存）的利息费用补贴。在财政的大力支持下，粮食储备制度和粮食风险基金制度为国家有效实施宏观调控发挥了重要作用。三是构建了以保护价制度为核心的新型粮食流通体制。1998 年，国家实行新的粮食流通体制改革，核心是保护价敞开收购政策，主要内容是"三项政策、一项改革"，即敞开收购、顺价销售、收购资金封闭运行和粮食企业的自身改革。四是粮食销区率先启动粮食市场化改革。2001 年，国务院加大粮食市场化改革力度，确定了"放开销区、保护产区、加强调控、省长负责"为核心内容的深化粮食流通体制改革方案，浙江、上海、福建、广东、海南、江苏、北京、天津等八个粮食主销区率先启动粮食市场化改革。

（二）改革调整棉花补贴支出

1993—1998 年，国家根据棉花产销形势发展，通过连续调整动态棉花收购价格，基本确保了棉花市场的正常供给和价格稳定。1998 年 12 月，国务院发出《关于深化棉花流通体制改革的决定》，决定从 1999 年开始进一步改革棉花流通体制，结束了实行 45 年的棉花流通计划经济体制，按照社会主义市场经济的要求，建立起在宏观调控下主要依靠市场机制实现棉花资源合理配置的新型棉花流通体制。在推进棉花价格市场化改革的过程中，国家财政及时承担棉花市场化改革的补贴支出。2001 年，国务院发出《关于进一步深化棉花流通体制改革的意见》，按照"一放、二分、三加强，走产业化经营的路子"的原则，提出把大力推进棉花产业化经营，作为棉花流通体制改革的根本方向和长远目标。财政的市场调控支出的重点开始转向棉花流通企业，承担企业必要的政策性、经营性亏损，推动企业改制和储备制度建设。一是放开棉花市场，棉花经营主体多元化；二是供销社棉花企业实现了社企分开；三是储备棉管理与经营分开；四是解决棉花历史遗留政策性亏损挂账。为推动企业改制和储备制度建设，使储备棉成为国家宏观调控的重要手段，财政安排相应的储备资金，并承担棉花储备过程中的费用和农业发展银行贷款的利息。2000 年以后，国家为调控棉花市场，组织竞卖了储备棉和商品棉等库存陈棉，中央财政承担了竞卖亏损。

（三）改革石油直接计划管理为价格补贴调控

石油流通体制改革在这一时期可分为两个阶段：1993—1998 年恢复统一计划管理；1998—2002 年逐步深化石油市场化改革。财政在国家整体石油战略的实施过程中，承担了石油流通体制改革中主要企业的政策性亏损补贴。1993 年前后，刚刚尝试放开的石油流通市场出现了渠道混乱、市场无序等状况，严重损害了国家和消费者的利益，影响了国内市场的稳定。为此，财政配合国家计划和流通部门着手加强对原油、成品油生产和流通的宏观管理，恢复了计划配置石油资源的做法，由国家计委对国内生产和进口的原油、成品油实行统一计划分配。并进行了流通渠道整顿，取消价格双轨制，采用承担政策性损失和补助的办法推动各地关闭了石油交易所。1998 年，我国石油生产和流通秩序恢复正常，随着国内市场环境和国家调控的发展变化，为与整体的市场化改革相适应，又再次启动石油市场化改革。财政调控相关支出的主要方向转为促进市场主体建设。支持石油行业进行了较大规模的重组，按照上下游结合的原则，组建南北两个特大型石油石化企业集团公司，在陆上形成区域分割的、上下游、内外贸、产销一体化的垄断格局，中国海洋石油总公司承担海洋石油资源的勘探与开发业务。财政在支持石油行业重组的同时，也着力推动石油流通体制进行相应的改革，支持中石油、中石化两大集团采取划转、联营、参股、收购等方式，合并了社会上经清理整顿合格的成品油批发企业，形成了产供销一体化的双寡头垄断市场，推动国内原油价格与国际接轨，推进了我国的成品油价格市场化改革。

第三节　合理界定行政政法支出

1993—2002 年，行政管理支出规模逐年扩大，管理力度也逐步加大，行政单位经费保障状况逐步改善，对于提高党的执政能力、巩固政权建设起到了积极的作用。

一、整顿规范行政经费支出

（一）控制行政经费增长速度

经过反复调研，1992 年，财政部发布《关于实行对省、自治区、直辖市和计划单列市本级行政经费定额考核（试行）办法的通知》，并制定了行政经费定额考核奖惩规定，开始对行政经费执行情况进行考核，通过奖惩手段来控制行政经费支出增长幅度，当年在部分地区进行了试点。1995年起，对所有省、自治区、直辖市和计划单列市本级行政经费进行考核。1997年起，按照"下管一级"的原则，将考核范围逐级扩大到全国各级行政单位。

（二）加强对行政单位的经费保障

早在1990年10月，财政部召开部分地区行政财务工作研讨会，对1985年以来的行政单位财务工作进行了总结，要求在坚持从紧控制行政经费的同时，必须正确认识和评价行政机关在国家事务中的重要地位和作用，科学合理地安排行政经费支出，保证各级行政机关工作任务的顺利完成。此后，我国行政经费管理的指导思想开始发生变化。党的十四大确立社会主义市场经济体制改革目标后，我国经济体制、政府职能等进行了相应的改革与调整，政府理财观念发生了深刻变化。考虑到政府机关的支出是典型的、纯粹的公共需要，国家财政对行政经费的管理，开始通过财政支出管理改革和结构调整，强化对行政机关必要开支的保障，规范行政部门的收支行为，逐步提高了行政单位经费保障程度，确保了行政单位履行职能的基本需要。

同时，规范政府部门收支行为，主要是解决收支挂钩问题。此前，税务、海关部门的经费供给一直采取收入提成加财政拨款相结合的方式，质检部门的经费供给采取预算外收入加中央财政拨款的方式。部门提成与收入挂钩，既不利于部门正常履行政府职能，也不便于财政管理和监督。针对这种现象，国家财政按照"深化收支两条线改革、进一步加强财政管理"的要求，对工商行政管理、质量技术监督、税务、海关和质检等部门实行财政支出安排方面的改革。2002年，经国务院批准，国家税务总局、海关总署和质检总局实行预算制，其支出按照履行职能的需要由财政据实予以核定。

二、加强保障政法机关支出

（一）确立政法机关经费保障体系

随着政法机关在促进经济发展和维护社会稳定中的作用不断增强，政法机关从事商业活动、基层政法机关执法办案手段欠缺、部门创收与支出安排挂钩等现象，严重妨碍了公平市场秩序的建立，制约了市场环境的建设。对此，党中央、国务院高度重视，要求彻底剥离政法机关从事的商业活动。财政部门按照统一部署加大了对政法机关的经费保障力度，支持从源头上解决司法不公、执法不严、执行不力等问题。

为做好政法机关经费保障工作，1998 年 12 月，中共中央办公厅、国务院办公厅转发了《财政部关于政法机关不再从事经商活动和实行收支两条线管理后财政经费保障的若干意见》，对政法机关的经费保障工作提出了全面、明确的要求和具体的措施。对政法机关经费保障和管理的五项基本原则包括：一是分级管理、分级负担原则。政法机关所需经费由中央和地方财政分级管理、分级负担。二是确保基本需要原则。政法机关的人员经费、行政经费等维持机关正常运转所需基本经费要坚决予以保证。三是保证重点支出原则。政法机关的办案经费、基本装备经费及主要基础设施的维护等重点支出项目应尽力予以保证。四是支持贫困地区原则。中央和省级财政通过一般性补助与专项补助相结合的方式，对贫困地区政法机关所需经费予以必要的支持。五是讲求资金效益原则。政法机关要继续发扬艰苦奋斗、勤俭节约的优良传统，通过深化改革，严格管理，接受财政监督，提高资金使用效益。

对政法机关经费保障和管理的五条具体措施包括：一是政法机关与所办经营性企业彻底脱钩后，原上缴主管部门的利润和管理费中用于补充经费的部分，分别由各级财政部门核实后予以补贴。二是政法机关履行职能所必需的经费要由本级政府给予保障，并随着经济发展和财政收入的增长，逐步加大对政法机关的经费投入；省级人民政府在中央财政对地方的一般性转移支付资金中，要安排必要的经费补充政法机关的经费支出。三是中央和省级财政要增加对贫困地区政法机关专项补助经费。四是加强政法机关的财务管理和政法机关人员编制管理，优化资源配置，继续发扬艰苦奋斗勤俭节约的优良传统，切实提高资金使用效益。五是进一步增强服务观念，提高工作效率，确保政法机关各项经费及时、足额拨付。

（二）加大对基层政法机关经费保障力度

针对基层政法机关执法能力建设等方面存在的问题，在财力普遍紧张和政法机关对经费需要日益提高的情况下，政法机关要求制定经费保障标准的呼声越来越高。各级财政部门考虑到政法机关业务工作和经费保障方面的特点，不断探索对其经费保障的新模式，力争在政法经费投入的制度化、规范化方面取得突破。经过长期探索，2004年9月，财政部、公安部印发了《关于制定县级公安机关公用经费保障标准的意见》。

与此同时，中央财政从1999年开始较大幅度地增加对地方政法机关的补助专款。1999年，财政部制定了《中央政法补助专款管理办法》，主要从五个方面提出了规范专款管理的措施。一是确定了中央专款的投向，将列入国家"八七"扶贫攻坚计划的贫困县作为中央专款支持的主要对象，适当支持部分省级贫困县及经费保障能力较低的其他贫困县。二是整合了中央专款的使用范围，将贫困县基层政法机关及其派出（派驻）机构的业务装备、办案经费、业务技术用场所的维修作为中央专款的补助范围。三是采用"因素计算法"分配专款，改变专款分配的随意性。四是强化了对中央专款的使用管理，明确将"突出重点，集中投入，定期完成，保证效益"作为中央专款使用的重要原则。五是加强了对中央专款的监督管理，要求建立报告和监管制度。中央专款的增加和《中央政法补助专款管理办法》的实行，对提高地方政法机关尤其是贫困地区基层政法机关的经费保障程度和业务工作的完成起到了十分积极的作用。2001年，财政部又制定下发了《中央政法补助专款项目管理办法（试行）》，开始对专款实行项目管理，按项目库项目排序安排资金，从宏观上控制资金的合理使用。改革的主要内容：一是对专款实行"三年一次规划、集中安排项目、分批下达资金、逐年分项实施"的项目管理方式，增强了专款安排和使用的计划性、有序性。二是专款专用，将专款直接安排到项目并确保满足业务工作急需，实行装备项目省级集中采购、维修资金直接支付到项目单位，对项目管理工作实行考核和奖励机制。三是要求地方财政部门按一定比例安排配套资金并统一纳入项目管理中，带动各级财政部门加大投入；项目审批坚持"保贫困、保基层、保基本"的原则，引导资金向基层贫困地区的装备和基础设施维护方面倾斜；优先审批共建项目，推进政法机关设施共建、资源共享工作，实现社会效益和经济效益的有机统一。

第十六章
创新财政管理

1993 年以来，适应经济体制改革和行政管理理念的转变，财政部门在加强财政管理方面做了不少工作，取得了明显成绩。财政管理制度发生了深刻的变革，管理模式逐步转变，管理理念、管理方式、管理手段、管理组织等方面不断创新，有效促进了各项财政改革的不断深入，对于转变财政职能，实现依法理财、民主理财和科学理财，起到了积极的推动作用。

第一节　改革预算管理制度

改革预算管理制度，是推动财政管理规范化、法治化和科学化，提高财政运行透明度的重要基础。1994 年财税体制改革取得初步成功，财政支出改革提到议事日程，预算管理制度改革推开。1998 年建立公共财政框架目标要求提出后，财政部门按照公共财政的导向，积极推进部门预算、国库集中收付、政府采购等预算管理制度改革，促进了财政资金使用效益的进一步提高。

一、实施部门预算改革

（一）背景和内容

预算编制是实施有效预算管理的前提和基础，也是决定政府部门职能作用发挥的关键环节。实行部门预算改革前，我国预算编制有几个明显的缺陷：一是过于分散，一个部门同时编制多个预算，互相之间没有整合，部门规费等预算外收入没有纳入预算管理，整个部门没有一个完整的预算，收支盘子和家底不清；二是内容太粗，预算支出的具体内容不明晰、不清楚，内行说不清，外行看不懂；三是编制不规范，预算编制缺乏严格可操作的标准和依据。这些问题的存在，也导致了预算执行的随意性较大，追加支出的现象较多，资金使用难以得到有效的监管。针对传统预算编制存在的问题，财政部在深入研究的基础上，1999 年 7 月向国务院报送了《关于落实全国人大常委会意见改进和规范预算管理工作的请示》，提出了细化预算编制，实施部门预算改革的构想。经国务院批准，财政部提出了《关于改进 2000 年中央预算编制的意见》，决定从 2000 年财政年度开始，推行中央部门预算改革试点。

部门预算改革的主要目的是规范政府的财政分配行为，有效地保证政府各部门履行自身职责的需要。改革的总体目标是：从预算编制入手，全面提高预算管理的规范性、科学性和有效性，最终建立适应社会主义市场经济体制的科学规范、高效廉洁、完整统一、公开透明的现代部门预算管理制度。部门预算改革的主要内容包括：一是结合深化收支两条线管理改革，部门预算要反映部门及所属单位全部财政资金收支状况；二是采用零基预算的方法，将预算支出分为基本支出和项目支出，基本支出实行定员定额管理，项目支出实行项目库管理，并建立绩效评价体系；三是实行综合财政预算，实现"一个部门一本预算"；四是探索编制滚动预算，推进预算编制科学化、精细化；五是预算科目体系设计科学、预算编制细化。

（二）进展情况

中央部门预算改革遵循"积极稳妥，稳步推进"的原则，2000 年，实现了"一个部门一本预算"的统筹安排，在形式和内容上初具综合预算雏形，将一个部门所有的收入和支出都按照统一的编报内容和形式在一本预算中反映，并选择了教育部、农业部、科学技术部、劳动和社会保障部四个部门的预算上报全国人大审议。2001 年，进行了基本支出和项目支出预算编制试点，基本支出预算试用定员定额的方法编制，项目支出预算试行项目库的方法编制，提交全国人大审议的部门预算由 4 个增加到 26 个，上报内容进一步细化，上报形式也有所改进。2002 年，部门预算改革进一步深化。一是继续推进基本支出定员定额试点，扩大定员定额试点范围；对项目支出按轻重缓急排序安排，体现了集中财力办大事的原则。二是规范政府行为，实行综合预算管理。结合深化收支两条线管理改革，选择了 33 个部门预算外收入纳入预算管理和实行收支脱钩试点，对税务和海关实行完全预算制，收支不挂钩，改变部门代行财政职能、进行二次财政分配的做法。与此同时，全国各地也积极推进部门预算改革，省级部门预算改革已经逐步推开，部分地市、县也实行了部门预算。

二、实施"收支两条线"管理改革

（一）背景和内容

在经济转轨时期，由于新旧体制的冲突、各项规章制度的不完善和监督的缺位，一些地方和部门在利益驱动下乱罚款、乱收费、乱摊派，或是通过各种非法手段将部分预算内资金划为预算外资金，导致国家财政收入流失，预算外资金迅速膨胀。这既分散了国家财政资金，削弱了政府宏观调控能力，扰乱了市场经济秩序，加重了企业和人民群众的负担，又造成私设"小金库"、贪污浪费等问题，损害了党和政府形象，助长了不正之风和腐败现象的滋生。为此，中央决定明确对行政事业性收费和罚没收入等财政性资金实行"收支两条线"管理的改革。"收支两条线"管理的核心是按照公共管理的要求，将全部财政性收支逐步纳入财政预算管理，要解决的是公共财政收支的管理范围和政府收支行为问题。

（二）进展情况

1990 年，中共中央、国务院发布《关于坚决制止乱收费、乱罚款和各种摊派的决定》，明确规定集资资金实行"收支两条线"管理，这是中共中央、国务院首次在有关文件中提出"收支两条线"概念。为从体制制度上刹住乱收费的不正之风，1993 年中共中央先后转发了财政部《关于治理乱收费的规定》和《关于对行政性收费、罚没收入实行预算管理的规定》，确定了收费资金实行"收支两条线"的管理模式，要求对尚未纳入预算管理的行政性收费、专项收费及事业性收费实行财政专户储存。1996 年，国务院《关于加强预算外资金管理的决定》将"收支两条线"管理范围扩大到预算外资金。1998 年，中共中央办公厅、国务院办公厅要求公安部门、检察院、法院和工商行政管理部门行政性收费和罚没收入实行"收支两条线"管理。1999 年，财政部、监察部等部门联合发布《行政事业性收费和罚没收入实行"收支两条线"管理的若干规定》，对"收支两条线"制定了具体规定。2000 年，国务院发布《违反行政事业性收费和罚没收入"收支两条线"管理规定行政处分暂行规定》，对国家公务员和法律、行政法规授权行使行政事业性收费或者罚没职能的事业单位工作人员违反"收支两条线"管理规定行为的，制定了行政处分规定，把"收支两条线"管理改革提升到了法规层面。

2000 年前后，此项改革的两个核心问题仍然没有得到很好的解决：一是单位上缴的收费和罚没收入与其支出安排仍在挂钩，部门的预算未将预算内外资金统筹安排；二是大部分收费仍由单位自收自缴，没有实行收缴分离。针对存在的问题，党的十五届六中全会和 2001 年中央经济工作会议对"收支两条线"管理改革再次提出明确要求。2001 年 12 月，国务院办公厅转发《财政部关于深化收支两条线改革进一步加强财政管理的意见》，就深化"收支两条线"管理改革再次做出部署，核心内容是收缴分离、收支脱钩。一是将公安部、最高人民法院、海关总署、工商总局、国家环境保护总局五个执法部门按规定收取的预算外资金收入全部纳入预算，全额上缴中央国库，支出采用零基预算的方法由财政部按部门履行职能的需要核定。二是对质检总局等28个中央部门的预算外资金实行收支脱钩管理，其预算外收入缴入财政专户。各部门统筹安排年度支出，编制综合财政预算。三是改革预算外资金收缴制度，实行收缴分离。四是改革国税、海关经费收支挂钩的做法，实行支出"预算制"。五是进一步规范和推动地方"收支两条线"管理改革。地方特别是省一级公安、法院、工商、环保、计划生育等部门的预算外资金收入也要全部上缴地方国库，纳入预算管理。之后，改革进展总体上比较顺利，至2002年年底时取得了明显的成效。

三、实施国库集中收付改革

（一）背景和内容

良好的预算执行管理体系，是提高预算资金使用效益、规范政府部门行为的重要基础，也是创造公平市场环境、提高市场运行效率的关键环节。国库集中支付制度改革前，我国实行以预算单位设立多重存款账户为基础的分级分散收付制度，财政收入项目由征收部门通过设立过渡存款账户收缴，收入退库比较随意；财政支出通过财政部门和用款单位各自开设的存款账户层层拨付，预算单位的大量预算外资金未纳入财政预算统一管理。这种做法使得财政收支信息反馈迟缓，资金运行效率和使用效益低下，难以实现科学管理，制约了其他改革措施的推行。

改革财政国库管理制度，推行国库集中支付，就是参照国际惯例，建立一种对财政资金实行集中收缴和支付的管理制度，也称国库单一账户体系。其目的是解决财政资金的支付方式问题；核心是通过国库单一账户体系对财政资金的运行进行管理，确保严格和规范地进行预算执行，确保财政资金安全，提高财政资金使用效益。改革的主要内容：一是由财政统一设立国库单一账户体系，所有财政资金全部在国库单一账户体系中运作；二是财政收入通过国库单一账户体系直接缴入国库，财政支出按预算通过国库单一账户体系由财政直接支付或授权预算单位支付到商品或劳务供应者；三是建立高效的预算执行机制、科学的信息管理系统和完善的监督检查机制。

（二）进展情况

2000 年 8 月，财政部向国务院呈报了《关于实行国库集中收付制度改革的报告》，详细汇报了建立现代财政国库管理制度的必要性和基本构想。根据国务院领导指示，中央财政从 2000 年 10 月起，对山东、湖北、河南和四川的 44 个中央直属粮库建设资金实行财政直接拨付。2001 年 1 月起，又对黑龙江、江苏、海南、云南、山西省和新疆维吾尔自治区的车辆购置税交通专项资金实行财政直接拨付到建设项目或用款单位。在此期间，地方财政部门也积极进行了国库管理制度改革试点，包括实行财政供养人员工资由财政统一发放，对基本建设投资、政府采购支出等大额支出实行财政直接支付。这些工作的开展，标志着财政国库管理制度改革已经开始起步。

2001 年 3 月，国务院批准了《财政国库管理制度改革方案》，我国财政国库管理制度改革正式开始实施。为了保证试点工作顺利进行，财政部、中国人民银行制定发布了《中央财政国库管理制度改革试点资金支付管理办法》，并选择水利部、科学技术部、财政部、国务院法制办公室、中国科学院、国家自然科学基金会等部门作为第一批试点单位。2001 年 8 月，新成立不久的财政部国库支付中心拨出了改革试点的第一笔资金，标志着改革进入实质性操作阶段。

2002 年，实行国库集中支付改革的中央部门增加到 38 个。同年，财政部、中国人民银行联合制定发布了《预算外资金收入收缴管理制度改革方案》和《中央预算单位预算外资金收入收缴管理改革试点办法》，启动了收入收缴制度改革，并分两批对 15 个中央部门实施了收入收缴改革。各地也积极推进国库集中收付改革。在四川、安徽两省于 2001 年 11 月在全国率先进行了国库集中支付改革试点后，2002 年全国已有十几个省份进行了集中支付改革试点，有十几个省份进行了收入收缴改革试点。为顺利推进改革，财政部与中国人民银行联合发布了《国库存款计付利息管理暂行办法》，开始实行国库存款计息，这是新中国成立以来财政资金首次按照货币市场化计息。

四、实施政府采购制度改革

(一) 背景和内容

政府采购是指各级国家机关、实行预算管理的事业单位和社会团体，采取竞争、择优、公正、公平、公开的形式，使用财政预算内、外资金等财政性资金，以购买、租赁、委托或雇佣等方式获取货物、工程和服务的行为。政府采购制度改革要解决的是财政性资金的使用方式问题，是市场经济国家管理购买性支出（如公共设施等）的一项基本手段，是公平市场环境建设的重要基础条件。政府采购制度改革前，各财政资金使用单位的采购行为是分散进行的，采购资金分配和使用脱节，采购过程不透明，资金使用效益不高，财政无法实施有效的监督，而且还往往强化了地方保护主义，不利于全国统一市场的形成。实施和推进政府采购是发展社会主义市场经济和建设公共财政的基本要求。

(二) 进展情况

在广泛深入研究西方国家公共财政支出管理以及国际政府采购规则的基础上，财政部于 1996 年 10 月完成了政府采购第一阶段的研究任务，提出了把推行政府采购制度作为我国财政支出改革方向的政策建议，并于次年正式向国务院提出制定政府采购条例的请示。在财政部加强研究政府采购制度的同时，上海市、河北省、深圳市等地陆续开展了政府采购试点活动，为推进政府采购制度改革提供了宝贵的经验。

1998 年国务院赋予财政部"拟定和执行政府采购政策"职能，标志着政府采购制度改革正式开始。1999 年 4 月，财政部制定发布了我国有关政府采购的第一部部门规章，即《政府采购管理暂行办法》，明确我国政府采购试点的框架体系。在这几年里，财政部大力推动政府采购试点工作，全国政府采购范围不断扩大，政府采购规模由 1998 年的 31 亿元扩大到 1999 年的约 130 亿元。

2000 年 6 月，财政部在国库司内设立了政府采购管理处，负责全国政府采购的管理事务。新机构设置以后，继续扩大政府采购试点范围和规模，2002 年，全国政府采购规模突破了 1 000 亿元。同时，政府采购规范化管理和透明度建设等方面也迈出了坚实的步伐：一是加强规范化建设。确立采购模式，强化采购规程，从制度、管理和操作上规范采购行为。二是加大推行政府采购制度的力度。从 2001 年开始编制政府采购预算并制定政府采购计划，凡是列入政府采购预算的采购项目，都必须按照政府采购计划的要求实行政府采购。建立政府采购资金实行财政直接支付制度，规定政府采购资金财政直接支付的方式和程序，开设了政府采购资金专户。三是进一步加强透明度建设。丰富了政府采购信息指定发布媒体，明确政府采购信息发布的内容及程序，改进了政府采购统计体系。四是会同有关部门研究拟订中央国家机关全面推行政府采购制度的方案。五是探索适合政府采购要求的招标方法，确立并推广了政府采购协议供货制度。六是积极参加政府采购立法活动，推动政府采购法出台。

通过几年的努力，至 2002 年年底时，我国政府采购工作已取得了重要进展，为 2003 年开始全面推行这一制度奠定了坚实的基础。

五、逐步推进决算管理

伴随着预算编制和预算执行制度的改革，我国财政决算管理也发生了很大变化。1994 年 3 月，《中华人民共和国预算法》（以下简称《预算法》）正式颁布实施，确立了决算的法律地位。《预算法》第五十九条规定："决算草案由各级政府、各部门、各单位，在每一预算年度终了后按照国务院规定的时间编制。编制决算草案的具体事项，由国务院财政部门部署。"第六十一条规定："各部门对所属各单位的决算草案，应当审核并汇总编制本部门的决算草案，在规定的期限内报本级政府财政部门审核。各级政府财政部门对本级各部门决算草案审核后发现有不符合法律、行政法规规定的，有权予以纠正。"第六十四条规定："地方各级政府应当将经批准的决算，报上一级政府备案。"1995 年 11 月，《中华人民共和国预算法实施条例》发布实施，对决算管理提出了较为细致的要求。《中华人民共和国预算法实施条例》第六十八条规定："各单位应当按照主管部门的布置，认真编制本单位决算草案，在规定期限内上报。各部门在审核汇总所属各单位决算草案的基础上，连同本部门自身的决算收入和支出数字，汇编成本部门决算草案并附决算草案详细说明，经部门行政领导签章后，在规定期限内报本级政府财政部门审核。"

受预算编制管理模式的制约，在很长一段时间里决算管理是按照经费管理渠道，由财政部门各个业务口分别设计、布置和汇总的，形成了财政总决算、行政事业单决算和预算外资金（基金）及附加收支决算的局面。这虽然在一定程度上满足了财政部门内部各个业务部门的特殊管理需求，但也带来了"决算表样各异、口径解释不同，行政事业单位需要同时填报多套报表"等问题。1996 年前后，财政部对行政事业单位财务会计制度进行了改革，使行政事业单位财务管理和会计核算方法趋向统一，这为行政事业单位决算管理的统一创造了有利条件。财政部决定从 1998 年度决算开始实施"统一报表"，即按照"统一设计、口径一致、集中布置、一表多用、数据共享"的原则，有计划地建立全国统一的决算报表体系。2000 年，财政部决定推行部门预算改革，"将单位全部收支编入一本预算"，这同时为将"单位全部收支编入一本决算"奠定了制度基础。2004年开始，为全面准确反映预算执行结果和单位财务收支情况，财政部对财政总决算、预算外资金收支决算和行政事业单位决算进行了整合。

六、规范行政事业单位财会制度

财务工作是财政工作的重要组成部分，也是促进规范市场经济秩序的重要环节。党的十四大以来，随着财政改革深入推进，行政事业单位财务管理不断强化，管理方法不断创新。

（一）逐步规范行政单位财务管理

长期以来，我国行政单位一直与事业单位执行相同的财务管理制度。1996 年，《事业单位财务规则》颁布后，两者才相对独立、各自成为一个体系。1998 年以前，我国对行政单位一直实行"预算包干"的预算管理体制，即按国家核定的当年预算包干使用，年终结余全部留归单位支配，超支不补，并可从增收节支中提取职工福利和奖金。随着时间的推移，预算包干带来的问题越来越突出。1998 年，经国务院批准，财政部发布了《行政单位财务规则》。主要内容包括：一是将"预算包干"改为"收支统一管理，定额、定项拨款，超支不补，结余留用"的预算管理办法。二是明确规定各项收入的取得，应符合国家规定，及时入账，并按照财务管理的要求，分项如实填报。三是规范行政单位应建立、健全各项支出的管理制度，各项支出由单位财务部门按照批准的预算和有关规定审核办理，防止多头审批和无计划开支，对不同的支出实行不同的管理办法。四是行政单位的预算外资金收入应按规定实行"收支两条线"管理。五是要求行政单位建立内部审计制度和岗位责任制，健全内部监督机制等。《行政单位财务规则》的发布实施标志着独立的行政单位财务制度体系的初步确立，为全面规范行政单位财务活动提供了制度保障。以此为依据，对人员经费、公务用车、差旅费、国内公务接待费、会议费、因公出国经费和移动通信费等重要支出项目管理进行了改革。与此同时，当年根据国务院办公厅转发的《关于深化国务院各部门机关后勤体制改革的意见》，进一步规范了机关后勤行政管理职能，建立和完善了机关与后勤服务单位的结算制度，明确了机关后勤服务商品化、市场化和逐步实现自负盈亏的改革目标。

（二）探索改革事业单位财务管理

随着政府职能转变和财政管理体制改革的深入推进，事业单位进行分类改革的要求日益迫切。1992 年，财政部相继颁发了《社会文教事业全额预算管理单位财务管理暂行办法》和《关于加强事业单位收入财务管理的规定》等重要文件，对事业单位财务管理开始新的探索。主要是实行全额预算管理、差额预算管理和自收自支三种预算管理形式，实行有条件的全额预算管理单位应逐步向差额预算管理单位过渡、有条件的差额预算管理单位应逐步向自收自支管理单位过渡的"两个过渡"政策，探索实行预算支出定额管理，实行基金管理制度、周转金制度和资金使用追踪问效制度。1996 年 10 月，财政部发布《事业单位财务规则》。之后，教育、科学、文化、卫生、农业、林业、水利等 13 个行业的事业单位财务管理制度也相继出台。各事业单位纷纷结合本单位实际情况，制定了本单位内部的财务管理规定。由此形成了由事业单位财务规则、事业单位财务管理制度和事业单位内部财务管理具体规定三个层次组成的事业单位财务管理体系。一是改革事业单位预算管理形式，由"三种预算管理形式"改为实行"核定收支、定额或者定项补助、超支不补、结余留用"的预算管理办法。二是改革事业单位收入管理，确立事业单位"大收入"概念，并全部纳入单位预算之中，统一核算，统一管理。三是改革事业单位支出管理，确立事业单位"大支出"概念，使事业单位开展正常业务活动的支出及事业支出能够全面、准确地反映。四是实行了统一规范的事业基金和专用基金管理，专用基金主要有修购基金、职工福利基金、医疗基金和其他基金，并对各类专用基金的提取、使用分别做出了规定。

（三）深入推进预算会计改革

预算会计核算及管理模式必须与一定时期的经济体制、经济发展水平相适应。随着我国计划经济向社会主义市场经济体制逐步转轨，财税体制、金融体制、行政事业单位财务管理体制等方面都发生了巨大的变化。为此，财政部于1993年正式启动预算会计改革，根据改革探索经验积累，1997年发布了《财政总预算会计制度》、《行政单位会计制度》、《事业单位会计准则》和《事业单位会计制度》。这次改革建立了一套与当时经济体制和行政管理体制基本相适应的预算会计体系和核算办法，标志着我国现行预算会计体系的建立，对加强财政管理和预算单位的财务管理起到了积极促进作用，为预算会计的进一步完善打下了良好基础。2001年以后，根据预算管理制度改革的总体要求，我国预算会计制度再次进行调整。一是为适应国库管理制度改革引起的支付方式变化。2001年和2002年，先后发布了《财政国库管理制度改革试点会计核算暂行办法》和《〈财政国库管理制度改革试点会计核算暂行办法〉补充规定》，满足集中支付改革对会计核算的需求。二是适时对财政总预算会计部分事项，以及行政单位、事业单位和国有建设单位年底应支未支留存国库的结余资金的会计核算实行权责发生制。三是改进现行行政事业会计制度，使之能够全面、准确、集中地核算单位向职工个人发放的工资津补贴及其他个人收入情况。
2003 年以后，我国开始积极准备推进政府会计改革。

第二节　完善财政管理方式

财政部门在推动改革预算管理制度的同时，通过改进和规范财政管理，逐步将公平、公正、公开、规范、透明、效益等公共管理原则，贯穿于财政运行的全过程，不断提高财政管理水平。

一、加强公共收费和债务管理

公共收费是政府财政收入的重要补充，能够优化特定领域的资源配置。公共债务是以政府举借资金形式筹集收入的手段，也是重要的政策调节工具。加强公共收费和债务管理，对于健全政府收入管理具有积极作用。

（一）规范公共收费管理

一是全面清理整顿收费工作。1990 年和 1993 年，我国两次开展了治理"乱收费"的工作。从 1995 年起，开始对乱收费情况进行清查摸底和全面整顿。1996 年，针对一些地方、部门和单位将财政预算资金转为预算外资金，擅自设立收费基金项目，导致国家财政收入流失、预算外资金使用脱离财政管理等问题，国务院发布了《关于加强预算外资金管理的决定》，首次明确了预算外资金是国家财政性资金，不是部门和单位的自有资金，必须纳入财政管理。1997 年，中共中央、国务院发布了《关于治理向企业乱收费、乱罚款和各种摊派等问题的决定》，要求坚决取消不符合规定的、面向企业的行政事业性收费、罚款、集资、基金项目和各种摊派。

二是清理取消不合法、不合理的收费基金项目。从 1996 年起，分期分批取消了大量不合法、不合理的收费项目。1996 年，公布取消了 48 项涉及建设项目的收费，涉及 14 个部门。1997 年，分两批公布取消了 49 项行政事业性收费，涉及 13 个部门。同年，公布取消了第一批基金（附加、收费）项目，共计 217 项。1998 年，公布取消了第二批基金项目，共计 147 项。同时，地方各级政府对本行政区域出台的收费基金也进行了清理，据统计，到 1998 年 3 月底，各省、自治区、直辖市取消的收费基金项目共计 2 028 项。1998 年以后，财政部门会同有关部门进一步加大了对乱收费的治理力度，1998—2003 年，共取消收费项目 1 805 项，并降低了479 个项目的收费标准，减轻社会负担 1 417 亿元。

三是建立健全收费管理制度。具体包括：

（1）实行收费基金目录管理，每年向社会公布《全国性及中央部门和单位行政事业性收费项目目录》和《全国政府性基金项目目录》，各省、自治区、直辖市每年也编制本行政区域的行政事业性收费项目目录。

（2）对行政事业性收费实行统一归口管理，1999 年，财政部发布《关于统一归口管理中央部门和单位的行政事业性收费及政府性基金等问题的通知》，规定中央部门和单位凡涉及行政事业性收费的有关事务，统一由中央部门和单位的财务机构归口管理。

（3）加强行政事业性收费票据管理，根据财政部印发的《行政事业性收费和政府性基金票据管理规定》，收取行政事业性收费时，必须使用行政事业性收费票据。

（4）对行政事业性收费实行不同的税收政策，1997 年，财政部、国家税务总局《关于调整行政事业性收费（基金）营业税政策的通知》规定，凡经中央及省级财政部门批准纳入预算管理或财政专户管理的行政事业性收费，均不征收营业税；未纳入预算管理或财政专户管理的，一律照章征收营业税。

（5）杜绝擅自将行政事业性收费转为经营服务性收费，1999 年，国家计委、财政部等六部门印发《中介服务收费管理办法》，财政部、国家计委印发《关于事业单位和社会团体有关收费管理问题的通知》，对不得作为经营服务性收费管理的情况做出了规定。

（6）实行"收支两条线"管理，规定依法取得的行政事业性收费等收入，必须全额缴入国库或者财政专户，支出通过编制预算由财政部门统筹安排，并通过国库或者财政专户拨付资金。

（二）推进相关税费改革

为了规范政府参与收入分配的行为，依照公共财政的原则，在对各项收费进行清理整顿的基础上，推进了税费制度改革，用相应税收取代一些具有税收特征的收费，逐步建立适应社会主义市场经济发展要求的以税收为主、少量必要收费为辅的政府收入体系。税费改革工作按照总体规划、分步实施的原则进行。对问题较多、影响较大的领域率先规范。比如，通过农村税费改革，理顺农村分配关系，切实解决农民负担过重问题；通过交通和车辆税费改革，有效遏制交通领域的"三乱"现象，规范道路建设资金的筹资渠道。

交通和车辆税费改革工作从 1998 年开始启动。按照国务院的统一部署，经过两年多时间的认真调查研究，有关部门共同制定了《交通和车辆税费改革实施方案》，并于 2000 年 10 月经国务院批准后发布。《方案》规定了交通和车辆税费改革的主要内容：一是取消涉及交通和车辆方面的不合法、不合理收费项目；二是对具有税收特征的收费实行"费改税"。具体包括：开征车辆购置税，取代车辆购置附加费；开征燃油税，取代公路养路费、公路客货运附加费、公路运输管理费、航道养护费、水路运输管理费、水运客货运附加费以及地方用于公路、水路、城市道路维护和建设方面的部分收费。三是将不体现政府行为的收费转为经营性收费，严格按照经营性收费的规定进行管理。四是保留少量必要的规费，降低不合理的收费标准，实行规范化管理。2001 年 1 月 1 日，《中华人民共和国车辆购置税暂行条例》施行，开征车辆购置税取代车辆购置附加费，走出了交通车辆税费改革的实质性一步。实施燃油税的改革是交通和车辆税费改革的核心内容，虽然当时燃油税暂时没有开征，但中央有关部门和地方政府一直在认真研究完善燃油税改革方案，并积极为出台燃油税创造良好的外部条件，直至 2008 年，燃油税费改革顺利出台。

（三）加强公共债务管理

这一时期，我国采用控制国债年度发行额的方式管理国债规模。一方面，国债筹资规模逐年增加，宏观调控职能不断加强。1994 年以前，中央财政赤字是通过发行国债和向央行借款或透支两种方式来弥补。继《中华人民共和国中国人民银行法》和《中华人民共和国预算法》出台后，为彻底斩断财政赤字和通货膨胀之间的直接联系，从 1994 年开始，中央财政赤字完全通过发行国债来弥补，国债成为弥补财政赤字的唯一手段，成为确保预算收支平衡和实施财政政策的重要工具。1998 年开始实行积极财政政策，长期建设国债的连年发行，对于扩大国内有效需求、促进经济持续稳定增长起到了支持和保障作用。

另一方面，国债发行方式不断完善，市场化水平逐步提高。1991 年 4 月 20 日，财政部首次试行通过承购包销方式，顺利发行了 25 亿元国债，标志着我国国债发行开始向市场化的道路迈进。1993 年，建立了国债一级自营商制度，为国债发行采用招标方式奠定了基础。1995 年，我国首次尝试通过招标方式发行国债并取得成功。在随后的国债发行中，我国国债发行市场化步伐明显加快，所有可上市交易的国债均采用了招标方式发行。为确保国债顺利发行，促进国债市场稳定发展，1998 年起财政部积极发展国债承销团制度，并于 2000 年开始每年组建一次银行间债券市场记账式国债承销团制度，从 2002 年开始每年组建一次交易所债券市场记账式国债承销团制度和凭证式国债承销团制度。至此，比较完善的国债承销团制度基本形成。

我国政府外债管理体制，以 1998 年为界可分为两个阶段：前一阶段为分口管理阶段；后一阶段为归口管理阶段。1998 年政府部门职能调整后，政府外债工作由财政部统一归口负责，即国际金融组织贷款、外国政府贷款、对外发行债券等都由财政部统一管理，统一对外谈判、签约、转贷和对外偿还。一方面将由对外贸易经济合作部负责外国政府贷款、中国人民银行负责亚洲开发银行（以下简称亚行）贷款、农业部负责国际农业发展基金、财政部负责世界银行贷款的分散管理方式调整为由财政部统一管理；另一方面由筹借政府外债窗口管理逐步转向借、用、还全过程管理，除对外谈判和签约外，会同国家发展和改革委员会（以下简称国家发改委）等部门，加强了对项目申请、建设、运营、还款等各环节管理，不断加强制度建设，推进政府外债管理工作的科学化。

二、推进财政法制建设

1992 年年底，全国财政工作会议提出"要加强财税法制建设，真正做到依法理财，依法治税，依法管产"，为推进今后一个时期的财税法治工作提出了明确要求。以此为标志，我国财政法制建设和依法理财工作进入一个新的阶段。

（一）财政立法工作取得重要进展

1993 年年底，国务院发布《关于实行分税制财政管理体制的决定》。1994 年 3 月，全国人大会议审议通过《中华人民共和国预算法》，国务院相应颁布《预算法实施条例》。作为财政基本法律制度，《预算法》成为后续财政改革和财政政策确立以及财政管理的基本依据，预算法及实施条例的颁布，对于强化预算管理，增强预算透明度，加强预算管理监督，实现政府预算管理法制化具有奠基作用。为配合建立分税制财政体制，全国人大颁布《中华人民共和国税收征收管理法》、《中华人民共和国个人所得税法》（修订）、《关于外商投资企业和外国企业适用增值税、消费税、营业税等税收暂行条例的决定》，国务院颁布《中华人民共和国企业所得税暂行条例》、《中华人民共和国增值税暂行条例》、《中华人民共和国消费税暂行条例》、《中华人民共和国营业税暂行条例》、《中华人民共和国土地增值税暂行条例》、《中华人民共和国资源税暂行条例》、《中华人民共和国契税暂行条例》等一批财税法律法规，财政部和国家税务总局相应发布各税种实施细则和有关实施文件。这些税收法律制度的颁布实施，实现了税制的规范、统一、公平、合理，对于保证依法征税、依法纳税和财政收入稳定增长，发挥了十分重要的作用。

在财务会计法律法规方面，1992 年 11 月，经国务院批准，财政部发布《企业财务通则》，自 1993 年 7 月 1 日起，境内各类企业，不分预算级次，不分所有制性质，不分组织形式，统一适用新的企业财务制度，这次改革取得了划时代的历史成就，为此后《中华人民共和国公司法》的出台以及现代企业制度的建立等奠定了坚实的基础。同月发布《企业会计准则》，此后相继发布 13 个分行业会计制度。1993 年 10 月，全国人大常委会审议通过《注册会计师法》，对于发挥注册会计师在社会经济活动中的鉴证和服务作用，发挥了十分重要的作用。1993 年 12 月，全国人大常委会修订颁布了《中华人民共和国会计法》，对规范会计行为、保证会计资料真实完整，加强经济管理和财务管理、提高经济效益、维护经济秩序发挥了重要作用。

在政府采购法律制度方面，1999 年 4 月，财政部制定发布我国有关政府采购的第一个部门规章，即《政府采购管理暂行办法》，明确了我国政府采购试点的框架体系。2002 年 6 月，全国人大常委会通过《政府采购法》，2003 年 1 月 1 日，政府采购法正式实施，标志着我国政府采购制度改革试点工作至此结束，进入全面实施阶段，全国政府采购工作步入新的发展时期。

在修订完善和出台大量财政法律法规的同时，进一步规范财政立法程序，全面清理财政法律。1994—2002 年，财政部四次修订《财政部立法工作规则》，通过总结以往多年的经验，对财政部立法工作职责、程序做出全面规范。规范立法、民主立法、科学立法成为财政立法的原则要求，集体审核、专家论证、立法前评估、立法后评估等项工作相继开展，为进一步提高财政立法质量提供了重要保证。10 年间，财政部先后多次有步骤地对新中国成立以来财政部发布及财政部与其他部委联合发布的规章制度进行全面、系统的清理、鉴定，通过不断的立新、汰旧，基本实现了财政制度建设与财政改革和发展同步推进。

（二）财政法制宣传教育等不断推进

1991 年 3 月和 1996 年 5 月，全国人大常委会分别做出《关于深入开展法制宣传教育的决议》和《关于继续开展法制宣传教育的决议》，要求在全民中加强法制宣传教育，实施普及法律常识的第二个五年规划（1991—1995

年）和第三个五年规划（1996—2000 年），不断提高广大干部群众的法制观念，保障宪法和法律的实施，坚持依法办事，依法管理各项事业，为改革、开放创造良好的法制环境，促进国家的政治稳定、经济振兴和社会发展。以此为契机，财政部及各级财政部门，先后组织了"二五"和"三五"普法活动。通过轰轰烈烈、丰富多彩的财政普法活动，使各级财政干部法律意识明显增强，逐步树立起依法理财的新理财观。

与此同时，财政行政执法监督机制不断健全。加强财政执法监督是保证财政行政执法的重要环节，认真组织行政复议和行政应诉是行政执法监督的重要内容。这一时期，在行政复议和行政应诉工作中，财政部为构建和谐社会、树立财政机关依法行政依法理财的良好形象做了大量工作。为深入推进财政行政审批制度改革，自 1998 年起，财政部组织进行了财政行政许可事项和行政审批事项的清理。为规范行政审批事项的管理，财政部从制度建设入手，逐步建立起了与公共财政体制相适应的财政审批管理制度。财政部保留的非行政许可审批项目，也都已按要求制定了具体的管理办法，明确了审批条件、时限和程序。

三、创新财政监督机制

财政监督是财政管理的重要组成部分，是促进财政职能作用发挥和国家调控目标实现的重要手段。1993—2002 年，我国财政监督体制逐步完善，开始步入稳步发展阶段。总体看，这一时期的财政监督工作与逐步深入的财政体制改革相适应，以转变职能、寻找定位、探索模式、寻求突破为主线，逐步确立了"专项检查、财税大检查、日常监管"的基本格局，积极探索从一年一度的大检查逐步向以日常监督管理为主转变，财政监督的重心逐步转移到财政收支监督上来，财政监督工作开创了新的局面。

（一）进一步健全财政监督机构

根据形势发展变化和实际工作需要，1994 年，财政部将原来的财政监察司、商贸司中企处和税收、财务、物价大检查办公室三个机构合并，成立财政监督司，强化了指导和协调全国财政监督的职能。1995 年 1 月，国务院批准财政部将驻各地的原中央企业财政驻厂员机构，改建为财政监察专员办事机构（简称专员办），业务工作及人、财、物由财政部垂直管理，人员编制 3 000 人，监督的权威性与独立性进一步加强。1998 年政府机构改革，专员办在职能上也作了较大的转变和调整：一是不再直接开展以中央企业财务收支为对象的监督检查；二是减少具体审批事项，把工作重点放在加强对财税执法部门和中央预算支出的监督上来，提高监督层次；三是建立事前审核审批、事中监控和事后检查稽核相结合的中央财政收支日常监管机制，突出财政管理特色。地方各级财政部门也按照国务院关于强化财政监督的要求，重新核定人员编制、明确工作职责，进一步强化了财政监督专门力量。

（二）组织开展全国性专项检查

针对出现的偷逃税收、截留收入、私设"小金库"、挥霍浪费国家资财等问题，先后组织开展了一系列的专项检查，如 1995 年清查"小金库"、1996 年和 1997 年清查预算外资金以及财税大检查等专项治理工作。为加强财政专项资金管理，规范专项资金的使用，保障资金安全，加大了对专项资金的检查力度。1997 年，财政部首次在全国范围内实施对国家专储粮的库存量及储备利息费用核查，查出了部分专储粮库骗取国家收购差价补贴和储备利息费用补贴的严重违纪问题。1998 年，为配合积极财政政策的实施，组织开展了对国债专项资金重点项目的检查，查出了一些地方配套资金或银行贷款资金不落实、滞拨专项资金等问题，依法进行了严肃处理。1999 年以来，各级财政监督机构广泛开展会计信息质量检查及会计师事务所执法质量检查。为了扩大会计监督的影响，增强财政监督检查信息的公开性和透明度，自 1999 年起，财政部连续发布《会计信息质量检查公告》，及时向社会披露有关问题，引起新闻媒体和社会各界的高度关注，对会计造假行为起到了震慑和教育作用。这些具有较大影响力的重点检查，为严肃财经法纪、加强财政管理起到了积极作用，有力地支持和保障了财政工作任务的圆满完成和财政改革的顺利推进。

（三）加强税收征管和预算执行监督

为落实《国务院关于加强依法治税严格税收管理权限的通知》精神，1998 年对部分税务机关征收烟草、石化企业和证券行业税收征管质量进行了检查，并跟踪抽查了上述企业会计基础工作情况，查出应补缴"两税"和中央企业所得税 10.8 亿元。同时查出一些税务部门存在严重的擅自越权减免税问题。通过检查，不仅纠正了违规行为，增加了财政收入，也为建立和完善对预算收入征收机关的监管制度、加强整顿会计工作秩序力度、建立会计信息质量抽查公告制度积累了经验。组织开展了对国家批准的经济技术开发区 1995 年、1996 年和 1997 年增值税和消费税完成情况的专项核查，共查出开发区虚增"两税"9.7 亿元，相应减少中央财政返还地方"两税"5 亿多元。组织开展核查部分省市 1997 年执行"免、抵、退"税政策情况，查出地方上报问题资金 6.82 亿元。对上述违规违纪问题依法进行了严肃处理，分析造成违规违纪的原因，提出改进政策和完善制度的建议，堵塞了漏洞，加强和完善了财政预算管理工作。围绕提高税收征管质量，组织开展了对税务部门征管质量、一般增值税先征后退政策执行情况的专项检查，以点带面扩大监管效用。如 2000 年对国税和人民银行国库机关征管、收纳、划分、留解、退付中央预算收入情况进行检查，共查出各种违纪金额 164 亿元，从源头上把住了收入关。围绕财政中心工作和热点难点问题，加大了对社保资金、财政支农资金、扶贫资金、教育资金等公共支出项目的监督检查力度，在财政资金安全性、规范性监督的基础上，强调财政资金的有效性监督，切实提高财政资金的使用效益。

（四）切实做好日常性财政监督管理工作

各级财政监督检查机构紧紧围绕财政改革和财政管理，不断调整和充实工作内容，积极探索加强日常监管工作的途径和方法，为财政监督工作的日常化、制度化初步打下了基础。一是征收监缴非税收入，防止乱收漏收。二是通过日常审核，严格把关，剔除大量违规申报资金，有效节约财政支出。三是建立财政系统内部监督制约机制。财政内部监督是加强财政管理、保障财政资金安全的首要环节，从 1999 年起，各级财政部门在常规检查的基础上，开展对制度建设、内控机制和履行职责等内部管理水平情况的检查，促进被查单位健全内控制度，消除违规问题产生的条件，取得了很好的效果。

通过这一阶段的改革与完善，我国财政监督的方式发生了重大变化，监督形式从集中性的税收财务物价大检查逐步向日常监督过渡；监督范围逐步从单一的对企业财务收支和财政收入征缴情况的监督检查转向财政支出、会计信息质量等领域，围绕财政管理的重点问题开展监督检查；监督手段也从原来单一的检查向监督与审核等多种手段转变；特点是逐步从企业财务收支监督向财政收支监督转变，从收入监督向"收支并举"转变。初步建立了日常监督和重点检查相结合的多层次、全过程的财政监督检查机制，有力地促进了财政管理水平和依法理财水平的提高。

四、推动财政信息化建设

（一）扩大财政信息化应用范围

财政部门一直高度重视利用信息技术来支持和促进财政改革和管理，将信息化作为财政改革与管理的重要手段和方法。1992 年 3 月，财政部召开全国财税系统计算机应用工作会议，提出了"八五"期间财政信息化工作的目标与任务。1996 年，在全面总结"七五"、"八五"期间财税系统信息化建设所取得的成绩和存在问题的基础上，制定了《财政系统信息化"九五"规划》和《财政部机关信息化建设总体方案》，明确了财政系统信息化工作的总体要求、原则和目标，对应用系统开发、软硬件平台选择、网络安全体系建设与运行管理等制定了技术规范和统一的标准。

"九五"期间，财政部一方面指导各地财政信息基础设施和业务系统的建设，另一方面为省级财政部门配备、安装计算机系统。同时，组织研制了报表处理程序（GCRS），并在此基础上成功研制了报表管理软件（CRPG），实现了各种报表的计算机处理，使财务数据处理方式获得了跳跃式进步，不仅大大提高了财政部内报表编制、汇总的效率，而且迅速在全国财税系统推广应用，极大地提高了计算机在财税系统的应用水平和效益。随着报表软件和其他相关业务软件的开发应用，财政信息化应用范围逐步扩大。财政部和地方财政部门先后组织开发实施了财政综合信息查询、财税法规、会计电算化、控办业务管理、文教行政财务管理、人事教育管理、办公自动化等财政业务及办公自动化应用软件系统。随着网络技术的广泛应用，财政部机关初步建成交互式虚拟局域网系统，每天加载重要财经信息和专题评述，逐步开展信息服务。与中办、国办建立了网络通信，与全国大部分省（自治区、直辖市）级财政部门实现了广域网连接和信息资源快速安全传输，对财政决策的科学化提供了基础条件。

（二）开展"金财工程"建设

1999 年，财政部按照党中央、国务院关于深化财政体制改革，建立社会主义市场经济体制下公共财政的总体要求，在推进部门预算、国库集中收付改革的同时，着手规划建立"政府财政管理信息系统（GFMIS）"。2000 年 8 月，成立了由国库司、预算司、综合司和信息网络中心等部门有关人员组成的"政府财政管理信息系统"专门工作小组。2001 年完成了 GFMIS 的初步设计，2002 年初制定了总体规划，并经国务院批准定名为"金财工程"。财政部党组高度重视财政信息化工作，始终从财政管理革命的高度去定位这项工作，从事关财政工作全局的角度去推动这项工作。2002 年成立财政部金财工程建设领导小组（2007 年改组为财政部信息化工作领导小组），由部长和主管副部长担任组长和副组长。2000 年以来，财政信息化建设立足于财政改革和管理的发展需要，全面开展金财工程建设，至 2002 底，金财工程建设取得了明显进展。

一是相继成功开发建立了一些试点应用系统。1999 年，为实施部门预算改革，财政部组织设计开发了部门预算管理系统。2000 年 1 月，财政部成功开发并应用中央预算资金拨付管理系统，规范了财政实拨资金拨付工作流程，迈出了国库支付管理信息系统建设与应用的第一步。2001 年 8 月，根据国务院批准的《财政国库管理制度改革试点方案》，设计开发了中央财政国库集中支付管理系统，并配套设计开发了中央国库动态监控管理系统和地方财政国库集中支付管理系统。2001 年，《中共中央办公厅国务院办公厅关于及时足额发放机关事业单位职工工资的通知》下发后，财政部组织开发了适应行政事业单位工资集中统一发放的专用软件系统。

二是信息网络基础设施建设和网站建设迈出重要步伐。以1991年通过"点对点"通信方式实现中央与地方的信息传输，改变旬报、月报通过电话或手工抄报方式为标志，财政部正式启动了网络体系的建设工作。1997年财政部开始连接地方财政部门的广域网。2002年开始建立连通中央部门和预算单位的城域网，实现了财政部与145个中央部门、8家代理银行及人民银行国库，以及近万个中央基层预算单位的连通。地方各级财政部门也按照财政部的统一建设规划和技术标准，相继启动当地的网络体系建设。同时，按照国务院办公厅关于加强政府门户网站建设、推进电子政务进程的总体要求，财政部于1999年开通了门户网站，有力地推行了政务公开，加强了财政部与公众之间的交流，取得了良好效果。为了服务政府采购改革，建立一个沟通上下、覆盖全面的多层次政府采购信息交流平台，财政部自2000年开始建立了政府采购主网站和144个地市级分网站，网站具有宣传政府采购政策、发布采购公告、交流采购经验、协议供货管理、在线抽取评标专家、供应商管理等功能。此外，通过加强信息机构和队伍建设，狠抓财政干部的信息技术培训，推动财政系统普及信息技术，财政干部信息化意识明显增强，计算机应用水平显著提高。信息化建设使得对信息的获取越来越全面，对资金的监控越来越细致，对宏观经济的分析越来越科学，对财政工作的方方面面、特别是财政管理与改革都起到了支撑和促进作用。

五、强化财政干部人事管理

（一）及时调整充实组织机构

为适应党的十四大以后市场化改革和政府职能转变的要求，1994年财政部"三定"方案规定，除机关党委、老干部管理局外，财政部下设19个职能司，行政编制950名。原由财政部归口管理的国家税务局改为国家税务总局，确定为国务院直属机构。1994年9月，经中编办批准，财政部派驻各地财政厅（局）中央企业财政驻厂员机构改建为财政部驻各地财政监察专员办事机构。1995 年 7 月，为进一步转变职能、理顺关系，完善税收征管体系，农业五税的税政业务由财政部管理，征收管理职能划入国家税务总局。1998 年，国务院进行了改革开放以来的第四次机构改革，之后我国正式明确建立公共财政框架的目标。1998 年财政部"三定"方案规定，除机关党委、离退休干部局外，财政部下设 20 个职能司，行政编制 610 名，精减分流人员达到 458 名。撤销财政部归口管理的国资局。1998 年 11 月，国务院成立农村税费改革工作小组，下设办公室，挂靠财政部。撤销地市一级的财政监察专员办事组，财政监察专员办事机构在各省、自治区、直辖市（不含西藏）及大连、青岛、宁波、厦门、深圳等 5 个城市设置，人员编制由 3 000 人减为 1 000 人，人员精减2/3。

2000 年，财政部进行新一轮机构和职能调整，按照发展社会主义市场经济和建立公共财政的要求，建立职责清晰、运转协调、相互制约、办事高效、行为规范的部内机构框架。在维持财政部职能配置不变、内设机构总数不变、人员编制不变的前提下，一是撤销按支出功能归口管理和企业资产财务统管的原则设立的司局，适应市场经济条件下财政调控的需要重新设置司局；二是按照预算编制和执行分开、切实加强预算管理的原则，保留预算司，组建国库司。与以往的机构改革相比，2000 年的部内机构调整有三个显著特点：一是这次调整是在财政改革与发展向纵深推进的关键时期，为适应新形势下财政改革的需要，主动对内部机构进行的一场"自我革命"。二是这次调整是财政运行模式的重大转变，不仅实现了预算内外资金统管和企业资产、财务统管，而且还按"部门"设置司局，一个部门的经费，不论属于什么性质，都由部内一个相应的司局统一集中管理。三是这次调整战略意义重大，既考虑了编制部门预算、统管企业资产和财务等现实需要，同时还用发展和战略的眼光，充分考虑了将来合并预算内外资金、全面推进国库集中收付制度和政府采购制度等重大财政改革的需要，成立了六个部门预算司，设置了国库司，预先在机构调整中做了必要的准备，为全面推进财政管理制度改革提供了机构和组织保证。

（二）积极推进干部人事制度改革

1993 年，《国家公务员暂行条例》颁布实施，公务员制度开始全面推行。随后，财政部门在干部人事制度改革方面采取了一系列的措施，增强财政干部队伍的战斗力。一是扩大民主，引入竞争，不断完善促进干部健康成长的选拔任用机制。2001 年，专员办正式试行领导干部竞争上岗工作，2004 年以后，竞争上岗成为部机关司处级干部选拔任用的主要方式。二是以体现客观公正、注重实绩的要求为重点，建立健全干部考核评价体系。通过不断创新干部考察、考核的方法和手段，增强考察、考核工作的科学性、真实性和公信度。2002 年财政部机关和专员办开始实行定量与定性相结合的群众测评，机关实行网上量化打分，专员办实行量化表打分。三是以推行人员聘用制度和岗位设置管理制度为重点，探索完善事业单位人事管理制度。2001 年，对事业单位基本用人制度进行重大改革，开始在部属单位试行人员聘用制度，为进一步推进部属事业单位人事制度改革奠定了基础。

（三）加强和改善党的领导

这一时期，财政部各级党组织面对不断产生的新挑战、新考验，带领广大共产党员，以自强不息、奋发拼搏和改革创新的精神，不断推进思想、组织、作风、制度和机关文化建设，开创了党的工作新局面，有力促进了财政改革与发展中心任务的圆满完成。一是坚持推进理论创新和理论武装工作。及时组织学习党的十四大、十五大、十六大和中央历次全会精神，组织学习邓小平南方谈话等重要论述。1999 年 7—10 月，财政部按照中央部署全面开展了以"讲学习、讲政治、讲正气"为主要内容的党性党风教育。2000 年 3—4 月，开展了"三讲"教育"回头看"活动。使广大党员干部受到了一次深刻的马克思主义理论教育，经受了党内严格政治生活的磨砺。2002 年以来，各级党组织深入开展了"三个代表"重要思想的学习和实践活动，对于强化在财政工作中贯彻"三个代表"重要思想的使命感和责任意识发挥了重要的作用。二是不断完善丰富党建工作的方式方法。自 1993 年以来，坚持组织开展了"优秀论文、优秀调查报告"的评选工作，1996 年开始，连续编辑出版《财税改革纵论》，充分反映部机关和部分省市财政干部理论联系实际、深入调研和思考的成果，使学术理论空气更加浓厚，推动了广大干部的业务学习，在全国财政系统产生了良好的反响。三是坚持用党的组织理论指导加强党的组织建设。1998 年机构改革和 2000 年机构调整后，党委指导新组建司局和事业单位及时建立党组织，认真落实党的组织制度，及时健全了基层党组织。"一岗双责"制得到全面推行，组织生活正常开展，"两会一课"制度、司局级领导干部的民主生活会制度等制度得到较好坚持。各级基层党组织的战斗堡垒作用发挥较好，1998 年抗洪抢险、2003 年抗击非典等斗争中，各级党组织始终坚守在最危险的一线，用实际行动赢得了广大干部群众的信赖。

（四）大力推进反腐倡廉和干部教育培训工作

1993—2002 年，财政部门高度重视党风廉政建设和反腐败斗争，切实把思想和行动统一到中央的各项部署和要求上来，坚持标本兼治、综合治理、惩防并举、注重预防的方针，把惩防腐败体系建设贯穿于财政工作大局之中，贯穿于财政政策法规制定、财政体制机制制度建设和改革的总体设计之中，贯穿于财政权力运行的全过程之中，推进财政管理改革，更好地发挥从机制上、源头上防治腐败的重要作用，切实保障正确履行财政职能，取得了明显成效。1993—2002 年，财政部门根据党和国家各项方针政策、决策部署和对财政工作的相关要求，服务于财政改革大局，贴近财政干部需求，扎实深入、认真细致地开展培训工作，培训规模逐步扩大，财政干部教育培训工作呈现出蓬勃发展的良好态势。据不完全统计，"八五"期间全国财政系统共培训各级各类干部达 37.57 万人次，"九五"期间达 82 万人次。

第十七章
支持企业改革与发展

党的十四大提出，要围绕建立社会主义市场经济体制，"转换国有企业特别是大中型企业的经营机制"，"使企业真正成为自主经营、自负盈亏、自我发展、自我约束的法人实体和市场竞争的主体，并承担国有资产保值增值的责任"。党的十四届三中全会进一步明确了国有企业改革方向，就是要"建立适应市场经济要求，产权清晰、权责明确、政企分开、管理科学的现代企业制度"。自此，财政加大了政策支持力度，推动深化国有企业改革、建立现代企业制度，支持壮大非国有经济，推进多种经济成分共同发展，积极培育市场主体。

第一节　推动现代企业制度建设

党的十四大以后，以建立现代企业制度为核心，国有企业改革开始进入实质性阶段。作为我国现代企业制度主要法律依据的《中华人民共和国公司法》，于1993年12月颁布实施。与此同时，国务院确定了100家大型国有企业作为建立现代企业制度的试点。现代企业制度建设需要一系列的配套制度和政策支持，财政发挥了重要作用。

一、规范国家与企业分配关系

规范国家与企业分配关系，对于稳定国家财政收入、确保企业自负盈亏具有重要意义。这一时期，国家主要通过 1994 年的工商税制改革和实施企业税后利润留归企业的政策来解决这一问题。

（一）建立与完善税收制度

1994 年的工商税制改革，对于深化国有企业改革、建立现代企业制度具有重大的推动作用。一是这次税制改革把国家与国有企业的关系纳入了一个公开、规范的框架。以税制来规定国有企业对国家的经济义务，一方面约束了政府自身行为，避免了各级政府对国有企业的不合理要求，也减少了随意性的税收优惠；另一方面，国有企业对国家的税收上缴公开、透明，有章可循，且能够保持相对稳定，增强了企业对发展的预期。可以说，通过规范的税制来约束政府和企业的分配关系，是政企分开的一大步。二是使国有企业发展环境更加公平。这次税制改革使地区间、企业间、行业间、产品间的税收负担进一步趋于公平，统一了内外资企业流转税制，改变了过去按所有制性质设置企业所得税的做法，严格了政策性减免税，取消了困难性、临时性减免税，有利于国有企业和其他所有制企业的公平竞争。

（二）企业税后利润留归企业

税制改革解决了政府作为公共事务管理者、凭借国家权力获取财政收入的问题；但国家作为国有企业的所有者，凭借产权应该如何获得回报、国有企业如何履行对国有资本股东的义务问题还没有明确。在这个问题上，本着支持国有企业深化改革的原则，实践中国家做出了让利于企业的选择。

作为 1994 年税制改革的配套措施，《国务院关于实行分税制财政管理体制的决定》规定，"改革国有企业利润分配制度。根据建立现代企业制度的基本要求，结合税制改革和实施《企业财务通则》、《企业会计准则》，合理调整和规范国家与企业的利润分配关系。从一九九四年一月一日起，国有企业统一按国家规定的 33% 税率缴纳所得税，取消各种包税的做法。考虑到部分企业利润上缴水平较低的现状，作为过渡办法，增设27％和18％两档照顾税率"。而后，特别指出"逐步建立国有资产投资收益按股分红、按资分利或税后利润上交的分配制度。作为过渡措施，近期可根据具体情况，对一九九三年以前注册的多数国有全资老企业实行税后利润不上交的办法，同时，微利企业交纳的所得税也不退库"。这一规定反映了国家对国有企业改革的大力支持，考虑到企业改革中的困难，暂时放弃作为国有资产所有者对于企业利润的分配权利。

此后，随着国有企业股份化改造的深入进行，在统一税制基础上，国家也曾经考虑过要将国有企业利润上收。1994年，财政部、国资局、中国人民银行联合颁发《国有资产收益收缴管理办法》。在该办法中，将国有资产收益归纳为九个方面，即：国有企业应上缴国家的利润；股份有限公司中国家股应分得的股利；有限责任公司中国家作为出资者按照出资比例应分取的红利；各级政府授权的投资部门或机构以国有资产投资形成的收益应上缴国家的部分；国有企业产权转让收入；股份有限公司国家股股权转让（包括配股权转让）收入；有限责任公司国家出资转让的收入；其他非国有企业占用国有资产应上缴的收益；其他按规定应上缴的国有资产收益。收益收缴管理由财政部门会同国有资产管理部门负责，收益按产权关系和财政体制分别列入同级政府国有资产经营预算，并通过财政国库收缴结算。国有资产收益的使用方向为：国有资产再投资，调整产业结构，增加国有企业资本金，增购有关股份公司的股权及购买配股等。该办法于1995年1月1日起试行，但这一办法并没有真正得到执行。当时国有企业改革正处于深化阶段，各项改革成本除各级财政负担部分外，大部分都靠国有企业自行消化。因此，这个办法并没有严格落实，国有企业的税后利润留归自用，一直延续到2007年试行国有资本经营预算制度（中央本级）才有所改变。

二、深化投融资体制改革

党的十四届三中全会提出，要深化投资体制改革，按照项目类型界定政府投资和社会投资的边界，基本原则是竞争性项目投资由企业自主决策，自担风险，所需贷款由商业银行自主决定，自负盈亏。用项目登记备案制代替现行的行政审批制，把这方面的投融资活动推向市场，国家用产业政策予以引导。基础性项目建设要鼓励和吸引各方投资参与。地方政府负责地区性的基础设施建设。国家重大建设项目，按照统一规划，由国家开发银行等政策性银行通过财政投融资和金融债券等渠道筹资，采取控股、参股和政策性优惠贷款等多种形式进行；企业法人对筹划、筹资、建设直至生产经营、归还贷款本息以及资产保值增值全过程负责。社会公益性项目建设，要广泛吸收社会各界资金，根据中央和地方事权划分，由政府通过财政统筹安排。

为了落实上述要求，财政在政府投融资改革方面进行了一系列努力，规范了政府投资行为：改革投资审批管理方式，允许五大类、投资总额 2 亿元以下的项目不必报中央审批，鼓励投资主体多元化；支持组建国家开发银行和国家政策性投资公司，改进重大项目投资方式。此外，还采取了以下措施：

（一）将部分企业"拨改贷"资金本息余额转为国家资本金

"拨改贷"存在两个重要的缺陷：第一，混淆了投资与借贷以及出资人与债权人的区别；第二，只考虑企业有偿使用资金，却没有考虑企业偿还贷款的资金来源。因此，实行"拨改贷"以后，导致出现了一大批没有资本金的"国有企业"，国有企业负债加重。据统计，1997 年国有独立核算的工业企业负债总额是 38 315 亿元，按当年一年期的贷款利率8.64% 计算，国有企业一年需要向银行支付利息 3 310 亿元，相当于同期企业利润总额的 7.7 倍，利税总额的 1.14 倍。自 1997 年开始，国有银行采取一系列重大改革措施，加快了向商业银行转变的步伐。当国有商业银行信贷责任约束硬化，财政不给国有企业注入资金，国有企业又没有新的融资手段补充资金时，过去企业被掩盖的各种矛盾开始显现。众多国有企业由于资信欠佳，普遍缺乏新的融资渠道，潜亏变为明亏，亏损额骤增。"拨改贷"改革面临着严峻的考验，实施"拨改贷"的资金本息余额转为国家资本金（俗称"贷改投"），成为"拨改贷"改革调整与深化的重要路径。

从 1995 年 7 月至 1996 年 6 月，财政部进行了"拨改贷"调整的相关试点工作。试点在全国 30 个"优化资本结构"和综合配套改革试点城市推荐的 60 家企业、国务院确定的建立现代企业制度的 103 家和 57 家试点企业集团中相继开展。从试点的效果来看，企业产权结构得以理顺，债务负担大幅度减轻，企业的经营活力和盈利能力大幅度上升，改革取得了预期的成效。

1996 年 7 月，"拨改贷"转资本金的工作由试点进入全面开展阶段。国家计委、财政部联合制定了《关于中央级"拨改贷"资金本息余额转为国家资本金的实施办法》，《办法》明确规定，中央级"拨改贷"资金本息余额是指经国务院批准，从 1979 年至 1988 年由中央财政安排的国家预算内基本建设投资中有偿使用部分（扣除已经偿还、豁免和核转部分的本息），从使用贷款之日起至 1996 年 12 月 20 日止的本息余额；不包括特种拨改贷、煤代油基金和中央基本建设预算内经营性基金。中央级"拨改贷"资金转为国家资本金后，即作为国家对企业的投资。1998 年，国家计委、财政部根据国务院有关文件精神颁布实行《关于中央级基本建设经营性基金本息余额转为国家资本金的实施办法》，进一步规范了"拨改贷"向"贷改投"转变的相关程序和措施。为保证企业的生产经营稳定，《办法》中对多个投资主体的地方企业规定了"企业中既有中央级'拨改贷'资金，又有地方财政安排的地方级'拨改贷'资金的，原则上中央级'拨改贷'资金转国家资本金时，地方级'拨改贷'资金也应同时转为国家资本金，作为地方对企业的投资"的原则，使国家、地方、企业三者的利益都得到了兼顾。

（二）实行"债转股"改革

在国有银行向商业银行转型的过程中，大量的不良贷款难以单纯靠财政每年 300 亿～500 亿元的投入来实现冲抵，为切实减轻国有企业负担和化解国有银行风险，在财政的支持下，我国推行了"债转股"改革，并与"拨改贷"调整相呼应，成为其重要的配套措施。"债转股"是指以金融资产管理公司作为投资主体，将商业银行原有的不良信贷资产（也就是国有企业的债务）转为金融资产管理公司对企业的股权。既不是将企业债务转为国家资本金，也不是将企业债务一笔勾销，而是由原来的债权债务关系转变为金融资产管理公司与企业之间的持股与被持股、控股与被控股的关系，由原来的还本付息转变为按股分红。据当时国家经济贸易委员会（以下简称国家经贸委）的统计，1999—2002 年拟实施债转股的企业 601 户，资产总额 18 617 亿元，负债总额 13 389 亿元，平均资产负债率 71.9%，长期借款余额 5 997 亿元，申请拟转股额 4 596 亿元，预期实施债转股后，平均负债率下降到 47.3%。

三、支持国有企业改革

1993 年以后，国家财政配合国有企业改革进程，在政策的制定和资金的分配上，体现了对国有企业改革的倾斜，其中突出表现为支持两大改革主题，承担国有企业改革成本，维护社会稳定。

（一）支持国有企业政策性关闭破产

党的十四届三中全会和党的十五大都提出要求，"企业在市场竞争中优胜劣汰，长期亏损、资不抵债的应依法破产"，"实行鼓励兼并、规范破产、下岗分流、减员增效和再就业工程，形成企业优胜劣汰的竞争机制"。1994 年以后，大批国有企业实行政策性关闭性破产，一些长期资不抵债、亏损严重、扭亏无望的国有大中型企业，以及资源枯竭的煤炭、有色金属矿山和军工企业平稳退出了市场。据统计，从 1994 年试点到 2002 年年底，全国共实施政策性关闭破产的国有企业达 3 080 户，安置关闭破产企业职工 530 万人，核销金融债务 1 995 亿元。通过实施这项政策，初步建立起了国有企业退出市场的机制，使一部分落后生产能力得到淘汰，推动了国有经济结构战略性调整，提升了国有经济的整体素质和竞争力。中央财政为此拨付补助资金，重点帮助安置关闭破产企业职工。

（二）支持国有企业"三年脱困"

1997 年，党中央提出要"用三年左右的时间，使大多数国有大中型亏损企业摆脱困境，力争到本世纪末大多数国有大中型骨干企业初步建立现代企业制度"。从 1998 年到 2000 年，国有大中型企业三年脱困的目标基本实现。1997 年重点检测的 6 599 户国有大中型亏损企业到 2000 年已经减少了 4 800 户，全年国有及国有控股工业企业实现利润 2 392 亿元，国有经济竞争力增强，很多困难企业恢复了生机。为此，国家财政在加大企业兼并破产、核销银行呆坏账准备金的力度，出台债权转股权和国债资金支持国有企业技改贴息等政策措施的基础上，重点支持了国有企业下岗职工基本生活保障和再就业工程及其向失业保险并轨改革试点。

长期以来，富余人员过多一直是困扰国有企业改革和发展的一个突出问题。国有企业"三年脱困"改革和调整的实施，必然会带来部分职工下岗，造成暂时的生活困难。为解决下岗职工基本生活和再就业问题，1998 年 5 月，中共中央、国务院召开了国有企业下岗职工基本生活保障和再就业工作会议，并下发了《中共中央、国务院关于切实做好国有企业下岗职工基本生活保障和再就业工作的通知》，建立了下岗职工基本生活保障制度。根据这项制度规定，凡是有下岗职工的国有企业，都要建立再就业服务中心或类似机构。再就业服务中心负责为本企业下岗职工发放基本生活费和代下岗职工缴纳养老、医疗、失业等社会保险费，组织下岗职工参加职业指导和再就业培训，引导和帮助他们实现再就业。再就业服务中心用于保障下岗职工基本生活和缴纳社会保险费的资金来源，原则上采取"三三制"的办法解决。财政预算安排 1/3，企业负担 1/3，社会筹集 1/3，财政承担的部分，中央企业由中央财政解决，地方企业由地方财政解决，对于困难较多的中西部地区和老工业基地，中央财政给予一定的支持。从 1998 年到 2002 年，各级财政共支出下岗职工基本生活保障资金857 亿元。

作为特定时期解决特定问题的一项特殊政策，下岗职工基本生活保障是在社会保障体系不健全、劳动力市场发育不充分的情况下而采取的一项过渡性措施。为了实现由企业保障方式向社会保障方式的转变，并形成市场导向就业机制，从 2001 年起，国务院在辽宁省开展国有企业下岗职工基本生活保障向失业保险并轨试点工作。根据《国务院关于印发完善城镇社会保障体系的试点方案的通知》，从 2001 年 1 月 1 日起，国有企业原则上不再建立新的再就业服务中心，企业新的裁员原则上不再进入再就业服务中心，由企业依法与其解除劳动关系，凡所在单位参加了失业保险并依法足额缴费的，按规定享受失业保险待遇。2001—2003 年，辽宁省在全省进行完善城镇社会保障体系试点，实施方案中确定的主要任务基本完成，为进一步扩大试点取得了宝贵的经验。

四、加强企业国有资产管理

改革开放后，我国对企业国有资产实行的仍然是一种产权管理主体多元化的体制，财政、银行、计委、经委、企业主管部门等都是国有企业（国有资产）管理的主体。为了从根本上推动"政资分开、政企分开"，我国在 1988 年对国有资产管理体制进行了重大变革，政府行使国有资产管理职能独立，成立单独的国有资产监督管理机构即国务院国有资产管理局。此后至 2002 年期间，国家财政对企业国有资产管理进行了积极探索。

（一）健全国有资产管理机构

1988 年 1 月，第七届全国人大第一次会议批准建立国有资产管理的专门机构——国家国有资产管理局，为副部级单位，归口财政部管理。该局的主要职责是，会同有关部门制定国有资产管理的政策、法规及规章制度并组织实施；负责国有资产的清产核资、产权界定、产权登记、处理产权纠纷等国有资产基础管理事务等。1998 年，国家国有资产管理局撤销，国有资产管理职能划给了财政部等政府有关部门。1998 年 7 月，国务院成立中央企业工委，专门负责对国有大型企业负责人的任免，即通常所说的"管人"；而"管资产"、"管事"这两大权力，分别交由财政部和国家经贸委等部门掌管。财政部设立了国有资本金基础管理司、国有资本金统计评价司和资产评估司，专门负责行使 1998 年，原国资局撤销时并入的部分国有资产管理等职能。2000 年，为进一步理顺财务管理和资产管理的关系，财政部对内部机构设置进行了调整，取消了国有资本金基础管理司和资产评估司，设立了企业司，专门行使对企业的资产和财务管理职能。1998—2002 年，财政部不仅对国有资产基础管理制度进行了修订完善，而且对资产与财务管理相结合的模式进行了探索，制定发布了《企业国有资本与财务管理暂行办法》等一系列规章制度，企业国有资产管理取得了新的进展。

随着我国市场化改革进程的加快，尤其是加入 WTO 以后，迫切需要转变政府职能和资源配置机制，推动深化国有企业改革。党的十六大明确指出：国家要制定法律法规，建立中央政府和地方政府分别代表国家履行出资人职责，享有所有者权益，权利、义务和责任相统一，管资产和管人、管事相结合的国有资产管理体制。因此，在 2002 年新一轮政府机构改革中，国务院决定设立"国务院国有资产监督管理委员会"，并于 2003 年正式成立、行使职能。新成立的国资委将原分属于国家经贸委、财政部、人事部、劳动和社会保障部、中央企业工委等的有关职能重组在一起，统一由国资委对大型国有企业"管人、管事、管资产"，行使国有资产出资人职责。

（二）做好国有资产管理基础工作

1. 清产核资

清产核资是指在全国范围内，核实国有资本，摸清国有资产"家底"的工作。清产核资的目的，是为了解决国有资产状况不清、管理混乱、资产闲置浪费和被侵占流失等问题，确立国有资产产权管理关系，为建立与社会主义市场经济相适应的国有资产管理体制和管理方法奠定基础。按照国务院的统一部署，清产核资工作在 1992—1994 年分别进行了小范围试点和扩大试点。1992 年，国务院清产核资领导小组下发《清产核资办法（试行）》。1995 年，国务院办公厅下发《关于在全国进一步开展清产核资工作的通知》，全面开展清产核资工作。1998 年 3 月，按照国务院批准的总体工作方案，财政部、国家经贸委、国家税务总局、国家工商局印发了《关于在全国开展城镇集体企业、单位清产核资工作的公告》，部署在全国范围内全面开展城镇集体企业、单位清产核资工作。1999 年，财政部组织开展了军队、武警部队和政法机关移交企业的清产核资工作。2000年，财政部组织开展了中央部门预算单位的清产核资工作。

2. 产权登记

企业国有资产产权登记是指国有资产管理部门代表政府对占有国有资产的各类企业的资产、负债、所有者权益等产权状况进行登记，依法确认产权归属关系的行为。国有企业、国有独资公司、持有国家股权的单位以及以其他形式占有国有资产的企业，应当依照规定办理产权登记。企业国有资产产权登记工作从 1990 年开始试行。1996 年，国务院颁布了《企业国有资产产权登记管理办法》，国资局制定了《企业国有资产产权登记管理办法实施细则》。2000 年，财政部对《企业国有资产产权登记管理办法实施细则》进行了修订。

3. 国有资产评估

国有资产评估是指为了防止国有资产在经营活动中受到损失，必须在产权变动时，通过资产评估，正确反映国有资产的价值量，并以此作为有偿转让和衡量经营者责任的依据。1989 年 12 月，国资局印发《关于国有资产产权变动时必须进行资产评估的若干暂行规定》，1991 年，国务院颁布《国有资产评估管理办法》，1992 年，国资局印发《国有资产评估管理办法施行细则》，对评估工作的重要性和工作制度进行了明确规定。1998—1999 年，财政部对资产评估立项、确认制度进行了重大改革，主要是对需要报经财产评估行政主管机关进行确认的评估项目，由原实行的直接对评估结果审核确认，全部改为重点对中介机构执业资格、评估人员执业资格、评估方法选用和评估报告有效期进行合规性审查。2001 年以来，财政部发布了《国有资产评估管理若干问题的规定》等一系列资产评估管理规章制度，规定从 2001 年起，国有资产评估项目实行核准和备案制度。

4. 国有资产统计

国有资产统计制度是指占有国有资产的单位按照国家财务会计制度规定，根据统一的报告格式和填报要求，向国有资产管理部门编制上报反映单位年度会计期间资产质量、财务状况、经营成果等国有资产营运基本情况文件的制度。1993 年，国资局印发了《关于做好 1993 年度国有资产统计报表工作的通知》。2004 年，国资委印发了《企业国有资产统计报告办法》。

5. 产权界定

产权界定是指国家依法划分财产所有权和经营权、使用权等产权归属，明确各类产权主体行使权利的财产范围及管理权限的一种法律行为。产权界定应遵循"谁投资、谁拥有产权"的原则进行。1993 年，国资局印发了《国有资产产权界定和产权纠纷处理暂行办法》。1994 年，国资局印发了《集体企业国有资产产权界定暂行办法 》。1996 年，国家科学技术委员会、国资局印发了《集体科技企业产权界定若干问题的暂行规定》，国家经贸委、财政部、国家税务总局印发了《城镇集体所有制企业、单位清产核资产权界定暂行办法》。1997 年，劳动部、国资局、国家税务总局印发了《劳动就业服务企业产权界定规定》。

（三）探索国有资产收益管理

随着建立现代企业制度的提出，国家与国有企业的产权关系进一步理顺，国家与国有企业基于产权关系而产生的国有资产经营收益管理问题也开始受到关注。这一阶段主要有两方面探索：

一是试行国有资产收益管理。1994 年，在统一税制基础上，为了加强国有资产收益管理，财政部、国资局、中国人民银行联合颁发《国有资产收益收缴管理办法》。但由于当时改革成本大部分都靠国有企业自行消化等因素的制约，这个办法在实施中未能严格执行，收效甚微。

二是提出建立国有资本经营预算。1993 年《中共中央关于建立社会主义市场经济体制若干问题的决定》提出，"改进和规范复式预算制度，建立政府公共预算和国有资产经营预算，并可根据需要建立社会保障预算和其他预算"。1995 年，《中华人民共和国预算法实施条例》规定，"各级政府预算按照复式预算编制，分为政府公共预算、国有资产经营预算、社会保障预算和其他预算"。1998 年，国务院印发的财政部"三定方案"再次提出，"要改进预算制度、强化预算约束，逐步建立起政府公共预算、国有资本金预算和社会保障预算制度"。2003 年，《中共中央关于完善社会主义市场经济体制若干问题的决定》提出，"建立健全国有资产管理和监督体制"，要求"建立国有资本经营预算制度"，这是中央文件第一次明确了"国有资本经营预算"的提法，从而取代了之前一直沿用的"国有资产经营预算"、"国有资本金预算"等多种提法，正式将其作为国有资产收益制度改革的方向。

第二节　促进多种经济成分共同发展

党的十四届三中全会指出，要"坚持以公有制为主体、多种经济成分共同发展的方针。在积极促进国有经济和集体经济发展的同时，鼓励个体、私营、外资经济发展，并依法加强管理"。国家财政在推动国有企业加快现代企业制度改革的同时，还通过各种手段，支持壮大非国有经济，大力促进多种经济成分共同发展。

一、支持中小企业发展

我国中小企业主要由私营企业、个体工商户和国有中小企业组成，后者比例很小。中小企业作为微观经济活动的一支重要力量，在资源配置、经济增长、收入分配和社会稳定中，均发挥着重要作用。但在市场竞争中，多种因素影响常常使其处于不利的地位，需要政府予以必要的政策支持，世界上其他市场经济国家也都普遍采取对中小企业给予财政支持的做法。

（一）实行税收优惠政策

增值税方面，1994 年税制改革对小规模纳税人实行优惠，包括实行简易办法计算应纳税额，对小规模纳税人销售货物或者应税劳务征收税率定为6%。1998 年财政部和国家税务总局发文，进一步完善小规模商业企业增值税政策，扩大小规模纳税人的范围，同时将税率由6%下调至4%。企业所得税方面，1994 年税制改革对年应纳税所得额在 3 万元以下的企业，暂减按18%的税率征收所得税；对年应纳税所得额在 10 万元以下至 3 万元的企业，暂减按27%的税率征收所得税。2000 年 1 月 1 日起，为公平税负，解决个人投资、合伙企业重复征收所得税的问题，促进个体、私营经济的发展，对个人投资、合伙企业停止征收企业所得税，其投资者的生产经营所得，比照个体工商户征收个人所得税。为加强对中小企业的融资担保服务，2000 年，对纳入全国试点范围的非营利性中小企业信用担保、再担保机构，由地方政府确定后，对其从事担保业务收入免征营业税，免税期限为 3 年。

（二）设立财政专项资金

1999—2002 年，中央财政相继设立了科技型中小企业技术创新基金、中小企业国际市场开拓资金和农业科技成果转化资金。科技型中小企业技术创新基金是一项专门用于培育、扶持和促进科技型中小企业技术创新的政府专项基金，创新基金不以自身营利为目的，主要是引导各级政府及各类金融机构加大对科技型中小企业的资金投入，支持科技型中小企业进行高新技术成果转化及开展技术创新活动。中小企业国际市场开拓资金实行中央、地方两级管理，其目的是鼓励中小企业参与国际市场竞争，降低企业经营风险。农业科技成果转化资金重点支持农林动植物优良新品种，农作物集约化种植技术，畜禽、水产规模化养殖技术，重大动植物病虫害检测、监测、诊断和防治技术，农副产品贮藏加工及增值技术，农业生态环境保护、防沙治沙和水土保持技术，农业资源高效利用技术，现代农业装备与技术，农业高新技术，等等。此外，2001 年，还设立关闭小企业中央财政专项补助资金，该资金围绕每年经济结构调整任务，主要用于关闭国有小企业的职工安置，以维护社会稳定。

二、支持外资企业发展

改革开放以来，为了加快对外开放进程，吸引国外投资，我国逐步形成了对外资的财税优惠政策。1993—2002 年，财税政策依然体现了对外资企业的倾斜与支持。

（一）分别适用两套企业所得税制度

1991 年 4 月，第七届全国人大第四次会议将中外合资经营企业所得税法与外国企业所得税法合并，制定了《中华人民共和国外商投资企业和外国企业所得税法》，自同年 7 月 1 日起施行。涉外企业所得税制度的统一，适应了我国对外开放的需要，对于促进中国经济发展、增加财政收入发挥了积极的作用。但这种内外资企业分设税制的做法，并不利于统一、公平市场环境的形成。尽管如此，为了鼓励、吸引外商投资，1994 年税制改革仍维持了既有的内外资企业分别适用不同所得税制度的做法。《工商税制改革实施方案》明确指出，"一九九四年一月一日起统一内资企业所得税，下一步再统一内外资企业所得税"。

（二）其他税收优惠政策

主要是对 1993 年 12 月 31 日前已批准设立的外商投资企业，采取一定的优惠措施。1994 年税制改革方案考虑到，外资企业废除工商统一税，统一实行增值税、消费税、营业税以后，税收负担将发生一些变化，有些企业税负与改革前持平，有些企业税负稍有下降，而有些企业税负有所提高。为了保证我国对外开放政策和涉外税收政策的连续性、稳定性，针对部分企业税收负担提高的问题，采取了过渡性解决办法，即凡按改革后税制计算缴纳的税款比改革前增加的部分，经主管税务机关审核后，采取年终一次或全年分次返还的办法，照顾时间以合同期为限，但最长不得超过1998 年。1994 年 1 月 1 日后新批准设立的外资企业，一律按新税法规定的税负纳税。

第三节 推进财务会计制度改革

财务制度既是指导和约束企业财务行为的基本规范，也是协调国家与企业、企业所有者与经营者等内外部利益关系的重要手段。会计制度既是企业进行有效财务评价的基本工具，也是衡量经济成果、进行公平交易的核算基础。推进财务会计制度改革，对于营造和维护良好的市场经济秩序，促进企业公平竞争、共同发展，具有重要意义。

一、建立规范的企业财务管理制度

党的十四大明确我国社会主义市场经济体制的改革目标，实行"公有制为主体、多种所有制经济共同发展"的政策后，企业财务管理改革朝着培育真正的市场主体方向迈出重要步伐，初步建立了统一、规范、科学的企业财务管理体系。

（一）以实施《企业财务通则》为重点，改革企业财务制度

1992 年，为适应建立现代企业制度的需要，国务院授权财政部发布了《企业财务通则》。随后，财政部又陆续颁发了工业、农业、商品流通、运输共 10 大行业的财务制度，企业财务管理着手进行全面改革。一是统一了原来按所有制、组织形式、经营方式和行业分别制定的企业财务制度；二是废除了计划经济下形成的资金管理按照固定资金、流动资金、专项资金"三段平衡"的模式，建立了有利于明晰产权的资本金制度；三是改革了固定资产管理制度，促进了企业技术进步；四是改革了传统的完全成本法，实行制造成本法和期间费用制度；五是改革了财务会计报告制度，建立企业财务评价指标体系。其中，资本金制度的确立，充分借鉴了市场经济国家的经验，使得企业所有权和经营权分离在财务上成为可能，"国营企业"逐渐淡出人们的视野，取而代之的是"国有企业"。这

一阶段的企业财务制度改革，为此后《中华人民共和国公司法》的出台以及现代企业制度的建立和国有企业公司改制等奠定了坚实的基础。

（二）以加强国有资本管理为核心，探索建立政府出资人财务制度

在前期改革探索的基础上，2001 年，财政部发布《企业国有资本与财务管理暂行办法》，构建了政府出资人财务制度的框架，成为继 1992 年发布《企业财务通则》之后又一重大改革举措。一是清晰界定了主管财政机关、母公司、子公司的国有资产与财务管理职责与权限，构建了层次分明的企业资本与财务管理体制；二是对财务制度的定位转型进行了突破性的探索，剔除了传统财务制度中关于会计核算和税收管理的内容，转而对国有资本投入、营运、收益全过程的重要财务行为进行规范和管理；三是明确了投资者对企业实施财务考核与评价，以有效减少经营者"内部人控制"等道德风险问题；四是规定了资产财务管理的法律责任，增强了财务制度的权威性。

（三）以建立稳健高效的金融市场为目标，完善金融企业财务管理制度

配合《企业会计准则》和《企业财务通则》的实施，以 1993 年颁布《金融保险企业财务制度》为标志，财政部继续不断完善金融财务管理制度：一是完善金融企业财务管理制度。《金融保险企业财务制度》在规范金融企业财务行为、保证财政资金安全等方面发挥了重要作用，最大限度地促进了企业间公平竞争。二是建立国有金融企业财务管理制度。财政部先后印发了《关于国有独资商业银行财务管理的规定》、《国家政策性银行财务管理规定》以及《中国人民保险（集团）公司财务管理规定》等一系列规定，明确要求各国有金融企业于每年年初上报年度财务计划，经财政部批复后方可执行。

1997 年亚洲金融危机以后，我国对金融风险的认识更加深刻。为配合金融体制改革攻坚，确保金融秩序稳定和经济社会可持续发展，财政部及时采取相关措施，加强金融企业财务管理，有力地防范和化解了

金融风险：

一是加快消化国有金融企业历史包袱，防范和化解金融风险。修改金融企业呆账准备计提及呆账核销管理办法；逐步缩短金融企业应收利息的核算期限；发行特别国债补充国有商业银行资本金，及时消化国有金融机构历史包袱；规范资产管理公司内部财务管理行为，颁布《金融资产管理公司财务制度（试行）》，对资产管理公司内部财务管理事项作了详细规定。同时明确有关奖罚措施，建立对资产管理公司的激励和约束机制。

二是改革金融企业财务与资本监管模式。改革对金融机构财务收支计划的审批方式；建立费用专户管理制度，实行国有金融机构费用零增长的控制办法，严格控制固定资产购建规模，防止金融企业的经营资金被挤占挪用；允许金融企业在一定范围内自主决定其财务政策；按季度跟踪分析研究国有金融机构财务状况。

三是规范和约束金融机构财务行为。按照分业经营、分业管理的原则，从《金融保险企业财务制度》中分设出《保险企业财务制度》和《证券公司财务制度》，并下发了《国有投资公司财务管理若干暂行规定》。加强对金融机构的财务监督检查工作，提高财务会计信息真实可靠性。健全抵债资产管理制度，控制接收抵债资产的范围，严格接收标准。建立大宗采购项目招标投标制度。

二、深化企业会计管理改革

这一阶段，紧紧围绕整顿和规范会计秩序这条主线，在建立与完善企业会计准则制度、健全企业内部控制规范、加强注册会计师行业管理等诸多方面取得了长足进展，为推动建立社会主义市场经济体制发挥了重要作用。

（一）适应多种所有制经济平等发展的要求，推进企业会计管理体制改革

1992 年以后，我国所有制结构已不再是单纯的国有经济，私营企业、乡镇企业、股份制企业以及各种农村经济组织也得到较快发展，特

别是以公司制为代表的现代企业制度逐步形成。这就要求在加强会计监管的同时，必须充分发挥会计在企业经营管理中的职能作用。1995 年，财政部印发的《会计改革与发展纲要》提出，会计宏观管理要适应转变政府职能的要求，逐步实现以会计法规为主体，法律、行政、经济手段并用，建立充分发挥地方、部门、基层核算单位积极性和创造性的管理体制。宏观上，通过建立完善会计规范体系，加强法律约束，各级财政部门以对会计的适度监管为原则，逐渐减少直接行政干预，主要采取指导形式进行管理。微观方面，赋予企业会计人员参与经营管理的必要权限，同时要求企业健全内部控制和激励约束机制，从而充分发挥会计管理职能。

（二）以"两则两制"发布实施为重点，推进企业会计准则制度改革

1992 年，财政部发布《企业会计准则》、《企业财务通则》以及 13 个行业会计制度和 10 个行业财务制度（简称"两则两制"，1993 年 7 月 1 日起施行），着手改革企业会计准则制度。一是突破所有制、行业和部门的界限，建立了 13 个全国性的统一会计制度；二是改革传统会计平衡模式，采用国际通行的"资产 = 负债 + 所有者权益"会计平衡公式；三是采用国际通行的以资产负债表、损益表和财务状况变动表为三张主要报表的会计报表体系；四是借鉴运用国际通行的应收账款计提坏账准备等会计核算方法；五是基本统一了各行业会计处理方法和程序，会计科目和会计报表项目、内容也尽可能做到一致。"两则两制"的发布实施也拉开了中国会计准则建设的序幕，1997—1999 年，财政部先后发布了现金流量表、债务重组、非货币性交易、建造合同、收入投资等 9 项具体准则。期间，财政部还于 1998 年 1 月在原《股份制试点企业会计制度》的基础上，正式颁布了《股份有限公司会计制度——会计科目与会计报表》，自 1998 年 1 月 1 日起在股份有限公司中施行。为了进一步规范企业会计核算行为，提高我国企业的会计信息质量，1999 年修订了《中华人民共和国会计法》，2000 年发布了《企业财务会计报告条例》和《企业会计制度》，

2001 年 11 月发布了《金融企业会计制度》。通过这一阶段的改革，我国会计核算基本上实现了由计划经济模式向市场经济模式的转换。

（三）适应现代企业管理需要，推动企业内部控制规范的实施

内部控制是社会经济发展到一定阶段，随着单位对内强化管理、对外满足投资者和社会公众需要而不断丰富和发展起来的。随着我国改革开放的不断深入和国外先进管理理念、方法的引入，企业内部控制制度体系建设也逐渐引起重视并提上改革议程，企业管理实践也急需政府推动这项改革。为了引导企业进一步加强内部控制，1999 年修订的《会计法》，第一次以法律形式对建立内部控制制度提出了原则要求。财政部随即相继发布了《内部会计控制规范——基本规范（试行）》和《内部会计控制规范——货币资金（试行）》等 7 项内部会计控制规范，要求企业加强内部会计及与会计相关的控制，形成完善的内部牵制和监督制约机制，以堵塞漏洞、消除隐患，保护财产安全，防止舞弊行为，促进经济活动健康发展。内部会计控制规范的发布实施，是我国重视并加强单位内部控制建设的重要创举，也适应了我国加入 WTO 的迫切要求。

（四）推进注册会计师行业建设和会计国际交流与合作

1993 年 10 月，全国人大常委会通过了《中华人民共和国注册会计师法》，成为全面推进注册会计师行业建设与管理，大力发展注册会计师事业的重要里程碑。与之相配套，财政部发布了《会计师事务所设立及审批暂行办法》、《注册会计师注册审批暂行办法》等多个管理办法，形成了较为完善的法律法规体系。1998 年起，以执行证券相关业务会计师事务所为突破口，启动会计师事务所脱钩改制工作。2002 年 10 月，财政部收回原委托中国注册会计师协会行使的行政管理职能，由财政部有关职能机构行使，注册会计师协会履行行业自律管理职能。至此，注册会计师行业管理体制得以初步理顺。期间，我国以实现会计国际趋同、增强国际会计话语权为目标，积极推动会计国际交流与合作。1997 年，中国加入了国际会计师联合会和原国际会计准则委员会（IASC），并成为 IASC 理事会的观察员，参加了历次理事会会议。与此同时，中国还积极参与创建和

发展地区性会计论坛，促进区域性会计交流与合作，提升中国在本地区会计领域的影响力。在增强我国国际会计话语权的同时，会计审计准则国际趋同（等效）取得了积极进展，主持召开了多次会计准则国际研讨会，研究我国会计与国际会计惯例的协调问题。2002 年，我国与日本、韩国签署了《中日韩三国会计准则制定机构西安会议备忘录》，就会计国际趋同及三方合作问题达成共识，也为推动新兴市场和转型经济国家会计准则建设和国际趋同做出了积极的贡献。会计国际交流与合作，对于提升我国会计管理水平起到了重要作用。

第十八章
促进扩大对外开放

党的十四大提出的建立社会主义市场经济体制的改革目标，既完善了对外开放的制度基础，同时也为扩大对外开放指明了方向。国家财政一方面通过运用财政政策手段，大力支持发展开放型经济；另一方面加强对外财经交流与合作，有力地推动了我国对外开放进程。

第一节　支持发展开放型经济

党的十四届三中全会进一步提出了"发展开放型经济，与国际互接互补"的新要求。这一时期，国家财政重点支持对外贸易、利用外资、"走出去"等领域，在推动充分利用两个市场和两种资源的基础上，促进全面构建符合社会主义市场经济体制的对外开放新格局。

一、财政支持对外贸易

这一时期我国对外贸易体制经历了重大改革。建立起了有管理的单一浮动汇率制度，实行银行结售汇制度，取消了外汇留成；取消了进出口指令性计划，对部分出口商品配额实行公开招标；逐步放开了外经贸经营权，推进外经贸经营权由审批制向登记制过渡；积极推动外经贸企业转换经营机制，进行股份制试点等。对外贸易逐步走上了党的十四大提出的"坚持统一政策、放开经营、平等竞争、自负盈亏、工贸结合、推行代理制"的轨道，逐步建立起了符合社会主义市场经济运行要求和国际经济通行规则的新型外贸管理体制。同时，抓住发达国家机电制造业和高新技术产业中劳动密集型环节向外转移的机遇，大力发展外向型的机电制造业和高新技术产业，对外贸易持续增长，贸易结构不断优化，使我国经济进一步融入经济全球化，在国际分工序列中的地位有所上升。国家财政通过及时调整出口退税政策、进口关税政策和进口商品减免税政策等，在对外贸易发展中发挥了积极作用，成为支持对外贸易政策中不可或缺的重要政策手段。

（一）调整出口退税政策

我国 20 世纪 80 年代的出口退税政策有力地促进了出口贸易的发展。与 1994 年税制改革相配合，根据国际通行的出口退税惯例和我国出口贸易的实际，我国对进出口税收制度进行了修改和完善，在颁布实施的《中华人民共和国增值税暂行条例》和《中华人民共和国消费税暂行条例》中，规定了出口货物的零税率和免税措施。1994 年，国家税务总局颁布《出口货物退免税管理办法》，对新税制下出口货物退税的范围、计税依据、计算办法、常规管理及清算检查等作了具体规定，从而构筑了完整的与市场经济基本相适应的出口退税制度体系。之后，出口退税制度框架基本稳定，政府调节主要依靠改变退税货物范围和退税率。这一时期，我国出口退税规模变化情况见图 18 - 1。

1994 年，我国外贸出口额由上年的 917.6 亿美元跃升到 1 210.4 亿美元，增长 31.9%，贸易平衡状况也大为改善，由上年逆差 121.8 亿美元变为顺差 53 亿美元。1995 年上半年出口贸易仍然呈现出强劲增长势头。由于按规定从 1994 年增加出口的退税都要由中央财政承担，中央财政负担加重。同时，外贸出口经营由于有较为宽松的政策环境，抬价抢购货源而在国际市场上竞相削价销售的情况加剧，并出现了较为严重的骗取出口退

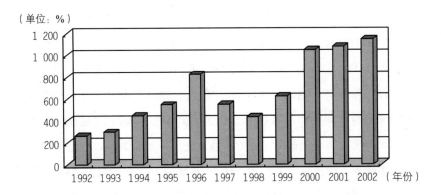

（单位：%）

图 18 - 1　1992—2002 年我国出口退税规模变化

资料来源：《中国财政年鉴（2008）》。

税的不法行为。为解决这些问题，促进对外经济贸易合作的健康发展，我国决定对出口退税政策进行必要的调整，分别于 1995 年和 1996 年两次降低出口商品的退税率：农产品、煤炭退税率由 13% 降为 3%；以农产品为原料加工生产的工业品出口退税率由 14% 降为 6%；适用于 17% 增值税的其他货物退税率降为 9%。

　　1997 年亚洲金融危机爆发，给我国对外经济贸易的发展带来严重影响，出口贸易和吸引外资面临严峻局面。由于我国承诺人民币不贬值，出口退税成为主要的调节手段。考虑到我国调整进出口税收政策和加强进出口监管措施已取得预期目的，从国家经济发展全局和长远利益考虑，从 1998 年下半年起又相继提高一些出口商品的退税率。主要是：从 1997 年起，陆续取消了关于新闻纸（1997 年 10 月）、食糖（1998 年 8 月）、原油（1999 年 9 月）和柴油（1999 年 12 月）出口不退税的规定。从 2000 年 6 月 20 日起，对出口黄金不再予以退税。从 1998 年起，对利用外国贷款采用国际招标方式国内企业中标的机电产品恢复退税。从 1998 年 1 月起，国家税务总局分期分批提高了部分出口产品的退税率。从 1999 年 7 月 1 日起，出口商品的平均退税率达到 15%，其中大部分机电产品退税率已按 17% 的法定税率退税。这些调整措施，有力地促进了出口贸易的增长，使出口增长速度从 1999 年的 6.1% 恢复到 2002 年的 22.3%，对经济增长起到极大的拉动作用。

（二）调整进口关税政策

20 世纪 90 年代初，我国名义关税水平较高而实际征税水平很低，为促进对外贸易发展，我国较大幅度地降低了进口关税总水平。1992 年 1 月 1 日，按照《国际商品名称和编码协调》制度调整了关税税则，并降低了 225 个税目的进口税率。此后，我国先后 4 次较大幅度地对进口关税进行自主降税，使关税总水平由 1992 年年底的 43.2% 降低到 2001 年初的 15.3%，总降税幅度达到 65%。这一时期，我国进口关税总水平变化情况见图 18 - 2。

（单位：%）

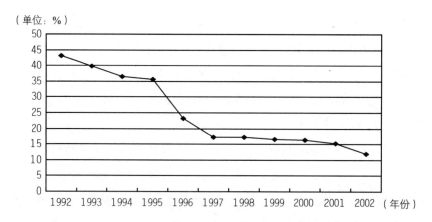

图 18 - 2　1992—2002 年我国进口关税总水平变化

资料来源：《中国财政年鉴（2008）》。

从 1992 年 12 月 31 日起，我国实施第一步自主降税，主要是针对先进技术产品、原材料、我国已有较强竞争能力或大量出口的商品以及中美市场准入谈判中承诺降税的商品。经过调整，我国关税总水平由 43.2% 下降到 39.6%。降税涉及 3 371 个税目，占进口税则税目总数的比例超过 50%。

从 1993 年 12 月 31 日起，实施第二步自主降税。这次降税使我国关税总水平由 39.6% 下降到 36.4%，涉及 2 898 个税目商品。1994 年，又调整了部分小轿车、录像带、烟、酒的关税税率，使我国关税总水平进一步下调到 35.6%。

从 1996 年 4 月起，实施第三步自主降税。降税后，关税总水平由 35.6% 调整为 23%，涉及降税的有 4 964 个税目，占 1996 年税目总数的 75.8%。这次降税没有调整主要农产品的税率，而是较大幅度地降低了国内供需矛盾突出、缺口较大的商品的税率，并形成合理梯形税率结构，基本上解决了税率"倒挂"问题。

从 1997 年初起实施第四步自主降税。调整后的关税总水平为 17%，有 4 890 个税目商品的税率有不同程度的降低。1999 年，进一步调整亚太经贸合作组织承诺和中美纺织品协议中涉及的商品税率，关税总水平降为 16.7%。从 2001 年 1 月 1 日起，再次大幅度地调低税率。这次调整共涉及税目 3 462 个，占税则税目总数的 49%。调整后，关税总水平由 16.7% 降低为 15.3%，加权平均税率由 10.77% 降低为 10.54%，降低约 0.23 个百分点。

（三）调整进口商品减免税政策

1994 年，在税制全面改革的背景下，按照符合国际惯例和国际通行的做法、符合社会主义市场经济的要求、符合"公平税负、鼓励竞争"等原则，我国先后在 1993 年年底、1995 年年初和 1995 年年底分三步对进口税收优惠政策进行了系统的清理，最后，仅保留了外国政府、国际组织无偿捐赠物资免税，与小轿车和摄录一体机国产化率挂钩的进口差别税率、特定地域石油，天然气勘探进口设备材料免税，民航进口飞机减征进口环节增值税，驻外人员以及留学人员进口个人物品免税，出境口岸免税店以及《中华人民共和国进出口关税条例》中规定的进口减免税等政策。

1997 年亚洲金融危机爆发后，我国及时调整进口税收政策，对国家鼓励发展的国内投资项目和外商投资项目进口设备，在规定的范围内，免征关税和进口环节增值税；对外商投资企业从事技术开发和创新以及向中西部地区投资也制定了进口税收优惠政策。这些政策有力地促进了产业结构的调整和技术进步。

2000 年和 2001 年，我国为加入世贸组织做准备，对进口税收政策再次进行了清理，仅保留了法律、行政法规规定的 15 项进口税收优惠政策。至此，我国对进口税收政策基本完成了全面清理和规范，进口税收优惠政策从地区优惠为主全面转向以产业优惠为主，并日益走向法制化和规范化。

二、财政支持利用外资

这一时期是我国改革开放后利用外资的高速发展阶段。党的十四届三中全会提出，在新形势下要"改善投资环境和管理办法，扩大引资规模，拓宽引资领域，进一步开放国内市场，创造条件对外商投资企业实行国民待遇，依法完善对外商投资企业的管理，发挥我国资源和市场的比较优势，吸引外来资金和技术，促进经济发展"。根据上述要求，有关部门陆续出台了引导外资投向基础设施、基础产业和企业技术改造，投向中西部地区，进一步提高利用外资水平的政策和措施。在积极有效利用外资政策指导下，我国的投资环境得到很大改善，吸收外资在广度和深度上都有了新的大发展。外商投资的规模和领域进一步扩大，外资的来源国家和地区持续增加，越来越多的西方国家大跨国公司进入我国；资金、技术密集的大型项目和基础设施项目增加较多，平均单项外商投资规模不断提高；在沿海地区外商投资迅速增长的同时，中西部地区吸收外资有了较快发展。

1993 年之前，利用外资的财政支持政策主要体现在对沿海开放地区外资企业的税收优惠等方面。1993 年以后，国务院决定进一步开放 6 个沿江港口城市、13 个内陆边境城市和 18 个内陆省会城市，国家实行的利用外资税收优惠政策扩展到沿海、沿江、沿边和内地，覆盖 354 个市县、3.3 亿人口。然而，以给予外商投资企业全面的税收优惠和地域性的多层次税收优惠为主要特征的我国涉外税收优惠政策，已经成为妨碍市场化改革进一步深化和对外开放进一步扩大的因素之一。因此，以社会主义市场经济要求为导向，规范涉外税收优惠政策格局，成为这一时期的财政支持政策的特点。

首先，在推进工商税制改革的同时，1993 年 12 月 29 日，第八届全国人大常委会第五次会议通过了《全国人民代表大会常务委员会关于外商投资企业和外国企业适用增值税、消费税、营业税等税收暂行条例的决定》，规定外商投资企业和外国企业自 1994 年 1 月 1 日起适用国务院发布的《中华人民共和国增值税暂行条例》、《中华人民共和国消费税暂行条例》、《中华人民共和国营业税暂行条例》，废止《工商统一税条例》（草案）。自此，我国的流转税制度实现了统一，外资企业和内资企业在一个起跑线上竞争，迈出了内外企业税制统一的第一步。在这个阶段，我国政府也曾考虑过内资企业所得税与外资企业所得税合并的问题，但考虑到外商投资企业和外国企业所得税法出台时间不久，需要有一个稳定期，内资企业所得税的改革也需要在实践中逐步完善，因而没有急于实行内资企业所得税与外资企业所得税的合并，而将这个问题留待下一步解决。

在财产和行为税方面，外资企业一直只适用 1951 年政务院发布的《城市房地产税暂行条例》和《车船使用牌照税暂行条例》，外资企业适用的税种较少、税负较轻，不利于内外资企业的公平竞争，也不利于税收政策调控职能的发挥。因此，在这一领域进行了改革，主要是扩大外资企业适用的税种。1994 年 2 月，国务院发布了《关于外商投资企业和外国企业适用增值税、消费税、营业税等税收暂行条例有关问题的通知》，规定外商投资企业和外国企业除适用《增值税暂行条例》、《消费税暂行条例》、《营业税暂行条例》以外，还应适用 1950 年政务院发布的《契税暂行条例》和《屠宰税暂行条例》、1951 年政务院发布的《城市房地产税暂行条例》和《车船使用牌照税暂行条例》、1988 年国务院发布的《中华人民共和国印花税暂行条例》、1993 年国务院发布的《中华人民共和国资源税暂行条例》和《中华人民共和国土地增值税暂行条例》；同时规定："在税制改革中，国务院还将陆续修订和制定新的税收暂行条例，外商投资企业和外国企业应相应依据有关条例规定执行。"

其次，将税收优惠的重点转向以国家产业政策为导向的轨道，做到优惠方向、目标、范围、内容、形式和方法等方面的统一，涉外税收优惠政策取舍以国家产业政策的要求为基本依据，逐步改变了对外商投资企业给予全面优惠和对特定地区实行地域性多层次优惠的办法。在对待不同产业的发展上，体现效率优先，采取必要的税收优惠政策，把外商投资的重点引导到那些急需发展、应当鼓励发展的产业上来。1995 年 6 月，国务院批准发布《指导外商投资方向暂行规定》和《外商投资产业指导目录》，将产业目录分为鼓励、允许、限制、禁止四大类，由此极大地提高了政策的透明度。1997 年 12 月，国务院批准了对《外商投资产业指导目录》的修订，对外商投资鼓励类、限制类、禁止类项目做出规定，更加明确了鼓励外商投资的方向，促进了外商投资的积极性。1999 年，国家为扩大外商投资企业从事能源、交通等基础项目，颁布了税收优惠的适用范围。2000 年，国家规定对设在中西部地区国家鼓励类外资企业实行一定税收优惠。2002 年又一次对《外商投资产业指导目录》进行了修订，为进一步规范税收优惠政策提供了依据。

三、财政支持"走出去"战略

1997 年，中央根据国内外形势的发展变化，从我国对外开放全局和战略的高度，明确提出了"走出去"战略。1999 年，"走出去"战略进入全面实施阶段。1999 年 2 月，国务院办公厅转发对外贸易经济合作部（以下简称外经贸部）、国家经贸委、财政部《关于鼓励企业开展境外带料加工装配业务的意见》，从指导思想、基本原则、工作重点、鼓励政策、审批程序、组织实施等方面，提出了支持我国企业以境外加工贸易方式"走出去"的具体政策措施。2001 年，实施"走出去"战略被写入了"十五"规划纲要。"走出去"战略主要是指，积极引导和组织国内有实力的企业，采取对外投资、对外承包工程和对外劳务合作等多种方式走出国门，以充分利用"两个市场、两种资源"，实现我国经济的可持续发展。"走出去"战略的提出和实施，不仅成为中国扩大对外开放的转折点，而且成为提高中国开放型经济水平的重要举措。

实施"走出去"战略，有利于我国从全球范围内获取能源和矿产资源，有利于逐步形成中国自己的跨国公司，促进中国企业在国际分工体系中占据有利地位，也有利于我国更好地吸收外国先进技术，提高技术开发和自主创新能力，具有重大的战略意义。国家财政积极采取财税支持政策，对于实施"走出去"战略、扶持我国企业开展多种形式的对外经济技术合作业务起到了重要的推动作用。

首先，研究制定鼓励企业"走出去"的财政政策措施。中央财政从2000年起，安排专项资金，支持中小企业举办或参加境外展会、参加各类管理体系的国际认证、国际市场宣传推广、开拓新兴国际市场、组织培训研讨等。2001年，中央财政设立对外承包工程项目贷款财政贴息资金，对具有对外经济合作经营资格的企业为实施对外承包工程项目而从国（境）内银行获得的商业贷款给予贴息。2002年，中央财政设立对外承包工程保函风险专项资金，支持对外承包工程的发展。由中国银行及其分行按1∶20的比例，对具有资格的企业累计开出数十亿美元的保函，解决企业到境外承揽工程项目特别是大型项目出现的资金困难问题，切实提高我国企业的国际竞争能力。

通过设立对外承包工程保函风险专项资金、对外承包工程项目贷款贴息资金、对外经济技术合作专项资金等，逐步形成支持企业"走出去"的财政政策体系，有力地支持企业进行境外投资，对外承揽技术含量高、带动出口多的大型承包工程项目，以及开展境外劳务合作、农林渔业合作、对外设计咨询、境外高新技术研发等。从而提高了对外开放质量，完善内外联动、互利共赢、安全高效的开放型经济体系，并初步形成经济全球化条件下参与国际经济合作和竞争的新优势。

其次，为企业"走出去"铺路搭桥。具体包括：为增进国内外企业的联系和相互了解，财政部与有关部门和国际组织联合举办促进中国企业海外投资研讨会和中国企业"走出去"国际研讨会；积极开展宣传，财政部与商务部等有关部门联合举办中国企业"走出去"发展成果展览会；中央财政出资建立"走出去"信息网络体系，打造信息咨询、展会、培训班等公共服务平台，为企业提供及时有效的信息服务，并对企业中高级经营管理人员进行业务培训，等等。

第二节 加强对外财经交流与合作

1993 年以后，随着我国经济实力逐步增强和不断融入全球经济，中国在国际上的地位和作用不断提升，加强自身与国际社会交流合作的内在要求日益强烈。国际社会在盛赞中国改革开放和现代化建设成就的同时，更加关注中国在国际经济事务中的声音和作用。这一时期，服务于推进经济体制改革和扩大对外开放，中国财政对外交流与合作在多个方面得到了发展。

一、与国际机构加强财经交流与合作

这一时期，配合国内改革和建设的需要，财政对外交流与合作仍然以发展与世界银行等国际金融组织的全方位合作为重点，合作领域和规模继续扩大，合作成效更加显著。期间，通过政策调研、项目建设和项目成果的示范和推广，为加快国内基础设施建设、缓解经济发展"瓶颈"的制约，为加快国内体制改革，做出了积极贡献。

（一）发展领域的合作

世界银行是世界上最主要的多边开发机构之一，其宗旨是帮助发展中国家消除贫困，促进全球发展。亚行是亚洲和太平洋地区最大的多边开发金融机构，其宗旨是促进亚太地区的减贫和发展。到 20 世纪 90 年代中期，我国与世界银行（以下简称世行）、亚行等国际金融组织年度贷款合作规模达到了历史最高点，连续多年保持在 40 亿美元左右，其中年度利用世行优惠贷款 30 亿美元左右，成为当时世行第一大年度借款国。通过财政对外交流与合作，引进了大量优惠资金，支持建设了一

批农业、扶贫、电力、交通以及教育、卫生等重点项目。在积极扩大与世行等国际金融组织合作的同时，高度重视合作管理和合作成效，项目实施和管理工作迈上新台阶，我国利用世行贷款项目的建设质量和成功率长期位列各借款国前茅。

1998 年以后，我国相机调整与世行等国际金融机构的合作战略。世行集团所属的国际开发协会以中国经济实力快速增强为由，对华提供的年度软贷款额度快速减少，并从 1999 年下半年开始，不再向中国提供软贷款。随着世行等国际金融组织对华贷款的优惠程度下降，我国适时提出了"三个转变"：从重贷款数量向重贷款质量和效益转变；从重贷款筹借向重贷款使用和偿还转变；从重资金引进向资金与智力引进并重转变。我国与世行等国际金融组织的合作进入转型期，年度利用国际金融组织贷款规模下降，贷款支持领域有所调整，以政策调研和制度创新为核心内容的知识合作愈益受到双方重视。

（二）环境领域的合作

1994 年，我国作为创始国、捐资国和受援国参加了全球环境基金（GEF）。GEF 通过向符合条件的成员国提供赠款和优惠贷款，用以保护全球环境和促进经济可持续发展，主要涉及生物多样性、气候变化、国际水域、有机污染物、土地退化和臭氧层保护等领域的项目和计划。2002 年，我国政府在北京承办了全球环境基金（GEF）第二次缔约方大会，通过了《北京宣言》，会议取得了圆满成功，至今仍受到缔约方国家和 GEF 秘书处的高度评价。财政部作为 GEF 的政治联络官和业务联络官，深入研究 GEF 业务运行规则，充分参与 GEF 理事会决策。同时，围绕我国可持续发展战略，积极协调国家有关部委和地方政府，为履行相关国际公约规定的义务，在战略、政策、项目领域与 GEF 开展了广泛和密切的合作。

世界银行和亚洲开发银行也都将生态环境问题视为援助战略的重点，致力于积极推动中国向资源保护型发展转变。早在 1997 年，世界银行出版了题为《中国：碧水蓝天》的报告，帮助中国计算环境污染的人力资本损失。这是中国第一份综合性的环境保护的研究报告。到 2002 年年底，亚行已为中国改善环境提供了 27 亿美元的贷款，这其中大约有 21 亿美元用于解决"黑色"污染问题，有 6 亿美元用于解决"绿色"问题。除了技术援助、支持开发市场手段、支持环境方面关键机构的能力建设外，亚洲开发银行还支持完善环境方面的法律和政策监管，援助了 1996 年《中华人民共和国水污染防治法》修订案、1998 年《中华人民共和国土地管理法》、2002 年《中华人民共和国清洁生产促进法》等法律制度的起草。

（三）知识领域的合作

我国在与世行、亚行等国际金融组织的合作中，积极利用其智力资源，为经济社会建设和改革开放献计献策。例如，在加强和改善宏观调控、推进经济体制改革等领域，加大了与世界银行等国际机构合作的力度，取得了一系列重要成果。1994 年，中国政府有关部门与世界银行在大连召开国际研讨会，围绕中国宏观经济改革，特别是如何加强金融监管、改善宏观调控、抑制经济过热等问题，提出了若干政策建议，最终被吸收反映在当时中国政府有关重要政策改革文件中。1995 年，中国政府首次利用世界银行优惠贷款 5 000 万美元，支持财税技援项目实施，为促进中国财税体制改革发挥了重大作用。

2000 年，联合国开发计划署在英国政府、世界银行和国际货币基金组织的大力支持下，积极筹措资金 260 万美元，支持中国财税改革。该项目分四年执行，合作内容包括公共支出管理、税收政策和省级公共支出研究，有力地推动了我国的财税改革进程。

二、与主要经济大国和经济体开展双边财经交流与合作

20 世纪 90 年代以后，在经济全球化背景下，为了实现合作共赢，世界各国特别是发达国家与主要新兴市场国家加强了财政政策、货币政策和汇率政策等宏观经济政策的交流与合作，与我国加强交流与合作的意愿增强。另一方面，国际市场波动与主要国家的政策调整对我国经济可能造成不利影响的风险也在加大，相关国家与我国在资源、贸易等问题上的摩擦日益增多，我国经济面临的外部挑战和风险增大。财政部作为国家宏观经

济调控的重要部门，根据我国总体外交布局和国内经济发展态势，通过双边财经对话机制促进与有关国家在各项重要财金议题上进行战略互动，加强了与各主要经济体的财经交流与合作。

（一）中美联合经济委员会

1979 年，时任副总理的邓小平访问美国时，与时任总统的卡特商定成立中美联合经济委员会，在中美两国的首都轮流举行，由两国财长共同主持，参加人员来自两国宏观经济和金融部门。1980—1987 年，该委员会作为一年一度的例会，共召开了 7 次，后因故中断。直至 1994 年 1 月，在北京恢复召开了中美联合经济委员会第八次会议，新形式的中美联合经济委员会就双方感兴趣的一些经济问题提出了总体设想，并同意中美联合经济委员会重新每年轮流在两国召开，这次会议对于推动中美关系进一步发展发挥了重要作用。中美联合经济委员会为双方就共同关心的财经问题交换意见提供了一个有益的平台。

（二）中英财金对话

根据 1997 年中英两国财长达成的初步意向及 1998 年 10 月英国首相布莱尔访华达成的中英联合声明的相关内容，中英两国建立了财金对话机制。中英财金对话是中英两国就共同感兴趣的财政、经济和金融等问题交换意见的综合论坛，牵头部门为两国财政部。1998 年 11 月，中英财金对话机制第一次会议在伦敦召开，从而正式启动了这一机制。中英财金对话机制促进了两国在财金领域的交流与合作，为中英战略伙伴关系的发展发挥了积极作用。

此外，自 2000 年以来，我国与德、法两国财政部实现了财长经常性互访，就共同关心的财金领域的问题定期交换意见，对加强双方财经合作、扩大对重大国际财经问题的共识，以及协调国际财经事务的立场等发挥了积极的作用。

三、利用多边对话平台推动区域和国际财经交流与合作

这一时期，我国利用多边财金对话机制，积极参与国际经济规则的制

定与协调，积极推动国际经济治理框架改革，扩大我国在世界经济问题上的话语权，维护了我国的核心利益和发展中国家的整体利益，进而推动国际经济秩序向公正合理的方向发展。

（一）推动 APEC 财长会机制下的合作

1991 年，我国加入了亚太经济合作组织（APEC）。亚洲金融危机爆发后，原本以推动贸易投资自由化为主的亚太地区经济合作组织（APEC）财长会机制也注入了维护区域宏观经济稳定、防范金融危机的新内容。我国积极参与了 APEC 财长会机制下的宏观经济政策对话以及各项具体合作，并于 2001 年在苏州成功主办了第八届 APEC 财长会。我国不仅圆满完成了会议后勤保障工作，还作为主席国引导、推动了多项 APEC 财金合作倡议，首次独立提出了新合作倡议"APEC 金融与发展项目"。此次会议是我国首次举办大型国际财经合作会议，会议的成功举行，标志着我国参与国际多边财金对话与合作的能力和深度都有了大幅度提高。APEC 财长会机制在金融危机的防范和化解、金融部门能力建设、区域债券市场发展、财政政策交流等方面都发挥了积极作用。

（二）参与二十国集团（G20）财长和央行行长论坛

二十国集团财长和央行行长论坛成立于 1999 年，旨在推动在全球经济中具有重要影响的国家就关键性的宏观经济和金融政策问题开展非正式对话，进而促进世界经济的持续、稳定发展。其成员涵盖面广、代表性强，既包括了世界主要经济体，又兼顾了世界上处于不同发展阶段及不同地域国家之间的利益平衡，因此最适宜讨论涉及国际经济体制改革的重大议题。1999 年，我国作为 G20 的创始成员国之一，参加了在柏林召开的 G20 财长和央行行长论坛第一次会议。之后，积极参与了该论坛对国际经济领域热点问题的讨论，充分发挥了我国的影响力。

（三）参与亚欧财长会议（ASEM）

在新加坡总理吴作栋的倡议下，首次亚欧（领导人）会议于 1996 年 3 月在泰国首都曼谷举行。亚欧财长会议是作为亚欧领导人会议的后续行动之一而产生的一个重要论坛，成立之初，主要是落实亚欧领导人会议有关财政和金融问题的决定和精神，并通过对话和磋商推动亚欧之间经济和金融等领域的合作。1997年，我国参加了在曼谷召开的第一次亚欧财长会议。近年来，随着全球经济和金融形势的复杂化，该论坛在探讨本地区的经济发展模式，交流区域经济和金融合作的经验，进行宏观经济政策对话方面的作用得到了加强。

（四）积极推动"10+3"财金合作

亚洲金融危机爆发后，东亚国家普遍认识到加强地区经济和财金合作的必要性和紧迫性。1997年12月，东盟国家领导人非正式会议举行，中、日、韩三国领导人首次应邀参加了会议，东盟加中、日、韩（"10+3"）合作框架初步形成。此后，在1998年12月举行的第二次"10+3"领导人非正式会议上，时任国家副主席的胡锦涛提出在"10+3"框架内建立财政和央行对话机制，获得各方赞同。1999年4月，"10+3"财长会议机制成立，我国参加了在菲律宾首都马尼拉召开的首次"10+3"财长会议。"10+3"各成员国的财政部长定期会晤，讨论国际和地区经济金融形势，并在建立区域资金救援机制、监控短期资本流动、建立早期预警机制、加强经济评估与政策对话、发展亚洲债券市场等领域做了许多开创性工作，使这一机制发展成为亚洲地区最具活力、前景最为广阔的区域合作机制。

（五）推动大湄公河次区域合作（GMS）深入发展

1992年，经亚洲开发银行倡议发起，第一届大湄公河次区域（GMS）部长级会议在亚行总部举行，标志着由湄公河流域六国参加的GMS合作机制正式启动，我国参加了这次会议。GMS合作是一个发展中国家互利合作、联合自强的机制，也是一个通过加强经济联系，促进次区域经济社会发展的务实的机制。我国积极推动GMS合作深入发展，努力与本地区国家建立新型的国际关系。在经过营造互信、建立合作框架、项目准备等阶段后，GMS合作从2000年起进入全面实施阶段。

（六）促进中亚区域经济合作（CAREC）

中亚区域经济合作（CAREC）是2002年由亚洲开发银行倡导建立的

区域经济合作机制，其宗旨是推动中亚地区的减贫和发展事业，促进共同繁荣。2002 年，我国参加了 CAREC 第一次部长会议。CAREC 各参加国主要围绕交通、能源、贸易便利化和贸易政策等四个重点领域开展区域合作。它对于深化我国与中亚各国的经贸合作，推动我国西部地区、特别是新疆的经济社会发展，营造和平、稳定的周边外交环境具有重要意义。

第十九章
完善财政宏观调控

1993—2002 年，我国宏观经济面临两次较大波动，一次是 20 世纪 90 年代初的经济全面过热，另一次是亚洲金融危机冲击和国内需求不足。针对这两次经济波动，中共中央、国务院果断决策，相机抉择，主动采取反周期调节，出台了行之有效的财政政策措施，促进了国民经济稳定健康发展。

第一节　实施适度从紧财政政策

1993 年，我国政府为应对经济过热和通货膨胀，实施了适度从紧的财政政策，与货币政策相配合，达到了反周期调节的预期目标，成功实现了国民经济运行的"软着陆"和经济稳定增长。这是中国宏观调控中有效运用财政政策的成功范例，也标志着中国政府实现了经济调控方式从行政手段为主向经济手段为主的重大转变。

一、适度从紧财政政策的实施背景

20 世纪 90 年代初，在邓小平南方谈话和党的十四大精神鼓舞下，广大干部群众加快发展的热情高涨。我国经济发展进入了一个新的阶段，一举扭转了 1989 年和 1990 年经济低速增长的态势。1991 年和 1992 年国内生产总值（GDP）分别增长 9.2% 和 14.2%，1993 年第一季度 GDP 增长 14.3%，6 月工业总产值增幅达 30.2%。但由于投资需求过度扩张，生产资料价格迅速攀升，经济运行出现严重的过热态势和通货膨胀。

（一）投资与消费需求双膨胀

1993 年，由于基本建设投资项目上得过猛，摊子铺得过大，对信贷资金的需求高涨，促使银行不断增发钞票，造成货币投放过量。1992 年我国新办开发区 1 951 个，是前 4 年总和的 15 倍，"开发区热"、"房地产热"的急剧升温，导致固定资产投资超高速增长。1993 年上半年，全社会固定资产投资增长 61%，增幅同比高出 31.8 个百分点，是改革开放以来最高的速度。同时，消费需求也出现膨胀态势。1993 年 1—5 月，银行工资性现金支出和对个人其他现金支出增长 36.4%，社会集团购买力增长 29.1%，都大大超过经济增长的速度，导致市场销售增速明显加快。1993 年上半年，社会消费品零售总额比上年同期增长 24.4%，并呈现逐月加速的态势，1—2 月增长 15.2%，3 月增长 22%，4 月增长 30.9%，5 月增长 32%，6 月增长 34.9%。由于社会总需求过度扩张，而有效供给又不能相应跟进，拉大了社会总供需缺口，供求矛盾非常突出，上半年供需差率达 10%，超过正常水平 4 个百分点。

（二）产业结构失调

由于工业增长速度过快，基础设施和基础产业的"瓶颈"制约不断加剧。交通运输特别是铁路运输非常紧张，一些干线的通车能力仅能满足需求的 30% ~40%。主要生产资料的供需缺口越来越大，只得靠增加进口来弥补，1993 年上半年钢材进口增长 364%。电力、成品油等能源严重短缺，有的地方用电出现"停三开四"的现象。加上"房地产热"、"开发区热"，钢材、水泥、木材等建筑材料供需矛盾突出，价格大幅上涨，1993 年 1—5 月钢材价格上涨 83.5%，水泥价格上涨 91.5%，原木价格上涨 67.2%。同时，农业发展乏力，农民收入增长缓慢。1993 年上半年农村居民人均现金收入实际仅增长 2%，严重影响了农民生产的积极性和农业生产条件的改善。受比较利益驱动，农民减少春季作物播种面积，早稻、春小麦、棉花和糖料分别减少 1 272 万亩、500 万亩、1 800 万亩和300 万亩。上半年农业生产资料销售额只比上年同期增长 2.1%，扣除价格因素，实际销量下降 10% 以上。

（三）通货膨胀加剧

从 1992 年 10 月开始，物价上涨幅度逐月加快。1993 年 1 月，居民消费价格指数上涨幅度达到 8.4%，5 月达到 12.5%。上半年，城镇居民消费价格指数上涨 13%，农村上涨 11.5%。1—5 月，原材料、燃料、动力购进价格指数同比上涨 31%，生产资料价格指数上涨 43%，农业生产资料价格指数上涨 11.2%，服务项目价格上涨 27.2%，特别是居民消费价格大幅度上涨已使部分职工和离退休人员难以承受。

（四）国际收支出现逆差

外贸出口增长乏力，进口增长过快，国家外汇结存出现下降趋势。1993 年，由于经济高速增长，国内市场物价涨幅较高，国内需求旺盛，导致进口增势强劲，出口增势相对减弱，国际收支出现了不平衡苗头。1—5 月，出口总额为 302 亿美元，比上年同期增长 8.2%；进口总额为 333 亿美元，增长 26.9%；外贸逆差为 31 亿美元。截至 6 月 10 日，国家外汇结存 193 亿美元，比上年同期减少 56 亿美元；到 6 月末，国家外汇结存 189 亿美元，比年初还减少 12 亿美元，比上年同期下降 25%。如果按此趋势发展下去，外贸逆差将不断扩大，国家外汇结存将难以保持 200 亿美元的目标。

这些情况表明，经济运行已偏离正常轨道，呈现出全面过热态势。如果不抓住时机，尽快实施有效的宏观调控，势必导致社会总供给与总需求的严重失衡，进而引起较大的经济波动。

二、适度从紧财政政策的主要内容

1988 年的经济过热与通货膨胀以及随后 1989 年和 1990 年国民经济的低速增长，使决策部门认识到，必须改变过去那种"一松就热、一紧就冷"的传统做法，做到既要为经济过热降温，也要保证国民经济的正常发展速度，防止经济运行中的大起大落现象再次发生。正是基于这样一种思路，中央适时提出了"适度从紧"的财政政策，实施恰如其分的宏观调控。

适度从紧财政政策的政策目标有两个：一是遏制通货膨胀。遏制通货膨胀是本轮宏观调控的首要目标。在市场经济条件下，适度的物价稳定是社会经济活动赖以存在的基础，是国民经济持续稳定增长的主要标志。我国 1993 年和 1994 年的高通货膨胀率，对国民经济造成了严重的冲击，无论是对国家、企业，还是对城乡居民个人都具有颇大的危害性。在经济体制转轨阶段，通货膨胀的压力是客观存在的，但如果任其发展下去，不可避免地就会破坏正常的经济秩序，最终导致经济增长的下降或停滞，因此遏制恶性通货膨胀便成了当时的当务之急。二是保持国民经济适度增长。遏制通货膨胀的代价常常是随之而来的国民经济的低谷运行，经济过热中的"急刹车"做法，不利于国民经济的持续协调发展。新中国成立以来，我国多次出现经济过热现象，为了给经济过热降温，由于经验不足，往往采取"紧缩到底"的政策手段，使经济由过热一下子陷入过冷，经济波动剧烈，对国民经济运行产生了十分不利的影响。改革开放以来，保持国民经济的适度增长一直是我国宏观经济调控的核心内容，是实现我国经济腾飞的必要条件，遏制通货膨胀不能以牺牲国民经济的增长速度为代价。鉴于此，在实现遏制通货膨胀的同时，还必须保持国民经济的适度增长，这是"适度从紧"的财政政策的另一重要目标。

1993 年初，我国政府明确提出要加强和改善宏观调控，防止出现经济过热。4 月，颁发了《关于制止乱集资和加强债券发行管理的通知》；5 月，颁发了《关于严格审批和认真清理各类开发区的通知》；特别是在 6 月 24 日，我国政府针对当时宏观经济的严峻形势，果断决策，及时出台了《关于当前经济情况和加强宏观调控的意见》的标志性文件，提出加强和改善宏观调控的十六条措施，正式确定了实行适度从紧的财政政策和货币政策的基调。据此，财政部出台了一系列适度从紧的财政政策措施，其着力点主要是总量从紧和结构调整。

（一）实行总量调控，加大总需求的控制力度

1. 大力加强收入征管

一是强调依法治税。在继续做好国有经济单位税收征管的同时，加强对非国有经济单位税收和个人收入调节税、所得税的征管工作；取消地方政府越权减免税和减免能源交通重点建设基金、预算调节基金（以下简称"两金"）的政策；地方政府因擅自减免税而未完成"两金"上缴任务的，中央财政相应扣减地方"两金"分成收入；暂停审批临时性、困难性的减免税，减免税到期的，立即恢复征税；固定资产投资方向调节税不得减免；未经中央政府批准的各类经济开发区，不得享受国家级开发区的税收优惠政策；地方政府不得自行决定对企业承包流转税；加强对外商投资企业的税收征管，防止外商通过转移利润等方式进行逃税和避税的行为；清理关税和进口工商税的减免；改进出口退税征管办法，加强出口退税管理。

二是整顿税收征管薄弱环节。大力清理拖欠税款，确保财政收入应收尽收；开展全国财税大检查，重点检查偷漏税、越权减免税和"两金"等方面的问题。

三是限期完成国库券发行任务。鼓励居民个人购买国库券，要求原专业银行、非银行金融机构积极做好代销工作，利用养老保险基金和待业保险基金结余购买国库券。

2. 严格控制财政赤字

严格控制赤字是适度从紧财政政策的一项非常重要的内容。中央要求，地方财政预算收支必须严格执行《国家预算管理条例》，不准打赤字；已打赤字的地区，要及时调整地方预算，确保全年财政收支平衡。1994 年 3 月，第八届全国人大第二次会议通过的《中华人民共和国预算法》，规定中央政府经常性预算不列赤字，地方各级预算不列赤字。从 1994 年起，中央财政赤字通过发行国债的办法弥补，不再向中国人民银行透支或借款。1996 年 3 月，全国人大要求"九五"期间（1996—2000

年）逐步减少财政赤字，实现财政收支基本平衡。通过严格控制财政开支，财政支出增幅从 1993 年和 1994 年的 24.1% 和 24.8% 降至 1995 年的 17.8%、1996 年的 16.3% 和 1997 年的 16.3%；中央财政赤字也从 1994 年的 667.0 亿元缩减为 1995 年的 662.8 亿元和 1996 年的 608.8 亿元。

3. 强化投资管理以控制固定资产投资增长

1993 年，我国政府针对基本建设投资增长过猛的态势，不断加强投资管理。严格控制投资规模，清理在建项目，从严控制新开工项目；停建缓建不符合产业政策、资金来源不落实、市场前景不好的项目，特别是高档宾馆、写字楼和度假村等；新上基本建设大中型项目须经中央政府批准后才能开工。在投资资金来源上，中央银行对固定资产投资贷款实行严格指令性计划控制，防止企业挪用流动资金贷款进行固定资产投资；加强对房地产市场的管理，制定房地产增值税和有关税收政策，坚决制止房地产的投机行为。1994 年 1 月，国务院颁发了《关于继续加强固定资产投资宏观调控的通知》，提出要集中财力物力，保证重点建设；优先保证重点项目的收尾和投产；当年原则上不再批准新开工项目；加强资金源头控制，严格固定资产投资贷款管理；加强对资金市场的规范化管理；对在建项目进行普查和项目登记备案制度；加强对外商直接投资项目的引导和规范化管理。1995 年，继续严格控制固定资产投资规模，清理在建项目。1996 年，对固定资产投资实行项目资本金制度。

4. 严格控制社会集团购买力

1993 年下半年，我国政府实行严格控制和精简各种会议的措施，地方和部门会议经费要在年初预算基础上压缩 20%；严格控制实效不大的出国考察、招商引资、节日庆祝等活动；严格执行国家对企业工效挂钩的规定，禁止滥发补贴、实物和代币购物券，控制消费基金的过快增长。1994 年，明确要求合理控制和引导消费需求的增长。严禁用公款进行高消费和把公款转化为个人消费基金；适当控制工资增长速度，防止以侵蚀国有资产方式增加个人收入；坚决制止各种滥发奖金、津贴现象，及时纠正部分地方自行扩大调资范围、搭车出台新的补贴项目等做法。1995 年，继续控制消费基金过快增长，制止和纠正乱加工资、乱发奖金和津贴。为了切实抑制政府过快消费，对社会集团购买力实行指标管理、专项审批、统计管理和监督检查等办法，有效地控制了社会集团购买力的过快增长。

（二）调整支出结构，加强对国民经济薄弱环节的支持

适度从紧的财政政策，并不是全面紧缩，而是在调控总量的同时实行有紧有松的结构性调整。财政既通过采取增收节支、控制赤字和债务规模等措施，实行总量调控，抑制社会总需求过度扩张，平衡社会总供需的关系；同时，也注重调整支出结构，加强对国民经济薄弱环节的支持。

1. 支持农业发展

通过增加投入和实行优惠政策等措施，支持农业发展，巩固农业的基础地位。从 1994 年起，国家财政陆续设立了国家粮食专项储备基金、粮食风险基金和副食品风险基金，用于保障国家粮食储备和农产品价格稳定，保护农民生产积极性；安排专项资金，加强"菜篮子"和粮棉油生产基地建设；从当年 6 月起，提高粮食的收购价格，将稻谷、小麦、玉米、大豆四种粮食平均收购价格调至每公斤 0.52 元；从当年 9 月新产棉花上市起，再次提高棉花收购价格。财政用于政策性价格补贴的支出由 1993 年的 299 亿元增加到 1996 年的 454 亿元。同时，国家财政还实行贴息政策，对一些既有经济效益、又有社会效益和生态效益且政策性较强的农业项目（如治沙、公益林等项目），在利用银行贷款时给予利息补贴。通过采取上述政策措施，财政对农业的投入力度不断加大，1994—1996 年国家财政用于农业的支出增长 16.7%，比 1991—1993 年的平均增长水平高出 4 个多百分点。

2. 支持企业技术进步

从 1993 年下半年起，财政实行了一系列鼓励企业技术进步的措施，主要包括允许企业根据国家统一规定选择加速折旧方法；允许企业技术开发费据实列入成本，不受比例限制；允许企业借款利息计入资产价值或财务费用；允许企业自主决定税后利润分配；取消了企业专用基金专户储存制度，允许企业支配和使用资金；允许企业在规定比例内提取坏账准备

金；根据国家的产业政策和科技政策适当增加了科技费用、技术改造拨款和贴息。

3. 促进国有企业改革

财政大力支持企业优化资本结构，将国有企业"拨改贷"资金本息余额转为国家资本金；1995 年财政对 18 个优化资本结构试点城市的国有工业企业，通过实行 15% 所得税优惠税率的办法补充企业资本金；对国有企业兼并破产中造成的贷款损失，在实行总量控制的条件下，用呆账坏账准备金冲销；对扭亏无望、资不抵债的企业实施关闭破产；进一步改革和完善企业职工养老保险、失业保险和医疗保险制度，有效推动国有企业改革的深化。这一系列的财政政策措施，对调整和优化经济结构、促进经济稳定增长、抑制通货膨胀发挥了非常重要的作用，同时也为推进国有企业改革、实施战略性重组调整创造了较为宽松的环境。

总的来看，适度从紧财政政策表现出四个特点：一是着眼经济运行软着陆。1993—1997 年的适度从紧财政政策的主要特征就是着眼于经济运行的软着陆，即在消除经济剧烈波动的同时，保持经济的平稳增长。从经济意义上讲，"软着陆"是指国民经济的运行在经过了一段过度扩张后，在政府的宏观调控作用下，平稳地回落到适度的增长区间。而"适度的增长区间"，则是指经济增长的实现与社会物力、财力等的承受力相适应，脱离了客观社会经济承受能力的过快或过慢增长都不是适度的表现。因此，"适度从紧"意味着在实施财政政策进行宏观调控中，要恰如其分地掌握好政策实施的力度，防止宏观经济调控中的紧缩力度过大，以免经济增长受到损害。

二是总量从紧与结构调整兼顾。财政政策坚持总量从紧，第一，相对于上年，财政支出的增长速度下降，1995—1998 年的财政支出增长速度都低于 1993 年和 1994 年的财政支出增长速度；第二，相对于财政收入的增长速度，财政支出的增长速度下降，1995—1997 年财政支出的增长速度都低于财政收入的增长速度。在总量从紧的大前提下，进行了适时的结构调整，做到"紧中有活"，避免"一刀切"。对国家重点建设项目，对具有公共产品性质的基础设施，比如公路、铁路、农田基本建设和水利设施、环境保护项目等，对具有市场效益的企业，适当地加大公共资金投入，进行重点扶持；而对低水平重复建设部分，对单纯外延型扩张和低效益甚至无效益的部分则从紧。"紧中有活"的结构调整，为以后高质量的经济增长奠定了坚实的基础。

三是适度从紧的财政政策与适度从紧的货币政策密切配合。1993 年的经济过热，使中央意识到必须通过财政政策与货币政策两种宏观调控工具，给经济过热降温，遏制严重的通货膨胀。"适度从紧"的财政与货币政策从以下三个方面发挥作用：第一，严格控制财政支出，特别是工资性支出和社会集团消费，通过调整支出结构、合理安排支出，把财政支出的增长势头控制住；第二，严格控制信用总量，合理调整信贷资金投向，严格控制固定资产贷款，严禁用流动资金搞固定资产投资；第三，在控制固定资产投资规模的同时，加大投资结构调整力度，重点是严控新上马项目、加大企业技改力度，投资资金用于保投产、保收尾、保国家重点等等。财政政策与货币政策的搭配运用，成功地使经济过热降温，遏制了高通货膨胀。

四是调控与改革相结合。在适度从紧财政货币政策实施之初，政府非常重视对经济形势的分析判断，在深入分析当时宏观经济形势的基础上，得出的结论是，导致经济"过热"的主要原因是原有体制及机制性弊端没有消除，社会主义市场经济体制改革尚未到位；要解决经济过热问题，必须适应市场经济发展要求，从加快旧体制转换中找出路，运用经济手段和推进改革的思路，改进和加强宏观调控。鉴于此，在这一轮宏观调控中，没有像过去那样采取以行政命令为主的管理方式，而是注重运用经济手段，从市场经济的基本原则出发，通过经济政策和体制改革等措施进行宏观调控。1994 年，我国政府出台了财税、金融、外贸、外汇、计划、投资、物价等方面的一系列改革措施，使体制改革与宏观调控有机结合起来，既缓解了当时经济生活中存在的问题，又增强了微观经济主体的活力和市场机制的作用。

三、适度从紧财政政策的实施成效

运用财政政策进行宏观经济调控，是市场经济条件下财政职能的重要体现。从 1993 年开始的"适度从紧"财政政策的运用，是根据改革与发展的需要而做出的相机抉择。通过财政政策以及与货币政策的组合运用，治理了严重的通货膨胀，避免了经济发展中的"急刹车"现象，成功地实现了经济增长的"软着陆"，使国民经济保持了健康发展。1993 年以后，随着财政制度的创新和适度从紧财政政策的实施，在实现经济"软着陆"的同时，财政调控机制也得到不断完善，财经秩序得到了改善。

（一）经济增长速度和通货膨胀率进入适度区间

适度从紧财政政策的实施，取得了显著的反周期调节效果，既有效遏制了通货膨胀，又促进了经济适度增长，形成了"高增长、低通胀"的良好局面，经济增长速度和通货膨胀率均进入适度区间，宏观经济运行环境的紧张局面明显缓解，国民经济运行成功实现"软着陆"，这也是新中国成立以来第一次避免了"大起大落"不良循环的成功"软着陆"。1993年和 1994 年 GDP 分别增长 14% 和 13.1%，1995 年降至 10.9%，1996 年和 1997 年分别增长 10% 和 9.3%（见图 19－1）。

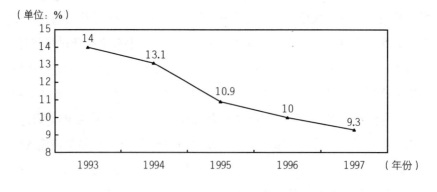

（单位：%）

图 19－1　1993—1997 年 GDP 增长率

资料来源：国家统计局编：《中国统计摘要（2006）》，中国统计出版社 2006 年版。

全国居民消费价格指数涨幅由1994年的24.1%，逐年下降到1996年的8.3%和1997年的2.8%；原材料、燃料、动力购进价格指数涨幅由1994年的18.2%，下降到1996年的3.9%，1997年已降至1.3%（见图19-2）。

（单位：%）

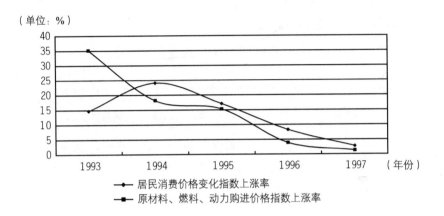

图19-2　1993—1997年居民消费价格变化
指数和原材料、燃料、动力购进价格指数上涨率

资料来源：国家统计局编：《中国统计年鉴（2005）》。

（二）投资、消费双膨胀现象逐步得到抑制

连续几年实施适度从紧的财政货币政策，投资、消费双膨胀现象逐步得到抑制。1995年、1996年和1997年全社会固定资产投资分别比上年增长17.5%、14.8%和8.8%，分别比1993年下降44.3个、47个和53个百分点；社会消费品零售总额分别比上年增长26.8%、20.1%和10.2%，分别比1993年下降3个、9.7个和19.6个百分点（见图19-3）。

（三）经济效益逐步提高

适度从紧的财政货币政策既实现了经济稳定增长，也促进了经济效益的逐年提高。按可比价格计算，农村居民人均纯收入实际增长率，由1993年的3.2%，逐步提高到1996年的9%，成为1983年以来收入增幅最高的一年（见图19-4）；城镇居民人均可支配收入增长率也保持了稳步提高的良好态势。1996年，对外贸易实现顺差122亿美元，外汇储备

（单位：%）

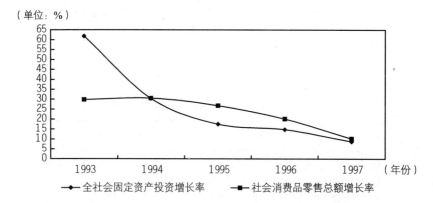

图 19 - 3　1993—1997 年全社会固定资产投资和社会消费品零售总额增长率

资料来源：国家统计局编：《中国统计摘要（2006）》。

（单位：元）

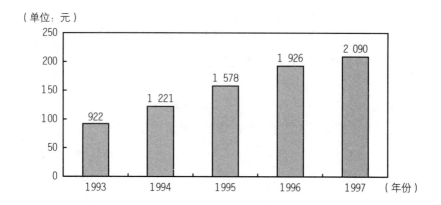

图 19 - 4　1993—1997 年农村居民家庭人均纯收入

资料来源：国家统计局编：《中国统计摘要（2006）》。

达到 1 050 亿美元（见图 19 - 5）；粮食总产量超过 5 000 万吨，比上年增加 3 792 万吨，粮食总产量达到历史最高水平（见图 19 - 6）。

（四）财政收入稳定增长，财经秩序明显改善

乱收费和不合理减免税的现象明显减少，收紧地方减免税权力、整顿

（单位：亿美元）

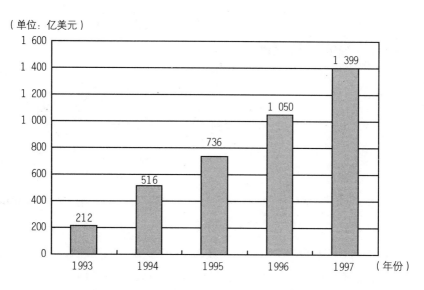

图 19 – 5　1993—1997 年国家外汇储备年末规模

（单位：万吨）

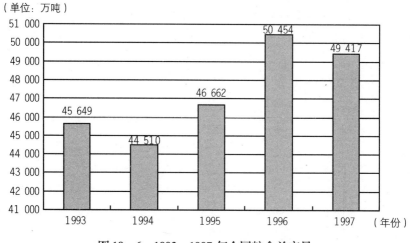

图 19 – 6　1993—1997 年全国粮食总产量

税收征管薄弱环节、开展全国财税大检查等举措收到了显著效果；与此同时，财政制度改革实现新的突破，初步建立了财政收入稳定增长的机制。1995—1997 年的 3 年间，财政收入增加 3 433 亿元，超过了以往五年计划内的增加额，明显增强了政府的宏观调控能力。特别是，这 3 年间财政收入增长幅度出现了持续高于财政支出增长幅度的态势，有效地将财政赤字控制在预算确定的数额之内。

第二节　实施积极财政政策

1998 年实施的积极财政政策，是中国政府应对亚洲金融危机冲击和国内需求不足的严峻形势，遵循市场经济规律，主动采取的一次反周期调节，在中国财政调控史上具有重大意义。通过实施积极财政政策，中国成功地抵御了亚洲金融危机的冲击，通货紧缩趋势得到有效遏制，社会需求全面回升，经济持续快速增长，并有效地促进了经济结构的优化与经济增长质量和效益的提高。积极财政政策实践不仅实现了稳定经济运行的目标，也丰富了我国宏观调控的实践，为制定宏观经济政策积累了宝贵经验。

一、积极财政政策的实施背景

1998 年，中国经济发展面临着十分严峻的国内外经济形势：亚洲金融危机的影响不断加深，在国际经济环境急剧变化和国内市场约束双重因素作用下，长期以来盲目建设带来的结构不合理等深层次矛盾更加突出地显现出来，内需不振，出口下降，投资增长乏力，经济增长速度回落，中国经济面临着前所未有的严峻考验。

（一）对外贸易受到严重冲击

1997 年 7 月 2 日，亚洲金融风暴首先在泰国爆发，迅速席卷了马来西亚、新加坡、印度尼西亚、菲律宾等东南亚国家和地区，股市暴跌，汇率下降，生产停滞，经济出现负增长，泡沫经济破灭。中国香港也很快受到波及，股市由 17 000 点跌到 8 000 多点。拉丁美洲、大洋洲、苏联及东欧国家都受到不同程度的影响。日本经济在经历了 20 世纪 90 年代的长期低迷后，亚洲金融危机的冲击使其雪上加霜。全球经济和贸易的增长步伐明显减慢。

亚洲金融危机的爆发对我国外贸发展和外资流入造成了前所未有的冲击。一是出口形势趋于恶化。1998 年 5 月出现了 22 个月以来的首次负增长，上半年仅增长 7.6%，大大低于 1997 年同期 26.2% 和全年 20.9% 的增速。二是外商投资明显下降。大量国际资本回流到欧美等其他地区，造成亚洲地区投资萎缩。1997 年亚洲国家对我国投资占我国实际吸收外资总量的比例由以往的接近 80% 下降为 75.6%，1998 年进一步下降为 68.7%。

（二）消费需求增长趋缓

居民收入增长缓慢，居民消费意愿低迷。据有关部门 1998 年第二季度对 34 个大中城市的储户调查，认为当时收入增加的只有 21%，是 1993 年以来最低的一次；认为此后一两年收入会增加的也只有 23.3%，比第一季度调查结果低 5.8 个百分点。与此同时，由于住房、养老、医疗、教育等体制改革逐步推开，居民支出预期大幅度上升。据对储户的抽样调查，在 10 类储蓄动机中，排在前五位的分别为生活费（24.7%）、子女教育费（13%）、购房或建房（12.7%）、购买高档消费品（7.9%）、养老金（7.4%）。由于收入预期下降、支出预期上升，加上银行实际利率偏高等因素，导致居民边际储蓄倾向上升，边际消费倾向相应下降。据测算，1979—1996 年，居民边际消费倾向基本上在 0.6～0.8 的区间波动，而 1997 年下降为 0.55 左右，1998 年上半年进一步下降到 0.46。受此影响，居民消费需求疲软，社会消费品零售总额增幅持续下降，由 1996 年的 20.1% 下降到 1997 年的 10.2%，1998 年上半年进一步下降到 6.8%。20 世纪 90 年代以前，中国经济运行一直表现为短缺经济特征，卖方市场特征明显；90 年代后，市场总量基本维持平衡，市场结构矛盾成为流通领域的焦点，供过于求的商品比重不断提高。据有关机构对 601 种主要商品的调查统计，1998 年上半年供大于求的商品为 74.2%，供求基本平衡的商品为 25.8%，没有供不应求的商品。买方市场格局的形成，意味着市场约束机制明显增强，中国经济从此以后将更多地面临市场经济的常态，即需求约束。

（三）投资需求增长乏力

1998 年，由于受消费增速趋缓和金融体制改革相对滞后以及市场预期等因素的影响，各类投资主体行为开始发生变化，投资相对注重风险约束。企业由过去有钱就上项目，逐步转为更加注重投资项目的回报率。据有关部门对 5 000 户工业企业投资意向调查表明，前几年困扰企业投资的政府干预行为有所减弱，而满足市场需求和适应市场竞争开始成为企业增加投资的主要动力。在当时多数产品供过于求和市场消费需求相对不足的情况下，企业投资更多地受到市场需求的约束。预期回报率较高的投资领域相对狭小，投资项目可选择的余地不大，特别是市场供求关系的变化，使得绝大多数生产资料和消费品价格持续下降，导致在市场竞争中失去优势的企业经营亏损严重，处于竞争优势的企业也面临市场萎缩的困境。企业投资预期收益下降，投资风险增加，自主投资能力减弱。商业银行实行资产负债比例管理后，由过去敞开口子贷款转为注重风险约束，一方面受不良资产的影响，银行在一定程度上产生了"慎贷"的心理；另一方面由于项目可行性研究及评估等中介机构不够健全，加上市场变化不确定，银行普遍感到贷款责任加重。这种变化，长远看有利于经济发展和结构调整，但当时也在一定程度上影响了投资预期和投资增长，1997 年全社会固定资产投资增长 8.8%，比上年回落 6 个百分点；1998 年 1—5 月同比增幅继续回落 1.3 个百分点。

（四）物价水平持续走低

受消费需求不足和产品结构性过剩等因素的影响，1998 年以来中国主要物价指数呈现逐月下降的态势。首先，作为价格先行指标的工业上游产品价格自 1997 年年中以来持续下降，工业品出厂价格指数在 1997 年 6 月由上涨转为下降 0.4%，此后降幅逐月扩大，1998 年 1 月降幅为 1.3%，3 月为 3.2%，6 月为 4.9%，上半年下降 3.4%；原材料、燃料、动力购进价格指数在 1998 年 1 月开始下降，降幅为 0.4%，3 月为 2.3%，6 月为 5.2%，上半年下降 2.3%。其次，全国商品零售价格总水平自 1997 年 10 月开始出现下降，降幅为 0.4%，到 1998 年 6 月降幅为 3%，持续下降了 9 个月；全国居民消费价格指数从 1998 年 2 月开始出现下降，降幅为 0.1%，6 月达 1.3%，出现了一定程度的通货紧缩趋势（见图 19 – 7）。

图 19 – 7　1997—1998 年上半年居民消费价格指数和原材料、
燃料、动力购进价格指数月度上涨率

资料来源：中国经济信息网数据库。

（五）经济结构问题尤为突出

经济结构不合理是传统经济发展模式的产物。改革开放以来，随着经济的发展，在经济政策和市场调节共同作用下，结构不合理状况有所改善，但问题依然存在，亚洲金融危机使中国长期存在的经济结构不合理问题更为凸显。

一是产业结构不合理。低技术水平的产品过剩与高新技术产品不足并存。据有关部门对全国重点企业 67 种主要工业产品生产能力的调查，1997 年开工率在 80% 以上的占 33.3%，开工率不足（60% ~ 80%）的占

32.8%，开工率严重不足（60% 以下）的占 33.9%；1998 年受市场消费需求不足的影响，企业开工不足状况进一步加剧。而一些国民经济急需的技术含量高、市场前景好的产品，尤其是重大技术装备和成套技术设备、高新技术产品则供给不足，有的缺口还很大。据统计，当时中国工业设备中，技术经济性能比较先进的只占 1/3，其中达到国际上 20 世纪 80 年代先进水平的只占 13%。

二是城乡结构不合理。农村工业化和城市化进程滞后，特别是乡镇企业经过十几年的超常规发展，在当时激烈的市场竞争和企业分化加剧情况下，发展速度明显放慢。同时，由于农村劳动力素质偏低，再加上城市失业和下岗职工增加，城镇吸纳农村劳动力的能力下降，使得"二元经济"问题更为突出，直接表现为城乡居民收入差距继续扩大，城乡居民人均收入之比由 1997 年的 2.47∶1 扩大到 1998 年的 2.51∶1。

三是区域经济发展不协调。中国政府一直重视区域经济协调发展，20 世纪 90 年代中期明确提出的加快中西部地区经济发展的一揽子政策措施，取得了初步成效。但由于历史和地理等方面的因素，中西部地区经济发展相对较慢，与东部地区的差距呈扩大趋势，东、中、西部地区 GDP 占全国的比重分别由 1997 年的 57.8%、28.2%、14% 变为 1998 年的 58.1%、28%、13.9%。

（六）货币政策连续、密集运用后政策空间明显收窄

针对需求疲软的情况，货币政策方面采取了一系列放松银根、刺激需求的政策，1996 年 5 月到 1998 年的两年多时间里，中央银行先后七次降低存贷款利率，并在 1998 年初取消国有商业银行的贷款限额控制（改行资产负债比例管理和风险管理），降低准备金率，颁布积极实行贷款支持的指导意见等，以求扩大企业贷款需求，刺激投资。货币政策如此连续、密集地运用，可以说是"竭尽全力"，然而迟迟没有产生足够明显的政策效果，其操作余地已经相对狭小。

在上述多重因素共同作用下，1998 年我国经济面临着前所未有的严峻局面：经济周期处于低谷阶段，上半年 GDP 仅增长 7%，同比回落

2.5个百分点；经济运行的质量和效益下降，前5个月国有企业净亏损88.75亿元；就业压力加大，城镇登记失业人口600万人，城镇登记失业率达到3.1%，经济增长放慢带来新增就业机会不足，再就业形势趋于严峻；居民收入和储蓄增长减缓，城镇居民人均可支配收入增幅由1994年的8.5%下降到1997年的3.4%，农村居民人均纯收入增幅由5.1%下降到4.6%，居民储蓄增幅由45.8%下降到20.1%。面对严峻的经济形势，为力求实现当年8%经济增长目标和抵御亚洲金融危机的冲击，决策层果断地采取增加政府投资、扩大内需方针，启动了积极的财政政策。

二、积极财政政策的主要内容

1998年2月，针对亚洲金融危机蔓延之势，中央决策层提出，必须做到心中有数，沉着应付，未雨绸缪，做好事态进一步发展的准备，以防措手不及。1998年3月，在第九届全国人大第一次会议期间，政府提出了确保1998年经济增长8%的目标，并指出实现这一目标的主要手段是提高国内的需求。决定适时调整宏观经济政策的目标和方向，及时采取更加有力的财政政策，扩大内需，刺激经济增长。1998年6月16日，《人民日报》发表了财政部部长项怀诚的署名文章——《财政宏观调控与启动经济增长》，提出转变适度从紧的财政政策，并认为我国现阶段不宜采取通过减税刺激经济的方法，而应适时适度地扩大财政举债规模和财政支出，增加投资，刺激消费，扩大出口，通过改革克服制约有效需求的体制和政策因素，促进国民经济增长。1998年7月，国家计委《关于今年上半年经济运行情况和下半年工作建议》提出实施旨在扩大需求的积极的财政政策。1998年8月，全国人大常委会第四次会议审议通过了财政部的中央预算调整方案，决定增发1 000亿元国债，同时，配套增加1 000亿元银行贷款，全部用于基础设施专项建设资金。至此，积极的财政政策正式启动，其主要内容和措施包括以下几个方面。

（一）增发长期建设国债，加强基础设施建设

1998 年 8 月 29 日，第九届全国人大常委会第四次会议审议通过中央财政预算调整方案，将中央财政赤字调整为 960 亿元，比上年扩大 400 亿元，增发 1 000 亿元长期建设国债，同时配套增加 1 000 亿元银行贷款，全部用于基础设施建设，主要包括农林水利、交通通信、城市基础设施、环境保护、城乡电网建设和改造、中央直属储备粮库等六个方面，这标志着积极财政政策正式启动。在启动积极财政政策的 1998 年，中央财政还向国有独资商业银行发行了 2 700 亿元特别国债（期限为 30 年），以提高国有银行的资本充足率和抗风险能力。

1999 年，根据当年第二季度表现出来的固定资产投资增幅回落、出口下降、消费需求持续不振的情况，决定对积极财政政策的实施力度和具体措施做出进一步调整，在年初原定 500 亿元长期建设国债发行规模的基础上，报请全国人大常委会审议批准，增加发行 600 亿元长期国债，仍中央、地方各一半，相应扩大中央财政赤字 300 亿元，以保持投资需求的较快增长。新增国债资金主要用于在建的基础设施、一些重点行业的技术改造、重大项目装备国产化和高新技术产业化、环保与生态建设以及科教基础设施等方面。对大型骨干国有企业的技术改造项目，实施了贴息办法。

2000 年，在上半年国民经济出现好转表现后，为了巩固这种重大转机，并预计到期后会有一些不确定因素，决定进一步加大积极财政政策的力度，在年初决定的 1 000 亿元长期建设国债发行规模的基础上，下半年又实行预算调整方案，经全国人大批准，财政部增发 500 亿元长期建设国债。这 500 亿元国债基本用于加快在建国债项目建设，以促使这批项目早日竣工，发挥效益。新增国债重点向五个方面投入：一是水利和生态项目建设，包括水利基础设施建设，移民建镇，退耕还林还草，天然林和草场保护工程，京津周围风沙源治理启动工程；二是教育设施建设，包括高等学校扩招增加学生校舍等基础设施建设，中西部高校建设补助；三是交通等基础设施项目建设，包括公路干线、中西部地

区贫困县道路建设、铁路建设，新增 100 万吨粮库建设以及中西部地区旅游设施建设；四是企业技术改造、高新技术产业化，城市轨道交通、环保等设施国产化，国防军工企业技术改造以及生物芯片、同步辐射等重大科技项目；五是城市环保项目建设。

2001 年，积极财政政策继续实行，发行 1 500 亿元长期建设国债，其中，1 000 亿元建设国债用于弥补前期基础设施在建项目后续资金不足和工程收尾，500 亿元特种国债支持西部大开发，主要用于青藏铁路、西气东输、西电东送、南水北调、生态建设等一些重大基础设施建设。同时，为配合国家的产业政策，继续加大对设备和高新技术产业的投资力度，继续实施对技术改造的贴息政策。到 2001 年年底，国债技术改造贴息资金安排国有重点企业已开工技术改造项目 781 个。

2002 年继续发行长期建设国债 1 500 亿元，其中，1 250 亿元列入中央预算，其余 250 亿元转贷地方使用。国债资金主要用于在建国债项目、西部开发项目、重点企业改革项目、南水北调工程、京津水资源保护工程、农村基础设施和教育以及公检法设施建设。特别是在天然林保护工程、农业综合开发和农业科技项目等方面，除了增发国债安排的支出外，中央财政还增加了 206 亿元。

1998—2004 年期间，中央财政累计发行长期建设国债 9 100 亿元，截至 2004 年年底，7 年累计实际安排国债项目资金 8 643 亿元，并拉动银行贷款和各方面配套资金等逾 2 万亿元，主要投向农林水利和生态建设、交通通信、城市、技术进步、产业升级和农网改造，以及教育、文化、卫生、旅游等基础设施建设。具体投向是：农林水利和生态建设 2 596 亿元，所占比重为 30%；交通通信基础设施建设 1 711 亿元，所占比重为 19.8%；城市基础设施建设 1 317 亿元，所占比重为 15.2%；技术进步和产业升级 775 亿元，所占比重为 9%；农网改造 688 亿元，所占比重为 8%；教育、文化、卫生、旅游基础设施建设 433 亿元，所占比重为 5%；中央直属储备粮库建设 352 亿元，所占比重为 4.1%；环境保护投资 312 亿元，所占比重为 3.6%；公检法司设施建设 180 亿元，所占比重为

2.1%。从各年度看，国债项目资金的使用结构不断优化，1999—2001 年在 1998 年安排六个方面投资的基础上，逐步增加了西部开发、重点行业技术改造、高新技术产业、退耕还林（草）、教育、公检法司设施建设；2002 年以后投资重点向农村、结构调整、中西部地区、科技教育和生态环境建设等方面倾斜，更加注重城乡、区域、经济社会等的协调发展。

（二）调整税收政策，增强税收调控功能

为鼓励投资，支持引进国外的先进技术设备，在将关税税率总水平由 1997 年年底的 17% 逐步降至 2004 年的 10.4% 的同时，从 1998 年起，对国家鼓励发展的国内投资项目和外商投资项目进口的设备，在规定范围内，免征关税和进口环节增值税；1999 年下半年起减半征收固定资产投资方向调节税，2000 年开始暂停征收；对符合国家产业政策的企业技术改造项目购置国产设备，准予按 40% 的比例抵免企业所得税。为刺激居民消费，1999 年 11 月，对居民储蓄存款利息恢复征收个人所得税；1999 年对香皂以外的其他护肤护发品消费税税率统一由 17% 降为 8%，对环保型汽车减按规定税率 70% 征收消费税；从 1999 年 8 月 1 日起对涉及房地产的营业税、契税、土地增值税给予一定减免，以鼓励住房消费和流通。为支持外贸出口，从 1998 年起分 8 次提高了出口货物增值税退税率，到 2002 年，出口货物平均退税率已由 8.3% 提高到 15% 左右，同时进一步改进了出口退税管理办法，对纳税信誉较好的企业简化退税审批手续，加快出口退税进度；2004 年，又对出口退税机制进行了改革，进一步优化了出口退税税率结构，并实行了中央与地方共同分担出口退税的新机制，解决了历史欠退税问题，有力地促进了企业出口增长。为适应经济结构的战略性调整，促进中西部地区和高新技术产业的发展，制定了支持西部大开发和东北地区等老工业基地振兴的税收优惠政策，涉及所得税、耕地占用税、农业特产税和进口税收等诸多方面；从 2000 年起对软件产业、集成电路、TFT－LCD 等高新技术产业制定了一系列税收优惠政策，涉及增值税、企业所得税和进口税收。另外，为支持金融体制改革和提高金融机构经营效益，2001 年起将金融保险业营业税税率每年降低 1 个百分点，到

2003 年降至 5%，并从 1998 年 6 月 12 日起将证券交易印花税税率下调到 4‰，2001 年 11 月 6 日又调减为 2‰，以有效的税收政策促进金融证券市场的稳定发展。

（三）调整收入分配政策，培育和扩大消费需求

1999 年 7 月 1 日、2001 年 1 月 1 日、2001 年 10 月 1 日和 2003 年 7 月 1 日，我国政府连续四次提高机关事业单位人员的基本工资标准并相应增加离退休人员离退休费，还实施了年终一次性奖金制度和艰苦边远地区津贴制度。经过四次调整工资，2003 年年底，全国机关事业单位职工月人均基本工资水平（含奖金）达到 877 元，比 1998 年的 400 元提高了 119%，是新中国成立以来工资增长速度最快、增幅最大的一个时期，国家财政为此累计安排增资支出 6 390 亿元，其中中央财政支出 3 714 亿元。同时，重视加强社会保障工作，不断完善社会保障体系。1998 年对国有企业下岗职工实行基本生活保障制度，1999 年相继颁布了《失业保险条例》和《城市居民最低生活保障条例》，正式建立了比较完善的社会保障制度。从 1999 年 7 月 1 日起，将国有企业下岗职工基本生活费、失业保险金、城市居民最低生活费"三条保障线"水平提高 30%，并先后四次提高了企业离退休人员基本养老金水平。1998—2004 年，全国财政用于企业养老保险基金补助、国有企业下岗职工基本生活保障补助和城市居民最低生活保障费的支出，由 123 亿元增加到 1 035 亿元，年均增长 42.6%，累计安排支出 4 464 亿元。如果加上行政事业单位医疗经费、抚恤和社会福利救济、行政事业单位离退休经费及补充全国社会保障基金等方面的支出，全国财政社会保障经费支出已由 1998 年的 775 亿元增加到 2004 年的 3 410 亿元，年均增长 28%，明显高于同期财政总支出的增幅；全国财政社会保障经费支出占财政总支出的比重由 1998 年的 7.2%，提高到 2004 年的 12.4%，有效地发挥了社会保障自动稳定器作用。收入分配政策的调整、实施，进一步增强了居民的消费能力，有效地拉动了内需。

（四）完善非税收入政策，规范分配关系

财政部门会同有关部门通过加大治理乱收费力度，减轻了企业和居民

的非税负担。1998—2004 年，共取消收费项目 1 913 项，并降低了 479 个项目收费标准，减轻社会负担 1 490 亿元。其中，1998 年公布取消 727 项收费项目，减轻社会负担 377 亿元；1999 年公布取消 408 项收费项目、降低 479 个项目收费标准，减轻社会负担 245 亿元；2000 年公布取消 238 项收费项目，减轻社会负担 145 亿元；2001 年公布取消 69 项收费项目，减轻社会负担 300 亿元；2002 年取消面向企业的不合理收费项目 298 项，涉及金额 210 亿元；2003 年取消面向企业的不合理收费项目 65 项，涉及金额 140 亿元；2004 年取消面向企业的不合理收费项目 108 项，涉及金额 73 亿元。同时，率先规范交通和车辆收费，从 2001 年 1 月起，将车辆购置附加费改征车辆购置税，使税费改革迈出实质性步伐。此外，对农村公共收入分配中的农业税等政策进行改革，规范农村税费制度。农村税费改革由点到面，从 2000 年在安徽全省开始试点，到 2003 年在全国推开，并取得阶段性成果，受益农民平均减轻负担 30% 左右，2004 年进一步加大了改革力度。由于行政事业性收费和政府性基金都属于政府财政的非税收入，减费可以起到与减税等价的效应，同样有利于增强企业自主投资和居民消费的能力。

（五）加大对中西部地区的转移支付，促进中西部地区发展

2002 年，为促进地区经济协调发展，完善市场经济机制，中国政府实行了所得税收入分享改革，由原来按企业隶属关系划分中央与地方所得税的做法，改为按比例分享。当年所得税增量收入中央与地方按五五比例分享，从 2003 年起按六四比例分享，中央财政从所得税增量中多分享的收入，全部用于增加对地方主要是中西部地区的转移支付。同时，不断规范并增加对地方的财政转移支付规模，提高地方财政保障能力。2004 年，中央对地方税收返还和补助支出总额，由 1998 年的 3 322 亿元增加到 10 408 亿元，年均增长 20.3%。特别是中央财政在增加对地方的一般性转移支付支出、民族地区转移支付支出、调整工资转移支付支出和农村税费改革转移支付支出等财力性转移支付规模的同时，注重将转移支付的增量部分向中西部地区倾斜，2004 年中央对地方转移支付支出达

6 357亿元，大大高于同期对地方的税收返还支出 4 051 亿元。此外，为配合西部大开发战略和农村税费改革政策实施，保护和改善西部生态环境，中央财政还对天然林保护、退耕还林（草）、农村税费改革造成的基层财政减收等进行转移支付补助。2002 年中央财政对天然林保护工程和退耕还林（草）工程补助 93.4 亿元，2002 年、2003 年和 2004 年农村税费改革转移支付分别为 245 亿元、305 亿元和 523 亿元。中央财政通过加大对地方转移支付的力度，大大增强了地方特别是中西部地区的财政保障能力，有力地促进了区域和城乡的协调发展。

总体来看，中国政府在实施积极财政政策的过程中，注意把握财政政策实施的方向和力度，注重短期措施与长期政策目标的协调，保持财政经济可持续发展。其主要特点：一是政策选择正确。针对经济运行中出现的需求不足、经济增长乏力的特殊形势，及时果断地实行扩张性财政政策，立足于快速启动经济。比如，为刺激需求而增加的政府直接投资，主要用于能够快速启动经济的在建项目和投资期为 1—3 年的短期基础设施建设项目。二是政策取向合理。积极财政政策的着力点既注重总量扩张，也着眼结构调整，使短期政策效应与中长期政策效应有机地结合起来。三是政策配合协调。在财政政策实施中，注重与货币政策的双向协调，在资金筹集上，向商业银行等国债承销团成员发行国债；在资金运用上，注重财政投资与银行信贷资金在基础设施建设上的密切配合；发行特别国债，以提高国有商业银行的资本金充足率等，都体现了财政政策与货币政策协同考虑、双向兼顾的原则要求。

三、积极财政政策的实施成效

积极财政政策是我国政府根据市场经济规律在国内外经济环境急剧变化的情况下主动采取的一次反周期调节，在我国财政宏观调控史上具有重大意义。

（一）社会需求全面回升，促进了国民经济持续稳定发展

1998 年以后累计发行的近万亿元长期建设国债直接带动地方、部门、

企业投入项目配套资金和银行安排贷款 2 万多亿元，对促进经济增长发挥了重大作用。积极的财政政策，促进了国民经济持续稳定增长。据有关部门统计分析：1998 年积极财政政策及其引导的各方面投资和消费，拉动国民经济增长 1.5 个百分点，使当年国内生产总值增长达到 7.8%，这在亚洲各国经济普遍负增长的情况下不啻为一大奇迹。1999 年国民经济保持了稳定增长的势头，各项需求稳步回升，全年国内生产总值增长7.1%，其中积极财政政策及其带动的各方面投资和消费拉动经济增长达2 个百分点。2000 年积极财政政策继续有效地发挥了扩大内需的宏观调控作用，拉动经济增长 1.7 个百分点，使我国国民经济出现重要转机，国内生产总值增长达到 8%。2001 年，积极财政政策的实施不仅保证了青藏铁路、西电东送等西部开发重大项目的及时启动和建设，完成了一大批重大在建项目，而且对于拉动经济增长也起到了至关重要的作用，当年国债投资拉动经济增长 1.8 个百分点，国内生产总值增长 7.3%。

积极财政政策促使投资、消费需求和外贸出口呈现出持续快速增长的势头，全社会固定资产投资增速由 1997 年的 8.8% 逐年上升到 2004 年的26.6%，社会消费品零售总额由 1998 年的 6.8% 上升到 2004 年的 13.3%，外贸出口增幅由 1998 年的 0.5% 上升到 2004 年的 35.4%。三大需求的持续快速增长，有力地拉动了经济快速稳定增长，其中，积极财政政策发挥了重要作用。据测算，1998—2002 年，积极财政政策每年拉动经济增长1.5~2 个百分点。

（二）基础设施得到显著改善，经济结构调整步伐加快

积极财政政策为国民经济的长期可持续发展奠定了坚实基础。过去较长一段时间，经济结构不合理和技术装备水平落后，一直是困扰我国经济持续快速健康发展的重要制约因素。党中央、国务院十分重视加强国民经济薄弱环节，在实施积极财政政策过程中，安排使用国债资金主要向以下几个方面倾斜。一是向基础设施建设倾斜。1998—2002 年，累计安排国债项目 8 600 多个，重点加强了基础设施建设。累计建成公路通车里程2.55 万公里，全国高速公路已达 1.9 万多公里，跃居世界第二位；建成

铁路新线 4 007 公里，复线 1 988 公里，电气化里程 1 063 公里；新建、扩建机场 37 个；对 2 400 多个县进行了农网建设和改造，等等。基础设施状况的改善大大缓解了长期以来经济发展的"瓶颈"制约，优化了产业结构。二是向中西部地区倾斜。通过不断加大对中西部地区的国债投资比重，支持了西部大开发战略的实施，促进了中西部地区经济的发展，缩小了地区发展差距。三是向技术改造倾斜。1999 年以来，共安排 265.4 亿元国债资金对 781 个技术改造开工项目给予技改贴息，拉动社会其他方面投资达 2 810 亿元，实施了一大批对结构调整和技术升级有重大影响的项目，增强了国内企业的竞争能力。四是向生态环境建设倾斜。国家不断增加生态建设和环境保护投入，1998—2002 年共安排农林水利和生态建设国债资金 1 438 亿元，用于长江上游、黄河中上游、东北及内蒙古等国有林区的天然林保护，加固大江大河大湖堤防 3 万公里，增加行蓄洪面积近 3 000 平方公里。安排环境保护国债资金 207 亿元，其中建成 141 个污水处理项目。2000 年启动的退耕还林（草）工程和京津风沙源治理工程，也都取得了很好的效果。经济结构的优化、生态环境的改善和技术水平的提升，不仅支撑了我国经济的稳定增长，还为经济的长期可持续发展打下了比较扎实的基础，也有利于我国积极应对加入 WTO 后带来的挑战。

（三）物价保持基本稳定，通货紧缩趋势得到明显遏制

在积极财政政策和稳健货币政策的双重调控作用下，经济运行环境明显改善，经济自主增长的能力提高，投资和消费主体的信心增强，市场预期不断趋好，市场需求趋于扩张，推动物价回升，前几年困扰经济发展的通货紧缩趋势明显改观。

一是居民消费和商品零售价格指数由下降转为上涨。在积极财政政策和稳健货币政策作用下，自 2002 年第四季度起，全国居民消费价格指数开始出现回升趋势。2003 年和 2004 年，全国居民消费价格指数分别上涨 1.2% 和 3.9%。从消费价格结构看，同期食品消费价格指数分别上涨 3.4% 和 9.9%，其中粮食价格分别上涨 2.3% 和 26.4%；居住消费价格指数分别上涨 2.1% 和 4.9%；娱乐教育文化等服务消费价格指数均上涨

1.3%。全国商品零售价格指数自 2003 年第四季度开始由下降转为上涨，出现逐步回升态势。2004 年，全国商品零售价格指数由上年下降 0.1% 转为上涨 2.8%。

二是工业品等上游产品价格指数持续回升。作为价格先行指数的工业品等价格指数自 2002 年就开始上涨。2003 年，工业品出厂价格指数上涨 2.3%，原材料、燃料、动力购进价格指数上涨 4.8%，固定资产投资价格指数上涨 2.2%；2004 年，这三项价格指数分别上涨 6.1%、11.4% 和 5.6%，呈现出快速上升的态势。

（四）促进了人民生活条件改善，推进了社会事业发展

一是调整收入分配政策，增加了城乡居民收入。农村居民家庭人均纯收入由 1997 年的 2 090.1 元提高到 2004 年的 2 936.4 元；城镇居民人均可支配收入由 1997 年的 5 160.3 元提高到 2004 年的 9 421.6 元。同时，机关事业单位人员工资、国有企业下岗职工基本生活费、失业人员的补助救济费、城市最低生活保障线标准都得到了提高，部分国有企业拖欠的离退休人员养老金得到一次性补发。

二是教育基础设施建设得到加强。从 1998 年起的 5 年内，中央财政支出中教育经费所占比例每年提高 1 个百分点，重点用于支持高校体制改革和高等学校办学条件的改善，确保国家重点科研项目的资金需要等。中央财政从 1998—2000 年实际增加教育经费 183 亿元。在积极财政政策执行期间，全国中小学危房改造工程、农村中小学现代远程教育工程、农村中小学布局调整等重点项目顺利实施，农村基础教育办学条件也得到较好改善。

三是加快了社会保障体制改革，发挥社会稳定器作用。2002 年用于社会保障方面的支出达 2 689 亿元，比 1996 年的 662 亿元增加了 2 倍还多，同时建立起了全国社会保障基金、开设了福利彩票等，社保体制建设向广覆盖、社会化目标迈进；大力支持农村扶贫开发事业，大幅增加中央扶贫资金规模，增强贫困地区发展能力，促进贫困农民增加收入；加强基层公共卫生服务能力建设，截至 2004 年，1 410 个县级和 205 个省、市

（地）级疾病预防控制中心基本建成，290 所紧急救援中心陆续开工，新型农村合作医疗制度试点稳步推进。

（五）财政收入保持快速增长，财政实力明显增强

积极财政政策不仅有力地拉动了经济增长，同时也实现了财政收入的持续快速增长，大大提高了国家财政实力，增强了政府宏观调控的能力。

一是财政收入持续快速增长。1998 年以来，中国财政收入连年大幅增长，中国财政收入规模不断登上新台阶，1999 年财政收入首次突破 1 万亿元，达到 11 444 亿元；2001 年超过 1.5 万亿元，达到 16 386 亿元；2003 年突破 2 万亿元，达到 21 715 亿元；2004 年超过 2.5 万亿元，达到 26 396 亿元。1998 年比上年增收 1 225 亿元，1999 年增收 1 568 亿元，2000 年增收 1 951 亿元，2001 年增收 2 991 亿元，2002 年增收 2 518 亿元，2003 年和 2004 年分别增收 2 812 亿元、4 681 亿元。7 年来，财政收入累计增收 17 746 亿元，年均增长 17.3%，年均增加 2 535 亿元，是历史上财政收入增收最多、增长最稳定的时期。财政收入占 GDP 的比重由 1997 年的 11.0% 上升到 2004 年的 16.5%，年均提高 0.79 个百分点。

二是财政收入稳定增长机制进一步巩固。财政收入的快速增长主要是来自于税收收入的快速增长。1998—2004 年，税收收入分别比上年增加 1 029 亿元、1 420 亿元、1 899 亿元、2 720 亿元、2 335 亿元、2 381 亿元和 4 148 亿元，7 年共增加 15 932 亿元，占同期财政收入增收总额的 90%。税收收入规模不断扩大，1999 年税收收入突破万亿元大关，达到 10 683 亿元；2001 年超过 1.5 万亿元，达到 15 301 亿元；2003 年税收收入再上一个新的台阶，突破 2 万亿元，达到 20 017 亿元；2004 年增加到 24 166 亿元。主体税种保持了较快增长，7 年间，消费税年均增长 12%，增值税年均增长 15.5%，营业税年均增长 15.3%，进口产品增值税和消费税年均增长 32.8%，企业所得税年均增长 22.4%，个人所得税年均增长 31.2%。同时，税收收入结构更加优化，1998—2004 年期间，流转税（国内增值税和消费税、营业税，扣除外贸企业出口退税）收入增加额对各项税收增加总额的贡献率为 36.9%，企业所得税和个人所得税的贡献

率为 28.1%，进口税收（关税、进口产品消费税和增值税）的贡献率为 24.6%，形成了三类主体税种支撑财政收入增长的格局，稳定的财政收入增长机制进一步巩固。

三是财政调控能力显著增强。随着财政收入的持续快速增长，财政收入"两个比重"（财政收入占 GDP 比重和中央财政收入占全国财政收入比重）呈现出稳步上升的趋势。1997 年全国财政收入占 GDP 的比重为 11%，2004 年上升到 16.5%，7 年提高 5.5 个百分点，年均提高 0.79 个百分点。其中，税收收入占 GDP 的比重由 1997 年的 10.5% 上升到 2004 年的 15.1%，7 年提高 4.6 个百分点，平均每年提高近 0.66 个百分点。同期，中央财政本级收入占全国财政收入的比重由 48.9% 上升到 54.9%，7 年提高 6 个百分点，年均提高 0.86 个百分点。财政收入占 GDP 的比重及中央财政收入占全国财政收入的比重，直接反映政府对社会产品或资源的支配程度，以及中央政府对政府全部资源的集中程度，体现为政府对经济社会的调节能力和中央政府的控制能力。财政收入"两个比重"的不断提高表明政府宏观调控能力显著增强，综合国力明显提高。

（六）财政政策调控日益娴熟，丰富了我国政府宏观调控的经验

积极财政政策的具体实践和探索，健全和丰富了我们加强和改善宏观调控的经验。我们不仅有了治理严重通货膨胀、实现经济"软着陆"的宝贵经验，也有了适应情况变化及时防治通货紧缩趋势的尝试，包括综合运用财政、货币、税收、价格、收入分配等调控手段。实施积极的财政政策，又使我们总体掌握了应对通货紧缩的基本经验。一是敏锐观察世界经济和国内经济发展趋势，一旦形势需要，就要充分发挥我国的政治优势，果断决策，把握政策出台的时机，并迅速行动，减少时滞，尽快发挥积极财政政策的作用和效果。二是把短期发展和长期目标结合起来。实施积极财政政策不仅要拉动内需，还要努力促进出口，不能因为出口困难而放弃开拓国际市场；不仅要扩大内需，而且还要培育和保护内需；不仅要促进当年经济的稳定增长，还要兼顾经济的长期可持续发展，加强国民经济薄弱环节，提升国民经济的综合竞争力。三是综合协调运用多种政策，注重

发挥各种政策工具的组合效应。财政政策和货币政策是实施宏观调控的两大政策工具，在促进经济稳定增长方面，既要发挥财政政策的作用，又要调整和优化信贷结构，发挥货币政策对经济和社会发展的促进作用。在财政政策内部也要善于综合运用各项财政政策工具，在发行建设国债的同时，充分发挥调整收入分配、实施财政贴息、出口退税、清理取消乱收费等多项政策措施的组合效应，以增强财政政策效果。

（七）为周边国家经济金融稳定做出了重要贡献，提升了我国的国际地位

实施积极财政政策不仅使我国有效地抵御了亚洲金融危机的冲击，促进了经济稳定增长，还具有重要的国际政治和社会意义：一是为我国维护人民币汇率的稳定创造了条件，为维护亚洲乃至世界范围内经济的稳定与发展做出了积极贡献，得到了国际上的广泛赞誉，彰显了负责任的大国形象，提升了我国的国际地位。二是增加了大量就业机会，缓解了就业压力，保持了社会稳定，为我国进一步深化改革、扩大开放创造了宽松的社会环境。三是提高了我国的综合国力，增强了国际社会对中国经济稳定和可持续发展的信心，为我国申奥成功、加入世界贸易组织等做出了积极贡献。

中国财政60年（下卷）

主编　谢旭人

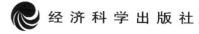

经济科学出版社

图书在版编目（CIP）数据

中国财政 60 年（上下卷）／主编谢旭人．—北京：
经济科学出版社，2009.9

（辉煌历程——庆祝新中国成立 60 周年重点书系）

ISBN 978 - 7 - 5058 - 8579 - 0

Ⅰ. 中… Ⅱ. 谢… Ⅲ. 财政 - 经济史 - 中国 - 1949 ~
2009 Ⅳ. F812.9

中国版本图书馆 CIP 数据核字（2009）第 160951 号

责任编辑：金 梅 莫霓舫 卢元孝 张建光 齐伟娜
　　　　　范 莹 赵 蕾
责任校对：徐领弟 徐领柱 杨晓莹 王肖楠 王苗苗
版式设计：代小卫
技术编辑：董永亭

中国财政 60 年

（上下卷）

主编 谢旭人

经济科学出版社出版、发行 新华书店经销

社址：北京市海淀区阜成路甲 28 号 邮编：100142

总编部电话：88191217 发行部电话：88191540

网址：www.esp.com.cn

电子邮件：esp@esp.com.cn

北京中科印刷有限公司印装

787×1092 16 开 59.5 印张 820000 字

2009 年 9 月第 1 版 2009 年 9 月第 1 次印刷

ISBN 978 - 7 - 5058 - 8579 - 0 定价：138.00 元

目　录

第一篇　1949—1977 年的中国财政

第三篇　1993—2002 年的中国财政

第 四 篇

2003 年以来的中国财政

第二十章
新时期财政运行特征

2002 年 11 月，党的十六大报告提出，全面建设小康社会，开创中国特色社会主义事业新局面。自此，中国的改革和发展进入了一个新的历史时期，财政改革与发展也迈入了新阶段。

第一节　以科学发展观统领财政改革与发展

进入新世纪新阶段，我国经济持续较快增长，结构调整步伐加快，民生持续改善，对外开放程度加深，经济社会呈现出全面发展的良好势头；但与此同时，经济社会发展过程中也暴露出一些亟待解决的深层次矛盾和问题。针对新时期的特点和突出问题，在立足社会主义初级阶段基本国情、总结我国发展实践、借鉴国外发展经验的基础上，党中央根据新的发展要求提出了以人为本、全面协调可持续的科学发展观。财政作为党和国家进行政权活动的物质基础，必须深入贯彻落实科学发展观，增强贯彻落实科学发展观的坚定性、自觉性，把科学发展观的要求贯穿到财政工作的方方面面，促进经济社会的科学发展，同时也实现财政自身的科学发展。

一、贯彻落实科学发展观对财政工作提出了新的更高要求

科学发展观，其第一要义是发展，核心是以人为本，基本要求是全面协调可持续，根本方法是统筹兼顾。

（一）坚持把发展作为党执政兴国的第一要务

发展，对于全面建设小康社会、加快推进社会主义现代化，具有决定性意义。要牢牢抓住经济建设这个中心，坚持聚精会神搞建设，一心一意谋发展，不断解放和发展社会生产力。要更好实施科教兴国战略、人才强国战略、可持续发展战略，着力把握发展规律、创新发展理念、转变发展方式，破解发展难题，提高发展质量和效益，实现又好又快发展，为发展中国特色社会主义打下坚实基础；努力实现以人为本、全面协调可持续的科学发展，实现各方面事业有机统一、社会成员团结和睦的和谐发展，实现既通过维护世界和平发展自己，又通过自身发展维护世界和平的和平发展。

（二）坚持以人为本

全心全意为人民服务是党的根本宗旨，党的一切奋斗和工作都是为了造福人民。要始终把实现好、维护好、发展好最广大人民的根本利益作为党和国家一切工作的出发点和落脚点，尊重人民主体地位，发挥人民首创精神，保障人民各项权益，走共同富裕道路，促进人的全面发展；做到发展为了人民、发展依靠人民，发展成果由人民共享。

（三）坚持全面协调可持续发展

要按照中国特色社会主义事业总体布局，全面推进经济建设、政治建设、文化建设、社会建设，促进现代化建设各个环节、各个方面相协调；促进生产关系与生产力、上层建筑与经济基础相协调；坚持生产发展、生活富裕、生态良好的文明发展道路，建设资源节约型、环境友好型社会；实现速度和结构质量效益相统一、经济发展与人口资源环境相协调，使人民在良好生态环境中生产、生活，实现经济社会永续发展。

（四）坚持统筹兼顾

要正确认识和妥善处理中国特色社会主义事业中的重大关系，统筹城乡发展、区域发展、经济社会发展、人与自然和谐发展、国内发展和对外开放、统筹中央和地方关系、个人利益和集体利益、局部利益和整体利益、当前利益和长远利益，充分调动各方面积极性；统筹国内国际两个大局，树立世界眼光，加强战略思维，善于从国际形势发展变化中把握发展机遇，应对风险挑战，营造良好国际环境。既要总揽全局、统筹规划，又要抓住牵动全局的主要工作、事关群众利益的突出问题，着力推进，重点突破。

二、全面贯彻落实科学发展观

2003 年以来，财政部门始终紧密围绕科学发展观的贯彻落实，不断完善财政工作思路。2003 年年底，按照党的十六大、十六届三中全会精神，全国财政工作会议提出了"一二三四"的工作思路："做大一个蛋糕"，即千方百计促进经济发展，做大财政收入蛋糕；"用活两大存量"，即用活国债投资存量和粮食风险基金存量；"推进三项改革"，即推进税制改革、农村税费改革和预算管理制度改革；"完善四项制度"，即重点支持完善收入分配、社会保障、教育和公共卫生四个方面的制度，将全面协调可持续的发展观具体化为财政工作的各项部署和安排。

2008 年，结合深入学习实践科学发展观活动，财政部党组提出了建立健全有利于科学发展的财政体制机制的总体思路和主要改革措施。即着力健全协调配合的财税政策体系，加强和改善宏观调控，推进经济结构调整和发展方式转变；着力深化财政体制改革，完善财政转移支付制度，健全中央和地方财力与事权相匹配的体制；着力优化财政支出结构，建立保障和改善民生的长效机制，完善体现科学发展要求的公共财政体系；着力推进税制改革，建立健全资源有偿使用制度和生态环境补偿机制，构建有利于科学发展的财税制度；着力推进依法理财，加强科学管理，建立健全财政预算管理制度，提高财政管理绩效，进一步完善财政部门在今后一个时期内全面贯彻落实科学发展观的总体要求。

（1）坚持发展是第一要义。进一步加强和改善财政宏观调控，促进经济又好又快发展。综合运用多种财税政策工具，发挥财政政策在稳定经济增长特别是优化结构、协调发展等方面的积极作用。逐步建立和健全旨在促进企业自主创新和科技进步的财税政策体系，推动经济发展方式转变，提高经济增长的质量和效益。在此基础上，加快财政自身发展，不断增强财政实力，奠定科学发展的坚实物质基础。

（2）坚持以人为本。加快推进以改善民生为重点的社会事业发展，始终把实现好、维护好、发展好最广大人民的根本利益作为财政工作的出发点和落脚点。进一步调整和优化财政支出结构，大力发展教育、文化、医疗、卫生、社会保障等社会事业，支持保障和改善民生；关注城乡低收入群体和贫困人口的需要，调节收入分配，扩大公共服务，促进社会公平正义，努力使全体人民学有所教、劳有所得、病有所医、老有所养、住有所居，推动社会主义和谐社会建设。

（3）坚持全面协调可持续发展。以促进"五个统筹"为切入点，通过完善财税政策和财政体制等手段，加大财政支农投入，加快社会主义新农村建设；综合运用财政补贴、税收优惠等措施，支持和促进节能减排、生态建设和环境保护；加大社会事业的投入，全面推进经济建设、政治建设、文化建设、社会建设，促进现代化建设各个环节、各个方面协调发展。

（4）坚持统筹兼顾。财政作为国家参与国民收入分配的重要手段，对于正确处理好各方面的利益关系具有重要作用。财政部门坚持"为国理财、为民服务"宗旨，运用统筹兼顾的工作方法，从全局和战略高度妥善处理财政工作中涉及的复杂利益关系，建立健全符合科学发展观要求的财政体制机制和管理制度，体现正确的利益导向，调动各方面的积极性。

总的看，近年来，财政工作以科学发展观为统领，积极推进完善公共财政体系，财政收入不断迈上新台阶，财政支出结构进一步优化调整，财税制度改革不断深化，财政管理的法制化、规范化、科学化、精细化水平显著提高，财政宏观调控能力明显增强。

第二节　财政收入不断迈上新台阶

2003 年以来，我国经济发展进入新阶段。2003—2008 年年均 GDP 增长率高达 10% 以上，第二、第三产业比重不断提升，商品流通规模快速扩大，市场体系逐渐完善，都为财政收入较快增长打下了坚实基础。同时，财政加快改革与发展，一方面通过调整宏观政策、优化税制结构以及支持国有企业深化改革等，促进经济又好又快发展，做大财政增收的经济基础，另一方面深化财政管理改革，积极整合政府各类资源，加大对非税收入的清理与规范，进一步提高科学化和精细化管理水平，打牢财政增收的管理基础。通过这些努力，有力支持了经济发展环境的优化和财经秩序的改进，巩固和完善了财政收入稳定增长的机制，财政收入连年迈上新台阶。

一、财政收入规模持续增长

从总量上看，2003—2008 年，全国财政收入累计约为 23 万亿元，年均增速为 21.7%；年均增量约为 7 000 亿元，相当于 1996 年全年的财政收入。这一时期是历史上全国财政收入增收最多、增速最快的时期之一。2003 年全国财政收入突破 2 万亿元，2005 年超过 3 万亿元，2007 年跨过 5 万亿元大关，2008 年达到 6 万多亿元。全国财政收入从 1950 年 62 亿元开始，到突破 1 000 亿元大关，用了 28 年时间（1978 年为 1 132 亿元），从 1 000 亿元到 1 万亿元，用了 21 年时间（1999 年为 11 444 亿元）；而从 1 万亿元到 2 万亿元，仅用了 4 年时间，从 2 万亿元到 3 万亿元，仅用了 2 年时间，从 3 万亿元到实现翻倍，仅用了 3 年时间。从相对总量上看，财政收入占 GDP 比重基本保持稳定上升趋势，2008 年达到了 20.4%（见图 20-1），确保财政宏观调控能力进一步增强。同时，中央财政赤字占 GDP 的比重稳步下降，从 2003 年的 2.4% 下降到 2008 年的 0.6%（见图 20-2）。

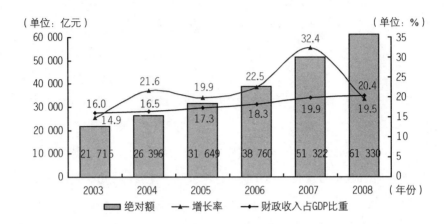

图 20-1　2003—2008 年全国财政收入情况

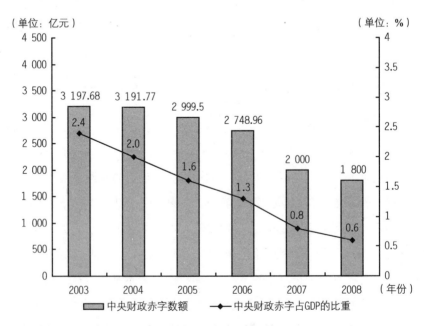

图 20-2　2003—2008 年中央财政赤字数额及占 GDP 比重变化情况

二、财政收入结构不断优化

（一）税收比重占据主导地位

在财政收入结构中，税收收入所占比重一直处于绝对主导地位，虽然占比逐年略有下降，从2003年的92.18%下降到2008年的88.4%，但总体上仍保持在90%左右的水平，构成了财政收入的绝对主体（见图20-3）。

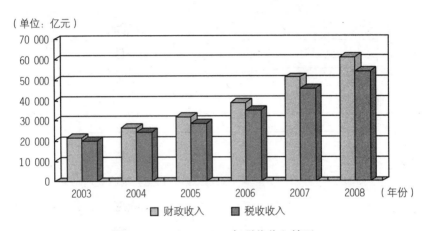

（单位：亿元）

图20-3　2003—2008年税收收入情况

（二）税收收入结构不断优化

改革开放之后，我国逐步形成了流转税和所得税双主体的税制格局。一般来说，相比流转税，所得税更有利于发挥市场配置资源的作用，减少对市场行为的扭曲，因此，我国税制优化的方向之一就是要逐步降低流转税的比重，提升所得税占比。2003年以来，尽管我国税制结构中仍然以流转税为主，但占比已有较大降幅，而所得税的比重则呈现上升趋势。

整体收入结构中，2003年国内增值税、国内消费税、营业税、关税四大流转税收入占税收总收入的60.9%，2008年这一比重下降到55.3%；所得税收入（企业所得税和个人所得税）所占比重则由2003年的21.7%提升到2008年的27.5%。此外，随着税制改革的深入，财产税在税收中的作用也开始体现，房产税、城镇土地使用税、车船税、船舶吨税等财产税在税收收入中所占比例达到 4.6%。

（三）中央财政收入比重保持基本稳定

自 2003 年以来，中央财政收入占全国财政收入比重始终保持在 52%～55% 之间（见图 20－4），没有出现大的波动，中央财政收入随全国财政收入增长而稳定增长，为提高中央宏观调控能力和加大对地方转移支付力度提供了财力保障。

（单位：%）

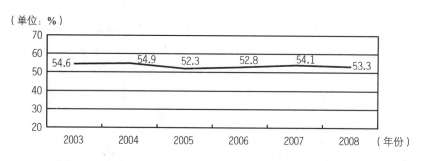

图 20－4　2003—2008 年中央财政收入占全国财政收入比重

第三节　财政支出结构进一步调整优化

2003 年以来，财政部门全面贯彻落实科学发展观，围绕"五个统筹"和社会主义和谐社会建设，不断调整优化支出结构，持续加大对经济社会发展薄弱环节的投入力度，向社会主义新农村建设倾斜，向保障和改善民生倾斜，向困难地区、基层和群众倾斜，向结构调整和促进经济发展方式转变倾斜，财政支出的公共性日趋显现，支出效益不断提高，有力地促进了经济社会又好又快的发展。

一、加大"三农"投入，促进城乡协调发展

党中央、国务院把"三农"工作作为全党各项工作的重中之重，出

台了一系列惠农政策。各级财政部门按照党中央、国务院的要求，不断增加"三农"投入，确保财政支农资金稳定增长。2003—2007 年，中央财政"三农"投入累计 15 581.2 亿元，年均增长 17.8%。2008 年，中央财政"三农"投入 5 956 亿元，比 2007 年增长 37.9%。地方各级财政也相应加大了投入，这是改革开放以来对农业、农村、农民投入增加最多、增长最快的时期之一。通过加大财政支农力度，支持了农村基础设施建设，改善了农村生产、生活条件，扭转了农民增收多年低速徘徊局面，保障和促进了国家粮食安全，巩固了农业基础地位。同时，公共财政的阳光逐步照耀农村，推动了农村各项社会事业加快发展，有力地促进了社会主义新农村建设和城乡协调发展。

二、支持保障和改善民生，促进经济社会协调发展

坚持以人为本，财政支出向保障和改善民生倾斜，涉及民生方面的各项支出保持了快速增长，支持解决人民群众最关心、最直接、最现实的利益问题。2003—2007 年，全国财政教育支出、社会保障和就业支出（扣除拨付全国社会保障基金）和医疗卫生支出年均增长率分别为 18.8%、18.9% 和 24.6%，这三类支出合计占全国财政支出的比重由 27.7% 提高到 29%。2008 年，全国教育、社会保障和就业、医疗卫生等民生支出继续保持较快增长，分别比 2007 年增长 26.5%、24.9%、38.5%，均高于 2008 年全国财政收入增幅（19.5%）。

此外，财政还加大对廉租房等社会保障性住房建设、公共文化体系建设等方面的投入力度。在加大投入力度的同时，更加注重改善和保障民生的各项体制机制建设，各项社会事业加快发展，涉及人民群众切身利益的一些热点、难点问题相继得到了较好的解决，有力地促进了经济社会协调发展和社会主义和谐社会建设。

三、增加转移支付规模，促进区域协调发展

2003 年以来，各级财政部门按照中央统筹区域发展的战略部署，在

认真落实促进西部大开发、东北等老工业基地振兴、中部崛起等区域财税优惠政策措施的基础上，通过体制和政策创新，努力推动实现地区间基本公共服务均等化，促进区域协调发展。逐步增加对地方转移支付规模，中央对地方转移支付由 2003 年的 4 836 亿元增加到 2008 年的 18 708.6 亿元，增长 2.86 倍，并主要用于中西部地区；实施"三奖一补"政策，形成了上下共同努力提高县乡财政保障能力的机制，增强了基层政府提供基本公共服务的能力。完善省以下财政体制，推动省以下财政管理方式创新，积极推进"省直管县"和"乡财县管"，进一步规范省以下财政分配关系，提高了财政资金运转效率和财政管理工作效率，促进了县乡财政发展。

四、支持科技创新、节能减排和环境保护，促进结构调整和经济发展方式转变

2003 年以来，我国经济持续较快增长，但结构调整和经济发展方式转变仍显滞后。为加快经济结构调整和发展方式转变步伐，按照中央有关决策部署，财政不断加大对科技创新、环境保护和刺激扩大内需方面的投入和政策支持力度。在科技创新方面，增加对基础研究、前沿技术研究、社会公益研究等方面的投入，支持重大科技专项的实施；完善有利于提高自主创新能力的财税政策，整合资金，鼓励和引导企业增加研发投入，促进建设创新型国家。2008 年，全国财政科学技术支出 2 129.2 亿元，比 2007 年增长 19.4%。在节能环保方面，安排专项资金大力推进节能减排，支持十大重点节能工程、中西部地区城市污水管网建设，淘汰落后产能，以及推行节能报告和审计制度、能效标准标识制度，并加强环境监测能力建设等；研究实施有利于节约资源能源和开发新能源的财税政策，支持做好退耕还林、退牧还草等环境保护工作，推进天然林保护等生态工程建设，促进环境友好型社会建设和人与自然和谐发展。2008 年，全国财政环境保护支出 1 451.36 亿元，比 2007 年增长 45.7%。同时，采取多种财税政策手段，扩大内需，特别是居民

消费；加大对教育、医疗、社会保障等公共事业的投入力度，促进稳定居民消费预期，增加现实消费，并积极促进出口，实现内需为主和积极利用外需的共同拉动。

第四节　公共财政体系不断健全和完善

2003 年以来，按照中央的有关决策部署，不断健全和完善公共财政体系，取得了明显成效，初步建立起适应社会主义市场经济发展要求的公共财政体系的基本框架。除建立和巩固了财政收入稳定增长机制、财政支出进一步调整优化外，公共财政体系的建设成果还集中体现在财税体制改革不断深化、财政管理水平显著提高、财政宏观调控能力明显增强等方面。

一、财税体制改革不断深化

（一）税收制度趋向成熟

根据党的十六届三中全会提出的"分步实施税收制度改革"的任务和"简税制、宽税基、低税率、严征管"的指导原则，2003 年以来，财税部门积极稳妥推进各项税制改革，进一步巩固了 1994 年税制改革成果。主要措施包括：统一内外资企业所得税制度，全面实施增值税转型改革，顺利实施成品油价格和税费改革，完善个人所得税政策，健全消费税制度，全面取消农业税，颁布实施烟叶税条例，改革资源税制度和车船税制度，修订实施城镇土地使用税条例，推进耕地占用税制度改革等。现行税收制度无论是组织财政收入能力，还是调节经济和收入分配能力，都显著增强，对于保证财政收入稳定增长和促进国民经济健康发展发挥了重要作用。

（二）分税制财政体制进一步完善

在稳定分税制财政体制基本框架的基础上，对分税制财政体制及转移支付制度采取了一系列调整和完善措施，进一步理顺各级政府间的财政分配关系，更好地发挥国家财政职能作用，增强中央宏观调控能力，促进社会主义市场经济体制建立和国民经济持续快速健康发展。

一是进一步扩大和完善中央对地方财政转移支付。为了缩小地区间财力差距，促进公共服务均等化，中央财政在集中财力的基础上不断加大转移支付规模，逐步建立和完善了财力性转移支付和专项转移支付体系。

二是改革出口退税负担机制。建立与完善了出口退税中央与地方的共担机制，明确了中央与地方的分担比例。

三是创新缓解县乡财政困难的机制。2005 年起开始实行"三奖一补"政策，不断加大奖补力度，逐步建立并完善了存量与增量结合、激励与约束并重的奖补机制。

四是调整和完善省以下财政体制。在合理界定各级政府事权范围的基础上，进一步明确各级政府的财政支出责任，相应调整了省以下各级政府间收入划分，进一步规范省以下转移支付制度，适当增强财政困难县乡的财力，保证各级地方财政的平稳运行；同时，推动省以下财政管理方式创新，推进"省直管县"和"乡财县管"等财政管理方式创新。

二、财政管理水平显著提高

积极推进各项财政管理制度改革，财政管理的法制化、规范化、科学化、精细化程度显著提高，具体表现在以下几个方面。

（一）预算管理制度改革向纵深拓展

一是改革和完善部门预算制度，全面推行部门预算改革。增强预算编制的统一性、完整性和公平性；探索建立财政支出的标准体系，开展实物费用定额和预算支出绩效评价试点，实施项目预算滚动管理，加强财政拨款专项结转和净结余资金管理；强化非税收入管理，深化"收支两条线"管理改革，规范了财政资金范围，预算内外资金统筹安排使用的程度有所提高。

二是顺利实施政府收支分类改革。2007 年，全面使用新的政府收支分类科目编制政府预、决算，组织预算执行。这是新中国成立以来我国财政收支分类统计体系的大调整，也是我国政府预算管理制度的又一次创新。新的政府收支分类体系有利于更加清晰、完整地反映政府收支全貌和职能活动情况，进一步提高政府预算透明度，强化预算管理与监督。

三是改革完善国库管理制度，全面推进国库集中支付改革，深化非税收入收缴改革，开展财税库银税收收入电子缴库试点等，逐步构建起中国特色现代财政国库管理体系。

四是健全政府采购制度，初步建立起"管采分离、职责清晰、运转协调"的政府采购管理体制，依法采购水平全面提升，采购规模不断扩大，并在节能、环保、自主创新等方面较好地发挥了扶持和导向作用。

（二）财政法律制度体系不断完善

制定《财政部门全面推进依法行政依法理财实施意见》，坚持把依法行政、依法理财贯穿财政工作始终；不断完善财政法律制度体系，《中华人民共和国企业所得税法》等多部财政法律、行政法规相继颁布，《企业财务通则》等一批财政部门规章公布执行；积极推进财政审批制度改革，财政行政执法水平明显提高。

（三）财政监督不断深化

初步建立了实时监控、综合核查、整改反馈、跟踪问效的财政监督机制，坚持事前审核、事中监控、事后检查相结合，加大对重大财政政策执行和涉及民生资金的监督力度，同时，自觉接受全国人大和审计、纪检监察部门的监督以及社会团体和舆论的监督。

（四）会计、审计和资产评估等基础工作不断加强

建立了与国际标准趋同的会计、审计两大准则体系，实施了会计领军人才培养工程，进一步完善了会计专业技术资格评价制度及继续教育制度等，开展了企业内部控制标准研究制定工作，强化了注册会计师行业和资产评估行业监管。

（五）财政管理信息化建设稳步推进

成功开发并应用了中央预算管理系统、国库集中支付管理系统、工资统一发放系统等业务系统，建立了预算编制、集中支付和工资发放监控等

基础数据库，制度建设、标准建设及网络安全建设不断加强，形成了覆盖资金运行全过程的总体框架。目前，中央和省级财政部门、部分地市级以及县级财政部门都建成了局域网，财政部至各省份、计划单列市及专员办的广域网已全部联通，部分省市已建成二级、三级骨干网。

此外，还建立和完善了行政事业单位国有资产管理制度，开展国有资本经营预算试点，完善了金融国有资产管理制度等。

三、财政宏观调控能力明显增强

2003 年至今，我国政府针对经济运行中的突出问题进行了两次宏观调控的重大转型。一是 2004 年下半年以来，针对经济增长偏快、结构性问题突出等矛盾，国家将财政政策由积极转向稳健，实施了以"控制赤字、调整结构、推进改革、增收节支"为主要内容的稳健财政政策，并与稳健的货币政策协调配合，使经济社会发展总体呈现出经济增长速度较快、经济效益较好、人民群众得到较多实惠的良好局面。二是 2008 年第三季度开始，为了应对国际金融危机和国内经济下滑问题，国家将财政政策由稳健转向积极，重启积极财政政策，并与适度宽松的货币政策相配合，遏制住了国内经济快速下滑的势头，有力地促进了经济保持平稳较快增长。

从近年来的宏观调控实践看，财政宏观调控能力明显增强，调控方式也发生了积极变化。一是积极主动地实施财政宏观调控，未雨绸缪，反应迅速，准备早、动手早，决策快，减少时滞，努力抓住解决问题的最佳时机。二是根据社会主义市场经济发展的需要，主要是通过国债投资、税收、转移支付、财政补贴等一揽子财政政策工具对市场进行间接调控，更加注重发挥市场机制的基础调节作用，实施反周期调节。三是实施"组合拳"政策措施，不仅通过国债，而且采取了一系列税收政策；不仅注重引导和带动投资、稳定出口，而且更加注重增加居民收入，刺激消费。四是调控目标不断丰富，不仅注重总量的调控，而且更加注重发挥财政政策"点调控"的优势，推动结构调整和发展方式转变。

第二十一章
支持解决"三农"问题

解决好农业、农村、农民问题，事关全面建设小康社会大局，是党和政府工作的重中之重。党的十六大提出要"统筹城乡经济社会发展"，党的十七大又进一步明确提出要"建立以工促农、以城带乡长效机制，形成城乡经济社会发展一体化新格局"。根据中央的部署和要求，国家财政不仅重视对"三农"的投入，更注重从农业、农村、农民整体发展的角度入手，着力破解"三农"难题，促进社会主义新农村建设。2003 年，中央财政用于"三农"的投入首次超过 2 000 亿元，达到 2 144 亿元。2006 年，中央提出了"三个高于"的政策，即国家财政支农资金增量要高于上年，国债和预算内资金用于农村建设的比重要高于上年，其中直接用于改善农村生产、生活条件的资金要高于上年。2003—2007 年中央财政累计对"三农"的投入为 15 581.24 亿元，比 1998—2002 年的"三农"投入总量 7 437.04 亿元增加了 8 144.2 亿元，年均增长 17.8%，比同期中央财政支出年均增长率高出 1.9 个百分点。2008 年，中央财政"三农"投入 5 956 亿元，比上年增长 37.9%。地方财政对"三农"的投入也持续增长。

在较大幅度增加"三农"投入的同时，各级财政部门更加注重充分发挥财政支农政策的导向功能和财政支农资金"四两拨千斤"的作用，探索支农资金整合、以奖代补等投入激励手段，调动农民和社会各方面增加投入。

第一节 巩固和加强农业基础地位

农业受自然、气候等条件影响较大，在任何一个国家都是政府重点扶持的产业。在我国，农业还是农民收入的主要来源，只有农业发展，农民增收才有希望。统筹城乡发展，构建和谐社会，农业也是重要的经济基础。2003 年以来，国家通过采取多种财税政策手段，加大支农投入，巩固和加强了农业基础地位，促进了粮食生产和农业加快发展。

一、调动农民和地方政府农业生产的积极性

（一）对农业生产实行直接补贴

从 2002 年设立良种补贴以来，粮食直补、农机具购置补贴和农资综合补贴相继实施，调动了农民从事农业生产的积极性。除持续增加对农民的以上四项补贴外，针对猪肉供应偏紧、价格快速大幅上涨的情况，中央财政安排专项资金用于扶持生猪产业发展；针对奶业效益下滑局面，中央财政安排专项资金实施奶牛良种补贴政策，并对优质后备奶牛给予饲养补贴。

（二）实施对产粮大县奖励政策

长期以来，产粮大县对国家粮食安全做出了重要贡献，但由于种粮相对效益低，且随着中央对农业主要税收的免除，产粮大县的财政十分困难。为调动地方政府重农抓粮的积极性，缓解县乡财政困难，促进粮食增产，2005 年，中央财政出台了产粮大县奖励政策，当年安排资金 55 亿元。这是继粮食直补政策之后，国家出台的又一重大支农政策举措。此后，中央财政对产粮大县的奖励力度逐年增加，奖励政策也逐步完善，目前已初步建立了存量与增量结合、激励与约束并重的奖励机制。对产粮大县的直接奖励政策有效缓解了产粮大县的财政困难，促进了产粮大县政府

对"三农"领域的投入，维护了国家粮食安全。此外，为促进油料产业发展，2008 年建立油料生产大县奖励政策，并将其纳入产粮大县奖励政策统筹考虑。

二、支持提高农业综合生产能力

（一）加大农业综合开发投入力度

2003—2007 年，中央财政农业综合开发共投入资金 1 404.65 亿元。其中，中央财政资金为 506.9 亿元，带动地方财政配套资金为 338.53 亿元，引导农民筹资投劳、银行贷款、企业自筹资金等 559.22 亿元。农业综合开发资金持续向粮食主产区倾斜，同时以中低产田改造为重点，明确要求除个别生态建设任务较重的省份外，其他省份用于改造中低产田的财政资金均要占到改善农业生产条件财政资金的 90% 以上，并鼓励粮食主产区省份将改善农业生产条件的财政资金全部用于中低产田改造。5 年共改造中低产田 1.28 亿亩，新增粮食生产能力 173 亿公斤。加强中型灌区节水配套改造，为增加粮食生产能力发挥了积极作用。

（二）支持农田水利基础设施建设

近年来，为解决小型农田水利基础设施薄弱的现状，中央财政改革创新，以"民办公助"形式开展小型农田水利工程建设。2005 年，中央财政投入 3 亿元，在全国范围内开展"民办公助"小型农田水利建设试点；2006 年，中央财政投入达到 6 亿元；2007 年，中央财政投入 10 亿元，并进一步完善小型农田水利"民办公助"机制；2008 年，中央财政预算安排 30 亿元，大力支持农田水利建设的薄弱环节。"民办公助"机制围绕探索和建立小型农田水利设施建设与管理长效机制，在增加投入的同时，通过机制创新，妥善解决了以往管护缺位的难题，大大加快了小型农田水利建设的步伐。

（三）支持农业科技创新和推广应用

2005 年，组织开展了科技入户工程，构建"科技人员直接到户、良种良法直接到田、技术要领直接到人"的科技成果转化应用新机制。实施了测土配方施肥补助政策，负责为农民测土配方，引导农民科学施肥。2006 年，增加新型农民科技培训项目，重点对从事农业生产经营的专业农民以及种养能手、科技带头人等开展培训，同时，大力支持发展现代农业，设立现代农业生产发展专项资金，支持各地发展优势特色产业，促进提高农业综合生产能力。

三、支持农业防灾、减灾

农业作为国民经济的基础产业，生产过程中抵御自然灾害的能力还不高，有赖于公共财政在防灾和减灾领域加大投入力度。近年来，公共财政支持农业防灾减灾工作主要集中在以下三个方面：一是加大对动植物重大疫情防控的财政补助力度，近年来，对高致病性禽流感等重大动物疫病免疫疫苗和扑杀给予补助，对蝗虫、小麦条锈病、水稻螟虫等农作物重大病虫害防控的补助也逐年增加。二是对局域性天气原因形成的自然灾害，确保救灾和恢复生产资金及时足额到位。三是积极推进农业保险，完善风险防范机制。在中央财政的支持下，2007 年国家率先对玉米、水稻、小麦、大豆、棉花等 5 个品种的农作物分别在内蒙古、吉林、江苏、湖南、新疆和四川 6 省区试点，中央财政在省级财政承担 25% 保费的基础上，再承担 25% 的保费。试点省区各级财政累计拨付保费 19.17 亿元。2008 年，中央财政继续加大支持力度，补贴品种由 2007 年的 5 种农作物扩大到能繁母猪、奶牛、育肥猪和森林等；试点地区由 6 个扩大到 17 个，累计参保农户 7 500 万户；种植业保费补贴比率提高至 35%。2009 年，对中西部地区种植业保费补贴的比率提高到 40%。财政保费补贴政策大大减轻了农户保费负担，激发了投保积极性，将农业保险的潜在需求转变为有效需求，农业政策性保险迈出了实质性的步伐。

此外，中央还陆续出台了一系列扶持农业发展的税收优惠政策，涉及所得税、增值税、营业税、进口税收等多个税种，有力地促进了农业发展。

第二节　大力支持社会主义新农村建设

社会主义新农村建设是统筹城乡发展、促进社会和谐的重大举措。2006 年 2 月，中共中央、国务院下发《中共中央国务院关于推进社会主义新农村建设的若干意见》，这标志着社会主义新农村建设的重大历史任务迈出关键性的一步。近年来，各级财政通过加大农村基础设施建设投入、农村义务教育投入、农村公共卫生服务投入和农村社会保障投入等，改善了农村生产生活条件，加快了农村各项社会事业发展，有力地促进了社会主义新农村的建设。

一、加大农村基础设施的投入

近年来，通过预算内投资、国债资金以及车购税资金等加大对农村基础设施建设的投入力度，农村基础设施普遍得到改善（见图 21 - 1），既极大改善了农村生产、生活条件，又为农村非农经济的发展提供了良好的基础条件，直接或间接地增加农民收入，对于减少贫困，增加农村社会福利水平，具有重大现实意义。

（单位：亿元）

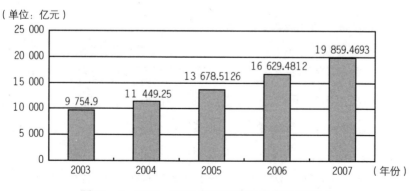

图 21 - 1　2003—2007 年农村固定资产投资情况

二、 加大农村义务教育的投入

2003 年以来，各级财政部门认真落实中央关于新增教育经费主要用于农村的有关要求，持续增加对教育特别是农村义务教育的投入力度。2003—2007 年，全国农村义务教育财政预算内拨款 8 576 亿元，年均增长22.8%，高于同期全国财政教育支出年均 18.8% 的增幅。在加大投入的同时，创新体制机制，出台了"两免一补"政策，并实施了农村义务教育经费保障机制改革，建立了保障农村义务教育发展的长效机制。这一改革逐步将农村义务教育纳入公共财政保障范围，标志着农村公共产品供给方式正在发生具有划时代意义的深刻变革。

为了让贫困孩子上得起学，从 2004 年起，国家财政逐步扩大农村义务教育阶段"两免一补"政策（即免学杂费、免书本费、补助寄宿生生活费）实施范围。2005 年，中央和地方各级财政安排"两免一补"专项资金 70 亿元，惠及中西部地区农村义务教育阶段贫困家庭学生 3 400 万名。

针对农村义务教育经费供需矛盾突出、农村中小学运转水平低和农民教育负担较重等问题，2005 年年底，国务院颁布了《国务院关于深化农村义务教育经费保障机制改革的通知》，决定从 2006 年开始，按照"明确各级责任、中央地方共担、加大财政投入、提高保障水平、分步组织实施"的原则，逐步将农村义务教育全面纳入公共财政保障范围，建立中央和地方分项目、按比例分担的农村义务教育经费保障机制。中央重点支持中西部地区，适当兼顾东部部分困难地区。

改革的具体内容包括：一是全部免除农村义务教育阶段学生学杂费，对贫困家庭学生免费提供教科书并补助寄宿生生活费。免学杂费资金由中央和地方按比例分担，西部地区为 8∶2，中部地区为 6∶4，东部地区除直辖市外，按照财力状况分省确定；免费提供教科书资金，中西部地区由中央全额承担，东部地区由地方自行承担。二是提高农村义务教育阶段中小学公用经费保障水平，所需资金由中央和地方按照免学杂费资金的分担比例共同承担。三是建立农村义务教育阶段中小学校舍维修改造长效机制，中西部地区由中央和地方按照5:5比例共同承担,东部地区所需资金主要由地方自行承担,中央根据其财力状况以及校舍维修改造成效等情况给予适当奖励。四是巩固和完善农村中小学教师工资保障机制,考虑到中央与地方各级财政承受能力,农村义务教育经费保障机制改革从2006—2010年,分年度、分地区逐步实施。

2007年,针对保障机制改革实施中出现的新情况、新问题,经国务院同意,财政部、教育部又发出通知,从2007年起3年内,中央与地方财政再次新增经费470亿元左右,用于调整完善农村义务教育经费保障机制改革有关政策。主要包括:一是明确中西部地区农村义务教育阶段家庭经济困难寄宿生生活费基本补助标准,对中西部地区落实基本补助标准所需资金,中央财政按照50%的比例给予奖励性补助,并对东部地区根据其政策落实情况及其财力状况等因素,给予适当奖励。二是从2007年秋季学期开始,全国农村义务教育阶段学生全部享受免费教科书政策;从2008年春季学期起,中央财政提高国家课程免费教科书的补助标准,建立部分科目免费教科书的循环使用制度。三是提前一年落实生均公用经费基准定额。四是提高中西部地区中小学校舍维修改造测算单价标准,通过调整完善方案,2006—2010年,农村义务教育经费保障机制改革将累计新增投入2 652亿元,其中中央财政1 604亿元,地方财政1 048亿元。

同时,启动实施多项工程,促进农村义务教育事业发展:一是实施"中西部农村初中校舍改造工程",从2007年起,计划用4年左右时间投入100亿元,重点加强国家扶贫工作重点县、少数民族自治县、革命老区县和部分贫困人口集中分布县,以及西部地区部分省级贫困县、边境县的农村薄弱初中学生生活设施建设,改善食宿条件,使项目学校寄宿学生生活设施达到或接近农村普通中小学校建设标准的有关要求。二是实施"新农村卫生新校园建设工程",至2007年年底,中央已投入资金10亿元。三是实施"农村义务教育阶段学校教师特设岗位计划",中央财政按每年人均1.8万元的标准安排工资性专项资金,至2007年年底,中央投入资金6亿多元。四是实施"农村中小学现代远程教育工程",通过免费发放教学光盘、免费提供视频和多媒体资源，以及利用中国教育卫星宽带网免费发送教学资源，形成适应农村中小学教学需要的资源体系，提高农村教育质量。不少地方也因地制宜，设立了一些农村义务教育专项资金，如四川省实施了"民族地区教育发展十年行动计划"，云南省实施了"基础教育振兴行动计划"等。

三、加大对农村医疗卫生的投入

2003 年以来，各级财政部门认真落实中央关于新增医疗卫生经费主要用于农村的有关要求，对农村基本医疗保障和公共卫生服务的投入不断加大，并着力建立和完善长效保障机制，促使农村的公共医疗卫生状况得到了明显改善。

（一）支持建立健全农村基本医疗保障体系

1. 建立新型农村合作医疗制度

2002 年，针对农村存在的比较严峻的因病致贫和因病返贫问题，中共中央、国务院下发了《关于进一步加强农村卫生工作的决定》，提出建立以大病统筹为主的新型农村合作医疗制度（以下简称新农合）。试点之初，中央财政、地方财政、农民个人分别按照每人每年 10 元的标准筹集资金。从 2006 年起，中央财政对中西部地区参加新农合的农民由每人每年补助 10 元提高到 20 元，地方财政也相应增加到 20 元。从 2008 年开始，各级财政对参合农民的补助标准提高到每人每年 80 元，其中中央对西部地区补助标准提高到每人每年 40 元，地方增加的资金主要由省市级财政承担，尽量减轻困难县市的负担，农民个人缴费标准也由目前的每人每年 10 元提高到 20 元。从 2010 年起，全国新农合筹资水平将继续提高，达到每人每年 150 元，其中中央财政对中西部地区参合农民按 60 元的标准补助，对东部省份按照中西部地区一定比例给予补助；地方财政补助标准相应提高到 60 元，农民个人缴费由 20 元增加到 30 元，困难地区可分两年到位。新农合筹资标准大幅度提高以后，参合农民的报销补偿水平得到较大幅度的提高。

在提高补助标准的同时，中央财政还不断扩大补助范围。2006 年，中央财政将农业人口占 70% 以上的市辖区和部分东部省份纳入补助范围；2007 年，又将农业人口占 50% 以上的市辖区纳入中央财政补助范围；从 2008 年开始，中央财政将农业人口占总人口比例在 50% 以下的市辖区和计划单列市全部纳入补助范围。据统计，2003—2007 年，各级财政用于新农合的补助资金达到 541 亿元；2008 年中央财政对新农合的补助达到 247 亿元，比上年增长 117%；截至 2008 年年底，新型农村合作医疗制度已全面覆盖我国所有有农业人口的县（市、区），参合农村人口 8.15 亿人，参合率为 91.5%。

在加大投入的同时，积极加强新农合基金管理，实行专款专用、专户储存，确保基金安全。2008 年 1 月，财政部会同卫生部制定出台了《新型农村合作医疗基金财务制度》和《新型农村合作医疗基金会计制度》，对基金预算、基金筹集、基金支出、基金结余、财政专户、基金决算、资产负债管理、监督检查等内容做出了明确规定。

2. 建立农村医疗救助制度

从 2003 年起，为配合新型农村合作医疗制度建设，以各级财政出资为主逐步建立了农村医疗救助制度。截至 2006 年年底，全国所有有农业人口的县（市、区）都已基本建立了农村医疗救助制度。据统计，2008 年，全国农村医疗救助基金支出 39 亿元，救助 4 344 万人次（含资助贫困农民参加新农合的 3 747 万人）。

（二）支持建立农村公共卫生体系

近年来，为促使卫生资源在城乡和一、二、三级医疗机构之间的合理布局，使广大农民在基层能够享受到方便、及时的卫生医疗服务，各级财政部门切实采取措施，大力支持农村公共卫生体系建设，在一定程度上缓解了公共卫生基础设施不足、农村医疗卫生服务能力差的问题。

1. 加强农村医疗卫生服务体系建设

中央财政和地方各级财政对农村地方病和传染病防治、县乡医院及卫生院等农村卫生服务体系建设的支持力度不断加大。2003—2008 年，中央财政安排公共卫生专项资金 366 亿元,其中大部分用于农村,重点支持疾病预防控制体系、医疗救治体系、县级血库、农村巡回医疗车以及县医院、妇幼保健机构和乡镇卫生院等农村卫生基础设施建设。计划到 2010年,初步建立起基础设施比较齐全的农村卫生医疗服务网络。

2. 制定和实施农村基层卫生人才培养的规划

针对农村卫生机构和城市社区卫生机构服务人才短缺的问题,中央财政和地方财政共同出资,支持中西部地区农村卫生人才培养。

3. 开展城市支援农村卫生工作

通过卫生下乡、巡回医疗、对口支援和实施"万名医师支援农村卫生工程"等多种方式,组织动员城市卫生机构支援农村,帮助培训农村卫生人才,直接为农民群众提供医疗卫生服务,收到很好的效果。

四、加大农村社会保障的投入

党的十七大报告提出,要加快建立覆盖城乡居民的社会保障体系,保障人民基本生活。经过努力,目前已经基本建立了政府、村集体和个人共同负担的多渠道农村社会保障资金筹集体系,各级财政对农村社会保障事业的投入力度也不断加大,农民社会保障体系正在逐步建立和完善。

(一) 建立农村最低生活保障制度

为解决农村贫困问题,保障特困群众基本生活,党的十六大提出有条件的地方探索建立农村最低生活保障制度。此后,各地就建立农村低保制度进行了积极试点。2007 年,国务院下发了《关于在全国建立农村最低生活保障制度的通知》,提出通过在全国范围建立农村最低生活保障制度,将符合条件的农村贫困人口全部纳入保障范围,稳定、持久、有效地解决全国农村贫困人口温饱问题的目标。为此,各地积极建立和完善农村低保制度,各级财政积极调整支出结构,加大了资金投入力度。截至2008 年年底,已有 4 305 万人享受了农村最低生活保障,平均保障标准为每人每月 82 元,人均补差每月 50 元。

（二）完善农村五保供养制度

2006 年，为适应农村税费改革新形势，保障农村五保供养对象的正常生活，进一步做好农村五保供养工作，国务院颁布了新修订的《农村五保供养工作条例》，明确了政府、集体和社会三方责任共担机制和五保供养资金筹集渠道，实现了五保供养由农村集体福利事业向公共财政保障为主的转变，切实保障了农村五保供养对象的待遇。据统计，截至 2007 年年底，全国纳入五保供养范围的五保对象有 526 万人。中央财政通过安排农村税费改革专项转移支付补助资金，对地方开展农村五保供养工作给予支持。

（三）开展新型农村社会养老保险试点

《中共中央国务院关于推进社会主义新农村建设的若干意见》提出，要探索建立与农村经济发展水平相适应、与其他保障措施相配套的农村社会养老保险制度。2007 年，党的十七大提出，要努力使全体人民老有所养，加快建立覆盖城乡居民的社会保障体系，探索建立农村养老保险制度。党的十七届三中全会通过的《中共中央关于推进农村改革发展若干重大问题的决定》进一步提出，要按照个人缴费、集体补助、政府补贴相结合的要求，建立新型农村社会养老保险制度。按照中央和国务院统一部署，2009 年将选择全国 10% 的县（市、区、旗）开展新型农村社会养老保险试点工作。

第三节　促进农民增收

2003 年以来，为了保证农民持续增收，各级财政部门不断创新政策并加大投入，采取各种有效的政策措施，实现好和维护好广大农民的切身利益，取得了较为显著的效果。

2003 年以来，各级财政不断调整和优化财政支农支出结构，加大直接补贴力度，严格落实粮食最低收购价政策等，促进农民实现直接增收，主要政策措施有以下几个方面。

（一）加大对种粮农民的四项补贴投入

四项补贴政策不仅极大调动了农民种粮的积极性，维护了国家粮食安全，更直接促进实现农民增收。

一是粮食直补。自 2004 年起建立对种粮农民的直接补贴机制，2004—2008 年中央财政累计安排粮食直补资金 692 亿元，极大地调动了农民种粮积极性，推动实现了粮食生产连续多年丰收。

二是农资综合补贴。在粮食直补的基础上，为减轻农业生产资料涨价对种粮农民的增支影响，2006 年起，中央实行了农资综合补贴政策，当年安排 120 亿元补贴资金，通过粮食直补渠道，采取直接补贴的方式发放给种粮农民。2007 年，中央财政安排补贴资金 276 亿元，比 2006 年增加 156 亿元，增长 130%。2008 年安排 716 亿元，比 2007 年增加 440 亿元，增长 159%。为确保补贴资金落实到农民手中，建立了补贴资金专户管理、村级公示、基础档案管理、联合督察等制度。同时，在全国范围内逐步推广"一卡通"（或"一折通"），直接将补贴发放到农户的卡（或存折）上，并通过补贴网管理监督补贴发放情况。

三是农机具购置补贴。自 2004 年启动实施农机购置补贴制度，每年农机购置补贴范围、机具种类等都有不同程度扩大，补贴资金从 2004 年的 7 000 万元增加到 2008 年的 40 亿元，补贴范围扩大到全国所有农业县（场）；补贴农机具增加到 9 大类 18 个小类 50 个品种，主要包括动力机械、耕作机械、种植机械、收获机械等，基本覆盖了农业生产急需的机械种类。

四是良种补贴。2002 年启动实施大豆良种补贴以来，先后启动实施了小麦、玉米、棉花、油菜和水稻良种推广补贴项目。2008 年中央财政安排农作物良种补贴资金 123.4 亿元，比 2007 年增加 56.77 亿元。小麦、水稻、玉米和棉花良种补贴实现全国全覆盖，大豆良种补贴在东北三省和内蒙古实行全覆盖，油菜良种补贴在长江中下游和双低油菜产区实现全覆盖。

（二）落实粮食最低收购价政策

为保护农民利益，保障粮食市场供应，从 2004 年起，国务院决定对短缺的重点粮食品种在粮食主产区实行最低收购价格。当市场粮价低于国家确定的最低收购价时，国家委托符合一定资质条件的粮食企业，按国家确定的最低收购价收购农民的粮食。2009 年，中央继续较大幅度提高生产的粮食最低收购价格，直接促进了农民增产又增收。从新粮上市起，白小麦、红小麦、混合麦每市斤最低收购价分别提高到 0.87 元、0.83 元、0.83 元，比 2008 年分别提高 0.10 元、0.11 元、0.11 元，提高幅度分别为 13%、15.3%、15.3%；稻谷最低收购价格水平也将有较大幅度提高。

（三）支持开展农民培训

一是做好农村劳动力技能就业计划、阳光工程、农村劳动力转移培训计划、星火科技培训、雨露计划等培训项目的实施工作。二是积极开展农民职业技能培训、实用技术培训等，提高农民工就业能力。三是对青年农民工开展劳动预备制培训，在中等职业学校开展面向返乡农民工的职业教育培训。

（四）支持扶贫开发

坚持开发式扶贫的工作方针，不断强化政策措施，加大扶贫投入，取得了积极成果。

一是加大扶贫投入力度，拓宽扶贫资金渠道。2008 年中央财政安排扶贫资金 167.34 亿元，比上年增长 16.2%，其中中、西部地区的资金分配比例占到 34.08% 和 63.91%。同时，积极拓宽扶贫资金来源渠道，中央财政安排中央专项彩票公益金 1.7 亿元，在全国扶贫开发工作重点县中革命老区县较多的山西、河南、江西、陕西四省先行试点，重点支持贫困试点村基础设施、环境保护和公共服务设施等建设。

二是创新扶贫资金管理方式，提高扶贫开发效益。中央财政安排资金 1 亿元，在全国选择 667 个贫困村开展"互助资金"试点；安排资金 4.2 亿元，在 42 个国家扶贫开发工作重点县推进"县为单位、整合资金、整村推进、连片开发"试点工作；安排少数民族发展资金 9.5 亿元，创新民

族地区扶贫开发机制，将西部地区所有边境县纳入"兴边富民行动"扶持
范围，并加大了对人口较少民族和特困民族地区发展的扶持力度。另外，
中央财政安排以奖代补资金 5 000 万元，对扶贫工作开展得好的省份给予奖
励，激励各地管好、用好扶贫开发项目资金，增强扶贫开发工作责任。

三是完善财政扶贫资金监管机制，加强资金规范管理。

同时，积极支持其他促进农民增收的体制机制改革，如支持改革和创新
农村金融体制，支持土地制度改革等，为农民增收创造更好的体制机制环境。

此外，中央政府和地方各级政府逐步将农民各项公共事业纳入公共财
政覆盖范围，增加农村教育投入，逐步建立健全农村医疗和社会保障制
度，加大对农业基础设施以及农业科技等社会化服务体系的财政支持力
度，加大了农村公共产品的供给力度，积极为农村生产和农民生活服务，
为农民增收营造良好的外部环境。

第四节　推进农村综合改革

农村税费改革从试点到全国推广，取得了巨大的成效，农民负担有了
显著下降，农村税费改革取得了历史性成果。为了巩固农村税费改革成果
并从根本上改变农村的落后面貌，中央又决定推进以乡镇机构、农村义务
教育和县乡财政管理体制为主要内容的综合改革试点工作，推进全面深化
农村改革。

一、完成农村税费改革

（一）农村税费改革进程

我国农村税费改革经历了两个阶段：

2000—2003 年为第一阶段，基本政策取向是"减轻、规范、稳定"，
主要内容是"三取消、两调整、一改革"。2000 年，改革率先在安徽以省

为单位进行局部试点，此外，全国8个省也自主选择了34个县（市）开展局部试点，其后逐步扩大试点范围。2003年，改革试点工作在全国范围内全面铺开，全面取消屠宰税、"三提五统"、农村劳动积累工和义务工等农民负担，农民的税费负担显著下降。2000—2003年，中央财政累计安排农村税费改革转移支付698亿元。

从2004年起，农村税费改革进入第二阶段。当年温家宝总理在《政府工作报告》中做出了"五年内取消农业税"的庄严承诺。随着国家财政实力的快速增长，改革目标提前实现。第十届全国人大常委会第十九次会议审议通过了废止《中华人民共和国农业税条例》。从2006年1月1日起，征收了2 600多年的农业税从此退出历史舞台。这是具有划时代意义的重大变革，标志着国家与农民之间的传统分配关系格局发生了根本性变化。为保证免征、减征农业税后基层政权组织和农村义务教育正常运转，中央和地方财政提供了坚实的财力保障。2004—2008年，中央财政累计安排农村税费改革转移支付资金3 458亿元。地方财政每年安排250亿元，用于支持巩固农村税费改革成果。

（二）农村税费改革取得了重要的历史性成效

农村税费改革取得重大的历史性成效，为促进农民减负增收、加快农村经济社会发展、维护农村社会和谐稳定发挥了重要作用。

一是理顺了农村分配关系，维护了农民的合法权益。农村税费改革坚持从规范制度入手，通过实施"三取消、三补贴"等一系列政策措施，坚决取消了不应该由农民负担的各种税费，农村分配关系和农民负担管理进一步规范化、法制化，农民负担大幅度减轻，有效调动了农民的积极性，促进了农民持续增收，保障了农民的合法权益。据统计，2006年全面取消农业税后，与改革前的1999年相比，全国农民减负总额约1 250亿元，人均减负约140元。加上2006年以来陆续实施的粮食直补、良种补贴、农机具购置补贴等政策措施，农民收入持续增加，进一步解放和发展了农村生产力，农村出现了喜人景象。

二是完善了公共财政职能，加快了统筹城乡发展步伐。按照社会主义市场经济条件下建立公共财政和现代税制的要求，农村税费改革在减轻农民税费负担的同时，进一步加大对农村基层组织运转和有关社会事业投入的保障力度，有力地推进农村地区的公共财政建设，明确把农村五保供养、民兵训练、乡村道路修建等社会公益事业纳入财政保障范围，财政在农村公共服务方面的职能明显加强，初步形成了全方位、多层次向农村倾斜的投入格局，统筹城乡发展取得实质性进展。

三是带动了农村相关改革，促进了农村上层建筑深刻变革。在推进农村税费改革过程中，各地按照中央要求，积极开展了乡镇机构、农村义务教育和县乡财政管理体制等配套改革试点。在转变基层政府职能、精简乡镇机构人员、合理调整乡村区划、推进农村义务教育经费保障机制改革、实施"省直管县"财政管理体制和"乡财县管"财政管理方式改革、积极清理化解乡村债务、加强村级组织建设，保证村级运转等方面，做了大量卓有成效的工作，带来了农村上层建筑等领域的深刻变革，农村发展环境、农业生产经营方式、农村经济社会结构也因此产生了一系列积极变化。

四是有效缓解了农村矛盾，促进了社会主义和谐社会建设。农村税费改革以减轻农民负担为首要目标，始终坚持从解决关系农民群众切身利益的负担问题入手，正确处理改革发展稳定的关系，有效缓解了农村矛盾，促进了农村社会和谐稳定。通过减轻农民负担，规范了政府行为，减少了干群摩擦，密切了干群关系，涉农负担的群体性事件明显减少。通过增加农村投入，改善了农民生产和生活条件，发展了农村社会事业，让广大农民真正分享到改革的成果，促进了社会公平。通过完善农村民主议事制度，推进村务公开和民主监督，增强了农民法制意识和参与意识，促进了基层干部思想观念和工作方式的转变，巩固了党在农村的执政基础。

二、全面推进农村综合改革

自 2006 年国家全面取消农业税后，农村税费改革开始进入以乡镇机构、农村义务教育和县乡财政管理体制等改革为主要内容的农村综合改革新阶段。目前，各项改革试点工作开局良好，进展顺利。

一是乡镇机构改革取得新进展。截至 2008 年年底，全国已有 51.2% 的乡镇全面推进了乡镇机构改革，安徽、湖北等 8 个省（自治区、直辖市）基本完成乡镇机构和人员精简等阶段性任务。

二是农村义务教育改革继续深入。农村义务教育经费保障机制改革成效显著，从 2008 年春季学期起，全国近 1.5 亿名农村义务教育阶段学生全部享受免除学杂费和教科书费政策，中西部地区 1 100 万名家庭经济困难寄宿生享受了生活费补助政策。此外，推动化解农村"普九"债务，已在 14 个省开展试点工作。

三是集体林权制度改革成效显著。福建、江西等 13 个省的集体林权制度改革工作已全面铺开，有 5 个省在总结经验基础上即将全面推进，其他省份也认真组织开展了局部试点。

四是村级公益事业建设一事一议财政奖补试点开局良好。2008 年，在黑龙江、河北、云南三省全面开展一事一议财政奖补试点，其他省份也选择若干县开展了试点。中央财政向 3 个试点省预拨财政奖补资金 2.5 亿元，试点省和 12 个非试点省份省级财政共安排奖补资金 12.9 亿元，带动县乡基层财政投入、农民筹资筹劳和社会捐助金额达 26.6 亿元，农民投工 1.2 亿个工日，完工或正在兴建一事一议奖补项目 10 万多个，有效地改善了农村生产生活条件。

五是落实国有农场税费改革和减轻大湖区农民负担综合改革政策。进一步规范面向农工的各种收费管理，强化农工负担监管，加快分离国有农场办社会职能工作步伐。

六是统筹推进农村其他改革。在农村综合改革稳步推进的同时，农村其他改革也不断取得新进展。稳定现有的土地承包关系并长久不变，赋予农民包括离乡农民工更加充分而有保障的土地承包经营权。农村金融体制改革逐步推进，开展了农村地区银行业金融机构准入政策试点工作，村镇银行等新型农村金融机构开始建立。加快征地制度改革，从严控制征地规模，落实征地补偿，探索确保农民现实利益和长期稳定收益的有效办法，解决好被征地农民的就业和社会保障。同时，粮食流通、供销合作社、农垦和水权管理等体制改革进展顺利。农民负担监督管理工作得到加强，进一步建立健全和严格执行了减轻农民负担的各项制度。

总体上看，这一时期的财政农业支出政策日趋完善，投入领域由过去注重农业生产环节为主转向现在的农业生产、农民增收、农村社会事业发展并重。中央财政按照"保证重点、有保有压"的原则，合理地调整了支农支出结构，在重点支持农村税费改革、农业综合生产能力提高、加大农民直接补贴投入的同时，将财政投入更多地向基层倾斜、向社会事业倾斜、向中西部地区倾斜、向困难群体倾斜，有力地支持了农村教育、农村医疗卫生、农村社会保障、农村公共文化等社会事业发展和民生问题的解决，切实做到了让城乡居民共沐公共财政阳光、共享改革发展成果，促进了社会主义和谐社会建设。

第二十二章
保障和改善民生

我国正处在全面建设小康社会和构建社会主义和谐社会的进程中，积极支持保障和改善民生，特别是认真促进落实党的十七大提出的"学有所教、劳有所得、病有所医、老有所养、住有所居"的"五有"目标，是财政工作的重要内容。近年来，财政支出逐步向教育、医疗卫生、社会保障等事关人民群众切身利益的基本公共服务供给方面倾斜，这种支出结构调整彰显的不仅是国家财政支出结构的调整和优化，更是政府治国施政理念的转变和提升，体现了发展为了人民、发展依靠人民、发展成果由人民共享的科学发展观。

第一节　大力支持优先发展教育

"百年大计，教育为本。"2003年以来，各级财政部门不断加大教育投入并建立和完善长效机制，促进义务教育均衡发展，支持优化教育结构，促进解决"上学难、上学贵"的问题。

一、加大教育投入

2003—2008 年，全国财政教育支出从 3 352 亿元增加到 9 010 亿元，年均增速为 20.1%，高于同期财政支出增幅（见图 22 – 1）。2008 年，全国财政教育支出 9 010 亿元，比 2007 年增长 26.5%，其中：中央财政教育支出 1 603.71 亿元，比 2007 年增长 49%。

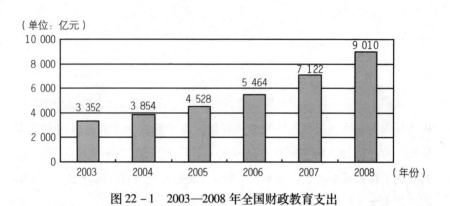

（单位：亿元）

图 22 – 1　2003—2008 年全国财政教育支出

教育经费的不断增加，为我国教育事业的健康发展提供了有力保障。据教育部统计，到 2007 年年底，我国"两基"人口覆盖率达到 99%，农村免费义务教育全面实现，义务教育迈入了全面普及的历史新阶段，义务教育均衡发展取得初步成果；普通高中教育和中等职业教育协调发展；我国高等教育招生规模达到 565 万人，普通高等教育在学总规模超过 2 700 万人，毛入学率达到 23%，高等教育规模超过俄罗斯、印度、美国，成为世界第一。

二、建立教育投入稳步增长机制

各级财政在加大对教育投入的同时，重点通过完善相关体制机制，支持解决各类教育事业发展中的突出问题。

（一）推进义务教育经费保障机制改革

不断完善财政保障政策，加大财政投入，确保了城乡免费义务教育的全面实施。在深化农村义务教育经费保障机制改革的同时，积极推进免除城市义务教育阶段学生学杂费工作。2008 年秋季学期开始，全面实施免除城市义务教育阶段学杂费，中央财政共安排免学杂费奖励性资金 31.2 亿元；同时，中央财政对进城务工农民工随迁子女接受义务教育问题解决得好的省份，安排专项资金 8.6 亿元，帮助改善接收进城务工农民工随迁子女学校的办学条件。

此外，大力支持解决基础教育中的突出问题。2006—2008 年累计安排资金 20.25 亿元，继续推进"农村义务教育阶段学校教师特设岗位计划"，支持改善民族边境地区寄宿制学校办学条件，解决青海、内蒙古、甘肃、西藏等西部省区义务教育突出问题，支持西部地区 5 省份 42 个未"普九"县尽快实现"两基"目标，支持新疆学前"双语"教育和内地西藏班扩招。

中央财政还积极推进了化解农村义务教育债务试点，截至 2008 年年底，完成了债务清理和认定工作，共锁定债务 493 亿元，累计偿还债务 326 亿元，完成偿债目标任务的 66%。

从 2009 年起，全面实施义务教育教师绩效工资制度，中央财政为此安排 120 亿元，以进一步提高 1 200 万中小学教师待遇。

（二）建立健全家庭经济困难学生的资助政策体系

各级财政不断加大投入力度，建立了以国家助学贷款、助学金、奖学金等为主要资助手段的高校和中等职业教育家庭经济困难学生资助政策体系，并不断完善国家助学贷款政策，扩大国家助学奖学金规模，帮助家庭经济困难学生顺利完成学业。目前，国家对家庭经济困难学生的资助政策主要有：

一是国家奖学金制度。中央设立国家奖学金，用于奖励普通本科高校和高等职业学校全日制本专科在校生中特别优秀的学生，每年奖励 5 万名，奖励标准为每生每年 8 000 元，所需资金由中央负担。中央与地方共同设立国家励志奖学金，用于奖励资助普通本科高校和高等职业学校全日制本专科在校生中品学兼优的家庭经济困难学生，资助面平均约占全国高校在校生的3％，资助标准为每生每年 5 000 元。中央部门所属高校国家励志奖学金所需资金由中央负担，地方所属高校国家励志奖学金所需资金根据各地财力及生源状况由中央与地方按比例分担。

二是国家助学金制度。中央与地方共同设立国家助学金，用于资助普通本科高校、高等职业学校全日制本专科在校生中家庭经济困难学生和中等职业学校所有全日制在校农村学生及城市家庭经济困难学生。其中：普通本科高校和高等职业学校资助面为平均20％，平均资助标准为每生每年 2 000 元；中等职业学校资助面为所有全日制在校农村学生和城市家庭经济困难学生，资助标准为每生每年 1 500 元。国家助学金所需资金由中央与地方按照国家励志奖学金的资金分担办法共同承担。

三是国家助学贷款政策。开展生源地信用助学贷款，与国家助学贷款享有同等优惠政策。为推动生源地信用助学贷款，中央财政相应安排助学贷款贴息经费。对普通本科高校和高等职业学校全日制本专科生，在校期间获得国家助学贷款、毕业后自愿到艰苦地区基层单位从事第一线工作且服务达到一定年限的，国家实行国家助学贷款代偿政策。

四是从 2007 年起，对教育部直属师范大学新招收的师范生，实行免费教育。

五是各类学校按照国家有关规定从事业收入中足额提取一定比例的经费，用于学费减免、国家助学贷款风险补偿、勤工助学、校内无息借款、校内奖助学金和特殊困难补助等。

为落实上述资助政策，2008 年中央财政共安排经费 223 亿元，使全国 1 800 多所高校约 400 万名学生和 1.5 万所中等职业学校约 1 200 万名学生获得资助。

上述政策和机制的全面实施，标志着我国已从义务教育这个基础环节和经济困难学生这个贫困群体入手，初步建立了比较完善的财政保障政策体系框架。

（三）支持职业教育发展

职业教育是我国现代国民教育体系的重要组成部分。近年来，中央财政不断加大对职业教育的支持力度：

一是积极支持职业教育实训基地建设。从 2005 年起，中央财政安排专项资金并逐年加大投入，支持各地建设一批能够资源共享，集教学、培训、职业技能鉴定和技术服务为一体的职业教育实训基地。

二是实施国家示范性高职院校建设计划。2006—2008 年，中央财政累计安排专项资金 17.8 亿元，对办学定位准确、产学结合紧密、改革成绩突出、制度环境良好、辐射能力较强的 100 所高等职业院校给予重点支持。

三是建立中等职业教育贫困学生资助制度。2006 年，财政部、教育部联合印发《关于完善中等职业教育贫困家庭学生资助体系的若干意见》，启动实施中等职业教育贫困家庭学生资助政策。2006 年起，中央财政每年安排 8 亿元，专项用于支持中等职业教育贫困家庭学生助学制度建设。

四是实施中等职业教育教师素质提高计划。2008 年，中央财政安排专项资金 1 亿元，支持 6 850 名中职学校骨干教师参加国家级培训和中职学校聘请紧缺专业兼职教师。

另外，中央财政通过"以奖代补"的方式，2008 年安排中西部地区资金 3 亿元，引导和支持这些地区提升职业教育基础能力和管理水平。

（四）支持高等教育发展

全面启动实施了中央高校预算拨款制度改革，建立了以教学经费、科研经费和社会服务补偿经费为主要内容的新的高校财政拨款制度，逐步提高保障水平。启动实施"211 工程"三期建设，继续实施"985 工程"，积极推进一流大学和高水平大学及学科建设。支持实施"高等学校本科教学质量与教学改革工程"建设、"优势学科创新平台"工程、国家建设高水平大学公派研究生等，促进尽快构筑我国高等教育发展和科技创新的战略高地，提升我国国家竞争力和高等教育整体水平。

第二节　支持医疗卫生事业发展

　　健康是人全面发展的基础，关系千家万户幸福。近年来，各级财政部门在持续大幅增加财政卫生投入的同时，更加注重创新政策和支持机制，促进我国医疗卫生事业实现跨越式发展。

一、医疗卫生投入快速增长

　　2003 年"非典"疫情暴发以来，财政医疗卫生投入增长明显。2003—2008 年，全国财政医疗卫生支出由 831 亿元增加到 2 757 亿元，年均增长 26.8%，高于同期全国财政支出的增长幅度。2008 年，全国财政医疗卫生支出 2 757 亿元，比 2007 年增长 38.5%。医疗卫生支出向公共卫生倾斜、向需方倾斜、向基层倾斜，着力支持医疗保障体系、公共卫生服务体系、医疗服务体系和药品供应保障体系建设，促进逐步解决群众"看病难、看病贵"问题。投入的重点主要有以下几个方面。

　　（一）加大公共卫生投入

　　2003—2008 年，中央财政累计安排公共卫生专项资金 366 亿元，支持地方公共卫生体系建设。一是支持建立健全公共卫生服务体系，重点加强疾病预防控制体系、卫生执法监督体系，突发公共卫生应急救治体系等三大公共卫生服务体系建设。目前，覆盖城乡、功能比较齐全的三大公共卫生服务体系已基本建成。二是免费提供必要的公共卫生服务产品。从 2007 年起，扩大国家免疫规划范围，将 15 种传染病纳入国家免疫规划范围，由政府免费提供疫苗，同时增加免费救治传染病病种，对艾滋病、结核病、血吸虫病、麻风病、疟疾、包虫病患者实行免费救治。三是促进公共卫生服务能力均等化。为保障城市居民能够在社区享受到方便可及的公共卫生服务，2007 年起由中央财政和地方财政共同出资建立城市社区公共卫生经费保障机制，免费为城市居民提供基本公共卫生服务。中央财政对中、西部地区按城市人口年人均 3 元、4 元给予补助，地方各级财政也相应安排补助经费。

（二）支持建立和完善医疗保障体系

主要是支持全面实施新型农村合作医疗制度，推进城镇居民基本医疗保险制度改革，促进建立和完善覆盖城乡的基本医疗保障体系。2003—2008 年，中央财政共安排新型农村合作医疗补助资金 416 亿元，城镇居民医保补助资金 111 亿元。此外，2008 年，中央财政安排 80 亿元补助资金，专项用于帮助解决因地方政策性破产关闭国有企业的退休人员参加基本医疗保险问题。

（三）强化基层卫生服务体系建设

2006 年，国家制定了《农村卫生服务体系建设与发展规划》。中央重点支持的建设项目总投资 216.84 亿元，其中中央财政安排投资 147.73 亿元，其余 69.11 亿元由地方安排。中央财政重点支持西部地区的乡镇卫生院，贫困县、民族自治县、边境县的县医院、县中医院、民族医院和县级妇幼保健机构的建设，重点加大对农村卫生和社区卫生工作的投入力度。中央财政和地方财政共同出资，支持中西部地区农村和城市社区卫生人才培养，各级财政还安排专项资金支持开展万名医生下乡活动。

（四）建立财政应急保障机制

2003 年，国家建立了 20 亿元的"非典"防治专项基金。财政部门共拨付了"非典"防治经费 14.9 亿元，中央财政还以各种形式的优惠、免费、补助政策，确保防治工作的顺利进行；对受到影响的行业、企业，出台了相关的税收优惠政策措施。禽流感疫情发生后，国家设立了 20 亿元的高致病性禽流感防控基金。2005 年，中央财政除了安排 1.01 亿元禽流感等重大动物疫病监测经费外，还安排了疫苗补助费、扑杀补助费、消毒无害化处理及边境隔离措施建设补助费、禽流感新型疫苗研制费、人防禽流感费、野生候鸟监测费等禽流感防治经费 6.8 亿元。2006 年，中央财政安排禽流感强制免疫、强制扑杀补助、消毒无害化处理、边境隔离带建设等方面支出 9.1 亿元；此外，还出台了禽流感贴息政策，明确由国家对家禽企业向银行贷款的利息给予一定程度的补贴，对确定的重点家禽养殖、加工企业，国家财政对其流动资金贷款给予贴息；当年两次延长贴息期限，并且将贴息范围扩大至禽流感疫苗定点生产企业，全年共对 260 户重点家禽养殖、加工和疫苗生产企业贴息 3.8 亿元。

（五）支持发展中医药技术

多年来，国家逐年增加对中医事业的投入，中央财政除每年安排中医药事业正常经费外，自 1986 年开始，还专门设立了中医专项，每年安排6 500 万元用于全国的中医临床重点学科建设、中医人才培养及支持贫困地区和西部地区中医药事业发展。2004—2006 年，中央安排农村中医药服务能力建设专项资金 5.5 亿元。

（六）支持加强食品药品监督管理

2001—2008 年，中央财政共安排 30 亿元资金，专项用于地市级和县级药品监督管理机构的开办费和执法装备、重点地市级药检所检验装备、省级药品检验机构药品检验装备，为地市级和重点县级食品药品监督机构装备药品快速检测车及车载检测工具，加强农村药品"两网"（农村药品监督网络、农村药品供应网络）建设、医疗器械检验机构检验能力建设等。

二、支持深化医疗卫生体制改革

为解决现行医疗卫生体制中存在的资源配置不合理，医疗保障体系不健全，管理体制不顺畅，公共卫生、社区卫生和农村卫生基础薄弱等问题，国务院于 2006 年 6 月成立了深化医药卫生体制改革部际协调工作小组，着手研究医药卫生体制改革问题。2009 年 3 月，《中共中央、国务院关于深化医药卫生体制改革的意见》和《国务院关于印发医药卫生体制改革近期重点实施方案（2009—2011 年）的通知》（以下简称《实施方案》）相继下发。《实施方案》明确了今后 3 年的阶段性工作目标：2009—2011 年重点抓好五项改革：一是加快推进基本医疗保障制度建设，二是初步建立国家基本药物制度，三是健全基层医疗卫生服务体系，四是促进基本公共卫生服务逐步均等化，五是推进公立医院改革试点。到2011年，基本医疗保障制度覆盖全体城乡居民，基本医疗卫生可及性和服务水平明显提高，居民就医费用负担有效减轻，看病难、看病贵问题切实得到缓解。财政部门按照《实施方案》要求，认真做好相关资金保障工作，2009—2011年落实五项重点改革工作，各级财政需新增投入8 500亿元，其中中央财政需新增投入3 318亿元。

第三节　促进文化事业发展

在经济发展和社会进步过程中，文化越来越成为民族凝聚力和创造力的重要源泉，成为综合国力竞争的重要因素，丰富精神文化生活越来越成为我国人民的热切愿望。2003年以来，各级财政部门不断加大对公益性文化事业和文化产业发展的支持力度，促进繁荣社会主义文化和推动社会主义精神文明建设。

一、加大文化事业投入力度

2003—2008年，全国财政文化体育与传媒支出由441亿元增加到1 096亿元，年均增长17.5%（见图22－2）。2008年，全国财政文化支出1 096亿元，比2007年增长21.9%。其中，中央财政文化体育与传媒支出252.81亿元，比2007年增长20%。

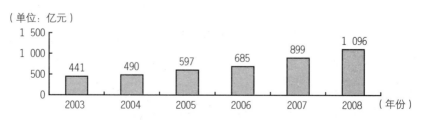

图22－2　2003—2008年全国财政文化体育与传媒支出情况

二、大力推进公共文化服务体系建设

近年来，按照中央的有关要求，财政文化支出重点向基层、农村倾斜，着重推动公共文化服务体系建设，主要内容有：

1. 广播电视"村村通"

2004—2005 年，中央财政共投入建设资金 7.5 亿元，对中部 11 省国家扶贫开发工作重点县和西部 12 省（自治区、直辖市）给予补助，地方配套资金 8.9 亿元，共完成 8.6 万个 50 户以上自然村和新通电行政村"村村通"的工程建设任务，并修复了 1.2 万个"返盲"行政村"村村通"工程。2006 年，中央财政安排农村中央广播电视节目无线覆盖专项资金 5 亿元；2007 年投入 25 亿元，支持在 2008 年 6 月提前实现"十一五"中央广播电视节目无线覆盖目标，让广大农民群众收听收看到北京奥运会节目；2008 年安排无线覆盖工程运行维护和更新改造经费 8.4 亿元。

2. 全国文化信息资源共享工程

2002 年 4 月，文化部、财政部正式启动工程建设，截至 2006 年年底，全国财政已累计投入资金 6.27 万元，其中，中央财政累计投入 2.44 亿元，地方财政累计投入 3.83 亿元，确保了工程的顺利实施。2007—2010 年，中央财政计划投入 24.7 亿元，力争 2010 年实现"村村通"的目标。

3. 农村电影放映工程

"十五"时期，国家组织实施了农村电影放映工程，从 2000—2005 年，中央累计投入资金 2.38 亿元，各省财政安排 8 500 万元，重点扶持了中西部 22 个省（自治区、直辖市）的 632 个国家级贫困县和革命老区、边疆民族地区贫困县开展农村电影放映活动，帮助其购置电影设备和拷贝，同时为西藏、新疆等 8 个少数民族语译制中心更新了民族电影译制设备。2006 年，国家分别在东、中、西部 8 个省（自治区）所属地（市）开展了农村电影改革发展暨数字化放映室点，中央和试点省、市财政共计安排专项资金 1.27 亿元，主要用于购置数字放映设备和卫星接收设备、发放场次补贴等。2007 年中央财政安排中西部农村电影放映场次补贴 2

亿元，覆盖了中西部60%的行政村；2008年，安排场次补贴3.3亿元，覆盖了中西部全部行政村。

4. 送书下乡工程

2002年，国家决定实施送书下乡工程，由"专家选书、财政埋单"，于2002年12月8日在革命圣地西柏坡正式启动。截止2008年，中央累计投入1.2亿元，已向592个国家扶贫开发工作重点县图书馆、6 000个乡镇文化站赠书933万册，平均每个县馆获赠图书1万余册，每个乡镇文化站获赠图书1 000余册。

5. 流动舞台车工程

为实施这项工程，2005年和2006年中央财政两年共安排资金1亿元。2007—2010年，中央将按照不低于现有资金规模量（每年5 000万元）安排经费，即到"十一五"期末中央财政实施的流动舞台车工程专项资金将达到3亿元。

6. 设立农村文化以奖代补资金

自2008年起，中央财政设立农村文化"以奖代补"专项资金，主要用于引导和支持地方开展农村文化体育活动，保护农村优秀传统民间文化，发展农村特色文化等。

7. 支持改善基层公益性文化设施条件

为引导和支持地方改善县级以上公益性文化设施条件，2007年中央财政设立补助地方文化体育与传媒专项资金，当年安排2.5亿元；2008年安排专项资金20亿元。专项资金分配时，重点对中西部地区予以倾斜，逐步推进区域公共文化服务的均衡发展。

8. 支持博物馆、纪念馆向全社会免费开放

全国各级文化文物部门归口管理的公共博物馆、纪念馆和全国爱国主义教育示范基地于2008年和2009年分两批全部向社会免费开放。为支持博物馆、纪念馆免费开放，中央财政设立专项资金，重点补助地方博物馆、纪念馆免费开放所需资金，鼓励改善陈列布展和举办临时展览，对自行实行免费开放并取得良好效果的省份给予奖励。2008年中央财政下达补助地方博物馆、纪念馆免费开放专项资金 12 亿元。

三、支持重点文化遗产保护

（一）文化和遗产保护

全国重点文物保护专项经费从"九五"期间的 6.08 亿元增加至"十五"期间的 12.57 亿元，大批濒危的古遗址、古墓葬、古建筑、石窟、寺庙和重要的出土文物得到有效抢救和保护，在国内外产生重要影响。2005 年，中央财政设立了大遗址保护专项资金，安排专项经费 2.5 亿元；2006 年又进一步加大投入力度，安排大遗址保护专项资金 3.8 亿元。2005—2010 年，中央财政计划安排大遗址保护专项资金 22.5 亿元。

中央财政于 2002 年设立了国家重点珍贵文物征集专项经费，当年起，每年拨付 5 000 万元用于征集流失海外和民间的珍品文物。国家专门实施了文物调查及数据库管理系统建设项目，在项目实施中，中央财政主要负担中央及省级数据库建设经费和数据采集设备经费，地方财政负担数据采集工作经费。2002 年，财政部与文化部共同启动实施了中华再造善本工程，至 2006 年累计投入资金 2 亿元，利用现代印刷技术仿真复制出版了 758 种 8 990 册唐、宋、金、元时期珍稀古籍善本，并向省级以上公共图书馆和具备条件的大学图书馆分别赠送 1 套。中央财政还设立了"中华古籍保护计划"专项资金。

（二）非物质文化遗产保护

自 2003 年起，中央财政设立了"中国民族民间文化保护专项资金"，后来更名为"国家非物质文化遗产保护专项资金"，用于开展民族民间文化遗产普查，制定保护规划，建立健全保护制度等。

四、加大对文化产业发展的支持力度

2006 年，财政部会同有关部门在对我国动漫产业发展现状、面临的形势和存在的问题进行广泛调研、充分论证的基础上，起草了《关于推动我国动漫产业发展的若干意见》。2007 年，中央财政安排"扶持动漫产业发展专项资金"2亿元，重点支持了动漫市场监管、优秀动漫原创产品创作生产和动漫公共技术服务体系建设等关键环节。一些地方财政部门也积极加大了投入，支持动漫原创和打造成熟动漫产业链；同时，部分省市还积极探索设立文化产业发展专项资金，通过贷款贴息、项目支持等方式支持地方文化产业发展。

2008年，中央财政在安排扶持动漫产业专项资金2亿元的基础上，加大投入力度，设立国家文化产业发展专项资金，总计安排10亿元，重点支持动漫、电影、出版等文化产业发展。专项资金将采取直接投入与间接投入相结合的方式，通过提供"种子资金"、政府贴息、引入风险投资等方式，发挥财政资金的引导作用，拓宽文化产业融资渠道，集中社会资金产生规模效应。另外，积极探索通过发起设立文化产业投资基金，由基金出资人设立基金、专业管理公司运作基金资产、基金托管人保管金融资产的管理模式，实现金融资本与文化要素资源的有机结合，不断提高资金使用效益，通过商业化运作，重点投入文化产业发展的关键环节，推动我国文化产业不断升级。

第四节　完善社会保障体系

建立健全同经济发展水平相适应的社会保障体系，是社会稳定和国家长治久安的重要保证。2003年以来，各级财政部门不断增加社会保障支出，支持建立和完善各项社会保障制度，促进加快建立覆盖城乡居民的社会保障体系。

一、加大社会保障和就业投入

2003—2008年，全国财政社会保障和就业支出从2 712亿元增长到6 804元，年均增速为16.7%（见图22-3）。2008年，全国财政社会保障和就业支出 6 804 亿元，比 2007 年增长 24.9%。

（单位：亿元）

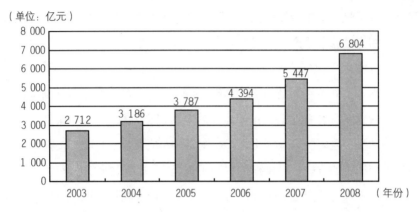

图 22 - 3 2003—2008 年全国财政社会保障和就业支出情况

2003—2008 年，中央财政累计补助养老保险基金支出 4 422.02 亿元。各级财政对养老保险基金补助总额由 2003 年的 493.90 亿元增加到 2008 年的 1 340.94 亿元，年均增长 22%。各级财政就业补助支出 1 517 亿元，其中中央财政支出 918 亿元。积极的就业政策实施以来，全国城镇新增就业年均过千万，2 000 多万国有、集体企业下岗失业人员实现了再就业，基本解决了体制转轨和结构调整中出现的下岗失业人员的再就业问题。

中央财政安排自然灾害生活救助资金 447 亿元（不含 2008 年汶川地震期间使用灾后恢复重建基金安排的倒损农户住房重建支出 290 亿元和使用彩票公益金安排的救灾支出 20 亿元），切实保障受灾群众基本生活，全力维护灾区社会秩序稳定。

中央财政安排抚恤补助资金 554.5 亿元，用于优抚对象等人员抚恤和生活补助、优抚对象医疗补助等；安排安置经费 502.3 亿元，用于移交政府安置的军队离退休人员的离退休费、医疗保障、服务管理、城镇退役士兵自谋职业一次性补助、培训补助、1 ~ 4 级分散供养的残疾士兵建（买）房补助等。

中央财政安排新型农村合作医疗补助资金 416 亿元，其中 2008 年安排247亿元，比2007年增长116%；安排城乡医疗救助补助资金110.76亿元，其中城市医疗救助44.13亿元，有力地推动了各地城乡医疗救助工作的开展。据民政部门统计，2008年，全国城市医疗救助基金支出33亿元，救助1443万人次（含资助困难居民参加城镇居民基本医疗保险914万人）。各级财政城市最低生活保障支出1485亿元，其中中央财政支出871亿元。截至2008年年底，全国城市最低生活保障对象2335万人，平均低保标准为每人每月205元，平均支出水平为每人每月144元。

2007—2008年，中央财政农村最低生活保障支出124亿元。截至2008年年底，全国农村最低生活保障对象4305万人，平均低保标准为每人每月82元，平均支出水平为每人每月50元。2003—2005年，各级财政下岗职工基本生活保障支出524.09亿元，其中中央财政支出421.82亿元。

二、支持建立和完善各项社会保障制度

各级财政部门紧紧围绕社会保障制度改革的重点，支持建立和完善各项社会保障制度；实施了积极的就业政策，促进了下岗失业人员再就业，推动建立了失业保险制度；支持了基本养老保险制度改革，确保企业退休职工养老金按时足额发放；支持了深化医药卫生体制改革，健全和完善了医疗保障制度，为解决广大人民群众"看病难、看病贵"问题提供了资金和制度保障；建立了城乡社会救助体系，构筑了社会保障"最后一道防线"。

（一）支持就业保障制度建设

1. 国有企业下岗职工基本生活保障及其向失业保险并轨

从2001年起，国务院在辽宁省开展国有企业下岗职工基本生活保障向失业保险并轨试点。2003年，中共中央、国务院印发的《关于实施东北地区等老工业基地振兴战略的若干意见》确定，2004年将完善城镇社会保障体系试点范围扩大到吉林、黑龙江两省，并适时推广。两省结合辽宁并轨试点经验，围绕促进就业再就业开展并轨工作，充分考虑政府、企业和职工等各方面的承受能力，在2005年年底基本完成了并轨任务。

为切实推进全国的国有企业下岗职工再就业工作，结合东北三省国有企业下岗职工基本生活保障向失业保险并轨试点工作经验，2003 年和 2005 年劳动和社会保障部和财政部先后发出《关于妥善处理国有企业下岗职工出中心再就业有关问题的通知》和《关于切实做好国有企业下岗职工基本生活保障制度向失业保险制度并轨有关工作的通知》，明确要求 2005 年年底各地原则上停止执行国有企业下岗职工基本生活保障制度，企业按规定关闭再就业服务中心；并轨人员和企业新裁减人员通过劳动力市场实现再就业，没有实现再就业的，按规定享受失业保险或城市居民最低生活保障待遇。对各地并轨所需资金，明确规定 2005 年年底以前，各级财政原来安排用于下岗职工基本生活保障的资金规模不减，各地在确保稳定和促进再就业的前提下，可以将下岗职工基本生活保障资金的结余部分，调整用于对国有困难企业与下岗职工解除劳动关系所需经济补偿金的补助，逐步实现下岗职工基本生活保障向失业保险并轨。在各级党委、政府和有关部门的重视和支持下，到 2005 年年底，全国并轨工作基本完成。

下岗职工同企业再就业服务中心协议期满，按照规定应与企业解除劳动关系，仍未实现再就业的，可以享受失业保险待遇；享受失业保险待遇期满后仍未能实现就业且生活困难的，还可向民政部门提出享受城市居民最低生活保障待遇的申请。这种做法形成了从下岗职工基本生活保障到失业保险、再到城市居民最低生活保障的"三条保障线"。下岗职工基本生活保障制度的实施，有力地维护了社会稳定，既有效地促进了国有企业富余人员分流安置，维护了职工的切身利益，又缓解了职工直接进入劳动力市场所带来的冲击。

2. **支持实施积极的就业政策**

2005 年，国务院下发了《关于进一步加强就业再就业工作的通知》，对原有政策进行了延续、扩展、调整和充实。为进一步发挥失业保险制度促进再就业的功能，自 2006 年 1 月起，在北京、上海、江苏、浙江、福建、山东、广东 7 省市开展适当扩大失业保险基金支出范围试点，试点时间为 3 年。

2008年，《中华人民共和国就业促进法》正式实施，从法律上确立了促进就业再就业的政策体系、制度保障和长效机制，为解决就业问题提供了积极有力的法律保障。各级财政部门认真落实关于促进就业再就业的各项扶持政策，不断加大投入力度，完善实施办法，支持就业再就业目标任务的完成。

一是建立并逐步完善就业再就业的政策体系。自2002年起，先后出台了减免税费、小额担保贷款、社会保险补贴、公益性岗位补贴、提供免费就业服务、财政代偿国家助学贷款等一系列财税优惠政策，规范了职业介绍补贴、职业培训补贴、社会保险补贴、职业技能鉴定补贴等就业扶持政策，拓宽贴息资金的使用渠道，中央财政从贴息资金中安排部分资金支持完善担保基金的风险补偿机制和贷款奖励机制，支持国有和集体企业下岗失业人员、复转军人、高校毕业生、失地农民等实现再就业。

二是努力增加就业再就业的资金投入。各级财政根据就业形势变化和就业工作需要，积极调整财政支出结构，加大就业再就业资金投入，将促进就业再就业资金列入财政预算，及时拨付补助资金。中央财政用于就业补助的资金规模不断扩大，2008年达到252.08亿元，比2004年增加了3倍。

三是进一步加强就业再就业资金管理。建立了财政实际投入和就业再就业工作实绩等因素挂钩的资金分配办法，积极规范社会保险补贴先缴后补的办法；加强资金监督管理，定期或不定期对就业再就业资金管理使用情况进行全面或专项检查，不断提高就业再就业资金使用效果。

四是支持就业再就业平台建设。通过财政补贴、奖励等形式，安排资金支持街道（乡镇）社区的劳动服务机构、就业中介机构、劳动力市场网络建设，加强就业指导和教育培训，并重点帮助困难地区、困难企业、"40、50"人员、农村劳动力增强就业能力。

五是开展就业援助。制定地震灾区就业援助和灾后恢复重建对口就业援助政策，拓宽就业资金支出范围，促进灾区群众就业和恢复生产，维护灾区稳定。

（二）支持养老保障制度建设

人口老龄化是我国当前和今后较长时期内面临的一个重大社会问题。为有效化解老龄化危机，我国积极推进一系列养老保障制度改革，财政也不断加大对养老保障的投入力度，促进实现"老有所养"。

1. 企业职工基本养老保险制度改革

从 2001 年起，在辽宁省开展完善城镇社会保障体系试点工作，其中一项重要内容就是做实企业职工基本养老保险个人账户，并于 2004 年将试点范围扩大到吉林、黑龙江两省。2005 年，在东北三省试点基础上，国务院出台了《关于完善企业职工基本养老保险制度的决定》，对企业职工基本养老保险制度进行改革和完善，主要内容是：

（1）扩大基本养老保险覆盖范围。要求城镇各类企业职工、个体工商户和灵活就业人员都要参加企业职工基本养老保险。当前及今后一个时期，要以非公有制企业、城镇个体工商户和灵活就业人员参保为重点，扩大基本养老保险覆盖范围，要进一步落实国家社会保险补贴政策，帮助就业困难人员参保缴费。

（2）改革基本养老金计发办法。将个人账户的规模统一由本人缴费工资的 11% 调整为 8%，全部由个人缴费形成，单位缴费不再划入个人账户。单位缴费比例一般为企业职工工资总额的 20% 左右，同时，进一步完善鼓励职工参保缴费的激励机制，相应调整基本养老金计发办法。选取天津、山西、上海、山东、河南、湖北、湖南、新疆 8 省（自治区、直辖市）进行扩大做实个人账户试点，2006 年统一从 3% 起步做实个人账户，以后逐步提高；2007 年，国务院批准在江苏省部分地区、浙江省开展做实个人账户试点。对做实个人账户试点的中西部地区和老工业基地，中央财政给予适当补助。

（3）提高基本养老保险统筹层次。为构建全国统一的劳动力市场和促进人员合理流动创造条件，2007 年财政部会同劳动和社会保障部下发了《关于推进企业职工基本养老保险省级统筹有关问题的通知》，制定了省级统筹标准，积极指导各地推进省级统筹工作，截至目前，已有北京等

25 个省市实现了省级统筹。

（4）建立基本养老金正常调整机制。根据职工工资和物价变动等情况，国务院适时调整企业退休人员基本养老金水平，调整幅度为省、自治区、直辖市当地企业在岗职工平均工资年增长率的一定比例。各地根据本地实际情况提出具体调整方案，报劳动和社会保障部、财政部审批后实施。针对企业与机关事业单位退休人员待遇差距较大的问题，中央做出了2005 年、2006 年、2007 年 3 年连续较大幅度地提高企业退休人员基本养老金的决定，3 年月人均增加 240 元左右，并重点向退休早、养老金偏低退休人员及具有高级职称的企业退休科技人员等倾斜。按照国务院统一部署，2008—2010 年继续连续 3 年提高企业退休人员基本养老金水平，提高幅度不低于前 3 年的水平，并继续向退休早、养老金偏低及具有高级职称的企业退休科技人员等倾斜。

（5）发展企业年金。为建立多层次的养老保险体系，增强企业的人才竞争能力，更好地保障企业职工退休后的生活，具备条件的企业可为职工建立企业年金。企业年金基金实行完全积累，采取市场化的方式进行管理和运营。

2. 机关事业单位养老保障制度改革

按照 2000 年《国务院关于印发完善城镇社会保障体系试点方案的通知》规定，公务员（含参照国家公务员制度管理的事业单位工作人员）和全部由财政拨款的事业单位，仍维持现行养老保险制度；已改制为企业的事业单位执行城镇企业职工基本养老保险制度；由财政部分供款事业单位的养老保险办法，在调查研究和试点的基础上另行研究。

为完善社会保障体系，促进人员流动，解除事业单位工作人员的后顾之忧，保障退休人员基本生活，按照党的十六届六中全会精神，中央加快推进机关事业单位养老保险制度改革。结合事业单位体制改革，研究制订了事业单位工作人员养老保险制度改革方案。2008 年国务院通过了试点方案，确定在山西、上海、浙江、广东、重庆 5 省市先期开展试点，与事业单位分类改革配套推进。试点的主要内容包括为事业单位工作人员建立基本养老保险制度、养老保险费用由单位和个人共同分担、退休待遇与交费相联系、基金逐步实行省级统筹、建立职业年金制度、实行社会化管理服务等。

（三）医疗保障制度建设

除全面实施新型农村合作医疗制度以外，还推进了以下医疗保障制度建设：

1. 城镇居民基本医疗保险制度

城镇居民医疗保险制度是指专门面向城镇未成年人和其他非从业人员的基本医疗保险制度。参保范围包括不属于城镇职工基本医疗保险制度覆盖范围的中小学阶段的学生、少年儿童和其他非从业城镇居民。筹资方式以家庭缴费为主、政府给予适当补助，重点保障参保居民的住院和门诊大病所发生的大额医疗费用。2007 年 7 月，国务院下发了《关于开展城镇居民基本医疗保险试点的指导意见》，提出从 2007 年 10 月 1 日起，开展城镇居民基本医疗保险试点，到 2010 年，在全国全面建立城镇居民基本医疗保险制度。对试点城市的参保居民，政府每年按不低于人均 40 元的标准给予补助，其中，中央财政对中西部地区按照人均 20 元给予补助，对东部地区按一定比例给予补助。在此基础上，中央和地方财政再对低保对象、重度残疾等特殊群体安排补助，帮助他们交费参保。从 2008 年起，各级财政的补助标准从每人每年 40 元提高到每人每年 80 元，其中，中央财政对中西部地区给予 40 元补助，对东部地区按一定比例给予补助，困难地区可分年到位。截至 2008 年年底，全国城镇居民基本医疗保险参保人数达到 1 亿人以上，国务院确定的开展试点城市达到 317 个。

2. 城乡医疗救助

2003 年 11 月，财政部、民政部、卫生部下发了《关于实施农村医疗救助的意见》；2005 年 3 月，国务院办公厅转发了民政部、卫生部、劳动和社会保障部、财政部《关于建立城市医疗救助制度试点工作的意见》，要求各地在试点的基础上，逐步建立和完善城乡医疗救助制度；2006 年，农村医疗救助制度在我国所有涉农县（市、区）全面建立。2008 年年底，城市医疗救助制度实现了全覆盖。各地因地制宜，勇于创新，多渠道筹集资金，积极稳妥地推进医疗救助制度建设，帮助城乡困难群众参加新型农村合作医疗和城镇居民基本医疗保险，以及对个人难以负担医疗费用的城乡困难群众给予适当救助，在一定程度上缓解了贫困群众医疗困难问题。

3. 工伤保险制度

2003 年国务院颁布了《工伤保险条例》，明确了工伤保险制度的基本框架。

按照《条例》规定，工伤保险费由单位交纳，职工个人不交纳工伤保险费，工伤保险费实行行业差别费率和行业内费率档次。国家根据不同行业的工伤风险程度确定行业的差别费率，并根据工伤保险费使用、工伤发生率等情况在每个行业内确定若干费率档次。工伤保险基金支出包括职工因工作遭受事故伤害或者患职业病进行治疗所需费用，以及伤残津贴、一次性伤残补助金、丧葬补助金、供养亲属抚恤金和一次性工亡补助金等。

4. 生育保险制度

生育保险国务院未做统一规定，目前已有一些地区建立实施，也有一些地区没有建立独立的生育保险制度，女职工的生育费用在医疗保险基金中支付。在进行生育保险试点的地区，覆盖范围为城镇企业及其职工，生育保险费的提取比例由当地人民政府根据生育人数和生育津贴、生育医疗费等项费用确定，并可根据费用支出情况适时调整，但最高不超过工资总额的1%。生育保险基金的支付范围包括：女职工生育的检查费、接生费、手术费、住院费和药费，以及计划生育手术费、生育出院后因生育引起疾病的医疗费、产假期间按本企业上年度职工月平均工资计发的生育津贴等。

（四）支持社会救助制度建设

社会救助制度是国家通过国民收入再分配，以保障其基本生活的一种保障制度。近年来，根据党中央、国务院要求，各级财政积极调整支出结构，加大对社会救助的投入，有力支持了社会救助事业的发展。目前，在我国已基本建立起以城乡最低生活保障、农村五保供养、自然灾害救济等基本生活救助为基础的社会救助制度体系。除农村最低生活保障制度、农村五保供养制度外，还包括以下方面。

1. 城市居民最低生活保障

城市居民最低生活保障制度是我国社会救助制度的重要组成部分。最低生活保障制度的保障对象是家庭人均收入低于当地最低生活保障标准的非农业户口城市居民。城市居民最低生活保障标准按照当地维持城市居民基本生活所必需的衣、食、住费用，并适当考虑水、电、燃煤（燃气）费用以及未成年人的义务教育费用确定。为了做好城市居民最低生活保障工作，各级政府不断加大资金投入力度，并完善低保制度，科学确定低保标准，推动城市低保制度与就业再就业政策的合理衔接，建立动态管理机制。

2. 自然灾害生活救助

2003 年以来，中央财政多次调整受灾群众生活救助项目和标准。2005 年，根据《国务院办公厅关于印发国家自然灾害救助应急预案的函》，各级财政部门进一步完善了救灾应急拨款制度，并研究建立救灾分级管理制度。2007 年，新增加了旱灾临时生活困难补助项目；2008 年，针对汶川地震设立了临时生活救助、后续生活救助、向遇难人员家属发放抚慰金等项目。在此基础上，2009 年中央重新调整设立受灾群众冬春临时生活救助、旱灾生活救助、紧急转移安置、遇难人员家属抚慰、倒损房屋恢复重建等补助项目，并适当提高了部分项目补助标准，对受灾群众吃、穿、住、医等方面全方位提供了基本保障，为维护农村社会经济稳定发挥了重要作用。为支持各地开展救灾工作，中央财政逐步加大自然灾害生活救助补助资金的投入力度，2008 年，中央财政共安排自然灾害生活救助支出 209.6 亿元（不含灾后恢复重建基金用于汶川地震灾区倒损农户住房重建支出 300 亿元），有力地支持灾区开展救灾工作，确保了受灾群众的基本生活和灾区经济社会的稳定。

除上述社会救助制度外，为贯彻落实国务院颁布的《城市生活无着的流浪乞讨人员救助管理办法》，加强城市生活无着的流浪乞讨人员救助管理，地方各级财政部门发挥财政职能，配合民政等部门研究完善城市生活无着的流浪乞讨人员救助管理政策，重点解决流浪乞讨人员跨省返乡及危重病人救治等问题；在资金安排方面，按照财政部、民政部、中央编制委员会办公室《关于实施城市生活无着的流浪乞讨人员救助管理办法有关机构编制和经费问题的通知》要求，合理安排救助站经费；未设立救助站的城市，同级财政部门安排城市临时救济资金用于救助符合条件的流浪乞讨人员，中央财政通过一般性转移支付支持地方做好救助管理工作。

第五节　完善住房保障体系建设

住房问题是重要的民生问题。党中央、国务院高度重视解决城市低收入家庭住房困难问题，始终把改善居民居住条件作为城市住房制度改革和房地产业发展的基本目标。近年来，各级财政部门逐渐加大投入力度，在支持经济适用房、抗震安居房、棚户区改造等的同时，重点支持建立了廉租住房保障制度，将解决城市低收入家庭住房困难问题纳入了公共财政覆盖范围。

一、廉租住房保障制度基本建立

2003 年，《国务院关于促进房地产市场持续健康发展的通知》中，提出要建立和完善廉租住房制度，强化政府住房保障职能，形成以财政预算资金为主、稳定规范的住房保障资金来源，实行以发放租赁补贴为主、实物配租和租金核减为辅的保障方式。同年，建设部会同财政部等部门颁布了《城镇最低收入家庭廉租住房管理办法》，初步建立了廉租住房保障制度。

2007 年，《国务院关于解决城市低收入家庭住房困难的若干意见》明确提出，城市廉租住房制度是解决低收入家庭住房困难的主要途径；城市廉租住房保障实行货币补贴和实物配租等方式相结合，主要通过发放租赁补贴，增强低收入家庭在市场上承租住房的能力。同年，国务院相关部门制定了《廉租住房保障办法》、《廉租住房保障资金管理办法》、《中央廉租住房保障专项补助资金实施办法》、《中央预算内投资对中西部财政困难地区新建廉租住房项目的支持办法》、《关于廉租住房经济适用住房和住房租赁有关税收政策的通知》等一系列配套文件，各地也相应制定了具体实施办法，标志着廉租住房保障制度体系基本建立。

按照《国务院关于解决城市低收入家庭住房困难的若干意见》的要求，一是 2007 年年底前，所有设区的城市要对符合规定住房困难条件、申请廉租住房租赁补贴的城市低保家庭基本做到应保尽保；2008 年年底前，所有县城要基本做到应保尽保。"十一五"期末，全国廉租住房制度保障范围要由城市最低收入住房困难家庭扩大到低收入住房困难家庭；2008 年年底前，东部地区和其他有条件的地区，要将保障范围扩大到低收入住房困难家庭。各地"十一五"期末，应使农民工等其他城市住房困难群体的居住条件得到逐步改善。二是明确了地方政府对住房保障建设与提供的主体地位，多渠道筹集资金保障廉租住房的建设。廉租住房制度以财政预算安排为主，包括住房公积金增值部分、土地出让金纯收入的一定比例（目前要求为 10%），多渠道筹措廉租住房资金，实行以住房租赁补贴为主、实物配租和租金核减为辅的多种保障方式。三是严格界定保障性住房的标准，包括套内面积、地理位置、建筑档次等。四是应根据财政经济发展和居民需求的变化，按照"动态调节"原则，逐步扩大保障范围，提高保障水平，保障重点应从最低收入者到中低收入者逐步调整。

二、财政支持廉租住房保障情况

为发挥公共财政职能作用，切实支持解决城市低收入家庭住房困难，财政部先后印发了《关于切实落实城镇廉租住房保障资金的通知》、《关于贯彻落实国务院关于解决城市低收入家庭住房困难若干意见的通知》、《廉租住房保障资金管理办法》和《中央廉租住房保障专项补助资金实施办法》，在廉租住房保障方面主要采取了以下几方面的措施：

（1）明确廉租住房保障资金来源渠道，包括住房公积金增值收益扣除计提贷款风险准备金和管理费用后的全部余额、从土地出让净收益中按照不低于10%的比例安排用于廉租住房保障的资金、市县财政预算安排用于廉租住房保障的资金、省级财政预算安排的廉租住房保障补助资金、中央预算内投资中安排的补助资金、中央财政安排的廉租住房保障专项补助资金、社会捐赠的廉租住房保障资金以及其他资金等8条渠道。

（2）拨付中央财政补助中西部财政困难地区的廉租住房保障专项资金。中央对地方廉租住房保障的补助资金有两部分：一是中央廉租住房保障专项补助，二是中央预算内投资补助。中央廉租住房保障专项补助资金按照因素法和公式法计算分配给中西部财政困难地区及新疆生产建设兵团，分配因素包括财政困难程度和上年度廉租住房保障工作进展情况，既充分考虑了当地财政困难状况，又兼顾了当地廉租住房保障工作实绩，体现了中央财政对中西部财政困难地区及新疆生产建设兵团落实廉租住房保障工作情况的补助和奖励。中央预算内投资补助是指对地方新建廉租住房建设项目，原则上按西部地区300元/平方米、中部地区200元/平方米进行补助。

（3）明确廉租住房建设过程中免收的全国性非税收入项目。廉租住房和经济适用住房建设、棚户区改造、旧住宅区整治，一律免收各项行政事业性收费和政府性基金。其中，免收的全国性行政事业性收费包括防空地下室易地建设费、城市房屋拆迁管理费、工程定额测定费、白蚁防治费、建设工程质量监督费等项目；免收的全国性政府性基金包括城市基础设施配套费、散装水泥专项资金、新型墙体材料专项基金、城市教育附加费、地方教育附加、城镇公用事业附加等项目。

（4）落实免收土地出让收入政策。按照有关文件规定，廉租住房和经济适用住房建设用地实行行政划拨方式供应。财政部强调，各地在贯彻落实过程中除依法支付土地补偿费、拆迁补偿费外，一律免收土地出让金收入。

（5）切实加强廉租住房租金的财政"收支两条线"管理。政府购建廉租住房是国有资产的重要组成部分，廉租住房租金收入要按照规定及时足额缴入地方同级国库，专项用于廉租住房的维护和管理。廉租住房租金用于维护开支，包括廉租住房在预定使用期限内正常使用所必需的修理、养护等，用于管理开支范围，包括支付廉租住房环境综合治理、绿化、卫生等物业管理费用，以及用于支付廉租住房公用水费、电费等。

（6）制定有关廉租住房的税收优惠政策。主要包括：对廉租住房经营管理单位按照政府规定价格向规定保障对象出租廉租住房的租金收入免征营业税、房产税；对廉租住房、经济适用住房建设用地以及廉租住房经营管理单位按照政府规定价格向规定保障对象出租的廉租住房用地免征城镇土地使用税；企事业单位、社会团体以及其他组织转让旧房作为廉租住房、经济适用住房房源且增值额未超过扣除项目金额 20% 的，免征土地增值税；对廉租住房、经济适用住房经营管理单位与廉租住房、经济适用住房相关的印花税以及廉租住房承租人、经济适用住房购买人涉及的印花税予以免征；对廉租住房经营管理单位购买住房作为廉租住房、经济适用住房经营管理单位回购经济适用住房继续作为经济适用住房房源的，免征契税。

通过上述一系列措施，城市廉租住房保障工作取得了积极成效。截至 2008 年年底，全国共有 295 万户低收入家庭通过廉租住房制度改善了住房条件，其中，领取租赁补贴的家庭 229 万户，实物配租的家庭 26 万户，租金核减 34 万户。北京、天津、河北、上海、江苏、浙江、海南、山西、安徽、湖南等地对申请廉租住房租赁补贴的低保住房困难家庭，基本实现了应保尽保。

第二十三章
促进区域协调发展

　　党中央、国务院一直高度重视区域协调发展问题，2003 年以来陆续提出了振兴东北地区等老工业基地、促进中部地区崛起等区域发展战略。财政部门按照中央有关决策部署，深化财政体制改革，逐步加大转移支付力度，推进基本公共服务均等化；贯彻落实中央的区域发展战略，制定了一系列财税政策措施，有力地促进了分工合理、特色明显、优势互补的区域发展模式的逐步形成。

第一节　推进基本公共服务均等化

　　2003 年以来，财政部门继续深化财政体制改革，完善转移支付制度，进一步加大了中央对地方特别是中西部地区的转移支付力度，同时积极推进省以下财政管理方式改革，创新缓解县乡财政困难的体制机制，促进增强中西部地区和基层政府提供公共服务的能力。

一、加大对地方的转移支付力度

　　转移支付制度是促进基本公共服务均等化、均衡地区间财力分配和实现中央政府特定政策目标的重要手段。2003 年以来，中央对地方转移支付规模不断增加，由 2003 年的 4 836 亿元增加到 2008 年的 18 708.60 亿元，增长 2.87 倍（见图 23 - 1），转移支付的 90% 以上用于中西部地区；同时，不断完善转移支付制度，健全相关测算办法，促进实现转移支付资金分配的公正透明。

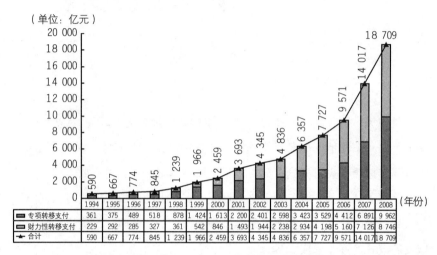

图 23 - 1　中央对地方转移支付规模变化情况

（一）财力性转移支付力度不断加强

2008 年，中央对地方的财力性转移支付达到 8 746.21 亿元，比 2003 年的 2 238 亿元增加 6 508.21 亿元；一般性转移支付对地方标准收支缺口的补助水平不断提高，2008 年已经达到 71.7%（见图 23 - 2）；完善民族地区转移支付，增加农村税费改革转移支付规模等，均衡地区间财力分配，有力支持了财力薄弱地区政府提高基本公共服务能力。

（二）初步建立起一套比较完整的专项转移支付体系

专项转移支付重点用于教育、医疗卫生、社会保障、支农等公共服务领域。2008 年，中央对地方的专项转移支付达到 9 962.39 亿元，比 2003 年的 2 598 亿元增加 7 364.39 亿元，用于中西部地区的比例达到 80% 以上，有力地提升了地方特别是中西部地方政府提供公共服务的能力，较好

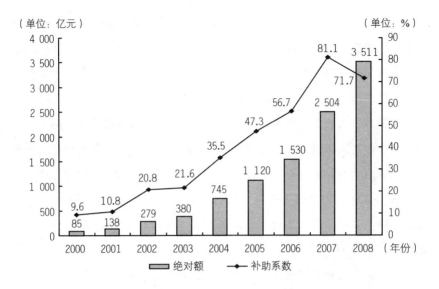

图 23 - 2　中央对地方一般性转移支付规模和补助系数

注：2008 年完善转移支付测算办法，按照公共财政的要求，扩大了标准支出测算范围，补助系数相应有所下降。

地贯彻了中央的政策意图。

　　总体上看，2003 年以来，中央不断加大对地方转移支付力度，并重点向中西部倾斜，提高了地方特别是中西部地区的人均财力水平，均衡了地区间财力分配，促进了地区间基本公共服务均等化。2003—2008 年，地方财政本级支出来源于中央财政转移支付的比例由 28% 上升到 38%，其中，中部地区由 40.6% 上升到 51%，西部地区由 46.5% 上升到 57.6%。以 2008 年为例，如果将东部地区作为 100，中、西部地区按总人口计算的人均一般预算收入仅为 34 和 37；中央通过转移支付实施地区间收入再分配后，中西部地区的人均财力分别上升到 51 和 61，人均支出分别上升到 63 和 81，与东部地区的差距明显缩小。

二、增强基层政府提供公共服务的能力

　　实行分税制财政体制以来，地方财政收入持续增长，财政保障能力不

断提高；但由于经济发展不均衡、财政供养人员增长过快、省以下财力差异调节不到位等原因，部分基层政府特别是县乡财政较为困难，集中表现为欠发机关事业单位人员工资现象不同程度存在、公用经费保障水平较低等。为促进地区协调发展，2003 年以来，在合理界定各级政府事权范围、进一步明确各级政府的财政支出责任、相应调整省以下各级政府间收入划分、进一步规范省以下转移支付制度的基础上，财政部门积极创新，缓解县乡财政困难的体制机制，实施"三奖一补"政策，并推进"省直管县"和"乡财县管"等财政管理方式创新，促进完善省以下财政体制，均衡省以下财力分配，增强了地方政府特别是基层县乡政府提供公共服务的能力。

（一）创新缓解县乡财政困难的体制机制，实施"三奖一补"政策

经国务院批准，2005 年中央财政出台了以缓解县乡财政困难为目标的"三奖一补"激励约束机制，计划用 3 年左右的时间基本缓解县乡财政困难。至 2007 年，政策目标已基本实现。

2005 年，"三奖一补"政策的主要内容是：对财政困难县乡政府增加税收收入和省市级政府增加对财政困难县财力性转移支付给予奖励；对县乡政府精简机构和人员给予奖励；对产粮大县给予奖励；对以前缓解县乡财政困难工作做得好的地区给予补助。

在政策实施过程中，为促进县乡财政运行步入良性轨道，结合缓解县乡财政困难工作形势，中央财政不断调整和完善激励约束机制。2008 年，"三奖一补"政策的主要内容包括：一是调节县级财力差距的奖励。继续引导省、市政府加大对财力薄弱县乡政府的投入，缩小地区间财力差异，增强县乡基层政府提供公共服务的能力，中央财政对调节省以下财力差异工作做得好的地区予以奖励。二是继续对县乡政府精简机构、精减人员给予奖励，同时考核各地教育、医疗卫生、农林水事务支出占一般预算支出比重，对比重提高的县和比重高于全国平均水平的县，中央财政给予一定奖励。三是继续对产粮大县给予奖励，建立存量与增量结合、激励与约束并重的奖励机制；同时对产油大县给予奖励，中央财政将奖励资金测算分

配到省，由省级政府按照"突出重点品种、奖励重点县（市）"的原则统筹考虑对产油大县的奖励。四是继续对以前年度财政困难县增加税收和省市政府增加对困难县财力性转移支付的奖励基数予以补助。

2005—2008 年，中央财政累计安排"三奖一补"资金 1 163 亿元，加上地方安排的奖补资金和县乡政府组织的税收收入增量等，县级财力水平明显改善，县级财政支出占地方财政支出的比重逐年稳步提高，县乡财政保障能力明显增强，地方政府发展粮食生产的积极性得到保护，财政供养人员过快增长势头得到遏制，精简机构的步伐明显加快，县乡财政运行的主要矛盾已经由"保吃饭、保运转"，转变为促进民生、促进发展、履行公共支出责任方面。

按照党的十七大完善省以下财政管理体制、增强基层政权提供公共服务能力的要求，中央财政进一步完善激励约束机制，研究建立县级基本财力保障机制，切实巩固缓解县乡财政困难成果，构筑县乡财政良性运行的制度保障。

（二）推进"省直管县"和"乡财县管"等财政管理方式创新，促进完善省以下财政体制

与行政管理体制相适应，现行财政体制遵循"统一领导、分级管理"的基本原则，中央政府仅与省级政府进行收支划分和转移支付等体制安排，省以下财政体制由各地省级政府在中央指导下，结合本地实际情况确定。经过不断的改革探索，大部分地区都按照分税制的要求划分了省以下各级政府的收支范围，并建立了较为规范的省对下转移支付体系，同时，部分省份积极采取"省直管县"和"乡财县管"等措施，不断探索创新体制管理模式。

实行"省直管县"，有利于理顺省以下政府间财政分配关系，推动市县政府加快职能转变，更好地提供公共服务，促进县域经济发展。2009年 6 月，财政部印发了《关于推进省直接管理县财政改革的意见》，对推进"省直管县"财政改革进行了部署。

实行"乡财县管"，乡镇政府管理财政的法律主体地位不变，财政资

金的所有权和使用权不变，乡镇政府享有的债权和承担的债务不变，属于乡镇事权范围内的支出仍由乡镇按规定程序审批。县级财政部门在预算编制、账户设置、集中收付、政府采购和票据管理等方面对乡镇财政进行管理和监督，实行预算共编、账户统设、集中收付、采购统办、票据统管、县乡联网。乡镇政府在县级财政部门的指导下编制本级预算、决算草案和本级预算的调整方案，组织本级预算的执行。推行乡财县管有利于推动建立县乡公共财政体制框架，规范乡镇收支行为，防范和化解乡镇债务风险，维护农村基层政权和社会稳定。

截至 2008 年年底，全国已有 24 个省份在 791 个市县实行了"省直管县"试点，29 个省份约 23 000 个乡镇实行了"乡财县管"试点，简化了财政管理层级，增强了县域经济发展活力，提高了基层政府提供公共服务的能力。

第二节 落实国家区域发展总体战略

2003 年以来，为推动区域协调发展，在原有促进西部大开发的区域发展战略基础上，中央又陆续提出了振兴东北等老工业基地、促进中部崛起的区域发展战略。为贯彻落实中央的有关决策部署，财政部门相应出台了一系列促进区域协调发展的财税政策措施，有力地推动了国家区域发展总体战略的顺利实施。

一、振兴东北等老工业基地

根据 2003 年中共中央、国务院发布的《关于实施东北地区等老工业基地振兴战略的若干意见》和 2005 年国务院办公厅发布的《关于促进东北老工业基地进一步扩大对外开放的实施意见》精神，中央财政关于振兴东北老工业基地的财税优惠政策主要有：

一是选择部分老工业基地城市进行分离企业办社会职能试点，有步骤地剥离重点大企业办社会职能，中央企业分离办社会职能所需费用由中央财政予以适当补助，妥善解决厂办"大集体"问题。老工业基地符合破产条件的企业，优先列入全国企业兼并破产工作计划。

二是对部分企业历史形成、确实难以归还的历史欠税，按照规定条件经国务院批准后给予豁免。对资源开采衰竭期的矿山企业，以及对低丰度油田开发，在地方具备承受能力的条件下，适当降低资源税税额标准。对装备制造业、石油化工业、冶金工业、船舶制造业、汽车制造业、高新技术产业、军品工业和农产品加工业等行业，允许新购进机器设备所含增值税税金予以抵扣。实施提高固定资产折旧率和缩短无形资产摊销期限、扩大企业研发经费加计扣除优惠政策适用范围、提高计税工资税前扣除标准等减轻企业负担的政策。中央政府在一般转移支付时适当考虑对老工业基地实施税收优惠政策造成地方财政减收的因素。

三是农业、社会保障、教育、科技、卫生、计划生育、文化、环保等领域的专项资金安排，要支持老工业基地调整改造和资源型城市转型。

四是外国投资者并购和参股改造国有企业，原国有企业历史形成、确实难以归还的欠税，按照规定条件经国务院批准后予以豁免。

五是凡符合外商投资优势产业目录的东北地区外商投资项目，可享受鼓励类外商投资项目的进口税收优惠政策。外商投资研究开发中心除按有关规定享受优惠政策外，对经核准的外商投资企业技术中心，其进口围绕国内不能生产的自用耗材、试剂、样机、样品等，可按现有规定免征关税和进口环节增值税。

六是加大对资源枯竭城市的扶持力度。按照党的十七大关于"帮助资源枯竭地区实现经济转型"的精神，以及2007年国务院《关于促进资源型城市可持续发展的若干意见》提出的有关要求，2008年初，财政部会同国务院振兴东北办等有关部门，研究确定了首批12家资源枯竭城市的名单，并在办理2007年中央地方财政结算时下达转移支付资金20亿元。

二、促进中部地区崛起

根据 2006 年中共中央、国务院《关于促进中部地区崛起的若干意见》的精神，中央财政促进中部地区崛起的财税优惠政策主要有：

一是完善对种粮农民直接补贴制度，继续安排资金支持良种补贴和农机具购置补贴。中央财政加大对产粮大县奖励政策的实施力度，加大对农业综合开发、土地整理、中低产田改造、大型商品粮生产基地建设、旱作农业的投入。

二是落实对内资重点龙头企业从事种植业、养殖业和农林产品初加工业所得暂免征收企业所得税政策。

三是落实"两免一补"政策（对农村义务教育阶段学生免收学杂费，对贫困家庭学生提供免费课本和寄宿生活费补贴），加大对财政困难县义务教育经费的转移支付力度。

四是国家对优势企业的联合、重组给予必要的政策支持，加大对重点企业技术改造的支持力度，通过科研投入、工程设备采购以及税收政策等，支持重大成套装备技术研制和重大产业技术开发。

五是支持中部地区老工业基地振兴和资源型城市转型，选择部分老工业基地城市，在增值税转型、厂办大集体改革和社会保障等方面，比照振兴东北地区等老工业基地有关政策给予支持。支持资源型城市和资源型企业加快经济转型，培育、发展循环经济和接续产业，研究建立资源开发补偿机制和衰退产业援助机制；对重点资源枯竭型企业关闭破产、分离办社会职能、职工安置、沉陷区居民搬迁给予扶持。

六是加大对财政困难县乡的财政转移支付力度，规范县级政府经济社会管理权限，完善公共财政体制，加大对社会事业发展的支持力度，增强县级政府面向农村提供公共服务的能力。

七是加大对贫困地区的扶持力度，对贫困人口集中分布地区、革命老区和少数民族地区，实行集中连片开发，增加支援欠发达地区资金和以工代赈资金的投入，在扶贫开发、金融信贷、建设项目安排、教育卫生事业等方面比照西部大开发政策执行；对干旱缺水、水土流失严重、行蓄（滞）洪区等特殊困难地区，加大扶持力度。

八是增加财政对社会保障的投入，加大中央财政对中部地区的专项转移支付力度。

三、支持西部大开发

根据2000年国务院下发的《关于进一步推进西部大开发的若干意见》和《关于实施西部大开发若干政策措施的通知》精神，国家关于西部大开发的财税优惠政策主要有：

一是增加建设资金投入，提高中央财政性建设资金用于西部地区的比例。中央采取多种方式筹集西部开发的专项资金。中央有关部门在制定行业发展规划和政策、安排专项资金时，要充分体现对西部地区的支持等，继续保持用长期建设国债等中央建设性资金支持西部开发的投资力度。

二是加大财政转移支付力度，逐步加大中央对西部地区一般性转移支付规模，农业、社会保障、教育、科技、卫生、计划生育、文化、环保等专项补助资金的分配向西部地区倾斜；中央财政扶贫资金重点用于西部贫困地区；对国家批准实施的退耕还林还草、天然林保护、防沙治沙工程所需的粮食、种苗补助资金及现金补助，主要由中央财政支付。对因实施退耕还林还草、天然林保护等工程而受影响的地方财政收入，由中央财政适当给予补助。

三是实行税收优惠政策，对设在西部地区国家鼓励类产业的内资企业和外商投资企业，在一定期限内减按15%的税率征收企业所得税。民族自治地方的企业经省级人民政府批准，可以定期减征或免征企业所得税。对在西部地区新办交通、电力、水利、邮政、广播电视等企业，企业所得税实行两年免征，三年减半征收。对西部地区公路国道、省道建设用地，比照铁路、民航用地免征耕地占用税。对西部地区内资鼓励类产业、外商投资鼓励类产业及优势产业的项目在投资总额内进口自用先进技术设备，除国家规定不予免税的商品外，免征关税和进口环节增值税。对水电的实际税赋进行合理调整，支持西部地区水电发展。

四是建立和完善艰苦边远地区津贴制度，提高西部地区行政事业单位人员的工资水平，逐步使其达到或高于全国平均水平。

五是完善教育经费保障机制，加大中央财政和省级财政对农村义务教育的支持，新增财政收入用于支持农村教育发展的部分向西部地区农村倾斜，支持中小学校建设的中央财政专项资金继续向西部地区倾斜。国家继续在资金投入和政策措施上给予倾斜，支持西部地区高等教育发展。

六是加大各类科技计划经费向西部地区的倾斜支持力度，逐步提高科技资金用于西部地区的数额。国家安排的补助地方文化设施建设、广播电视建设投资和文物经费，向西部地区倾斜；加快建立电信普遍服务基金和邮政普遍服务补偿机制，支持西部地区和其他地区农村普及电信和邮政服务。

四、支持其他局部地区发展

从 2005 年 6 月上海浦东新区综合配套改革试验区获得国务院批准开始，在三年半的时间里，先后有天津滨海新区综合配套改革试验区、成渝全国统筹城乡综合配套改革试验区、武汉城市圈和长株潭城市圈全国资源节约型和环境友好型社会建设综合配套改革试验区等多个区域发展规划获得国务院批准。2006 年以来，国家又陆续出台了一些促进特定区域发展的指导意见，其中国务院专门颁布相关文件并给予财税扶持政策的主要有：《国务院推进天津滨海新区开发开放有关问题的意见》、《关于推进重庆市统筹城乡改革和发展的若干意见》和《关于支持福建省加快建设海峡西岸经济区的若干意见》等。

（一）推进天津滨海新区开放开发的财税政策

2006 年，为了推进滨海新区开放开发，国务院批准天津滨海新区为全国综合配套改革试验区，并要求给予天津滨海新区一定的财政税收政策扶持：对天津滨海新区所辖规定范围内符合条件的高新技术企业，减按15% 的税率征收企业所得税；比照东北等老工业基地的所得税优惠政策，对天津滨海新区的内资企业予以提高计税工资标准的优惠，对企业固定资产和无形资产予以加速折旧的优惠；中央财政在维持现行财政体制的基础上，在一定时期内对天津滨海新区的开发建设予以专项补助。

（二）推进重庆市统筹城乡改革和发展的财政政策

2009 年，国务院出台了《关于推进重庆市统筹城乡改革和发展的若干意见》，要求在财政政策方面把中央财政对重庆市建市补助列入中央对重庆的体制补助基数，进一步加大中央财政转移支付、中央预算内专项资金和中央预算内投资，以及其他中央专项资金对重庆的投入力度，提高重庆市的财力水平。

（三）支持福建省加快建设海峡西岸经济区的财政政策

2009 年，国务院出台了《关于支持福建省加快建设海峡西岸经济区的若干意见》，要求在财政政策方面加大资金投入和项目支持。中央财政转移支付、中央预算内专项资金和中央预算内投资，以及其他中央专项资金，都要加大扶持力度，特别要加大对原中央苏区县、革命老区、少数民族地区的扶持力度。安排中央预算内投资等资金时，福建革命老区、少数民族地区等参照执行中部地区政策，福建原中央苏区县参照执行西部地区政策。适当降低中央投资项目地方投资比例，支持发展特色产业和重大项目建设，对海峡西岸经济区的基础设施建设给予专项补助。

第二十四章
加大环境保护投入

2003 年以来，我国经济发展逐渐步入高速增长的快车道，但粗放型经济增长模式仍未实现根本转变，经济社会发展与资源环境的矛盾日益突出。为促进资源节约型和环境友好型社会建设，财政部门不断加大环境保护方面的投入力度，着力推动节能减排工作，探索建立资源有偿使用和生态环境补偿机制，完善促进资源、能源节约和环境保护的财税政策扶持体系等，取得了较好效果。

第一节　加大环境保护投入力度

2003 年以来，财政部门不断加大投入力度，支持推动环境保护和生态建设，大力支持天然林保护、退耕还林、京津风沙源治理等林业重点生态工程建设。2003—2007 年，中央财政安排资金 1 358 亿元，支持完成退耕还林 0.8 亿亩，荒山荒地造林 1.36 亿亩；安排资金 422 亿元，支持保护天然林 14.3 亿亩，营造林木 0.78 亿亩；安排森林生态效益补偿资金 113.4 亿元，支持保护重点公益林 6.68 亿亩；进一步完善天然林保护工程、退耕还林工程和森林生态效益补偿基金政策，支持国有林场管理体制和集体林权制度改革；同时，大力支持污染防控工作。"十五"期间，中央财政直接用于环保污染治理投入达 532.7 亿元，其中，城市环保基础设施建设 510.3 亿元，中央集中排污费专项资金 10.9 亿元。

我国环境保护投入渠道主要分为政府投入、金融机构和社会专业公司投入、企业自身投入三个来源。"十五"时期，城市环境基础设施投资 4 884.3 亿元，其中，财政拨款、国内贷款债券以及其他（利用外资、企业自筹及其他资金）基本上各占 1/3；工业污染源治理投资 1 350.94 亿元，建设项目环境保护投资 2 160.2 亿元，主要是企业自筹资金。

同时，中央财政还设立了多种专项资金，大力支持环境保护相关专项工作，具体情况如下：

集约化畜禽养殖污染防治专项资金，中央财政 2003—2008 年共安排 8 000 万元，重点支持中西部地区畜禽养殖大省集约化畜禽养殖企业污染防治与综合利用示范及技术推广。

国家级自然保护区专项资金，中央财政 2003—2008 年共安排 2.8 亿元，支持一些具有典型性、稀有性、濒危性和脆弱性的国家级自然保护区的保护工作。

环境监察执法能力建设专项资金，中央财政 2003—2007 年共安排 23.5 亿元，主要用于加强中西部及其他贫困地区环境监察执法能力建设，并且按照集中资金、保障重点的原则，优先考虑了污染防治和生态保护任务重的环境监察机构。

第一次全国污染源普查专项资金，中央财政 2006 年安排启动资金 500 万元，2007 年增加到 7.37 亿元，2008 年安排 1.09 亿元。通过普查，建立健全各类重点污染源档案和污染源信息数据库，为有效实施主要污染物减排计划，实现节能减排目标奠定了基础。

全国土壤现状调查及污染防治专项资金，中央财政 2005—2008 年共安排 5.54 亿元，重点支持全国土壤环境质量现状调查和制定土壤污染防治对策等工作。

主要污染物减排专项资金，中央财政 2007—2008 年共安排 45 亿元，用于支持主要污染物减排的指标、监测、考核体系建设，包括国控重点污染源监控、环境监察执法能力建设和监测运行费用补助等。

排污费资金，从 2004 年开始，中央财政每年集中排污费收入的 10%用于支持环境保护事业，其中 2004 年为 2.77 亿元，2005 年为 8.14 亿元，2006 年为 11.4 亿元，2007 年为 14.47 亿元，2008 年为 18.06 亿元。

农村环保专项资金，中央财政从 2008 年起设立农村环保专项资金，2008 年共安排 5 亿元，主要通过"以奖促治"开展村庄环境综合整治，通过"以奖代补"开展村镇生态示范创建。

2006 年，环境保护支出被正式纳入国家预算科目。2007 年，全国财政环境保护支出 996 亿元。2008 年，全国财政环境保护支出 1 451.36 亿元，比上年增长 45.7%；中央财政环境保护支出 1 040.3 亿元，比上年增长 33%。这些支出主要用于促进十大重点节能工程建设、循环经济发展、重点流域水污染治理等，完善中西部地区城镇管网配套设施；支持实施天然林保护工程，继续落实退耕还林、退牧还草政策；实施国家水土保持重点建设工程，支持水土流失严重地区开展有规划、有步骤、集中连片的水土流失综合治理；开展排污权有偿取得和交易试点，推动资源综合利用和新能源、可再生能源发展。同时，为推进主体功能区建设这一国家区域发展新战略，财政系统开始着力探索与之相配合的财政政策体系，在限制开发区和禁止开发区的财政支出政策中，将重点研究生态修复与建设的投入问题。

第二节 着力推动节能减排

财政支持节能减排，主要是通过科学的制度安排，解决节能减排的压力与动力问题，既加大投入和政策支持，更着力建立制度，改进运行机制，实现节能减排的机制化、制度化。

一、财政支持节能减排的主要思路

财政部门主要按照"夯实基础、明确责任、创新机制、加大投入、创造环境"的思路全面推进节能减排。一是抓好各项基础工作，建立节能统计、报告、审计制度，建立能效标准、标识制度和主要污染物排放指标体系，加强环境监管能力建设；二是明确企业和政府、中央和地方的责任，建立责任考核机制，调动各方积极性；三是建立有效的机制和制度，加强制度创新，建立财政"以奖代补"新机制，建立健全税制，建立城市污水处理和排污收费机制，探索建立节能减排市场化机制；四是加大投入力度，切实保障节能减排必要支出；五是为节能减排创造好的外部环境，理顺能源资源价格形成机制，加快促进社会生产和消费模式转变。

二、2007—2008 年中央财政支持节能减排情况

2007 年，中央财政安排节能减排专项资金 235 亿元，主要用于以下几个方面：一是支持十大重点节能工程支出 70 亿元，投入建筑节能、企业节能技术改造。建筑节能包括支持建立国家机关办公建筑和大型公共建筑能耗监管体系，并对节能改造予以贷款贴息；采取"以奖代补"的方式，推进北方既有建筑供热计量及节能改造，奖励标准与节能量、完成工作任务量等因素挂钩。二是支持中西部城市污水处理设施配套管网建设支出 65 亿元，按照规划内管网建设长度、污水处理能力、COD 等主要污染物削减量三个因素分配补助资金，省里负责统筹安排到具体项目。三是支持欠发达地区淘汰落后产能支出 20 亿元，采取转移支付的方式，对欠发达地区淘汰落后电力等 13 个行业的落后产能给予奖励。四是支持"三河三湖"及松花江流域治理支出 50 亿元，按照投资需求和 COD 实际减排量两项因素分配中央补助资金。五是支持加强环境监管能力建设及节能能力建设等节能基础性工作支出 30 亿元，支持主要污染物排放的监测、指标和考核"三大体系"建设，支持建立能效标识、标准等制度。

2008 年，中央财政安排节能减排专项资金 270 亿元，比 2007 年增加 35 亿元。加上中央建设投资安排 148 亿元，2008 年中央财政共计安排 418 亿元用于支持推进节能减排工作。除继续用于 2007 年安排的五大类支出外，还加大了农村环保的支持力度。

第三节　深化资源环境有偿使用制度改革

围绕建立健全资源有偿使用制度和生态环境补偿机制，财政部门通过体制机制创新，着力推进了矿产资源有偿使用制度改革、排污权有偿取得和排污权交易制度改革。

一、矿产资源有偿使用制度改革

矿产资源有偿使用制度改革的核心就是要严格实行矿业权按市场方式付费取得，不再通过行政手段无偿授予矿业权。2006 年这项改革在山西、内蒙古等 8 个煤炭主产省份先行试点，目前已在全国逐步推开。矿产资源有偿使用制度改革可以使矿山企业的生产成本完全化，促使其在利益机制和价格杠杆的作用下更加珍惜宝贵的矿产资源，提高资源开采效率，促进资源集约开采利用，从源头上减少污染排放。同时，通过改革增加的探矿权、采矿权价款收入，一方面用来补充国家地质勘查所需资金，促进资源勘探可持续发展，另一方面可用于治理矿山开采遗留的环境污染问题，促进恢复和保护矿山生态环境。

二、排污权有偿取得和排污权交易制度改革

针对部分企业肆意排污而不顾忌环境成本，环境保护缺乏内在约束和激励机制的问题，财政部推进了排污权有偿取得和排污权交易制度改革试点，推动环境有偿使用制度改革进入实质性阶段。改革内容是在"总量

控制"的前提下，按照"谁污染、谁治理"的原则，实行排污权有偿取得，改变过去无偿授予企业排污许可证的做法，让企业通过市场方式付费获得排污指标，同时允许排污权进行交易，以使企业在利益的驱动下珍惜有限的排污权，减少污染物的排放，并可因减少排放而受益。这项改革已经在江苏省、浙江省太湖流域和电力行业，以及天津市进行试点。

资源、环境有偿使用制度改革符合市场经济原则，有助于更进一步发挥市场机制对资源节约和环境保护的调节作用，是创新环境保护机制的有益尝试，对促进实现节能减排目标具有积极意义。

第四节　建立健全支持环境保护的财税政策体系

为推动资源能源节约，促进循环经济发展，支持环保事业和产业加快发展，我国已经先后出台或调整了 30 余项税费政策，涉及了增值税、消费税和所得税等多个税种，并注重发挥政府采购政策导向作用，初步建立起一套比较完整的促进节能减排和环境保护的财税扶持政策体系。

一、增值税政策

1995 年开始，财政部、国家税务总局针对资源综合利用产品增值税政策陆续发布了多个规范性文件，由于这些文件发布的时间跨度较大，对相关的资源综合利用产品的标准、范围、认定程序也各有不同，影响了政策的实施效果。为了完善有关政策，2008 年财政部、国家税务总局颁布了《关于资源综合利用及其他产品增值税政策的通知》，对有关资源综合利用的增值税政策进行了统一明确，规定对销售自产再生水、翻新轮胎等产品，以及对污水处理劳务实行免征增值税政策；对销售自产以工业废气为原料生产的高纯度二氧化碳产品、以垃圾为燃料生产的电力或者热力等产品实行增值税即征即退的政策；对销售自产以退役军用发射药为原料生产的涂料硝化棉粉等产品实行即征即退 50% 的政策；对销售自产的综合利用生物柴油实行增值税先征后退政策。这一政策的颁布，不但有利于资源综合利用事业的规范发展，而且对于吸引社会力量加大对资源综合利用事业的投入，促进综合利用产业的发展，也产生了积极的促进作用。

同年，财政部、国家税务总局颁布了《关于再生资源增值税政策的通知》，对再生资源增值税优惠政策进行了调整，取消原来对废旧物资回收企业销售废旧物资免征增值税和利废企业购入废旧物资按销售发票金额计算抵扣 10% 进项税额的政策，对满足一定条件的废旧物资回收企业按其销售再生资源实现的增值税的一定比例（2009 年为 70%，2010 年为 50%）实行增值税先征后退政策。该政策一方面通过恢复增值税链条机制防止了税收流失，另一方面通过对符合条件的再生资源回收经营企业实行一定比例的增值税退税政策，鼓励合法、规范经营的企业做大做强，促进了再生资源回收行业的健康有序发展。

另外，财政部还对一些节能减排产品单独颁布了税收优惠政策，主要有：自 2005 年起，对国家批准的定点企业生产销售的变性燃料乙醇实行增值税先征后退；对企业以林区三剩物和次小薪材为原料生产加工的综合利用产品，自 2006 年 1 月 1 日起至 2008 年 12 月 31 日实行增值税即征即退政策；自 2007 年 1 月 1 日起，对煤层气抽采企业的增值税一般纳税人抽采销售煤层气实行增值税先征后退；2009 年 1 月 1 日起，对县以下小型水力发电单位生产的电力，可按简易办法依照 6% 征收率计算缴纳增值税。

二、消费税政策

（一）将大量耗费资源的产品纳入消费税征收范围

2006 年 4 月 1 日，财政部、国家税务总局联合下发通知，对消费税政策进行了一次大规模的调整，其中，将大量消耗木材资源的实木地板、木制一次性筷子产品纳入消费税征收范围，突出了环境保护和资源节约政策导向；另外，对石脑油、溶剂油、润滑油、燃料油、航空煤油开始征收消费税，规定石脑油、润滑油、溶剂油的消费税税额比照汽油为每升0.2元，燃料油、航空煤油比照柴油为每升0.1元。考虑到当时征税的石脑油、溶剂油等多数属于工业原料，航空煤油也主要用于航空运输，征收消费税将会增加一定的生产成本，因此，在政策出台时，经国务院批准，对石脑油等先按应纳税额的30%征收，对航空煤油暂缓征收消费税。随后，2008年1月1日起，取消对石脑油等成品油的减税优惠。

（二）对小排量汽车的消费税税收优惠政策

2006年，我国对汽车消费税进行了首次调整，细化了原有税率档次，将3档调整为6档。调整后各档次税率差明显拉大，最低税率与最高税率差由原来的5%扩大到17%，加大各档次税率差的目的在于"抑大扬小"，鼓励购买小排量汽车。

2008年，国家再次调整汽车消费税政策：一是提高大排量乘用车的消费税税率，排气量在3.0升以上至4.0升（含4.0升）的乘用车，税率由15%上调至25%，排气量在4.0升以上的乘用车，税率由20%上调至40%；二是降低小排量乘用车的消费税税率，排气量在1.0升（含1.0升）以下的乘用车，税率由3%下调至1%，进一步体现"大排气量多负税、小排气量少负税"的征税原则，促进节能汽车的生产和消费。

三、企业所得税政策

2008年开始实施的新《中华人民共和国企业所得税法》，对国家鼓励和重点扶持的环境保护、节能节水等项目增加了税收优惠力度，围绕资源节约，对企业投入、生产、研发、购买设备等环节都给予了税收优惠政策，具体有以下几项：一是企业从事符合条件的环境保护、节能节水项目的，所得可以免征、减征企业所得税；二是企业综合利用资源，生产符合国家产业政策规定的产品所取得的收入，可以在计算应纳税所得额时减计收入；三是企业购置用于环境保护、节能节水等专用设备的投资额，可以按一定比例实行税额抵免，等等。

为加快推进煤层气资源的抽采利用，鼓励清洁生产、节约生产，2007

年，财政部、国家税务总局颁布了《关于加快煤层气抽采有关税收政策问题的通知》，提出了对煤层气资源利用的税收优惠政策，规定对独立核算的煤层气抽采企业购进的煤层气抽采泵等专用设备，统一采取双倍余额递减法或年数总和法实行加速折旧；对其利用银行贷款或自筹资金从事技术改造项目国产设备投资的 40% 抵免新增所得税；对财务核算制度健全、实行查账征税的煤层气抽采企业研究开发新技术、新工艺发生的技术开发费，在按规定实行 100% 扣除的基础上，允许再按当年实际发生额的 50% 在企业所得税税前加计扣除。

2009 年，财政部、国家税务总局《关于中国清洁发展机制基金及清洁发展机制项目实施企业有关企业所得税政策问题的通知》规定，对清洁基金的部分收入免征企业所得税，并对清洁发展机制项目实施企业的有关所得规定了优惠政策。

四、资源税政策

从 2004 年开始，为完善资源产品价格形成机制，促进资源节约利用，我国陆续开始调整资源税政策。2004 年，调整了煤炭、原油、天然气、锰矿石等的资源税税额标准；2006 年，取消了对有色金属矿产资源税减征 30% 的优惠政策，恢复全额征收，并且调高了岩金矿资源税税额标准，统一了全国钒矿石资源税的适用税额标准；2007 年，调高了焦煤资源税税额，对盐资源税税收政策进行了调整，还大幅上调了铅锌矿石、铜矿石和钨矿石的资源税，其中钨矿石资源税平均上调达 15 倍，铅锌矿石和铜矿石的资源税平均上调幅度也分别达到 4.1 倍和 3.3 倍。

2007 年推进资源税改革，将资源税的计征方式由从量变为从价，按照销售收入来征收，提高稀缺性资源、高污染和高能耗矿产的资源税税额。

五、出口退税和关税政策

为限制高污染、高能耗、资源性产品的出口，促进资源能源节约和环境保护，2004 年以来，国家多次调整了出口退税率和进出口暂定关税，适时取消和降低部分高能耗、高污染和资源性产品出口退税率，对部分不鼓励出口的原材料等产品加征出口关税，降低部分资源性产品进口关税。这几次出口退税和暂定关税调整将重点转向限制"两高一资"产品的出口，充分体现了国家节能减排的政策取向和调控目标。

六、政府采购政策

为充分发挥政府采购的政策导向作用，促进推广使用节能环保产品，财政部会同国家发改委于 2004 年印发了《节能产品政府采购实施意见》及"节能产品政府采购清单"，会同国家环境保护总局于 2006 年印发了《关于环境标志产品政府采购实施的意见》及"环境标志产品政府采购清单"，要求各级政府机关、事业单位和团体组织用财政性资金进行采购的，应当优先采购节能产品和环境标志产品，不得采购危害环境及人体健康的产品，逐步淘汰低能效的产品，并提出了具体采购要求。对于未按上述要求采购的，财政部门视情况可拒付采购资金。"清单"中的产品必须通过国家节能、环境标志认证且符合政府采购要求。"清单"实行定期调整制度。

2007 年，国务院出台了政府强制采购节能产品制度，规定在积极推进政府机构优先采购节能产品的基础上，选择部分节能效果显著、性能比较成熟的产品，予以强制采购。财政部会同发展改革委研究公布了政府强制采购的包括双端荧光灯和自镇流荧光灯在内的 9 类节能产品，采购人员在采购这 9 类产品时，必须采购"清单"中的节能产品。经过几年的实践，发挥政府采购政策导向作用引导"绿色"消费取得了良好效果。通过国家政策的引导，企业的节能意识进一步增强，改进节能技术、生产节能产品的积极性不断提高，对建设资源节约型社会发挥了重要作用。

此外，各级财政还通过科技事业费、创业投资和优惠性金融等渠道和手段支持环保产业和事业的发展。

第二十五章
深化财税体制改革

党的十六届三中全会通过的《中共中央关于完善社会主义市场经济体制若干问题的决定》和党的十七大报告，都对推进财税体制改革提出了明确要求。2003 年以来，按照中央的有关决策部署，财政部门积极稳妥地推进了各项税制改革，改进完善分税制财政体制，取得了明显进展，并且配合国家总体改革战略部署，大力支持国有企业改革。

第一节　推进各项税制改革

2003 年，党的十六届三中全会通过的《中共中央关于完善社会主义市场经济体制的决定》明确提出，要按照"简税制、宽税基、低税率、严征管"的原则，稳步推进税收改革。2003 年以来，财税部门紧紧围绕贯彻落实科学发展观、促进国民经济又好又快发展的目标，积极稳妥推进各项税制改革，不断完善税收制度体系，进一步巩固了 1994 年税制改革成果。

一、主要的税制改革

（一）统一内外资企业所得税制度

2004年2月，财政部会同有关部门成立立法工作小组，启动统一内、外资企业所得税各项准备工作。在深入调查研究和广泛征求意见的基础上，形成了内、外资企业所得税"两法合并"的改革方案，主要内容体现为"四统一、一过渡"：

（1）统一税法。内、外资企业适用统一的企业所得税法，实行法人税制。

（2）统一税率。统一并适当降低企业所得税税率，将法定税率降至25%。

（3）统一和规范税前扣除办法及标准。明确了工资薪金支出的税前扣除；具体规定了职工福利费（不超过工资薪金总额14%的部分）、工会经费（不超过工资薪金总额2%的部分）、职工教育经费（不超过工资薪金总额2.5%的部分）的税前扣除；调整了业务招待费（按照发生额的60%扣除，但最高不得超过当年销售（营业）收入的5‰）的税前扣除；统一了广告费和业务宣传费（不超过当年销售（营业）收入15%的部分）的税前扣除；明确公益性捐赠支出（在年度利润总额12%以内的部分）税前扣除的范围和条件。

（4）统一税收优惠政策，建立"产业优惠为主、区域优惠为辅"新的税收优惠体系。对符合条件的小型微利企业实行20%的优惠税率，对国家需要重点扶持的高新技术企业实行15%的优惠税率，扩大对创业投资企业的税收优惠，以及企业投资于环境保护、节能节水、安全生产等方面的税收优惠。保留对农林牧渔业、基础设施投资的税收优惠政策。对劳服企业、福利企业、资源综合利用企业的直接减免税政策采取替代性优惠政策。法律设置的发展对外经济合作和技术交流的特定地区（即经济特区）内，以及国务院已规定执行上述特殊政策的地区（即上海浦东新区）内新设立的国家需要重点扶持的高新技术企业，可以享受过渡性优惠，继续执行国家已确定的其他鼓励类企业（即西部大开发地区的鼓励类企业）的所得税优惠政策。取消了生产性外资企业定期减免税优惠政策，以及产品主要用于出口的外资企业减半征税优惠政策等。增加了企业"从事环境保护项目的所得"和"符合条件的技术转让所得"享受减免税优惠等，以体现国家鼓励环境保护和技术进步的政策精神。通过整合，税收优惠的主要内容包括：促进技术创新和科技进步，鼓励基础设施建设、农业发展及环境保护与节能，支持安全生产，促进公益事业和照顾弱势群体，以及自然灾害专项减免税优惠政策等。

（5）对新税法公布前已设立的老企业实行一定期限的税收优惠过渡措施。新税法公布前已经批准设立的企业，依照当时的税收法律、行政法规规定享受低税率优惠的，按照国务院规定，可以在本法施行后 5 年内，逐步过渡到本法规定的税率；享受定期减免税优惠的，按照国务院规定，可以在本法施行后继续享受到期满为止，但因未获利而尚未享受优惠的，优惠期限从本法施行年度起计算。法律设置的发展对外经济合作和技术交流的特定地区内，以及国务院已规定执行上述特殊政策的地区内新设立的国家需要重点扶持的高新技术企业，可以享受过渡性税收优惠，具体办法由国务院规定。

2007 年 3 月 16 日，第十届全国人大第五次会议审议通过了《中华人民共和国企业所得税法》（以下简称《企业所得税法》）。为了确保《企业所得税法》的顺利实施，2007 年 11 月 28 日国务院通过了《中华人民共和国企业所得税法实施条例（草案）》（以下简称《企业所得税法实施条例》）。财税部门根据《企业所得税法》及其《企业所得税法实施条例》的规定，研究制定了税收优惠目录、过渡优惠办法等若干配套政策措施。随着 2008 年 1 月 1 日该法的正式施行，我国结束了企业所得税法律制度内、外资分立的局面。这项改革是我国税制现代化建设进程中的一件大事，也是我国社会主义市场经济制度走向成熟的重要标志之一。

（二）全面实施增值税转型改革

我国 1994 年税制改革时选择实行生产型增值税一方面是出于保证财

政收入的需要，另一方面是考虑到当时经济过热是主要矛盾，生产型增值税有利于抑制投资膨胀。但生产型增值税存在着重复征税的问题，对经济也带来了不利影响，需要进行改革。

自 2004 年 7 月 1 日起，我国对东北地区的装备制造业等八大行业进行了增值税转型改革试点，允许企业新购进机器设备所含的增值税进项税额予以抵扣。自 2007 年 7 月 1 日起，又将增值税转型改革试点扩大到中部 6 省 26 个老工业基地城市的电力业、采掘业等八大行业。自 2008 年 7 月 1 日起，再一次将增值税转型改革试点扩大到内蒙古东部地区的呼伦贝尔市、兴安盟、通辽市、赤峰市和锡林郭勒盟五个地区的装备制造业、石油化工业、冶金业、船舶制造业、汽车制造业、高新技术产业、军品工业和农产品加工业。同时，根据国务院《关于支持汶川地震灾后恢复重建政策措施的意见》和财政部、海关总署、国家税务总局《关于支持汶川地震灾后恢复重建有关税收政策问题的通知》对受灾严重地区实行增值税扩大抵扣范围政策的规定，财政部和国家税务总局制定了《汶川地震受灾严重地区扩大增值税抵扣范围暂行办法》，将汶川地震受灾严重地区纳入增值税转型改革试点范围。

改革试点工作运行平稳，转型办法基本成熟，政策效果初步显现，为增值税转型改革在全国的推开积累了宝贵经验。2008 年 11 月 5 日，国务院常务会议决定，2009 年 1 月 1 日起，在全国范围内全面推行增值税转型改革。

（三）顺利实施成品油价格和税费改革

2008 年下半年，国际市场原油价格大幅回落。财政部会同国家发改委、交通运输部和国家税务总局等部门抓住改革时机，重新启动研究制定成品油税费改革方案工作。根据国务院有关精神，结合地方政府、社会公众提出的意见，先后对改革方案进行了 40 余次修改，提出了 30 多种备选方案，并对每一种方案进行了详细的收支测算。在此基础上，国务院决定从 2009 年 1 月 1 日起实施成品油价格和税费改革。

改革采取提高现行成品油消费税单位税额的方式，不再单独开征燃油税，符合简化税制的要求。利用现有征管手段，实现燃油税费改革相关征管工作的有效衔接，既可以保证国家税收及时入库，又可以避免增加纳税人负担和税收成本，有利于提高税收征管效率。改革的主要内容有：一是提高成品油消费税税额。汽油、石脑油、溶剂油、润滑油消费税单位税额由每升 0.2 元提高到每升 1.0 元；柴油、航空煤油和燃料油消费税单位税额由每升 0.1 元提高到每升 0.8 元。二是取消公路养路费等六项收费。取消原在成品油价外征收的公路养路费、航道养护费、公路运输管理费、公路客货运附加费、水路运输管理费、水运客货运附加费等六项收费。三是逐步有序取消政府还贷二级公路收费。

此外，明确了新增成品油消费税收入分配原则。新增成品油消费税连同由此增加的增值税、城建税和教育费附加具有专项用途，不作为经常性财政收入，不计入现有与支出挂钩项目的测算基数。改革增加的消费税、增值税虽然列在中央，但中央也不用于安排本级支出，全部由中央财政通过规范的财政转移支付方式分配给地方，主要用于替代取消公路养路费等六项收费后的支出，补助各地取消已审批的政府还贷二级公路收费，并对种粮农民、部分困难群体和公益性行业给予必要扶持。

此次改革是价、税、费联动改革，通过建立公平规范的税收体制和完善的价格机制，实现规范税费管理行为、促进节能减排和环境保护、依法筹措交通基础设施维护和建设资金、公平负担的多重目标。一是根据当前经济形势，在妥善安置相关人员、保持社会稳定的前提下取消养路费等六项收费，逐步有序取消政府还贷二级公路收费，规范政府收费行为，减轻社会负担，以利于扩大内需、促进经济增长。二是通过提高现行成品油消费税单位税额，达到促进节能减排、资源节约和环境保护，并依法筹集交通基础设施养护和建设资金，推动交通事业健康持续发展，同时体现多用油多负担的公平原则，以利于建设资源节约型和环境友好型社会。三是在价内提高成品油消费税单位税额、理顺成品油价格的前提下，按照完善后的成品油价格形成机制的规定，适当降低成品油价格。今后国内成品油价格将随国际市场油价变化相应调整，以利于调动炼油厂生产积极性，充分利用国际、国内两个市场、两种资源，保证国内成品油市场供应，满足国民经济发展和人民生活水平提高对石油的需求。

（四）全面取消农业税

为进一步减轻农民负担，增加农民收入，在农村税费改革取得阶段性成果的基础上，国务院决定分期分批对全国免征农业税。2003 年在安徽省率先实施免征农业税的改革试点；2004 年在全国全面取消除烟叶外的农业特产税，并在吉林、黑龙江省进行免征农业税试点；2005 年，全国有 28 个省份免征了农业税。2005 年 12 月 29 日，第十届全国人大常委会第十九次会议决定，《中华人民共和国农业税条例》自 2006 年 1 月 1 日起废止，这标志着在我国延续了 2 600 年的农民缴纳"皇粮国税"的历史终结。

（五）调整消费税政策

为促进环境保护、资源节约和节能减排，更好地引导生产和消费，从 2006 年 4 月 1 日起，对消费税政策进行了重大的调整，主要包括两个方面的内容：一是对消费税的应税品目进行有增有减的调整。新增加了高尔夫球及球具、高档手表、游艇、木制一次性筷子、实木地板、成品油税目，并将原来的汽油、柴油两个税目和新增加的石脑油、溶剂油、润滑油、燃料油、航空煤油等油品作为成品油的子目；同时，取消了"护肤护发品"税目，并将原属于护肤护发品征税范围的高档护肤类化妆品列入化妆品税目。经过调整后，消费税的税目由原来的 11 个增至 14 个。二是对原有税目的税率进行有高有低的调整，涉及税率调整的有白酒、小汽车、摩托车、汽车轮胎等税目。

此外，为加强对消费税的征管，进一步完善了葡萄酒、啤酒以及新牌号、新规格卷烟等消费税征收管理措施。

自 2008 年 1 月 1 日起，调整了部分成品油消费税政策，对石脑油、溶剂油、润滑油按每升 0.2 元征收消费税，燃料油按每升 0.1 元征收消费税；自 2008 年 1 月 1 日起至 2010 年 12 月 31 日止，进口石脑油和国产的用作乙烯、芳烃类产品原料的石脑油免征消费税。自 2008 年 9 月 1 日起，调整了乘用车消费税政策：提高大排量乘用车的消费税税率；降低小排量乘用车的消费税税率。

（六）修订个人所得税法

个人所得税既是筹集税收收入的工具，又是调节个人收入分配的重要手段。现行个人所得税实行分类征收办法将个人所得分为工资薪金所得、个体工商户生产经营所得等 11 个应税项目，并相应规定了每个应税项目的适用税率、费用扣除标准及计税办法。1993 年实施的《中华人民共和国个人所得税法》，规定工资薪金所得费用减除标准为个人月收入 800 元。随着经济社会发展、居民个人收入和物价水平的变化，原规定的费用减除标准已明显不相适应，需要适当调整。2005 年 10 月，第十届全国人大常委会审议通过了国务院关于调整个人所得税工薪所得费用减除标准的议案，决定将工薪所得费用扣除标准由个人月收入 800 元提高至 1 600 元，并从 2006 年 1 月 1 日开始施行。2007 年 12 月 23 日，又决定将工薪所得费用减除标准由个人月收入 1 600 元提高至 2 000 元。同时，为了增加居民收入，缓解物价上涨对储户收益的影响，2007 年 8 月 15 日第十届全国人大常委会审议通过了国务院关于减征利息税的议案，决定将居民储蓄存款利息个人所得税税率由 20% 调低到 5%；2008 年 10 月 9 日起，又对储蓄存款利息所得暂免征收个人所得税。通过两次修订税法及个人所得税相关政策的调整，使个人所得税的负担水平更符合客观实际。

（七）完善耕地占用税和城镇土地使用税制度

国务院 1987 年颁布实施的《中华人民共和国耕地占用税暂行条例》，对合理利用土地资源、保护农用耕地起到了积极的作用。但随着经济发展和物价水平的提高，耕地占用税对保护耕地的作用日趋弱化，存在着征收范围偏窄、税收负担偏轻、税负不尽公平、部分征收管理规定不适应新的形势等问题。

针对上述问题，并为了实行最严格的耕地保护制度，国务院对该条例进行了修订。修订内容包括：提高税额标准；将外资企业纳入耕地占用税的征收范围；从严控制减免税项目，取消了对铁路线路、飞机场跑道、停机坪、炸药库占地免税的规定，将占用林地、牧草地、农田水利用地等其他农用地纳入征税范围；明确了耕地占用税的征收管理。修订后的耕地占用税暂行条例于 2008 年 1 月 1 日起实施。

同时，为了加强对土地的宏观调控，促进房地产市场的健康发展，完善城镇土地使用税制度，增加地方税收收入，国务院对《中华人民共和国城镇土地使用税暂行条例》进行了修订。修订内容包括：提高税额幅度，将征收范围扩大到外资企业。修订后的城镇土地使用税暂行条例于 2007 年 1 月 1 日起实施。

（八）统一内外资企业和个人房产税

1951 年，原政务院颁布实施了《城市房地产税暂行条例》；1986 年国务院颁布《中华人民共和国房产税暂行条例》后，对内资企业和个人征收房产税，对外资企业和外籍个人征收城市房地产税，由此，在对房产征税上形成了内外两套房产税制的格局。

为统一内外税制，2008 年 12 月 31 日，国务院公布第 546 号令，规定自 2009 年 1 月 1 日起废止《城市房地产税暂行条例》，外商投资企业、外国企业和组织以及外籍个人依照《中华人民共和国房产税暂行条例》缴纳房产税。由此我国房产税制度实现了内外统一。

（九）统一和规范内、外资企业的车船税政策

为统一内、外资企业的车船税制度，根据经济发展、物价指数上升和居民收入水平提高的客观实际，国务院修订了《中华人民共和国车船税暂行条例》。修订的内容包括缩小减免税范围，调整现行税目，适当提高税率标准并统一适用于内、外资企业等。修订后的条例于 2007 年 1 月 1 日起实施。

（十）颁布并实施烟叶税条例

2006 年 4 月 28 日，国务院颁布实施了《中华人民共和国烟叶税暂行条例》。为贯彻落实烟叶税条例，财税部门又制定下发了《关于烟叶税若干具体问题的规定》，明确了烟叶税的一些具体政策问题，实现了对烟叶农业特产税的替代。

（十一）完善资源税制度

为促进合理开发利用资源，解决部分资源税应税品目税负偏低的问题，中央财税部门 2005 年陆续调整了部分资源税应税品目税额标准：一是自 2005 年 5 月 1 日起，调高了河南、山东、福建、云南等 15 个省（自治区、直辖市）煤炭资源税税额标准；二是自 2005 年 7 月 1 日起，普遍调高了全国范围内油气田企业原油、天然气资源税税额标准，经过调整，部分油田企业原油资源税税额达到条例规定的最高标准，即 30 元/吨；三是提高了锰矿石、钼矿石、铁矿石、有色金属等应税品目资源税税额标准。

（十二）调整出口退税政策

为完善出口退税机制，有效解决我国出口退税长期积存的问题，国务院从 2004 年 1 月 1 日起，对出口退税率进行了结构性调整，并实行了中央与地方共同负担的出口退税新机制。同时，根据宏观调控的需要，适时取消了电解铝、铁合金等商品的出口退（免）税政策，恢复了桐木板材的出口退税，提高了部分信息技术产品的出口退税率。

2005 年，为控制高耗能、高污染和资源性产品的出口，分批调低或取消了钢铁、电解铝、铁合金、成品油、煤焦油、部分皮革、农药、有色金属及其制品、硫酸二钠、石蜡等产品的出口退税，取消加工出口专用钢材增值税退税政策。

2006 年 9 月，取消了煤炭、天然气和"高耗能、高污染"产品的出口退税；降低钢材等容易产生贸易摩擦的大宗出口商品和个别不宜取消出口退税的"高耗能、高污染"产品的出口退税率；调高部分高科技产品和以农产品为原料的加工品的出口退税率；将所有取消出口退税的商品列入加工贸易禁止类目录。

2007 年 7 月，调整了 2 831 项商品的出口退税政策，其中取消了 553 项"高耗能、高污染、资源性"产品的出口退税，降低了 2 268 项容易引起贸易摩擦的商品的出口退税率，将 10 项商品的出口退税改为出口免税政策。经过这次调整以后，出口退税率变为 5%、9%、11%、13% 和

17%五档，这是我国近年来出口退税政策调整力度最大的一次。为稳定国内粮食供应、抑制粮价上涨势头，年底，取消了小麦、稻谷、大米、玉米、大豆等原粮及其制粉产品的出口退税。

2008年下半年以来，为应对国际金融危机冲击、保持经济平稳较快发展，连续多次提高出口退税率。8月，将部分纺织品、服装的出口退税率由11%提高到13%，将部分竹制品的出口退税率提高到11%；同时，取消红松子仁、部分农药产品、部分有机胂产品、紫杉醇及其制品、松香、白银、零号锌、部分涂料产品、部分电池产品、碳素阳极的出口退税。11月，将部分纺织品、服装、玩具出口退税率提高到14%；将日用及艺术陶瓷出口退税率提高到11%、13%；将艾滋病药物、基因重组人胰岛素冻干粉、黄胶原、钢化安全玻璃、电容器用钽丝、船用锚链、缝纫机、风扇、数控机床硬质合金刀、部分书籍、笔记本等商品的出口退税率分别提高到9%、11%、13%。此次调整共涉及3 486种产品的出口退税率。12月，进一步提高部分劳动密集型产品、机电产品等3 770项产品的出口退税率，约占全部出口产品的27.9%。

2009年上半年，分别于2月、4月、6月三次提高了纺织、服装、石化、电子信息等产品的出口退税率。

（十三）进一步改革和完善关税制度

2001年12月11日，中国正式加入世界贸易组织。入世后，我国认真履行入世承诺，关税总水平逐年降低。在2002—2005年间，我国履行承诺进行了4次较大幅度的降税，关税总水平以每年1个百分点的速度从15.3%降至9.9%，降幅高达35%，其中农产品由23.2%降至15.3%，降幅超过34%；非农产品（包括工业品和渔产品）由14.8%降至9.0%，降幅超过39%。到2005年，大部分产品的降税承诺已经履行完毕，此后按入世承诺需降税的税目数大为减少。2006年7月1日，我国完成了入世承诺的汽车及其零部件降税义务；2008年1月1日，我国进一步完成了对苯二甲酸、聚乙烯等42个税目化工品的降税义务，关税总水平降至9.8%，其中农产品平均税率为15.2%，工业品平均税率为8.9%。同时，根据科技发展、产业调整和进出口管理的需要，我国进出口税则税目不断调整和细化，（8 位）税目数由 7 111 个增至 7 868 个。2009 年，除鲜草莓等 5 种商品还有一年的降税实施期外，其余产品均已降至我国入世承诺的最终约束税率。

在履行降税承诺的同时，我国以暂定税率的形式加大了对进出口的主动调控。一方面降低了煤炭、成品油等多项能源资源性商品的进口暂定关税，对部分国内不能生产或暂不能满足要求的原材料、关键设备及零部件实施较低的进口暂定关税，较大幅度地降低了部分关系民生商品的进口关税；另一方面从保护资源环境、节约能源的角度出发，对"两高一资"产品（即高耗能、高污染和资源性产品）和国内紧缺资源等征收和调整出口暂定关税。2006 年下半年以来，我国先后 10 余次对部分产品进出口暂定关税进行集中调整。截至 2009 年上半年，共对 673 项商品实施进口暂定关税，对 335 项商品征收出口关税。

针对入世后的新形势，2002 年我国对部分进口税收优惠政策进行了调整。目前，我国进口税收优惠政策主要包括产业政策、科教与技术进步政策和公益性政策等。产业政策方面主要对装备制造业、农林业、民航业等国家鼓励发展的行业给予进口税收优惠；科教与技术进步政策方面主要对科技开发用品、科学研究和教学用品、科普单位进口的自用科普影视作品给予进口税收优惠；其他公益性政策方面，对残疾人专用品、扶贫慈善性捐赠物资、救灾捐赠物资、北京 2008 年第 29 届奥运会和 2010 年上海世界博览会等制定了专门的税收优惠政策。

随着我国经济的发展和对外开放的进一步扩大，关税水平将逐步降低，我国的进口税收减免政策进一步地调整规范并逐步减少，以建立起公平竞争开放的对外贸易体制。规范进口税收减免方法，尽量避免对单个企业、项目进行优惠，而是针对特定的产业或特定的用途（如高新技术产业、科教用品、残疾人专用品等）进行减免。对确需保留的进口税收减免政策按照税式支出管理模式进行流程再造，尽可能地减少项目审批，并加强事后财政监督和绩效评估工作。自 2005 年起，在确立了进口税收税式支出工作的长短期目标、税式支出报告的总体框架、税式支出的范围界定以及绩效评估方法等内容的基础上开展了相关试点工作。按照税式支出的管理要求，逐步推进对减免税实行总量控制，杜绝一般项目的进口税收减免，将减免税支持的方向由经济领域逐步转向科教、卫生等公共事业领域，逐步建立进口税收税式支出管理制度。

此外，根据我国入世后享受权利和履行义务的新情况，结合海关执法实践中遇到的一些新问题，我国对《中华人民共和国进出口关税条例》进行了第三次修订，进一步明确了国务院关税税则委员会的职责；将我国进出口税则的进口优惠税率细分为最惠国税率、协定税率和特惠税率，并明确了关税配额税率和暂定税率，明确了实施反倾销、反补贴、保障措施的税率适用依据，明确了报复性关税的适用依据，明确规定了我国海关以进口货物的"成交价格"为基准审查从而确定货物的完税价格等。2003年11月23日，国务院颁布了修订后的条例。

二、现行的税收体系

截至2009年，我国的税种减少到19种（见表25-1），其中16个税种由税务部门负责征收，关税和船舶吨税由海关征收，进口货物的增值税、消费税由海关部门代征。具体如下。

（1）流转税类（5种税）。包括增值税、消费税、营业税、烟叶税和关税。

（2）所得税类（2种税）。包括企业所得税和个人所得税。

（3）资源税类（1种税）。包括资源税。

（4）财产税类（4种税）。包括房产税、车船税、船舶吨税和城镇土地使用税。

（5）行为目的税类（7种税）。包括城市维护建设税、耕地占用税、固定资产投资方向调节税（停征）、土地增值税、印花税、契税和车辆购置税。

表 25 - 1　现行的税收体系简况

税种类别	税种内容	变化情况
流转税 （5 种税）	增值税、消费税、营业税、烟叶税、关税	（1）2006 年 4 月 1 日，对消费税进行了较大调整。 （2）2006 年 4 月 28 日，颁布实施了烟叶税。 （3）关税有多次调整。
所得税 （2 种税）	企业所得税、个人所得税	2008 年 1 月 1 日起，内外资企业所得税合并。
财产税类 （4 种税）	房产税、车船税、船舶吨税、城镇土地使用税	（1）2007 年 1 月 1 日起，将原车船使用牌照税和车船使用税合并为车船税。 （2）2009 年 1 月 1 日起，废止城市房地产税，对内外资企业和个人统一征收房产税。
行为目的税类 （7 种税）	印花税、土地增值税、城市维护建设税、固定资产投资方向调节税（停征）、耕地占用税、契税、车辆购置税	2006 年 2 月 17 日，屠宰税被废止。2008 年筵席税被废止。
资源税类 （1 种税）	资源税	2006 年 12 月 31 日对土地使用税进行了调整，2007 年 1 月 1 日实施。

第二节　改进和完善财政体制

　　我国现行财政体制是在 1994 年分税制财政体制改革确立的基本框架的基础上历经多次调整而形成的。2003 年以来，根据我国经济社会发展的需要，对分税制财政体制又进行了几次局部性的调整和完善，主要有：实施出口退税负担机制改革，进一步完善转移支付制度，推进完善省以下财政管理体制。

一、我国现行的财政体制

(一) 中央和地方支出责任划分

中央财政支出主要是：国防、武警经费，外交和援外支出，中央级行政管理费，中央统管的基本建设投资，中央直属企业的技术改造和新产品试制费，地质勘探费，中央安排的农业支出，中央负担的国内外债务的还本付息支出，以及中央本级负担的公检法支出和文化、教育、卫生、科学等各项事业费支出。

地方财政支出主要是：地方行政管理费，公检法经费，民兵事业费，地方统筹安排的基本建设投资，地方企业的改造和新产品试制经费，农业支出，城市维护和建设经费，地方文化、教育、卫生等各项事业费以及其他支出。

(二) 中央和地方一般预算收入划分

中央固定收入包括：关税，海关代征消费税和增值税，消费税，铁道部门、各银行总行、各保险公司总公司等集中缴纳的收入（包括营业税、利润和城市维护建设税），未纳入共享范围的中央企业所得税和中央企业上缴的利润等。

地方固定收入包括：营业税（不含铁道部门、各银行总行、各保险公司总公司集中缴纳的营业税），地方企业上缴利润，城镇土地使用税，城市维护建设税（不含铁道部门、各银行总行、各保险公司总公司集中缴纳的部分），房产税，车船使用税，印花税，耕地占用税，契税，遗产和赠与税，烟叶税，土地增值税，国有土地有偿使用收入等。

中央与地方共享收入包括：增值税中央分享75%，地方分享25%；纳入共享范围的企业所得税和个人所得税中央分享60%，地方分享40%；资源税按不同的资源品种划分，海洋石油资源税为中央收入，其余资源税为地方收入；证券交易印花税中央分享97%，地方（上海、深圳）分享3%。

（三）中央对地方的转移支付

中央对地方转移支付由财力性转移支付（2009 年起改称一般性转移支付）和专项转移支付构成。财力性转移支付主要面向欠发达地区，地方政府可自主安排使用，主要包括一般性转移支付（2009 年起改称均衡性转移支付）、民族地区转移支付、调整工资转移支付、农村税费改革转移支付等。专项转移支付重点用于教育、科技、医疗卫生、社会保障、环境保护、农林水等领域。

二、出口退税负担机制改革

（一）改革背景

从 1985 年开始实行出口退税政策以来，我国的出口退税负担机制经历了多次变革。1985—1988 年，中央外贸企业、工贸企业的退税由中央财政负担，而地方外贸企业、工贸企业的退税则由地方财政负担。从 1988 年开始，所有的出口退税改由中央财政负担。1991 年之后，地方财政又负担了地方外贸企业 10% 的出口退税。1993 年，地方财政的负担比例提高至 20%。1994 年分税制改革时，出口退税改由中央全部负担，并规定地方负担部分以 1993 年为基数专项上解，以后年度按此定额结算。

1998 年实施积极财政政策后，由于提高出口退税率支持外贸出口的措施导致出口退税额持续高速增长，而且这一数字远远高于国内增值税收入的增长，尽管中央出口退税预算指标一再增加，但出口退税应退数和实退数仍存在差距，使得欠退税情况越来越严重。1999—2004 年中央财政收入年均增长率为 19.9%，而同期出口退税额年均增长却达到了 37.3%，是财政收入增幅的 2 倍多。全国累计应退未退税额 2001 年年底为 1 440 亿元，2002 年年底为 2 000 亿元，2003 年年底达到 3 256 亿元，中央财政负担沉重。

（二）改革的主要内容

经国务院批准，2004 年 1 月 1 日起我国实施出口退税负担机制改革。这次改革的指导思想是："新账不欠，老账要还，完善机制，共同负担，推动改革，促进发展"。改革的主要内容：一是适当降低出口退税率，本着"适度、稳妥、可行"的原则，区别不同产品调整退税率。二是加大中央财政对出口退税的支持力度，从 2003 年起，中央进口环节增值税、消费税收入增量首先用于出口退税。三是建立中央和地方共同负担出口退税的新机制，从 2004 年起，以 2003 年出口退税实退指标为基数，对超基数部分的应退税额，由中央和地方按 75∶25 的比例共同负担。四是推进外贸体制改革，调整出口产品结构。通过完善法律保障机制等，加快推进生产企业自营出口，积极引导外贸出口代理制发展，降低出口成本，进一步提升我国商品的国际竞争力；同时，结合调整出口退税率，促进出口产品结构优化，提高出口整体效益。五是累计陈欠退税由中央财政负担，对截至 2003 年年底累计欠企业的出口退税款和按增值税分享体制影响地方的财政收入，全部由中央财政负担。

这一机制实施后，解决了多年的累欠退税的问题，有利于促进外贸体制改革，支持外贸发展，维护政府的形象和信誉，解决出口退税资金不足的问题，而且可以使出口退税与地方利益挂钩，强化地方政府防范和打击骗取出口退税犯罪行为的责任。

2004 年开始实施的出口退税机制改革，是为促进外贸体制改革，保持经济持续健康发展做出的一项重大决策。实践表明，出口退税机制改革总体运行良好，取得了明显阶段性成效。但新机制在运行中也出现一些新情况和新问题，突出表现在：一是部分口岸城市以及东部地区负担偏重，出现了出口退税超基数负担额超过了其当年增值税 25% 部分增量的情况，影响了财政正常健康运行。二是一些地方政府采取措施干预外贸发展。由于外贸出口越多，地方财政负担越重，地方政府尤其是基层政府为减轻财政负担，采取了限制外贸企业注册等干预外贸发展的措施。三是推行外贸代理制进展缓慢。改革前曾考虑通过推进外贸代理制来消除可能带来的地区封锁和市场割据问题，但从实际执行情况看，受利润空间小、操作烦琐、相关法规不健全等因素影响，外贸代理制实际进展缓慢。四是贸易方式发生一定变化，加工贸易增长快于一般贸易，不利于区域经济的合作和企业的技术进步，不利于全国产业链条的形成和延伸，也影响了全国的财政收入，与优化对外贸易结构的目标不一致。

针对出口退税机制改革后出现的一些新情况和问题，在广泛征求意见的基础上，经国务院批准，2005 年进一步完善了出口退税负担机制，主要内容有：在维持 2004 年经国务院批准核定的各地出口退税基数不变的基础上，对超基数部分，从 2005 年 1 月 1 日起，中央、地方按照92.5:7.5 的比例负担；各省（自治区、直辖市）根据本地实际情况，自行制定省以下出口退税分担办法，但不得将出口退税负担分解到乡镇和企业，不得采取限制外购产品出口等干预外贸正常发展的措施；对所属市县出口退税负担不均衡等问题，由省级财政负担统筹解决；出口退税改由中央统一退库，地方部分年终专项上解。

（三）改革的成效

一是归还了历史欠账，降低了财政风险，提高了政府公信力。出口退税新机制在改革运行中取得明显成效，2004 年我国出口退税额创历年之最，全年共办理出口退税 4 200 亿元，与上年相比增加 2 160 亿元，增长106%。其中，办理 2003 年以前累计欠退税 2 004 亿元，兑现了"老账要还"的承诺，提高了政府的公信力。此外，为保障"新账不欠"，出口退税机制改革明确规定，中央进口环节增值税、消费税收入增量首先用于出口退税，这就从制度上确保了出口退税资金来源的稳定性。

二是有利于调整出口的产业结构，对出口贸易的带动作用明显。出口退税机制改革针对不同产品的出口退税率分别予以不同的调整，对国家鼓励出口的产品退税率不降或少降，对国家限制出口的产品和一些资源性产品多降或取消退税，我国出口产品结构也得到进一步优化。高新技术含量、高附加值的产品所占比重逐步增大，资源性商品的增幅趋缓，有力地配合了国家宏观调控的要求，有利于调整出口贸易结构，促进产业结构优化升级，对未来我国经济的中长期发展起到非常积极的作用。此外，出口退税机制改革还有力推动了外贸体制改革，加快外贸出口代理制的发展，加快推进生产企业自营出口，加快外贸企业的资源整合，从而提高整个外贸出口的竞争力。出口企业新发生退税的及时退付，缓解了出口企业的资金压力，改善了企业的财务状况，增强了企业扩大出口的信心，从而促进了对外贸易的快速增长。

三是建立了中央地方共同负担的机制，规范了财政管理。中央和地方的共担机制解决了过去收入由中央和地方共享而退税由中央单独承担的不合理现象，不仅在一定程度上减轻了中央财政负担，而且强化了地方对出口企业出口退税的责任和监管，加大了对出口骗税的打击力度，从而有利于规范外贸出口的外部环境。

三、完善转移支付制度

2003年以来，根据中央有关精神，在保持已有转移支付制度框架的基础上，对转移支付制度进行了进一步的规范和完善：一是调整和完善财政转移支付结构，加大一般性转移支付力度，清理整合专项转移支付项目，将需要较长时期安排补助经费且数额相对固定的项目，划转列入一般性转移支付，提高一般性转移支付的规模和比例。二是加快财政转移支付法制建设，针对我国目前政府间转移支付制度的法制建设滞后、转移支付补助资金的使用及管理尚缺乏有效约束和效益评估的现状，通过法律形式规范和完善财政转移支付资金和项目资金安排，力求使财政转移支付资金和项目资金分配更加公平、合理、规范、高效。财政转移支付法已经列为《十届全国人大常委会立法规划》研究起草，并在成熟时安排审议的立法项目。

中央对地方的转移支付主要可分为两类：一是财力性转移支付（2009年以后改称一般性转移支付），主要目标是增强财力薄弱地区地方政府的财力，促进基本公共服务均等化，包括一般性转移支付（2009年以后改称均衡性转移支付）、民族地区转移支付、调整工资转移支付、农村税费改革转移支付和"三奖一补"转移支付等。二是专项转移支付，是中央政府对地方政府承担中央委托事务、中央地方共同事务以及符合中央政策导向事务进行的补助，享受拨款的地方政府需要按照规定的用途使用资金，实行专款专用。专项转移支付包括一般预算专项拨款、国债补助等。

（一）一般性转移支付

一般性转移支付原称为过渡期转移支付。2002 年我国实施的所得税收入分享改革，明确中央因改革增加的收入全部用于增加对地方主要是中西部地区的转移支付，建立了转移支付资金稳定增长的机制，过渡期转移支付同时改称为一般性转移支付。

一般性转移支付按照公平、公正、公开、透明和稳步推进的原则，主要参照各地标准财政收入和标准财政支出的差额及可用于转移支付的资金规模等客观因素，按统一公式计算确定。其中，标准财政收入是指各地的财政收入能力，主要按税基和税率分税种测算；标准财政支出是指各地达到均等化基本公共服务水平的财政支出需求，主要按总人口、人均支出水平等客观因素测算。一般性转移支付的目标是缩小地区间财力差距，逐步实现基本公共服务均等化，财政越困难的地区，中央财政补助系数越高。

（二）调整工资转移支付

调整工资转移支付的目标是，通过中央对地方的适当补助，缓解财政困难的中西部地区和老工业基地由于增加机关、事业单位人员工资和离退休费而形成的财政支出压力，促进调整收入分配政策在全国范围内贯彻落实。该项转移支付遵循如下基本原则：一是客观、公平、合理的原则。中央对地方转移支付力求合理与规范，减少人为因素的影响，使分配结果公平合理。二是科学分类，区别对待。通过对地方财政状况的科学分析，将各地区合理分类，分别确定中央对地方的补助系数，财政越困难，补助系数越高，以体现对财政困难地区的倾斜。该项转移支付于 1999 年设立。各年度安排的调整工资转移支付资金规模详见图 25 - 1。

2003 年，调整工资转移支付办法规定，北京、上海、天津、江苏、浙江、福建、广东 7 省（直辖市）自行负担，中西部地区因调整工资增

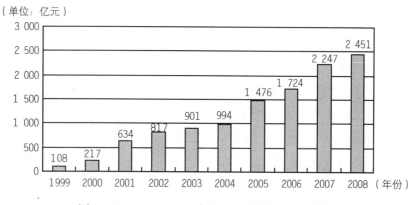

（单位：亿元）

图 25 - 1 1999—2008 年调整工资转移支付情况

加的支出全部由中央财政负担，辽宁、山东 2 省中的沈阳、大连、济南、青岛 4 市自行负担，其他地方由中央财政负担 40%。各地财政供养人数按 2002 年年底数据确定，具体办法是以各地 1998 年决算报表人数为基础，年均递增 3.5%，并如数增加中央下划地方的人数。

2006 年 7 月 1 日，国家再次出台调整机关事业单位工作人员工资和增加离退休人员离退休费政策，根据有关文件精神，经国务院批准，除辽宁、山东、福建等三省中央财政给予适当补助外，沿海经济发达地区自行解决；中西部地区调资增支由中央全额承担。

（三）民族地区转移支付

为落实《中华人民共和国民族区域自治法》，配合西部大开发战略的实施，体现党中央、国务院对民族地区的政策支持，经国务院批准，中央财政从 2000 年起对少数民族地区专门实行民族地区转移支付制度，用于解决少数民族地区的特殊困难，推动民族地区经济和社会全面发展。2006 年，为进一步体现党中央、国务院对民族地区的关怀，又将非民族自治区以及非民族自治州管辖的民族自治县纳入民族转移支付范围。

民族地区转移支付资金来源：一是 2000 年专项增加对民族地区政策

性转移支付10亿元，以后每年按上年中央分享的增值税收入增长率递增。二是对民族地区上划中央的增值税（75%部分，下同）收入采用环比办法，将每年增值税收入比上年增长部分的80%转移支付给民族地区，其中，这部分增量的一半按来源地返还，以调动地方增加收入的积极性；同时考虑到民族地区之间经济发展水平客观上存在差异及地区之间财力不均衡等情况，为体现公平原则，将另外一半按照因素法通过转移支付方式分配给地方。从2003年到2008年，民族地区转移支付额由55亿元增加到276亿元（见图25-2）。

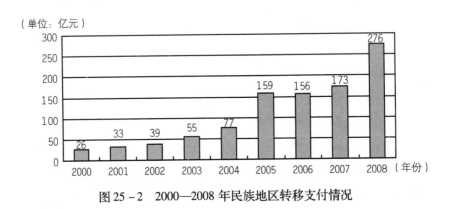

（单位：亿元）

图 25-2 2000—2008 年民族地区转移支付情况

（四）农村税费改革转移支付

为推动农村税费改革顺利实施，确保农民负担得到明显减轻、不反弹，确保乡镇机构和村级组织正常运转，确保农村义务教育经费正常需要，国务院决定，从2001年开始，中央财政统筹考虑各地区提高农业税率增收因素和取消乡镇统筹、降低农业特产税税率、取消屠宰税、调整村提留提取办法等因素，对地方净减收部分，通过转移支付给予适当补助。

2004年，为进一步深化农村税费改革，党中央、国务院决定全面取消除烟叶外的农业特产税，降低农业税税率，这是落实科学发展观、统筹城乡社会发展、规范农村分配关系、加快解决"三农"问题的一项重大措施。2004 年，吉林、黑龙江两省全面取消农业税（含牧业税，下同），河北等 11 个粮食主产区农业税税率总体降低 3 个百分点，其余非粮食主产区农业税税率总体降低 1 个百分点。2006 年，全面取消农业税。由此减少的地方财政收入，沿海发达地区原则上自行消化，粮食主产区和中西部地区由中央财政适当给予转移支付补助。取消农业特产税和农业税后，农民负担明显减轻，地方财政收入也将相应减少。为保证改革顺利实施，中央财政通过转移支付的形式对地方给予适当补助，2000—2008 年，中央财政共安排农村税费改革转移支付 4 156 亿元。

（五）资源枯竭城市转移支付

按照党的十七大关于"帮助资源枯竭地区实现经济转型"的精神，以及 2007 年国务院《关于促进资源型城市可持续发展的若干意见》提出的"2007—2010 年，设立针对资源枯竭城市的财力性转移支付，增强其基本公共服务保障能力，帮助解决历史遗留的公共服务欠账，重点用于完善社会保障、教育卫生、环境保护、公共基础设施和专项贷款贴息等方面"的要求，2008 年初，财政部会同国务院振兴东北办等有关部门，研究确定了首批 12 家资源枯竭城市的名单，并在办理 2007 年中央地方财政结算时下达转移支付资金 20 亿元。2008 年，中央对地方的资源枯竭型城市财力性转移支付资金为 25 亿元，转移支付范围扩大到国务院批准的两批 44 个城市。

（六）"三奖一补"转移支付

为缓解县乡财政困难，贯彻落实科学发展观，加强党的执政能力建设，促进地区协调发展，经国务院批准，2005 年中央财政出台了以缓解县乡财政困难为目标的"三奖一补"激励约束机制，并相应设立"三奖一补"转移支付，对财政困难县乡政府增加税收收入和省市级政府增加对财政困难县财力性转移支付给予奖励，对县乡政府精简机构和人员给予奖励，对产粮大县给予奖励，对以前缓解县乡财政困难工作做得好的地区给予补助。2005—2008 年，中央财政累计安排"三奖一补"转移支付资金 1 163 亿元。

（七）其他财力性转移支付

其他财力性转移支付主要包括：一是体制性补助，含原体制补助、企事业单位划转补助等；二是配合实施特定宏观调控政策，中央对地方财政减收所进行的财力性补助，如固定资产投资方向调节税暂停征收财政减收补助、实施天然林保护工程地方减收补助、退耕还林还草减收补助等。这些项目有的平时下达，有的年终结算时下达。

（八）专项转移支付

1. 概况

新中国成立后，在建立起分级财政，确定了中央与地方的分配关系之后，中央财政即开始安排对地方的专项转移支付。专项转移支付设立初期项目少，数额也很小。1994 年实行分税制以后，项目增多，数额也增加。尤其是 1998 年实施积极财政政策以来，无论项目还是绝对额，增长速度都高于以前年度。2008 年中央对地方的专项转移支付达到 9 962 亿元，比2003 年的 2 598 亿元增加 7 364 亿元（1994 年以来各年度安排的专项转移支付资金规模见图 25 – 3）。专项转移支付在实现中央政府意图、引导地方政府行为等方面发挥了重要作用。

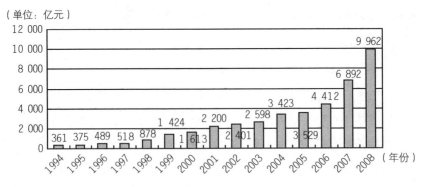

图 25 – 3　1994—2008 年中央对地方专项转移支付情况

为规范和加强中央对地方专项拨款的管理，依法行政，提高财政资金使用效益，确保财政改革和各项政策措施的顺利实施，中央财政与有关部门共同配合，积极采取措施，完善专项拨款分配办法。2000 年中央财政下达了《中央对地方专项拨款管理办法》，对专款资金分配、管理和使用等提出了明确要求，转移支付资金分配的规范性、科学性和透明度大为提高。

2. 用途

从用途看，用于竞争性领域的专项转移支付逐步减少，用于公共支出方面的比重逐年加大。在计划经济时期和有计划的商品经济时期，专项转移支付项目少，单项数额小，大多用于竞争性领域，如支持企业发展等；在建立和完善社会主义市场经济时期，按照建立健全公共财政体系的要求，调整专项转移支付结构，原用于竞争性领域、支持企业发展方面的专项转移支付逐步减少，用于民生领域支出、地区均衡发展等方面的专项转移支付比重逐步加大。

从增量看，增加的专项转移支付大多用于国家要求重点保证的支出项目。2003 年以来，中央政府增加了专项转移支付，主要用于贯彻落实党中央、国务院确定需要支持的改革、稳定和可持续发展方面的重大支出，如增加社会保障、农村义务教育、农村卫生医疗、粮食风险基金、天然林保护工程、生态环境建设等支出，以及贫困地区政法补助专款和支援经济不发达地区支出等。

3. 分类

以现行中央与地方政府间事权划分为标准，专项转移支付可分为以下几种类型：

一是中央委托地方事务的专项转移支付，主要是对属于中央政府事权范围但是由地方政府具体组织实施更有利于实现预期目标的事务，中央财政将这部分事权委托地方承担，相应安排专项转移支付对相关的地方政府进行补偿，以提高资金使用效益，如军队离退休干部安置类专款。

二是符合中央政策导向事务范围的专项转移支付。中央政府为了特定的政策目标需要安排一定专项转移支付，如地方政府按照中央的特殊政策要求行使宏观调控、维护社会稳定等方面所需要的支出以及老少边穷地区广播电视设备更新专款、归侨生活补助专款等属于此类。

三是中央政府和地方政府共同事权范围内的专项转移支付。按照事权划分，有些支出属于中央与地方政府共同负责的事务，中央财政通过设立对地方的专款补助，与地方政府共同承担支出责任。如"米袋子"实行省长负责制，粮食收购方面的支出应由地方政府承担。但为了保护农民种粮积极性，中央要求各级地方政府按照保护价格敞开收购农民手中的余粮，因此增加的支出中央和地方财政按照比例分担，由此中央设立补助地方粮食风险基金专项转移支付。

四是地方政府事权范围内的专项转移支付。考虑到部分中西部地区财政相对困难，为促进这些地区改善生产、生活条件，加快发展，中央财政对地方承担的部分事权范围内支出也安排了专项转移支付，支持困难地区加快发展步伐。

4. 专项转移支付制度建设进展情况

一是为配合实现中央宏观政策目标，新增了一些专项转移支付项目，大多用于国家要求重点保证的支出，用于民生领域支出、地区均衡发展等方面的专项转移支付比重逐步加大。如对基础设施建设、天然林保护工程、退耕还林还草工程、贫困地区义务教育工程、社会保障制度建设、公共卫生体系建设等经济、社会事业发展项目，中央对地方主要是中西部地区实施专项补助。

二是改进专项转移支付资金分配办法，加强资金监管。目前，大多数专项转移支付资金都已采用按客观因素分配，有专门的管理办法，不仅提高了资金使用效率，还有利于从源头上预防腐败。

三是加大转移支付整合力度。根据全国人大、审计署的要求，财政部对改进专项转移支付管理问题进行了认真研究，并对 2008 年专款项目进行了清理整合，具体做法是：对 2008 年当年设立的一次性安排的项目，执行后予以取消；对 2008 年到期的项目，按期予以取消；对不符合当前形势、不宜通过专项转移支付方式支持的项目，限期予以取消；对方向和用途类似、可以归并的项目，予以整合；对需要较长时期安排补助经费且数额相对固定的项目，划转列入一般性转移支付；对适应新形势需要的项目予以保留。规范后，中央专项转移支付项目从 2008 年的 209 项压缩至 2009 年的 157 项，减少 52 项。

2009 年起，中央财政进一步规范财政转移支付制度，将中央对地方的转移性支付简化为一般性转移支付和专项转移支付。其中，一般性转移支付即原财力性转移支付，主要是将补助数额相对稳定、原列入专项转移支付的教育、社会保障和就业、公共安全、一般公共服务等支出改为一般性转移支付；原一般性转移支付改为均衡性转移支付。

四、完善省以下财政体制

省以下财政体制是国家财政体制的重要组成部分，是中央对地方财政体制的贯彻和延伸，影响着地方政府的行为空间和基本公共服务的供给水平。完善省以下财政体制有利于从制度创新角度全面推进公共财政体制建设，促进经济社会全面协调发展和全面建设小康社会。

（一）省以下财政体制的基本情况

为了督促地方完善省以下财政管理体制，在这一时期，中央财政多次下达关于完善省以下财政管理体制的指导性意见，包括《关于完善省以下分税制财政管理体制意见的通知》、《改革和完善农村税费改革试点县乡财政管理体制的指导性意见》、《国务院批转财政部〈关于完善省以下财政管理体制有关问题的意见〉的通知》、《财政部关于印发〈切实缓解县乡财政困难的意见〉的通知》以及《关于推进省直接管理县财政改革的意见》等。各地根据上述指导性意见，结合本地实际情况，进一步调整和完善省以下管理体制，在调整政府间支出责任划分、政府间收入划分、建立和规范转移支付等方面做了大量工作。2009 年，省以下财政体制的基本情况是：

从收入划分来看，受经济发展水平和产业结构差异的影响，各地省以下政府间收入划分形式多样、差别较大。但归纳起来大致有两种形式：一是按税种分成，二是总额分成。从支出划分来看，省级政府承担的事务主要包括本级行政管理费、科技三项费、支援不发达地区支出等；省、市、县政府共同承担的事务主要包括基本建设支出，公检法司、文化、教育、科学、卫生等各项事业发展支出，技术改造资金和新产品实验费，支农支出，价格补贴，社会保障补助支出等；市、县政府承担的事务主要包括本级行政管理费、农林水部门事业费、城市维护和建设费、抚恤和社会福利救济、专项支出等。

与政府间收支划分相配套，转移支付制度同样是省以下财政体制的重要制度安排。由于自然禀赋、民族文化及经济发展差异较大，各地省以下地区间财力差距较大。省级政府承上启下，承担着均衡本行政区域范围内财力差异的职责。由于省级政府在区域经济社会协调发展中的重要地位，1994 年以来，省级财政通过适当集中财力，逐步建立了省对下转移支付制度，发挥省级政府的调控职能，对缩小辖区内财力差距发挥了重要作用。

（二）创新省以下财政管理方式

各地在完善省以下分税制财政体制的同时，针对县乡财政运行中存在的问题和困难，以扩大县级管理权限、增强县市自主发展能力、促进县域经济社会协调发展、缓解县乡财政困难为目的，在省以下财政管理方式上进行了改革创新的实践探索，走出了一些新的路子，取得明显的成效。

1. "省直管县"改革

"省直管县"财政体制改革各地很早就开始了试点。为探索缓解县乡财政困难的新路子，2005 年 6 月，温家宝总理在全国农村税费改革试点工作会议上指出："要改革县乡财政的管理方式，具备条件的地方，可以推进'省管县'的改革试点。"2005 年 11 月，财政部发布《关于切实缓解县乡财政困难的意见》，明确提出"各省（自治区、直辖市）要积极推行省对县财政管理方式改革试点"。截至 2008 年年底，全国有 24 个省份在 791 个市县实行了"省直管县"改革试点。

从一些省份的试点探索实践来看，"省直管县"财政管理方式改革基本上坚持了维持现行利益分配格局、共同支持县域经济发展、实现权责统

一、注重积极稳妥有序推进等原则。关于改革的内容，各省的具体做法虽然各不相同，但以下几个方面大体一致：一是预算管理体制，基本上不调整财政收支范围，但一些省对不符合支持县域经济发展要求的市、县（市）收支范围划分进行了适当的规范和调整。二是转移支付及专项资金补助，省对下各项转移支付补助按照规范的办法直接分配到县（市），省财政的专项补助资金由省财政厅会同省直有关部门直接分配下达到县（市）。三是财政结算。年终财政结算项目、结算数额由省财政直接结算到县（市）。市对县（市）的原各项结算、转移支付及资金往来扣款等，由省财政根据市财政有关文件规定固定数额，分别与县（市）财政办理结算。四是资金报解及调度。各市、县（市）国库根据财政体制规定，直接对中央、省报解财政库款；同时，省财政直接确定各县（市）的资金留解比例，预算执行中的资金调度，由省财政直接拨付到县（市）。五是债务偿还。原县（市）举借国际金融组织贷款、外国政府贷款、国债转贷资金和中央、省级政府债务等，由市与县（市）两级核实后，由省财政分别转账到县（市），到期后由省财政直接对县（市）扣款，未核对清楚的继续作为市政府债务处理；新增债务分别由市、县（市）财政部门直接向省财政办理有关手续并承诺偿还。

从体制运行情况看，"省直管县"财政体制改革取得了明显成效，对于发挥省级财政在省辖区域内对财力差异的调控作用，帮助缓解县级财政困难，减少财政管理级次，降低行政成本，推动城乡共同发展，发挥了积极作用。

2009 年，中央一号文件《中共中央国务院关于 2009 年促进农业稳定发展农民持续增收的若干意见》指出，要"推进'省直管县'财政管理方式改革，充实内容和形式，加强县（市）财政管理"，"将粮食、油料、棉花、生猪生产大县全部纳入改革范围"。据此，2009 年 6 月，财政部发布《关于推进省直接管理县财政改革的意见》，明确提出进一步推进省直接管理县财政改革。

推进省直接管理县财政改革的基本方针是：要以邓小平理论和"三

个代表"重要思想为指导，深入贯彻落实科学发展观，按照社会主义市场经济和公共财政的内在要求，理顺省以下政府间财政分配关系，推动市县政府加快职能转变，更好地提供公共服务，促进经济社会全面协调可持续发展。改革的总体目标是：2012 年年底前，力争全国除民族自治地区外，全面推进省直接管理县财政改革；近期首先将粮食、油料、棉花、生猪生产大县全部纳入改革范围；民族自治地区按照有关法律法规，加强对基层财政的扶持和指导，促进经济社会发展。

实行省直接管理县财政改革的主要内容，是在政府间收支划分、转移支付、资金往来、预决算、年终结算等方面，省财政与市、县财政直接联系，开展相关业务工作。一是收支划分。在进一步理顺省与市、县支出责任的基础上，确定市、县财政各自的支出范围，市、县不得要求对方分担应属自身事权范围内的支出责任。按照规范的办法，合理划分省与市、县的收入范围。二是转移支付。转移支付、税收返还、所得税返还等由省直接核定并补助到市、县；专项拨款补助由各市、县直接向省级财政等有关部门申请，由省级财政部门直接下达市、县。市级财政可通过省级财政继续对县给予转移支付。三是财政预决算。市、县统一按照省级财政部门有关要求，各自编制本级财政收支预算和年终决算。市级财政部门要按规定汇总市本级、所属各区及有关县预算，并报市人大常委会备案。四是资金往来。建立省与市、县之间的财政资金直接往来关系，取消市与县之间日常的资金往来关系。省级财政直接确定各市、县的资金留解比例。各市、县金库按规定直接向省级金库报解财政库款。五是财政结算。年终各类结算事项一律由省级财政与各市、县财政直接办理，市、县之间如有结算事项，必须通过省级财政办理。各市、县举借国际金融组织贷款、外国政府贷款、国债转贷资金等，直接向省级财政部门申请转贷及承诺偿还，未能按规定偿还的由省财政直接对市、县进行扣款。

为了更好地推进省直接管理县财政改革，必须坚持以下原则：一是必须坚持因地制宜、分类指导，各地要根据经济发展水平、基础设施状况等有关条件，确定改革模式、步骤和进度，不搞"一刀切"；二是必须坚持科学规范、合理有序，要按照分税制财政体制的要求，进一步理顺省以下政府间事权划分及财政分配关系，增强基层政府提供公共服务的能力；三是必须坚持积极稳妥、循序渐进，保证市县既得利益，尊重实际情况，妥善处理收支划分、基数划转等问题，确保改革的平稳过渡和顺利运行；四是必须坚持协调推进、共同发展，充分调动各方发展积极性，增强县域发展活力，提高中心城市发展能力，强化省级调控功能，推动市县共同发展。

2. "乡财县管"改革

"乡财县管"完整地说是"乡财县管乡用"。它是以乡镇为独立核算主体，由县级财政部门直接管理并监督乡镇财政收支，实行县乡"预算共编、账户统设、集中收支、采购统办、票据统管"的财政管理方式。"乡财县管乡用"是以缓解乡镇财政困难、加强乡镇财政收支管理、规范乡镇财政支出行为、强化财政监督职能为目的进行的县乡财政管理体制改革。

针对农村税费改革后县乡收支格局特别是乡镇财政职能的变化，为规范乡镇政府收支行为，保证基层正常运转，安徽等省份改革和完善县乡财政管理方式，对除少数经济比较发达的乡镇之外的其他乡镇，在保持乡镇资金所有权和使用权不变的前提下，试行了"乡财县管乡用"的财政管理模式，将乡镇财政收支纳入县级预算管理。截至2008年年底，全国已有29个省份约23 000个乡镇实行了"乡财县管"改革试点。

"乡财县管乡用"改革的主要内容：一是县（市、区）对乡镇比照县直单位编制部门预算；二是统一设置财政收支结算账户，取消乡镇财政所设置的财政总预算会计，改为在乡镇财政所设置乡镇政府单位预算会计，负责乡村两级财务管理；三是实行国库集中支付，乡镇财政支出以年初预算为依据，按"先工资、后重点、再一般"的原则，通过国库直接支付或授权支付；四是实行政府采购制度，编制乡镇政府采购预算，由乡镇根据年初政府采购预算提出申请和计划，经县（市、区）财政相关职能部门审核后，由县（市、区）政府采购经办机构集中统一办理；五是票据县级统管，乡镇使用的行政事业性收费票据及其他税费征缴凭证等，其管理权收归县（市、区）财政部门管理，实行票款同行、以票管收。在改革管理方式的同时，各地还根据农村税费改革后的新形势，重新明确了乡镇财政所的职能，对乡镇财政机构进行了改革。

从部分试点地区的情况来看，实行"乡财县管乡用"改革在坚持乡镇"三权"不变（即预算管理权不变、资金所有权和使用权不变、财务审批权不变）的前提下，实施综合财政预算，集中和加强了乡镇收入管理，控制和约束了乡镇支出需求，统一和规范了乡镇财务核算，遏制和缩减了乡镇债务规模。

（1）统一了预算管理，加强了税收征管。一是实行"乡财县管乡用"后，乡镇财政收入和预算外资金全部缴入县国库，加强了县财政对乡财政收入的统一管理，通过实施综合财政预算，增强了县级财政的调控能力。二是通过加强账户、票据管理，将"票款同行"、"以票管收"、"收支两条线"等管理措施落到实处，从源头上杜绝了乱收费、乱摊派现象的发生，进一步巩固了农村税费改革成果，减轻了农民负担。三是县财政对乡镇财政所（农税所）实行垂直管理，乡镇财政所收支管理的大部分工作转移到县财政会计核算中心，乡镇财政所的主要精力转为加强税收征管（取消农业税和农业特产税后，财政所负责征收的税收主要包括耕地占用税、契税），有利于做到依法征税，应收尽收。

（2）规范了财务核算，加强了支出管理。一是通过制定统一的财务核算制度，加强审批约束力，明确了统一的支出范围和定额标准，规范了财务核算办法，增加了乡镇财务透明度。如"乡财县管乡用"后，不仅各项支出要有正式发票，而且要根据财政监督管理规定进一步加强对支出的审核，完善了支出手续，杜绝和减少了以前乡镇工程建设、来客招待等"白条"满天飞的现象。二是有效地防止了截留、挪用、滥支现象的发生，确保了重点资金及时足额拨付。如在县级同时设立"村级资金专户"和"乡镇结算专户"，按使用对象将资金分别划入相应专户，从制度上断了乡镇"雁过拔毛"截留挪用的路子。按照"保工资、保运转、保重点"

的顺序合理安排支出，保障了乡镇工资正常发放。三是约束了非正常性开支，控制了乡镇财政的不合理支出。压缩了招待费、会议费、电话费、燃修费等一般性支出，清理清退不在编人员，严格控制乡镇财政供给人员，减轻了财政负担。

（3）扎住了乡镇举债的口子，遏制了乡镇债务膨胀。在彻底清查乡镇债务的同时，严格明确了乡镇不能随意举债，为从根本上解决乡镇财政困难创造了条件，有效扎住了乡镇举债的口子，对乡镇债务实行"先刹车、后消肿"，初步遏制了债务膨胀。

第三节　支持国有企业等改革

在积极推进各项财税制度改革的同时，各级财政部门还大力支持了国有企业、金融机构等改革。

一、支持国有企业改革

国有企业改革的主要方针是大力加强企业的体制和管理创新，推行股份制和公司制，实行投资主体多元化，推进垄断企业改革，发展具有国际竞争力的大公司和大企业集团。从改革的着力点看，国企改革的重心从企业内部转向企业与外部市场的关系，即培育能够适应市场经济体制、富有活力和创新力、拥有较强的市场竞争能力、能切实发挥国有企业主导作用的市场主体。财政对企业发展改革的支持，则着重表现为转向支持限制垄断和维护市场活力、减轻国有企业负担、培育与集聚企业竞争力、推动国有企业重组等方面，具体包括以下内容。

（一）积极支持电力、电信等垄断行业体制改革

2002年2月，国务院下发《关于印发电力体制改革方案的通知》，决定改革我国电力体制，重组电力资产，打破垄断，引入竞争。其后，我国

电力资产由原国家电力公司独家经营重组为 2 家电网公司、5 家发电公司及 4 家辅业公司分别管理，初步实现了厂网分开、多家办电的竞争格局，企业活力明显增强，竞争意识、服务意识显著提高，区域电力市场初步形成，电力资源得到优化配置。同时，财政积极支持电信体制改革。一方面加大财政投入，支持中国联通集团公司发展壮大；另一方面积极参与中国电信业务拆分重组的有关工作，形成了中国电信、中国网通、中国移动、中国联通等多家企业集团共同竞争的局面，打破了电信市场独家垄断的格局，改进和提高了基本电信服务的市场效率。2008 年，财政又积极支持了电信市场的深化整合，推动电信市场形成全领域竞争的三家寡头企业，市场机制的运行环境进一步优化。

（二）大力支持中央企业分离办社会职能

自 2004 年开始，中央企业向地方政府移交了大量的中小学校及公安、检察院、法院等社会职能单位，切实减轻了国有企业的社会负担。据统计，截至 2007 年年底，中央企业分离办社会职能工作（农垦、森工企业除外）已经全面完成，中央财政累计核定经费补助基数 96.8 亿元，共移交机构 2 640 个，移交在职人员 168 373 人。通过分离中央企业办社会职能，一方面减轻了国有企业社会负担，改善了国有企业组织结构，培育了市场主体，为国有企业与其他各类不同所有制企业公平竞争创造了体制环境；另一方面推动了政企分开，理顺了政企关系，强化了政府提供公共产品和公共服务的职能，提高了资源配置效率。

（三）积极推进厂办大集体改革试点

厂办大集体是计划经济时期由国有企业批准并资助兴办的集体所有制企业。随着改革开放的逐步深入，厂办大集体难以适应激烈的市场竞争环境，其生存发展遇到了很大困难，企业停产、职工失业问题十分突出，成为影响和制约国有企业改革发展的重要因素。这个问题在东北地区的国有大中型企业中表现得尤为突出。2004 年国务院决定，按照"先试点，再推开"的原则，逐步解决东北地区厂办大集体问题，由此拉开了推动厂办大集体改革试点的历史序幕。中央财政设立专项补助资金积极支持改革试点。

（四）积极支持重要国有企业重组改革

为了贯彻落实党的十六大提出的"通过市场和政策引导，发展具有国际竞争力的大企业和企业集团"，按照国务院提出的"改制后不增加企业负担"的原则，2003年以来，中央财政认真研究政策，采取有力措施，对石油石化、煤炭、冶金、有色、电力、电信、民航、航运等基础产业领域的重要国有企业给予了重点支持。

通过中央财政的大力支持，这些重要国有企业的重组改制步伐明显加快，经济效益大幅好转，盈利能力显著增强，整体实力明显提升，对于确保国家经济安全、增强国有经济控制力、带动力和影响力、保持国民经济又好又快发展发挥了重要的基础支撑作用。与此同时，中石油、中石化、中海油、中国铝业、鞍钢集团、神华集团、中国移动、中国网通、中国联通、中国电信等一大批国有企业成功实现海外上市，企业国际竞争力显著提升。2007年，我国进入世界500强的国有企业有22家，其中进入前100位的有3家。

二、支持国有金融机构改革

（一）积极支持重点国有商业银行改革、化解金融风险，促其建立适应市场竞争的经营机制

1. 不断充实国有商业银行资本金

2003年，国家成立了中央汇金投资有限公司，利用外汇储备先后向中国银行、中国建设银行分别注入225亿美元以补充资本金；2005年，国家再次动用150亿美元外汇储备补充中国工商银行的资本金，极大地提升了这三家银行的资产质量，促其成功引入境外战略投资者并在境内外上市。

2. 及时消化国有商业银行历史包袱

2003—2005年，在中国工商银行、中国银行、中国建设银行财务重组时，财政部会同有关部门，对三家银行提供了有力的财务重组措施。

3. 大力提供国家信用支持

在国有商业银行改组改制过程中，国家不仅直接组织了大量的财务资源，而且提供了国家信用支持，以增强境内外投资者信心，确保国有金融机构顺利重组上市。在中国工商银行、中国银行、中国建设银行的重组改制中，财政部按年率 2.5% 向 3 家国有商业银行支付利息，解决了 2 700 亿元特别国债的利息支付问题。此外，财政部对金融资产管理公司向有关商业银行发行的 7 200 亿元 10 年期债券本息偿付提供财政支持。

4. 在国有商业银行上市过程中维护国家出资人合法权益

在国有商业银行股改过程中，财政部始终把握最大程度地维护国家权益的基本原则，确保国有资产保值增值。在总结引进战略投资者经验教训的基础上，财政部对改制银行引进外资的核心条款严格把关，认真审议改制银行章程、发行上市方案和国有股减持、股息分配方案等重大事项。2004 年以来，财政部在给予中国银行、中国建设银行和交通银行所得税优惠政策的同时，明确了上市银行国有股减持的有关政策。

（二）减轻国有保险公司历史包袱，支持三家国有保险公司改制

2003 年，经国务院批准，原中国人民保险公司、原中国人寿保险公司和原中国再保险公司相继实施了股份制改造。为提高公司的资产质量、偿付能力和盈利能力，财政部采取了一系列财务措施，增强了原人保公司和原再保险公司的资本实力。在财政部的大力支持下，新成立的中国人民财产保险股份有限公司于 2003 年 11 月在香港成功上市，中国人寿保险股份有限公司于 2003 年 12 月成功在美国纽约、中国香港上市。2007 年，中国再保险集团公司接受了汇金公司 40 亿美元的注资，也顺利改制成了股份有限公司，目前正在筹划上市准备工作。

与此同时，为拓宽保险公司融资渠道和保险资金运用渠道，防范风险，财政部积极支持保险资金拓宽投资渠道。批准中国人寿保险（集团）公司的共管基金投资于金融和非金融企业股权，参与大型国有企业的改制；支持保险资金投资股票市场、基础设施建设和保险外汇资金境外运用，在改善保险资产与负债的匹配管理、分散资金运用风险的基础上，提

高保险资金运用收益。

（三）大力支持政策性金融发挥引导、补充商业性金融的作用，稳步推进政策性金融机构商业化转型

在我国，政策性金融的功能作用主要体现在处置国有银行政策性不良资产和政策性信贷、出口信用保险等领域。

1. 积极支持三家政策性银行拓展业务，推动政策性银行商业化转型

自政策性银行成立以来，财政部通过税收返还、财政拨付等方式，分别向国家开发银行、中国农业发展银行和中国进出口银行拨补了 500 亿元、200 亿元和 50 亿元注册资本金。财政部还同意国家开发银行发行 400 亿元次级债补充附属资本，国家在 2007 年年底通过汇金公司向国家开发银行补充了 200 亿美元的资本金。在国家的支持下，三家政策性银行的外部信用评级与国家主权信用评级相等，有效降低了筹资成本，扩大了利差空间，发债成为其最主要的低成本资金来源。

近年来，在国家财政的支持下，三家政策性银行分别在各自的经营领域内在执行国家经济与社会发展战略、促进经济平稳协调发展等方面发挥了积极作用。截至 2007 年年底，国家开发银行、中国进出口银行、中国农业发展银行的贷款余额分别达到了 2.25 万亿元、3 211 亿元和 10 664 亿元。

2007 年，政策性银行改革逐步推上日程。根据第三次全国金融工作会议精神，国务院有关部门按照分类指导、一行一策的改革原则，积极推进政策性银行改革，确定了首先将国家开发银行转型为商业性中长期信贷银行的思路，进一步加强国家开发银行的外部约束，规范经营行为，防范信贷风险，提高经营效益。

2. 积极支持四家金融资产管理公司处置不良资产

2004 年以来，四家资产管理公司又以商业化方式收购了中国银行、中国建设银行、交通银行和中国工商银行剥离的不良贷款，为这些银行公开上市创造了良好的条件。为了保证处置过程的公开、公正和透明度，财政部先后制定了《金融资产管理公司不良资产处置办法》、《公司内控管

理办法》、《公司不良资产处置公告管理办法》等一系列规章制度，形成了以《金融资产管理公司条例》为核心的管理制度框架体系，切实维护了国家利益。同时，财政部通过制定一些具体的考核指标，对资产公司处置不良资产明确了激励和约束机制，最大限度地保证了国有金融资产价值的回收。

2008 年，资产公司综合运用债务追偿、法律诉讼、债权重组、企业重组、打包出售、债转股等多种方式，政策性不良资产处置率已超过90%，基本完成了既定的政策目标。

3. 出资成立中国出口信用保险公司

出口信用保险是为促进出口而采取的一种保险手段。由于出口信用的国别风险较为突出，具有一定的政策性，国外的出口信用保险公司大部分都具有一定的国有背景，有的甚至就是国有独资的公司。2001 年 12 月，我国整合了在国有商业保险公司和中国进出口银行承办的信用保险业务，成立了中国出口信用保险公司，它是我国唯一一家从事政策性出口信用保险业务的国有独资保险公司，注册资本 40 亿元，资本来源为出口信用保险风险基金，由国家财政预算安排。

为了适应我国对外开放的深入和"走出去"战略，财政部正在会同有关方面研究信用保险公司体制改革方案，拟实行"分账户管理"的体制，即业务统一经营，分账核算，国家账户由财政承担风险，公司账户自负盈亏。

此外，针对我国国际收支失衡、流动性偏多的问题，财政部于 2007 年发行特别国债 1.55 万亿元，购买 2 000 亿美元外汇作为资金来源，支持成立中国投资有限责任公司（以下简称中投公司）。中投公司的成立被视为中国外汇管理体制改革的标志性事件。中投公司对外以境外金融组合产品为主开展多元投资，促进外汇资产保值增值；对内则继续代表国家履行国有金融机构出资人的职能，进行国有金融机构改革，实现国有金融资产的保值增值。

第二十六章
深化财政管理改革

财政管理贯穿于研究制定和实施财政政策、编制和执行预算的全过程。财政管理水平的高低，直接影响到财政职能作用的发挥和财政资金的使用效率。2003年以来，各级财政部门按照依法行政、依法理财的要求，不断探索财政管理新的途径，顺利实施政府收支分类改革，继续深化预算管理制度改革，健全行政事业单位国有资产管理制度，开展国有资本经营预算试点，不断完善财政法律制度体系和财政监督体系，强化财务与会计基础工作，推进财政信息化建设，财政管理的法制化、规范化、科学化、精细化水平不断提高。

第一节　实施政府收支分类改革

政府收支分类是对政府的收入和支出项目进行类别和层次划分，实质上是政府职能的细化列示。政府收支分类是各级政府编制预算、组织预算执行以及各预算单位进行明细核算的基础条件，政府预算科目设置以政府收支分类为依据。

一、政府收支分类改革的背景

我国 2006 年以前实行的政府收支分类方法是计划经济时期参照苏联财政管理模式确定的，对应的是高度集中、统收统支的财政体系。随着社会主义市场经济体制的完善、社会管理法治化、公共财政管理框架的逐步确立，以及部门预算、国库集中收付、政府采购等各项财政改革的逐步深入，原有科目体系的弊端越来越明显，已成为制约各项改革深化的因素，其主要问题有以下几方面：

一是与市场经济体制下的政府职能转变不相适应。随着我国社会主义市场经济体制基本建立，市场在资源配置中的基础性作用日益强化，政府公共管理和公共服务的职能不断加强，客观上要求相应调整和优化财政收支结构。但作为反映政府职能活动需要的预算收支科目，如基本建设支出、企业挖潜改造支出、科技三项费用、流动资金等仍然是根据计划经济体制下的财政职能设计的，既不能满足政府职能转变和公共财政管理的需要，又阻碍了我国市场经济体制的发展完善。

二是不能清晰反映政府职能活动。在市场经济条件下，政府的职能主要是经济调节、市场监管、社会管理和公共服务。政府预算必须反映政府履行职能的要求，并接受公共监督。但我国原有预算支出科目主要是按"经费"性质进行分类的，把各项支出划分为行政费、事业费、基建费，等等。这种分类方法使政府履行职能的情况在科目上看不出来，很多政府的重点工作支出如农业、教育、科技等都分散在各类科目中，形不成一个完整的概念，不透明、不清晰，往往造成"外行看不懂，内行说不清"。

三是不能适应财政管理规范化、科学化、精细化的总体要求。按照国际通行做法，政府支出分类体系包括功能分类和经济分类。功能分类反映政府的职能活动，如发展教育、办小学；经济分类是对各项具体支出进行剖析和核算，如办小学的钱究竟是发了工资，还是买了设备、盖了校舍。我国原有的支出目级科目虽然属于支出经济分类性质，但它涵盖的范围偏窄，财政预算中大多数资本性项目支出，以及用于转移支付和债务等方面的支出都没有反映出来；另外，原有目级科目也不够明细、规范和完整。这些不利于细化预算编制，也不利于预算单位加强财务会计核算，同时还不利于财政信息化水平的提高。

四是不利于有效实施全口径预算管理与监督。原有《政府预算收支科目》只反映财政预算内收支，不包括应纳入政府收支范围的预算外收支和社会保险基金等收支，为财政预算全面反映政府收支活动、加强收支管理带来较大困难，尤其是不利于综合预算体系的建立，也不利于从制度、源头上预防腐败。

五是与国民经济核算体系和国际通行做法不相适应。由于货币信贷统计核算科目以及国民经济核算体系均按国际通行标准做了调整，而政府预算收支科目体系一直未做相应改革，财政部门和国家统计部门每年要做大量的口径调整和数据转换工作。尽管如此，这种差异仍然不利于财政经济分析与决策，也不利于国际比较与交流。

二、政府收支分类改革的进展情况

经国务院批准，政府收支分类改革在 2006 年经过精心准备之后，从 2007 年 1 月 1 日起全面实施。这项改革包括制发方案、编写教材、修改报表软件、组织业务培训，以及转换 2006 年预算和执行数据，用新科目编制 2007 年预算等，环节之多，牵涉面之广，工作量之大，前所未有。按照"总体部署、周密计划、把握重点、逐项落实"的工作思路，财政部在中央各部门、地方财政和税务等部门的积极支持配合下，做了大量艰苦细致的工作。

（一）及时制订改革方案，明确提出有关工作要求

为保证从 2006 年 6 月起正式启用新的政府收支分类科目编制 2007 年度政府预算，2006 年 2 月财政部制发了《政府收支分类改革方案》，此后又相继印发了 6 个相关通知，从制度上保障了政府收支分类改革的顺利推进。

改革主要包括以下三项内容：

一是对政府收入进行统一分类，全面、规范、细致地反映政府各项收入。新的收入分类按照科学标准和国际通行做法将政府收入划分为税收收入、社会保险基金收入、非税收入、贷款回收本金收入、债务收入以及转移性收入等 6 类，为进一步加强收入管理和数据统计分析奠定了基础。从分类结构上看，改革以后分设类、款、项、目四级（如税收收入——消费税——国内消费税——国有企业消费税），多了一个目级层次。四级科目逐级细化，以满足不同层次的管理需求。

二是建立新的政府支出功能分类体系，更加清晰地反映政府各项职能活动。根据政府管理和部门预算的要求，统一按支出功能设置类、款、项三级科目（如教育——普通教育——小学教育），分别为 17 类、160 多款、800 多项。类级科目综合反映政府职能活动，款级科目反映为完成某项政府职能所进行的某一方面的工作，项级科目反映为完成某一方面的工作所发生的具体支出事项。新的支出功能科目能够清楚地反映政府支出的内容和方向，从根本上解决了人大代表多次提出的政府支出预算"外行看不懂、内行说不清"的问题。

三是建立新型的支出经济分类体系，全面、规范、明细反映政府各项支出的具体用途。按照简便、实用的原则，支出经济分类科目设类、款两级，分别为 12 类和 90 多款。款级科目是对类级科目的细化，主要体现部门预算编制和单位财务管理等有关方面的具体要求。全面、规范、明细的支出经济分类是进行政府预算管理、部门财务管理以及政府统计分析的重要手段。

（二）全面组织业务培训，广泛开展改革宣传

2006 年 2 月，中央部门和地方财政部门政府收支分类改革动员培训会议先后在北京和苏州召开。随后，财政部有关司局分期分批地开展了本系统业务培训工作。按照有关总体部署，中央各部门的系统内培训，各地方财政、税务、人民银行国库等部门的逐级培训也陆续展开。据统计，在 2—6 月的培训工作中，各级各类培训总人数达数十万人次。在扎实做好业务培训工作的同时，财政部成立了政府收支分类改革答疑办公室，设置

热线电话，专人值守实时解惑答疑。对业务复杂、涉及科目较多的部门和地方，主动致函、致电或派人进行重点指导。

在精心组织业务培训的同时，财政部还充分利用各类媒体进行宣传，为改革的顺利推进营造了良好的氛围。此外，财政部编发《政府收支分类改革简报》，对推广经验、反映问题、研究对策起到了十分重要的推动作用。

（三）扎实进行旧科目数据转换，正式启用新科目编制 2007 年预算

新旧科目数据转换是政府收支分类改革的一个关键环节。尤其支出功能分类作为一种全新的分类方式，与旧科目的衔接更是改革的重点和难点。为顺利实现新旧科目的平稳过渡，保证改革前后年度间预算、执行数据可比，财政部在编写《政府收支分类问题解答》的同时，专门制作了新旧科目对照表和相关报表数据转换对应关系表，及时调整了有关报表软件。

（四）成功使用新科目办理 2007 年收入缴库，不断巩固扩大改革成果

由于财政、税务、海关、人民银行国库等有关部门前期准备充分，从 2007 年 1 月 1 日开始，采用新的科目办理收入入库工作总体进展顺利。对个别地区出现的少数错误和不衔接问题，有关部门及时给予解决。对执行中反映出来的科目设计问题，财政部作了适当调整。同时，结合实际管理需要，在 2008 年、2009 年政府收支分类科目中作了统一修订。

为充分利用新的政府收支分类进一步细化部门预算编制，2007 年财政部选择农业部、水利部、国家统计局等 14 个中央部门进行了按支出经济分类编制项目预算试点，并取得初步效果。为全面落实《国务院关于试行国有资本经营预算的意见》，保证国有资本经营预算的准确编报，并实现国有资本经营预算与政府一般预算的合理衔接，财政部经过反复研究，在新的政府收支分类框架下，专门设置了能够相对独立反映国有资本经营收支的科目。

随着各项改革措施的稳步推进，一个体系完整、分类规范、反映明晰的全新政府收支分类框架基本确立，改革取得预期成果。

三、政府收支分类改革取得的成效

2007 年政府收支分类改革是新中国成立以来我国财政分类统计体系最大的一次调整，也是继 1994 年分税制改革、2000 年部门预算改革以来我国预算管理制度的又一次重大变革。新的政府收支分类有效克服了原政府预算收支分类的弊端，基本实现了"体系完整、反映全面、分类明细、口径可比、便于操作"等改革目标，充分体现了国际通行做法与国内实际的有机结合，以及市场经济条件下建立健全我国公共财政制度的总体要求。具体来讲，此次政府收支分类改革的成效主要体现在以下几个方面：

一是形成了一个政府预算内外资金共用的统一、规范的收支分类体系，使政府收支得到更为完整、准确的反映。此项改革为全面落实党的十六届三中全会关于实行全口径预算管理的要求，将政府预算内外各类收支由长期分散统计、分散管理转向综合统计、综合管理创造了十分有利的条件。同时，通过统一的收支科目体系，不仅可以得到全口径政府收支概念，而且对财政收入占 GDP 的比重，以及教育、科技、农业、社会保障等重点支出占全部政府支出的比重等，有了一个清晰的判断，从而为准确把握宏观调控力度、合理配置财政资源、不断优化财政支出结构提供科学依据。

二是新的支出功能分类和支出经济分类可清晰反映政府各项职能活动以及各项支出的具体用途，使政府预算更加透明，预算监督更加有力。新的支出分类客观上促成了政府预算编制的出发点由便于管理向便于监督的转变。原有按行政费、事业费、基建费等支出经费性质设置的支出科目，有利于有关部门按不同经费切块分配资金；但它最大的问题，就是不便社会公众了解政府各部门的支出规模和结构。在新的支出功能分类能够清楚反映政府各部门支出规模的基础上，支出经济分类可以进一步反映政府各部门的资金使用方向和规模。这种制度设计体现了公共财政条件下政府预算必须公开、公正、透明的基本要求。

三是新的政府收支分类体系实现了与国际财政统计口径的有效衔接，更有利于进行宏观分析决策与国际比较交流。新的政府收支分类除包含预算内外收支外，还按国际通行做法纳入了具有"准财政资金"性质的社会保险基金收支，从而实现了与国际通行政府全部收支口径的总体衔接。

四是新的政府收支分类体系和财政信息管理系统相配合，可实现对财政运行过程和全面、实时监控，将有力促进我国财政管理走向更加规范、更加精细、更加科学。

第二节 深化预算编制管理改革

自编制 2000 年中央部门预算以来，我国逐步推行部门预算、政府收支分类、收支两条线等重大改革，使预算编制改革走向了规范化、制度化、科学化的轨道。近年来，通过不断完善已有各项预算管理制度改革，构建了全新的预算编制模式，更新了预算编制方法、预算编制程序，有效整合了预算内外的财政资源，增强了财政预算的法治性和透明度，为推动政府职能转变、提高依法理财和民主理财水平、建设和完善公共财政体系奠定了基础。

一、深化部门预算改革

（一）部门预算改革的进展情况

部门预算要求部门将所有的收入和支出按照统一规定的编报程序、格式、内容和时间编制成一本预算，增强了部门预算的完整性和统一性。到 2009 年，编制中央部门预算的一级预算单位已有 168 家。在此基础上，还要求部门将其所有的各项预算外资金收支、政府性基金收支、经营收支以及其他收支按照统一的编报内容和形式在一本预算中反映，体现了

"一个部门一本预算"的原则，初步实现了综合预算。

1. 规范部门预算管理程序

为规范部门预算管理程序，进一步完善中央部门预算管理工作规程（即"二上二下"预算编制规程），规定了预算编制、执行、调整的时间安排、具体职责、职责权限等，明确了部门和财政部、人大、审计以及财政部内部各部门司、主体司和预算司在部门预算测算和审核过程中的职责及工作程序。同时，延长预算编制时间，预算编制周期由改革前的 4 个月延长到 2009 年预算编制的 10 个月时间，为提高预算编制质量提供了时间上的保证。

2. 大力推进基本支出改革，完善定员定额管理体系

通过扩大定员定额试点范围、细化定额项目、完善定额测定方法、调整定额标准，基本支出定员定额标准体系的科学性、规范性不断提高。到编制 2009 年中央部门预算时，定员定额试点范围已覆盖 97 家行政单位、103 家事业单位、77 家参公单位。对行政、事业单位离退休人员和开支"离退休人员管理机构"的行政单位离退休机构人员等归口管理经费实行了定员定额管理，并按有关政策为其核定了人员经费和公用经费定额。对国家税务总局系统中部分省市国税局也实行了定员定额管理。会同教育部，在全国中央高校范围内细化了生均综合定额标准，有效地解决了中央高校基本支出财政补助水平偏低等问题。

在推进基本支出定员定额管理的同时，为促进预算管理与公共资产管理的有机结合，2004 年，选择了审计署等 5 个部门，率先对行政机关用房和机动车辆进行实物费用定额试点。经过几年的努力，实物费用定额试点范围不断扩大，到 2008 年，试点部门已扩大到 24 家行政单位。在试点方式上，试点初期受资产管理、费用开支标准不完善等因素影响，采取"虚转"的方式，即实物费用定额标准不与试点部门当年部门预算挂钩。随着试点的推进，从 2007 年起，逐步研究将车辆、办公用房实物费用定额项目由"虚转"调整为定额内"实转"，增强了实物定额试点的约束性。

3. 加强项目库建设，研究建立项目支出标准体系

部门预算改革对项目支出预算采取项目库管理方式，从严控制项目规模，按照项目重要程度分别轻重缓急排序，使项目经费安排与部门事业发展规划和年度工作重点紧密结合。通过组织开展项目清理工作，推动了项目滚动管理。

为进一步细化项目支出预算管理，2009 年，启动了项目支出标准体系建设工作，提出了构建标准体系的总体设想，制定了开展标准体系建设的工作思路，进一步完善财政支出标准体系。

4. 继续细化预算编制，进一步提高预算管理的精细化水平

细化基本支出和项目支出预算编制，为细化报送人大审议的部门预算内容提供保证。延伸预算级次，要求各部门从最基层单位开始逐级编制预算，增强各级预算单位的预算编制主体地位，强化预算约束。做好执行中预算项目细化工作，确保项目支出预算落实到基层预算单位。

此外，要求地方政府要将上级政府对本地区（包括本级和下级）的税收返还和补助全额编入地方本级预算，进一步督促地方提高预算的完整性。

5. 强化财政拨款专项结转和净结余资金管理

为抑制大量专项结转和净结余资金的产生，切实加强结余资金的管理，财政部制定了专项结转和净结余资金管理制度。一是制定并完善了《中央部门财政拨款结余资金管理办法》。二是加大专项结转和净结余资金统筹使用力度。中央部门在编制年度预算时，应首先动用以前年度净结余资金安排新增的项目支出；需要追加项目支出的，优先考虑使用本部门净结余资金，实现预算安排与专项结转和净结余资金管理的有机结合，有效遏制了专项结转和净结余资金的增长势头。

6. 稳步推进支出绩效评价工作

预算绩效评价主要是指政府公共支出绩效评价，是指在一定时限内对政府公共支出的目标、结果、影响等方面内容进行的综合性考核和评价。其核心是强调政府支出管理中的目标与结果及结果有效性的关系，形成一

种新的面向结果的管理理念和管理方式，以提高政府管理效率、资金使用效益和公共服务水平。其主要内容包括制定明确、合理的公共支出绩效目标；建立科学、规范的绩效评价指标体系；对绩效目标的实现程度及效果实施考核和评价；运用考评结果，提高预算编制和管理水平。其中绩效评价要体现出经济性、效率性和有效性三个基本原则。

根据党的十六届三中全会提出的关于"建立预算绩效评价体系"的要求，2005 年财政部制定了《中央部门预算支出绩效考评管理办法（试行)》，确立了财政部门统一领导、部门具体组织实施的绩效评价分工体系，并不断扩大绩效评价试点范围，试点工作由 2006 年的 3 个部门 4 个项目，扩大到 2008 年的 74 个部门 108 个项目，评价项目资金规模不断扩大。

7. 严格预算执行和调整，增强预算约束性

一是提高年初预算到位率。在细化预算编制的同时，努力提高年初预算到位率，严格控制中央总预算代编规模。

二是规范预算调整。规定部门预算批复后，原则上不进行调整。同时，严格执行追加预算指标下达的时间规定，加快预算执行进度。

三是适当安排部门机动经费。为适应提高预算到位率、减少预算调整的要求，按部门基本支出的一定比例安排部门机动经费，对实行垂直管理的部门也安排了系统机动经费。上述机动经费由中央部门掌握，根据支出需要动用，有效解决了部门零星和临时性开支的资金来源问题，减少了部门预算执行过程中的调整。

8. 加大预算信息披露力度，提高部门预算透明度

一是增加向全国人大报送部门预算的数量。在向全国人大报送按功能汇总的中央财政总预算的同时，报送的部门预算数量增加到 2009 年的 95 个。

二是细化报送审议的预算内容。中央财政用于教育、科技、社会保障等涉及民生的重大支出总量和结构情况均报全国人大审议。从 2008 年起，向全国人大报审的教育、科学技术、社会保障和就业、农林水事务等 15

类关系民生的重点支出科目进一步明细到款级科目。

三是按照《中华人民共和国政府信息公开条例》的要求，推动部门预算公开。

在中央部门预算改革稳步推进的同时，地方部门预算改革也取得了重大进展，确立了部门预算管理基本框架，规范了预算编制制度，初步建立了预算编制、执行和监督相分离的运行机制，增强了预算管理的公开性、公正性和透明度。据统计，截至 2007 年年底，全国 36 个省、自治区、直辖市和计划单列市本级都建立了比较规范的部门预算管理制度，实行了综合预算；大部分省（自治区、直辖市）制定了基本支出定额标准，建立了项目库；已有超过半数的省级部门向同级人大报送部门预算，绝大部分省（自治区、直辖市）开始向同级人大报送包括基本支出和项目支出具体内容的综合预算；全国 2 882 个县（市、区）中已有 2 585 个实行了部门预算改革，其中 2 200 个全面推行了部门预算。各省对推行预算绩效评价的必要性和重大意义的认识明显提高，广东、河南等省级财政部门内设置了绩效评价专职机构，评价范围分步扩大，延伸到了基本支出。

（二）部门预算改革取得的成效

推行部门预算改革以来，在党中央、国务院的正确领导下，在财政部和中央各部门的共同努力下，中央部门预算改革在更加有效地发挥财政职能作用、调整和优化财政支出结构、促进提高预算管理的完整性、规范性、科学性、有效性和透明度等方面，均取得了显著的阶段性成效。可以说，一个管理职责明晰、预算程序规范、编制方法科学、决策过程透明、技术手段先进、与公共财政体制相适应的部门预算管理制度体系和运行机制已经初步确立。具体而言，部门预算改革的成效主要体现在以下方面：

1. 确立了部门预算的基本模式

部门预算改革，建立了比较完整的预算制度体系和科学规范的管理模式。实行综合预算，统一了预算分配权，实现了预算编制的统一性，保证了预算分配的规范性和完整性；实行定员定额和项目库管理，避免了预算分配过程中的"暗箱操作"，有利于预算编制的公开、公平、公正；调整财政支出结构，规范了财政支出范围和方向，强化了财政支出的公共性；细化预算编制，改变了过去"一年预算，预算一年"的现象，提高了预算的年初到位率，增强了预算的计划性和严肃性；预算自下而上编制，改变了过去层层留机动的做法，减少了资金在中间环节的滞留。预算反映政府的活动范围和方向，并最终体现财政模式的性质和特点。构建科学规范的部门预算管理体系，是我国建立公共财政框架的重要标志。

2. 转变了预算管理观念

部门预算改革推动了财政部门自身的改革，使财政部门得以把更多精力由应付日常追加转到参与部门行业的发展规划、项目的选择确定以及监督资金使用等方面，有效促进了财政监督和管理缺位问题的解决。预算管理方式、方法的改革，以及结余资金管理和绩效评价的引入，增强了预算管理的科学性，大大提高了财政资源配置效率和财政资金使用效益。同时，实行部门预算，确立了中央部门的预算主体地位，要求部门必须担负起预算管理的基础责任，必须更加重视财政财务工作；特别是在确定发展目标、工作重点时，要与预算安排紧密结合起来，围绕预算谋划和开展工作，在完成预算管理任务的同时，全面提升部门的财政财务管理水平。通过建立财政支出绩效评价制度，使执行效果与预算编制有机结合，切实提高财政资金使用效益。通过建立完整的财政支出绩效评价指标体系和规模庞大的基础资料数据库，使项目的绩效目标和执行效果能够量化和具体化，为评价各类项目的投入水平与支出效益提供了技术支持。

3. 规范了行政行为

一方面，预算改革促进了政府职能的转变。通过改革，司法、行政部门的所有代行政府职能的收费项目一律纳入预算管理，有利于执收、执罚部门从罚款、收费等日常繁杂事务中解脱出来，克服事权财权化，促进了政府职能和工作作风的转变，有利于保证公正执法。另一方面，预算改革促进了反腐倡廉工作的开展，为从制度上和源头上治理腐败奠定了基础。

预算改革建立了一个科学规范的政府公共资源配置机制和分配体系，

把所有财政资金公开、透明、公正地分配，而且经过部门建议、财政审核、政府和党委研究、人大审议等多个环节，保证了资金分配的科学、公正、合理，有效避免了"暗箱操作"。通过预算制度创新，建立科学严密的资金管理制度体系，从源头、机制和管理上铲除腐败，为促进廉政建设创造了基础条件。

4. 增强了预算的法治性

部门预算改革使我国的科学理财、依法理财和民主理财迈出了实质性步伐。在新的预算管理制度下，预算从基层编起，经过部门审核汇总、财政综合平衡，再报政府审定、人大审批，使预算形成的链条更加严密，增强了预算决策的科学化和民主化。财政资金的分配行为、管理权限及操作程序在政府、财政和部门每个环节都制定了严格的规章制度，使预算的法治性约束大大增强，有效地规范了政府的管财行为、财政的理财行为和部门的用财行为。

二、深化"收支两条线"管理改革

（一）"收支两条线"管理改革的进展情况

1. 将预算外管理的收费逐步纳入预算管理

长期以来，收费管理一直存在预算内和预算外两种形式。预算外资金是计划经济体制和前期改革过渡阶段的产物，已明显不适应市场经济体制下建立健全公共财政职能的要求。为此，财政部将预算外资金逐步纳入财政预算管理，从 2003 年 1 月 1 日起，将 30 个部门的 118 项收费纳入预算管理；从 2004 年 1 月 1 日起，将 26 个部门的 76 项收费纳入预算管理。目前，中央审批的收费项目约 90% 已纳入预算管理，政府性基金、罚没收入已全部纳入预算管理，土地出让收入从 2007 年起全额纳入预算管理，彩票公益金从 2008 年起纳入预算管理。同时，在制度上明确规定，依法新设立或取得的非税收入，一律纳入预算管理。

2. 实行"收支脱钩"管理

2004 年，对国家发改委、司法部、信息产业部、审计署、国资委、中国残疾人联合会、中国科学技术协会等 7 个部门实行"收支脱钩"管理，即这些部门收入全额上缴中央国库或者财政专户，支出纳入部门预算编制范围，其中基本支出和项目支出比照同类单位的管理方式进行核定，做到既保证其开展专项工作的需要，又杜绝不合理的开支项目和过高的开支标准。

3. 实行收入收缴管理改革

2002 年下半年以来，按照财政国库管理制度改革的要求，财政部、中国人民银行印发了《预算外资金收入收缴管理制度改革方案》，对建设部、劳动和社会保障部、国家统计局、国家药品监督管理局等 20 多个部门和单位实行了收入收缴管理改革。其主要内容是：在账户管理方面，由财政部门设立财政专户和财政汇缴专户，取消部门和单位的收入过渡户；在收缴方式方面，将过去通过部门和单位收入过渡户层层上缴的方式，改为实行直接缴库和集中汇缴两种方式；在票据管理方面，将《非税收入一般缴款书》纳入票据管理体系。同时，将收入收缴程序纳入信息化管理。

4. 规范中央预算单位银行账户设置

2002 年，财政部、中国人民银行、监察部、审计署联合发布了《中央预算单位银行账户管理暂行办法》，进一步规范了中央预算单位银行账户管理，建立了中央预算单位开立银行账户的财政审批、备案制度，明确了由单位财务部门统一办理开户、统一管理和使用账户的制度，切实堵塞了中央部门和单位存在的资金管理分散、多头开户、重复开户等漏洞，进一步强化了中央预算单位银行账户设置管理。

5. 开展"收支两条线"专项检查

为确保"收支两条线"管理政策的贯彻落实，2003 年，财政部会同监察部开展中央部门和单位行政事业性收费及政府性基金"收支两条线"专项检查，对 18 个部门和单位的"收支两条线"管理情况进行重点抽查，共查出违规金额约 37 亿元。通过开展专项检查，不仅及时查处和纠正了违规行为，而且宣传了国家有关"收支两条线"管理政策，进一步增强了中央部门和单位依法管理收费基金的意识。地方各级财政部门也会同有关部门积极开展行政事业性收费年审工作，查处和纠正地方各种乱收费行为。与此同时，纪检监察部门加大了对违反"收支两条线"管理行为的责任追究力度。

同时，地方各级财政部门也大力加强预算外资金管理，推动依法理财，促进了廉政建设；强化非税收入管理，深化"收支两条线"管理改革，规范了财政资金范围，预算内外资金统筹安排使用的程度有所提高。

（二）"收支两条线"管理改革的成效

实施"收支两条线"管理，对于促进依法行政和公正执法，整顿财政分配秩序，从源头上预防和治理腐败，具有十分重要意义。

1. 从源头上治理了腐败

实行"收支两条线"管理，执收单位所有非税收入项目和标准都必须严格依照国家规定执行，并按照规定使用省级以上财政部门统一印制的票据，收入按照财政部门规定全额上缴国库或财政专户，实行"收支脱钩"管理，从源头上预防和治理乱收费，促进依法行政和公正执法，从制度上铲除滋生腐败的土壤。

2. 理顺了政府收入分配秩序

实行"收支两条线"管理，一方面有效解决了大量财政性资金体外循环的问题，进一步提高财政资金管理的透明度；另一方面执收部门和单位支出列入部门预算，由财政部门按照批复的预算予以核拨，彻底改变执收部门和单位收入与支出相挂钩的状况，基本解决了由于收费与执收部门和单位利益挂钩带来的分配不公问题，进一步规范政府收入分配行为，理顺政府收入分配秩序。

3. 规范了执收单位银行账户管理

实行"收支两条线"管理，取消执收单位所有收入过渡户，改变过去执收单位银行账户设置过多、过滥的状况，防止产生"小金库"，规范执收单位银行账户管理，有效杜绝了执收单位发生截留挪用、坐收坐支财政资金等违纪行为，更好地确保非税收入及时解缴国库或财政专户。

4. 提高了财政资金运行效率

实行"收支两条线"管理，政府非税收入按照规定分别上缴国库或财政专户，杜绝征收环节上的"跑、冒、滴、漏"行为，保证财政资金的安全。同时，加快财政资金缴拨速度，缓解国库资金周转压力，进一步提高财政资金运行效率。

5. 促进了公共财政体系建设

实行"收支两条线"管理，通过编制综合财政预算，可以全面客观地反映财政资金收支状况，有利于预算内外资金统筹安排，为提高部门预算编制和执行质量、推进国库收付制度改革、政府采购管理制度改革创造了有利条件，有利于促进公共财政体系建设。

三、建立中央预算稳定调节基金

为更加科学合理地编制预算，保持中央预算的稳定性，2007年起，国家建立中央预算稳定调节基金，用于弥补短收年份预算执行收支缺口，并在当年通过超收收入安排基金收入500亿元。中央预算稳定调节基金视预算的平衡情况，可在安排年初预算时调入并安排使用。中央财政收入预算由财政部在征求征管部门意见的基础上编制，不再与征管部门编制的征收计划直接挂钩。中央预算稳定调节基金单设科目，安排基金时在支出方反映，调入使用基金时在收入方反映；基金的安排使用纳入预算管理，接受全国人大及其常委会的监督。建立中央预算稳定调节基金，有利于增强财政透明度，自觉接受全国人大、审计和社会监督；有利于合理安排超收收入，增强预算编制的科学性和准确性；有利于提高财政应对突发事件的保障能力，促进财政的可持续发展。2008年汶川大地震发生后，中央财政及时提出建立700亿元的地震灾后恢复重建基金，大力支持汶川地震抗灾救灾和灾后恢复重建，其中，600亿元资金是从中央预算稳定调节基金中调入。

四、改进超收收入使用办法

为落实全国人大关于改进收入预算编制方法，进一步规范超收收入分配和使用的要求，从2008年起，中央财政年度执行中如有超收，除按法律、法规和财政体制规定增加有关支出，以及用于削减财政赤字、解决历史债务、特殊的一次性支出等必要支出外，原则上不再追加支出，均列入中央预算稳定调节基金，转到以后年度经过预算安排使用。这样做有利于保障重点支出需要，规范预算管理，增强预算约束力；有利于提高预算透明度，提高依法行政和依法理财水平；有利于全国人大及其常委会和广大人民群众对超收收入安排使用的监督。

第三节 深化预算执行管理改革

预算执行管理是财政管理的重要组成部分，是预算实施的关键环节。预算执行管理水平的高低，直接关系党和国家各项重大政策的贯彻落实，直接关系政府公共服务水平和财政管理水平。近年来，在完善和深化已有预算执行管理制度改革的基础上，通过体制、机制和制度创新，全面推进财政国库管理制度改革，逐步构建起中国特色现代财政国库管理体系，涵盖了国库集中收付、国债管理、政府采购管理、国库现金管理、政府会计核算管理，以及财政国库动态监控等诸多方面，并形成相互促进的有机整体，为加强和完善财政管理、贯彻落实财税政策、实施宏观调控，提供了有效手段和坚强保障。

一、深化国库管理制度改革

（一）国库管理制度改革的进展情况

自2001年改革启动以来，到2003年，改革又向前迈出了一大步，中央实施国库集中支付改革的部门增加到 80 个，收入收缴改革试点范围也不断扩大。在大力推动中央部门进行改革的同时，财政部也努力推进地方国库管理制度改革。2003 年 7 月，财政部发布《财政部关于深化地方财政国库管理制度改革有关问题的意见》，要求地方于 2005 年全面推行财政国库管理制度改革。

2004 年，中央实施国库集中支付改革的部门达到 140 个。为进一步提高支付效率，财政部对国库司、国库支付中心机构职能进行了整合，按照资金管理规范、安全、有效的原则，设计了一条尽可能短的资金拨付流水线，极大优化了支付流程。

截至 2005 年年底，所有 160 多个中央部门均实施了国库集中支付改革，70 多个有非税收入的中央部门全部纳入非税收入收缴制度改革范围；36 个省、直辖市、自治区和计划单列市也全面推行了国库集中支付改革，如期实现了国务院确定的"十五"期间全面推行改革的目标，基本形成了新型的预算执行管理运行机制。

在 2005 年国库集中收付制度改革全面推行的基础上，财政国库管理制度改革进一步向纵深发展。2006 年，专项转移支付资金实行国库集中支付取得突破，率先对农村义务教育专项资金实行国库集中支付。专项资金由中央财政拨付到省级财政后，省级财政按规定在几个工作日内将资金支付到收款人或支付到市县财政，再由市县财政支付到收款人，财政部通过监控系统，实时监控专项资金的流向，发现问题可及时核查处理。

随着改革的不断深入，原来滞留在预算单位账户上的闲置现金余额集中到国库单一账户，库款余额大幅度上升，为开展国库现金管理提供了条件。经国务院批准，2006 年我国开始实施中央国库现金管理，在确保国库现金支出需要的前提下，通过买回国债、商业银行定期存款和减少国债发行等方式，提高国库资金使用效益。

2007 年，财税库银税收收入电子缴库横向联网工作正式启动。横向联网是指财政部门、税务机关、人民银行、国库、商业银行利用信息网络技术办理税收收入征缴入库等业务，税款直接缴入国库，实现税款征缴信息共享的缴库模式，是我国税收征缴管理制度和信息共享机制的重大变革。同年，公务卡改革正式启动，利用"刷卡支付、消费有痕"的特点，使公务消费置于阳光之下。

截至 2008 年年底，在国库集中支付改革方面，所有中央部门及所属 12 000 多个基层预算单位实施了改革；地方 36 个省、自治区、直辖市和计划单列市本级，300 多个地市，1 900 多个县（区），超过 28 万个基层预算单位实施了国库集中支付改革；改革的资金范围从一般预算资金扩大到专项转移支付资金、政府性基金、预算外资金等。在收入收缴改革方面，有非税收入的中央部门均纳入改革范围，近 60 个中央部门以及 35 个财政监察专员办事处已正式实施改革。地方绝大多数省份的省本级、近 200 个地市、1 000 多个县（区）、超过 18 万个执收单位实施了非税收入收缴改革，改革的资金范围已扩大到行政事业性收费、政府性基金收入、专项收入、罚没收入、国有资源（资产）有偿使用收入、国有资本经营收入、彩票公益金收入和其他收入八大类。财税库银税收收入电子缴库横向联网工作加快推进，20 多个省份已开展试点。此外，绝大多数中央预算部门和地方省级部门推行了公务卡改革试点。

（二）国库管理制度改革取得的成效

1. **国库集中收付制度的优越性充分展现**

国库集中收付制度改革是公共财政管理的基础性、机制性的变革，是财政管理的根本性创新，其优越性集中体现为四个方面：

一是体现了科学理财和依法理财的观念。国库集中收付制度所确立的一整套管理流程，对预算执行的各环节都有严格的规范化、程序化要求。各单位财政财务管理规范性显著增强，管理水平大幅提高，重分配轻管理的现象明显改变，科学理财、依法理财的观念得到了机制保障。

二是增强了财政宏观调控能力。国库现金流量由过去各单位分散持有，转变为财政部门统一持有和管理，不仅使财政部门资金调度能力发生根本改观，较好地保证了重点支出和预算的正常执行，而且还为实施国库现金管理、增强财政理财功能、加强财政政策与货币政策的协调实施以及加强宏观调控奠定了基础。

三是加强了预算执行过程的监督控制。以国库单一账户体系为基础的电子化监控系统，从根本上加强了事前和事中监督，创新了财政监控模式。

四是提高了预算执行管理信息的透明度。预算执行信息的生成机制发生了较大变化。在收入收缴方面，税收收入实行财税库银电子缴库横向联网，使得税收收入信息由过去从相关部门汇总获取，改为从纳税环节直接获取；非税收入信息由过去通过各部门层层汇总后获取，改为从缴款环节直接获取。在支出支付方面，由过去对一级部门批发式拨款获取支出信息，改为从各基层预算单位最终付款环节获取。这种预算执行信息生成机制的改变，为预算执行信息的准确性和及时性提供了机制保障，为预算执行的管理和分析提供了可靠的信息基础。

2. 预算的执行管理和分析不断强化

在预算执行方面，通过优化整合财政国库管理机构职能、业务流程和信息系统，简化了审核事项，缩短了审核时间，进一步优化了资金支付管理流程，提高了预算执行管理效率。在预算执行分析方面，预算执行分析报表报送的及时性、准确性大大提高，分析内容向多因素、相关性、政策效应和趋势分析拓展，反映经济和财政运行过程中苗头性、倾向性问题的能力进一步增强，分析报告质量进一步提升，使其已经成为财政经济决策管理的重要参考依据。

3. 总预算会计管理基础得到加强

一是财政资金专户管理得到规范，清理归并一批财政资金专户，实现了财政资金专户归口财政国库部门统一管理。

二是各级财政部门的资金安全防控意识和内部控制机制进一步强化，建立了科学、严密的总会计业务流程。

三是建立了国库现金流量预测系统，资金调度的及时性、准确性和预见性逐年提高，确保了重点资金及时均衡拨付。

四是及时修订完善总预算会计科目，以适应国库集中收付制度改革、政府收支分类改革、津补贴改革、国有资本经营预算管理等财政重大改革的需要，进一步加强和完善了对账制度，确保总预算会计账的真实性、完整性。

此外，2003年我国启动了政府会计改革研究。在深入研究分析我国预算会计制度现状、借鉴国际政府会计管理与改革经验的基础上，已完成《我国政府会计战略框架问题研究报告》，并在抓紧制定我国政府会计改革方案。

4. 国库现金管理有效提高了国库资金使用效益

2006年8月，我国首次实施中央国库现金管理操作。截至2007年年底，通过回购国债、商业银行定期存款及减少国债发行等方式进行操作，在确保国库支付需要和国库现金绝对安全的前提下，为中央财政增加净收益（或减少支出）近29亿元，在提高资金使用效益和与货币政策协调方面取得了显著成效。

5. 财政国库动态监控效果日渐显现

国库集中收付制度改革实施后，财政部门建立了以国库单一账户体系为基础的电子化监控系统，实现了对中央预算单位用款的零余额账户的每一笔支付交易实时智能化动态监控，创新了财政监控模式，并建立了财政资金实时监控、综合核查、信息披露、整改反馈、跟踪问效的财政国库动态监控管理机制，从根本上加强了事前和事中监督，对违法违纪问题形成有效威慑，预算单位规范使用资金的意识明显增强，违规行为大大减少。截至2008年年底，财政国库动态监控已覆盖所有中央部门及所属12 000多个基层预算单位；同时，还将农村义务教育等中央补助地方专项转移支付资金纳入动态监控范围。

二、深化政府采购制度改革

（一）政府采购制度改革的进展情况

2003年1月1日，《中华人民共和国政府采购法》正式实施，标志着我国政府采购制度改革试点工作至此结束,进入了全面实施阶段,全国政府采购工作步入新的发展时期。《中华人民共和国政府采购法》实施 6 年来,政府采购制度改革不断深入,制度体系日趋完善;全国政府采购规模和范围不断扩大,资金使用效益不断提高;财政部门、集中采购机构、采购人运转协调的工作机制初步建立;规范化管理进一步加强,透明度不断提高,社会影响力日益增强。

(二)政府采购制度改革取得的成效

1. 政府采购范围和规模不断扩大,经济效益和社会效益大幅提高

政府采购范围已由单纯的货物类采购扩大到工程类和服务类采购,并且工程采购的比重呈现上升趋势。政府采购资金从最初的预算内安排的资金,扩展到包括预算内外、自筹资金在内的各种财政性资金。一些公益性强、关系民生的采购项目纳入政府采购范围,日渐增多的民生项目成为政府采购规模扩大中的亮点。政府采购规模保持了快速增长,由 2002 年的 1 009.6 亿元增加到 2008 年的 5 991 亿元,年均增长 35.7%。同时,采购规模的增长也带动了资金使用效率的提高。

2. 政府采购制度的法律框架基本形成

自《中华人民共和国政府采购法》正式实施以来,我国相继出台了《政府采购货物和服务招标投标管理办法》、《政府采购信息公告管理办法》、《政府采购供应商投诉处理办法》、《政府采购代理机构资格认定办法》、《政府采购评审专家管理办法》、《集中采购机构监督考核管理办法》等配套规章和规范性制度 40 多个,初步建立了以《中华人民共和国政府采购法》为统领的政府采购法律制度体系。

3. 政府采购管采分离的管理体制初步建立

按照《中华人民共和国政府采购法》关于政府采购管理职能与操作职能相分离的要求,全国政府采购管理机构与操作机构分离工作取得了阶段性进展。截至 2007 年年底,中央、省、市、县四级政府基本上在财政部门设立了政府采购管理机构,政府采购管理机构、采购单位和集中采购机构的工作职责分工日趋合理,"管采分离、机构分设、政事分开、相互制约"的工作机制基本形成，初步建立了采购管理机构统一监督管理下的集中采购机构和采购单位具体操作执行的采购管理体制。

4. 政府采购政策功能实施取得重大突破，初步实现了由单一管理目标向政策目标的转变

随着政府采购制度改革的逐步推进，发挥政府采购的政策功能作用越来越成为深化改革的重点。近年来，我国在促进节能环保、扶持企业自主创新方面，以及促进相关产业发展方面，出台了一系列制度办法，有效支持了国内相关产业或行业的发展，政府采购发展与宏观经济政策实施和社会事业发展的联系更加紧密，已成为政府调控经济、促进社会发展的一个重要政策工具。

5. 集中采购工作逐步加强，形成了以集中采购为主要实施形式的采购格局

各地区、各部门积极采取措施，通过制定集中采购目录、完善协议供货、探索联动的区域性大市场、整合运行程序、提高采购效率和质量、网上管理与操作等，不断提高集中采购规范化水平和科学化程度，集中采购效果日渐凸显。2007年，政府采购专职操作部门集中采购规模为3 048.94亿元，占全国采购总规模的65％，部门集中采购规模占全国采购总规模的20％，分散采购规模占全国采购总规模的15％，已经形成以集中采购为主、部门集中采购和分散采购为辅，三种采购实施形式并行、相互补充的采购格局。

6. 依法采购水平全面提升，公开透明的采购运行机制逐步形成

《中华人民共和国政府采购法》颁布以来，依法管理、依法采购的意识普遍增强，采购行为不断规范，采购工作质量不断提高。一是公开招标作为主要采购方式的主导地位不断巩固；二是政府采购信息公开化和电子化程度不断提高；三是政府采购预算和资金支付管理逐步规范；四是规范化管理水平不断提高。评审专家管理更加科学合理，实现了管理与使用分离、专家资源共享，有效地保障了政府采购评审工作质量。代理机构资格认定有序进行，从2005年开始，对符合条件的社会中介机构进行政府采购代理资格认定。截至 2008 年，全国已有 800 多家社会中介机构获得了甲级资格和确认资格，各省（自治区、直辖市）也开展了相应的乙级资质的认定。供应商质疑答复和投诉处理工作日趋完善，保护了政府采购当事人的合法权益，保障了政府采购活动规范有序进行。此外，采购方式、组织实施、招标采购、合同审核等采购过程方面的管理程序、审批环节也更加规范。

7. 监管工作进一步加强，促进了廉政建设

随着各项管理制度的不断健全完善，各级财政部门认真履行监管职责，积极改进和创新监管模式，加大检查和处罚力度，有效地维护了市场经济秩序，在建立多层面、多环节的动态监控机制和促进廉政建设方面取得了新突破。

8. 对外交流不断拓展，应对政府采购国际化能力不断提高

随着我国财经对外交流与合作的深入开展，政府采购的国际化进程不断加快，领域也不断扩大，先后建立了中国—欧盟政府采购对话机制、中国—美国政府采购技术性磋商机制；参加了 APEC 政府采购专家组、联合国贸易法委员会政府采购工作组会议，并以观察员身份参加 WTO 政府采购委员会活动；先后与澳大利亚、新西兰和韩国在自贸区框架下开展政府采购谈判；2007 年年底，启动了加入 WTO《政府采购协议》（GPA）谈判。利用这些交流合作机制，我国积极宣传政府采购制度改革成效，有针对性地了解国际政府采购制度及改革动态，熟悉并参与国际规则制定。

三、加大国债管理改革力度

2003 年以来，我国加大了国债管理改革力度。一是进一步加强国债制度建设，2006 年起，实行国债余额管理制度，每年在人大批准的年末国债余额限额内，合理安排国债发行品种、期限和节奏；发布《国债承销团成员资格审批办法》，规范国债承销团组建及承销团成员资格审批。二是继续推进国债市场化改革，改进国债招标方式，针对不同期限品种，采用荷兰式、美国式、混合式等多种招标方式，定期滚动发行国债，将关键期限国债品种从最初的7年期增加到1年、3年、5年、7年、10年期等5个期限品种，并成功发行15年、20年、30年期超长期国债；发行记账式贴现国债、附息国债及凭证式国债、储蓄国债（电子式），满足投资者多样化需求；提高国债发行计划透明度，年初公布关键期限记账式国债全年发行计划，按季公布下一季度国债发行计划。

通过推进国债管理改革，我国国债管理制度不断完善，国债市场取得较大发展。一是国债筹资能力逐渐提高，国债在稳健财政政策和积极财政政策中的作用不断增强。二是国债发行方式进一步完善，市场化水平不断提高。三是国债品种日益丰富，期限结构更加完善合理。四是国债发行透明度显著增强，国债交易规模逐年扩大，国债市场流动性有所提高。五是实行国债余额管理后，国债管理与国库现金管理能够更好地协调配合，财政筹资成本降低，国债管理科学化、精细化水平提高。

四、推进决算管理与改革

为全面准确反映预算执行结果和单位财务收支情况，从2004年起，财政部对财政总决算、预算外资金收支决算和行政事业单位决算进行了整合：将政府财政收入支出预算变动和资产负债状况报表并入财政总决算，并逐步将国有资产经营、社会保险基金预算的收支决算情况纳入财政总决算的范畴；将预算外资金收支决算纳入行政事业单位决算，强调行政事业单位决算与部门预算、单位财务会计制度、财政总决算之间的衔接和协调，使行政事业单位决算能够全面、客观、真实地反映行政事业单位收支活动、经营状况和部门预算的执行结果。

随着决算管理不断加强，决算报表体系逐步完善，决算编印和批复程序日益规范，各级财政部门普遍加强了决算数据的分析利用，用决算数据揭示预算编制和执行中存在的问题，有力地促进了预算编制和预算执行改进。

在财政总决算方面，已经形成了由"决算分析报告、决算报表、报表附注、编制说明、编审总结和人行金库报单"等资料有机组成的科学、规范、实用的结构体系。总决算报表按一般预算、政府性基金、国有资本经营预算、社会保障基金预算和预算外财政专户收支五大部分各自平衡的原则划分，与现行财政预算管理模式相一致，报表结构科学实用。各地向中央上报的决算涵盖了省及市、县财政的所有决算数据以及乡镇财政的收支大数。县级以上财政的收入和支出、线上和线下、功能和经济分类数据，都以最底级科目形式上报，上级财政能够全面掌握所有下级财政的详细收支、转移支付和预算变动情况。总决算的涵盖范围得到了很大的延伸，有利于各级财政规范管理，提高预决算编制的科学化和精细化水平。

在行政事业单位决算方面，目前已初步建立起由基础数据表、填报说明、分析表和分析报告等四部分组成的比较完善的行政事业单位决算体系，能够完整、全面地反映行政事业单位预算执行情况和财务收支状况。在财政部内部，已经建立了一套"部门司审核→国库司组织会审→部门司批复→国库司印制决算资料"的比较规范的决算工作程序。通过对决算数据多层次、多角度地分析，揭示了预算管理和会计核算中存在的问题，初步建立起了决算与预算相互反映、相互促进的有效机制。决算在财政财务管理中发挥着越来越重要的作用。

五、探索政府会计改革

随着部门预算改革、国库集中收付改革、政府采购改革等一系列财政管理制度改革的推行，现行预算会计制度逐渐难以适应改革要求。为推进政府会计改革，2003 年，财政部成立了政府会计改革领导小组，正式启动了政府会计改革研究工作。几年来，财政部积极借鉴发达市场经济国家政府会计改革的成功经验，深入开展政府会计课题研究，分析总结我国预算会计制度现状及存在问题，全面排查政府会计改革面临的难点问题。在此基础上，初步提出我国政府会计改革战略框架的总体思路，并对改革的具体实施步骤及相关配套措施提出了建议。

（一）研究分析国际政府会计改革的做法与经验

财政部通过多种形式学习研究了政府会计国际经验：一是通过举办研讨会、咨询会等形式，邀请外国专家来华介绍外国政府会计改革的基本做法、经验及面临的问题；二是有选择地对有关国家的政府会计管理与改革情况进行考察和学习；三是深入研究国际会计师联合会和澳大利亚、新西兰、美国以及大多数欧洲国家的政府会计体系，先后研究翻译出版了《国际公共部门会计文告手册》等多个报告，现已成为国内研究政府会计、借鉴外国政府会计改革经验、掌握国际政府会计改革动态的重要参考资料。

（二）积极参与国际公共部门会计准则制定

从 2007 年起，我国以委员国身份参加国际公共部门会计准则委员会（IPSASB）会议，重点参与制定委员会的发展战略计划、公共部门会计概念框架，以及社会福利、金融工具、借款费用、无形资产、主体合并、现金产出资产减值、雇员福利、文化遗产类资产、外部援助、公共私营机构合作等具体的会计准则。通过深入参与公共部门会计准则委员会的会议讨论，我国在国际公共部门会计领域的话语权不断提高，对世界各国政府会计改革的经验有了更深入的认识。

（三）积极开展我国政府会计改革专题研究工作

政府会计改革是财政管理工作的一项基础性变革，涉及面广，政策性、专业性和技术性都很强，需要扎实做好政府会计改革前期研究工作。近年来，财政部组织政府会计领域的专家、学者开展了一系列专题研究，主要有政府会计基本问题研究、政府会计适用主体范围研究、政府会计核算基础比较研究、政府会计标准体系问题研究、政府财务报告问题研究、我国现行预算会计和政府会计比较研究、政府债务问题研究、政府资产确认问题研究、清产核资问题研究等，为下一步实施政府会计改革做好了充分的前期研究准备。

第四节　推进国有资产管理改革

与财政职能相关的国有资产管理对象，包括行政事业单位国有资产和经营性国有资产两大部分，其中经营性国有资产又可分为非金融类企业国有资产和金融类企业国有资产。国有资产管理改革的推进，标志着我国政府资源管理的完整性步入了新阶段，使政府实物资产管理和政府资金管理有机衔接起来，共同构成了政府资源管理统一的整体。

一、健全行政事业单位国有资产管理制度

行政事业单位国有资产是指由行政事业单位占有使用的、在法律上确认为国家所有、能以货币计量的各种经济资源的总称，是政府履行社会管理职能、提供公共服务、促进事业发展的重要物质基础，是国有资产的重要组成部分。1998 年，根据第九届全国人民代表大会第一次会议批准的国务院机构改革方案，原国家国有资产管理局撤销，其相应的国有资产管理职能合并到财政部；随后进一步明确了财政部门负责行政事业单位国有资产管理工作。2004 年，财政部有关司成立了行政资产处和事业资产处，承担制定行政事业单位国有资产管理的政策、制度，并组织开展具体管理工作的职责。2006 年，以财政部令的形式公布了《行政单位国有资产管理暂行办法》、《事业单位国有资产管理暂行办法》（以下简称"两个财政部令"），对行政事业单位国有资产管理作了具体的规定，标志着我国行政事业单位国有资产管理工作进入了一个崭新的阶段。

（一）完善了管理体制和管理制度

2006 年财政部公布的"两个财政部令"，明确规定了我国行政事业单位国有资产的管理体制。截至 2008 年，全国 36 个省（直辖市、自治区、计划单列市）已经有 34 个省（直辖市、自治区、计划单列市）明确了由

财政部门负责行政事业单位资产管理工作，其中 28 个省（直辖市、自治区、计划单列市）成立了专门的资产管理机构；绝大部分中央部门也成立了资产管理机构，或明确了负责资产管理的工作人员。"国家统一所有，政府分级监管，单位占有、使用"的管理体制，以及与此相适应的"财政部门—主管部门—行政事业单位"的国有资产管理模式，在全国范围内初步建立。

根据"两个财政部令"的有关原则，中央财政进一步健全行政事业单位国有资产管理制度体系，先后出台了《全国人大行政单位国有资产管理暂行实施办法》、《全国政协行政单位国有资产管理暂行实施办法》、《驻外机构国有资产管理暂行实施办法》、《中央垂直管理系统行政单位国有资产管理暂行实施办法》以及《中央级事业单位国有资产管理暂行办法》等配套制度；参与了《中华人民共和国企业国有资产法》的起草论证工作，以及《国有资产评估指南》的编写工作。各地方也结合本地实际，出台了本地区的相关管理办法等配套制度。2008 年进行的把"两个财政部令"上升为国务院条例的有关工作，进一步提高了行政事业单位国有资产管理的法律级次和法规效力。

（二）夯实了管理基础

加大工作力度，夯实行政事业单位国有资产管理基础。

一是开展资产清查。根据《国务院关于编制 2007 年中央预算和地方预算的通知》要求，2006 年 12 月至 2007 年 10 月，财政部在全国范围内组织开展行政事业单位资产清查工作。各级财政部门还委托社会中介机构和专员办开展专项审计，确保工作质量。

二是开展培训，加强队伍建设。积极组织了"两个财政部令"的学习培训班和全国行政事业单位资产清查业务培训班，为顺利开展清产核资和资产管理工作提供了人员素质保证。

（三）创新了管理理念

解放思想、创新观念，是行政事业单位国有资产管理工作取得积极成效的最关键因素。通过不断创新管理，有效促进了我国行政事业单位国有资产水平的提高。

一是确立了资产管理与预算管理、财务管理相结合的理念。2007 年部门决算报表中增加"资产情况表"和"国有资产收益情况表",2009 年部门预算表中新增"中央行政事业单位资产存量情况表"、"中央行政事业单位新增资产配置预算表",根据资产存量情况、配置标准、行业平均占有水平和资产的共享共用情况,对新增资产配置进行专项审核,基本形成了部内资产配置事项审批的流程,初步形成了资产管理部门与预算管理部门协调配合的行政事业单位国有资产管理机制。

二是树立了资源整合共享的观念。严格资产配置管理工作,对符合调剂、共享条件的行政事业单位国有资产,建立资源(资产)共享、共用机制,提高使用效率。

三是增强了资产绩效管理意识。根据绩效预算管理的要求,研究将国有资产占有使用情况的评价结果,作为财政部门安排行政事业单位预算的参考依据和对行政事业单位主要负责人业绩考核的一项重要内容,逐步建立和完善资产与预算有效结合的激励和约束机制。

(四) 转变了管理方式

随着我国金财工程建设的不断深入,行政事业单位国有资产管理的信息化水平也得到了有效提高。在资产清查、摸清行政事业单位"家底"的基础上,按照金财工程要求,建立行政事业单位国有资产管理信息系统。信息系统以资产清查结果作为基础数据,通过实时录入资产增减变动情况,建立起行政事业单位国有资产动态数据库;建立数据查询和综合分析子系统,为预算管理、绩效评价和资产优化配置等提供决策支持;建立资产预警子系统,为资产管理以及资产数量价值发生异常变动等情况及时进行预警。

(五) 加强了收入管理

"两个财政部令"明确规定,对行政单位国有资产出租、出借收入和行政事业单位国有资产处置的变价收入和残值收入,按照政府非税收入管理的规定,实行"收支两条线"管理。事业单位的有偿使用收入应当纳入单位预算统一核算、统一管理。为规范资产收入管理，"2008 年政府收支分类科目"中增设了项级科目"非经营性国有资产收入"，并在此科目下细分、增设了目级科目"行政单位国有资产出租收入、行政单位国有资产处置收入、其他非经营性国有资产收入"；"2009 年政府收支分类科目"中在原项级科目下又增设了目级科目"事业单位国有资产处置收入"。同时，根据中央关于规范公务员津贴补贴后要规范资金来源和逐步加强国有资产收入管理的要求，财政部明确了加强中央行政单位国有资产收入管理问题的工作思路，组织开展了行政单位国有资产收入情况调查，会同监察部等四部委下发了《关于加强中央行政单位国有资产收入管理的通知》；起草了《中央行政单位国有资产处置收入和出租出借收入管理暂行办法》，出台了《中央级事业单位国有资产处置管理暂行办法》。地方各级财政部门也积极采取措施，通过制定办法、设立收入专户、监督检查等方式，加强了行政事业单位国有资产收入管理。

二、试行国有资本经营预算

试行国有资本经营预算制度是在我国国有企业改革深入推进的背景下顺势推开的。国有资本经营预算是国家以所有者身份依法取得国有资本收益，并对所得收益进行分配而发生的各项收支预算，是政府预算的重要组成部分。《中华人民共和国企业国有资产法》规定，国有资本经营预算按年度单独编制，纳入本级政府预算，报本级人民代表大会批准；国有资本经营预算支出按照当年预算收入规模安排，不列赤字。国有资本经营预算收入主要包括从国家出资企业取得的利润和国有资产转让收入，支出主要用于对重要企业补充资本金和解决一些困难企业的退出成本。

2003 年，《中共中央关于完善社会主义市场经济体制若干问题的决定》提出"建立健全国有资产管理和监督体制"，要求"建立国有资本经营预算制度"。这是中央文件第一次明确了"国有资本经营预算"的提法，从而取代了之前一直沿用的"国有资产经营预算"、"国有资本金预算"等多种提法，正式将其作为国有资产收益制度改革的方向。

2005 年 10 月，党的十六届五中全会通过的《中共中央关于制定国民经济和社会发展第十一个五年规划的建议》再次提出，"坚持和完善基本经济制度，加快建立国有资本经营预算制度，建立健全金融资产、非经营性资产、自然资源资产等监督体制"。这些规定为国有资产收益纳入国家预算管理提供了政策依据，为建立国有资本经营预算制度奠定了基础。

2007 年 9 月 8 日，国务院发布《关于试行国有资本经营预算的意见》，酝酿已久的国有资本经营预算进入实施阶段，其中，中央本级国有资本经营预算从 2008 年起试行，地方试行国有资本经营预算的时间、范围和步骤由各省（自治区、直辖市）及计划单列市人民政府决定。

（一）国有资本经营预算框架下的国有资本收益构成

依法取得国有资本收益，是国家作为国有资本投资者应当享有的权利，也是建立国有资本经营预算的基础。国有资本经营预算框架内，主要是通过收入预算完成对国有资本收益的管理。按照财政部的定义，收入预算是指国家按年度和规定比例向企业收取国有资本收益的收缴计划。国有资本经营预算收入主要包括五项：一是国有独资企业按规定上缴国家的利润；二是国有控股、参股企业国有股权（股份）获得的股利、股息；三是国有产权（含国有股份）转让收入；四是国有独资企业清算收入（扣除清算费用）及国有控股、参股企业国有股权（股份）分享的公司清算收入；五是其他收入。

（二）中央企业国有收益管理的具体办法

在中央层面，2007 年 12 月，财政部和国资委联合印发了《中央企业国有资本收益收取管理暂行办法》（以下简称《办法》），明确了中央企业国有资本收益收取管理的相关细则。《办法》明确，国有资本收益收取对象为中央管理的一级企业。《办法》规定，中央企业拥有全资或控股子公司的国有独资企业，应交利润按照中国注册会计师审计的年度合并财务报表中反映的、归属于母公司所有者的净利润为基数申报。应交利润的比例区别不同行业分三类执行：第一类为烟草、石油石化、电力、电信、煤炭等具有资源型特征的企业，上缴比例为 10%；第二类为钢铁、运输、电子、贸易、施工等一般竞争性企业，上缴比例为 5%；第三类为军工企业、转制科研院所企业，暂缓 3 年上缴或免缴。国有资本收益的收取方式为：国资委监管企业向国资委、财政部同时申报上缴；国资委提出审核意见后报送财政部复核；财政部按照复核结果向财政部驻申报企业所在地财政监察专员办事处下发收益收取通知，国资委按照财政部复核结果向申报企业下达收益上缴通知；企业依据财政专员办开具的"非税收入一般交款书"和国资委下达的收益上缴通知办理交库手续。中国烟草总公司上缴国有资本收益，由财政部直接审核，按审核结果办理交库。此外，财政部会同中国人民银行修订了 2007 年和 2008 年政府收支分类科目，保障了国有资本经营预算的顺利实施。

（三）中央国有资本经营预算试点情况

2008 年是中央国有资本经营预算试行的第一年，试行范围为国资委所监管企业和中国烟草总公司。根据国务院批准的《财政部关于 2008 年中央国有资本经营预算（草案）的请示》，顺利完成了 2008 年中央国有资本经营预算编制及执行工作。2008 年，中央国有资本经营预算收入 583.5 亿元，其中上年结转收入 139.9 亿元，本年收入 443.6 亿元；中央国有资本经营预算支出 583.5 亿元，其中本年支出 571.33 亿元，结转下年支出 12.17 亿元。2008 年中央国有资本经营预算支出主要采取资本金注入和费用补助等方式，支持中央企业布局和产业结构调整、地震灾后重建、重大科技创新、节能减排、改革重组、境外矿产权益投资、中央企业社会保障、发电企业电煤流动资金贷款贴息等方面。全国人大财经委在《2008 年中央地方预算执行情况与 2009 年草案审查报告》中提出，2010 年向全国人大提交中央国有资本经营预算。

国有资本经营预算制度的初步建立，标志着国家以所有者身份依法正式向国有企业收取国有资本收益，对于增强政府的宏观调控能力，完善国有企业收入分配制度，推进国有经济布局和结构的战略性调整，集中解决国有企业发展中的体制性、机制性问题等具有重要意义。

三、完善国有金融资产管理制度

2003 年，中央机构编制委员会办公室发函明确要求财政部继续负责金融类企业国有资产管理工作。近年来，财政部在扎实做好金融类企业国有资产产权登记、资产评估项目的核准和备案等基础管理工作的同时，不断加强国有资产转让、划转处置管理，逐步完善各项管理制度，在金融类企业国有资产管理的制度化、规范化、程序化方面迈出了坚实的步伐。与此同时，财政部认真代行国有金融出资人职责，积极推进重点国有金融机构改制重组，在依法实现国有股东权益的途径等方面进行了有益探索。

（一）进一步夯实国有金融资产监管基础

1. 认真开展产权登记工作，摸清国有金融资本总量和分布情况

2007 年是《金融类企业国有资产产权登记管理暂行办法》正式实施的第一年。财政部再次组织中央直管金融机构、地方财政部门和财政专员办事处对金融类企业国有资产产权登记工作进行监督检查。迄今为止，共进行了四次全国范围的金融企业国有资产产权登记的监督检查。

截至 2008 年年底，中央管理的金融企业国有资本总额约为 1.44 万亿元，占其全部实收资本的 85.7%，其中，银行类企业占中央管理金融企业国有资本总额的 85.4%，证券、保险、金融资产管理公司等其他金融企业占 14.6%。

2. 对国有金融资产评估结果严格核准，慎重备案

按照评估项目的重要性，国有金融资产评估结果的确认采取了核准制和备案制两种方式：一是对拟上市国有独资、国有控股金融企业以及国务院确定的重大改组改制项目的评估结果进行核准。截至 2007 年年底，财政部已对中国人民人寿保险股份有限公司（以下简称中国人寿）、人保投资控股有限公司（以下简称人保控股）、中国银行、中国建设银行、中国工商银行、交通银行、中国银河证券股份有限公司、中信银行、中国再保险（集团）股份有限公司、中国光大（集团）总公司和中国光大银行等 11 家金融机构进行了国有资产评估核准。二是对国有独资、国有控股金融企

业及其下属公司的资产转让、改制等项目的评估结果进行备案。

3. 确认国有资本保值增值结果

2007 年,《金融企业国有资本保值增值结果确认暂行办法》正式实施。财政部对全国金融企业国有资本保值增值结果的整体与行业标准值进行了测算,并对 17 家中央金融企业 2006 年度国有资本保值增值结果进行了确认。

(二) 国有金融资产管理制度体系框架基本形成

目前,国有金融资产产权登记、资产评估以及国有金融资本保值增值结果确认等办法已印发实施,产权转让办法已起草完毕,初步形成了国有金融资产管理制度体系框架,包括《金融类企业国有资产产权登记管理暂行办法》,《金融企业国有资本保值增值结果确认暂行办法》和《金融企业国有资产评估监督管理暂行办法》。在建立健全国有金融资产基础管理制度体系的同时,为强化依法行政意识、建立审核复查制度、健全互相制约机制,财政部不断修改完善国有金融资产管理工作流程和操作程序,制定了一系列相关的规章、制度。

(三) 认真代行出资人职责,积极探索国有金融企业股权管理的有效途径

随着国有金融企业股份制改革的不断深入,国家管理国有金融企业的方式方法也在不断改变。2003 年以来,财政部认真代行国有金融企业出资人职责,积极探索国有金融企业股权管理的有效途径,促进国有金融企业改善公司治理、转变经营机制。

1. 严格审核国有股权变更事项

自 2003 年以来,作为国有金融企业的主要股东,财政部对人寿股份、人保控股、交通银行、中国银行、中国建设银行、中国工商银行、中信银行 7 家国有重点金融企业境内外上市过程中涉及的股权设置、国有股份减持方案等事项进行了审核批复。

2. 探索建立了国有金融企业派出董事管理制度

为适应国有重点金融机构改革重组的需要,自 2005 年开始,财政部通过中央汇金投资有限责任公司向国有重点金融机构派出股权董事二十

余人次，依法合规行使股东权利，参与改制金融机构的重大决策。

3. **规范国有金融企业年金计划， 研究股权激励制度**

财政部印发了《财政部关于国有金融企业试行企业年金制度有关问题的通知》，从出资人的角度明确了国有金融企业试行企业年金制度的原则、条件、资金来源、缴费标准等问题。此外，财政部还顺应新形势的需要，着手研究上市国有控股金融企业的股权激励制度。

（四）积极指导地方各级财政部门开展国有金融资产管理工作

为了指导地方各级财政部门有序开展国有金融资产管理工作，2003年，财政部印发了《关于继续做好金融类企业国有资产管理有关事项的通知》，明确了国有金融资产管理按照统一政策、分级管理的原则，由县级以上（含县级）主管财政部门依法履行职责。2006年，财政部又印发了《关于做好地方金融类企业国有资产监管工作的通知》，在财政部的指导下，地方各级财政部门认真开展地方国有金融企业产权登记及监督检查工作，清理核实国有资本占有和变动情况，并对登记检查情况进行分析；同时，各省（自治区、直辖市）财政部门共完成了674家地方金融企业国有资本保值增值结果确认工作。

第五节　强化财务与会计基础工作

近年来，我国财务与会计管理在管理体系、方法、制度建设等方面的改革取得了突破性进展，促进了经济基础的巩固、经济体制的改革，并有力维护了市场经济秩序。

一、推进企业财务管理改革

（一）健全企业财务管理体制

2003年，根据党的十六大决定，国务院发布了《企业国有资产监督管理暂行条例》，并设立了同时"管人、管事、管资产"的国有资产监督管理委员会，政府公共管理职能和国有资产出资人职能实现分离。财政部负责制定国有企业与其他企业共同遵照执行的统一的财务制度。

（二）全面修订《企业财务通则》

2006 年年底，针对国家宏观经济体制和企业微观环境已发生重大变化的客观情况，财政部全面修订了《企业财务通则》。这次财务制度改革实现了六大创新：一是功能创新，围绕财务的实质，规范和调整企业财务行为和财务关系；二是观念创新，强化企业财务风险管理，树立企业的社会责任观念；三是体制创新，从政府宏观财务、投资者财务和经营者财务三个层次构建资本权属清晰、财务关系明确、符合法人治理结构要求的财务管理体制；四是体系创新，构建了以《企业财务通则》为主体，以企业具体财务行为、财务管理指导意见和财政监管办法为配套的开放性的企业财务制度体系；五是机制创新，要求企业建立由财务决策、控制、激励和监督四方面构成的财务运行机制；六是内容创新，明确了资金筹集、资产营运、成本控制、收益分配、信息管理和财务监督六大财务管理要素。

新型企业财务制度实现了财政管理从国有资产出资人向公共管理者的角色转变，有效地维护了国家、企业、投资者、债权人、经营者及职工等利益相关各方的权益，成为《中华人民共和国公司法》等市场主体法律的有效补充和细化。

（三）改革金融企业财务管理

2003 年以来，我国金融业对外开放步伐加快，国有金融机构改革逐步深化。为适应改革发展的需要，财政部适时出台了一系列政策措施：

一是进一步完善金融企业财务管理制度。以部长令的形式发布了《金融企业财务规则》，并印发了《金融企业财务规则——实施指南》，使金融企业财务管理从行政审批模式转变为引导金融企业自主加强财务风险管理；改革财务分配制度，建立职工激励机制，明确要求金融企业建立健全内部财务管理制度。与中国保险监督管理委员会（以下简称保监会）等部门修订完善了《保险保障基金管理办法》，制定了《中国投资有限责任公司财务管理办法》，并与中国证券监督管理委员会（以下简称证监会）等部门联合印发了《中国证券投资者保护基金管理办法》和《期货投资者保障基金管理办法》，规范专项资金的管理制度。

二是加强对国有金融企业财务风险的监管。颁布《国有商业银行年度财务会计报告披露办法（试行)》，规范了国有商业银行财务会计信息的披露行为；会同有关部门规范了国有银行自主减免表外息的做法，确保国有银行最大限度地回收不良贷款；颁布《金融资产管理公司财务管理办法》和《金融资产管理公司资产处置办法》，进一步改善资产管理公司处置不良资产的制度环境；加强对出口信用保险业务的风险管理，明确担保措施和赔偿比例等事项，并建立重要情况报告制度；推动政策性住房金融业务财务管理方式改革；加强对国有金融企业股份制改造过程的财务监管，重点关注股份制改造过程中国有资产评估结果的核准、清理和核销不良资产等事项，及时消化国有金融企业历史包袱；建立健全金融企业财务报表统计分析制度，加强对金融企业财务风险的监控和分析。

三是完善对国有金融企业的绩效考核和激励机制。建立以国有金融资本保值增值率为核心的国有金融企业经营业绩考核评价制度，促进改制国有金融企业完善公司治理和内控机制；建立健全对管理层的激励约束机制；此外，还明确社保基金会的激励约束机制。

二、推进企业会计管理改革

（一）健全企业会计管理体制

随着社会主义市场经济体制的逐步完善和企业改革的深入，我国的所有制结构已不再是单纯的国有经济，许多非国有成分如私营企业、乡镇企业、股份制企业以及各种农村经济组织均得到了较快发展，特别是以公司制为代表的现代企业制度正逐步形成，这就要求在加强会计监管的同时，必须强化会计的反映、预测、决策、参与企业经营管理的职能。为此，财政部门近年来适时进行了相应的改革，并取得了很大进展。宏观上，财政部适时建立完善会计规范体系，各级财政部门以对会计的适度监管为原则，逐渐减少直接行政干预，主要采取指导形式进行管理，同时加强法律约束，完善会计监督体制；微观方面，赋予企业会计人员参与经营管理的必要权限，同时要求企业健全内部控制和激励约束机制，从而充分发挥会计管理职能。

目前，已初步建立起会计管理机构、行业组织、考评机构和学术团体之间分工明确、运转高效、协调通畅、政府监督指导、行业自律管理、社会监督约束和单位内部控制各有侧重、协调发展的会计管理体制。

（二）制定并实施新企业会计准则体系

2006 年以前，我国已经初步形成了企业会计制度与 16 个具体会计准则并行的"双元"会计规范体系。从 2005 年初开始，财政部在总结以往会计改革经验的基础上，顺应经济全球化和市场经济发展的现实要求，借鉴国际财务报告准则，全面启动了企业会计准则体系建设。经过近两年的艰苦努力，2006 年，财政部发布了《企业会计准则——基本准则》和 38 项具体准则，随后又发布了《企业会计准则应用指南》和《企业会计准则解释》，基本建立起适应市场经济发展要求、与国际财务报告准则体系实质趋同的中国企业会计准则体系。企业会计准则体系从 2007 年 1 月 1 日起在我国 1 600 多家上市公司先行实施，实现了全面、平稳、有效实施。

新企业会计准则体系实现了以下六个方面的重要创新：一是着眼提高社会经济资源的配置效率，在财务报告目标方面，强化了会计信息决策有用的要求；二是着眼促进企业长远可持续发展，在确认、计量和财务报表结构方面，确立了资产负债表观的核心地位，避免企业短期行为；三是着眼向投资者提供更多价值相关的信息，在会计信息质量要求方面，强调了会计信息应当真实与公允兼具；四是着眼推动企业自主创新和技术升级，在会计政策选择方面，引入了研发费用资本化制度；五是着眼保障经济社会和谐发展，在成本核算方面，进一步完善了成本补偿制度；六是着眼提高会计信息透明度、保护投资者和社会公众利益，在信息披露方面，突出了充分披露原则。

此外，财政部还研究建立了《民间非营利组织会计制度》和《事业单位会计制度》，积极推进政府会计改革研究工作。

（三）建设企业内部控制规范体系

近年来，财政部不断推进内部控制规范建设，先后出台了《内部会计控制规范——基本规范》和一系列具体控制规范，在提高会计信息质量、保护财产安全完整、确保法律法规和规章制度的贯彻执行等方面发挥了重要作用。2008 年 6 月，由财政部、证监会、审计署、中国银行业监督管理委员会（以下简称银监会）和保监会联合制定的《企业内部控制基本规范》正式发布，于 2009 年 7 月 1 日率先在上市公司实施，并鼓励非上市的其他大中型企业执行，标志着我国企业内部控制规范建设取得了重大突破，是我国企业内部控制建设的一个重要里程碑。《企业内部控制评价指引》、《应用指引》和《鉴证指引》（征求意见稿）也一并公布，公开征求意见。至此，以《基本规范》为统领，以《评价指引》、《应用指引》和《鉴证指引》等配套办法为补充的企业内部控制标准体系初步形成。

《企业内部控制基本规范》立足我国国情，借鉴国际惯例，确立了我国企业建立和实施内部控制的基础框架：一是科学界定内部控制的内涵，强调内部控制是由企业董事会、监事会、经理层和全体员工实施的、旨在实现控制目标的过程。二是准确定位内部控制的目标，要求企业在保证经营管理合法合规、资产安全、财务报告及相关信息真实完整、提高经营效率和效果的基础上，着力促进企业实现发展战略。三是要求企业在建立和实施内部控制全过程中贯彻全面性原则、重要性原则、制衡性原则、适应性原则和成本效益原则。四是构建了以内部环境为重要基础、以风险评估为重要环节、以控制活动为重要手段、以信息沟通为重要条件、以内部监督为重要保证，相互联系、相互促进的五要素内部控制框架。五是开创性地建立了以企业为主体、以政府监管为促进、以中介机构审计为重要组成部分的内部控制实施机制。

（四）加强会计人员培养与评价

1. 会计从业资格管理

会计从业资格管理制度又称会计从业准入制度，它是在会计证管理制度的基础上发展起来的，其本质是对自然人是否符合会计法规定条件的审查核实。2005 年 1 月，财政部发布《会计从业资格管理办法》，规定实行会计从业资格考试制度。申请参加会计从业资格考试的人员在通过《财经法规与职业道德》、《会计基础》、《初级会计电算化》（或珠算五级）三个科目的考试后，可以向考试所在地县级以上财政部门、新疆生产建设兵团财务局和中央有关主管单位申请会计从业资格证书；持有会计从业资格证书的人员每年参加继续教育不得少于 24 小时。截至 2008 年年底，我国具有会计从业资格的人员已超过 1 000 万人。广大会计人员恪守"诚信为本、操守为重、坚持准则、不做假账"的职业道德，认真履行职责，成为建设社会主义市场经济的重要力量。

2. 会计专业技术资格管理

会计专业技术资格考试制度是一种通过考试确认担任会计专业职务任职资格的制度。会计专业资格是指担任会计专业职务的任职资格，包括初级（会计员、助理会计师）、中级（会计师）和高级（高级会计师）三个级别。从 2003 年起，高级会计资格试行考试与评审相结合的制度，经考试合格后才能参加评审。高级会计师资格考试与评审相结合制度自 2007 年起在全国范围内施行。截至 2008 年年底，通过考试取得初级会计专业技术资格的有 243 万人、中级会计专业技术资格的有 122 万人、高级会计师超过 8 万人。实行会计专业技术资格考试制度是建立科学、合理、公正的会计人才评价和选拔机制的重要举措，对调动会计人员学习专业知识积极性、提高会计人员素质、加强会计工作等发挥了重要作用。

3. 会计人员表彰奖励制度

2005 年 12 月，在《中华人民共和国会计法》颁布实施 20 周年之际，财政部第三次组织了全国范围的会计类评选表彰活动，共评选出 20 名全国杰出会计工作者和 25 名全国优秀会计工作者。为进一步弘扬"诚信为本、操守为重、坚持准则、不做假账"的会计职业精神，增强广大会计工作者的职业荣誉感，财政部于 2007 年 4 月制定了《全国先进会计工作者评选表彰办法》，将全国先进会计工作者评选表彰工作纳入经常化、科学化、制度化、规范化的轨道。2008 年 4 月，财政部启动了第四次全国先进会计工作者评选表彰工作，对从事会计工作的会计人员、总会计师、注册会计师业务、会计科研及教育、会计管理工作等五个系列的人员进行评选表彰。

4. 全国会计领军（后备）人才培养

2005 年，财政部启动了全国会计领军（后备）人才培养工程，着力培养企业类、行政事业类、注册会计师类和会计学术类四个类别的会计领军（后备）人才。截至 2008 年年底，已形成由 4 类人才 13 期近 500 名学员组成的全国会计领军（后备）人才队伍。各地也开展了本地区高级会计人才培训工作，以培养高素质、复合型、国际化会计人才为目的的全国会计领军（后备）人才培训体系初步形成。

（五）强化注册会计师行业管理

注册会计师是依法取得注册会计师证书，接受委托从事独立审计和会计咨询、服务业务的专业人员。2005 年，财政部制定了《会计师事务所审批和监督暂行办法》、《注册会计师注册办法》等规章制度，促进注册会计师行业管理不断走向制度化、规范化和科学化。自 1980 年我国恢复注册会计师制度以来，截至 2008 年年底，已有执业注册会计师 8.7 万人。注册会计师在维护市场经济秩序和社会公众利益、提高经济运行效率、促进资本市场发展等方面发挥了重要作用。2006 年，财政部在发布新企业会计准则体系的同时，发布了 48 项审计准则，标志着既适应我国社会主义市场经济发展要求，又与国际审计准则趋同的中国注册会计师执业准则体系基本建立。

（六）促进会计信息化发展

随着互联网的普及和现代信息技术的广泛应用，可扩展商业报告语言 XBRL 作为一种基于互联网、跨平台操作、主要应用于财务报告编制、披露和使用的计算机语言，在全球范围内迅速应用。财政部非常重视 XBRL 对会计信息化的影响，积极开展研究，并于 2006 年在中国会计准则委员会下成立了 XBRL 专门组织，致力于开发基于会计准则的 XBRL 分类标准，并进行推广和应用。2008 年 11 月，财政部会同有关部门发起成立会计信息化委员会，加入了 XBRL 国际组织，并在广泛调查研究的基础上，制定了我国会计信息化建设总体规划，明确了会计信息化工作的目标和路线图。

（七）推动会计国际交流与合作

在经济全球化趋势不断加强的背景下，财政部提出了会计审计国际趋同基本主张。在这一理念下，会计审计准则国际趋同步伐逐步加快，并与国际或地区会计组织进行了谈判和磋商，达成了一系列重要共识。

2005 年 11 月，国际会计准则理事会与中国会计准则委员会签署了《中国会计准则委员会秘书长—国际会计准则理事会主席联合声明》，确认中国会计准则与国际财务报告准则实现实质性趋同，仅在关联方关系及其交易披露、资产减值损失转回等极少数问题上存在差异。在实现会计准则国际趋同的基础上，财政部积极稳妥地推进中国准则与世界主要资本市场的等效认可工作。经过近一年的艰苦谈判，2007 年 12 月，中国会计准则委员会与香港会计师公会签署了《关于内地企业会计准则与香港财务报告准则等效的联合声明》，标志着内地企业会计准则与香港财务报告准则已实现等效。

2008 年 4 月，欧盟委员会就欧盟第三国会计准则等效问题发布正式报告，预计在 2011 年年底前，欧盟委员会允许中国证券发行者在进入欧洲市场时认可中国会计准则。同时，中国会计准则委员会代表团与美国财务会计准则委员会签署了《中美会计合作备忘录》，启动了中美会计准则趋同与等效工作。

在审计准则国际趋同方面，中国审计准则委员会与国际审计与鉴证准则理事会于 2005 年 12 月签署了《中国审计准则委员会主席—国际审计与鉴证准则理事会主席联合声明》。2007 年 12 月，中国内地与香港特别行政区签署的《关于内地审计准则与香港审计准则等效的联合声明》，确认内地与香港审计准则实现了等效。

第六节　完善财政法律制度体系和财政监督体系

近年来，我国民主法制建设进程日益加快，依法治国、依法行政的理念深入人心。与之相对应，我国财政法制建设与财政监督不断完善和加强，对推进和深化财税改革起到了有力的支撑作用。

一、完善财政法律制度体系

市场经济是法治经济，公共财政是法治财政。从管理角度讲，依法理财是公共财政管理的重要内容和手段，财政法律制度是公共财政活动和管理的基本依据。围绕贯彻落实"实行依法治国，建设社会主义法治国家"的基本方略，财政法制工作在建立法律体系、健全行政执法监督机制、改革行政审批制度等方面都取得了长足进展。

（一）确定法治财政新目标

2004 年，国务院召开第二次依法行政工作会议，印发《全面推进依法行政实施纲要》（以下简称《纲要》），确定建设法治政府的目标，明确今后 10 年全面推进依法行政的指导思想和具体目标、基本原则和要求、主要任务和措施。财政部在认真学习、领会《纲要》基本精神和主要内容的基础上，经过充分的调查研究，结合财政部门的具体情况，2005 年 4 月，制定《财政部门全面推进依法行政依法理财实施意见》（以下简称《实施意见》）。《实施意见》明确提出，全面推进依法行政、依法理财，经过 10 年左右坚持不懈的努力，基本实现建设法治财政的目标。

《实施意见》规定了加强依法理财的 24 项具体措施。在财政制度建设方面，《实施意见》提出要努力建立健全适应社会主义市场经济条件下的财政法律制度体系，并对财政立法项目做出整体规划。《实施意见》是财政部门进一步推进物质文明、政治文明和精神文明建设，促进和谐社会建设的重要文件,是财政部门进一步推进依法理财、科学理财、民主理财的重要文件,是进一步推进财政部门全体干部特别是领导干部转变理财观念、提高执政能力的重要文件。制定并实施《实施意见》是财政部门贯彻依法治国基本方略的重要举措,是建立适应社会主义市场经济发展要求的公共财政体制的重要步骤,标志着社会主义公共财政体制建设向法治化轨道迈出了坚实的一步。

(二) 财政法律体系初步建立

严格执行《中华人民共和国立法法》、《行政法规制定程序条例》和《规章制定程序条例》,不断改进和完善财政立法工作程序和方法,努力提高立法工作质量,积极推进财政立法进程,截至2008年年底,由财政部门组织实施的现行法律和法律问题的决定9件,行政法规和法规性文件90件,规章108件,规范性文件2 000多件,涵盖税收管理、支出管理、财务会计管理、国有资产管理、财政监督等财政工作的各个方面,财政法律体系框架基本建立。

1. 改进立法工作程序和方法

财政部党组在每年研究财政部年度立法计划时,对财政部立法工作提出一些新的要求,规范立法、民主立法、科学立法成为财政立法的新要求,集体审核、专家论证、立法前评估、立法后评估等项工作相继开展,为进一步提高财政立法质量提供了重要保证。

2. 建立政府采购法律制度

2003年1月1日,《中华人民共和国政府采购法》正式实施,标志着我国政府采购制度改革试点工作至此结束,进入全面实施阶段,全国政府采购工作步入新的发展时期。该法的颁布实施,有力地推动了政府采购改革的深入进行,为建立与国际接轨的政府采购制度奠定了基础。《政府采购法》正式实施以来,财政部还相继出台一系列配套规章和规范性制度,初步建立了以《政府采购法》为统领的政府采购法律制度体系。2007年底,启动了加入WTO《政府采购协议》(GPA)谈判。利用这些交流合作机制,积极宣传了我国政府采购制度改革成效,有针对性地了解国际政府采购制度及改革动态，熟悉并参与了国际规则制定。

3. 完善税收法律制度体系

以《中华人民共和国企业所得税法》颁布为标志，经过几年的努力，我国的税收法律制度更加完善。2005 年 12 月，全国人大常委会通过《全国人民代表大会常务委员会关于废止〈中华人民共和国农业税条例〉的决定》，终结了延续 2 600 年的种粮纳税的历史，促进了农民的收入增长；五次修订《中华人民共和国个人所得税法》，根据经济发展，合理调节国民收入。2007 年 3 月，全国人大通过《中华人民共和国企业所得税法》，统一了内外资两套企业所得税制度。实行新的统一、规范的企业所得税制度，对建立平等竞争的市场环境，促进国民经济健康发展，具有十分重要的意义。这期间，国务院还相继发布《中华人民共和国烟叶税暂行条例》，修订《中华人民共和国车船税暂行条例》、《中华人民共和国城镇土地使用税暂行条例》、《中华人民共和国耕地占用税暂行条例》，废止《国务院关于对农业特产收入征收农业税的规定》和《中华人民共和国屠宰税暂行条例》等。

4. 建立健全财政监督法律制度

2004 年 11 月，国务院颁布《财政违法行为处罚处分条例》，为执法机关对财政违法行为的处理、处罚、处分提供了法律依据，标志着财政监督事业在法制化进程中迈出了一大步。随后，财政部制定了《财政检查工作办法》，进一步规范了执法程序。《财政违法行为处罚处分条例》和《财政检查工作办法》等行政法规和规章的颁布实施，为加强财政监督、维护健康的财政经济秩序提供了有效的法律保障。

5. 相继建立了一批财政基础性规章制度

财政部高度重视规章立法工作，以健全财政制度规范财政管理行为，以创新制度促进财政发展，以推行新制度构建财政管理新机制，相继颁布或修订发布了一批财政基础性规章制度，主要包括《企业财务通则》、《金融企业财务规则》、《企业会计准则——基本准则》、《行政单位国有资产管理暂行办法》、《事业单位国有资产管理暂行办法》、《财政部信访工作办法》、《国家农业综合开发资金和项目管理办法》、《国家蓄滞洪区运用财政补偿资金管理规定》、《国际金融组织和外国政府贷款赠款管理办法》和《财政机关行政处罚听证实施办法》等。

6. 财政法规清理更加制度化、规范化

财政部自1986—2008年的20多年间，先后组织清理财政规章规范性文件10次，有步骤地对新中国成立以来财政部发布及财政部与其他部委联合发布的规章制度进行全面、系统的清理、鉴定，总计废止和宣布失效财政规章和规范性文件5 835件。通过不断的立新、汰旧，基本实现了财政制度建设与财政改革和发展同步推进，有力地促进了财政改革和发展，保障了财政宏观调控措施的实施。

（三）财政行政执法监督机制不断健全

加强财政执法监督是保证财政行政执法的重要环节，认真组织行政复议和行政应诉是行政执法监督的重要内容。这一时期，在行政复议和行政应诉工作中，财政部为构建和谐社会，树立财政机关依法行政、依法理财的良好形象，做了大量工作。一是注意并坚持不断健全和完善财政行政复议和应诉的工作制度，规范执法监督行为；二是注意并坚持依法办案，依法维护当事人合法权益；三是注意并坚持加强与当事人的沟通与联系，妥善化解纠纷，把矛盾解决在基层，解决在萌芽状态；四是注意并坚持不断创新工作机制，提高办案质量和效率；五是注意并坚持及时对典型案件进行总结分析，提出加强财政立法与财政执法工作的建议，促进执法水平提高。

（四）财政行政审批制度改革深入推进

截至2008年年底，经国务院批准，决定取消和调整财政行政审批项目47项，保留行政许可项目18项，非许可审批项目52项。与公共财政体制相适应的财政审批管理制度正在逐步建立。

为规范财政部行政审批事项的管理，根据《中华人民共和国行政许可法》、《全面推进依法行政实施纲要》、《建立健全教育、制度、监督并重的惩治和预防腐败体系实施纲要》以及国务院行政审批改革有关规定，财政部从制度建设入手，逐步建立起了与公共财政体制相适应的财政审批管理制度。在保留的18项行政许可事项中，由财政部牵头制定管理办法的有 14 项，目前已制定 10 项并已颁布实施，其余 4 项正在修订或制定过程中。财政部保留的非行政许可审批项目，也都已按要求制定了具体的管理办法，明确了审批条件、时限和程序。同时，财政部制定了《财政部行政许可监督管理办法》，使财政审批监督检查工作制度化、规范化和经常化。

二、完善财政监督体系

改革越深入，财政监督越重要。与这一时期的财政改革相适应，财政监督主动适应公共财政体制建设要求，紧紧围绕促进财政管理、深化财政改革、落实财税政策和维护财经秩序这一中心，不断调整和完善监督职责，进一步拓展监督范围，更新监督理念，突出监督重点，财政监督与财政管理更加紧密融合，为严格预算分配、保障政策执行、加强增收节支、维护财经秩序做出了积极贡献，充分发挥财政监督在健全财政政策体系、深化财税体制改革、优化财政支出结构、推进依法理财等方面的保驾护航作用。据统计，1998—2008 年，全国财政监督系统查出有问题金额超过 1 万亿元；2003—2008 年，仅中央财政监督机构就查出各种违规违纪资金 5 068 亿元，挽回损失 1 160 亿元，征收监督非税收入 4 405 亿元，建议追究责任人 1 133 名。财政监督工作呈现出蓬勃发展、不断深化的良好局面，逐步走上了规范化、制度化和科学化的发展道路。

（一）保障财政政策执行效果

加大对财政政策实施的监督检查力度，更加关注民生资金管理使用情况，保障财税政策执行；重点关注支持经济增长方式转变的财税扶持政策实施情况，地方贯彻落实西部大开发、振兴东北地区等老工业基地、促进中部地区崛起的财政政策执行情况，地方执行国家税收优惠政策情况，中央财政支持粮食最低收购价政策执行情况和"三奖一补"政策落实情况，中西部地区农村义务教育保障政策执行情况，等等，先后组织开展了一系列的专项检查或调查，通过财政监督，及时反映政策执行中存在的问题，督促各项财政政策落实到位，保障了国家政令畅通，为政策制定或调整提供第一手材料，为转移支付测算工作的公平、合理提供依据，确保国家宏观调控政策的有效实施，促进国民经济健康有序的发展。

（二）促进财政改革和管理

加强财政监督既是确保财政中心工作有序进行的重要保障，也是财政改革与发展的客观要求。开展地方企业所得税核查，为所得税分享改革的顺利推进提供了充分依据；积极参与部门预算的审核，对部分部门二级预算审核和国库集中支付部分资金的审核等，推进了部门预算改革的深化，有效地促进了支出改革的进展；对预算单位银行账户进行审批，从源头上把握住资金载体，把住资金监管的命脉，为实现部门预算奠定了基础；组织开展了中央国家机关及省直机关津补贴和住房公积金专项检查，针对查出的问题，提出了改进的意见和建议，为推进改革提供了重要参考资料。通过事前检查调研、事中跟踪分析和事后有针对性地开展专项检查等有效监督方式，对多项财政改革的顺利推进起到保驾护航的作用。

（三）强化财政收支监督

首先，财政收入监督一直是财政监督工作的重要内容，近年来，财政收入监督也实现了一些转变：从监管对象来看，摒弃了单纯监督检查纳税人的思路，实现了向征缴税收、非税收入的各个部门、单位的征管质量进行监督检查的转换；从监管内容来看，克服了片面重视税收收入、忽视非税收入的问题，实现了向税收收入、非税收入监督并重，对收入收缴、退付、留解、划分全过程监督，对重大财税政策执行情况进行调研反馈的思路转换；从监管方式来看，从年度突击性检查逐步转变为日常监督与专项检查相结合。

其次，围绕财政中心工作和社会关注的热点问题，开展财政支出监督，加大了对社保资金、财政支农资金、扶贫资金、教育资金等公共支出项目的监督检查力度，在财政资金安全性、规范性监督的基础上，强调财政资金的有效性监督，切实提高财政资金使用效益。这表明，财政监督工作已与公众利益保护切实结合起来，体现了公共财政为民理财的宗旨。

（四）完善财政系统内部监督制约机制

财政内部监督是一种预防机制和自我纠正机制，目的是加强财政管理，完善规章制度，充分发挥"减震器"和"免疫"作用，保障财政资金安全，反腐工作重点转到预防环节。目前，内部监督检查已形成制度，内部监督的目标从单一的监督或以监督为主向监督与服务并重转变；工作重点由一般性财务检查向监督内部制度、内控程序上转变，由合规性为主向合规性和效益性并重转变，从微观监督为主向微观监督与宏观分析相结合转变，财政内部监督日益制度化和规范化，在加强财政管理、保障资金安全、提高资金效益等方面发挥着越来越重要作用。

（五）深入开展会计监督和金融监管

1. 加大会计监督力度，规范市场经济秩序

会计监督经历了一个稳步推进、不断深入发展的过程，从最初的决算审核、大检查到会计信息质量检查，从仅对国有企业实施的会计信息质量检查到对民营、股份企业会计信息质量的关注，进而到从对会计师事务所入手延伸至企业进行检查，会计监督的范围、内容、程序、方法日趋成熟。

1999—2007 年，仅财政部组织开展的会计信息质量检查就涉及 1 344 户企业，累计查出违规问题金额 1 300 多亿元。2003 年，财政部收回原委托中国注册会计师协会行使的注册会计师行业相关行政职能后，加强了对注册会计师行业的监督检查和处理处罚。2003—2008 年，财政部共组织检查了 575 家次会计师事务所，对 60 家次会计师事务所、109 名注册会计师进行了处理处罚，对深圳中喜等个别严重违法违规的事务所及相关注册会计师给予了暂停执业乃至吊销证照的严肃处理。

为了扩大会计监督的影响，增强财政监督检查信息的公开性和透明度，自 1999 年至今，财政部已连续发布了 13 次《会计信息质量检查公告》，及时向社会披露有关问题，引起新闻媒体和社会各界的高度关注，反响强烈，对会计造假行为起到了震慑和教育作用，扩大了社会影响，对整顿和规范市场经济秩序、促进诚信建设，起到了积极作用。

2. 防范风险，加大金融监管力度

为适应金融改革和管理的需要，拓展金融监督思路和方法，通过实施

财务审批、日常监管、会计信息质量检查、部门预算审核、调查研究等手段，及时发现并纠正了大量违规违纪问题，提出加强金融监管的对策建议，促进了金融企业加强财务会计管理、提高资产质量、规范经营行为、降低金融风险、提高财政抵御和防范风险的能力。配合部门预算改革，在原有金融监管职能的基础上，重点加强了对中国人民银行部分分行和"三会"（银监会、证监会、保监会）派出机构预算编制、执行和财务收支情况开展检查，确保预算编制、执行的严肃性，提高了财政资金使用效益。围绕防范金融风险，加强对金融资产与财务的监管，监督金融企业在处置有关资产中防止国有资产流失，防范金融风险。

（六）财政监督理论和制度框架初步建立

1. 财政监督理论得到了极大的丰富和发展

近年来，先后出版了《财政监督的理论分析》等一批专著，完成了多项重点财政监督课题研究，多次成功举办了财政监督理论研讨会，财政监督国际交流成果突出，国际交往日渐频繁。随着多层次财政监督理论交流平台的建立完善，财政监督的层次不断提高，未来发展方向更加明确。

2. 财政监督法制建设更加完备和健全

2005 年 2 月 1 日开始实施的《财政违法行为处罚处分条例》，将涉及财政资金收支活动的单位和个人均纳入其调整范围，进一步明确财政违法行为的主体、客体和法律责任，使财政监督的执法地位和执法手段得到强化，标志着财政监督事业在法制化进程中迈出了一大步。随后，《财政检查工作办法》等一批监管规章制度相继出台，规范了监管行为。近年来，地方财政监督立法也迈出了实质性的步伐，截至 2008 年，已有湖南、安徽、吉林、甘肃、西藏、福建、辽宁、广西等省（自治区）以地方人大立法的形式出台了财政监督条例，河北、湖北、山东、宁夏、安徽、江西、海南和江苏等地以政府令的形式制定了财政监督办法。上述一系列法规政策的出台，标志着财政监督法制建设取得重大突破。

财政监督机构队伍建设迈上新台阶，全面提升了财政监督能力和监督成效。截至 2008 年，全国已形成了以中央财政和地方各级财政部门专职监督机构为主体、覆盖全国的专职财政监督体系。

有效的财政监督是财政运行的"监测器"。这一时期的财政监督工作，紧紧围绕财政资金运行的全过程，全面开展收入、支出、金融、会计、内部监督检查。将财政支出监督和内部监督放到突出位置，初步建立了实时监控、综合稽查、整改反馈、跟踪问效的财政监督机制，实现了收支并举、内外并重。努力构建财政监督理论和制度框架，全面提升财政监督能力和成效。监督理念上，实现了从检查型监督向管理型监督转变；监督内容上，实现了从注重查补收入向收支并重转变，从外部监督向内外监督相结合转变；监督方式上，实现从注重事后专项检查向事前审查审核、事中跟踪监控和事后检查处理有机结合的全过程监督转变；监督目的上，从关注和查处财政违规事项的"纠错"型监督向建立完善内控机制、促进财政管理的"预防"型监督转变，从安全性和合规性监督向效益性监督转变。财政监督的这些转变适应了公共财政体系的建立和完善，促进了财政管理规范化、法制化、科学化、精细化和信息化进程。

第七节　提升财政信息化管理水平

2003 年以来，立足于财政改革和管理的发展需要，加快推进金财工程建设，财政信息化建设得到较快发展，有力地推动了财政管理现代化进程。

一、金财工程建设的进展情况

以部门预算、国库集中收付、政府采购等为主要内容的财政管理改革的逐步深化，对财政管理水平和预算单位财务管理工作水平都提出了更高要求。在金财工程建设领导小组领导下，财政部全力推进金财工程建设，相继组织开发应用了财政核心业务处理、数据查询及统计分析、信息查询等各类信息系统，并在应用中不断得到完善，有力支撑和促进了财政改革与发展。

（一）开发财政业务应用软件，支撑和促进财政改革

1. 开发非税收入收缴管理软件，助推"收支两条线"改革

2003 年，财政部组织开发了中央和地方通用的非税收入收缴管理系统。该系统是以统一的非税收入票据为源头，以代收银行为桥梁，利用计算机网络等先进的信息化手段，建立了新型的非税收入收缴管理模式。该系统可收集银行每一笔收款信息，实现代理银行、执收单位与财政三方网上对账，保证缴款人的每一笔缴款及时、足额上缴财政。截至 2008 年，该系统已成功应用到中央全部 50 个非税收入执收部门，36 个省（自治区、直辖市、计划单列市）也开发和实施了相关信息系统。非税收入收缴管理系统的成功开发与应用，确保了"收支两条线"改革的进一步深化。

2. 开发财政经济景气预测分析系统，辅助支持财政决策

2004 年以来，财政部不断加大财政经济景气预测分析系统的研发力度。该系统综合国内外宏观经济数据，以财政数据仓库信息为基础，建立宏观经济景气预测模型、财政收支分析测算模型、政策模拟分析模型，既为财政经济决策科学化提供信息保障，又有利于提高财政管理工作水平。通过准确、全面地掌握宏观经济和财政收支增减因素，合理控制债务规模，为政府财政预算编制、财政支出管理、财政政策调整提供辅助决策依据。

3. 开发财政扶贫资金管理监测信息系统，提高专用资金使用效益

为加强财政扶贫资金管理，规范扶贫项目管理流程，客观反映扶贫资金的投入和产出，收集、监测和评估国家财政扶贫资金的分配、传递、配套、使用情况，提高扶贫资金使用效益，2003 年由财政部牵头，会同国务院扶贫办、国家发改委、国家民族事务委员会、国家统计局共同建设了财政扶贫资金管理监测信息系统。经过试点运行后，该系统于 2006 年开始在全国推广应用与实施，运行情况良好，对进一步加强扶贫资金管理、

提高专项资金使用效益发挥了较好作用。

4. 开发会计行业管理系统，提高会计行业监管及服务水平

为了加强和规范对会计从业人员和注册会计师行业的监管，2006 年，财政部建立了覆盖财务会计从业人员管理、会计专业技术资格考试管理、注册会计师和注册会计师事务所业务审批等管理内容的财务会计行业管理系统，实现了会计从业资格信息的全国共享，通过网络办理审批、报名事项的管理要求，加强了会计行业监管职能，提高了会计行业服务水平，截至 2008 年，财务会计行业管理系统已正式在全国应用推广。2007 年 3 月，系统正式通过网络办理审批，实现了全国 8 万多名注册会计师、6 000 多家会计师事务所的网上业务申请及办理；2007 年 9 月，系统开通初、中级全国会计专业技术资格考试的网上报名功能，实现了全国 20 个省市共计 87 万多名考生的网上报名工作。

5. 开发其他财政信息系统，支撑各项财政改革

为配合各项财政改革的推进，财政部还组织开发应用了行政事业单位资产管理系统、基本建设项目预算跟踪管理系统，以及国家发展和改革委员会"金宏工程"财政子项目等各类其他相关信息系统 48 个，其中，用于处理财政各项业务的系统 21 个，办公自动化系统 11 个，数据统计分析、信息查询、决算汇总系统 12 个，其他系统 4 个，涉及部内 21 个司局。这些财政信息系统的开发应用，有力地支持了各项财政事业的改革和发展。

(二) 开发统一应用支撑平台，实现财政信息管理系统一体化建设

1. 应用支撑平台是构建财政核心业务一体化管理大系统的基础

为了解决以任务为驱动而应急开发产生的分散建设、信息割裂、标准不统一等问题，财政部于 2004 年年底启动了以应用支撑平台为基础构建财政管理一体化大系统的建设工作。应用支撑平台是对各核心业务系统公共数据和公共控制的高度集中与有效集成，由若干通用业务组件和技术组件构成，是统一标准的载体、整合分散系统的工具、联结上下级系统的桥梁、统一数据交换的中枢，为实现信息共享、协同工作提供了技术手段，

为实现资金监控、统计分析、决策支持创造了条件。应用支撑平台为财政信息系统一体化建设、实现财政业务"三个贯通"（即本级财政内部业务贯通、上下级财政之间业务贯通以及财政和预算单位之间业务贯通）奠定了基础。

2. 平台与基于平台的核心业务应用系统研发工作基本完成

为落实2004年12月14日财政部部长办公会议精神，财政部成立了由预算司、国库司和信息网络中心组成的应用支撑平台建设工作小组，在广泛咨询论证、融会各方面专家建议和意见基础上，研究制定了《应用支撑平台建设技术方案》。2008年4月，平台和基于平台的预算指标管理系统在中央财政投入正式运行。2007年，财政部选择了山西、四川、宁波三省市开展了平台地方试点工作，2008年又将试点范围扩大到河北、青岛两省市。五个试点省市根据财政部统一部署，分别采取不同模式积极推进基于平台的系统整合工作，进展顺利、效果显著；尤其是四川省平台和新系统在上线运行不足一个月的情况下，经受住了"5·12"四川汶川特大地震的考验，很好地支撑了日常和紧急业务的处理，保障了抗震救灾工作的顺利开展。

（三）加强网络基础设施与信息安全建设，确保网络及应用系统可靠运行

2004年，财政部印发了《政府财政管理信息系统网络安全总体标准》，制定了安全建设技术规范和统一标准；2005年建成涉密机房、涉密网，并制定信息安全与保密管理办法，加强了涉密信息的技术安全与管理安全；2007年，按照国家电子政务网络身份认证系统有关要求和技术标准，全面启动了全国财政身份验证与授权管理系统建设工作，制定了《财政身份认证与授权管理系统规划方案》并通过专家评审，该方案正在实施过程中；基本完成了本地存储备份系统建设，启动了同城异地备份中心建设，开展了异地容灾课题研究。

在地方安全体系建设方面，2004年财政部制定并发布了《金财工程省级网络安全建设方案设计指南》，为地方财政部门加强网络安全建设起

到了规范指导作用。同年，按照金财工程规划，在全国财政系统统一部署防病毒系统，提高了全国财政系统的网络安全，增强了整体防病毒能力。地方财政部门也根据网络应用实际，各自开展了信息安全建设，保障了地方应用系统及网络的安全运行。

（四）加强技术标准和制度建设，保障金财工程建设规范发展

2003 年以来，在标准建设方面，财政部制定并发布《政府财政管理信息系统安全总体标准》、《政府财政管理信息系统网络建设技术标准》、《GFMIS 财政部安全工程实施指南》、《GFMIS 省级安全工程实施指南》、《金财工程省级网络安全建设方案设计指南》等一系列技术标准；研究制定了《财政业务基础数据规范》，结合应用支撑平台开发建设，制定了《基于平台的应用系统开发标准》和《数据交换标准》；在制度建设方面，针对财政信息化建设的重点环节，相继研究制定了《金财工程建设项目管理暂行办法》、《金财工程建设经费使用管理办法》、《金财工程系统软件开发、应用管理暂行办法》、《金财工程网络安全管理办法》、《财政部信息化建设管理办法》及 7 个配套管理办法。技术标准和制度建设，促进了信息化建设的统一管理、规范发展和安全运行。

二、金财工程建设取得的成效

经过多年努力，信息技术较快融入了财政核心业务中，为加强财政管理的科学化、精细化提供了有力的技术支撑，为各项财政改革的顺利完成提供了重要保障。

（一）开发并应用了一系列业务系统，支撑和促进了财政改革

财政部成功开发了中央部门预算编审系统、中央及地方国库集中支付管理系统、全国非税收入收缴管理系统、工资统一发放系统等业务管理系统，并在中央各部门以及部分省地市推广。不少地方也结合当地实际积极探索，采取多种方式推进财政信息化建设，实现了信息技术与财政管理及改革的同步发展。

（二）初步实现了数据集中管理，服务财政科学决策

财政部建立了全国预算执行分析和决算汇总管理体系，形成了覆盖资金运行的总体框架，并分别建立了预算编制、集中支付、工资统发、非税收入、行政事业单位资产及历年预算项目等一些基础数据库，实行财政收支"一本账"，初步实现了财政收支数据的集中统一管理。在财政经济景气预测分析系统中，初步建立了财政经济统计数据库、财政经济数据整合处理和统计分析平台，为开展财政经济景气预测分析和政策研究提供了有力支撑。

（三）强化了财政资金监管，提高了资金使用的安全性、规范性和有效性

信息系统借助网络形成了有效的信息采集机制，提高了资金运转信息的完整性、及时性、准确性和公开性，从而增加了预算执行的透明度。初步建立了内部监督制约机制和对预算单位支出的实时监测制度，基本实现了对财政资金运行的动态监控，及时发现并纠正了一定数量的违规用款，保证了财政资金按规定用途使用，预算执行管理的效率和监控水平不断提高，保障了财政资金的安全运行。

（四）转变思想观念，财政信息化建设积极性逐步提高

由于各级领导重视，财政信息化工作不断发展，特别是金财工程的全面实施，广大财政干部对信息化的必要性和重要性的认识逐步深化和提高，越来越感受到信息科学技术给工作带来的快捷和方便，认识到财政信息化无论是在预算编制、资金拨付方面，还是在财政监督、分析决策等方面，都是对传统手工作业的一次重大革新，并进一步认识到财政信息化建设不仅仅是减轻劳动强度，使信息的获取越来越全面，对资金的监控越来越细致，对宏观经济的分析越来越科学，对财政工作的方方面面，特别是财政管理与改革都起到了支撑和促进作用。

第二十七章
在宏观调控中合理
运用财政政策

实施宏观调控是社会主义市场经济发展的客观需要。我国正处在经济体制改革不断深化的关键时期，市场发育还不完善、机制也不够健全，要实现国民经济又好又快发展，必须加强和改善宏观调控。2003年以来，按照党中央、国务院的有关决策部署，根据经济运行的不同形态，财政部门相继实施了稳健的财政政策和积极的财政政策，有力地促进了经济保持平稳较快发展。

第一节　实施稳健的财政政策

2003年下半年以后，我国经济开始呈现较快发展的态势，但国民经济运行中也出现了通货膨胀压力加大、部分地区和行业投资增长过快等问题，原来实行的积极财政政策已经不能适应新形势的需要。基于对国内外经济形势的深刻把握和科学判断，我国政府决定从2005年实施具有中性特征的稳健财政政策。

一、稳健财政政策的实施背景

(一) 国内外经济形势变化的背景

从国内经济形势看，2003 年下半年以来，我国经济已基本摆脱通货紧缩、有效需求不足的困扰，转向供求总量大体平衡、经济增长方式粗放问题及结构性问题和体制性机制性问题日益突出的新阶段，突出表现在四个方面：一是经济增长方式粗放，资源、能源消耗较多。2004 年我国 GDP 占世界的 4.7%，但能源和资源消耗却占到世界的较高比重：石油为 8.2%，原煤为 34.4%，铁矿石为 30.8%，钢铁为 27.7%，氧化铝为 20.4%，水泥为 44.6%。二是经济出现过热趋势，通货膨胀压力加大。房地产投资的快速增长带动钢铁、水泥等行业出现过热现象，煤炭、电力、石油、运输紧张等"瓶颈"约束或资源约束开始显现，通货膨胀有所抬头，2003 年居民消费价格指数和商品零售价格指数分别上涨 1.2% 和 -0.1%，2004 年则分别上涨 3.9% 和 2.8%。三是社会事业发展相对滞后，民生问题亟待改善。经济增长较快，而社会事业发展则相对缓慢，突出表现在公共教育、公共卫生、社会保障等社会发展领域资源配置不足。我国当时公共教育支出占 GDP 的比例、公共卫生保健支出占 GDP 的比例均低于世界平均水平，社会保障覆盖面不广，虽已初步建立起城镇社会保障体系，但农村居民、进城务工农民等非城市户口人群尚未能享受到这一公共服务。四是结构性问题趋于突出，深层次问题不断凸显。第一、第二、第三产业的结构不合理，2004 年第二产业对经济增长的贡献率为 52.2%，第一产业的贡献率只有 7.8%，第三产业的贡献为 40%。第二产业虽然是拉动经济增长的主导力量，但高技术产业产值比重却很低，2004 年高新技术产业总产值仅占全部国有及规模以上非国有工业企业工业总产值的 6.20%，工业技术水平落后。东、中、西部地区发展不均衡，据测算，2004 年东部、中部、西部所占 GDP 的比例分别为 52.5%、20.6%、16.9%，其他重要经济指标例如财政收入、财政支出、可支配收入等均存在着相似的差距。城乡二元结构问题比较突出，据统计，2004

年城镇家庭人均可支配收入为 9 421.6 元，农村家庭人均纯收入为 2 936.4 元，城乡收入比从 1978 年的 2.57 倍上升到 2004 年的 3.21 倍。

从国际形势看，在经历了 21 世纪前 3 年的低迷之后，自 2003 年下半年起，世界经济、贸易复苏开始明显加快，国际市场主要产品价格攀升。世界贸易自 2002 年第二季度开始走出衰退，并呈逐步加速增长趋势。2003 年，世界贸易量增长率达到 5.8%。联合国和国际货币基金组织（IMF）当时预测，2004 年全球贸易量增长将达到 7.25% 和 9.1%。世界经济回暖的背后是国际资本流动出现恢复性增长，据统计，2004 年上半年全球跨国并购比 2003 年同期增长 3%。随着跨国并购活动的恢复以及经济增长的加速，全球投资流量在 2004 年重新开始增长，预示着全球（对外直接投资 FDI）流动开始新一轮繁荣。随着经济增长的加快，全球通货紧缩状况迅速消除，一些国家 2004 年通货膨胀的上升已高于预期。按照 IMF 当时的预测，2004 年发达国家居民消费价格上涨 2.1%，高于 2003 年 0.3 个百分点，其中美国从 2003 年的 2.3% 提高到 3%；亚洲发展中经济体居民消费价格上涨将从 2003 年的 2.6% 提高到 4.5%。此外，国际市场产品价格不断抬高也推动了各国物价上升，给世界经济的持续增长带来压力。

此外，积极财政政策的实施成本不断增加。一是财政风险进一步加大，多年实行积极财政政策导致财政赤字与债务规模逐年攀升，加大了财政风险。财政赤字率逐年提高。1997 年，我国财政赤字占 GDP 比重为 0.7%，1999 年已经上涨到 2.0%，在 2002 年达到 2.6%，2003 年虽略有下降，但仍达到了 2.4%，而国际公认的赤字率警戒线为 3.0%。政府显性债务规模逐年扩大，国债余额占 GDP 比重 1998 年为 12.6%，2002 年上升为 17.9%，2003 年达到 19.4%，而且这尚未考虑到未列入预算而又实际发生的政府债务和或有债务。二是积极财政政策对民间消费和投资的挤出效应日渐显现。随着积极财政政策的持续实施，民间部门投资与消费日趋活跃，如果继续实行扩张性（积极）的财政政策，则容易造成挤出现象，政府资金必将占用较多的社会资金，不仅不能调动民间投资与消费，反而会导致民间投资与消费的降低。三是长期建设国债的效用递减。长期建设国债对经济的拉动作用不容置疑，但是随着时间推移，对它的过度依赖会对总体经济产生负面影响。

（二）稳健财政政策的提出

针对 2003 年以来国内外经济形势的发展变化，我国政府从 2004 年开始逐步调整财政政策的作用方向和力度，并对政策内容、实施方式等进行相应完善。宏观调控既要防止通货膨胀，又要防止通货紧缩；既要治"冷"，又要治"热"；既要巩固经济发展的好势头，保持财政政策的连续性，又要做出适当调整，调减长期建设国债规模和优化国债项目资金使用结构，向社会传递政府合理控制投资的政策信号。这样，以扩张为导向的"积极"财政政策逐渐演变为总量上松紧适度、结构上有保有控的"稳健"财政政策。

随后，在反复调查研究和广泛民主讨论的基础上，2004 年 12 月召开的中央经济工作会议做出决定，从 2005 年起，实行稳健的财政政策。中央经济工作会议指出：为应对亚洲金融危机，中国从扩大国内需求入手，连续 7 年实施积极财政政策，取得了显著成就。随着近年来经济环境发生明显变化，积极财政政策的着力点已经从扩大需求和拉动经济增长，逐步转向加强薄弱环节和调整经济结构。现在适当调整财政政策取向，实行稳健财政政策是适宜的、必要的。中央经济工作会议同时强调：财政政策调整的重点是适当减少财政赤字和长期建设国债发行规模，适当增加中央预算内经常性建设投资，财政支出要继续加大对"三农"、社会发展、区域协调和其他薄弱环节的支持力度，增加对深化改革的必要支持。

2005 年 3 月，温家宝总理在第十届全国人大第三次会议上作《政府工作报告》时强调：2005 年要坚持加强和改善宏观调控，实施稳健的财政政策。这一政策的具体要求也同时体现在提交本次全国人大会议审议的预算报告和预算草案中，标志着稳健财政政策从此进入全面实施阶段。

二、稳健财政政策的主要内容

稳健财政政策不仅是财政政策名称变化，更是政策性质和导向的转变，具有丰富、深刻的内涵。稳健财政政策的核心内容概括起来是四句话十六个字：控制赤字、调整结构、推进改革、增收节支。此外，还针对通货膨胀压力加大的新形势，充分发挥财税政策作用，促进物价稳定。

（一）控制赤字

适当减少中央财政赤字，但又不明显缩小，松紧适度，重在传递调控导向信号，既防止通货膨胀苗头的继续扩大，又防止通货紧缩趋势的重新出现，体现加强和改善宏观调控、巩固和发展宏观调控成果的要求。具体来说，就是中央财政赤字在 2004 年 3 192 亿元的基础上逐步缩小，2005 年安排 3 000 亿元；2006—2008 年，中央财政赤字分别比上年减少 251 亿元、749 亿元和 200 亿元。随着经济发展和 GDP 的不断增长，中央财政赤字占 GDP 的比重不断下降，从 2004 年的 2% 下降到 2008 年的 0.6%，同时，长期建设国债规模从 2004 年的 1 100 亿元逐渐调减为 2008 年的 300 亿元。这样做既便于保持一定的财政赤字规模，集中必要资源，有效支持经济发展，又便于保持一定的调控力度，促进经济"软着陆"，体现财政收支的增量平衡取向，体现按照财政可持续发展要求，积极防范和化解财政经济风险取向。

2005 年，中央财政赤字没有立即大幅度削减，主要是考虑到根据经济社会发展形势，中央财政赤字还应保持一定规模。一是政策需要保持相对的连续性，国债项目的投资建设有一定周期，在建、未完工程尚需后续投入。据国家发改委提供的数字，2004 年年底，在建的国债项目资金总规模达到 8 500 亿元。如果突然将国债项目停下来，都会变成沉淀投资工程，损失太大。二是近些年来国债项目投资每年拉动一定的 GDP 增长，如果把国债项目投资立即停下来，会对经济造成较大的负面冲击。三是西部大开发、振兴东北地区等老工业基地、支持中部地区崛起等都需要增加投资。四是完善社会主义市场经济体制、推进各项经济社会改革需要政府支付相应的改革成本。五是落实科学发展观、构建社会主义和谐社会需要强大的物质基础，也需要政府增加支出，加强和改善公共服务，提供更多、更好的公共产品。六是国际国内经济形势还有一些不确定性因素，如地缘政策、石油价格波动等问题。维持一定的财政赤字规模，保持一定的调控能力，有利于主动地应对国际国内各种复杂的形势。因此，实施稳健的财政政策不是一步消除财政赤字，而是逐步减少财政赤字。这种在传递松紧适度政策信号的同时求得渐趋中性的做法，符合中国国情，有利于保持经济社会的稳定发展。

（二）调整结构

在对财政支出总量不做大的调整和压缩的基础上，进一步按照科学发展观和公共财政的要求，调整财政支出结构和国债项目资金投向结构，做到区别对待、有保有压、有促有控，对与投资增长过快有关的、直接用于一般竞争性领域等"越位"的投入，要退出来、压下来；对属于公共财政范畴的涉及财政"缺位或不到位"的，如农业、教育、公共卫生、社会保障和就业、环境和生态建设、科技等经济社会发展的薄弱环节，要加大投入和支持的力度，体现落实"五个统筹"和调整经济结构的要求。

1. 加大对"三农"的投入力度

通过加大对"三农"的投入并创新惠农政策体系，2005—2007 年，中央财政投入"三农"的资金分别为 2 975 亿元、3 517 亿元和 4 318 亿元。全面取消农业税、农业特产税和牧业税，制定出台《烟叶税暂行条例》，惠及全国数亿农民。创新农业补贴政策体系，实行了对种粮农民的粮食直补、良种补贴、农机具购置补贴和农资综合补贴政策，不断完善对重要粮食品种的最低收购价政策，促进农民直接增收。完成农村税费改革，推进农村综合改革，减轻了农民负担。同时，加大对农村、农业的基础设施建设投入，改善农村生产生活条件；加大对农村教育、医疗卫生、社会保障、文化等方面的投入，促进农村社会事业加快发展。

2. 加大对教育、医疗卫生、社会保障和就业、文化、住房保障等涉及民生方面的社会事业发展的投入

坚持以人为本，着力保障和改善民生，在加大投入的同时，更加注重建立和完善保障和改善民生的长效机制。全面实施了农村义务教育保障机制改革，推进免除城市义务教育阶段学生学杂费，逐步建立和完善了家庭经济困难学生资助政策体系，改善了高等学校和职业学校的办学条件。全面实施新型农村合作医疗制度，推进建立城镇居民基本医疗保险制度，支持城乡医疗救助制度建设。大力支持公共卫生体系建设，建立比较稳定的城市社区卫生服务筹资和投入机制，支持深化医疗卫生体制改革。大力支持社会保障体系的完善，加强就业保障制度建设，完成国有企业下岗职工基本生活保障向失业保险并轨，实施积极的就业政策促进扩大就业。推进企业职工养老保险制度改革，促进养老保险制度建设。建立了农村最低生活保障制度，促进了社会救助制度建设。支持公共文化服务体系建设，促进丰富人民文化生活。支持以廉租住房制度为主的住房保障体系建设，促进缓解低收入群体住房难问题。

3. 加大转移支付力度并优化转移支付结构

中央财政转移支付由 2004 年的 6 357 亿元增加到 2007 年的 14 017 亿元，其中财力性转移支付由 2004 年的 2 934 亿元增加到 2007 年的 7 125 亿元，主要投向中西部地区，促进地区间基本公共服务均等化。配合省以下财政管理体制创新，中央财政 2006 年安排县乡财政奖补资金 235 亿元，比 2005 年增加 85 亿元，初步建立了增强县乡财政能力的机制。与此同时，积极调整转移支付结构，转移支付资金重点向民族地区、革命老区、县乡财政、调整工资、社会保障、农村税费改革等方面倾斜。

4. 加大资源节约与环境保护的支持力度

不断加大对生态保护与环境建设的支持力度，大力支持推进节能减排工作，推进资源环境有偿使用制度改革，建立和完善森林生态效益补偿基金制度。先后设立了清洁生产专项资金、中央地勘基金、可再生能源发展专项资金，支持资源节约和促进循环经济发展。为了促进环境保护和节约资源，调整了一系列税收政策，如调整资源税政策，陆续提高了煤炭资源税税额标准；调整消费税政策，适当扩大了征收范围；改革出口退税负担机制，多次调整了出口退税率，适时取消和降低部分高能耗、高污染和资源性产品出口退税率，对部分不鼓励出口的原材料等产品加征出口关税，降低部分资源性产品进口关税，等等。

5. 加大对科技进步和自主创新的支持力度

支持科技进步和自主创新是促进发展方式转变的重要政策内容之一，也是稳健财政政策促进结构调整的具体表现。各级财政部门切实将科技投入作为财政预算保障的重点，按照有关法规的要求，初步建立了财政科技投入稳定增长机制。在加大投入力度的同时，不断优化财政科技投入结构，增加对基础研究、前沿技术研究、社会公益研究、重大共性关键技术研究的投入，加大了对公益性科研机构的稳定支持力度，推动科研机构深化管理体制改革，初步建立了符合科研活动规律、科技工作特点和财政预算管理要求的财政科技投入体系。支持重大科技专项的实施，推动建设各具特色和优势的区域创新体系，采取多种手段激励企业自主创新。建立激励自主创新的政府采（订）购制度，在政府采购评审方法中，充分考虑自主创新因素，以价格为主的招标项目在满足采购需求的条件下优先采购自主创新产品等。设立科技型中小企业技术创新基金，采取无偿资助、贷款贴息等方式支持科技型中小企业技术创新；设立科技型中小企业创业投资引导基金，采取阶段参股、跟进投资、风险补助和投资保障四种方式，鼓励和引导社会创业投资资本向初创期科技型中小企业投资。对企业实行自主创新激励分配制度，企业内部分配向研发人员适当倾斜；规范和引导企业加强研发费用管理，界定研发费用的财务内涵与组成内容，明确研发准备金、集团公司集中使用研发费用等财务行为规范等。

同时，国家各类科技计划都注重对企业自主创新的支持，据不完全统计，"十一五"以来，国家科技支撑计划中95%以上的项目有企业参与，"863计划"项目中约1/3由企业作为依托单位。

此外，充分利用税收等扶持政策，整合资金，鼓励和引导企业和社会增加研发投入，促进企业自主创新，主要有：

（1）税收政策。一是全面实施增值税转型改革，支持企业技术改造。二是加大对企业自主创新投入的所得税前抵扣力度，对企业研发新产品、新技术、新工艺所发生的技术开发费，允许按 150% 的比例税前扣除；允许企业对用于研发的仪器设备进行加速折旧；完善促进高新技术企业发展的税收政策，规定自 2006 年 1 月 1 日起，国家高新技术产业开发区内新创办的高新技术企业，自获利年度起两年内免征企业所得税，免税期满后减按 15% 的税率征收企业所得税；对企业提取的职工教育经费在计税工资总额 2.5% 以内的，可在企业所得税前扣除。三是进一步完善了高新技术企业统一适用的计税工资所得税前扣除政策。四是明确了企事业单位、社会团体和个人等社会力量向科技型中小企业技术创新基金捐赠税前扣除的政策，鼓励社会资金捐赠创新活动。五是对投资于规定的中小高新技术企业的创业投资企业实行按投资额一定比例抵扣应纳税所得额的税收优惠政策。六是对符合条件的科技园、孵化器按规定免征营业税、所得税、房产税和城镇土地使用税。七是针对重大科技装备关键领域制定专项进口税收政策，支持重大技术装备研发制造。除上述政策外，在税制改革和其他税收政策调整中，也是将科技发展、科技创新作为政策支持的重点。在自 2008 年开始执行的新的《中华人民共和国企业所得税法》及条例中，上述有关所得税优惠政策都已得到延续并提升了法律层次，对科技发展的优惠支持力度加大，进一步扩大了捐赠和工资税前扣除的比例，明确了技术转让的税收优惠政策，对国家需要重点扶持的高新技术企业规定了减按 15% 的税率征收企业所得税的政策。进一步调高了高新技术产品的出口退税率，鼓励高新技术产品的出口。

（2）金融政策。政策性金融机构对国家重大科技专项、国家重大科技产业化项目的规模化融资和科技成果转化项目、高新技术产业化项目、引进技术消化吸收项目、高新技术产品出口项目等提供贷款给予重点支持；利用基金、贴息、担保等方式，引导各类商业金融机构支持自主创新与产业化，等等。

（三）推进改革

更加注重以改革促体制和制度创新，创造公平竞争环境，让市场机制更大程度地发挥调节作用。大力推进增值税转型、统一内外资企业所得税和出口退税等方面的机制完善，注重支持收入分配、教育、社会保障、公共卫生等制度改革，积极支持国有企业和金融体制改革，为市场主体和经济发展创造一个良好的、公平的制度环境。主要有以下几方面：

1. 深化财税体制改革

推进增值税由生产型向消费型转变，统一内外资企业所得税，深化农村税费改革，实施出口退税机制分担机制改革，建立健全行政事业单位国有资产监督管理制度等。

2. 完善社会保障、教育、公共卫生和收入分配制度

一是完善收入分配政策，促进和谐社会建设。顺利实施了个人所得税工薪所得费用扣除标准的调整方案，增强了对收入分配的调节效果。按照《中华人民共和国公务员法》的要求，大力推进改革公务员工资制度和规范公务员收入分配秩序，形成科学合理的工资水平决定机制和正常增长机制。统筹解决困难群体基本生活保障问题，致力于提高农民收入，理顺收入分配关系，逐步缩小收入差距，促进社会公平稳定。通过规范垄断行业收入，推进事业单位分配制度改革，适当提高最低工资标准，加强劳动权益保护，加大对过高收入的税收调节，加大转移支付力度，提高低收入群体的收入水平，扩大中等收入者比重。

二是加快建设与中国经济发展水平相适应的社会保障体系。

三是深化义务教育保障机制改革。

四是加强公共卫生、医疗服务和医疗保障体系建设，覆盖城乡、功能比较齐全的疾病预防控制和应急医疗救治体系基本建成。

3. 支持国有企业改革

进一步理顺国企与政府的分配关系，将国企改革为真正的市场竞争主体，国家实行出资人的经营管理权限，加快建立现代企业制度。为深化国有企业和国有资产管理体制，促进国有经济战略调整，支持实施国有企业政策性破产，并妥善安置职工。初步完成央企分类办社会的职能分离，基本实现央企的政企职能分离。支持深化铁路、电力、电信、民航等垄断行业改革，支持加快邮政和城市公用事业改革，支持推动棉花、化肥、食糖等主要商品流通体制的市场化改革。

4. 支持金融领域的改革

支持建立符合市场经济原则的现代银行制度，大力支持中国银行、中国工商银行改制上市，明确国有股减持政策和所得税政策，并依法行使国有股股东权利。同时，完善银行、证券、保险业监管体系，采取得力措施化解金融风险；此外，还认真落实各项支持农村金融和农村信用社改革的财税政策，强化对各类金融机构的财务监管，促进金融体制健康发展。

（四）增收节支

增收节支就是在总体税负不增或略减税负的基础上，严格依法征税，确保财政收入稳定增长，同时严格控制支出增长，在切实提高财政资金的使用效益上花大力气，下大工夫。完善财政增收节支机制，促进财政收入稳定增长，提高财政资金的使用效益，打造节约型政府。加强对税收优惠政策的管理，在进口税收优惠方面率先开展税式支出制度试点工作，合理安排税收减免的规模和流向，提高政策绩效水平。坚决制止铺张浪费的行为，建立财政资金绩效评价制度，切实提高财政资金使用的规范性、安全性和有效性。

（五）稳定物价

在实施稳健财政政策的过程中，针对物价水平上涨较快、通货膨胀压力逐渐加大的新形势，财政部门通过三个方面的举措来巩固农业生产和能源部门供给能力，增加物资储备，充分发挥财政政策稳定物价的作用。

一是提高粮食、肉类等农产品生产能力。为进一步促进粮食生产、保护粮食综合生产能力、调动农民和地方政府农业生产的积极性，不断完善粮食直补政策，增加对种粮农民的农资综合补贴、良种补贴和农机具购置补贴，实施对粮食主产县的奖励政策；加大农业基础设施投入，促进提高农业综合生产能力；针对生猪价格快速上涨势头，通过实施调出大县奖励等补贴政策，促进生猪恢复生产，有效稳定了市场价格。

二是采取多种措施保障煤、电、油、运供应。煤、电、油、运的稳定供应，是保障国民经济平稳较快增长的重要环节。2003年以来，随着国民经济进入新一轮增长周期，各方面对煤、电、油、运的需求增长很快，大大超过了供给的增长速度，特别是投资需求快速增长，高耗能产业过度扩张，使得从2003年下半年开始，煤、电、油、运供需矛盾日益突出。进入2004年后，煤、电、油、运紧张状况加剧，供需之间存在难以平衡的"硬缺口"。必须采取切实措施来保证煤、电、油、运的正常供应。通过支持推进煤、电、油等能源资源价格改革，理顺重大价格比例关系；加快垄断行业改革步伐，促进竞争，抑制价格上涨，煤、电、油、运投资继续保持较速增长态势。2005年上半年，煤炭开采、电力生产、石油开采、交通运输等行业投资分别增长81.7%、35.9%、36.2%和24.8%；2005年1—7月，这些行业投资分别增长83.2%、35.9%、28.6%和23.9%，投资增速不减。随着这些政策的推进，煤、电、油、运的紧张局面得到了有效缓解。

三是发挥物资储备对平抑物价的积极作用。稳定和改进粮食最低收购价制度，改革国家粮食储备制度，完善进出口管理制度，建立粮价支持新机制，加强国家对粮食市场的宏观调控能力。降低主要农产品进口关税，扩大重点农产品进口，增加市场供应，平抑物价，保证农产品价格稳定。经过建设，国家物资储备体系日益健全，市场化运作方式不断完善，财政保障能力得到加强，充分发挥了重要商品储备稳定市场、平抑物价的作用。如按照"企业储备、银行贷款、政府贴息、市场运作"的原则，国家建立化肥淡季商业储备制度，年度存储规模不超过800万吨，增加了化肥供应总量，满足了旺季用肥的需要，有利于稳定农资市场需要、平抑化肥价格。又如2007年以来，部分地区出现粮油价格快速上涨，并导致社会通货膨胀压力加大，在中央财政的支持下，有关部门迅速在销区抛售200万吨储备玉米，并加大小麦拍卖数量，有效遏制粮油价格大幅上涨的势头。

三、稳健财政政策实施的成效

稳健财政政策在执行过程中，注重按照社会主义市场经济体制对公共财政的基本要求，实现经济增长、结构优化、体制改革三者的有机结合，并注重加强与货币政策和其他宏观经济政策的协同作用，使我国经济运行呈现出国民经济运行平稳增长、物价水平更快上涨得到抑制、经济结构调整取得一定进展、人民生活进一步改善的良好局面。

（一）国民经济保持平稳较快增长

2005 年以来，在稳健财政政策和其他宏观调控政策的共同作用下，经济运行继续向宏观调控预期方向发展，国内生产总值在 2005 年增长 10.4%的基础上，2006 年增长 10.6%，2007 年增长 11.9%，延续了增长的势头，经济呈现出平稳较快发展态势；同时，内需在经济增长中的贡献逐步提高，最终消费对经济增长的贡献率从 2005 年的 38.2%增长到 2007 年的 39.4%，资本形成对经济增长的贡献率从 2005 年的 37.7%增长到 2007 年的 40.9%，而净出口对经济增长贡献率则从 2005 年的 24.1%下降到 2007 年的 19.7%。

（二）物价上涨态势趋缓

1. 粮食连年丰收，为稳定物价做出重要贡献

2006 年，粮食产量在 2004 年 9 389.4 亿斤、2005 年 9 680.4 亿斤的基础上，达到 9 960.8 亿斤；2007 年，全国粮食产量更是达到 10 032.1 亿斤，4 年年均增长 2.2%，连续 4 年获得丰收。1998—2008 年的 10 年间，大多数年份全球粮食总供给不能满足总需求。在耕地面积多年变化很小、气候异常和成本增加的情况下，粮食产量的增长难以满足需求增长，粮食库存呈现逐年下降趋势，2007 年全球粮食库存降到 20 多年来的最低点，进而带动国际粮价上涨。而粮食产量连续多年的稳定增长，使我国粮食价格在国际粮价持续大幅上涨的背景下相对保持稳定，为稳定物价总体水平做出了重要贡献。

2. 煤、电、油运、供给能力增强，抑制物价水平更快上涨

2005 年 1—7 月，能源生产总量同比增长 10.3%，分别比第一季度和上半年增长 1.0 个和 0.2 个百分点，其中，原煤、原油、天然气产量分别增长 9.9%、4.7% 和 19.8%，基本与第一季度和上半年的增速保持一致。到 2005 年 6 月末，全社会煤炭库存达 1.15 亿吨，比年初增加 1 149 万吨，同比增长 12.7%。

2005 年 1—7 月，发电量增长 13.6%，其中，第一季度和上半年分别增长 13.0% 和 13.2%，基本延续了 2004 年以来两位数的增长速度，拉闸限电的省份同比减少较多。

稳健财政政策的实施对稳定物价发挥了重要作用，2006 年 1—8 月，各月 CPI 增长幅度均落在 1%～2% 区间之内，8 月居民消费价格总水平比上年同月上涨 1.3%，比年初回落 0.6 个百分点，与 2005 年同期持平；2006 年 1—8 月，工业品出厂价格上涨 2.9%，增幅比上年同期下降 2.6 个百分点；原材料、燃料、动力购进价格上涨 6.2%，增幅比上年同期下降 3.3 个百分点。

(三) 结构调整取得积极进展

1. 投资结构出现积极变化，薄弱环节得到加强

2005 年以来，投资结构方面出现了积极变化，主要表现在第一、第三产业投资加速增长，第二产业投资增速有所回落。由于新农村建设投入增加，第一产业投资增长加快，2006 年 1—7 月，第一产业投资增长 39.4%，比上年同期加快 22 个百分点；第三产业增长 27.4%，比上年同期加快 5.5 个百分点；与此相反，第二产业投资比上年放慢 0.9 个百分点。

在三次产业结构优化的同时，经济运行中薄弱环节投资力度进一步加大。其中，2006 年铁路运输业投资在上年高速增长的基础上，又增长 84.7%；石油和天然气开采业投资增长 31%，比上年同期提高 1.4 个百分点，石油加工冶炼业投资增长 33.4%，比上年同期提高 18.3 个百分点；水的生产与供应业投资增长 24.9%，比上年同期提高 15.4 个百分点。

2007 年、2008 年 1—9 月，第一产业投资持续保持高增长，同比分别增长 31.1% 和 62.8%；第三产业则同比增长分别达到 23.2% 和 24.8%。

2. 工业生产结构性矛盾缓和，部分高耗能产品生产增速减缓

受国家宏观调控政策的影响，煤、电、油、运紧张状况得到缓解，耗能较高的主要原材料生产增速减缓。2006 年 1—8 月，生铁同比增长 20.8%，增速比上年同期降低 11.1 个百分点；粗钢同比增长 17%，增速比上年同期降低 11.2 个百分点；2007 年生铁同比增长了 15.81%，粗钢同比增长 18.14%，增速得到初步抑制；2008 年 1—9 月，生铁同比增长 5.1%，粗钢同比增长 6.2%，增速得到有效抑制。而耗能强度较低的电工仪器仪表 2006 年同比增长 15.5%；2007 年同比增长了 19.22%。同时，部分紧缺能源生产加快，供应增加。

3. 区域发展的均衡度进一步提高

一是地区间投资结构进一步改善。2006 年，东部地区投资增长 20.6%，比全国城镇投资增速低 3.9 个百分点；中部、西部地区投资分别增长 33.1% 和 25.9%，分别比全国城镇投资增速高 8.6 个和 1.4 个百分点。东部地区投资占全国城镇投资的比重为 52.4%，比上年下降 1.7 个百分点；中部、西部地区投资占全国城镇投资的比重分别为 24.1% 和 21.4%，比上年分别提高 1.6 个和 0.2 个百分点。

二是中央对省际间公共服务差距调控能力不断提高，地区的公共服务差距不断缩小。实施积极财政政策以来，中央财政加大对中西部转移支付力度和其他措施以切实增强中西部落后地区的财力保证，保证不同地区的居民能够享有大致相同的基本公共服务，最显著的表现是地区间人均财政支出差距缩小。

三是工业的区域布局不断优化。2007 年，中部地区规模以上工业增长速度为 20.8%，西部地区为 19.6%，分别比东部地区高 3 个和 1.8 个百分点。西部地区工业增加值占全国工业的比重，已由 2000 年的 13.6%，上升到 2007 年的 14.8%，上升了 1.2 个百分点，东部地区所占比重由

2000 年的 64.4% 下降为 63.3%，下降了 1.1 个百分点。

4. 出口商品结构进一步优化

通过调整部分商品的出口退税率，限制高耗能、高污染和资源性产品的生产和出口，减少技术含量较低、附加值较低的产品和容易引发贸易摩擦产品的出口。这有利于控制外贸出口的过快增长，缓解我国外贸顺差过大带来的突出矛盾，改善出口商品结构，促进外贸增长方式的转变和进出口贸易的平衡，减少贸易摩擦。

5. 制造业结构不断优化

2007 年，规模以上电子通信业主营业务收入 39 014 亿元，占全部规模以上工业企业主营业务收入的 9.8%，其主要产品手机、程控交换机、微型计算机、显示器、彩电、激光视盘机等产量位居世界第一，我国已成为全球高技术产品的重要生产及供应基地之一。其他高技术制造业如生物、医药业也呈现强劲的增长势头，航空航天产业全面推进，较为完整的高技术产业体系初步形成。2007 年，高技术制造业增加值达 11 786.8 亿元，占全部规模以上工业增加值的 10.1%，高技术制造业规模已位居世界第二。

6. 产品结构不断升级

淘汰落后产能，加快技术进步，产品结构不断优化升级。钢铁行业全部淘汰了平炉炼钢，连铸比接近发达国家先进水平。产品竞争力显著提高，一些过去主要依赖进口的钢材品种，如汽车板、造船板、集装箱板、石油管等，国内企业产品在市场上的占有率大大提高。2007 年，国产钢材的国内市场占有率达到 96.75%，创历史最高水平；电解铝自焙槽工艺已全部淘汰，新型干法水泥比重已达 55%，浮法玻璃比重达到 87%；电力工业积极推进"上大压小"工作，用先进、高效的发电机组取代落后的小火电机组。

（四）人民生活水平进一步提高

1. 居民收入增加较快

据统计，2006 年全面取消农业税后，与农村税费改革前的 1999 年相比，全国每年减轻农民负担约 1 250 亿元，人均减负约 140 元。此外，随着一系列惠农政策的实施，全国农民年人均纯收入由 2004 年的 2 936.4 元增加到 2007 年的 4 140.4 元，年均增速为 12.1%。2008 年，农民人均纯收入 4 761 元，比上年实际增长 8%。城镇居民人均可支配收入 2004 年为 9 421.6 元，2007 年达到 13 785.8 元，年均增速为 13.53%。2008 年，城镇居民人均可支配收入 15 781 元，扣除物价上涨指数，实际增长 8.4%。居民收入的增长使城乡居民储蓄存款迅速增加，2003 年年底，城乡居民储蓄存款余额为 10.4 万亿元，2007 年年底达到 17.3 万亿元，年均增加 1.4 万亿元；2008 年上半年，城乡居民储蓄存款余额达到 19.8 万亿元。

2. 人民生活有了切实改善

稳健财政政策的实施使"上学难、上学贵"和"看病难、看病贵"的问题基本得到缓解，社会保障体系逐步完善，城乡社会救助体系基本建立，人民生活得到了较大程度改善。农村义务教育经费保障机制改革全部免除了近 1.5 亿名农村中小学生的学杂费，农村义务教育阶段学生得到了国家规定课程的免费教科书，约 1 100 万名家庭经济困难的寄宿生得到了生活补助费，切实减轻了农民负担；农村中小学经费保障水平有了明显提高，40 多万所农村中小学校运转正常。财政对公共卫生持续大力度的支持，促进了覆盖城乡、功能比较完备的疾病预防控制体系、突发公共卫生事件医疗救治体系、公共卫生信息网络体系、卫生执法监督体系的不断完善。财政对中西部地区转移支付力度的加大，一方面增强了中西部地区政府提供基本公共服务的能力，有效促进了地区间基本公共服务均等化；另一方面支持了生态建设和环境保护，改善了居民生活环境，提高了人民生活质量。

第二节　重启积极的财政政策

2008 年下半年以来，受国际金融危机的影响，我国经济发展面临着严重挑战，外部需求明显减弱，产能过剩问题凸显，企业经营困难加重，就业形势严峻，经济增速加快下滑的风险明显增加。为应对国际金融危机，保持经济平稳较快发展，党中央、国务院在全面分析国内外经济形势变化的基础上，果断决策，决定实施积极的财政政策和适度宽松的货币政策。

一、积极财政政策的实施背景

2008 年以来，国内外经济环境发生重大变化。2008 年前几个月，我国经济仍然呈现平稳较快发展势头，投资、消费、进出口保持较快增长，同时物价上涨幅度加大。美国次贷危机处于演变初期，还未成为全球金融危机，主要是发达国家受到影响，对实体经济冲击尚不明显，对我国的影响还是初步的；同时，国际流动性过剩和通货膨胀压力较大。2008 年下半年，特别是第三季度以来，美国次贷危机已演变成国际金融危机，美欧金融体系陷入融资功能严重失效和流动性大量短缺的困境，众多大型金融机构破产或被政府接管，一些新兴市场国家和发展中国家资金大量外流；全球主要原材料和运输价格大幅跌落，实体经济增速大幅下滑。在我国融入经济全球化程度不断加深的情况下，受国际金融危机加重和世界经济增长明显减速的影响，加上长期制约我国经济发展的体制性、结构性矛盾依然存在和周期性结构调整，国内经济运行困难急剧增加，突出表现在：经济下行压力加大；企业生产经营困难加剧；农产品价格全面回落，部分地区出现粮食、棉花、大豆等农产品销售难问题；房地产市场销售量下降；股票市场低迷等。

根据国内外经济形势发展变化，中央先后对宏观调控导向作了两次重大调整：年中，适时把宏观调控的首要任务从防经济过热、防明显通胀调整为保持经济平稳较快发展、控制物价过快上涨；9 月，明确提出宏观调控的重点为保持经济平稳较快发展。

2008 年 11 月 5 日，温家宝总理主持召开国务院常务会议，研究部署进一步扩大内需、促进经济平稳较快增长的措施，明确提出要实行积极的财政政策和适度宽松的货币政策。年底召开的中央经济工作会议深入分析了经济形势的发展变化，全面部署了 2009 年的经济工作，强调 2009 年的经济工作要把保持经济平稳较快发展作为首要任务，围绕保增长、扩内需、调结构、促改革、重民生的要求，实施积极的财政政策和适度宽松的货币政策。这标志着积极的财政政策全面启动。

二、2008 年财政政策由稳健转向积极

根据中央宏观调控导向，2008 年年中，在实施稳健财政政策过程中，采取了一些更为积极的财税政策措施；10 月以后，进一步明确实施了积极的财政政策，适当减免税收，提高出口退税率，增加政府投资和重点支出，对保持经济平稳较快增长发挥了重要作用。

（一）实施税费减免政策，促进企业投资和增强经济活力

1. 完善扩大消费需求的税收政策

3 月 1 日起，将个人所得税工资薪金所得减除费用标准由 1 600 元/人月提高至 2 000 元/人月；10 月 9 日起，暂免征收储蓄存款和证券交易结算资金利息所得税。上述政策措施增加了居民可支配收入，有利于促进居民消费稳步增长。

2. 实施促进企业投资的税收政策

新的《中华人民共和国企业所得税法》于 2008 年 1 月 1 日起实施，在东北老工业基地和中部地区 26 个老工业基地城市继续实施增值税转型改革试点的基础上，将内蒙古东部地区部分城市，以及汶川地震受灾严重地区除国家限制的特定行业外的所有行业，纳入增值税转型改革试点范围；11 月进一步明确从 2009 年 1 月 1 日起，在全国范围内全面实施增值税转型改革。

调整重大装备进口税收政策，加快发展先进装备制造业。同时，优化政府投资结构，增加社会事业和生态环境建设投资。

上述政策措施减轻了企业税收负担，有利于缓解企业经营困难，促进企业投资，推动产业结构调整和技术升级。

3. 提高部分产品出口退税率

8 月 1 日起，提高部分纺织品、服装和竹制品的出口退税率；11 月 1

日起，再次提高纺织品和服装的出口退税率，并提高玩具、日用及艺术陶瓷等3 486种产品的出口退税率；12月1日起，进一步提高部分劳动密集型产品、机电产品等3 770项产品的出口退税率，约占全部出口产品的27.9%；同时取消部分钢材、化工品和粮食的出口关税，降低部分化肥出口关税。

上述政策措施增加了相关出口企业收入，有利于缓解出口企业特别是劳动密集型出口企业的实际困难，保持出口平稳增长。

4. 实施促进资本市场健康发展的税收政策

4月24日起，证券交易印花税税率由3‰降低至1‰；9月19日起，证券交易印花税由双边征收改为单边征收。这些措施减轻了投资者负担，有利于恢复投资者信心，促进资本市场健康发展。

5. 降低住房交易税费

11月1日起，对个人首次购买90平方米及以下普通住房的，契税税率暂统一下调到1%；对个人销售或购买住房暂免征收印花税；对个人销售住房暂免征收土地增值税。这些措施减轻了居民购房负担，有利于促进房地产市场健康发展。

6. 停征工商两费

从9月1日起，在全国范围内统一停止征收工商两费，减轻社会负担。为保证停征工商两费政策的顺利实施和工商经费保障工作的平稳过渡，中央财政每年安排财力性转移支付80亿元，并于2008年一次性安排20亿元专项补助资金，帮助地方工商部门彻底化解历史遗留的市场建设债务；同时，继续清理规范行政事业性收费。

（二）增加财政支出总规模，支持抗震救灾和扩大内需

2008年年初，财政部门认真贯彻落实中央的决策部署，继续实施稳健的财政政策，通过合理安排预算，体现中央的宏观调控政策导向。预算执行过程中，面对突如其来的汶川特大地震等自然灾害和国内外经济环境的变化，依法调整支出规模和结构，加大抗灾救灾和灾后恢复重建支持力度，支持受灾地区经济发展。

1. 扩大中央建设投资

年初适当减少中央财政赤字和国债项目资金，同时增加中央预算内基本建设投资，保持中央政府投资适度增长。中央政府投资总规模预算安排 1 521 亿元，增加 177 亿元；第四季度，为应对金融危机，新增安排中央政府投资计划 1 000 亿元，提前安排 2009 年的灾后恢复重建基金 200 亿元，加上由此带动的地方和社会资金，总投资规模达 4 000 亿元左右。中央政府投资重点用于农村民生工程、保障性安居工程、生态环保、自主创新、社会事业领域项目以及重大基础设施项目建设，优先支持灾后恢复重建。

2. 扩大中央财政支出

年初，努力保障抗击低温雨雪冰冻灾害，全国财政共投入各项抗灾救灾和灾后恢复重建资金 479.1 亿元。汶川特大地震发生后，财政部门按照党中央、国务院统一部署，紧急行动起来，把抗震救灾作为最重要、最紧迫的任务，千方百计筹措并统筹安排资金，全力保障抗震救灾资金需要。及时研究提出中央财政支持灾后恢复重建的建议，会同有关部门研究起草了《国务院关于支持汶川地震灾后恢复重建政策措施的意见》（代拟稿），从建立中央财政灾后恢复重建基金、财政支出、税收、政府性基金和行政事业性收费、金融、产业扶持、土地和矿产资源、就业援助和社会保险、粮食九个方面研究提出相关政策措施，大力支持灾后恢复重建。依法调整当年中央预算，从中央预算稳定调节基金调入 600 亿元，增加了中央财政支出总规模。加上通过支出结构调整筹措的 140 亿元，共安排灾后恢复重建基金 740 亿元，大力支持灾后恢复重建。此外，出台了针对地震灾区的一系列税收优惠政策，减少相关税收约 150 亿元。上述政策措施既为抗灾救灾和灾后恢复重建提供了有力保障，也在一定程度上促进了国民经济发展，特别是拉动了受灾地区经济的发展。

（三）有效运用财税政策杠杆，保持物价基本稳定

把防止物价过快上涨放在宏观调控的突出位置，充分发挥财税政策作用，努力把物价涨幅控制在经济社会发展可承受范围内。

1. 积极支持粮、油、肉等农副产品生产

年度预算执行中，大幅增加农资综合补贴、良种补贴，较大幅度地提高粮食最低收购价，提高农民种粮比较效益。进一步健全了促进生猪、奶业和油料生产发展的财税政策，扩大补助范围，提高补助标准，大力支持农副产品生产。

2. 支持稳定国内成品油市场供应

中央财政通过石油特别收益金退库安排，对中石油、中石化两大公司加工进口原油补贴，对部分进口汽、柴油实施进口环节增值税先征后返政策；同时，对受成品油调价影响较大的渔业、林业、城市公交、农村道路客运、城市出租车等五大行业给予补贴，支出 365.4 亿元。各地财政也积极落实中央补贴政策，切实保障补贴对象的利益，促进完善成品油价格形成机制。

3. 运用税收等政策手段，确保国内市场供求平衡

2008 年 1 月 1 日起，对小麦、玉米、稻谷、大米、大豆等粮食原粮及其制粉征收 5% ~ 25% 不等的出口暂定关税，促进增加了国内粮食供应，有利于抑制粮价上行势头。三次调高化肥产品出口关税，化肥出口量大幅下降，促进了化肥国内供需平衡。制定并延长大豆进口税收优惠政策，大豆进口增速大幅提高，2008 年上半年同比增长 24.4%，有效缓解了植物油市场供应压力。

为进一步增加国内市场供给、降低相关行业生产成本、缓解物价上涨压力，自 6 月起，下调部分食品、饲料、药品、棉花等 6 类共 26 个税目商品的进口税率，降税平均幅度超过 50%。此次调整力度较大、政策信号明确，有利于降低通胀预期。积极做好粮、油、肉等重要商品的储备调控，调整和改善储备品种与结构，支持重要储备商品物资的调运、投放等，发挥好储备商品物资调控市场的"蓄水池"作用。

上述措施对保障国内市场供应、缓解物价上涨压力起到了积极作用。

4. 及时增加对低收入群体和学生的补贴

为缓解物价上涨对城市低收入群体的影响，根据国务院部署，2007

年 8 月、10 月和 11 月三次出台了临时提高城市低保对象补助水平的政策；2008 年，又两次出台提高城乡低保对象补助水平的政策，将城乡低保对象每人每月补助标准分别提高了 30 元和 20 元。

此外，对遭受低温雨雪冰冻灾害严重的湖南、贵州等 7 省，从 2 月起按城市低保对象每人每月 15 元、农村低保对象每人每月 10 元的标准发放 3 个月的临时补贴。为缓解物价上涨对普通高校学生生活的影响，中央财政安排资金 9.85 亿元，对普通高校全日制在校本专科学生和研究生给予临时伙食补贴，地方财政也作了相应安排。

（四）强化和完善支农惠农政策，促进农业发展和农民增收

认真落实财政支农投入的增量要明显高于上年、政府固定资产投资用于农村的增量要明显高于上年、政府土地出让收入用于农村建设的增量要明显高于上年的要求，确保财政支农资金稳定增长。2008 年中央财政用于"三农"的各项支出为 5 955.5 亿元，比上年实际增长 37.9%，占中央财政支出的 16.4%。

1. **大幅度增加对农民的补贴**

2008 年，中央财政对农民的粮食直补、农资综合补贴、良种补贴和农机购置补贴达到 1 030.4 亿元，比上年增长 1 倍多。上半年，为进一步保障粮食安全和主要农产品供应，根据化肥等农业生产资料涨价的新形势，大力支持春耕备耕和灾区恢复重建，提前预拨了良种补贴、农机购置补贴等支农专项资金；在预算执行过程中，又新增了农资综合补贴和良种补贴。地方财政也加大了对农民的补贴力度。在继续加大对农民补贴力度的同时，各项补贴政策逐步完善，机制不断创新，其中，粮食直补改变原来按季度均衡拨付粮食风险基金中央补助款的办法，中央财政提前拨付资金，加快粮食直补资金的拨付进度，确保粮食直补资金的需要；农资综合补贴突出重点，统筹考虑柴油、化肥、农药等农资涨价因素，适当向灾区倾斜，向粮食主产区倾斜。

2. **加大对农业生产的支持力度**

2008 年，中央财政支持农业生产的支出 2 260.1 亿元，其中，农村基

础设施建设资金 1 137.6 亿元；农业综合开发资金 127 亿元；安排奖补资金 165 亿元，稳定和完善产粮（油）大县奖励政策；安排退耕还林补助资金 375 亿元，完善退耕还林补助政策；安排 60.5 亿元扩大农业保险保费补贴试点范围和试点地区，提高保费补贴比例；安排财政扶贫资金 167.3 亿元，重点向西部地区、少数民族地区、边境地区和革命老区倾斜，向遭受低温雨雪冰冻灾害和地震灾害的省份倾斜。

地方财政也增加了"三农"投入，特别是土地出让收入重点向新农村建设倾斜，确保足额支付被征地农民的征地和拆迁补偿费，补助被征地农民社会保障支出；逐步提高土地出让收入用于农业土地开发和农村基础设施建设的比重。

同时，继续加大投入力度，支持农村教育、社保、医疗卫生等社会事业发展。

（五）促进经济结构调整，支持发展方式转变

调整和优化支出结构，加大投入力度，支持科技进步和自主创新，鼓励中小企业发展，促进节能减排、生态建设和环境保护，着力发挥财政在促进经济结构调整和发展方式转变中的积极作用。

1. 支持科技进步和自主创新

建立财政科技投入稳定增长机制，促进科技创新，2008 年，全国财政科学技术支出 2 129.21 亿元，同比增长 19.4%。优化科技投入结构，增加对国家自然科学基金、国家科技支撑计划等的投入，加大对公益性科研机构和公益性行业科研的支持力度，支持现代农业产业技术体系、国家科技基础条件平台、国家实验室和国家重点实验室建设、国内重大装备制造业振兴和国家战略性产业发展，推动产学研有机结合试点，建设技术创新体系。促进企业自主创新，推进创业投资引导基金试点，开展创新风险投资试点，实施支持国家大学科技园以及科技企业孵化器等科技发展的相关税收政策，为企业技术创新营造良好的政策环境和发展平台。

2. 支持中小企业发展

2008 年，中央和省级财政共支出 286.4 亿元，重点用于支持中小企

业技术创新和国际市场开拓等。实施支持中小企业发展的税收优惠政策，对符合条件的小型微利企业减按 20% 的税率征收企业所得税，对国家重点扶持的高新技术企业减按 15% 的税率征收企业所得税，分别比一般企业所得税税率低 5 个和 10 个百分点；将增值税、营业税的起征点分别由纳税人月销售额 600 ~ 2 000 元和 200 ~ 800 元提高到 1 000 ~ 5 000 元，减轻了中小企业税负。完善中小企业担保体系，对开展中小企业担保业务给予奖励和补贴。对纳入全国试点范围的非营利性中小企业信用担保、再担保机构从事担保业务取得的收入，三年内免征营业税。健全小额担保贷款财政贴息管理办法；提高中小企业产品的政府采购比重，拓宽中小企业市场空间。

3. 支持能源资源节约和环境保护

2008 年，中央财政预算安排节能减排资金 270 亿元，比上年增加 35 亿元。继续支持十大节能工程、中西部地区污水管网、污染减排监管体系等建设，加大鼓励节能减排的财税政策力度，对符合条件的节能环保项目及专用设备投资实行定期减免或抵免企业所得税政策，研究对节能减排设备投资给予增值税进项抵扣。中央财政采取以奖代补办法，对节能减排工作给予补助和奖励，地方财政也相应加大了支持节能减排的投入力度，清理和完善税收优惠政策，遏制高耗能、高排放和产能过剩行业盲目发展。2008 年，全国财政环境保护支出 1 451.36 亿元，同比增长 45.7%，其中，中央财政 1 040.3 亿元，增长 33%，重点用于天然林保护、退耕还林、退牧还草、能源节约利用及可再生能源发展等。完善促进资源综合利用及新能源和可再生能源发展的财税政策，促进资源合理开发利用和环境保护；建立资源型企业可持续发展准备金制度，逐步建立和完善生态补偿机制；在太湖流域和天津滨海新区开展排污权交易试点。

（六）调整和优化财政支出结构，着力保障和改善民生

积极支持推进以改善民生为重点的社会事业发展，保障优先发展教育，推进医疗卫生体制改革，完善社会保障体系，帮助城市低收入家庭解决住房困难，促进人民生活水平不断提高。

1. 支持优先发展教育

进一步提高农村义务教育经费保障水平，并从 2008 年秋季学期起，免除城市义务教育阶段学生学杂费；从 2008 年春季学期开始，进一步提高国家课程免费教科书补助标准，进一步提高农村中小学生平均公用经费水平。全面落实家庭经济困难学生资助政策，及时出台地震灾区高中阶段和高校家庭经济困难学生特别资助政策。继续在教育部直属师范大学实行师范生免费教育；大力支持职业教育发展，继续支持职业教育实训基地建设、国家级示范性高等职业院校建设、中等职业学校教师素质提高计划等重点项目。2008 年，全国财政教育支出 9 010.21 亿元，同比增长 26.5%。

2. 促进医疗卫生事业改革与发展

2008 年，全面实行新型农村合作医疗制度，城镇居民基本医疗保险制度试点范围扩大到 50% 以上的地级城市。中央财政对中西部地区的补助标准提高到每人每年 40 元，并对东部地区按照一定标准进行补助，地方财政也相应提高了补助标准。支持将所有地方政策性关闭破产国有企业退休人员全部纳入当地城镇职工基本医疗保险范围，不断健全城乡医疗救助制度，继续完善社区卫生和农村卫生投入政策；支持突发公共卫生事件医疗救治体系建设，及时下拨专项资金，为食用含三聚氰胺婴幼儿奶粉的婴幼儿进行检查和医治。加大重大疾病预防控制、食品药品监管及中医药事业发展的保障力度。2008 年，全国财政医疗卫生支出 2 757.04 亿元，同比增长 38.5%。

3. 支持社会保障体系建设和促进就业

全面建立城乡最低生活保障制度，提高补助水平，扎实推进做实企业职工基本养老保险个人账户试点；提高企业退休人员基本养老金水平，以及部分优抚对象抚恤和新中国成立前老党员生活补贴补助标准。进一步完善失业保险制度，大力支持国有企业政策性关闭破产和东北地区厂办大集体改革试点。帮助解决库区移民生产生活问题，落实促进就业的财税优惠政策。2008 年，全国财政社会保障和就业支出 6 804.29 亿元，同比增长 24.9%。

4. 加强廉租住房保障

按照国务院规定的资金来源渠道，积极筹措资金，帮助解决城市低收入家庭住房困难，地方财政也加大了投入。同时，出台并实施了支持廉租住房、经济适用房和住房租赁市场发展的财税扶持政策，对廉租住房和经济适用房建设一律免收各项行政事业性收费、政府性基金和土地出让金；对廉租住房经营管理者按照规定向保障对象出租廉租房屋取得的租金收入免征营业税、房产税；对廉租住房、经济适用房建设用地以及廉租住房经营管理单位按照规定对保障对象出租的廉租住房用地免征城镇土地使用税，对廉租住房、经济适用房回购后继续作为廉租住房和经济适用房的免征契税。

（七）加大转移支付力度，促进区域协调发展

认真落实促进区域协调发展的各项财税政策，进一步加大转移支付力度，完善和规范中央对地方的转移支付制度，提高一般性转移支付规模和比例，增强地方政府尤其是基层政府的公共服务和保障民生能力，促进基本公共服务均等化。2008 年，中央财政对地方转移支付 18 708.6 亿元，同比增长 33.5%，其中：财力性转移支付 8 746.21 亿元，增长 22.7%；农业、社保等专项转移支付 9 962.39 亿元，增长 44.6%。中央财政对地方的转移支付主要用于支持各地加快教育、医疗卫生、社保、住房、文化等各项社会事业发展和改革，积极解决涉及人民群众切身利益的问题。

三、2009 年实施积极的财政政策

（一）指导思想

根据中央经济工作会议的总体部署，2009 年实施积极财政政策的指导思想是：全面贯彻党的十七大和十七届三中全会精神，以邓小平理论和"三个代表"重要思想为指导，深入贯彻落实科学发展观，按照党中央、国务院对财政工作的各项要求，实施积极的财政政策，扩大政府公共投资，实行结构性减税，调整国民收入分配格局，优化财政支出结构，推进财税制度改革，支持科技创新和节能减排，促进经济增长、结构调整和地

区协调发展，保障和改善民生；坚持增收节支、统筹兼顾、留有余地的方针，加强财政科学管理，提高财政资金绩效；积极发挥财政职能作用，推动经济社会又好又快发展。

（二）主要原则

在积极财政政策实施过程中，要处理好以下五个关系：

一是扩张总量与调整结构的关系。要深入贯彻落实科学发展观，牢牢抓住经济建设这个中心，把保持经济平稳较快发展作为宏观调控的首要任务；要把总量扩张与结构调整有机结合起来，将促进经济发展方式转变和结构调整作为保增长的主攻方向，增强发展后劲，提高经济增长的质量和水平，促进经济社会又好又快发展。

二是扩大内需与稳定外需的关系。要把扩大内需作为保增长的根本途径，积极扩大投资和消费需求，增加政府公共投资，加强经济社会发展薄弱环节；要把扩大居民消费放在更加突出的位置，将改善民生作为保增长的出发点和落脚点，加快形成主要依靠内需特别是消费拉动经济增长的格局；同时，积极促进出口，实现内需为主和积极利用外需的共同拉动。

三是减税增支与增收节支的关系。要按照加强和改善宏观调控的要求，综合运用减免税费、增加支出、财政贴息等多种手段，增强企业活力，扩大国内需求，促进经济增长和结构调整；同时，要注意统筹兼顾，处理好减税与保持财政基本公共服务保障能力的关系。加强财政科学管理，坚持依法理财，切实强化收入征管，自觉维护税政的统一与规范，禁止随意减免税；牢固树立过紧日子的思想，严格控制一般性支出，特别要压缩行政开支，降低行政成本，严肃财经纪律，防止敞开口子花钱。

四是财政调控与市场机制的关系。政府调控与市场机制相辅相成。财政政策是政府调控的重要手段。在市场需求不足、企业投资和居民消费意愿减弱的情况下，要积极发挥财政政策的作用，并加强与货币政策等的协调配合，提高财政宏观调控的预见性、协调性和有效性。同时，要抓住时机推进财税制度改革，并大力支持其他领域的体制改革，加快消除制约扩大社会需求的体制性、机制性障碍，通过发挥好市场机制在资源配置中的基础性作用来扩大内需。既要发挥好宏观调控这只"看得见的手"的作用，又要发挥好市场机制这只"看不见的手"的作用，广泛调动各方面的积极性、主动性和创造性，不断增强经济发展的活力和动力。

五是政策落实与加强监管的关系。要做到落实政策与加强监管并重，一方面，迅速落实积极的财政政策的各项具体措施；另一方面，加强监管，严把资金投向关、资金来源关、程序控制关、制度保障关、责任落实关，切实加强资金筹集、拨付、使用、管理的全过程监管。既保证按建设进度将资金及时足额拨付到位，又严格履行各项审批程序，标准不能降，程序不能减，提高财政资金使用的合规性、安全性和有效性，更好地发挥积极的财政政策的作用。

（三）积极财政政策的着力点

根据上述指导思想和原则要求，要把握以下几个着力点：

1. 扩大政府公共投资，着力加强重点建设

这是进一步扩大内需、保持经济平稳较快发展的重要措施。2008 年、2009 年，中央政府增加公共投资 1.18 万亿元，包括 2008 年 10 月后增加的投资 1 040 亿元、2009 年增加 4 875 亿元和 2010 年预计增加 5 885 亿元，带动引导社会投资 4 万亿元。中央政府公共投资重点用于农业和农村基础设施建设，以保障性住房为重点的民生工程，教育、社会保障和就业、医疗卫生等方面的社会事业发展，生态建设和环境保护，促进企业技术改造和节能减排等方面投资，加快四川等地震灾区灾后恢复重建进度等。扩大政府公共投资的同时，结合刺激消费、统筹发展、深化改革等方面，优化政府公共投资结构，防止低水平重复建设，做到既拉动当前需求、促进经济恢复增长，又注重培育新的经济增长点，推动经济结构优化和调整，为长远发展奠定基础。

2009 年中央政府公共投资预算 9 080 亿元，截至 6 月 30 日，已累计下达 5 846 亿元，完成预算的 64.4%。同时，严把预算审核关，认真做好相关资金的监管工作，把监督检查有效贯穿于政策落实和资金筹集、分配、拨付、使用、管理全过程，确保中央政府公共投资落到实处。

地方政府债券发行和管理工作进展顺利，制定下发了一系列制度文件，对债券的发行、使用、监督等工作做出了明确具体规定。根据中央投资项目配套和地方项目建设的资金需求，以及偿债能力等因素，在对各地区发债规模申请进行认真审核后，经国务院审批，2月中旬已下达地方。地方政府在核定的规模范围内，陆续完成了项目确定、预算调整、人大审批等程序，按照成熟一期发行一期的原则，已于3月下旬开始代理发行地方政府债券，截至9月4日，已代理35个省（自治区、直辖市、计划单列市）发行地方政府债券2 000亿元。

2. 推进税费改革，实行结构性减税

结合改革和优化税制，实行结构性减税，采取减免税、提高出口退税率等方式，进一步调整收入分配结构，减轻居民税收负担，促进企业扩大投资和技术改造，拉动投资和消费增长。

在总结增值税转型改革试点经验的基础上，全面实施消费型增值税，允许企业在计算缴纳增值税时将外购固定资产所含的增值税进项税额予以全额抵扣，消除重复征税因素，减轻企业设备投资和更新改造的税收负担，促进企业增加自主创新和技术改造投入。实施成品油税费改革，取消公路养路费、航道养护费、公路运输管理费、公路客货运附加费、水路运输管理费、水运客货运附加费六项收费，逐步有序取消政府还贷二级公路收费；提高成品油消费税单位税额，由此新增的税收收入，专项用于替代养路费等六费、补助各地取消政府还贷二级公路收费，以及对种粮农民、部分困难群体和公益性行业的补贴，公平税费负担，推动节能减排。取消和停征100项行政事业性收费，对住房转让环节暂定减免一年营业税；进一步提高纺织、服装、石化、电子信息等产品的出口退税率；对1.6升及以下排量乘用车暂减按5%征收车辆购置税；同时，继续执行2008年已实施的各项税费减免政策。预计2009年结构性减税政策将减少财政收入约5 500亿元，其中中央财政减收约3 900亿元。

3. 提高低收入群体收入，大力促进消费需求

提高居民收入在国民收入分配中的比重和劳动报酬在初次分配中的

比重，缩小居民收入分配差距，有利于促进消费，增强对经济增长的拉动作用，提高经济运行的稳定性和可持续性。充分发挥财税政策在调整国民收入分配格局中的作用，重点增加城乡低保对象等低收入者收入，提高其消费能力。

2009 年，进一步增加对农民的补贴，中央财政安排粮食直补、农资综合补贴、良种补贴、农机具购置补贴四项补贴 1 230.8 亿元，比上年增加 200.4 亿元，增长 19.4%，支持较大幅度提高粮食最低收购价，增加农民收入。提高城乡低保补助水平，春节前向城乡低保等困难家庭发放一次性补助，增加企业退休人员基本养老金，提高优抚对象等人员抚恤补贴和生活补助标准，共安排资金 2 208.33 亿元。推进事业单位收入分配制度改革。

2009 年第一季度，已预拨粮食直补资金 151 亿元、农资综合补贴资金 716 亿元。预拨农作物良种补贴、农机具购置补贴资金 249 亿元，扩大农作物良种补贴面积，实现水稻、小麦、玉米、棉花良种补贴全覆盖，增加大豆、油菜良种补贴面积，扩大农机具购置补贴种类和范围，中央确定的农机具补贴种类由 9 大类扩大到 12 大类，补贴范围覆盖全国所有的农牧区（场）。加大农业保险保费补贴力度，增加补贴品种，扩大补贴地区，提高对中西部地区种植业保险保费的补贴比例。针对北方冬小麦主产区的严重干旱，及时下拨特大抗旱资金，支持做好抗旱保春耕工作。扩大测土配方施肥项目实施范围。积极支持开展农作物病虫害防治。预拨财政扶贫资金 75.8 亿元，支持各地尽早实施扶贫项目。

同时，充分发挥财政资金拉动经济增长作用直接有效的优势，通过家电下乡补贴、增加物资储备、农机购置补贴等多种方式，促进消费增长。2009 年 2 月 1 日起，在全国推广家电下乡，并扩大家电下乡补贴产品品种。3 月 1 日至 12 月 31 日，对农民报废三轮汽车和低速货车换购轻型载货车以及购买 1.3 升及以下排量的微型客车，实施一次性财政补贴。不断完善家电下乡和汽车下乡操作办法，会同有关部门印发了《家电下乡操作细则》，对家电下乡操作办法做出重大调整，根据新颁布的细则，农民提出补贴申请后的 15 个工作日内，即可领取到补贴资金，比原办法规定的 33 天缩短一半以上，农民领取补贴的手续大大简化。加强财政补贴管理，确保补贴资金安全，充分发挥财政资金直接刺激消费、带动产业发展的政策效果。

4. 进一步优化财政支出结构，保障和改善民生

加快以改善民生为重点的社会建设，可以稳定和改善居民消费预期，促进即期消费，拉动消费需求，进一步调整财政支出结构，严格控制一般性支出，重点加大"三农"、教育、就业、住房、医疗卫生、社会保障等民生领域投入，并向中西部地区倾斜。根据社会事业发展规律和公共服务的不同特点，积极探索有效的财政保障方式，建立健全保障和改善民生的长效机制。

2009 年，尽管财政收入态势十分严峻，但财政安排的"三农"和民生等重点支出增长幅度仍很大。年初预算安排时，中央财政用于"三农"支出安排 7 161.4 亿元，比上年增加 1 205.9 亿元，增长 20.2%；中央财政用于与人民群众生活直接相关的教育、医疗卫生、社会保障、就业、保障性住房、文化方面的民生支出安排 7 284.63 亿元，按可比口径增加 1 648.17 亿元，增长 29.2%。预算执行中，加快资金拨付进度，各项重点支出得到较好保障。同时，针对就业形势严峻和人民群众关心的教育、医疗等问题，进一步加大支持力度。

(1) 加大对就业再就业的支持力度。支持实施更加积极的就业政策，2009 年，中央财政预算安排就业资金 420.2 亿元，相当于 2008 年各级财政用于就业的总投入。2008 年年底，中央财政已预拨 164.85 亿元。在加大投入的同时，综合运用各种财税政策工具促进就业。一是支持劳动者就业创业。登记失业人员、高校毕业生等相关人员从事个体经营的，3 年内免收管理类、登记类和证照类等各项行政事业性收费；自筹资金困难的，可提供最高额度为 5 万元的小额担保贷款，财政给予相应贴息。对就业困难人员灵活就业后申报就业并缴纳社会保险费，给予社会保险补贴。政府投资开发公益性岗位，优先安排符合岗位要求的就业困难人员；开发适合高校

毕业生就业的基层社会管理和公共服务岗位，鼓励高校毕业生到中西部就业，对到中西部地区和艰苦边远地区基层单位就业、服务期 3 年（含）以上的高校应届毕业生，以及应征入伍服义务兵役的高校应届毕业生，由国家补偿学费和代偿国家助学贷款。对劳动者参加职业培训和职业技能鉴定，给予职业培训和职业技能鉴定补贴。二是支持企业吸纳就业。促进中小企业发展，增加就业岗位。新的企业所得税法对小型微利企业按 20% 的低档税率征收企业所得税；对高新技术企业减按 15% 的税率征收企业所得税；新修订的增值税条例将小规模纳税人的征收率统一降至 3%。对企业招用就业困难人员签订劳动合同并缴纳社会保险费，给予社会保险补贴。对困难企业采取"五缓、四减、三补贴、两协商"的政策，通过缓交社会保险费、阶段性降低社会保险费费率、运用失业保险基金结余、给予社会保险补贴或岗位补贴等措施，稳定企业用工，鼓励企业不裁员或少裁员。对符合条件的企业招用下岗失业人员，按实际招用人数定额依次扣减营业税、城市维护建设税、教育费附加，企业所得税的税收扶持政策审批期限延续到 2009 年年底；对符合条件的企业安置残疾人就业实行增值税即征即退或减征营业税及所得税税前加计扣除政策。三是支持相关机构提供就业服务。将公共就业服务经费纳入财政预算，保障其提供免费就业服务。政府对职业中介机构提供的公益性就业服务，给予职业介绍补贴，鼓励职业中介机构发展。允许金融机构提高小额担保贷款利率，建立对金融机构的奖补机制，支持银行等金融机构做好就业信贷服务，扶持信用担保机构，对非营利性中小企业信用担保、再担保机构从事担保业务取得的收入，凡符合规定条件的，3 年内免征营业税；完善小额担保贷款担保基金风险补偿机制。

（2）加大社会保障投入力度。2009 年，中央财政预算安排社会保障支出 2 930.49 亿元，比上年增加 438.98 亿元，增长 17.6%。2008 年年底中央财政预拨 2009 年城乡低保补助资金 274.47 亿元，确保城乡低保补助按时发放。春节前向城乡低保对象、农村五保对象、享受国家抚恤补助的优抚对象等人员发放一次性生活补贴，中央财政拨付专项补助资金 90.67

亿元。中央财政预拨基本养老保险补助资金700亿元，确保企业退休人员基本养老金按时足额发放。同时，按照2008年度企业退休人员月人均基本养老金的10%左右，再次增加企业退休人员基本养老金；中央财政拨付专项补助资金195亿元，对中西部地区、老工业基地和新疆生产建设兵团予以适当补助。中央财政预拨2009年优抚对象等人员抚恤补贴和生活补助资金98.5亿元；同时，在2008年年底已拨付18亿元的基础上，再次拨付22亿元，帮助解决受灾地区困难群众冬春期间基本生活困难。

（3）支持教育事业优先发展。2009年，中央财政预算安排教育支出1 980.62亿元，比上年增加376.91亿元，增长23.5%。已拨付2009年春季学期农村义务教育经费保障机制改革资金248.3亿元。落实免除城市义务教育阶段学生学杂费政策。已拨付2009年春季学期高校家庭经济困难学生临时伙食补贴资金4.77亿元，拨付2009年春季学期普通本科高校、高等和中等职业学校国家助学金48.53亿元，约377万高校家庭经济困难学生和1 190万中职学生受益。已拨付2009年春季学期汶川地震重灾区学生特别资助政策资金8.33亿元。着力帮助解决农村寄宿制学校附属设施不足、校舍安全等突出问题。继续实施国家助学贷款政策，大力推动生源地信用助学贷款。研究加快发展农村中等职业教育并逐步实行免费的办法。

（4）支持医疗卫生体制改革。会同有关部门研究完善深化医药卫生体制改革近期重点实施方案及相关配套文件，目前，深化医药卫生体制改革的意见及其实施方案已正式公布，未来三年落实五项重点改革工作，各级财政需新增投入8 500亿元，其中中央财政需新增投入3 318亿元。2009年，中央财政安排医疗卫生支出1 181亿元，已预拨新型农村合作医疗补助资金197.58亿元、城镇居民基本医疗保险补助资金32亿元，拨付补助中西部地区城市社区卫生机构、乡镇卫生院、村卫生室等基层医疗卫生机构设备购置资金17.26亿元。将地方政策性关闭破产国有企业退休人员全部纳入基本医疗保障体系。研究提出2009年城镇居民基本医疗保险制度扩大到全国所有城市、提前实现全覆盖目标的建议；研究制定农村孕产妇住院分娩专项补助资金管理暂行办法。在加大投入的同时，着力在改革投入机制上下工夫，努力提高财政资金使用的安全性、规范性和有效性。如对政府举办的基层医疗卫生机构实行核定任务、核定收支、绩效考核补助的财务管理办法，保障其正常运行。积极探索实行购买服务等多种有效形式，推动医疗卫生机构收入分配等运行机制改革，让有限的财政资金发挥更好的社会效益。

5. 大力支持科技创新和节能减排，推动经济结构调整和发展方式转变

加大财政科技投入，完善有利于提高自主创新能力的财税政策。大力支持节能减排，稳步推进资源有偿使用制度和生态环境补偿机制改革，建立资源集约、节约利用长效机制，促进能源资源节约和生态环境保护。加快实现经济增长由主要依靠增加资源等要素投入，向主要依靠科技进步、劳动者素质提高和管理创新转变，推动经济社会又好又快发展。

（1）促进科技创新。加快实施科技重大专项，预拨 2009 年度科技重大专项资金，支持对当前扩大内需能够产生直接作用、已有较好基础、可以尽快形成具有市场竞争力产品的科技重大专项项目（课题）优先启动。研究实施产业调整与振兴规划财税扶持政策，综合运用预算、税收、国债、政府采购等财税政策工具扶持重点产业发展，加快结构调整，提高自主化水平，促进我国重点产业平稳、健康、可持续发展。进一步扩大创业风险投资试点规模，不断提高在产业技术研发资金投入中所占比重。

（2）深入推进节能减排。2009 年，中央财政预算安排节能减排资金495 亿元，比上年增长 17%。采取以奖代补，支持十大节能工程、中西部城镇污水处理管网建设、三河三湖及松花江流域水污染治理、主要污染物减排"三大体系"建设等。继续完善高效照明产品推广办法，并研究推广空调、电机等高效节能产品。开展节能与新能源汽车推广试点，选择基础较好的城市在公交等公共服务领域率先推广应用。支持建立健全能效标准与标识制度，创造有利于节能产品推广的制度环境。全面推进建筑节能，推动太阳能光电在建筑领域规模化应用，支持条件成熟的地区大规模推广建筑一体化太阳能热水系统和地源热泵系统。加快发展可再生能源和新能源，积极推进非粮燃料乙醇与生物柴油的发展，组织实施兆瓦级风机制造奖励政策，制定促进光伏发电规模化发展的财政扶持政策。

需要说明的是，2009 年大幅度扩大政府公共投资，相应增加财政赤字和国债规模，是主动应对国际金融危机的一项重大特殊举措，是必要的，也是我国综合国力可以承受的，总体上是安全的。预计 2009 年我国财政赤字占 GDP 的比重在 3% 以内，国债余额占 GDP 的比重在 20% 左右，不仅控制在国际公认的欧盟标准之内，更远远低于美国、日本的水平。还应看到，我国这两个指标的数值虽然不高，但短时间内上升很快，风险在加速累积，特别是我国还有大量的隐性赤字和债务，实际的财政赤字和债务数可能要大很多。因此，在积极发挥财政职能作用、扩大财政赤字、增加政府公共投资规模的同时，还要重视财政风险控制，加强债务管理，尽快建立规模控制、风险预警、预算约束和审核批准等制度。

随着积极的财政政策和适度宽松的货币政策、十大产业振兴规划等应对国际金融危机一揽子计划的逐步贯彻落实，当前我国经济运行中的积极因素不断增多，企稳向好的势头日趋明显。2009 年，上半年国内生产总值同比增长 7.1%，增幅比第一季度和 2008 年第四季度分别提高 1 个和 0.3 个百分点，扩大内需对促进经济回升发挥了重要作用。投资增长势头强劲，全社会固定资产投资同比增长 33.5%，农业、科教文卫、环保等领域的投资增长更快。扩大消费政策成效显著，社会消费品零售总额增长 15%，扣除价格因素后实际增长 16.6%。消费结构加快升级，家电下乡产品销售 961 万台（件），汽车销售 610 万辆，商品住宅销售面积同比增长 33.4%。农业农村经济稳定发展，夏粮实现连续 6 年增产，总产达到 2 467 亿斤。工业生产回升加快，规模以上工业增加值增长 7%，其中第二季度增长 9.1%，6 月当月增幅达到 10.7%；用电、运输等指标向好，6 月全国用电量同比增长 3.8%，扭转了连续 8 个月下降的局面；铁路货运量同比降幅进一步缩小，规模以上港口货物吞吐量已连续 4 个月增长。产业结构调整和节能减排继续推进，第三产业增加值占国内生产总值的比重同比提高 1.6 个百分点，单位 GDP 能耗和主要污染物排放量保持下降趋势。区域发展协调性增强，中西部和东北地区投资、消费、工业生产增速均高于东部地区。就业和社会保障等民生工作取得积极成效，城镇新增就业 569 万人，城镇居民人均可支配收入和农民人均现金收入同比实际增长 11.2% 和 8.1%。增值税转型改革、成品油价格和税费改革、医药卫生体制改革等重点领域的改革也取得了新的突破。这些情况表明，我们顶住了国际金融危机的巨大冲击，在较短时间内稳定了各方面信心，遏制住了经济增长下滑态势。

第二十八章
加强对外财经
交流与合作

　　党的十六大以来，如何在全球化背景下贯彻实施互利共赢的开放战略，维护国家主权、安全和发展利益，为我国经济社会发展营造和平稳定的国际环境、睦邻友好的周边环境、平等互利的合作环境和客观友善的舆论环境，成为我国制定宏观经济政策时必须考量的重要因素，也是新形势下面临的重大课题。2003年以来，按照国家外交战略总体布局，财政部门积极推进对外财经交流与合作，利用国际、国内两个市场、两种资源，有力地配合了国家整体外交工作的开展和促进了经济、社会事业的发展。在国际上，继续利用双边、多边、区域和全球财经对话机制，通过积极参与国际经济规则制定，扩大我国及发展中国家在世界经济问题上的话语权，宣传我国发展理念，维护我国的核心利益和发展中国家的整体利益；在国内，继续利用国际金融组织以及外国政府的贷款和赠款，积极为我国经济社会发展服务。

第一节　双边经济合作机制

　　积极参与双边财经交流与合作，加强在宏观经济政策、国际财经热点问题等方面的双边对话和协调，宣传中国改革开放成果和经济政策，为我国经济发展营造良好的外部环境。目前，主要的双边经济合作机制包括中美战略与经济对话框架下的经济对话（2006 年 9 月至 2008 年 12 月期间为中美战略经济对话）、中美联合经济委员会、中英经济财金对话、中欧财金对话、中俄财长对话、中日财长对话、中巴（西）财政对话、中印（度）财金对话、中法财长年度互访、中德财长定期会晤。特别是 2008 年以来，面对复杂严峻的国际国内形势，围绕加强应对国际金融危机的国际合作，继续深化与美、英、日等国的对话与协调，取得了积极成果。

一、中美财经交流与合作

（一）中美战略经济对话

中美战略经济对话于 2006 年由中国国家主席胡锦涛和美国前总统布什共同倡导设立，截至 2008 年年底，已成功举办 5 次。中美战略经济对话机制启动是近年来中美关系史上具有里程碑意义的一件大事。它表明，当中美两国在经济领域的互动已经具备全球性和战略性的影响力后，协商对话的意义已经从战术层面进入到了战略层面。2006 年 12 月、2007 年 5 月、2007 年 12 月，国家主席胡锦涛的特别代表、国务院副总理吴仪和美国总统布什的特别代表、财政部长保尔森共同主持了前三次对话。2008 年 6 月和 2008 年 12 月，中美两国元首的特别代表王岐山副总理和美国时任财政部长保尔森共同主持了第四次和第五次对话。通过对话，中方促使美方在放宽出口管制、对华开放金融市场、公平对待中资企业赴美投资、加强金融监管合作，以及共同应对金融市场动荡等中方关切的问题上取得了积极进展，并在宏观经济、能源与环境、贸易与投资、金融等领域达成了多项互利共赢的成果，为中美经贸关系注入了新的活力。五次中美战略经济对话的成功举行，深化了中美两国在经济领域的互信与合作，为促进中美关系的稳定发展做出了积极贡献。

（二）中美战略与经济对话框架下的经济对话

2009 年 4 月 1 日，国家主席胡锦涛与美国总统奥巴马在伦敦会晤时，就建立中美战略与经济对话机制达成重要共识。该机制下的经济对话是中美战略经济对话的延续和发展，是中美双方探讨全局性、战略性和长期性经济问题的重要平台。首轮中美战略与经济对话于2009年7月27日至28日在华盛顿举行，国务院副总理王岐山和美国财政部长盖特纳分别作为胡锦涛主席和奥巴马总统的特别代表共同主持了首轮中美战略与经济对话框架下的经济对话。在经济对话中，中美双方围绕"凝聚信心恢复经济增长，加强中美经济合作"这一主题，就"加强中美间重大经济问题的理解与合作"、"应对金融危机、恢复经济增长"、"确保经济的可持续和平衡增长"、"构建强有力的金融体系"和"贸易和投资"等议题进行了坦诚、深入的讨论，并达成29项积极务实的成果。双方同意各自采取措施促进国内经济平衡和可持续增长，确保从国际金融危机中有力复苏；共同努力建设强有力的金融体系，完善金融监管；致力于更加开放的贸易和投资，反对保护主义；在改革国际金融机构方面进行合作，增加包括中国在内的新兴市场和发展中国家的发言权和代表性。

首次经济对话的成功举行，有力地增进了中美之间的相互理解和战略互信，进一步强化了中美应对国际金融危机的政策交流与务实合作，发出了两国加强合作、共克时艰的积极信号，对恢复市场信心、推动世界经济复苏发挥了积极作用。

（三）中美联合经济委员会

2005年10月，中美联合经济委员会第17次会议在京召开，美国总统布什的财政经济领导班子主要成员悉数与会。会议讨论了人民币汇率、服务业市场准入、经贸关系、能源问题等双方共同高度关注的问题，大大增进了双方在重大经济政策上的理解与共识。

2007年9月、2008年4月和2008年11月举行了中美联合经济委员会第三次、第四次、第五次副手会。中美战略经济对话建立之后，中美联合经济委员会被赋予新的内涵和使命，在战略经济对话指导下并与之密切配合，继续在加强中美宏观经济金融政策的沟通协调方面发挥积极作用。

二、中英经济财金对话

中英经济财金对话的前身为中英财金对话。中英财金对话是中英两国就共同感兴趣的财政、金融方面的问题交换意见的综合论坛。该机制于1998 年正式启动，至 2006 年在两国轮流举办了五次会议，促进了两国在财金领域的交流与合作，对中英战略伙伴关系发展发挥了积极作用。

2005 年 2 月和 10 月，英国财政大臣戈登·布朗两次访华。中英双方就国际财经领域迫切需要解决的一系列问题达成重要共识，相继发表《中英两国财长关于全球发展问题的联合声明》和《中英两国财长关于经济全球化的机遇和挑战的联合政策文件》，全面阐述了中英两国在国际发展领域的立场协调，在国际社会产生了较大影响。

2008 年 1 月，温家宝总理与来华访问的英国首相布朗决定将中英财金对话提升为副总理级的经济财金对话。首次中英经济财金对话于当年 4 月在北京举行，由温家宝总理特别代表、国务院副总理王岐山与英国首相布朗特别代表、财政大臣达林共同主持。

2009 年 5 月，第二次中英经济财金对话在英国伦敦举行，温家宝总理特别代表、国务院副总理王岐山与英国首相布朗特别代表、财政大臣达林共同主持对话。中英双方围绕"中英加强合作支持可持续增长"的主题，就支持经济增长和社会福利、促进金融稳定和资本市场发展、加强能源和环境合作支持绿色增长、深化贸易和投资合作等议题进行了深入探讨，取得了积极成果，为促进中英两国合作共同应对金融危机和中英全面战略伙伴关系发展发挥了积极的作用。

三、中日财长对话

为落实胡锦涛主席 2005 年 4 月提出的关于推动中日关系健康稳定发展的五点主张，在 2005 年 6 月举行的第六届亚欧财长会议期间，中日两国财长举行了会谈，并共同签署了《中日财政合作备忘录》，确定中日双方建立财长对话机制。该对话为部长级，每年一次，在两国轮流举行，参加人员为两国财政部高级官员。

首次中日财长对话于 2006 年 3 月在北京举行，第二次中日财长对话于 2008 年 3 月在东京成功举行。双方就中日两国宏观经济形势、财政政策、国际财金合作等问题进行了讨论与交流。

这一对话机制的建立，开通了中日政府之间的又一重要交流渠道，对加强两国财经合作、稳定中日关系具有积极的意义。

四、中俄财长对话

中俄财长对话机制是根据 2006 年 3 月普京总统访华期间两国政府签署的《关于启动中俄财长对话机制的谅解备忘录》建立的。该对话级别为部长级，每年一次，轮流在中俄两国举行，对话内容主要包括宏观经济形势、财政政策、金融政策以及在国际财金领域的合作。

首次中俄财长对话于 2006 年 10 月在北京启动，目前共举行了三次对话。第三次中俄财长对话于 2009 年 1 月在北京举行，财政部长谢旭人和俄罗斯副总理兼财长库德林共同主持对话，双方就全球及中俄两国宏观经济形势和政策、国际金融体系改革、二十国集团领导人伦敦峰会筹备工作、加强中俄国际金融合作等议题进行了广泛交流。

中俄财长对话为中俄经济交往增添了新的活力，有利于两国就全球经济问题协调立场，促进中俄友好合作关系进一步发展。

五、中欧财金对话

为落实中欧领导人关于开展中欧宏观经济政策和财金领域对话的共识，中国财政部与欧盟委员会磋商建立中欧财金对话机制。并于 2005 年 2 月在欧盟总部布鲁塞尔正式启动首次中欧财金对话机制，该机制是中欧双方在宏观经济政策、财金领域定期开展政策对话和交流的重要部分之一。

中欧财金对话每年举行一次。迄今为止，中欧双方分别于 2005 年 2 月、2006 年 5 月、2007 年 7 月、2008 年 11 月举行了 4 次对话。中欧财金对话对促进双方在宏观经济与财金领域的相互理解与合作、加强中欧全面战略伙伴关系、保持中欧与全球经济稳定与繁荣方面发挥了重要作用。

六、中印（度）财金对话

为落实中印两国总理于 2003 年 6 月签署的《中印两国关系原则和全面合作的宣言》，推动双方在财金领域的交流和合作，2005 年 4 月 11 日，温家宝总理访问印度期间，中印两国政府正式签署了《中华人民共和国政府和印度共和国政府关于启动中印财金对话机制的谅解备忘录》。

2006 年 4 月、2007 年 12 月，首次中印财金对话和第二次中印财金对话分别在印度首都新德里和北京举行，两国财政部副部长共同主持了会议，双方就两国宏观经济形势、促进可持续发展的财政政策、金融部门发展和中印发展经验研究等议题进行了广泛讨论和交流。

2009 年 1 月，第三次中印财金对话会议在印度首都新德里举行。中国财政部副部长廖晓军与印度财政部副部长阿夏克·朝拉共同主持了会议，双方就全球经济形势对中印两国的影响及应对措施、经济改革和发展经验等议题进行了深入讨论和交流。在双方的共同努力下，中印财金对话机制取得了积极成效，有利于进一步增进中印两国财金领域的相互了解与合作，同时也有利于两国就合作应对危机加强了沟通与协作。

七、中巴（西）财政对话

2006 年 3 月，中国财政部与巴西财政部在北京共同签署了《中华人民共和国财政部和巴西联邦共和国财政部关于启动中巴财政对话机制的谅解备忘录》，正式宣布建立中巴财政对话机制。

2006 年 4 月，在出席世行/基金春季会议期间，两国财政部在美国首都华盛顿举行了首次中巴财政对话会议，双方就两国宏观经济形势、财政政策、经济发展战略以及在国际财金领域的合作等议题进行了深入的讨论与交流。

中国和巴西是两个重要的发展中大国，加强中巴双方在宏观经济政策与财金领域的沟通与合作，不仅有利于促进两国战略伙伴关系的全面发展，也有利于世界经济的稳定和发展。

此外，自 2000 年以来，我国与德、法两国财政部实现了财长经常性互访，就共同关心的财金领域问题定期交换意见，对加强双方财经合作、扩大对重大国际财经问题的共识，以及协调国际财经事务的立场等发挥了积极的作用。

第二节　全球性多边对话机制

中国财政部参与的全球性多边对话机制包括中国与西方七国集团（G7）对话机制，二十国集团（G20）财长和央行行长会议，中国、印度、巴西、俄罗斯"金砖四国"（BRIC）财长对话会，中国、印度、巴西、南非四国集团（G4）财长对话机制、国际税收对话机制。这五个机制议题涉及全球宏观经济形势、国际金融体系改革、汇率政策、公共财政政策、税收政策、发展融资与减债、贸易、能源等多方面内容，通过对话，推动全球经济和金融等领域的合作。

一、参加七国集团同发展中国家财长的对话

西方七国财长会议是当前世界主要发达国家间的协调机制，在引领全球重大经济和发展议题、动员资金以及与推动其他国际多边机制协调落实等方面发挥着较为重要的作用。近年来，随着以中国为代表的新兴市场国家的群体性崛起，全球政治和经济格局发生了深刻变化，发达国家与发展中国家利益相互交融、依赖的趋势日益明显，许多全球性议题的解决都需要与主要发展中国家进行协调。

在这一背景下，自 2003 年以来，中国多次应邀参加 G7 同包括中国在内的发展中国家财政部长的对话。对话层次和频率不断提高，对话内容不

断拓展，涉及全球经济形势和宏观经济政策协调等国际经济领域的许多重大问题。通过与 G7 开展经常性的财经对话，介绍了我国科学发展观和宏观经济政策，在汇率、能源、贸易等问题上增信释疑，同时积极参与国际财经领域重大问题的讨论与协调，维护发展中国家利益。

二、参与二十国集团财长和央行行长论坛

二十国集团（G20，由 19 个成员国和欧盟共同组成，19 个成员国包括阿根廷、澳大利亚、巴西、加拿大、中国、法国、德国、印度、印度尼西亚、意大利、日本、墨西哥、俄罗斯、沙特阿拉伯、南非、韩国、土耳其、英国、美国）财长和央行行长论坛成立于 1999 年，旨在推动在全球经济中具有重要影响的国家就关键性的宏观经济和金融政策问题开展非正式对话，进而促进世界经济的持续、稳定发展。其成员涵盖面广、代表性强，既包括了世界主要经济体，又兼顾了世界上处于不同发展阶段及不同地域国家之间的利益平衡，因此最适宜讨论涉及国际经济体制改革的重大议题。

我国作为 G20 的创始成员国之一，积极参与了该论坛对国际经济领域热点问题的讨论，充分发挥了我国的影响力。2005 年，我国成功举办 G20 财长和央行行长会议，会议的主题是："加强全球合作，实现世界经济的平衡有序发展"。各成员方讨论了布雷顿森林机构改革、发展融资、发展理念创新、老龄化与移民，以及经济与发展问题等 5 个议题。胡锦涛主席出席开幕式并发表重要讲话，得到与会各方代表的热烈响应和高度评价。G20 会议通过的《二十国集团关于布雷顿森林机构改革的声明》和《二十国集团关于全球发展问题的声明》对于推动联合国千年发展目标的实现，改革布雷顿森林机构，加强全球经济治理，建立公正、合理的国际经济体制具有重要意义。

2008 年下半年以来，随着国际金融危机持续蔓延，G20 分别于 2008 年 11 月和 2009 年 4 月在华盛顿和伦敦召开领导人峰会，使得 G20 成为国际社会合作应对危机、加强政策协调以及推动国际金融组织和金融监管体

系改革的重要平台。

三、引导 G4 财经交流与合作对话进程

近年来，在广泛开展与广大发展中国家财经合作的基础上，还重点发展和加强了与印度、巴西、南非等主要发展中国家的财经交流和合作。2006 年 2 月，中国、印度、巴西、南非（G4）财长在莫斯科 G8＋4 财长会期间实现首次正式会晤以来，发展中大国对话机制不断向纵深发展。

2008 年，我国作为 G4 牵头方，利用 G20 财长会和世界银行春季会和年会之机，主持召开了五次 G4 财政副手财经对话会，推动 G4 合作机制不断深化。

2008 年 11 月，中国、印度、巴西、俄罗斯（BRIC）财长在圣保罗 G20 财长会期间实现首次正式会晤之后，于 2009 年 3 月再次举行会晤，就全球经济和金融形势、国际金融组织改革、全球经济治理框架改革等议题进行讨论，并发表联合公报，向外界传递了新兴大国积极参与国际财金事务的信号。

第三节　区域性合作机制

加强与周边国家的财经合作，积极参与大湄公河次区域（GMS）经济合作机制、东盟加中日韩（10＋3）财长会议、中亚区域经济合作机制（CAREC）、亚欧（ASEM）财长会议、亚太经济合作组织（APEC）财长会议等 5 个区域性合作机制。上述机制旨在加强区域内国家宏观经济政策沟通与协调，加强各国在财政、金融、监管领域的合作，通过一些项目合作，推动本区域经济和社会发展，维护区域金融稳定，促进地区经济增长，重点讨论国际和地区经济金融形势、财政货币政策、金融部门改革与监管以及深化区域财金合作等议题。

一、推动 GMS 第二次和第三次领导人会议成功举办

2005 年 7 月，GMS 第二次领导人会议在我国昆明成功举行。温家宝总理和来自柬、老、缅、泰、越五国的政府首脑及亚行行长出席了会议。会议通过了 GMS 历史上具有里程碑意义的《昆明宣言》，确定了 GMS 合作的未来方向。参会各方在电信、农业、贸易投资和环境等领域签订了一系列合作谅解备忘录或战略行动计划。

2008 年 3 月，GMS 第三次领导人会议在老挝万象举行，温家宝总理出席了会议，并发表了题为《合作的纽带，共同的家园》的讲话，提出了深化区域合作的建议和倡议。

二、与 10 + 3 成员之间的财金交流与合作成效显著

近年来，我国与 10 + 3 成员密切合作，在建立区域资金救援机制、发展亚洲债券市场、加强经济评估与政策对话、监控短期资本流动、建立早期预警机制等方面做了大量开创性的工作，使这一机制发展成为亚洲地区目前最有活力、前景最为广阔的区域合作机制。

2006 年在印度举行了 10 + 3 财长会议，在中国的积极倡导下，10 + 3 各方签署了《清迈倡议集体决策机制原则协议》，标志着 10 + 3 在迈向温家宝总理提出的"清迈倡议"多边化方向上取得了一项里程碑式的成果。

2007 年 5 月，在日本京都举行的 10 + 3 财长会上，各国财长原则同意将自我管理的区域外汇储备库作为"清迈倡议"多边化的形式。这一共识的达成，标志着 10 + 3 各方对区域危机救援机制的探索取得了突破性进展，是"清迈倡议"多边化的重要阶段性成果。

2008 年 5 月，第十一届 10 + 3 财长会议在西班牙马德里举行。会议集中讨论了东亚区域宏观经济形势和加强东亚财金合作等议题，并就筹建中的区域外汇储备库总规模和借款条件达成了以下共识：各方同意储备库规模为 800 亿美元以上，其中中日韩和东盟出资比例为 80% 和 20%；借款条件与现有的双边货币互换协议相同。会议指示工作组加快对储备库涉及

的借款额度、监测框架、启动机制、决策机制、出资形式等其他关键要素的研究，力争早日形成共识。财政部部长谢旭人率中国代表团参加了会议。针对当前区域经济面临的挑战，中方呼吁各方加强团结合作，进一步提升区域经贸与财金合作水平，维护区域金融稳定，为实现区域经济的健康发展奠定坚实基础。

三、成功举办中亚区域经济合作第五次部长级会议

中亚区域经济合作是由亚洲开发银行1996年倡议发起的区域经济合作机制，旨在通过加强相关国家之间的联系，促进区域经济融合，推动各国经济发展。

2006年10月，在中国乌鲁木齐成功举办了以"加强伙伴关系，深化区域合作"为主题的中亚区域经济合作第五次部长级会议，就中国与中亚邻国在交通、能源、贸易政策和贸易便利化等方面广泛开展对话与合作。会议发表《乌鲁木齐宣言》，提出了"好伙伴、好邻居、好前景"的长期愿景，推动中亚区域经济合作进入新阶段。

四、成功举办第六届亚欧财长会议

亚欧财长会议是亚欧会议的一个重要论坛，其宗旨是落实亚欧领导人会议有关财政金融问题的决定和精神，并通过对话和磋商推动亚欧之间经济和金融等领域的合作。

中国财政部于2005年6月在中国天津举行了第六届亚欧财长会议，围绕"进一步深化亚欧财金合作"的主题，回顾了全球及区域宏观经济形势，并探讨了促进亚欧全面可持续增长所面临的政策挑战和应对措施。会议发表了《第六届亚欧财长会议主席声明》和《促进亚欧更紧密合作的天津倡议》，为在新形势下加强亚欧更紧密的财金合作确立了基础性框架。

五、积极参与 APEC 财长会议进程

APEC财长会议自1994年启动以来，为各成员加强地区宏观经济政

策交流，开展宏观财政政策对话，促进成员经济体财政、金融部门能力建设发挥了重要作用。中国财政部作为 APEC 财长会议的重要成员，参加了历年的 APEC 财长会，并积极发起和参与各项具体倡议活动。

2001 年，中国财政部在主办第八届 APEC 财长会时发起设立"APEC 发展与金融项目"倡议。

2004 年 11 月，中国国家主席胡锦涛在智利 APEC 领导人峰会上宣布，为进一步促进亚太地区金融与经济领域的能力建设，中国政府将在"APEC 发展与金融项目"倡议的基础上，升级成立常设机构——亚太财经与发展中心（AFDC）。AFCD 成立后，积极通过培训、年度论坛和资助区域研究等方式促进亚太地区国家金融与经济发展领域的能力建设活动，受到了 APEC 各经济体的广泛好评。

此外，充分发挥关税在多、双边经贸合作中的积极作用。

一是积极参与 WTO 多哈回合谈判。入世以来，我国在承担相应国际义务的同时，积极参与多边贸易规则的制定。国务院关税税则委员会（以下简称税委会）认真参加 WTO 多哈回合的货物贸易关税减让谈判（包括农业谈判、非农产品市场准入谈判、环境产品谈判等），从维护国家利益、维护公平的国际贸易秩序的立场出发，率先研究并提出了"新成员待遇"、"中国公式"、"分层混合公式"等许多新的概念和具体提案，其核心内容已成为 WTO 谈判的法律基础，在多边贸易规则的制定中发挥了重要的建设性作用。

二是推进区域关税优惠安排。随着世界经济一体化进程的加快，多边、区域和双边经济贸易合作进一步活跃。税委会按照党中央和国务院的部署，积极稳妥地推进自由贸易区战略，拟订并审议了多项自贸区关税谈判方案，自贸区建设从开局走向蓬勃发展，取得了阶段性成果。截至2009 年上半年，我国已与相关国家（地区）签署了 8 项区域关税优惠协定，包括《亚太贸易协定》、《中国—巴基斯坦自贸协定》、《中国—东盟自贸协议》、《中国—智利自贸协定》、《中国—新西兰自贸区》、《中国—新加坡自贸区》、《内地与香港、澳门关于建立更紧密经贸关系的安排

（CEPA）》、对 41 个最不发达国家零关税待遇。此外，还有多项区域关税优惠安排正处于谈判或研究进程中。区域关税优惠安排的实施，拓宽了我国利用两种资源、两个市场的领域，有力地推动了我国与相关国家（地区）的经济贸易合作，使双方产业结构互补的优势得以充分发挥，并在政治、外交方面具有重大意义，有利于营造和平稳定、平等互信、合作共赢的地区环境。

三是果断实施贸易救济，切实维护国家利益。随着我国对外开放水平的提高、国际合作的深化，国内产业遭到进口产品倾销或对中国出口商品给予不公平待遇的事件频频发生。税委会积极应对这一挑战，妥善处理经贸摩擦，坚定地运用关税手段维护国家利益，保护国内相关产业的合法权益。2003—2009 年上半年，税委会共对 35 起原审反倾销案件做出征收倾销税及继续征收反倾销税的决定，对 10 起期中复审案件做出调整反倾销税税率的决定，对 1 起新出口商复审案件做出反倾销税为零的决定，案件涉及欧盟、美国等 20 多个国家和地区出口至我国的产品，范围涵盖化工、医药等八大类产品。反倾销税的及时实施和适时调整，维护了公平的贸易秩序，为国内相关产业的发展和结构调整创造了良好的外部环境。

第四节 与国际金融组织的合作

近年来，我国与世行、亚行、国际农发基金、欧洲投资银行和全球环境基金等国际金融组织的全方位合作继续得到加强和发展，在污水处理、节能减排等领域的合作成为新的亮点之一，知识合作进一步加强，利用国际金融组织平台宣传我国发展经验取得新的成果。

一、与国际机构合作的深度和广度不断拓展

与国际机构合作的广度与深度不断拓展突出表现为多形式、多层次的

合作与政策对话。这些合作与政策对话可以归纳为发展领域、环境领域和知识领域三个方面。

（一）发展领域的合作

世界银行是世界上最主要的多边开发机构之一，其宗旨是帮助发展中国家消除贫困，促进全球发展。自建立合作关系以来，我国与世界银行进行了全方位、广泛而深入的合作，有力地支持了我国的经济发展。亚洲开发银行成立于 1966 年 11 月，是亚洲和太平洋地区最大的多边开发金融机构，其宗旨是促进亚太地区的减贫和发展。我国和亚行的合作内容之一，就是亚行为中国的公共投资项目提供急需的资金。全球环境基金赠款资金发挥了重要的杠杆作用，不仅弥补了我国财政资金投入的不足，而且带动了大量的国际资源和国内民间资本的投入。

在我国与国际金融组织的贷款合作中，仅 2006 年，就利用世界银行、亚洲开发银行、农发基金、全球环境基金等国际金融组织贷款约达 30 亿美元，赠款近 3 000 万美元，支持了交通、农村发展、能源、城建、教育、卫生等领域 20 多个项目的建设。

最近几年来，按照党中央、国务院的战略部署，在稳定贷款规模、优化项目管理的基础上，进一步加大了国际金融组织贷款、赠款向广大中、西部地区倾斜的力度，积极支持西部大开发，支持东北等老工业基地振兴，支持中部崛起，支持东部地区体制创新；重点支持农业、交通、节能减排等国民经济和社会发展薄弱环节的建设，取得了积极成效。

（二）环境领域的合作

积极与国际金融组织开展贷款合作和技术咨询合作，支持国内可再生能源开发，支持高耗能企业提高能源利用效率，支持建设节约型社会政策研究和机制建设，支持国内节能减排和环境保护事业。

1994 年，我国作为创始国、捐资国和受援国参加了全球环境基金（GEF）。GEF 通过向符合条件的成员国提供赠款和优惠贷款，用以保护全球环境和促进经济可持续发展，主要涉及生物多样性、气候变化、国际水域、有机污染物、土地退化和臭氧层保护等领域的项目和计划。GEF已成为我国利用多边优惠资金开展环境保护工作的重要渠道之一。

世行和亚行都将生态环境问题视为援助战略的重点，致力于积极推动中国向资源保护性发展转变。一是技术援助。亚行为中国提供了119项环境方面的技术援助，其总价值超过7 700万美元。通过技术援助，在制定中国的环境政策法规框架、加强环境评价方面扮演了重要的角色，同时还提供贷款直接解决主要城市的环境污染和废物排放。二是支持开发市场手段。在全国范围内应用的排污收费制度和SO_2排放交易项目的研究，帮助中国通过坚持清洁发展机制，减少温室气体的排放，以防止全球环境变暖。在亚行的支持下，中国已经开始实行全国城市供水价格管理条例。新的城市供水价格基于全成本回收原则，并适当考虑到了节约用水、贫困人口的支付能力和公众的意见。三是支持环境方面关键机构的能力建设。为提高环境管理能力，亚行向国家环保局及11个城市和1个省的地方环保局提供了技术援助，帮助制定了环境规划，促进了监测环境所必备的能力建设。

此外，其他国际金融组织也在努力支持促进我国的生态保护，如2007年7月，欧洲投资银行（EIB）执董会讨论通过了对华气候变化框架贷款（China Climate Change Framework Loan）项目，总额为5亿欧元，主要用于避免或减少温室气体和其他污染物排放的项目。

（三）知识领域的合作

通过与世行、亚行等国际金融组织合作，积极利用其智力资源，为我国经济社会建设和改革开放献计献策，其中不少政策建议得到党和国家领导人的高度重视，并融入国家的有关重要政策文件之中。

我国与世界银行合作的一项重要内容是经济分析、政策咨询、技术援助等知识合作活动。我国与世界银行合作完成了数百篇经济和部门研究报告，这些报告针对我国宏观经济、地方经济、财政金融、社会保障、企业改革、投资环境、农村发展、扶贫开发、教育卫生、交通运输、能源水利、环境保护等多个领域进行了专门研究，为我国的宏观经济管理和行业部门改革提出了具有参考价值的意见和建议，推动了我国重大体制机制创新，为我国建立和完善社会主义市场经济体制做出了积极贡献。

亚行也积极向我国提供知识型产品。亚行对华技援项目涉及交通通信、能源、农业、金融改革、环境保护、扶贫减灾、自然资源、环保、城建等领域。这些项目很好地结合了国际经验和中国国情，实现了国内外知识信息资源的整合。亚行的资金和智力资源在帮助中国加快经济建设，特别是改善能源、交通等基础设施方面起了积极的作用。

2004 年，财政部应邀以观察员身份加入经合组织财政事务委员会。虽然为非正式成员，但可以观察员身份参与国际税收合作的对话过程，充分发挥引导权和话语权，使发达国家主导的全球税收等宏观经济政策朝着有利于广大发展中国家的方向发展。

通过与世行、亚行等国际金融组织合作，宣传了中国改革开放的伟大成就，宣传了中国的发展政策和发展理念，为人类发展事业做出了积极贡献。

二、充分利用国际资源，促进了我国的改革与发展

（一）引进优惠资金以弥补我国发展资金的不足，加快重点项目建设

世行、亚行等国际金融组织对华的资金援助是我国与国际金融组织合作的起点和重要内容之一。截至 2008 年年底，我国利用国际金融组织贷款累计承诺额为 703.03 亿美元，累计提款额为 521.23 亿美元，累计归还贷款本金为 215.15 亿美元，已提取未归还贷款额（债务余额）为 316.08 亿美元。我国用国际金融组织贷款共支持建设了 481 个项目，这些项目重点支持了交通、农业、能源、城建环保、扶贫、教育、卫生等优先领域，对于促进我国改革开放和经济社会发展发挥了重要作用。利用贷款资金建设的一大批交通、能源、农林水利领域的重点项目，对于帮助化解我国经济发展面临的"瓶颈"制约意义重大。

此外，我国通过加强与国际金融组织合作，进一步改善了国内投资环

境，增强了对外资的吸引力。利用国际金融组织贷款产生的巨大国际影响力，以及其作为国际资本"风向标"和"催化剂"的作用，增强了我国对国际私人资本的吸引力，有效引导了国际私人资本投向，扩大并丰富了我国经济建设所需资金来源，为我国经济可持续增长提供了资金支持。

（二）引进了国际先进技术，促进我国民族产业升级换代

国际金融组织贷款普遍使用国际竞争性招标方式，为引进国际先进技术与设备提供了便利条件。这不仅加快了各行业技术引进的步伐，而且促进了对引进技术的消化、吸收与再创新，加速了民族工业的升级换代。这些行业主要包括：农垦行业、水利行业、电力行业、交通行业等。例如：我国先后利用世行贷款对长春客车厂、昆明机械厂等7家企业实施技术改造，优化调整产品结构，使企业在较短时间内实现了产品的更新换代，大大提升了企业参与国际市场的竞争力。

（三）培养了改革开放所亟需的大批技术管理人才

在与世行、亚行等国际金融组织的长期合作中，双方始终高度重视人才培养，将加强人才培养作为双方合作的重点内容之一，坚持"请进来"与"走出去"相结合，为中国培养了一大批技术管理人才。世行和亚行在华实施了大批技术援助和培训项目，包括宏观经济、行业发展、农业扶贫、教育卫生等项目管理领域。更重要的是，通过贷款项目管理，中央和地方各级政府成立了项目办，培养了大批项目管理和财经外向型人才，锻炼出了一支懂政策、懂业务的干部队伍。

（四）推动了国内的机制和制度创新

利用世行、亚行资金和全球环境基金赠款在引进国际发展经验，推动中国机制、制度创新等方面发挥了明显作用。如：通过世行项目引进的供水、污水收费制度已在全国推行，为我国水资源的可持续利用与发展提供了基础；通过世行项目率先试点的区域卫生资源规划、医疗扶贫基金等，为我国卫生体制改革与发展提供了宝贵的借鉴。此外，通过全球环境基金赠款项目促进了国家能源政策、规章和节能技术标准的制定。如：中国可再生能源发展项目推动了《中华人民共和国可再生能源法》的制定和实

施；中国节能促进项目帮助我国引进和推广了"合同能源管理"这一节能新机制；中国节能冰箱项目设计并推广了我国第一个能效标识，直接推动了《家用电冰箱耗电量限定值及能源效率等级》和《能源效率标识管理办法》的制定和实施。

（五）利用国际知识资源，推动国内改革

世行等国际金融组织积极参与中国经济体制改革，通过与我国开展经济分析、政策咨询、技术援助等知识合作，在我国社会主义市场经济体制改革和国民经济宏观调控进程中发挥了重要作用。

我国与世行、亚行等国际金融组织合作完成了大量经济和部门研究报告，涉及我国宏观经济、地方经济、财政金融、社会保障、企业改革、投资环境、农村发展、扶贫开发、教育卫生、交通运输、能源水利、环境保护等多个领域，为我国的宏观经济管理和行业部门改革提出了具有参考价值的意见和建议。特别是 2008 年四川汶川大地震发生后，世行、亚行、国际农发基金、全球环境基金等国际金融组织在第一时间对华提出了有关抗震救灾紧急措施、地震灾害经济影响、风险评估、灾后重建等政策建议。国际金融组织提出的政策建议以信息专报形式上报了党中央、国务院，得到了中央领导的高度重视。

（六）促进了我国发展理念的更新和转变

世行、亚行等国际金融组织作为国际上重要的多边发展机构，积极倡导"以人为中心的发展"，重视项目的环境影响和可持续性，推行"全面发展框架"及"包容和可持续全球化"的理念，认为发展应重视各种经济与非经济因素之间的相互关联性，强调要加大对借款国社会发展领域的支持，以缩小贫富差距，促进社会平衡与和谐发展。因此，国际金融组织的发展援助理念与我国科学发展观的理念是一致的。这些以人为本的发展理念的一致性也充分反映在双方的贷款项目合作中，并在国内其他建设项目中逐步完善和推广。在与国际金融组织的合作中，通过吸收国际先进经验，更加重视环境保护，更加强调影响评价，维护受影响人群的权益，使我国可持续发展理念和以人为本理念更加深入人心。

（七）加快了我国减贫的进程

通过与国际金融组织共同举办国际研讨会、撰写研究报告、组织其他国家政府代表团来华考察交流等多种方式，开展了一些富有成效的合作，向国际社会宣传中国改革发展包括减贫的成就和经验，为世界的减贫和发展事业做出了积极贡献。特别是2004年5月，中国与世界银行在上海成功举办全球扶贫大会，首次系统性地对外宣传我国扶贫经验和成就。大会通过了《上海减贫议程》，为推动全球扶贫事业做出了重要贡献，得到了国际社会的高度评价。

此外，积极参与国际发展援助事业，促进提升我国作为最大发展中国家的国际地位。2004年，我国向亚洲发展基金捐款3 000万美元，同时捐款2 000万美元在亚行设立"中国减贫和区域合作基金"，积极支持区域减贫和发展事业。2007年12月，中国首次向世界银行软贷款窗口国际开发协会捐款3 000万美元；2008年，我国再次向亚洲发展基金捐款3 500万美元。

第五节　外国政府贷款合作

双边外国政府贷款管理职能1998年由外经贸部划转财政部后，财政部积极开展外国政府贷款项目合作，合理利用国外优惠资金，推动我国区域协调发展和经济社会薄弱环节建设；增进与贷款国的双边经贸合作关系，进一步建立健全规章制度，规范工作程序，强化贷款借、用、还全过程管理，贷款合作的质量和成效不断提高。截至2008年年底，协议贷款金额约为645亿美元，实际用款约为542亿美元，贷款余额约为313亿美元。

一、积极拓宽资金渠道并创新合作方式

财政部先后与波兰、沙特阿拉伯、葡萄牙及OPEC基金建立合作关

系。在原有传统贷款合作的基础上，与美国进出口银行开展主权担保贷款合作、与德国复兴信贷银行开展促进贷款合作、与法国开发署开展优惠贷款合作、与比利时共同组建中小企业产业投资基金。合作领域更多侧重于环境保护、节能、医疗、教育、"三农"、城建和中小企业发展等诸多领域，并向中西部地区倾斜。2003 年以来，我国利用外国政府贷款约 105 亿美元，其中环境保护、医疗、教育、"三农" 4 个领域的投入达到 61.75 亿美元，占同期利用外国政府贷款总额的 58.56%，中西部地区项目占全部项目的比重超过了 60%。2008 年汶川地震后，财政部还积极争取了法国开发署优惠贷款 2 亿美元、德国政府赠款 2 016 万美元用于地震灾后恢复重建项目。

二、逐步完善外国政府贷款管理工作

财政部门会同其他有关部门在完善贷款管理方面做了大量工作：

一是强化了贷款管理制度建设，逐步制定和完善了包括项目管理、财务管理、债务管理、招标采购、监督检查等各个环节的规章制度，逐步建立了覆盖外国政府贷款"借、用、还"全过程的一整套管理机制；加强了贷款项目监督检查，在强化项目单位负责制的基础上，加大了财政部门开展项目监督检查的力度。

二是探索建立了首次由受援国主导，独立对外国政府贷款项目进行绩效评价的体系，制定了《外国政府贷款项目绩效评价暂行办法》及有关评价指标，对绩效评价的组织实施和职责分工、评价指标做出了具体的规定，对外国政府贷款项目绩效评价结果进行分析，为进一步做好外国政府贷款工作提供了参考依据，促进项目增强可持续发展能力。

三是加强了债务管理，积极化解债务风险，建立健全预算扣款机制和还贷准备金制度，有效控制了地方拖欠债务的规模。进一步完善了政府外债统计分析和监测预警机制，加强对地方外债指标监测和风险管理的指导，稳步推进外债管理信息系统建设，促进地方政府外债的科学管理，防范地方财政债务风险。

三、利用外国政府贷款工作取得积极成效

我国在利用外国政府贷款资金支持经济建设和社会发展、改善人民生活水平、加强对外财经合作等方面取得了积极成效。

一是不断创新合作方式，开展了气候保护及中小企业信贷等新领域的合作，有力地支持了我国经济建设和社会发展。

二是促进改善民生，争取优惠资金支持社会公用事业，为区域协调发展、环境保护和人民生活水平的提高做出了积极贡献。

三是引进了先进技术设备、发展理念和管理经验，促进了产业升级，提高了企业自主创新能力，培养了大批人才，逐步形成与国际接轨的项目管理规范和体系，这些先进经验已在国内投资项目中被广泛采用。

四是促进和加强了我国对外财经合作，巩固和增强了双边友好关系。作为双边交流合作的重要渠道之一，外国政府贷款对增进经贸往来，促进贷款国对华出口，改善贸易不平衡，发挥了积极的作用。

总体上看，近年来，随着中国经济不断融入世界经济以及综合国力的不断增强，我国的国际地位也不断提高，在全球经济中发挥着越来越重要的作用，已成为推动世界经济增长不可忽视的力量。我国经济的快速发展已成为推动区域乃至全球经济发展的重要动力，世界各国普遍看好我国经济发展前景，发展对华关系、加强对华合作的意愿不断增强，有利于我国掌握对外经济贸易发展的主动权。虽然世界经济发展明显不平衡、贸易保护主义盛行等也会对我国经济发展带来挑战，但总的看，我国经济发展面临的国际环境是机遇大于挑战。做好财经对外交流与合作、加强财政政策国际协调，有助于我国更好地利用国内国际两个市场、两种资源，拓展经济发展的外部空间，有助于提升我国在国际社会的影响力，有助于缓解经贸压力和摩擦，为我国经济社会发展营造良好国际环境。

第二十九章
全面推进财政科学化
精细化管理

2009 年 7 月，全国财政厅（局）长座谈会在北京召开。会上，财政部部长谢旭人同志作了题为《深入贯彻落实科学发展观 着力推进财政科学化精细化管理》的工作报告；同时，《关于推进财政科学化精细化管理的指导意见》也提交会议讨论。这次会议的召开，标志着财政工作进入了全面推进财政科学化精细化管理的新阶段。

第一节　财政科学化精细化管理的重要性

全面推进财政科学化精细化管理，事关改革发展稳定大局，事关财政职能作用的有效发挥，事关财政事业的健康发展，意义重大。

财政管理贯穿于研究制定和实施财政政策、编制和执行预算的全过程，是财政部门的日常工作。财政管理水平的高低，直接影响到财政职能作用的发挥和财政资金的使用效率。近年来，各级财政部门高度重视加强财政管理，采取了一系列有效措施，做了大量卓有成效的工作，财政管理水平不断提高。同时也要清醒地看到，与党中央、国务院和广大人民群众对财政工作的要求相比，与落实好积极财政政策各项措施的需要相比，仍有较大差距，主要表现在财政管理的法制体系有待完善，预算约束力不强，预算编制较粗，预算执行迟缓，预算资金的使用效益亟待提高，管理基础工作比较薄弱，管理信息化建设步伐仍需加快，一些管理干部素质与新形势要求还不相适应等。

财政职能作用的发挥都要通过一件件具体的工作去体现、去落实。做好财政工作，必须全面推进财政科学化精细化管理。科学化管理，就是要从实际出发，实事求是，积极探索和掌握财政管理的客观规律，遵照财政法律法规要求，建立健全管理制度和运行机制，运用现代管理方法和信息技术，发挥管理人员的积极作用，把握加强管理的方向和途径。精细化管理，就是要树立精益思想和治理理念，运用信息化、专业化和系统化管理技术，建立健全工作规范、责任制度和评价机制，明确职责分工，完善岗责体系，加强协调配合，按照精确、细致、深入的要求实施管理，避免大而化之的粗放式管理，抓住管理的薄弱环节，有针对性地采取措施，增强执行力，不断提高财政管理的效能。

科学化精细化是有机的整体，科学化是精细化的前提，精细化是在科学化指导下，按照统筹兼顾的原则，把科学管理要求落实到管理的各个环节，落实到管理人员岗位，体现集约管理、注重效益的要求。

一、全面推进财政科学化精细化管理是贯彻落实科学发展观的必然要求

科学发展观是我国经济社会发展的重要指导方针，是发展中国特色社会主义必须坚持和贯彻的重大战略思想。财政工作以科学发展观为指导，并服务于科学发展观的贯彻落实，客观上要求财政管理必须实现科学化精细化。制定实施财政政策、编制和执行预算，都要符合科学化精细化管理要求。科学发展观讲求质量和效益，财政管理要体现绩效的要求，就要做到科学精细。财政工作政策性很强，涉及面很广，关系经济社会发展全局和广大人民群众切身利益，又处在收入分配和资金供求矛盾的焦点上。财

政管理既有宏观的，也有微观的；既有政策的研究制定和预算的编制，也有政策的贯彻实施和预算的执行，要求很高。这些特点都决定了必须实行科学精细管理，容不得半点疏忽大意。胡锦涛总书记曾指出：管理和技术是推动经济发展的两个车轮，同发达国家相比，我们在管理水平上的差距比技术上的差距更大，要广泛应用现代信息技术和科学管理方式，努力提高企业管理水平。这些要求也同样适用于政府公共管理。在财政管理理念、管理制度、管理方法、管理手段、管理人员素质等方面，我国与发达国家相比，都不同程度地存在着差距，需要通过全面推进科学化精细化管理来逐步缩小。

二、全面推进财政科学化精细化管理符合现代管理的发展趋势

当代管理理论与管理实践相互促进，不断发展。20 世纪初，泰罗等人倡导科学管理，强调标准管理和管理流程控制。20 世纪 20 年代至 30 年代出现的行为科学理论，主张通过多种方式激励人的积极性。第二次世界大战后，根据科学管理理论而建立的管理制度强调流程的规范化和标准化，同时注重发挥人的主观能动性和创造性，适应管理环境的变化，不断进行管理创新，提高管理质量和效率。在吸收传统管理经验和借鉴国外先进管理理论的基础上，我国也形成了许多有价值的管理理论研究成果。比如，细节理论认为，细节决定成败，百分之一的疏忽可能导致百分之百的失败，成功来源于细节的积累。精细化管理理论认为，科学化精细化管理注重过程控制，体现于每一个管理环节，在持续改进中达到最优效果；注重绩效考核，明确责任，有奖有罚；注重成本管理，追求低成本、高效益。现代政府管理理论认为，公共管理与企业管理之间不存在本质区别，企业管理中要求的绩效管理、质量管理、目标管理、成本管理、结果控制等，公共管理都适用。财政部门作为政府的重要组成部分，实行科学化精细化管理，符合现代管理理论的要求。

三、全面推进财政科学化精细化管理是新形势下做好财政工作的迫切需要

一是要适应政府职能转变的要求。温家宝总理指出：要加快政府职能转变，建设法治政府、服务政府、责任政府、效能政府。财政是政府行为的反映。随着政府职能的逐步转变以及依法行政和行政管理创新的不断深入，完善公共财政体系尤为迫切，需要财政管理更加科学精细。

二是要适应财政收支规模不断扩大的要求。1994 年财税体制改革以来，特别是近年来，财政收支规模连续迈上新台阶。2008 年，全国财政收入达到 6.13 万亿元，是 1993 年的 14.1 倍；全国财政支出达到 6.26 万亿元，是 1993 年的 13.5 倍。日益庞大的财政收支规模对预算的编制、执行以及效果考核都提出了更高要求，社会各方面都希望预算更加细化，透明度更高。只有全面推进财政科学化精细化管理，才能适应新的形势，工作也会比较主动。

三是要适应财政分配领域和服务对象发生变化的要求。随着科学发展观的深入贯彻落实和社会主义和谐社会建设步伐不断加快，近年来涉及民生的财政政策不断出台，特别是财政支持教育、就业、社会保障、医疗卫生、住房保障等方面的民生政策越来越多，财政部门的服务对象由过去主要面向部门和企业，扩展到现在面向全社会、面向千家万户；由主要涉及经济领域扩展到经济社会生活各个领域。财政服务的对象和层级明显增加，社会各界也更加关注，迫切需要财政工作更加细致有效。

四是要适应加强党风廉政建设和干部队伍建设的要求。实行财政科学化精细化管理，有利于规范财经秩序，有利于从源头上加强反腐倡廉建设，也有利于促进财政事业健康发展，提升财政部门的形象。

第二节　推进财政科学化精细化管理的总体要求

一、　推进财政科学化精细化管理的指导思想

根据党中央、国务院关于加强财政管理的一系列重要指示精神，结合面临的新形势、新任务和财政管理工作实际，当前和今后一个时期推进财政科学化精细化管理的指导思想是：以邓小平理论和"三个代表"重要思想为指导，全面落实科学发展观，认真贯彻党中央、国务院的一系列方针政策和对财政管理的各项要求，坚持依法理财、科学理财、民主理财，按照突出重点、统筹兼顾、远近结合、分步实施的原则，建立完整的政府预算体系，完善预算编制制度，加强预算执行管理，强化预算监督，建立预算编制与预算执行、预算监督相互制衡和有机衔接的运行机制，提高财政管理绩效，保障财政职能作用充分发挥，为全面建设小康社会、开创中国特色社会主义事业新局面做出新的更大贡献。

推进财政科学化精细化管理必须坚持与时俱进，牢固树立现代财政管理观念。

一是全局观念。认真贯彻党中央、国务院一系列方针政策和对财政工作的各项要求，自觉服从、主动服务于经济社会发展大局，充分发挥财政职能作用。切实加强部门协调配合，形成工作合力。

二是法治观念。将依法理财作为财政工作的灵魂贯穿始终，完善财政立法，加强财政执法，强化执法监督，做好执法考核，努力实现有法可依、有法必依、执法必严、违法必究。

三是创新观念。坚持从时代要求和财政发展需要出发，分析新情况，总结新经验，解决新问题，在改革中创新，在创新中促进财政发展。

四是效率观念。切实强化财政管理，提高财政资金使用效益，加强绩

效评价，以尽可能少的投入提供尽可能多的公共产品和公共服务。

五是服务观念。不断改进公共服务水平，做到管理与服务的有机结合，在强化管理中提高服务水平，在优化服务中强化财政管理。

六是责任观念。财政干部要有强烈的事业心，不断增强使命感，切实负起责任，扎实工作，干事创业。强化责任追究，确保各项管理要求落到实处。

这六个观念是构成现代财政管理观念的有机整体，互相联系，互为补充。无论是决策的形成、目标的确立、措施的选择，还是财政具体工作的组织实施，都应当按照六个观念的要求，进行全面权衡和综合判断，确保财政工作始终沿着正确的轨道前进。

二、推进财政科学化精细化管理的基本要求

根据上述指导思想和现代财政管理观念，推进财政科学化精细化管理要遵循以下基本要求：

一是突出依法理财。国家法律法规是财政管理的依据，财政管理必须依照法律法规进行，严格按法律法规行使权力、履行职责，做到依法行政、合理行政、程序正当、高效便民、诚实守信、权责统一，真正体现依法行政和依法理财的要求。

二是注重流程设计。合理的管理流程，是财政科学化精细化管理的基础。要按照精简程序、理清环节、分清责任、明确标准的要求，健全和优化财政管理工作流程，使预算编制、预算执行、财政监督、绩效评价等各项工作均依流程运行。在流程设计中要做到目标明确、环节清晰，形成上下互动、左右联动、环环相扣的有机链条，努力实现各环节间的"无缝衔接"，有机配合，信息共享，既相互促进又相互制约，既提高效率又减少差错。

三是完善岗责体系。有岗必须有责、权责必须对等，是财政科学化精细化管理必须遵循的原则。财政科学化精细化管理要在优化流程的前提下建立健全岗责体系，从机制上保证权责一致，促进责任落实。要根据财政

管理各项工作的职能和流程运转环节科学设置工作岗位，明确界定岗位职责，确定工作衔接的节点和程序，做到分工明确、各司其职、协调配合，形成包括工作职责、工作目标、业务流程、工作质量、绩效考核、责任追究等要素的具体岗位工作规范，使各个岗位的工作人员能够全面了解岗位职责，熟悉本职业务，确保严格按照管理标准和工作规范优质高效地完成本职工作。

四是加强绩效考核。绩效考核是实现财政管理科学化精细化的重要保障，要根据岗责体系的要求，按照奖优、治庸、罚劣的原则，合理确定考核标准，坚持定性与定量考核相结合，强化考核结果的运用，积极推进预算编制、执行等工作绩效考核，使财政科学化精细化管理的成效体现到提高资金使用效益和财政管理水平上来。

五是健全配套制度。制度具有根本性、长期性、稳定性。要将工作中采取的有效做法通过建立和完善制度的方式稳定下来，使各项工作有章可循，做到用制度管权，按制度办事，靠制度管人。要在执行好已有行之有效的工作制度的基础上，根据形势任务的发展变化不断健全各项工作规范，努力做到反映财政工作规律，符合财政工作实际，可操作，可检查。

六是运用科技手段。财政科学化精细化管理要求运用先进科学技术，大力推进财政管理信息化建设，以信息化推动科学化精细化，努力创新财政管理方式，提高财政工作质量和效率。要加快推进金财工程建设，建立财政管理各环节畅通、业务标准统一、操作功能完善、网络安全可靠、覆盖所有财政资金、辐射各级财政部门和预算单位的财政管理信息系统。

七是坚持以人为本。以实现人的全面发展为目标，关心、爱护、激励财政干部，充分调动财政干部的积极性和创造性，为提高财政管理水平贡献聪明才智。加强财政干部队伍建设，要牢固树立为国理财、为民服务的财政工作宗旨，努力提高思想水平、理论水平、政策水平、工作能力和综合素质，为加强财政科学化精细化管理提供组织保障和智力支持。

第三节　推进财政科学化精细化管理的主要任务

推进财政科学化精细化管理是一个系统工程，必须坚持不懈，循序渐进，既要整体推进，又要突出重点；既要着眼长远，更要立足当前，根据财政改革与发展的形势，确立不同时期的阶段性目标和工作重点，不断提高财政管理水平。

一、加强财政法制建设

这是推进财政科学化精细化管理的重要前提和有力保障。必须按照科学化精细化的要求，全面推进、重点突破，尽快解决财政法制建设中存在的问题。

要以预算法修订和提升税收法律级次为突破口，着力完善财政管理法律法规体系。推动修订预算法，着重对一些亟待解决且管理制度基本成熟的问题进行修订明确。逐步提升税收法律级次是将经过实践检验、条件成熟的税收暂行条例上升为税收法律，提高税收法律制度的权威性，更好地约束各种侵蚀税基、随意减免税的行为。根据全国人大和国务院的立法规划，近期重点做好增值税法、车船税法、耕地占用税法的制定工作。加快财政转移支付管理暂行条例、财政资金支付条例、国有资本经营预算条例、行政事业单位国有资产管理条例、非税收入管理条例、政府采购法实施条例等的立法进程。

同时，要以加强财政规章和规范性文件制定管理为重点，着力提高财政管理法规制度质量；以领导干部学法用法为关键，着力强化财政干部的法律意识和法制观念，增强财政行政执法能力。

二、建立完整的政府预算体系

2008年，我国公共财政预算的财政收入6.13万亿元，还有部分行政事业性收费未纳入预算管理,社会保障预算尚未建立;同年,我国基本养老、失业、基本医疗、工伤、生育等 5 项社会保险基金总收入 1.2 万亿元,累计结余 1.4 万亿元,仍作为预算外资金管理。政府性基金虽已单列基金预算管理,但目前仍有相当部分土地出让等收入未纳入进来。国有资本经营预算刚开始试点,还不够完善。政府各类收入反映政府以行政权力和国有资产所有者身份集中社会资源的规模和份额,都应纳入政府预算体系管理。要进一步完善公共财政预算、国有资本经营预算、政府性基金预算的编制,在建立社会保险基金预算的基础上逐步建立社会保障预算,形成有机衔接、完整的政府预算体系,以全面反映政府收支总量、结构和管理活动。

(一)进一步完善公共财政预算

全面推进国有资本经营预算工作,在完善收支政策的基础上扩大试点范围。所有中央部门所属企业和中央管理企业集团,都要逐步纳入实施范围。未试编的省级政府要尽快开展,已试编的地方要进一步规范完善。目前,中央财政正在抓紧编制中央国有资本经营预算草案,2010 年将向第十一届全国人大第三次会议报告,省级财政也要加快工作进度。清理规范政府性基金项目,对现行纳入基金预算管理的项目进行全面清理,取消已失去收入来源、不能适应现行管理体制要求以及违规设立的政府性基金项目,严格控制设立新的政府性基金项目。从 2010 年起,全面编制中央和地方政府性基金预算,并抓紧试编社会保险基金预算。在理顺财政部门与社会保险主管部门工作关系的基础上,按照依法建立、规范统一、专款专用、收支平衡、相对独立的原则,试编 2010 年全国社会保险基金预算,待条件成熟时,研究逐步过渡到编制社会保障预算。

(二)研究建立四类预算有机衔接的机制

按照各自的功能和定位,科学设置政府预算,将应当统筹安排使用的资金统一纳入公共财政预算,将具有专款专用性质且不宜纳入公共财政预算管理的资金纳入政府性基金预算。社会保险基金预算相对独立,公共财政预算要支持社会保险基金预算,国有资本经营预算部分收入可用于弥补社会保障支出。根据经济社会发展和政府宏观调控的需要，加大对政府性基金预算和国有资本经营预算的统筹调配力度，通过预算编制形成资金合力。

三、加强预算编制管理

推进财政科学化精细化管理，必须紧紧抓住预算编制这个"龙头"，针对薄弱环节，进一步完善管理体系，健全机制和流程，努力提高预算编制的科学性、准确性和精细化程度。

（一）细化预算编制

编制预算要做到科学、严谨、细致、准确，细化基本支出和项目支出，逐步实现"一上"预算编制全部细化到"项"级科目和落实到具体执行项目，基本支出预算要如实准确地反映预算单位机构编制、人员、经费类型等基础数据及变化情况。进一步扩大基本支出定额试点范围，完善定员定额标准体系，加强中央部门人员信息数据库建设。项目支出预算在"一上"时要有明确的项目实施计划和时间进度，保证项目可执行，且一经确定原则上不得调整。涉及政府采购的，要同时编制政府采购预算。大幅减少代编预算规模。进一步加强项目库建设，推进项目支出预算滚动管理。建立重大项目支出预算事前评审机制，继续推进按经济分类编制预算试点工作，使项目预算做到实、细、准。

（二）加强部门专项结转和净结余资金统筹使用

部门专项结转和净结余资金规模过大，是预算管理中一个非常突出的问题。无论是从深化部门预算改革的需要，还是从当前的经济财政形势来看，切实加强专项结转和净结余资金管理，对于盘活部门沉淀资金，缓解财政收支矛盾，提高资金使用效率，都具有十分重要的意义，要研究采取切实有效的解决措施。进一步修订完善财政拨款专项结转和净结余资金管理办法及相关管理制度。切实加强预算执行管理，严格控制当年专项结转和净结余资金的产生。积极推进预算编制与预算执行的结合，强化专项结转和净结余资金的统筹使用。建立专项结转和净结余资金情况定期报告和内部通报制度，控制专项结转和净结余资金规模。

（三）推进资产管理与预算编制有机结合

研究制定行政事业资产配置、更新和报废标准，以制定通用资产配置标准为抓手，建立分层次的配置标准体系，推动行业特点突出的部门结合实际制定专用资产配置标准，逐步建立健全行政事业资产管理标准体系和配套制度。进一步完善相关的工作机制和工作流程，编制部门预算时要充分考虑部门占有的资产及其收益情况，切实加强新增资产配置专项审核和资产收益管理，实现资产配置管理和处置管理的有效衔接。

（四）增强地方预算编制的完整性

一些地方特别是县级财政预算编制不完整，收支预算数往往只有决算数的一半，严重影响了预算的法治性和约束力，也不利于人大、审计和社会监督。在科学编报本级预算收入的同时，上级财政要提前告知对下一般性转移支付和部分专项转移支付预计数。地方各级财政要完整编报上级的各项补助收入，提高本级财政预算编报的完整性。按照综合预算管理的要求，对按规定应列入部门预算编报范围的单位和资金，要全部编报部门预算。

四、强化预算执行管理

预算执行管理是财政管理的重要组成部分，是预算实施的关键环节，直接关系到党和国家各项重大政策的贯彻落实。

（一）加强财政收入管理

在完善税收收入管理的同时，进一步规范政府非税收入管理。按照"正税清费"原则，清理取消不合理、不合法的非税收入项目，规范完善非税收入体系，实行依法征收。2009 年，将全国性及中央部门和单位的行政事业性收费全部纳入预算管理，地方审批设立仍在预算外管理的行政事业性收费大部分也要纳入地方预算管理。2011 年前，将在预算外管理的所有非税收入全部纳入预算管理，彻底取消预算外资金。全面实施政府非税收入国库集中收缴，规范收缴程序，实施动态监控，取消执收单位过渡性账户，把所有政府非税收入统一纳入国库单一账户体系管理。依法健全财政收入均衡入库机制，加强对经济运行的跟踪监测，认真分析经济运行中主要指标与年初预期指标的差异变化以及对财政收入的影响。在坚持依法征收、应收尽收的前提下，对一次性、特殊性的非税收入等，要提前做出入库进度计划，并合理把握收入退库进度，避免出现因特殊因素导致收入增幅月度间波动过大。

（二）建立预算支出执行责任制度

部门是预算支出执行的责任主体，各级财政的部门预算管理机构要把督促部门加强预算执行管理作为日常工作重点，与部门一起强化预算执行工作。及时掌握和分析本级各部门预算执行进度和项目绩效情况，定期对部门进行考评通报。将预算执行与预算编制有机结合，把上一年的预算执行情况作为编制下一年预算的重要参考依据，避免"两张皮"。各级财政的国库管理机构要按照预算确定的具体项目执行，并及时向部门预算管理机构反馈执行的相关信息。中央财政对下的专项转移支付拨付后，地方财政要及时将资金落实到具体项目，切实提高资金使用效率。

（三）提高预算支出执行的均衡性

完善规范预算执行情况分析报告制度，准确把握财政支出走势。加强用款计划管理，按照年度均衡性原则编制基本支出用款计划，依据部门预算和项目实施进度编制项目支出用款计划。完善项目支出资金预拨制度，履行相关报批程序后，可在同级人民代表大会正式批准部门预算前，按当年项目预算"一下"控制数的一定比例预拨项目支出资金，促进项目支出进度均衡化。正确处理好加快支出进度与科学调度库款的关系，保障支付需要，科学规范调度库款，防止出现"要么执行缓慢、要么超量预拨"的现象。加快转移支付执行进度。年初全国人大批准财政预算后，中央对地方的一般性转移支付预算指标除与预算执行挂钩的项目等特殊情况外，应在第二季度内下达。专项转移支付预算指标除有特殊管理需要外，应在第三季度末之前下达60%以上。省级财政应当比照中央财政的下达比例和进度，结合本地实际和管理需要，确定对下安排的专项转移支付资金年初和各季度的预算到位率，并逐年提高到位比例，确保基层财政部门和预算单位能够及时执行预算。推进专项转移支付资金国库集中支付，中央财政力争在 3—5 年内将具备条件的专项转移支付资金纳入国库单一账户体系进行管理，实行国库集中支付。地方财政对下的专项转移支付资金也要逐步实行国库集中支付。

（四）推行预算支出绩效评价

加快完善相关机制和指标体系，选择有关重点项目、民生项目积极推行预算支出绩效评价试点。规范管理办法，研究将绩效评价结果运用到改进预算管理和以后年度编制预算中。逐步建立绩效评价结果公示制度。

（五）加强地方政府性债务管理

为增强地方政府对中央政府公共投资的配套能力，形成中央和地方资金合力，2009 年全国人大批准财政部代理发行 2 000 亿元地方政府债券；同时，一些地方通过政府投融资平台等渠道筹集了部分建设资金，这在地方政府性债务既有规模已较大的情况下又新增了不少债务。因此，要从促进财政可持续发展的高度，既要发挥好资金的使用效益，也要进一步加强债务管理，避免过度举债，努力防范和化解财政风险。要研究建立债务管理信息系统、会计制度、规模控制和风险预警等基本制度框架。财政部门安排预算时，要建立偿债基金用于偿还到期债务。

五、加强财政监督

财政监督是财政管理的有机组成部分，是保障财政职能作用发挥和国家宏观调控目标实现的重要手段。

（一）建立健全覆盖所有政府性资金和财政运行全过程的监督机制

积极推进监督关口前移，认真开展部门预算编制抽查、重大支出项目评审以及政策调研等工作；利用财政管理信息系统，强化专项支出的过程监控。部门预算管理机构要加强日常业务的监督管理，及时发现问题并提出解决方案。健全专员办工作机制，充分发挥专员办就地监管优势；强化专员办现有的部门预算编制审查、国库集中支付审核、银行账户审批、非税收入征收监缴的职责，进一步明确专员办对驻地中央基层预算单位的监管地位，规定对中央基层预算单位预算、财务、资产等实施综合财政监管的责任和实施方式等，实现中央财政对中央基层预算单位的监管全覆盖。

严格执行《财政违法行为处罚处分条例》，强化财政违法责任追究，加大对违规问题的处理处罚和信息披露力度。运用自查、检查、重点调查等手段，加强对重点部门、行业、资金的监督检查。

（二）自觉接受人大、审计监督

进一步扩大向人大报送部门预算草案的范围，逐步细化报送人大审议的预算草案，对教育、医疗卫生等涉及民生的重点支出，细化到所有"款"级科目；对其他支出也要加大改革力度，逐步列示到"款"。认真整改审计发现的问题，防止重复错误。

（三）增强预算透明度

按照《中华人民共和国政府信息公开条例》的要求，充分利用报纸、网站等媒体及时公布财政收支统计数据，以及经人大审议通过的政府预决算和转移支付预算安排情况，主动公开财政规范性文件以及有关的财政政策、发展规划等。在预算报告内容反映的明细程度和易读易懂方面，每年要有新进展，不断提高预算内容披露的详细程度。从2008年下半年开始，每月15日在财政部门户网站公布上月财政收支数据；2009年全国人大批准预算草案后一周即公布中央预算草案，受到社会各界的好评。今后要坚持这一方向，加大信息公开力度。

六、加快财政管理信息化建设

这对于提升理财能力和管理水平至关重要，不仅有利于加强预算管理、强化财政监督、促进政务公开、提高工作效率，也是加强财政干部队伍建设的重要措施。

（一）明确总体目标

坚持统筹规划、统一标准，突出重点、分步实施，整合资源、讲求实效，加强管理、保证安全的原则，以标准和规范体系建设为基础，以建设并推广应用支撑平台为重点，以网络、安全及运行维护体系建设为保障，建成各级财政内部、财政与同级相关部门、上下级财政部门互联互通的一体化财政管理信息系统，全面加强各级财政部门对财政资金和资产的规范化管理，逐步实现全国预算自动汇编、收支及时汇总和决算即时生成，支撑和促进财政科学化精细化管理。

（二）突出建设重点

全力推广实施金财工程应用支撑平台，充分发挥其"多功能插座"的作用，促进实现业务畅通和数据贯通。规划和建立流程通畅、业务协同、数据共享的一体化管理系统，实现预算编制、预算执行及监督监控全方位管理。逐步建立包含财政管理基础信息、财政收支运行数据及其他外部相关信息的大型数据中心，完整全面地记录财政资金和资产运行情况，实现财政经济数据的集中存储和统一管理。充分利用数据中心，通过数据库等技术，加强对各类财政经济数据的统计分析，为财政决策提供科学依据。加快推进网络、安全、运维等保障体系建设。

（三）坚持一体化要求

信息化建设是一项系统工程，涉及财政工作的方方面面，必须坚持走一体化建设之路。要推进管理一体化，加强对信息化建设的统一组织和集中领导，统筹兼顾，科学决策，整体规划。要推进业务一体化，根据财政管理的基本要求，建立统一规范的业务流程。要推进技术一体化，统一相关数据口径、技术标准，建立规范的技术基础平台。

七、加强管理基础工作和基层建设

管理基础工作和基层建设是财政管理的基石。各项管理基础工作做得如何，基层财政职能是否有效发挥，直接影响预算的编制与执行，以及各项财政政策措施的落实。

（一）大力夯实管理基础

加强支出标准和项目库建设，完善定员定额标准体系，继续推进实物费用定额试点，积极加快项目支出定额标准体系建设。做好财政预算基本数据的收集整理工作，建立完善部门基础信息数据库，逐步实现对本级行政事业单位机构、编制、人员、资产、经费类型等数据的动态管理。完善财务会计制度，推进政府会计改革，改进现行主要以收付实现制为基础的预算会计体系，逐步引入权责发生制，研究构建政府会计制度和准则体系，建立政府年度财务报告制度。深化政府收支分类改革，建立统一规范、各级财政共同执行的政府收支科目体系。抓紧制定预算编制的"电子辞典"，从经济社会发展和财政管理工作的实际需要出发，科学设计预算支出科目的代码，全方位、多层次地反映预算支出的属性。在预算编制中标明预算支出的"三农"、民生、行政成本等属性，并由信息系统自动汇总生成这些社会各界非常关注的统计数据。

（二）立足基层加强财政管理

财政预算执行和政策落实的成效如何，都表现在基层对资金的使用和管理上。加强基层财政队伍建设，健全基层财政部门的工作职能，更好地发挥基层财政管理的积极作用，对推进财政科学化精细化管理至关重要。

近些年来，国家出台了一系列强农惠农政策，涉农惠农资金越来越多，这就要求合理界定和充实乡镇财政职能，充分发挥基层财政就地和就近实施监管的优势，进一步提高服务水平，把国家的涉农补贴、家电下乡等各项惠农政策真正落到实处。要建立健全乡镇辖区内项目管理监督机制，对本级和上级财政安排的资金以及其他部门和渠道下达的财政资金都要加强监管，通过建立台账、抽查巡查等方式，加强项目实施的监督检查和跟踪问效，及时将资金使用中存在的问题、项目实施效果等信息上报上级财政部门。上级财政要关心乡镇财政工作人员，通过培训提高他们的业务能力，帮助解决他们工作生活中遇到的困难，发挥好乡镇财政工作人员的作用。

八、加强财政干部队伍建设

人是财政管理中最活跃、最具有决定性的因素，是财政管理的第一资源。推进财政科学化精细化管理关键在人，要按照科学发展观的要求，加强干部队伍建设。

（一）强化领导班子建设

按照政治坚定、开拓创新、求真务实、勤政廉政、团结协调的要求，进一步加强各级财政领导班子建设，使之成为学习型组织、创新型团队、实干型集体、廉洁型班子，在提高财政管理水平中发挥强有力的领导核心作用。改进领导方式和方法，深入研究和探索财政管理内在规律，科学谋划财政管理工作。改革和完善决策机制，健全规则，规范程序，强化责任，提高决策科学化、民主化水平。

（二）增强干部素质

加大干部教育培训力度，以加强能力建设为核心，认真落实党中央对新一轮大规模培训干部的部署和要求，努力创新干部教育培训机制，不断增强培训的计划性、针对性和实效性。深化干部人事制度改革，逐步形成体现科学发展观和正确政绩观要求的干部选拔任用和考核评价体系，营造使优秀人才脱颖而出、激励干部干事业、支持干部干成事业的良好氛围与和谐的工作环境。制定科学的财政绩效管理等工作计划和目标，明确具体财政管理工作岗位的能力要求，加强对干部的绩效评价，确保实现管理目标。

（三）努力勤勉为民服务

大力弘扬八个方面的良好风气，增强忧患意识、公仆意识和节俭意识，努力做到为民、务实、清廉。要心系群众，服务人民，深入基层，深入群众，加强调查研究，多为群众办好事、办实事；要求真务实，真抓实干，不断增强工作的责任心，脚踏实地，埋头苦干，努力创造经得起实践、历史和人民检验的成绩，不搞形式主义，不做表面文章；要严谨细致，勤勉敬业，把各项工作目标和任务分解到具体工作环节、具体工作岗位、具体工作人员，并加强督查督办，真正做到认真负责、精益求精；要艰苦奋斗，勤俭节约，牢记"两个务必"，坚决反对奢侈浪费；要生活正派，情趣健康，加强道德修养，讲操守、重品行，摆脱低级趣味，保持高尚的精神追求。

（四）切实做到廉洁从政

深入开展理想信念教育，牢固树立正确的权力观、地位观和利益观。坚决贯彻《建立健全惩治和预防腐败体系2008—2012年工作规划》，认真落实党风廉政建设责任制，规范权力运行流程，加大查处违纪行为力度，深入推进财政系统党风廉政建设和反腐败各项工作。当前要认真抓好《中国共产党巡视工作条例（试行）》、《关于实行党政领导干部问责的暂行规定》、《国有企业领导人员廉洁从业若干规定》和《关于开展工程建设领域突出问题专项治理工作的意见》的贯彻落实。

（五）大力弘扬财政文化

积极宣传社会主义核心价值体系，加强财政工作宗旨教育，使全体财政干部明确价值取向，提高精神境界，塑造认真负责、严谨细致的敬业精神，团结协作、和谐共处的团队精神，积极向上、不断进取的工作精神。加大精神文明创建力度，树立一批具有财政特色和时代特征的先进典型，大力宣传其先进事迹、高尚品格和精神风貌，并在全系统发扬光大。

中华人民共和国
财政大事年表
(1949—2008 年)

1949 年

10 月 1 日　中华人民共和国成立。在成立中央人民政府的同时，成立了中央人民政府财政部。财政部受政务院的领导及中央人民政府政务院财政经济委员会（以下简称中财委）的指导，主管全国财政事宜。财政部的组织机构是以原华北人民政府财政部为基础陆续扩充建立起来的。

10 月 19 日　中央人民政府委员会召开第三次会议，任命薄一波为中央人民政府财政部部长，戎子和、王绍鳌为副部长。

11 月 1 日　中财委召开委员会议，研究物价问题。针对 10 月全国物价平均上涨 44.9% 的严重情况，采取了全国统一的平抑物价行动。

11 月 24 日　财政部召开第一次全国税务会议。会议拟定《全国税政实施要则》，作为整理与统一全国税政的基本准则。

11 月 28 日　政务院复函财政部，同意建立全国税务总局。政务院第十一次会议通过任命李予昂为财政部税务总局局长，崔敬伯为副局长。

12 月 2 日　中央人民政府委员会举行第四次会议，集中研究财政问题，薄一波作了《关于一九五〇年财政收支概算的报告》。毛泽东指出，国家预算是一个重大问题，里面反映整个国家的政策，因为它规定政府活动的范围和方向。陈云就物价问题和发行公债问题作了报告。会议通过了《关于发行人民胜利折实公债的决定》，决定于 1950 年度发行一批折实公债，分五年偿还。

12 月 22 日　中央人民政府政务院总理周恩来对参加全国农业会议、钢铁会议、航务会议的人员作《当前财经形势和新中国经济的几种关系》的重要讲话，并着重阐述了国家财经计划问题。

12 月　财政部召开第一次全国盐务会议，做出《关于 1950 年全国盐务方针任务的决定》和《关于全国盐务机构组织的决定》。

12 月　财政部在北京召开第一次全国粮食工作会议，提出了统一全国农业税法、税率的问题。

1950 年

1 月 1 日　中央人民政府财政部税务总局正式成立。

1 月 27 日　政务院第十二次及第十七次政务会议审查通过《全国税政实施要则》、《全国各级税务机关暂行组织规程》、《工商业税暂行条例》和《货物税暂行条例》。

1 月 31 日　政务院发布《关于统一全国税政的决定》等文件。

2 月 13 日　中财委召开全国财政会议，研究解决财政经济困难的政策和措施。陈云主持会议并作了《关于财经工作统一的决定》的报告。

3 月 3 日　政务院第二十二次会议通过并颁布《关于统一国家财政经济工作的决定》、《公营企业缴纳工商业税暂行办法》和《中央金库条例》。

3 月 15 日　中财委发出《关于抛售物资、催收公债、回笼货币、稳定物价的指示》。

3 月 17 日　财政部发出《关于公营企业缴纳工商业税的通知》，规定全国公营企业的所得税，一律作为利润由主管部门集中向财政部缴纳。

4 月 13 日　中央人民政府委员会第七次会议听取和批准了中财委主任陈云所作的《关于财政状况和粮食状况的报告》。报告指出：国家的财政状况已有好转，收支接近平衡，物价趋于稳定。

4月16日　财政部召开全国农业税税法会议。会议总结了1949年秋征工作，下达了1950年的夏征任务和借征任务，并着重研究了统一农业税税法问题。

5月27日　财政部召开第二次全国税务会议。会议决定，对部分货物税的品目进行简化合并，对部分税率进行调整。

5月30日　政务院发布1950年新解放区夏粮征收的决定，把农业税税率由上年的17%降为13%，并缩小了征税范围。

6月6日　中国共产党第七届中央委员会第三次全体会议在北京举行，一致同意毛泽东所作的《为争取国家财政经济状况的基本好转而斗争》的书面报告、刘少奇所作的《关于土地改革问题》的报告和陈云所作的《调整公私关系和整顿税收》的报告。

9月5日　中央人民政府委员会第九次会议通过并颁布《新解放区农业税暂行条例》，规定新解放区农业税按农业人口人均农业收入累进计征。

9月　经政务院机构编制审查委员会核定，财政部的组织机构调整为：部长室、办公厅、主计司、国防财务司、经济建设财务司、行政财务司、文教财务司、农业税司、财政监察司、会计制度司、外事财务司、人事处、参事室、机要室、税务总局、粮食管理总局、盐务总局和物资清理处。调整前，财政部主要机构为：部长室、办公厅、编译统计处、总务处、主计处、国防财务处、行政财务处、外事财务处、经济建设财务处、文教社会财务处、会计制度处、财政监察处、农业税处、人事处、参事室、机要室、税务总局、盐务总局、粮食管理总局、北京物资清理处和天津物资清理处。

10月13日　中财委发布《关于统一整理公私合营企业公股的决定》。《决定》规定的公股，是指国民党政府国家经济金融机关参加的企业股份和战犯及其他应依法没收归公的企业股份，其股权属财政部。

10月27日　财政部召开全国预算、会计、金库制度会议。会议通过了《预算决算暂行条例草案》、《国营企业财务收支计划草案》、《中央金库条例实施细则草案》和《货币管理实施办法草案》等九个文件，这是新中国成立后一次重要的业务会议。

11 月 2 日　中财委发出《冻结现金、稳定物价措施的指示》。

11 月 15 日　中财委召开全国财政会议。会议根据朝鲜战争爆发以后的形势，研究了财政工作的方针。会议认为，1951 年财政方针应放在战争的基础上，财政支出以战争需要为第一，维持市场金融物价的稳定为第二，其余往后安排。

12 月 15 日　政务院第六十三次政务会议通过并颁布《屠宰税暂行条例》、《印花税暂行条例》、《利息所得税暂行条例》等文件。

12 月 28 日　政务院发布《关于管制美国在华财产，冻结美国在华存款的命令》，以反击美国政府宣布管制中华人民共和国在美国管辖区的公私财产等敌视行动。

1951 年

1 月 16 日　政务院发布《特种消费行为税暂行条例》。

2 月 3 日　政务院发布《关于实行国家机关、国营企业、合作社财产强制保险及旅客强制保险的决定》，指定中国人民保险公司为办理强制保险的法定机关。

2 月 12 日　中财委召开全国工业会议，决定逐步改革企业管理制度，实行计划管理、经济核算制度、厂长负责制、八级工资制和计件工资制。

2 月　中财委召开财政会议，讨论划分财政收支系统的问题。会议通过财政部提出的方案，1951 年度先实行中央、大行政区、省（市）三级财政体制，1952 年再建立县一级财政。

3 月中旬　财政部召开全国城市财政会议，研究城市财政的特点、城市编制、城市财政收支范围及平衡收支办法等，并草拟了《关于进一步理顺城市地方财政的决定》，经政务院批准于 3 月 31 日公布施行。

3 月 20 日　财政部召开第三次全国税务会议。

3 月 23 日　政务院第七十七次政务会议通过《中华人民共和国暂行

海关法》，自 5 月 1 日起施行。

3 月 31 日　政务院发布《关于财政分级后几个重要问题规定的命令》，对追加预算的程序、编制批准的机关、中央与地方的财政管理、部队与地方的财务关系等做出规定。

4 月 6 日　中财委颁发《1951 年度国营企业财务收支计划暂行办法》、《1951 年度国营企业提缴折旧基金暂行办法》和《1951 年度国营企业提缴利润暂行办法》。

5 月 4 日　政务院八十三次政务会议通过《关于划分中央与地方在财政经济工作上管理职权的决定》；批准了《中华人民共和国海关进出口税则》和《中华人民共和国海关进出口税则暂行实施条例》，自 5 月 16 日起施行。

5 月 28 日　中财委发出《关于美帝操纵联合国大会非法通过对我实行禁运案后对各项工作的指示》，针对美国操纵"联大"、对中国实行全面经济封锁的情况，对贸易和金融方面的工作做出紧急部署。

6 月 1 日　中财委发布《关于国营企业清理资产核定资金的决定》。

6 月 23 日　政务院发出《关于 1951 年农业税工作的指示》，提出在不同地区实行不同税制：老解放区采用比例税制；新解放区尚未实行土地改革的地区，实行累进税制；新解放区已完成土地改革的地区，实行缓进的累进税制。

7 月 8 日　政务院发出《关于追加农业税征收概算的指示》，决定当年农业税照原概算增收 1/10。

7 月 20 日　政务院第九十四次政务会议通过《预算决算暂行条例》。

7 月 31 日　中财委制定并颁发《国营企业资金核定暂行办法》。

8 月 8 日　政务院颁布《城市房地产税暂行条例》。

8 月 31 日　中共中央发出《关于农业税必须贯彻查田定产依率计征的指示》。

9 月 20 日　政务院颁布《车船使用牌照税暂行条例》。

10 月下旬　中共中央政治局举行扩大会议，讨论了实行精兵简政、增产节约和反对贪污、反对浪费、反对官僚主义的问题。随后中共中央发出《关于"三反"斗争的指示》。

11 月 24 日　全国财经会议在北京召开。会议提出了 1952 年财经工作方针和工作重点。同日，财政部发布《各级人民政府暂行总预算会计制度》。

11 月　财政部召开全国企业财务管理和会计会议，比较完整地解决了企业财务管理制度问题，为普遍实行经济核算制打下了基础。

12 月　中财委召开全国财政会议。会议期间陈云发表了重要讲话。

1952 年

1 月 12 日　《人民日报》发表题为《怎样在财政系统中开展反贪污、反浪费、反官僚主义运动》的社论。

1 月 15 日　陈云、李富春、薄一波向中共中央提出《1952 年财经工作的方针和任务》的报告。中财委颁发《国营企业提用企业奖励基金暂行办法》。

2 月 28 日　财政部颁发《各级人民政府 1952 年供给标准》。

4 月 21 日　政务院公布施行《中华人民共和国惩治贪污条例》。

5 月 21 日　中财委召开全国财政会议，提出了"边打、边稳、边建"的财政收支方针。

6 月 27 日　政务院发出《关于全国各级人民政府、党派、团体及所属事业单位的国家工作人员实行公费医疗预防的指示》，决定自 1952 年 7 月起，分期推广公费医疗预防的范围。

7 月 8 日　中共中央发出《关于目前开展增产节约运动中应注意的几个问题的指示》。

8 月 6 日　中央人民政府委员会第十六次会议听取并批准了薄一波所作的《关于 1951 年度国家预算执行情况及 1952 年度国家预算草案编成的报告》，并通过了 1952 年度财政收支预算。

8 月 7 日　中央人民政府委员会第十七次会议通过任命陈国栋、范醒之、吴波为财政部副部长。

8 月 9 日 财政部召开第一次全国财政监察工作会议，拟定了《关于财政监察工作中若干问题的具体规定（草案）》。

8 月 11 日 《人民日报》发表题为《我国财政经济情况根本好转的标志》的社论。

9 月 21 日 中财委召开第二次全国财经会议，主要讨论了 1953 年的财政预算。

9 月 财政部粮食管理总局由财政部划出，成立粮食部。

10 月 13 日 中央人民政府政务院决定，由戎子和代理财政部部长。

10 月 20 日 财政部召开第三次全国预算会计和金库制度会议，讨论制定了《银行执行预算出纳业务条例和细则》、《各级总预算、总会计和单位预算会计制度》两个文件。

10 月 22 日 中财委举行会议，讨论 1953 年的基本建设问题。根据会议精神，中财委于 11 月 9 日发出《关于迅速准备基本建设的指示》。

11 月 2 日 财政部召开第四次全国税务会议。会议着重讨论了税制改革问题，确定试行商品流通税、简化货物税、简化工商税。

11 月 29 日 中财委向中共中央报告全国增产节约运动开展情况及取得的成果。据不完全统计，1952 年全国增产节约总值达 31.7 亿元。

12 月 22 日 财政部颁布《中央金库条例施行细则》。

12 月 31 日 中财委发布《关于税制若干修正及实行日期的通告》和《商品流通税试行办法》，决定从 1953 年 1 月 1 日起试行商品流通税，并对货物税、工商业税、交易税等进行了修订。

12 月 财政部物资管理总局由财政部划归政务院财政经济委员会领导。

1953 年

1 月 13 日 中财委召开财经各部部长会议，讨论削减 1953 年建筑计划和整顿招收固定工人的工作，决定将各部建筑计划削减 30% 左右，暂时停止招收工人。

1 月 27 日　财政部针对修正税制、变更纳税环节时在营业税方面出现的几个问题，提出解决办法，并电告各大区税务局遵照执行。

2 月 12 日　中央人民政府委员会召开第二十三次会议，通过薄一波所作的《关于 1953 年国家预算的报告》。

3 月 2 日　财政部召开第三次保险会议。

4 月 15 日　中财委批准设立中央财政干部学校。该校于 4 月 21 日正式成立，任命戎子和为校长，秦穆伯为副校长。

5 月 15 日　中苏两国在莫斯科签订《关于苏维埃社会主义共和国联盟政府援助中华人民共和国中央人民政府发展中国国民经济的协定》。《协定》规定，到 1959 年，苏联将帮助中国新建和改建 141 项规模巨大的工程。9 月，中苏两国政府商谈结果，苏联决定帮助中国建设 156 个工业建设项目。

6 月至 8 月　中共中央召开全国财政经济工作会议。会议着重讨论了贯彻执行过渡时期总路线的问题，提出了我国第一个五年建设计划。毛泽东在会上发表了重要讲话，周恩来就过渡时期的税收政策和修正税制中的问题作了总结发言。

7 月 22 日　财政部发布《关于已批准不纳营业税的私营批发商，自 8 月 1 日起一律照纳营业税的通告》。

8 月 28 日　中共中央发出《关于增加生产、增加收入、厉行节约、紧缩开支、平衡国家预算的紧急通知》。

9 月 14 日　在中央人民政府委员会第二十五次会议上，政务院副总理陈云作财经工作报告。

9 月 18 日　中央人民政府委员会第二十八次会议通过任命政务院副总理、中财委副主任邓小平兼任财政部部长，任命金明、方毅为财政部副部长。

10 月 16 日　中共中央通过《关于实行粮食的计划收购与计划供应的决议》。

11 月 22 日　中朝两国政府代表团谈判公报宣布，中国政府决定，从

1950 年 6 月 25 日美国政府发动侵略朝鲜战争时起，截至 1953 年 12 月 31 日，中国政府援助朝鲜的一切物资和费用，均无偿地赠送给朝鲜民主主义人民共和国政府；并从 1954 年至 1957 年，无偿赠送给朝鲜人民币 8 亿元，作为恢复其国民经济的费用。

12 月 9 日　中央人民政府委员会第二十九次会议通过《1954 年国家经济建设公债条例》。

1954 年

1 月 13 日　财政部召开全国财政厅局长会议，主要讨论 1954 年度预算问题。邓小平提出财政工作的六条方针。

6 月 16 日　中央人民政府委员会第三十一次会议，邓小平作《关于 1954 年国家预算草案的报告》。

6 月 19 日　中央人民政府委员会第三十二次会议，任命政务院副总理李先念兼任财政部部长。

9 月 2 日　政务院第二二三次政务会议，通过并颁布《公私合营工业企业暂行条例》，其中对企业盈余的分配做出了规定。

9 月 9 日　政务院第二二四次政务会议，通过《关于设立中国人民建设银行的决定》，10 月 1 日，中国人民建设银行正式成立，任命马南风为行长。

9 月 20 日　第一届全国人民代表大会第一次会议通过并颁布了《中华人民共和国宪法》，规定全国人民代表大会有决定国民经济计划、审查和批准国家的预算和决算的职权。国务院有执行国民经济计划和国家预算的职权。

9 月 23 日　国务院总理周恩来在第一届全国人大第一次会议上作《政府工作报告》，《报告》指出：5 年来，国家的财政状况有了明显的变化，实现了财政收支平衡。

10 月 31 日　国务院第二次全体会议任命王学明、胡立教为财政部副部长。

12月下旬　财政部召开第一次中国人民建设银行分行行长会议。

1955 年

2月21日　国务院发布《关于发行新的人民币和收回现行的人民币的命令》，确定1955年3月1日起发行新的人民币，新币1元等于旧币1万元。

2月23日　国务院发布《关于贯彻保护侨汇政策的命令》。

3月9日　财政部召开全国财政厅局长会议，讨论确定1955年省（市）地方预算，研究建立某些财政制度和加强财政监督问题。

6月24日　国务院颁发《关于节省中央级国家机关、党派、团体行政经费的几项规定》和《关于1955年下半年在基本建设中如何贯彻节约方针的指示》，要求各部门、各地区在1955年削减基本建设投资和费用总数的15%左右。

7月4日　中共中央发布《关于厉行节约的决定》，号召全国开展群众性的节约运动。

7月8日　第一届全国人大第二次会议听取并通过了李先念所作的《关于1954年国家决算和1955年国家预算的报告》。此次会议通过并公布了发展国民经济的第一个五年计划。

8月4日　财政部召开第五次全国税务会议，检查和总结修正税制工作中存在的问题，明确了税制改革的方向和方针。

8月10日　1954年国家经济建设公债第一次还本抽签大会在北京举行。

8月15日　财政部召开第五次全国农业税工作会议，提出稳定农业税负担，改进农业税征收办法的意见。

8月30日　国务院发出《关于国营企业主管部门自行下达与税法规定有抵触的文件处理问题的通知》，指出主管企业部门不应自行下达同税法有抵触的指示。

8月31日　国务院发布《关于国家机关工作人员全部实行工资制和

改行货币工资制的命令》，决定从 1955 年 7 月起，将一部分工作人员所实行的包干制待遇一律改为工资制待遇。

10 月 8 日　中共中央批转财政部《关于 1956 年国家预算控制数字的报告》。

11 月 1 日　财政部重新颁发《手工业合作组织交纳工商业税暂行办法》。

11 月 10 日　第一届全国人大常委会第二十六次会议通过《1956 年国家经济建设公债条例》。

12 月 9 日　财政部颁发《各级国家机关单位预算会计制度》和《地方财政机关总预算会计制度》。

1956 年

1 月 4 日　国务院发出《关于发行 1956 年国家经济建设公债的指示》。

1 月 15 日　北京市各界 20 多万人在天安门广场举行社会主义改造胜利联欢大会。到本月底，全国大城市及 50 多个中等城市的资本主义工商业全部公私合营。

1 月 20 日　财政部召开全国财政厅局长、税务局长会议，研究 1956 年地方预算指标，健全地方预算管理制度，讨论有关工商业税、农业税的改革问题。

2 月 3 日　国务院颁布《基本建设拨款暂行条例草案》，规定一切列入国民经济计划的基本情况，都由中国人民建设银行根据规定办理拨款。

2 月 8 日　国务院第二十四次全体会议通过《关于在公私合营企业中推行定息办法的规定》、《关于私营企业在合营时财产清理估价几项主要问题的规定》和《关于目前私营工商业和手工业的社会主义改造中若干事项的规定》。

3 月 9 日　国务院第二十五次全体会议通过，任命刘墉如为财政部副部长。

4月3日 财政部向中央汇报财政工作。毛泽东、周恩来、陈云、邓小平、李先念、薄一波等听取了汇报，并就有关问题作了重要指示。

4月5日 毛泽东在中央政治局扩大会议上发表《论十大关系》的讲话。

5月3日 第一届全国人大常务会第三十五次会议通过《文化娱乐税条例》。

5月 国务院召开全国体制会议，讨论改进国家行政体制，划分中央和地方行政管理职权。

6月15日 第一届全国人大第三次会议在北京举行，审查并通过了李先念《关于1955年国家决算和1956年国家预算的报告》。

6月16日 国务院第三十二次全体会议通过《关于工资改革的决定》。

8月14日 财政部颁发《有关监交国营企业利润工作的规定》，决定将原由各省、自治区、直辖市财政厅（局）监交的国营企业利润，自9月1日起，移交税务局办理监交工作。

9月15日 中国共产党第八次全国代表大会在北京召开。周恩来作《关于发展国民经济的第二个五年计划的建议的报告》。在谈到财政问题时，他论述了合理解决资金积累和资金分配问题的重要性。薄一波作了《正确处理积累和消费的关系》的发言。

11月10日 周恩来在党的八届二中全会上作《1957年度国民经济发展计划和财政预算控制数字的报告》。他指出，1956年计划总的说是打冒了，1957年计划应在"保证重点，适当压缩"的方针下考虑安排。

11月14日 国务院发出《关于各地不得自动提高国家统购和收购的农副产品收购价格的指示》。

12月17日 财政部发布《关于农村工商税收的暂行规定》。

12月19日 第一届全国人大常委会第五十二次会议通过《1957年经济建设公债条例》。

12月29日 国务院颁发《国家机关工作人员退休处理暂行办法》、

《国家机关工作人员退职处理暂行办法》和《国家机关工作人员病假期间生活待遇试行办法》。

12 月　财政部财政科学研究所正式成立。

1957 年

1 月 18 日　中共中央在北京召开各省、自治区、直辖市党委书记会议，进一步总结了 1956 年的经济工作，陈云作了关于财政经济问题的发言，提出了建设规模必须同国力相适应以及物资、财政、信贷三大平衡的著名论点。

2 月 15 日　中共中央发出《关于 1957 年开展增产节约运动的指示》，要求适当调整基本建设规模，大量节减行政、事业和企业单位的行政管理费用。

2 月 21 日　财政部召开全国财政厅局长会议，会议指出，1957 年要坚持预算、信贷和物资三者的平衡及其相互平衡，为第二个五年计划打下基础。

2 月 22 日　第四次全国计划会议在北京召开，会议安排了 1957 年的计划，对基本建设、行政费、国防费以及其他方面支出均做了压缩。

2 月　财政部召开全国税务局长会议，提出以简化税制、调整税利比例关系为目标的税制改革。

3 月 1 日　国务院发出《关于各地提高生猪、猪肉购销价格的指示》。

3 月 22 日　国务院发出《关于提高菜油、芝麻油、茶油、桐油、木油、柏油和东北、内蒙古豆油销售价格的指示》，决定对凡已提高收购价格的油脂油料，都同时提高其销售价格。

6 月 3 日　国务院发出《关于进一步开展增产节约运动的指示》。

6 月 26 日　第一届全国人大第四次会议召开。李先念作《关于 1956 年国家决算和 1957 年国家预算草案的报告》。

7 月 25 日　第五次全国计划会议在北京召开，讨论了 1958 年国民经济发展方针和计划控制数字。

9 月 3 日　财政部召开全国财政厅局长会议，讨论 1957 年国家预算执行情况和 1958 年国家预算的安排。

9 月　财政部召开全国税务局长会议，着重研究了税制改革的问题。

11 月 6 日　第一届全国人大常委会第八十三次会议通过《1958 年国家经济建设公债条例》。

11 月 14 日　第一届全国人大常委会第八十四次会议原则批准国务院《关于改进工业管理体制的规定》、《关于改进商业管理体制的规定》和《关于改进财政管理体制的规定》，扩大了地方管理财政的权限。

11 月 28 日至 12 月 12 日　第六次全国计划会议在北京召开，结合第二个五年计划的建设任务，编制了 1958 年国民经济计划。

12 月 12 日至 27 日　财政部召开全国财政厅局长会议，讨论 1958 年地方预算收支指标和实行新财政管理体制的具体办法。

12 月 13 日　根据国务院《关于改进财政管理体制的规定》，财政部发出《关于 1958 年对地方财政划分收入的几项规定的通知》，将地方财政收入划分为地方固定收入、国营企业分成收入、调剂分成收入三种，视各省、自治区、直辖市的不同情况分别确定调剂分成比例。

1958 年

2 月 1 日至 11 日　第一届全国人大第五次会议在北京举行。会议通过 1958 年国民经济计划和薄一波所作关于计划草案的报告，批准李先念《关于 1957 年国家预算执行情况和 1958 年国家预算草案的报告》。

2 月 7 日　中共中央将《工作方法六十条（草案）》转发全党，提出中央、地方生产计划都要制定两本账。

3 月 3 日　财政部、中国人民银行总行发出联合通知，决定将中央各工业部门所属企业的定额流动资金改为 70% 由财政拨款，30% 由银行贷款。

3 月上旬至 26 日　中共中央召开成都会议，讨论了计划、工业、基本建设、物资、财政、物价、商业、教育等方面的管理体制改革问题，重点是实行地方分权，把若干管理权限下放给地方。

4 月 2 日　中共中央做出《关于发行地方公债的决定》。

4 月 5 日　中共中央做出《关于协作和平衡的几项规定》，逐步实行"双轨"的计划体制，以利于处理好"条条"与"块块"之间的矛盾。《规定》放松了对限额以上基本建设项目的审查管理。

4 月 11 日　国务院发出《关于地方财政收支范围、收入项目和分成比例改为基本上固定五年不变的通知》，取消了原定基本上 3 年不变的规定。

5 月 5 日至 23 日　中国共产党第八次全国代表大会第二次会议在北京举行。会议正式通过"鼓足干劲、力争上游、多快好省地建设社会主义"的总路线及其基本点。

5 月 5 日至 30 日　财政部召开全国财政厅局长会议，讨论进一步改进财政管理体制、安排 1958 年国家预算收入第二本账等问题。

5 月 22 日　国务院颁发《关于实行企业利润留成制度的几项规定》。

5 月 29 日　国务院决定，从 1959 年起，停止发行国家经济建设公债。

6 月 2 日　中共中央做出《关于企业、事业单位和技术力量下放的规定》，决定把工业、交通、商业、农垦各部门所管辖的企业，全部或绝大部分下放地方管理。

6 月 3 日　第一届全国人大常务委员会第九十六次会议讨论通过《中华人民共和国农业税条例》。

6 月 9 日　国务院颁发《关于改进税收管理体制的规定》。

6 月 13 日　国务院颁发《民族自治地方财政管理暂行办法》。

7 月 5 日　国务院颁发《关于改进基本建设财务管理制度几项规定》。

7 月　财政部发出通知，废止《国营工业企业统一成本计划规程》等六个工业会计制度。

8 月 17 日至 30 日　中共中央政治局在北戴河召开扩大会议，讨论通过了《中共中央关于在农村建立人民公社的决议》；确定了 1959 年国民经济计划。

9 月 13 日　国务院发布试行《中华人民共和国工商统一税条例（草

案）》，将货物税、商品流通税、营业税、印花税合并简化为工商统一税。

9 月 24 日　国务院颁发《关于市场物价分级管理的规定》、《关于改进计划管理体制的规定》、《关于进一步改进财政管理体制和改进银行信贷管理体制的几项规定（草案）》。

10 月 15 日　全国财贸工作会议在西安召开，会议讨论了农村人民公社化后改进农村财贸体制的问题。会议提出机构下放、计划统一、财政包干的办法，实行"两放、三统、一包"。

11 月 2 日至 10 日　中共中央召开郑州会议。会议的中心议题是人民公社问题和商品生产问题。毛泽东在会上发表讲话。

11 月 28 日至 12 月 10 日　党的八届六中全会在武昌举行，会议通过《关于人民公社若干问题的决议》、《关于改进农村财政贸易管理体制的决定》和 1959 年国民经济计划。

12 月 3 日　在武汉召开财政厅局长会议和人民银行分行行长会议，安排 1959 年工作和财政收支、信贷收支指标。

12 月 20 日　国务院颁发《关于人民公社信用部工作中几个问题和国营企业流动资金问题的规定》，确定国营企业的流动资金改由中国人民银行统一管理。

12 月 31 日　财政部发出《关于 1958 年土铁、土钢亏损补贴办法的通知》。

1959 年

2 月 3 日　国务院批转财政部、中国人民银行总行《关于国营企业流动资金改由人民银行统一管理的补充规定》。

2 月 20 日　财政部颁发《1958 年国家经济建设公债还本付息办法》。

2 月 27 日至 3 月 5 日　中共中央在郑州举行政治局扩大会议（即第二次郑州会议）。会议主题是解决人民公社所有制和纠正"共产风"问题。

3 月 14 日至 28 日　财政部召开全国财政厅局长会议，讨论 1959 年国家预算安排、加强企业财务管理工作、研究农村人民公社财政体制和财务管理等问题。

3 月 20 日　国务院转发财政部《关于目前企业财务工作中存在的几个问题的报告》。

3 月 27 日　国家计划委员会（以下简称国家计委）、财政部颁发《关于加强成本计划管理工作的几项规定》。

4 月 2 日至 5 日　党的八届七中全会在上海举行。全会讨论了 1959 年国民经济计划，对上年武昌会议拟定的计划指标作了调整。

4 月 18 日　第二届全国人民代表大会第一次会议在北京举行。会议审议批准了李先念《关于 1958 年国家决算和 1959 年国家预算草案报告》。

4 月 28 日　财政部颁发《关于基本建设拨款限额管理的几项规定》和《关于基建拨款会计工作的若干规定》。

5 月 15 日　国家计委、国家经济委员会（以下简称国家经委）和财政部在成都联合召开全国工业、交通企业成本工作经验交流会。

5 月 18 日　财政部召开全国税务局长会议，讨论对农村人民公社恢复征税、停办税利合一试点工作等问题。

6 月 1 日　中共中央发出《大力紧缩社会购买力和在群众中解释当前经济情况的紧急指示》。

6 月 13 日　中共中央发出《关于调整 1959 年主要物资分配和基本建设计划的紧急指示》，对一些产品的生产指标、主要物资的分配和基建规模做了压缩。

6 月 25 日　财政部、农业部发出《关于农村人民公社财务由农业部统一管理的联合通知》。

6 月 29 日　毛泽东在庐山同一些领导同志谈经济工作。谈到经济管理体制时指出："四权"（指人权、财权、商权和工权）过去下放多了一些、快了一些，造成混乱；应当强调一个统一领导，中央集权；下放的权力要适当收回。

7 月 31 日　中共中央做出《关于当前财政金融工作方面的几项决定》，其中，强调要划清基本建设投资和流动资金的界限。

8月17日　财政部颁发《关于国营企业会计核算工作的若干规定》。

8月26日　国务院根据党的八届八中全会建议提出对1959年国民经济计划的调整意见，并正式提交全国人大常委会审议通过。

8月31日　国家计委、财政部联合颁发《关于国营工业企业生产费用要素、产品成本项目和成本核算的几项规定》。

9月24日　国家计委、国家基本建设委员会（以下简称国家建委）确定新上一批基建项目。11月22日又确定追加基建投资13.6亿元，使国家基建投资总额达到281亿元，重新回到调整计划前的水平。

9月29日　国家计委、财政部颁发《关于1960年国营企业若干费用划分的规定》。

10月10日　国务院决定，即日起提高大豆、花生、甘蔗、甜菜、菜牛的收购价格。

10月31日至11月27日　财政部召开全国财政厅局长会议，讨论在财政工作中如何贯彻政治观点、生产观点和群众观点的问题，以及1960年财政工作急需解决的问题。

12月19日　中共中央批转财政部《关于清理资金结果和处理意见的报告》。

12月22日　中共中央批准并转发国家计委、财政部、中国人民银行《关于加强综合财政计划工作的报告》。

1960 年

1月7日至17日　中共中央在上海举行政治局扩大会议，制定1960年国民经济计划，提出了钢产量为1 840万吨的高指标。

1月9日　财政部在北京召开各省、自治区、直辖市税务局长会议，确定1960年税收任务，提倡大搞群众运动，高速度积累资金。

1月11日　国家计委、国家建委、财政部在广州召开全国基本建设投资包干经验交流会议。

1月14日　国务院发布《关于加强综合财政计划工作的决定》。

3月4日至14日　中共中央财贸部在上海召开全国大、中城市财政银行工作、企业财务工作现场会议。

3月22日　毛泽东在中共鞍山市委《关于工业战线上的技术革新和技术革命运动开展情况的报告》上批示，在工业战线上要推广"鞍钢宪法"。

3月30日至4月10日　第二届全国人大第二次会议在北京举行。会议通过了《1960年国民经济计划》、《1959年国家决算和1960年国家预算》，通过了《1956年到1967年全国农业发展纲要》。

7月4日　中共中央发出《关于加强农村人民公社财务工作的指示》。7月上旬到8月中旬，中共中央在北戴河举行工作会议，研究国际共产主义运动问题和国民经济问题。会上，李富春提出应当对工业进行"调整、巩固、提高"的意见。

7月16日　苏联政府单方面撕毁中苏签订的合同和协议，决定撤走全部在华专家并停止供应重要设备。

8月5日　中共中央发出《关于大力紧缩社会集团购买力的指示》。要求在以后5个月里，要把公用经费中的商品性支出压缩20%左右，全国共压缩5亿元。

8月15日　国家计委、国家建委提出缩短1960年基本建设战线的具体意见。

8月26日至9月6日　财政部在北京召开全国城市人民公社财务工作会议。

9月7日　中共中央发出关于压低农村和城市口粮标准的指示，以解决全国各地粮食供应困难的问题。

9月30日　中共中央批转国家计委关于1961年国民经济计划控制数字的报告。

11月3日　中共中央发出《关于不准请客送礼和停止新建招待所的通知》。

11月3日　中共中央发出《关于农村人民公社当前政策问题的紧急

指示信》，规定人民公社实行三级所有，队（大队）为基础，至少 7 年不变；纠正"一平二调"的错误，凡平调的全部退赔。

11 月 17 日　国务院第一〇五次全体会议任命李树德、曾直、陈如龙为财政部副部长。

12 月 4 日　财政部召开全国财政厅局长会议，讨论 1961 年财政工作方针、任务和进一步加强预算管理、资金管理和成本管理等问题。

12 月 20 日　中共中央发出《关于冻结、清理机关团体在银行的存款和企业专项存款的指示》。

12 月 24 日　中共中央在北京召开工作会议，确定了农村工作的若干具体政策：一是提高农副产品的收购价格和退赔平调款；二是提高社员自留地的比例；三是活跃农村集市。

1961 年

1 月 14 日至 18 日　党的八届九中全会在北京举行，毛泽东主持会议并讲话。会议正式宣布了对国民经济实行"调整、巩固、充实、提高"的方针。

1 月 15 日　中共中央批转财政部《关于改进财政体制、加强财政管理的报告》。报告指出，国家财权应当基本上集中在中央、大区和省、自治区、直辖市三级。

中共中央决定，提高粮食和一部分农产品的收购价格，以增加农副产品的收购和供应。

1 月 20 日　中共中央颁发《关于调整管理体制的若干暂行规定》，强调集中统一，将 1958 年以来下放不适当的人权、财权、商权和工权一律收回。

1 月 23 日　中共中央批转财政部《关于调低企业利润留成比例，加强企业利润留成资金管理的报告》，将国营企业留成资金占企业利润的比例由原来的平均 13.2% 调低到 6.9%。

1 月 23 日　中共中央、国务院做出《关于进一步压缩社会集团购买力的决定》，要求把 1961 年的社会集团购买力从上年的 80 亿元压缩到 40

亿~50 亿元。

2 月 1 日 中国人民建设银行分行行长会议在北京召开。会议着重研究了如何加强基建财务管理和缩短基本建设战线的问题。

2 月 2 日 财政部和中国人民银行联合召开电话会议，主要内容是：采取坚决措施，积极组织收入，压缩支出，控制货币投放，清理冻结资金，加强管理。

2 月 9 日 国家计委、财政部发出《关于加强国营企业成本管理工作的联合通知》。

2 月 10 日 国务院颁发《关于当前紧缩财政支出、控制货币投入的补充规定》，再次强调冻结银行存款，严格控制财政支出。

2 月 25 日 国务院财贸办公室提出并经中共中央批准，在全国各地区进一步扩大高价糕点和高价糖果的供应范围。实行结果，全年销售高价糖果 4.1 亿斤、糕点 3.9 亿斤，回笼货币 33 亿元。

4 月 2 日 国家计委提出对 1961 年基本建设计划进行调整，预算内投资由原定的 167 亿元缩减为 129 亿元，大中型项目由 900 个减少为 771 个。

4 月 25 日 财政部召开全国冻结清理银行存款工作会议，会议决定，冻结存款仍须继续坚持，但对生产和人民生活必需的资金，可以开一点口子。

5 月 17 日 国务院批准财政部、中国人民银行总行关于改进国营企业流动资金供应办法的报告及有关规定。除了超定额流动资金仍由银行放款外，定额流动资金改为大部分由财政部门通过企业主管部门拨款，小部分由银行放款的办法。

6 月 16 日 中共中央颁发《关于减少城镇人口和压缩城镇粮食销量的九条办法》，要求 1961—1962 年城镇粮食销量压缩到 480 亿~490 亿斤，比上年度减少 30 亿~40 亿斤。

6 月 19 日 中共中央颁发《关于坚决纠正平调错误、彻底退赔的规定》，重申凡是违背等价交换和按劳分配原则，抽调或占用集体和个人财物的，都必须彻底退赔。

6 月 19 日 财政部发出《关于控制基本建设拨款的紧急通知》，要求凡是没有列入国家计划的项目，一律不得拨款。

6 月 22 日　毛泽东批转习仲勋的报告，要求进一步精简各级机关。对中央机关，在已减少 8 万人的基础上再减 4 万人，使所减人数达到原有人数的一半。

6 月 23 日　中共中央批转财政部《关于调整农业税负担的报告》，降低了农业税的实际负担率，使农业税正税和地方附加占农业实际收入的比例全国平均不超过 10%。

7 月 17 日至 8 月 12 日　国家计委召开全国计划会议，拟订了 1961 年和 1962 年国民经济计划的控制数字。

11 月 17 日　国务院颁发试行《国营企业会计核算工作规程（草案)》。要求纠正过去发生的账目不实、家底不清、责任不明、"以表代账"、"无账会计"等错误做法。

11 月 28 日　中共中央发出《关于暂停发放退赔期票和今后退赔工作中几个问题的通知》。

12 月 15 日　国务院第一一四次全体会议通过任命申平为财政部副部长。

12 月　财政部召开全国财政厅局长会议，提出财政、银行工作必须贯彻"当年平衡，略有回笼"的方针，财政、银行两家要共同把好口子。

1962 年

1 月 5 日　中共中央同意财政部、农业部的报告，把农村人民公社的财务工作由财政部门划归农业部门管理。

1 月 6 日　财政部、中国人民银行总行发出《关于取消国营工业、交通企业银行定额信贷的通知》。

1 月 10 日　财政部、国家计委发出《关于颁发国营企业四项费用管理办法的通知》。

1 月 11 日　中共中央在北京召开扩大的工作会议（又称七千人大会），初步总结了"大跃进"中的经验教训。会议明确指出，1962 年是国民经济进行调整工作最至关紧要的一年，并对这一年的工作做出全面部署。

2 月 21 日　中共中央政治局常委举行扩大会议（即西楼会议），讨论 1962 年整个经济形势和国家预算问题。陈云作了《目前财政经济的情况和克服困难的若干办法》的讲话，提出了克服困难的六条措施。

2 月 28 日　中共中央发出《关于迅速充实银行、财政和企业事业部门的计划、统计、财务、会计、信贷、税务人员的紧急通知》。

3 月 6 日　财政部召开全国财政厅局长会议，着重讨论了压缩支出、平衡预算、加强财政管理、充实财政机构和人员等问题。

3 月 7 日　中央财经小组召开会议，对 1962 年国民经济计划做进一步调整。

3 月 10 日　中共中央、国务院发布《关于切实加强银行工作的集中统一，严格控制货币发行的决定》，强调要把货币发行权真正集中于中央，并做出加强信贷管理等六条决定（即银行六条）。

3 月 14 日　中共中央、国务院颁发《关于厉行节约的紧急规定》。

3 月 20 日　中共中央发出《关于严禁各地进行计划外工程的通知》，规定正在建设的所有计划外工程一律停止施工。

3 月 27 日　周恩来总理在第二届全国人大第三次会议上作政府工作报告。他指出，必须用几年的时间实行"调整、巩固、充实、提高"的方针，对国民经济进行大幅度调整。

3 月 28 日　财政部发出《关于恢复建设银行机构、加强领导的通知》。

4 月 21 日　中共中央、国务院做出《关于严格控制财政管理的决定》（即财政六条），要求切实扭转企业大量赔钱的状况，坚决制止一切侵占国家资金的错误做法，坚决制止各单位之间相互拖欠货款，坚决维护应当上缴国家的财政收入，严格控制各项财政支出和切实加强财政监督。

4 月 25 日　财政部、中国人民银行总行联合召开全国会计工作会议，讨论了国营企业、事业单位建账和恢复会计核算秩序等问题。会后，中共中央责成财政部重新审定全国会计制度。

5 月 26 日　中共中央同意财经小组对当前经济形势的分析和对经济调整的意见，认为目前财政经济困难仍很严重，在今后一段时间里，必须对整个国民经济继续进行大幅度的调整。

5 月 31 日　中共中央批转国家计委关于加强基本建设管理问题的报告，要求大中型建设项目必须经国家计委审核，报国务院批准。

6 月 28 日　国务院颁发《国营企业销售收入扣款顺序的暂行规定》。国务院指出，如果企业不能同时缴纳税款、利润，归还贷款和货款，授权中国人民银行按照下列顺序扣除：税收、贷款、货款、应上缴国家财政的利润。

8 月 28 日　中共中央和国务院发出《关于农业生产资金问题的通知》，决定增加一部分农业贷款。

10 月 11 日　中共中央、国务院批准国家计委、财政部《关于在今年增加和预付一部分财政支出，用于农业、水利建设和轻工增产措施的报告》，决定增加和预付财政支出 11.6 亿元。

10 月 16 日　中共中央、国务院发出通知，要求坚决扭转工商企业亏损，增加盈利。

10 月下旬　全国计划会议在北京召开，讨论 1963 年国民经济计划问题。

11 月 16 日　财政部召开全国财政厅局长会议，总结 1962 年的工作，安排 1963 年的国家预算收支指标。

11 月 19 日　国家计委、财政部发布《关于 1963 年国营企业若干费用划分的规定》，对四项费用、大修理基金，新建、改建企业开工生产准备费等的资金来源和使用范围作了规定。

中共中央、国务院发出《关于当前财政金融方面若干问题的通知》，要求各地认真检查下半年追加投资和贷款的使用情况；加强税收工作和国营企业利润监督工作。

12 月 20 日　中共中央批转国家计委、国家经委、国务院财贸办公室、财政部、中国人民银行《关于处理 1961 年以前财政遗留问题的报告》。报告提出，1961 年以前，国营工商企业的物资盘亏损失和呆账损失，各地方、各部门平调集体经济的资金和挪用银行的贷款，需要由国家财政核销、退还和补拨的，共有 348 亿元。

12 月 20 日　国家计委、财政部发出《关于 64 个大中城市的房地产税划给市财政用于城市建设和维护费用的通知》。

1963 年

1 月 2 日　中共中央批转国务院财贸办公室《关于 1963 年财政、信贷、外汇、市场平衡问题向中央汇报的提纲》。《提纲》提出了实现三大平衡的措施。

1 月 3 日　国务院颁布《会计人员职权试行条例》。

3 月 1 日　中共中央发出《关于厉行增产节约和反对贪污浪费、反对投机倒把、反对铺张浪费、反对分散主义、反对官僚主义运动的指示》，决定在全国范围内开展一次增产节约和"五反"运动。

3 月 3 日　中共中央、国务院同意中央精简小组、国家计委、劳动部的报告，决定给 45% 的职工增加工资。

3 月 19 日　中共中央、国务院决定提高粮食的销售价格和棉花的收购价格，减少国家财政补贴。

4 月 29 日　国务院颁发《关于调整工商所得税负担和改进征收办法的试行规定》，改变个体经济税负轻于集体经济的有关规定，以限制个体经济，支持集体经济。

7 月 31 日　中共中央决定，基本结束精减职工的工作。从 1961 年到 1963 年 6 月的两年半时间内，全国共减少职工 1 887 万人。

8 月 5 日　国家计委、财政部、中国人民银行发出《关于编制企业流动资金计划的通知》。

10 月 18 日　国务院批转国家经委、财政部《关于国营工业、交通企业设置总会计师的几项规定（草案）》，要求挑选高于处(科)长水平的有实际工作能力的专业干部任总会计师，以加强企业经济核算。

11 月 17 日至 12 月 3 日　第二届全国人大第四次会议召开。大会批准了 1964 年国民经济计划，批准了李先念所作的《关于 1963 年国家预算执行情况和 1964 年国家预算初步安排的报告》。

12 月 6 日　国务院发出《关于严格禁止预收、预付货款的通知》。

12 月 14 日　国务院批转财政部、民族事务委员会《关于改进民族自治地方财政管理的规定（草案）》，对民族自治地方财政作了一些特殊照顾。

1964 年

2 月 17 日　中共中央和国务院转发财政部等九个部门联合制定的《关于清理农村社队欠国家的赊销款、预付款和预购定金的办法》。

3 月 25 日　国务院发出《关于加强企业流动资金管理，积极处理积压物资，减少资金占用，认真核定资金定额的指示》。

3 月 28 日　财政部颁发《中央国营企业财政驻厂员工作试行办法（草案）》。《办法》规定了中央国营企业财政驻厂员的职责、配备办法、同企业的关系等。

5 月 25 日　中共中央批准财政部《关于调整 1964 年国家预算，大力增加收入，严格控制支出，保证实现收支平衡的报告》。

8 月 17 日　中共中央和国务院决定在工业、交通部门分行业试办托拉斯。这是中国工业管理体制改革的重要尝试，后因"文化大革命"而中断。

10 月 31 日　国务院第一四八次全体会议任命杜向光为财政部副部长。

11 月 12 日　国家经委、财政部、中国人民银行联合发出《关于举办国营工业企业小型技术组织措施贷款的通知》，对贷款条件、贷款限额、审批手续以及归还贷款的资金来源等都作了明确规定。

12 月 20 日至 1965 年 1 月 4 日　第三届全国人民代表大会第一次会议在北京举行。会议通过了 1965 年国民经济计划主要指标和 1965 年国家预算的初步安排，通过了周恩来总理的《政府工作报告》。

1965 年

1 月 1 日　《人民日报》发表《新年献词》。《献词》指出：中国人民已经基本上完成了从 1961 年开始的国民经济调整工作。

1 月 19 日　中共中央发布《关于调整当前市场物价的决定》。

3 月 22 日　国务院批转财政部《关于改革基本建设财务拨款制度的报告》，决定简化拨款手续。

3 月 25 日　中共中央、国务院发出《关于处理 1961 年以前农村四项欠款问题的通知》。《通知》规定，农村社队 1961 年以前欠国家的赊销款、预付款、预购定金和农业贷款未归还的部分，一律豁免。

5 月 9 日　中共中央批准国家建委《关于调整 1965 年基本建设计划的报告》和财政部《关于调整 1965 年国家预算的报告》，决定压缩非生产性开支和非生产性建设，控制基建规模。

7 月 22 日　第三届全国人大常委会第十三次会议通过了李先念所作的《关于 1964 年国家决算和 1965 年国家预算草案的说明》，并批准了 1964 年国家决算和 1965 年国家预算。

10 月 27 日　全国物价会议确定从 1966 年起，将六种主要粮食的全国平均收购价格提高 13.6%，停止超购价办法；降低生产资料和西药、卷烟等的价格；调整部分地区的工业品地区差价。

1966 年

1 月 8 日　财政部税务总局在全国铁道、粮食系统试行新的国营企业工商税办法，并在旅大市的国营企业中进行试点。

3 月 9 日　财政部、商业部联合发出《"商业部系统企业财务管理若干问题的规定"并核定 1966 年利润留成额的通知》。

7 月 17 日　财政部颁发《1967 年固定资产更新和技术改造资金的管理办法和分配计划（草案）》，决定把三项费用、固定资产更新和基建中属简单再生产性质投资合并为一个渠道，并实行基本折旧基金抵留的办法。

12 月 31 日　财政部发出《关于撤销财政驻厂员有关问题的通知》，明确取消对中央国营企业的驻厂员制度。

1967 年

1 月 11 日　中共中央发出《关于反对经济主义的通知》，要求各地区、各部门立即制止在"文化大革命"中大闹经济主义的倾向。

3 月 16 日　中共中央、国务院、中央军委发出《关于保护国家财产，节约闹革命的通知》。

6 月 22 日　中共中央、国务院、中央军委、中央文化革命小组联合发出《关于进一步抓革命、促生产，增加收入、节约支出的通知》。

7 月 1 日　中共中央、国务院、中央军委、中央文化革命小组发布《关于对财政部实行军事管制的决定》，任命殷承祯为军管会主任，王瀑声、刘洪章为副主任。

8 月 20 日　中共中央、国务院、中央军委、中央文化革命小组发布《关于进一步实行节约闹革命，控制"社会集团购买力"和加强资金、物资和物价管理的若干规定》。

1968 年

1 月 18 日　中共中央、国务院、中央军委、中央文化革命小组联合发出《关于进一步打击反革命经济主义和投机倒把活动的通知》。

2 月 18 日　中共中央、国务院、中央军委、中央文化革命小组联合发出《关于进一步实行节约闹革命，坚决节约开支的紧急通知》，规定了组织收入、节约开支的十一项措施。

9 月 27 日　财政部军管会发出《关于改革财政报表的通知》，决定取消、简化80%以上的财政报表。

1969 年

2 月 16 日至 3 月 24 日　全国计划座谈会在北京召开。

5 月 23 日　财政部军管会发出《关于在八省、市进行下放工商税收管理权限试点的通知》。

6 月 10 日　财政部军管会和卫生部、商业部、化工部等单位联合发出《降低药品、医疗器械和化学试剂价格的通知》。

6 月　财政部军管会在天津市召开全国税制改革座谈会，推广天津市实行综合税的经验。

7 月　国务院批准财政部、中国人民银行于 7 月底合署办公。

1970 年

2 月 15 日至 3 月 21 日　召开全国计划会议。会议讨论拟定了 1970 年国民经济计划和《第四个五年国民经济计划纲要（草案）》。

4 月 13 日　国务院批准财政部军管会《关于下放工商税收管理权的报告》，扩大了地方减税、免税的批准权和部分管理权。

4 月 20 日　财政部军管会发出《关于停止执行"国营工业企业小型技术组织措施贷款的办法"的通知》。

5 月 29 日　中共中央发出《关于开展增产节约运动的指示》。

6 月 11 日　国务院同意财政部军管会和中国人民银行军代表《关于加强基建拨款工作，改革建设银行机构的报告》，决定把中国人民建设银行并入中国人民银行，基建拨款由财政部门确定计划指标，其他业务由人民银行办理。

6 月 22 日　中共中央批准财政部成立以殷承祯为主任，樊九思、刘洪章、乔培新、姚进、王丙乾为副主任的革命委员会。

7 月 25 日至 8 月 22 日　财政部召开全国财政银行工作座谈会，重点讨论财政、银行的改革问题。

12 月 30 日　财政部发出《关于国营企业行业税扩大试点的函》。

1971 年

3 月 1 日　财政部发出《关于实行财政收支包干的通知》，决定从

1971 年起实行"定收定支、收支包干，保证上缴（或差额补贴）、结余留用，一年一定"的财政管理体制。

8 月 14 日　国务院决定提高部分农副产品收购价，降低部分支农产品、机械产品的出厂价和销售价。

11 月 30 日　国务院发出《关于调整部分工人和工作人员工资的通知》。这次调整工资的面为 28% 左右。

11 月 30 日　国务院发出《关于严格控制社会集团购买力、制止年终突击花钱的通知》。

11 月　财政部发出《关于扩大工商税试点的通知》。这次工商税制改革主要是合并税种，简化税目和税率。

12 月 31 日　周恩来首先发现 1971 年"三个突破"的问题，即职工人数突破 5 000 万人，工资支出突破 300 亿元，粮食销量突破 800 亿斤。他说，这"三个突破"给国民经济各方面带来一系列的问题，不注意解决就会犯错误。

1972 年

3 月 30 日　国务院批转财政部《关于扩大改革工商税制试点的报告》和《中华人民共和国工商税收条例（草案）》。

4 月 18 日　国务院决定试行国家计委、财政部《关于加强基本建设管理的几项意见》，要求把所有基本建设都纳入计划。

6 月 9 日　国务院发出《关于加强工资基金管理的通知》。《通知》规定，凡未经批准超计划招收职工以及违反国家政策和规定增加工资的，银行有权拒绝支付。

10 月 12 日至 11 月 10 日　经国务院批准，国家计委、财政部、农林部在北京召开加强经济核算、扭转企业亏损会议。这次会议的中心议题是解决当时发现的"三个 100 亿"的问题，即同历史上的较高水平比，工业税利少收了 100 亿元，工业流动资金多占用了 100 亿元，基本建设尾巴拖长了 100 亿元。

12 月 10 日　中共中央在批转国务院关于粮食问题的报告时，传达了毛泽东关于"深挖洞、广积粮、不称霸"的指示。从 1972 年起，国家预算专列一项"人防经费"，每年拨款 4 亿元。

1973 年

1 月 2 日　根据周恩来指示，国家计委向国务院提出《关于增加设备进口，扩大经济交流的请示报告》，提出从国外进口 43 亿美元成套设备和单机的方案，即"四三方案"。

5 月 13 日　中共中央任命陈希愈、江东平、王丙乾为财政部副部长。

6 月 29 日　财政部发布《中国人民建设银行短期放款办法》。

7 月 24 日　国务院决定提高淡水鱼、海味等商品收购价格，调整部分工业品销售价格。

11 月 16 日　国务院、中央军委发出《关于严格控制社会集团购买力，制止年终突击花钱的通知》。

11 月 26 日　财政部发布《关于改进财政管理体制的意见（征求意见稿）》，决定从 1974 年起全国普遍试行"收入按固定比例留成，超收另定分成比例，支出按指标包干"办法。

1974 年

3 月 28 日　农林部、轻工业部、财政部、第一机械工业部、商业部联合颁发《关于农机产品价格补贴的暂行规定》。

6 月 18 日　国家计委向中央政治局汇报 1 月至 5 月的生产发展情况，反映当时煤炭、铁路运输情况不好，钢铁、化肥生产下降和财政收入减少、支出增加等问题。

9 月 13 日　财政部向中共中央报告，提出增加收入、节约支出、平衡全国财政信贷收支的意见和措施。

9 月 30 日　国务院批准国家计委关于外汇收支平衡问题的报告，决定采取若干措施，实现外汇收支平衡。

1975 年

1 月 13 日至 18 日　第四届全国人民代表大会第一次会议在北京举行。周恩来在《政府工作报告》中重申，要在本世纪内实现农业、工业、国防和科学技术现代化。大会批准《政府工作报告》，任命周恩来为总理、邓小平等为副总理的国务院组成人员。会后，周恩来病重住院，由邓小平主持党政日常工作。在此之前，1 月 8 日至 10 日中国共产党十届二中全会上选举邓小平为中共中央副主席、政治局常委。

1 月 17 日　第四届全国人大第一次会议通过任命张劲夫为财政部部长，并同意原军管会负责人殷承祯、刘洪章的要求，回原部队工作。

1 月 19 日　国务院发出《关于进一步加强财政工作和严格审查 1974 年财政收支的通知》。

3 月 15 日　国家计委召开长远规划工作会议。根据会议要求，财政部组成编制长远规划的专门班子，决定在基本建设管理上推行"大包干"的办法，1975 年先选择一批项目试行，争取 1980 年全面铺开。

4 月 23 日　中共中央发出压缩和调整中国对外援助支出的文件。

5 月 13 日　国务院负责同志委托国家计委召开中央各部门主管财务的副部长会议，研究加强财务管理的问题。

5 月 14 日　国家计委、财政部颁发《小型技术措施贷款暂行办法》。

6 月 16 日至 8 月 11 日　国务院召开计划工作务虚会，研究经济工作的路线、方针和政策问题。会议认为，当前经济生活中的主要问题是乱和散，必须狠抓整改，强调集中。其中，在财政体制上，推行收支挂钩、总额分成的办法；大中型企业的折旧基金，中央集中 20% ~ 30% 。

8 月 8 日　河南省的板桥、石漫两座大水库被大水冲塌，国家财政拨给 7 亿元救灾款。

8 月 18 日　国务院讨论《关于加快工业发展的若干问题》（又称"工业二十条"），提出了发展工业生产的一系列重大方针政策问题。

8 月　财政部起草《关于整顿财政金融的意见》（即"财政十条"），

提出加强财政信贷管理，扭转企业亏损，控制货币发行，严肃财经纪律等
十个问题。

10 月 26 日至 1976 年 1 月 23 日　召开全国计划会议，讨论发展国民
经济的十年规划和 1976 年计划。会议决定对固定资产折旧费实行企业留
40%，地方和部门调剂使用 30%，国家财政集中 30% 的办法。

12 月 7 日　财政部提出《关于扭转企业亏损的意见》，发给全国计划
会议。财政部提出要重视扭亏增盈工作，控制亏损补贴范围，制定规划，
加强管理，限期扭亏。

1976 年

3 月 3 日　财政部通知各省、自治区、直辖市，从 1976 年起试行
"定收定支挂钩，总额分成，一年一变"的财政体制。

10 月 6 日　中共中央政治局采取断然措施，对江青、张春桥、姚文
元、王洪文"四人帮"实行隔离审查。

10 月 28 日　中共中央发出《关于冻结各单位存款的紧急通知》。为了防
止财政赤字扩大，控制市场货币流通量增加，缓和市场供应，中央决定，从
1976 年 10 月 31 日开始冻结各机关、团体、学校、企业、事业单位的存款。

11 月 11 日　江苏省财政、物资管理体制改革问题讨论会在北京召
开。会议商定，江苏省的财政体制从 1977 年开始试行"比例包干"的办
法，上缴 58%，留成 42%；1978—1980 年上缴 57%，留成 43%。

1977 年

3 月 28 日　国务院转发国家计委、财政部、商业部、供销合作总社
《关于坚决压缩和严格控制社会集团购买力的请示报告》。国务院提出，
1977 年要把社会集团购买力控制在 100 亿 ~ 110 亿元以内。

5 月 31 日　国务院批准财政部、国家计委《关于成立扭转企业亏损、
增加盈利领导小组的报告》，同意成立国务院扭亏领导小组，国务院副总
理谷牧任组长，姚依林、张劲夫、袁宝华任副组长。

7月8日　国务院发出通知，要求各地区、各部门大力开展扭转企业亏损、增加盈利的工作。

7月17日　中共中央政治局原则批准国家计委提出的今后八年引进新技术和成套设备的规划。

8月25日　中共中央任命张瑞清为财政部副部长。

10月1日　中共中央决定，自即日起，给全国60%以上的职工增加工资。

10月27日　国务院发出《关于严禁年终突击花钱的通知》。

11月6日　国务院、中央军委批转国家计委、财政部《关于辽宁省旅大市严重违犯财经纪律的报告》，对于旅大市大搞楼堂馆所的主要责任者进行了严肃处理。

11月13日　国务院批转财政部《关于税收管理体制的请示报告》，提出税收政策的改变、税法的颁布和实施、税种的开征和停征、税目的增减和税率的调整，都属于中央管理权限，一律由国务院统一规定。

12月8日　国家计委、财政部、商业部、供销合作总社发布《社会集团购买力管理办法》，规定对社会集团购买力采取计划管理、限额控制、凭证购买、定点供应、专用发票和对某些商品实行专项审批的办法。

12月31日　国务院决定中国人民银行总行作为国务院部委一级单位，与财政部分设。财政部、中国人民银行总行于1978年1月1日起分开办公。

1978 年

1月30日　国务院批转国家计委、财政部《关于改进固定资产更新改造资金管理的报告》，决定所有国营企业提取的基本折旧基金50%留给企业，30%上缴中央财政，20%由地方掌握安排。

2月17日　财政部发出《关于试行"增收分成，收支挂钩"财政体制的通知》。

2月26日至3月5日　第五届全国人民代表大会第一次会议讨论并同

意国务院提出的《一九七六年到一九八五年发展国民经济十年规划纲要（草案）》。

3 月 6 日至 8 日　国务院召开第三次城市工作会议，决定在全国 17 个大中城市试行每年从上年工商利润中提成 5%，作为城市维护和建设资金的办法。

3 月 16 日　教育部同意在北京恢复中央财政金融学院。

4 月 5 日　国务院发出《关于处理一九七六年冻结存款的通知》。

4 月 6 日　中共中央任命忻元锡、姚进为财政部副部长。

4 月 14 日　财政部向中共中央提出《关于基本建设投资效果问题的报告》。财政部建议，合理安排建设布局，整顿基本建设管理，建立严格的经济责任制。

5 月 18 日　中共中央任命吕培俭、田一农为财政部副部长。

7 月 6 日　国务院召开务虚会，研究加快中国四个现代化的速度问题，提出要放手利用外资，大量引进国外先进技术设备，以比原设想更快的速度实现四个现代化。

8 月 5 日　中共中央转发国家计委、财政部《关于河南省驻马店地区严重违反财政纪律问题的报告》，对驻马店地区某些负责人非法挪用救灾专款和救灾物资的行为做出严肃处理，并通报全国。

9 月 5 日　国务院召开全国计划会议，讨论 1979 年、1980 年的计划安排问题。

9 月 10 日　国务院同意国家计委的报告，决定 1978 年再追加 48 亿元基本建设投资，连同 1～8 月已经追加的 35 亿元，使 1978 年的国家预算内基本建设投资规模达到 415 亿元。这是新中国成立以来仅次于 1959 年和 1960 年的又一次高积累。

9 月 12 日　国务院发布《会计人员职权条例》。

11 月 25 日　国务院批转财政部《关于国营企业试行企业基金的规定》。

12 月 18 日至 22 日　党的十一届三中全会召开，重新确立马克思主义思想路线、政治路线和组织路线，做出了把全党工作的着重点转移到社会主义现代化建设上来的战略决策。

1979 年

2月19日　国务院发出《关于制止滥发奖金和津贴的紧急通知》。

2月23日　国务院批转财政部、国家农垦总局《关于农垦企业实行财务包干的暂行规定的通知》，决定从 1979 年到 1985 年，对农垦企业试行财务包干办法。

2月27日　中共中央任命谢明、武博山为财政部副部长。

3月1日　国务院决定提高粮食、棉花、油料、生猪等 18 种主要农副产品的收购价格。

3月14日　中共中央决定成立国务院财政经济委员会，任命陈云为主任，李先念为副主任。这一决定经第五届全国人大常委会第九次会议通过。

4月5日至28日　中共中央召开工作会议，正式提出对国民经济实行"调整、改革、整顿、提高"的方针。

5月14日　国务院正式下达经过调整的 1979 年国民经济计划。

6月　国务院财政经济委员会决定成立经济体制改革研究组，由张劲夫任组长。

7月1日　第五届全国人大第二次会议通过 1978 年国家决算和 1979 年国家预算的决议和《中华人民共和国中外合资经营企业法》。

7月13日　国务院颁发《关于扩大国营工业企业经营管理自主权的若干规定》、《关于国营企业实行利润留成的规定》、《关于开征国营工业企业固定资产税的暂行规定》等五个文件，组织国营工交企业进行扩大企业自主权试点。

7月13日　国务院颁发《关于试行"收支挂钩、全额分成、比例包干、三年不变"财政管理办法的若干规定》，从 1980 年起在各省、市试行。同时，在四川省进行"划分收支，分级包干"办法的试点，总结经验。

7 月 15 日　中共中央原则同意广东省、福建省的两个报告，决定对两省的对外经济活动实行特殊政策和灵活措施。财政体制实行"划分收支，定额上交（或补助），五年不变"的包干办法。

7 月 26 日至 8 月 9 日　国务院召开全国物价工资会议，决定提高猪肉、牛羊肉、蛋等八种副食品和以这些副食品为主要原料的消费品的销售价格，同时给职工每人每月以价格补贴，并决定给 40% 的职工提升工资级别。

8 月 17 日　中共中央决定吴波为财政部部长、党组书记。

8 月 28 日　国务院转发《关于基本建设试行贷款办法报告》和《基本建设贷款试行条例》，将一部分基本建设投资由拨款改为贷款。

10 月 17 日　财政部发出《关于改进国营企业提取企业基金办法的通知》，将原来规定的八项主要经济考核指标，改为按产品、质量、利润和供货合同四项计划指标考核。

10 月 19 日　国务院发出《关于严禁年终突击花钱和制止滥发奖金的通知》。

11 月 23 日　财政部颁发《关于文教科学卫生事业单位、行政机关"预算包干"试行办法》。

1980 年

1 月 14 日　国务院同意在国家安排的基本建设投资和技术措施费以外，每年由中国人民银行、中国银行发放 20 亿元轻工、纺织工业中短期专项贷款和 3 亿美元的买方外汇贷款。

1 月 22 日　国务院颁发修订后的《国营工业企业利润留成试行办法》在扩权试点企业中试行。

1 月 24 日　中共中央、国务院发出《关于节约非生产性开支，反对浪费的通知》。

2 月 1 日　国务院颁发《关于实行"划分收支，分级包干"财政管理体制的暂行规定》。

2 月 4 日　财政部发出通知，对军工各部实行利润定额上缴、超额留用的财务包干办法。

3 月 17 日　中共中央政治局常务委员会决定，成立中央财政经济领导小组，撤销原国务院财政经济委员会。

3 月 18 日　中共中央任命李朋为财政部副部长。

3 月 30 日　国务院召开长期计划座谈会，讨论编制长期计划的方针、政策问题。

3 月 31 日至 5 月 23 日　财政部在广西柳州市进行工商税制改革调查试点。

5 月 15 日　世界银行集团执行董事会通过决议，恢复中华人民共和国政府在国际复兴开发银行、国际开发协会和国际金融公司三个组织中的代表权。

6 月 20 日　财政部、国家经委颁发《关于征收国营工业、交通企业固定资金占用费的暂行办法》。

7 月 21 日　新华社报道，当时进行扩大自主权试点的工业企业已达6 600 多个，占全国国营工业企业总数的 16% 左右，产值和利润分别占60% 和 70% 左右。

8 月 6 日　中共中央同意吴波的要求，免去他的财政部部长、党组书记职务，改任财政部顾问、党组成员；任命王丙乾为财政部部长、党组书记。

8 月 30 日至 9 月 10 日　第五届全国人大第三次会议讨论通过《中华人民共和国中外合资经营企业所得税法》和《中华人民共和国个人所得税法》，通过了 1979 年国家决算、1980 年国家预算以及 1981 年国家财政预算。

9 月 16 日至 18 日　中美联合经济委员会第一次会议在华盛顿举行。会议由中国副总理薄一波和美国财政部长威廉·米勒联合主持。会议签署了领事条约和海运、航空、纺织品三个协定。王丙乾参加了会议。

11 月 12 日　国家经委、财政部、中国人民建设银行联合发出通知，决定自 1981 年起，国家经委、财政部安排的部分挖潜、革新、改造资金由国家拨款改为银行贷款。

11 月 15 日至 30 日　国务院召开全国省长、市长、自治区主席会议及全国计划会议，调整了 1981 年计划，大大压缩了基本建设投资额。

11 月 18 日　国务院批转国家计委、国家建委、财政部、中国人民建设银行《关于基本建设拨款改贷款的报告》，决定从 1981 年起，凡是实行独立核算、有还款能力的企业，都实行基本建设投资拨款改贷款的制度。

12 月 7 日　国务院发出《关于严格控制物价、整顿议价的通知》。

12 月 16 日　中共中央召开工作会议，着重讨论了经济形势和经济调整问题。会议决定在经济上实行进一步调整，在政治上实现进一步安定的重大方针。陈云、李先念、邓小平等先后在会上作了重要讲话。

1981 年

1 月 8 日　国务院发出《关于控制各单位上年结余存款的紧急通知》。国务院规定：除企业的流动资金外，一切机关、团体、部队、企业、事业单位 1980 年年底在银行的存款（包括预算外资金），一律按银行账面数字予以控制，非经批准不得动用。

1 月 14 日　国务院发出《关于抓紧核实 1980 年财政收支数字的紧急通知》，要求严肃财政纪律，正确反映 1980 年财政收支情况，努力缩小财政赤字。

1 月 16 日　国务院会议通过《中华人民共和国国库券条例》。

1 月 16 日　国务院颁发《关于正确实行奖励制度，坚决制止滥发奖金的几项规定》。

1 月 26 日　国务院发布《关于平衡财政收支，严格财政管理的决定》。

1 月 29 日　国务院发出《关于切实加强信贷管理、严格控制货币发行的指示》。

1 月 29 日　国务院批转财政部《关于压缩国营企业管理费的暂行规定》。

1 月 30 日　国务院颁发《关于调整农村社队企业工商税收负担的若干规定》。

3 月 2 日　国务院发出通知，批转《会计干部技术职称暂行规定》。

3 月 3 日　国务院颁发《关于加强基本建设计划管理、控制基本建设规模的若干规定》。

3 月 6 日　第五届全国人大常委会第十七次会议做出《关于批准国务院调整 1981 年国民经济计划和国家财政收支报告的决议》。

3 月 10 日　财政部颁发《关于国营工业企业试行以税代利的几项规定》，把试点企业原来向国家缴纳的利润，改为征收资源税、收入调节税、所得税、固定资金占用费和流动资金占用费。

5 月 20 日　财政部召开全国财政工作座谈会，讨论当年预算平衡、"六五"期间财政的增收节支、工商税制和企业财务制度改革等问题。

5 月 20 日　粮食部、财政部、国家物价总局联合发出《关于提高大豆收购价格，取消大豆超购加价的通知》。

5 月 31 日　国务院颁发《关于奖金问题的补充规定》。

7 月 11 日　财政部发出《关于对工业公司试行增值税和改进工商税征税办法的通知》。

9 月 5 日　国务院批转财政部《关于改革工商税制的设想》，提出把现行工商税制分为产品税、增值税、营业税和盐税四种；开征资源税、利润调节税；对国营企业征收所得税；健全涉外税种等设想。

10 月 7 日　国务院发出《关于一九八一年调整部分职工工资的通知》，决定调整教育、卫生、体育等事业单位人员的工资。

10 月 17 日　财政部召开全国财政厅（局）长会议，讨论 1981 年的财政情况，安排 1982 年的财政指标，研究《关于对国营工交企业扩大试行利润留成和盈亏包干办法的若干规定》等八个文件。

11 月 4 日　国务院发出《关于抓紧今年后两个月的财政收支，确保全年收支基本平衡的通知》。

11 月 7 日　中央纪律检查委员会发出《关于严禁年终突击花钱的通知》。

11月11日　国务院批转国家经委等部门制定的《关于实行工业生产经济责任制若干问题的暂行规定》，提出实行经济责任制的企业必须保证全面完成国家计划，保证财政上缴任务。

11月30日至12月1日　国务院在向第五届全国人大第四次会议所作的《政府工作报告》中，提出中国经济建设的十条方针。王丙乾作《关于一九八〇年国家决算和一九八一年国家概算执行情况的报告》。12月8日，第五届全国人大第四次会议主席团第二次会议审查并通过了这个报告。

1982 年

1月8日　国务院发出坚决稳定市场物价的通知。

1月8日　国务院常务会议通过《中华人民共和国一九八二年国库券条例》。

1月25日　陈云在同国家计委负责同志谈话时强调，必须执行"一要吃饭，二要建设"的根本方针。

2月20日　财政部、国家经委发出通知，对国营工交企业，1981年继续试行利润留成办法。

4月10日　国务院发出《关于整顿国内信托投资业务和加强更新改造资金管理的通知》。

4月19日　财政部颁发《增值税暂行办法》。

4月20日　国务院批转财政部《关于在国营企业恢复财政驻厂员制度的报告》。

4月30日　国务院批转财政部、海关总署、国家计委、对外经济贸易部《关于若干商品征收出口关税的请示》，决定对若干利润大或国家控制出口的若干商品征收出口关税。

5月1日　国家建委、国家计委、财政部、中国人民建设银行联合发出通知，决定进一步扩大基本建设拨款贷款范围，改进、完善贷款管理办法。

5 月 4 日　国务院常务会议任命迟海滨为财政部副部长。

5 月 6 日　国务院发出《关于抓紧做好货币回笼工作和严格控制货币投入的通知》。

5 月 27 日　商业部、财政部颁发《超购粮油加价管理办法》，强调指出，未经国务院批准，不得自行调减粮油征购基数，扩大加价范围，提高加价幅度。

7 月 17 日　中共中央、国务院发布《关于严格制止外汇方面违法乱纪行为的决定》。

7 月 27 日　劳动人事部、国家计委、国家经委、财政部发出《关于加强奖金管理，严格控制奖金发放的通知》。

8 月 5 日　国务院批转财政部《关于加强国营企业财务会计工作的报告》，要求所有企业对财务会计工作进行一次彻底整顿，使企业有一套健全的财会制度。

8 月 6 日　财政部发出《对银行征收工商税有关事项的通知》，决定从 1982 年 7 月 1 日起，对银行的营业收入征收工商税。

8 月 7 日　国务院决定成立中国海洋石油税务局，并决定在上海、天津、广州、湛江四个地区设立中国海洋石油税务分局，作为国家负责海洋石油税务机关。

8 月 24 日　国务院发出《关于努力增收节支确保 1982 年财政赤字不突破 30 亿元的通知》。

9 月 1 日　中国共产党第十二次全国代表大会召开。邓小平在党的十二大开幕式上提出，把马克思主义的普遍真理同我国的具体实际结合起来，走自己的道路，建设有中国特色的社会主义。胡耀邦在《全面开创社会主义现代化建设的新局面》的报告中，提出要集中资金进行重点建设和继续改善人民生活的问题。

11 月 30 日　国务院在第五届全国人大第五次会议上作《关于第六个五年计划的报告》。《报告》指出，"六五"计划后三年改革的重点是：对国营企业逐步推行以税代利，改进国家和企业的关系；发挥中心城市的作用，解决条块矛盾；改革商业流通体制，促进商品生产和商品交换。《报告》还提出了加强财务管理、物价管理、税收管理、信贷管理和严肃财经纪律等问题。

12 月 1 日　王丙乾在第五届全国人大第五次会议上作《关于一九八二年国家预算执行情况和一九八三年国家预算草案的报告》。

12 月 1 日　中共中央、国务院发出《关于征集国家能源交通重点建设基金的通知》，并附发了《国家能源交通重点建设基金征集办法》。

12 月 4 日　国务院发出《关于改进"划分收支、分级包干"财务管理体制的通知》，决定从 1983 年起，除广东、福建两省外，对其他省、自治区一律实行收入按固定比例总额分成的包干办法。

12 月 24 日　国务院颁发《关于严格控制固定资产投资规模的补充规定》，要求企业进行扩建工程必须有 30% 的自有建设资金存入银行，才能申请贷款；自筹基建投资超过国家批准的地区、部门，按其超过额加收 3% 的能源交通重点建设基金。

1983 年

1 月 12 日　国家计委、国家经委、财政部发出《关于部分统配煤矿试行超产煤炭加价的通知》。

2 月 8 日　中共中央和国务院批准在重庆市进行经济体制综合改革试点。

2 月 28 日　财政部颁发《预算外资金管理试行办法》。

4 月 6 日　国务院批转国家计委等部门《关于编制综合财政信贷计划的报告》，要求把预算外资金纳入综合财政信贷计划。

4 月 24 日　国务院发出通知，批转财政部《关于全国利改税工作会议报告》和《关于国营企业利改税试行办法》。

6 月 21 日　第六届全国人民代表大会第一次会议通过王丙乾所作的《关于一九八二年国家决算的报告》。

6 月 25 日　国务院批转中国人民银行关于国营企业流动资金改由中

国人民银行统一管理的报告。

7 月 3 日　国务院、中共中央纪律检查委员会发出《关于坚决制止乱涨生产资料价格和向建设单位乱摊派费用的紧急通知》。

7 月 9 日　国务院发出《关于严格控制基本建设规模，清理在建项目的紧急通知》，要求计划外项目一律停工。

9 月 2 日　第六届全国人大常委会修改《中华人民共和国中外合资经营企业所得税法》。

9 月 5 日　国务院决定从 1983 年 7 月 1 日起，国家能源交通重点建设基金的征收比例由 10% 提高到 15%。

9 月 20 日　国务院颁发《建筑税征收暂行办法》。

9 月 23 日　国务院常务会议通过《中华人民共和国一九八四年国库券条例》。

10 月 6 日　国务院批转财政部《关于开展财务大检查的报告》。

12 月 13 日　劳动人事部、财政部、国家计委、国家经委、中国人民银行发出《关于整顿和制止滥发奖金等问题的紧急通知》。

1984 年

2 月 10 日　国务院召开全国经济工作会议，决定本年全部经济工作以提高经济效益为中心。

3 月 5 日　国务院颁发《国营企业成本管理条例》。

4 月 16 日　国务院发出《关于国营企业发放奖金有关问题的通知》。

4 月 24 日　财政部颁发《会计人员工作规则》。

4 月 30 日　中国和美国两国政府对所得避免双重征税和防止偷漏税协定在北京签字。

5 月 10 日　国务院颁发《关于进一步扩大国营工业企业自主权的暂行规定》。

5 月 16 日　第六届全国人大第二次会议通过国务委员兼财政部部长王丙乾所作的《关于 1983 年国家决算和 1984 年国家预算草案的报告》。

5 月 30 日　中国政府和法国政府就《关于相互鼓励和保护投资协定》，以及《关于对所得避免双重征税和防止偷漏税协定》在巴黎签字。

6 月 11 日　国家经委、财政部联合发出《关于选定 500 户机械电子企业实行按固定资产分类折旧年限计提折旧的通知》。

6 月 23 日　财政部党组向中央书记处、国务院汇报财政部整党情况。汇报中，中央领导同志指出，财政工作要逐步改变旧的习惯做法，为蓬勃发展的新形势开道和服务，学会包括生财、聚财、用财在内的理财之道，成为国家财政的经营管理部。

6 月 28 日　国务院颁发《国营企业奖金税暂行规定》。

7 月 26 日　中国政府和英国政府就《关于对所得和财产收益相互避免双重征税和防止偷漏税的协定》在北京签订。

9 月 18 日　第六届全国人大常委会第七次会议决定，授权国务院在实施国营企业利改税和改革工商税制的过程中，拟定有关税收条例，并公布试行。

9 月 18 日　国务院批转财政部《关于在国营企业推行利改税第二步改革的报告》和《国营企业第二步利改税试行办法》，从 10 月 1 日起试行。

9 月 18 日　国务院颁布产品税、增值税、盐税、营业税、资源税、所得税条例和国营企业调节税征税办法。

10 月　党的十二届三中全会做出《中共中央关于经济体制改革的决定》。

10 月 19 日　国务院批准中国石化总公司对国家实行税后留利盈亏责任制，国家赋予石化总公司相应的经营管理自主权。

10 月 27 日　国务院颁发《中华人民共和国一九八五年国库券条例》。

11 月 15 日　国务院颁发《关于经济特区和沿海十四个港口城市减征、免征企业所得税和工商统一税的暂行规定》。

11 月 27 日　国务院重新颁布《一九八五年国库券条例》，提高了国库券利率，并规定国库券可以在银行抵押贷款或贴现。

12 月 14 日　国家计委、财政部、中国人民银行联合颁发《关于国家预算内基本建设投资全部由拨款改为贷款的暂行规定》。

1985 年

1 月 5 日　国务院发出《关于国营企业工资改革问题的通知》，决定实行职工工资总额同企业经济利益按比例浮动的办法。

2 月 7 日　国务院发出《关于甘肃省违反国家规定乱发奖金的通报》。

2 月 7 日　国务院发出《关于严格控制社会集团购买力的紧急通知》。

2 月 8 日　国务院颁布《中华人民共和国城市维护建设税暂行条例》。

2 月 28 日　国务院颁布《中华人民共和国进出口关税条例》和《中华人民共和国海关进出口税则》。

3 月 13 日　国务院发出《关于下达调整生猪和农村粮油价格方案的通知》，决定对生猪取消派购，实行有指导的议购议销；对粮食取消统购，改为合同定购。

3 月 13 日　国务院发布《关于加强外汇管理的决定》。

3 月 21 日　国务院发出《关于实行"划分税种、核定收支、分级包干"财政管理体制的通知》。

4 月 4 日　国务院批转中国人民银行《关于控制一九八五年贷款规模的若干规定》，决定实行新的信贷管理办法和一系列措施，严格控制贷款总规模。

4 月 5 日　第六届全国人大第三次会议通过王丙乾《关于一九八四年国家预算执行情况和一九八五年国家预算草案的报告》。

4 月 8 日　国务院发出《关于控制固定资产投资规模的通知》。

4 月 11 日　国务院颁布《中华人民共和国集体企业所得税暂行条例》。

4 月 26 日　国务院颁布《国营企业固定资产折旧试行条例》。

5 月 11 日　部分省长、市长座谈会在北京召开，会议研究了调整基本建设规模，控制信贷、外汇、物价和消费基金等方面的问题。

6 月 4 日　中共中央、国务院发出《关于国家机关和事业单位工作人员工资制度改革问题的通知》，在国家机关和事业单位实行结构工资制。

6 月 28 日　国务院颁发《奖金税暂行规定》。

7 月 3 日　国务院颁发《国营企业工资调节税暂行规定》。

7 月 29 日　国务院颁布《中华人民共和国国家金库条例》。

8 月 19 日　国务院决定，1985 年在全国范围内开展一次税收、财务大检查。

8 月 24 日　国务院颁发《集体企业奖金税暂行规定》。

8 月 28 日　国务院发出通知，1985 年不再扩大基本建设投资规模。

9 月 7 日　国务院召开税收财务大检查工作组全体人员会议。国务院副总理田纪云出席会议并作重要讲话。

9 月 11 日　国务院批转国家经委、国家体改委《关于增强大中型国营工业企业活力若干问题的暂行规定》。

9 月 14 日　首都各大报纸在首要位置刊登财政部主要负责人就当前财政状况答记者问。财政部负责人阐述了中国财政状况好转的主要标志。

9 月 20 日　财政部发出通知，对超计划自筹基建投资加征建筑税。

10 月　中共中央纪律检查委员会就中国农业银行湖南省分行弄虚作假、严重违反财经纪律、截留和转移上缴利润的案件，发出必须严格遵守财经纪律的通知。

11 月 22 日　国务院颁布《中华人民共和国一九八六年国库券条例》。

1986 年

1 月 7 日　国务院颁布《中华人民共和国城乡个体工商业户所得税暂行条例》。

1 月 27 日　国务院发出《关于清理和整顿"小钱柜"的通知》。

3 月 25 日至 4 月 12 日　第六届全国人大第四次会议在北京举行。国务院作了关于"七五"计划草案的报告。报告指出，实现"七五"期间的建设任务，关键在于继续进行深入系统的经济体制改革。

3 月 26 日　王丙乾在第六届全国人大第四次会议上作《关于一九八五年国家预算执行情况和一九八六年国家预算草案的报告》。

3 月 29 日　财政部颁发《关于促进横向经济联合若干税收问题的暂行办法》。

4 月 1 日　财政部颁发《关于对科学技术研究机构收入征税的暂行规定》。

4 月 7 日　中共中央书记处听取财政部党组关于税收工作的汇报，并作了重要指示。

4 月 12 日　第六届全国人大第四次会议经过审议并根据财政经济委员会的审查报告，决定批准国务院提出的 1986 年国家预算，批准王丙乾所作的《关于一九八五年国家预算执行情况和一九八六年国家预算草案的报告》。会议授权全国人民代表大会常务委员会审查和批准 1985 年国家决算。

4 月 13 日　国务院发出《关于加强预算外资金管理的通知》。

4 月 18 日　中国和新加坡两国政府在新加坡签订《关于对所得避免双重征税和防止偷漏税的协定》。

4 月 21 日　国务院颁布《中华人民共和国税收征收管理暂行条例》，并为此发出通知。

4 月 28 日　国务院颁发《征收教育费附加的暂行规定》。

5 月 8 日　中美联合经济委员会第六次会议在北京人民大会堂举行。王丙乾和美国财政部部长、美方代表团团长詹姆斯·贝克共同主持了会议，并就中美两国间的经济合作关系、各自国家的经济发展等问题发表了讲话。

5 月 12 日　中国和加拿大两国政府在北京签订《关于对所得避免双重征税和防止偷漏税的协定》。同日，中国和芬兰两国政府在赫尔辛基签订《关于对所得避免双重征税和防止偷漏税的协定》。

6 月 12 日　国务院任命项怀诚为财政部副部长，免去陈如龙的财政部副部长职务。

6 月 15 日　《陈云文选》第三卷由人民出版社出版，6 月 15 日起陆续在全国各地新华书店发行。

6 月 20 日　王丙乾在第六届全国人大常委会第十六次会议上作《关于 1985 年国家决算的报告》，并于 6 月 25 日经人大常委会通过。

7 月 28 日至 8 月 6 日　全国财政工作会议在北京召开。田纪云在全国财政工作会议上就当前我国的经济形势、财政问题、经济体制改革和政治体制改革问题发表了讲话。

7 月 30 日　国务院颁布《中华人民共和国注册会计师条例》，该《条例》共分六章三十条。

9 月 15 日　国务院颁布《中华人民共和国房产税暂行条例》和《中华人民共和国车船使用税暂行条例》。

9 月 16 日　中国和新西兰两国政府在惠灵顿签订《关于对所得避免双重征税和防止偷漏税的协定》。

9 月 25 日　国务院颁布《中华人民共和国个人收入调节税暂行条例》。财政部发出《关于对煤炭实行从量定额征收资源税的通知》。

9 月 28 日　中国共产党第十二届中央委员会第六次全体会议在北京举行，全会通过了《中共中央关于社会主义精神文明建设指导方针的决议》。《决议》指出，我国社会主义现代化建设的总体布局是：以经济建设为中心，坚定不移地进行经济体制改革，坚定不移地进行政治体制改革，坚定不移地加强精神文明建设，并且使这几个方面互相配合，互相促进。

9 月 30 日　王丙乾在国际货币基金组织和世界银行 1986 年年会上发表讲话，提出世界银行完全有必要进行一次普遍增加资金。

10 月 11 日　国务院颁发《关于鼓励外商投资的规定》。《规定》指出，对外商投资的产品出口企业和技术先进企业在税收、金融等方面给予特别的优惠和方便。

12 月 5 日　国务院颁发《关于深化企业改革增强企业活力的若干规定》。

12 月 21 日　为调动粮食企业改善经营管理的积极性，增强企业活力，提高经济效益，控制国家财政补贴，财政部制定《粮食企业政策性亏损定额补贴办法》。

1987 年

1 月 10 日　国务院转发财政部、劳动人事部《关于严格控制发放各种补贴、津贴和制止自行提高退休待遇问题的报告》。

1 月 13 日　王丙乾在中南海紫光阁会见并宴请日本自民党干事长竹下登。

2 月 3 日　国务院颁布《中华人民共和国一九八七年国库券条例》。

2 月 4 日至 15 日　全国财政工作会议在北京召开。会议的中心任务是贯彻执行党中央、国务院关于经济工作的方针、政策和措施，研究分配 1987 年的财政收支指标，具体落实增收节支、平衡预算的各项措施。

3 月 7 日　国务院召开税收财务物价大检查总结大会。田纪云在会上指出，搞社会主义现代化建设和经济体制改革一定要坚持"两个文明"一起抓，通过加强思想政治工作，端正经营思想和经营作风；同时，要把税收、财务、物价大检查当做开展增产节约、增收节支的一项重要措施。

3 月 18 日　国务院成立关税税则委员会。

3 月 25 日　第六届全国人大第五次会议在北京召开。

3 月 26 日　王丙乾在第六届全国人大第五次会议上作《关于 1986 年国家预算执行情况和 1987 年国家预算草案的报告》。

4 月 1 日　国务院颁布《中华人民共和国耕地占用税暂行条例》。该《条例》共十六条，对于占用耕地建房或者从事其他非农业建设的单位和个人缴纳耕地占用税作了规定。

4 月 3 日　李朋赴美国参加世界银行和国际货币基金组织春季发展委员会会议。他指出，自 1985 年以来，流入发展中国家的资金不断减少，使发展中国家进行经济调整所必需的外来资金严重不足，这是本届发展委员会应集中精力解决的问题。

4 月 4 日　第六届全国人大第五次会议通过了王丙乾所作的《关于 1986 年国家预算执行情况和 1987 年国家预算草案的报告》。

4 月 18 日　财政部发出《关于成立财政部增收节支办公室的通知》。

4 月 26 日　中国财政学会 1987 年年会暨第八次财政理论讨论会在北京召开，5 月 3 日结束。会议选举了中国财政学会第三届理事会。第三届理事会第一次会议选举产生了领导机构。名誉会长：薄一波、戎子和；会长：王丙乾；副会长：陈如龙、田一农、李朋、许毅、黄达、左春台、方晓丘、张卓元。

5 月 4 日　项怀诚赴捷克斯洛伐克签署《中捷避免双重征税协定》。

6 月 1 日　国家经委、农牧渔业部、财政部、中国农业银行联合发出《关于推动乡镇工业技术进步的意见》，并为此发出通知。《通知》还对推动乡镇工业技术进步工作的目标、方法、步骤及有关政策等提出了具体要求。

6 月 10 日　全国已有 80% 的乡建立乡级财政。

6 月 16 日　国务院颁发《关于违反财政法规处罚的暂行规定》。

6 月 25 日　国务院颁布《中华人民共和国建筑税暂行条例》。

7 月 9 日　全国财政工作会议在北京召开。

7 月 14 日　全国财税系统劳动模范、先进集体代表会议在北京召开，党和国家领导人李先念、李鹏、姚依林、王兆国、张劲夫等接见了全体代表。这次受到表彰的共有 97 名劳动模范和 96 个先进集体。迟海滨在会上作了题为《革新进取，忠于职守，为完成新时期的财税工作任务而努力奋斗》的报告。

9 月 10 日　财政部发出《关于对当前预算外资金管理工作的几点要求的通知》。

9 月 12 日　国务院修订并颁布《中华人民共和国进出口关税条例》。该《条例》共八章三十八条。

9 月 16 日　国务院决定，从 10 月初开始，在全国范围内再次开展税收、财务、物价大检查。

10 月 9 日 田一农为团长的中国政府代表团一行六人赴法兰克福就我国在联邦德国发行债券问题同有关方面会谈。

10 月 25 日 中国共产党第十三次全国代表大会在北京举行。第十二届中央委员会向大会作了题为《沿着有中国特色的社会主义道路前进》的报告。《报告》指出，在社会主义初级阶段，我们党的建设有中国特色的社会主义的基本路线是："领导和团结全国各族人民，以经济建设为中心，坚持四项基本原则，坚持改革开放，自力更生，艰苦创业，为把我国建设成为富强民主文明的社会主义现代化国家而奋斗。"

11 月 13 日 王丙乾率团赴华盛顿参加中美联合经济委员会第七次会议。

11 月 25 日 全国控制社会集团购买力办公室、国家计委、国家经委、财政部、中国人民银行、商业部、公安部颁发《关于违反控制社会集团购买力规定的处理暂行办法》。

11 月 28 日 全国财政工作会议在北京召开。会议的主要内容是学习、贯彻党的十三大及中央工作会议精神，检查 1987 年的财政收支情况，分配 1988 年财政收支计划，讨论增收节支措施，部署 1988 年的财政工作，并讨论研究了今后财税改革的问题。李鹏在会上讲话指出：党的十一届三中全会以来，我国财政工作和财税体制改革方面取得了很大成绩，支持了全国的社会经济发展和改革开放政策的执行。

12 月 31 日 截至 1987 年年底，中国农业银行已发放由中央财政贴息的扶贫专项贷款 14 亿元，共扶持贫困户 482 万多户，其中约有 180 万户解决了温饱问题。这样大规模地发放专门用于贫困地区经济开发的专项贷款在中国还是第一次。

1988 年

1 月 1 日 《红旗》杂志 1988 年第 1 期刊登了王丙乾的《财政工作和财政改革》一文。文章总结了改革 9 年来财政工作取得的巨大成就，回顾了国家财政在调整国家与企业利润分配关系、改革预算管理体制和税收制度等方面的改革历程，提出了财政改革目标。

1 月 13 日　为进一步贯彻国务院《关于加强预算外资金管理的通知》精神，财政部发出《关于对中央事业行政单位预算外资金实行财政专户储存的通知》，决定对中央事业行政单位预算外资金开始实行财政专户储存。

1 月 15 日　中葡两国政府互换关于澳门问题的联合声明，两国政府代表在互换批准书的证书上签字，中葡两国联合声明自即日起生效。

2 月 2 日　国务院颁布《中华人民共和国一九八八年国库券条例》，确定 1988 年国库券发行数额由 1987 年的 60 亿元增加到 90 亿元，其中单位购买 35 亿元，个人购买 55 亿元。

2 月 10 日　国务院任命刘仲藜为财政部副部长。

2 月 15 日　国务院房改办发出《关于在全国城镇分期分批推行住房制度改革的实施方案》。

3 月 4 日　国务院原则批准上海市《关于深化改革　扩大开放　加快上海经济向外向型转变的报告》，同意上海实行财政基数包干，一定五年不变。

3 月 25 日至 4 月 13 日　第七届全国人民代表大会第一次会议在北京召开。大会选举杨尚昆为中华人民共和国主席，王震为国家副主席，万里为第七届全国人民代表大会常务委员会委员长，邓小平为中华人民共和国中央军事委员会主席。大会根据国家主席的提名，决定李鹏为中华人民共和国国务院总理。大会还原则批准了国务院机构改革方案。大会组成七个专门委员会。陈慕华任财经委员会主任委员，叶林、马洪、陶在镕、李朋、张根生、董辅礽任副主任委员。代表们听取并审议了王丙乾所作的关于 1987 年国家预算执行情况和 1988 年国家预算草案的报告。

4 月 7 日　财政部召开全国耕地占用税工作会议，项怀诚到会讲话。8 日，田纪云、王丙乾到会讲话。

4 月 13 日　第七届全国人大第一次会议通过表决，通过了关于 1987 年国家预算执行情况和 1988 年国家预算的决议。

4 月 20 日　经国家批准，广州、武汉等七个城市首次开放国库券转让市场。

4月27日　王丙乾、迟海滨、田一农、项怀诚会见了财税系统出席全国民族团结进步表彰大会的先进集体代表和先进个人代表。王丙乾勉励代表们进一步做好财税工作，在改革和建设中发挥模范带头作用，创造更多更好的成绩。

5月3日　李鹏主持国务院常务会议，讨论了国务院行政机构设置，宣布了各有关部委的副部长、副主任和直属机构、办事机构的主要负责人。迟海滨、刘仲藜、项怀诚被任命为财政部副部长；金鑫被任命为国家税务局局长；刘积斌被任命为国家国有资产管理局局长。免去田一农、李朋的财政部副部长职务。

5月14日　国务院办公厅发出紧急通知，要求各地区、各部门切实加强税收工作，保障国家的财政收入。

5月21日　中华人民共和国财政部有关负责人就5月19日美国穆迪公司公布、中国财政部持有的1987年3亿西德马克政府债券被该公司评为A3信用等级结果发表了不同意见。

6月9日　财政部与山东省联合创办的山东财政学院在济南市南郊金鸡岭西侧举行了奠基仪式。邓小平同志为该院题写了校名。

6月13日　天津市证券市场正式开业，开始国库券的买卖和转让业务。

6月16日　国务院任命刘积斌为财政部副部长，免去刘积斌的国家国有资产管理局局长职务。

6月25日　迟海滨在第七届人大常委会第二次会议上作了关于1987年国家决算报告，并通报了1988年前五个月预算执行情况。

6月25日　国务院公布《关于征收私营企业投资者个人收入调节税的规定》。

7月1日　经过全国人大常委会审议，并根据全国人大财经委员会的审查报告，第七届全国人大常委会第二次会议决定批准国务院提出的1987年国家决算，批准迟海滨所作的《关于1987年国家决算的报告》。

根据正式编成的 1987 年国家决算，总收入为 2 368.9 亿元，总支出为 2 448.49 亿元，收入和支出相抵，财政赤字为 79.59 亿元。

7 月 2 日　全国税务工作会议在北京召开。9 日，李鹏等国务院领导听取了会议情况汇报，并作重要指示。12 日，王丙乾在会议闭幕时讲话。

7 月 15 日　全国财政工作会议在北京召开。23 日，李鹏、姚依林、田纪云等国务院领导同志听取全国财政工作会议情况汇报并作指示。24 日，王丙乾在会上作了重要讲话。

7 月 15 日　我国投资管理体制进行重大改革，组建六个国家专业投资公司，采取经济办法管理固定资产投资。

8 月 6 日　国务院发布《中华人民共和国印花税暂行条例》，并规定从 10 月 1 日起施行。

8 月 15 日　中共中央政治局在北戴河召开第十次全体会议，讨论并原则通过了《关于价格、工资改革的初步方案》。方案的主要内容是：价格、工资改革的必要性；改革需要遵循的主要原则；1989 年至 1993 年改革的轮廓设想；1989 年改革的初步方案；改革中可能遇到的主要风险和基本对策；必须采取的配套措施。

9 月 8 日　国务院常务会议通过《中华人民共和国现金管理暂行条例》。

9 月 15 日　国务院批准国家计委投资管理体制近期改革方案。

9 月 15 日至 21 日　中共中央政治局在北京召开中央工作会议。会议讨论了治理经济环境、整顿经济秩序、全面深化改革的问题。在 9 月 26 日至 30 日召开的党的十三届三中全会批准了中央政治局向这次全会提出的治理整顿的指导方针和政策、措施。全会确定，把今后两年改革和建设的重点突出地放到治理整顿上来。

9 月 22 日　国务院颁布施行《中华人民共和国筵席税暂行条例》。

9 月 27 日　第四十三届国际货币基金组织和世界银行年会 9 月 27 日至 29 日在西柏林国际会议中心举行。王丙乾率中国代表团出席了本次会议。

9 月 27 日　国务院颁布施行《中华人民共和国城镇土地使用税暂行

条例》。

10 月 10 日　财政部"三定"方案已获原则批准，财政部下设 21 个司局，并归口管理国家税务局、国家国有资产管理局，还代管国务院税收、财务、物价大检查办公室、全国控制社会集团购买力领导小组办公室、国家土地开发建设基金管理领导小组办公室等国务院非常设机构。

10 月 24 日　全国税务局长紧急会议在北京召开。

11 月 15 日　中国注册会计师协会成立大会在京举行。会议原则通过了《中国注册会计师章程》，一致通过了各地推荐的第一届理事会成员名单，并聘请谢明同志担任名誉会长，选举杨纪琬为会长。

12 月 5 日　国务院决定，在全国实行个人收入调节税应税收入申报制度，并从 12 月 5 日起首先在北京海淀区进行试点。

12 月 8 日　全国财政工作会议在北京召开。

12 月 13 日　中国珠算协会召开第三届理事会，朱希安当选为会长，胡静为副会长兼秘书长。王丙乾到会讲话。

1989 年

1 月 1 日　财政部颁发《开采海洋石油资源缴纳矿区使用费的规定》。

1 月 7 日　迟海滨代表中华人民共和国政府同波兰人民共和国政府代表马耶夫斯基签订了《关于对所得避免双重征税和防止偷漏税的协定》。

1 月 18 日　王丙乾在财政部全体干部职工大会上作落实财政部"三定"方案和今后几年的财政工作的报告。国务院批准的财政部"三定"方案核定财政部机关行政编制 1 240 人，另设置两个事业单位编制 60 人，部领导职数定为一正五副，并配备部长助理两人，部下设 21 个司局，归口管理国家税务局、国家国有资产管理局两个直属局级机构，代管国务院三个非常设机构，领导 25 个企业事业单位。

2 月 17 日　国务院发出《国家预算调节基金征集办法》的通知，从 1989 年 1 月 1 日起施行。

3 月 2 日　国务院颁布《中华人民共和国一九八九年特种国债条例》。

3 月 2 日　国务院颁布《中华人民共和国一九八九年国库券条例》。

3 月 7 日　国务院批准财政部在 1989 年适当时机代表我国政府在国际金融市场筹资，具体筹资方式、时间、地点、数额、币种和利率等有关事宜，授权财政部根据国际市场情况决定。

3 月 20 日　第七届全国人大第二次会议在北京召开。会议通过了李鹏总理的政府工作报告《坚持贯彻治理整顿和深化改革的方针》和国务院副总理兼国家计划委员会主任姚依林的《关于一九八九年国民经济和社会发展计划草案的报告》等决议。李鹏总理在《政府工作报告》中提出了进一步治理整顿和深化改革的目标和部署。

3 月 30 日　国务院发出《关于进一步加强工资基金管理的通知》。

4 月 1 日　国家税务局颁发《关于对小轿车征收特别消费税有关问题的规定》。

4 月 4 日　第七届全国人大第二次会议审议通过了王丙乾所作的《关于一九八八年国家预算执行情况和一九八九年国家预算草案的报告》。1988 年国家财政总收入为 2 587.82 亿元，国家财政总支出为 2 668.31 亿元，收入和支出相抵，财政赤字为 80.49 亿元。

5 月 4 日　世界银行宣布，该行决定通过其所属的国际开发协会向中国提供 3 940 万特别提款权（约合 5 200 万美元）的信贷。

5 月 6 日　财政部发出《关于委托中国人民建设银行代行部分财政职能的通知》。

6 月 24 日　中国共产党第十三届中央委员会召开第四次全体会议，通过了《关于撤销赵紫阳同志党的中央委员会总书记和其他职务的决议》，由江泽民同志担任党中央总书记。

7 月 6 日　全国财政工作会议在北京召开。同日，第七届全国人大常委会第八次会议审议并批准了王丙乾所作的《关于一九八八年国家决算的报告》。

7 月 18 日　财政部发出《关于整顿粮食流通秩序、控制粮食亏损补贴的通知》。

8月2日　《经济日报》发表了王丙乾的文章《坚持社会主义财政方向》。文章提出：财税改革坚持社会主义方向；必须坚持计划经济与市场调节相结合；必须坚持在社会生产力不断发展的基础上建立一个稳固的、有活力的、讲求效益的生产建设型财政；必须坚持财政收支平衡和国民经济的综合平衡；必须坚持艰苦奋斗的创业精神。

8月20日　由中共中央文献编辑委员会编辑的《邓小平文选》出版发行，《文选》收录了邓小平同志从1938年到1965年的重要文章、讲话，共39篇。

8月31日　王丙乾受国务院委托，向全国人民代表大会常务委员会作关于1989年国家预算执行情况的汇报。

9月29日　江泽民总书记在庆祝中华人民共和国成立40周年大会上发表讲话。江泽民在讲话中实事求是地肯定了我国40年来特别是改革开放以来社会主义革命和建设的巨大成就，科学地总结了我们党领导社会主义现代化建设和改革开放的基本经验，阐明了当前党和国家工作中需要特别注意统一认识的十个重要问题。该讲话是指导全党工作的纲领性文件。

10月6日　国家外汇管理局首次公布我国外债数字。我国1985年至1988年年末全国外债余额为：1985年年末全国外债余额为158亿美元，其中中长期债务余额94亿美元，短期债务余额64亿美元；1986年年末外债余额为215亿美元，其中中长期167亿美元，短期48亿美元；1987年年末外债余额为302亿美元，其中中长期245亿美元，短期57亿美元；1988年年末外债余额为400亿美元，其中中长期327亿美元，短期73亿美元。

10月11日　迟海滨会见日本东京银行行长井上实一行。

10月26日　王丙乾在人民大会堂会见了以财政部副部长潘斯科夫为团长的苏联财政代表团。

11月9日　中国共产党第十三届中央委员会第五次全体会议通过了《中共中央关于进一步治理整顿和深化改革的决定》。

11月14日　国务院发出《关于清理检查"小金库"的通知》。

12月2日　国务院任命张佑才为财政部副部长。

12 月 7 日　全国财政工作会议在北京召开。王丙乾作了报告，分析了当前的财政经济形势，按照党的十三届五中全会的精神提出了财政治理整顿的六个目标。会议还确定了 1990 年的工作任务。

12 月 20 日　中国财政学会 1989 年年会暨第九次全国财政理论讨论会在北京召开。

12 月 31 日　财政部发出《关于全民所有制公司财务管理的规定》的通知。

1990 年

1 月 6 日　首次全国国有资产管理工作会议在北京召开。截至 1988 年年底，预算内国营企业和行政事业单位国有资产总额原值就达 16 150 亿元。1988 年全民所有制工业企业创造的产值为 10 239.7 亿元，占全国工业总产值的 56.6%；全民所有制经济提供的财政收入占财政收入总额的 70% 左右。1 月 10 日，王丙乾受李鹏总理的委托在会上讲话。

1 月 13 日　王丙乾会见并宴请以国际货币基金组织副总裁厄伯为团长的国际中央银行代表团。

1 月 23 日　财政部发出《关于完善全民所有制企业承包经营责任制有关财务问题的意见》。

2 月 3 日　为了加强银行账户管理，避免财政资金的分散，加快预算收入的集中入库，更好地贯彻预算内资金与预算外资金分别核算的原则，中国人民银行、财政部、国家税务局发出通知，决定对财政资金在银行开立的账户进行一次清理。

2 月 10 日　财政部、国家计委联合发出《关于认真抓紧抓好企业扭亏增盈的通知》，规定了治理整顿期间企业扭亏增盈的目标。《通知》确定，财政部和国家计委组成扭亏增盈办公室，办公室设在财政部。

2 月 12 日　姚依林、王丙乾在中南海接见国务院税收、财务、物价大检查工作组全体成员，并向 27 名先进代表授奖。

2 月 21 日　国家税务局发出《关于个人收入调节税有关政策问题的

通知》，对《中华人民共和国个人收入调节税暂行条例》中"劳务报酬收入"和"投稿、翻译收入"的范围问题给予了进一步的明确。

2 月 23 日　财政部颁发《注册会计师证书和会计师事务所批准证书发放办法》。

2 月 23 日　财政部发出通知，就中国农业银行 1990 年继续试行上缴利润承包责任制的有关问题做出决定。

3 月 12 日　中国共产党第十三届六中全会召开。全会通过了《中共中央关于加强党同人民群众联系的决定》。

3 月 14 日　中国人民银行、中国工商银行、中国农业银行、中国银行、中国人民建设银行召开全国银行电话会议，部署金融工作。中国人民银行决定，从 3 月 21 日起，贷款利率下调 1.26 个百分点。

3 月 20 日　第七届全国人民代表大会第三次会议在北京举行，李鹏作《政府工作报告》，邹家华在会上作《关于一九八九年国民经济和社会发展计划执行情况与一九九〇年计划草案的报告》，王丙乾在会议作《关于一九八九年国家预算执行情况和一九九〇年国家预算草案的报告》。1989 年国家财政总收入为 2 919.2 亿元，完成预算的 102.2%；国家财政总支出为 3 014.55 亿元，完成预算的 102.9%，收支相抵，财政赤字为95.35 亿元。财政收入超额完成了国家预算。

4 月 4 日　第七届全国人大第三次会议审议通过《中华人民共和国香港特别行政区基本法》。

4 月 4 日　邹家华在全国清理"三角债"工作电话会议上讲话。

4 月 6 日　国家国有资产管理局发出通知，对国有资产办理无偿划转做出规定。

4 月 15 日　经国务院批准，中国人民银行决定自即日起，适当降低部分存款利率，定期存款年利率平均降低 1.26 个百分点。

4 月 30 日　为纪念《中华人民共和国会计法》实施 5 周年，刘仲藜在中央电视台发表题为《加强会计法制建设，促进治理整顿》的讲话。

5 月 4 日至 9 日　全国税务工作会议在北京召开，金鑫作了题为《税收工作要为我国政治经济和社会的进一步稳定发展做出新贡献》的讲话。会议结束时，王丙乾到会作了重要讲话。

5 月 6 日　二十四国集团第 24 次部长级会议在华盛顿举行。刘仲藜在会议上指出，一个国家的发展模式和政策取向应该由该国在总结历史经验的基础上，依照本国的经济和社会现实做出抉择。

5 月 22 日　国家税务局发出《关于对外商投资企业从事土地开发和使用权有偿转让征收工商统一税和企业所得税问题的通知》。

5 月 24 日　财政部发出通知，决定扩大国库券上市转让券种。通知说，除已允许上市转让的 1985 年和 1986 年国库券外，同意对个人发行的 1982 年、1983 年、1984 年、1987 年、1988 年国库券在已批准可以开放国库券转让业务的城市挂牌上市，但应实行保护价格，原则上最低自营买进价不得低于票面值；否则不得上市买卖。

5 月 30 日　国务院颁布《中华人民共和国一九九〇年国库券条例》。

6 月 25 日　王丙乾在第七届全国人大常委会第十四次会议上作《关于一九八九年国家决算的报告》。1989 年国家决算，总收入为 2 947.87 亿元，完成预算的 103.2%；总支出为 3 040.2 亿元，完成预算的 103.7%；收支相抵，财政赤字为 92.33 亿元，比 74 亿元的预算赤字扩大 18.33 亿元。

6 月 26 日　全国财政收入超亿元县(市)经验交流会在北京召开。来自 23 个省、自治区、直辖市的 95 个财政收入超亿元县(市)及 43 个财政收入超亿元的大城市县级区的代表参加了会议。李鹏在中南海接见了与会代表。迟海滨与部分县(市)长进行了座谈。会议闭幕时，王丙乾作了重要讲话。

6 月 28 日　全国控制社会集团购买力领导小组发出通知，简化部分专项控制商品的审批手续，重新调整审批尺度。

7 月 2 日　国务院发布《关于加强国有资产管理工作的通知》。《通知》指出，按照统一领导、分级管理的原则，逐步建立和健全国有资产管理机构；由财政部和国家国有资产管理局行使国有资产所有者的管理职能，国家国有资产管理局专职进行相应工作，并由财政部归口管理。

7 月 8 日至 15 日　全国财政工作会议在北京召开。李鹏、姚依林等国务院领导同志在中南海听取了全国财政工作会议的汇报。

7 月 19 日　中国投资银行印发《中国投资银行办理委托筹措外资业务暂行办法》和《中国投资银行委托筹措外资业务内部管理暂行规程》。

7 月 28 日　人事部、财政部发出通知，对经中共中央、国务院批准决定给部分高级知识分子发放特殊津贴一事做出了具体的规定。

8 月 10 日　国务院发出《关于发行一九九〇年转换债的通知》。

9 月 15 日　财政部发出紧急通知，布置各地财政部门贯彻《中华人民共和国行政诉讼法》需要抓紧进行的几项工作。

10 月 16 日　全国控制社会集团购买力领导小组、财政部颁发《社会集团购买力核算范围暂行规定》。

11 月 5 日　国务院农业综合开发领导小组颁发《关于国家农业发展基金有偿部分回收期限和计算方法的规定》。

12 月 1 日　中共中央、国务院发出《关于一九九一年农业和农村工作的通知》。

12 月 20 日　王丙乾受国务院委托，在第七届全国人大常委会第十七次会议上作《关于外商投资企业和外国企业所得税法》(草案)的说明。

12 月 26 日　国务院联合清理拖欠税款领导小组发出《关于认真清收耕地占用税拖欠税款的通知》。

12 月 28 日　财政部颁发《国营金融、保险企业成本管理办法》，从 1991 年 1 月 1 日起施行。

1991 年

1 月 2 日　《人民日报》发表李鹏总理 1990 年 12 月 1 日在全国计划会议结束时的讲话，其中谈到财政问题时指出：解决财政困难，仍然是整个经济工作的重要环节，各方面都要继续过紧日子。

1 月 10 日　王丙乾在北京钓鱼台国宾馆与来访的日本大藏大臣桥本

龙太郎举行会谈。

1 月 16 日　国家税务局、经贸部、海关总署、财政部、中国人民银行、国家外汇管理局发出《关于加强出口产品退税管理的联合通知》。通知中规定：加强出口退税计划管理；严格退税凭证管理；严厉查处出口退税违章行为。

1 月 17 日　新华社报道：1990 年全国已有 95 个县市财政收入超亿元，其中嘉定县、无锡县、川沙县、上海县、江阴市、南海县、南汇县等十大"财神县"财政收入均在 3 亿元以上。

1 月 23 日　财政部发出《关于对外国企业、外国人及华侨、港、澳、台同胞征收契税的通知》。

1 月 26 日　迟海滨会见以段惟成为组长的越南经济考察小组。

2 月 3 日　国务院办公厅发出《关于实行出口产品退税由中央财政和地方财政共同负担的通知》。

2 月 20 日　王丙乾会见蒙古人民共和国财政部长巴扎尔呼一行。

2 月 23 日　国家税务局发出《关于私营企业若干税收政策规定的通知》。《通知》对《中华人民共和国私营企业所得税暂行条例》和《国务院关于征收私营企业投资者个人收入调节税的规定》发布施行后需明确的问题作了规定。

2 月 25 日　国务院召开全国经济体制改革工作会议。会议的中心议题是落实党的十三届七中全会精神，贯彻《中共中央关于制定国民经济和社会发展十年规划和"八五"计划的建议》，研究深化改革的有关政策和配套措施。

2 月 26 日　中国会计学会召开第三届第六次常务理事会。会议一致通过补选张佑才为中国会计学会本届理事会理事、常务理事、会长。

3 月 20 日　国务院办公厅发出《关于成立国务院清产核资领导小组的通知》。领导小组组长由王丙乾担任，副组长有叶青、张佑才、周正庆、汤丙午。

3 月 25 日　第七届全国人大第四次会议在北京人民大会堂举行。李鹏在会上作了《关于国民经济和社会发展十年规划和第八个五年计划纲要的报告》。受国务院委托，邹家华、王丙乾作了《1990 年国民经济和社会发展计划执行情况与 1991 年计划草案的报告》、《1990 年国家预算执行情况和 1991 年国家预算草案的报告》。

4 月 2 日　财政部根据《中华人民共和国注册会计师条例》规定，决定举行首次注册会计师全国统一考试。为此，财政部成立了注册会计师全国考试委员会，并在京召开了第一次会议，研究、部署注册会计师全国统考工作。

4 月 4 日　全国国债会议在西安市召开。

4 月 9 日　第七届全国人大第四次会议通过《关于国民经济和社会发展十年规划和第八个五年计划纲要》及《关于〈纲要〉报告的决议》、《关于 1990 年国民经济和社会发展计划执行情况、1991 年国民经济和社会发展计划的决议》和《关于 1990 年国家预算执行情况和 1991 年国家预算的决议》，以及《中华人民共和国外商投资企业和外国企业所得税法》。

4 月 15 日　国务院颁布《中华人民共和国一九九一年特种国债条例》，自发布之日起施行。

4 月 16 日　国务院颁布《中华人民共和国固定资产投资方向调节税暂行条例》。

4 月 20 日　财政部国家债务管理司与全国 58 家金融机构组成的 1991 年国债承销团在人民大会堂签订合同，承销团承销今年 25 亿元国库券。这次承购包销试点，是新中国国债发行史上的一次尝试。

4 月　《中国财政四十年》大型画册出版。这是一部表现新中国成立 40 年来财税工作和财税、财会干部业余文化生活的大型画册，汇集了财税系统书法、绘画、摄影的优秀作品，以及部分新中国成立以来财政工作在各个历史时期的珍贵历史照片。

6 月 5 日　国务院关税税则委员会在北京召开《中华人民共和国海关进出口税则》审定会。王丙乾在会上作了题为《集中力量，搞好海关进出口税则的审定工作》的工作报告。新《税则》将于 1991 年 7 月 1 日对外公布，自 1992 年 1 月 1 日起实施。

7 月 25 日　《中国财经报》创刊新闻发布会在北京人民大会堂举行。

6 月 29 日　第七届全国人大第二十次会议通过决议，批准国务院提出的《关于 1990 年国家决算的报告》。

7 月 3 日　《中国财经报》创刊。创刊号刊登了李先念、薄一波、田纪云、张劲夫、吴波、戎子和的题词。王丙乾撰写了《扬中国财经之声　促四化建设伟业》的代发刊词。

7 月 24 日　全国财政工作会议、全国税务工作会议在京召开。王丙乾要求财税战线广大职工努力完成全年财政任务。金鑫提出下半年组织税收的六项关键任务。7 月 31 日，李鹏总理等国务院领导在中南海与出席会议的代表进行了座谈。

8 月 1 日　中国国债协会在京成立。王丙乾及有关领导出席了成立大会。项怀诚被选为本届协会会长。

9 月 2 日　国家外汇管理局公布我国 1990 年年末全国外债余额为525.5 亿美元。

9 月 6 日　国务院清产核资领导小组第二次会议在京举行，王丙乾主持会议。会议确定用四五年的时间对国有资产进行一次全面核查。

9 月 14 日　国务院发出《关于开展 1991 年税收财务物价大检查的通知》。

9 月 20 日　全国税收财务物价大检查工作会议在北京召开。

9 月 25 日　张佑才会见马来西亚财政部副部长路垠佑。

10 月 4 日　刘积斌会见意大利财政部副部长苏西。

10 月 16 日　国务院任命金人庆为财政部副部长。

10 月 18 日　中国财政学会 1991 年年会暨第十次全国财政理论讨论会在南宁召开。

10 月 21 日　国务院颁布《国家预算管理条例》。《条例》共九章七十八条，自 1992 年 1 月 1 日起施行；1951 年 8 月 9 日中央人民政府政务院公布的《预算决算暂行条例》同时废止。

10 月 27 日　国家税务局发出通知，决定将在企业集团中推行增值税。

10 月 31 日　国务院批准新的《中华人民共和国海关进出口税则》，从 1992 年 1 月 1 日起施行。

11 月 16 日　国务院颁发《国有资产评估管理办法》。同日，王丙乾与来访的科威特财政大臣纳塞尔·阿卜杜拉·罗丹在钓鱼台国宾馆进行会谈，刘积斌参加了会谈。

12 月 3 日　全国计划、财政会议在北京召开。12 月 9 日，李鹏总理在两会发表重要讲话。

12 月 5 日　国务院发出《关于成立统一着装管理委员会的通知》。王丙乾任国务院统一着装管理委员会主任，副主任刘积斌、杨景宇。

12 月 5 日　财政部发出《关于严格执行出口产品退税由中央财政和地方财政共同负担的通知》。

12 月 11 日　全国控制社会集团购买力办公室发出《关于社会集团购买力支出控制指标实行分类管理的通知》。

12 月 26 日　财政部颁发《乡(镇)财政管理办法》。

1992 年

1 月 1 日　国务院批转国务院住房制度改革领导小组《关于全面推行城镇住房制度改革的意见》。

1 月 1 日　全国控制社会集团购买力办公室决定，从 1992 年 1 月 1 日起对 32 种专项控制商品品目作适当调整。

1 月 5 日　国务院办公厅发出关于调整国务院清产核资领导小组组成人员的通知，组长：王丙乾；副组长：叶青、张彦宁、张佑才、周正庆、汤丙午。

1 月 6 日　国务院召开全国经济体制改革工作会议。

1 月 14 日　王丙乾会见美国驻华大使芮效俭一行。

1 月 15 日　王丙乾出席中国人民建设银行分行行长会议并讲话。

1月17日　李鹏主持召开国务院常务会议，原则同意建设三峡工程。王丙乾、迟海滨参加了会议。

1月18日至2月21日　邓小平视察南方，发表重要谈话，谈话涉及社会主义的本质、计划与市场的关系、各项工作及改革判断的三个有利于标准等一系列重大问题。

1月20日　财政部在昆明召开了全国国债工作会议，项怀诚、金人庆到会讲话。

1月31日　王丙乾在北京钓鱼台国宾馆会见国际货币基金组织磋商代表团团长赖斯一行，项怀诚陪同会见。

2月14日　王丙乾主持召开部党组会议，研究中国经济开发信托投资公司、中华会计师事务所及编辑出版《中国财政年鉴》问题。会议决定，原中国农业开发信托投资公司改名为中国经济开发信托投资公司；原中华会计师事务所更名为中华财务会计咨询公司。会议还决定，从1991年开始，编辑出版《中国财政年鉴》，内容包括重要财经文献、财政概况、财经法规、财政机构人员、财经统计资料、财政大事记等；成立《中国财政年鉴》编辑委员会，田一农、李延龄任主任，钱度龄、黄枫仁、胡志新、宋新中、陈菊铨任副主任。

2月20日　李鹏向第七届全国人大常委会第二十四次会议提交了国务院关于提请审议《中华人民共和国税收征收管理法（草案）》的议案。王丙乾受国务院委托对税收征收管理法草案作了说明。

2月22日　国务院发出通知，任命刘淑兰为中国人民建设银行副行长。

2月25日　全国人大财经委员会听取财政部关于1991年国家预算执行、1992年国家预算草案安排及税利分流试点情况的汇报。迟海滨、项怀诚、傅芝邨参加。

3月9日　国务院在北京召开第三次全国清理"三角债"工作会议。国务院领导同志李鹏、姚依林、朱镕基、王丙乾、李贵鲜、陈俊生等出席了大会，李鹏、朱镕基发表讲话。

3 月 10 日　国务院召开电话会议，部署我国核算制度的重大改革和改进工业经济评价考核指标工作。邹家华到会讲话，项怀诚出席会议。

3 月 13 日　国务院关税税则委员会决定，从 1992 年 4 月 1 日起，全部取消进口调节税，同时调整一般摄像机和小汽车的进口关税税率。

3 月 18 日　国务院颁布《中华人民共和国国库券条例》，并自发布之日起施行。

3 月 20 日　项怀诚会见德国商业银行常务董事雷默。

3 月 21 日　第七届全国人大第五次会议在北京召开，万里委员长主持会议，李鹏总理作《政府工作报告》，邹家华在会议上作《关于 1991 年国民经济和社会发展计划执行情况与 1992 年计划草案的报告》，王丙乾在会议上作《关于 1991 年国家预算执行情况和 1992 年国家预算草案的报告》。

3 月 27 日　王丙乾在北京钓鱼台国宾馆会见国际会计师联合会会长埃德兰，张佑才陪同会见。

4 月 10 日　中国国有资产管理学会成立大会暨第二届全国国有资产管理理论研讨会在北京召开，王丙乾到会讲话。大会选举了学会领导机构，王丙乾被聘为名誉会长，汤丙午任会长。

4 月 13 日　国务院决定，任命金人庆兼任国务院税收财务物价大检查办公室主任和全国控制社会集团购买力领导小组副组长；免去迟海滨兼任的国务院税收财务物价大检查办公室主任和全国控制社会集团购买力领导小组副组长职务。

4 月 27 日　朱镕基会见新加坡财政部长胡赐道博士，刘积斌陪同会见。

4 月 30 日　张佑才会见荷兰经济大臣安德里森。

5 月 16 日　中共中央发行《中共中央关于加快改革，扩大开放，力争经济更好更快地上一个新台阶的意见》，提出实行税利分流是改革国家与企业的分配关系的方向，"八五"期间要搞好试点并部分推行。

6 月 6 日　财政部、国家经济体制改革委员会联合颁布《股份制试点企业财务管理若干问题的暂行规定》，自 1992 年 1 月 1 日起执行。

6 月 11 日　财政部经与国务院住房制度改革领导小组、国家税务局共同研究后颁布《关于住房制度改革中财政税收政策的若干规定》。

6 月 16 日　国家教育委员会正式通知财政部，同意建立山东财政学院，实行由财政部和山东省人民政府双重领导、以财政部为主的领导体制。该校近期规模为 3 000 人，远期规模为 5 000 人。

6 月 17 日　中国、匈牙利两国政府《避免对所得双重征税和防止偷漏税协定》签字仪式在北京举行，金鑫和匈牙利财政国务秘书托劳伊·贝拉分别代表本国政府在协定上签字。

6 月 21 日　全国政协主席、新中国第三任财政部长李先念逝世。

6 月 27 日　王丙乾受国务院委托向第七届全国人大常委会第二十六次会议作《关于 1991 年国家决算的报告》。

7 月 1 日　第七届全国人大常委会第二十六次会议经过审议，根据全国人大财经委员会的审查报告，决定：批准国务院提出的 1991 年国家决算，批准王丙乾所作的《关于 1991 年国家决算的报告》。

7 月 3 日　迟海滨会见并宴请亚美尼亚共和国财政部长扎诺扬一行，国家税务局副局长张相海陪同会见。

7 月 4 日　全国政协经济委员会、中国财政经济出版社在京召开《李先念论财政金融贸易》出版发行座谈会。

7 月 21 日　迟海滨会见并宴请世界银行副行长侯赛因。

7 月 23 日　全国财政工作会议在北京召开。会议期间，李鹏总理发来电话指示，王丙乾作了报告。

7 月 24 日　王丙乾会见并宴请世界银行副行长萨默斯，迟海滨出席。

8 月 8 日　财政部、国务院清理"三角债"领导小组、商业部、中国人民银行联合发出《关于 1992 年上半年粮食财务挂账情况的通报》。

9 月 1 日　全国税收财务物价大检查工作会议在北京召开。王丙乾到会讲话，金人庆在开幕式上对大检查工作提出了具体要求。

9 月 4 日　第七届全国人大常委会第二十七次会议通过《中华人民共

和国税收征收管理法》，自1993年1月1日起施行。

9月4日　第七届全国人大常委会第二十七次会议决定，免去王丙乾的财政部部长职务，任命刘仲藜为财政部部长。

9月5日　中共中央、国务院发出《关于加强对固定资产投资和信贷规模进行宏观调控的通知》。

9月16日　王丙乾赴美国出席国际货币基金组织和世界银行1992年年会。

9月26日　国务院免去刘仲藜的国务院副秘书长职务。

10月12日　中国共产党第十四次全国代表大会在北京召开，在党的历史上第一次明确提出了建立社会主义市场经济体制的目标。

10月12日　国务院决定成立国务院证券委员会，主任朱镕基，副主任刘鸿儒、周道炯，委员中有金人庆、金鑫、汤丙午；撤销原国务院证券管理办公会议。同时，成立中国证券监督管理委员会，受证券委员会指导、归口管理，刘鸿儒任主席。

10月26日　王丙乾出席全国税务局长电话会议并讲话。

10月28日　李鹏总理会见世界银行副行长桑德斯卓姆，迟海滨出席。

11月9日　刘仲藜会见并宴请新西兰国务秘书斯科特一行。

11月29日　首次会计人员资格考试在全国范围内进行，80万会计人员参加了考试。

11月30日　经国务院批准，财政部颁发《企业财务通则》和《企业会计准则》，自1993年7月1日起施行。

12月1日　国家税务局决定，从1993年1月1日起，全国使用统一新版发票。

12月4日　国务院关税税则委员会决定，从1992年12月31日起降低3 371个税目商品的进口关税税率，占我国《海关进出口税则》税目总数的53.6%。此举将使我国关税总水平下降7.3%。

12月14日　全国计划会议在北京举行，江泽民、李鹏出席闭幕会并就当前的经济形势和 1993 年的经济工作发表了重要讲话。

12 月 15 日　刘仲藜与国际货币基金组织副总裁厄伯举行会谈，李延龄出席。

12 月 20 日　全国资产评估管理工作会议在京召开，汤丙午在会议上作报告。

12 月 21 日　国务院在北京召开全国经济工作会议。李鹏总理到会讲话，强调把经济工作的重点放在优化结构、提高质量、增进效益上，促进国民经济既快又好地持续发展。

12 月 22 日　全国财政工作会议在京举行，王丙乾出席会议并讲话。

12 月 23 日　国务院召开清理"三角债"工作总结表彰会。李鹏总理宣告全国性的清理"三角债"工作结束，并向 17 个先进单位颁发奖状。朱镕基副总理作了《总结清理"三角债"经验，防止产生新的拖欠，保证国民经济健康发展》的总结性发言。

12 月 24 日　江泽民在武汉主持召开农业和农村工作座谈会，研究当前农村形势和保护农民利益、调动农民积极性问题。

12 月 29 日　李鹏总理、朱镕基副总理及王丙乾、李岚清、罗干等国务院领导同志与出席全国财政工作会议的财政厅局长和税务局长举行座谈。

1993 年

1 月 11 日　国家税务总局发出《关于部分轻工产品征免增值税的通知》。

1 月 15 日　财政部颁布《对外经济合作企业会计制度》，从 1993 年 7 月 1 日起执行；同时废止财政部 1988 年发布的《对外承包企业会计制度》和《对外承包企业示范会计科目和会计报表》。

2 月 1 日　财政部颁布《金融保险企业财务制度》。

2 月 6 日　财政部颁布《对外经济合作企业财务制度》。

2 月 20 日　国务院发出通知，决定调整农林特产税税率。

3月1日　全国清产核资扩大试点工作会议在北京召开，王丙乾就清产核资二期扩大试点工作进行全面部署。

3月1日　刘仲藜在钓鱼台国宾馆宴请世界银行国际金融公司副总裁卡什姆一行。

3月13日　国家税务总局发出《关于加强流转税管理、严格控制流转税减免的通知》。

3月15日　第八届全国人民代表大会第一次会议在北京召开，国务院总理李鹏作《政府工作报告》，刘仲藜在会议上作《关于1992年国家预算执行情况和1993年国家预算草案的报告》。

3月17日　财政部、中国人民银行联合颁布《金融企业会计制度》，自1993年7月1日起执行。

4月5日　江泽民在中南海会见世界银行行长普累斯顿一行，刘仲藜、金人庆陪同会见。

4月15日　全国控制社会集团购买力领导小组决定，调整专项控制商品品目。

4月19日　国务院决定，国家国有资产管理局为财政部管理的国家局，主要业务工作在财政部党组领导下进行。

4月20日　刘仲藜在钓鱼台国宾馆会见新加坡财政部长胡赐道。

4月22日　刘仲藜与应邀来访的蒙古财政部长达勒莱·达瓦桑布举行会谈。26日，两国财长签署了《中蒙财政合作备忘录》。

4月26日　国务院决定，免去蒋乐民的国家国有资产管理局副局长职务。

5月25日　财政部主办、《中国财政年鉴》编辑委员会编辑的《中国财政年鉴》（1992年刊）正式出版发行。这是中华人民共和国成立后的第一部财政年鉴。

6月14日　国务院办公厅发出《关于筹集三峡工程建设基金的通知》。

6月15日　财政部发出通知，就实施《企业财务通则》和《企业会计准则》后，能源交通重点建设基金和预算调节基金如何征集问题做出规定。

6 月 24 日　国家税务总局发出《关于增值税若干问题规定的通知》，就增值税的计算和征收办法、外购扣除项目的范围、外购扣除项目金额、期初库存等问题作了规定，从 1993 年 7 月 1 日起执行。

6 月 28 日　刘仲藜受国务院委托，向第八届全国人大常委会第二次会议作关于 1992 年国家决算的报告。

7 月 14 日　国务院任命李延龄为财政部副部长。

7 月 20 日　全国财政工作会议在北京举行，刘仲藜在会议开幕时作了报告。

7 月 22 日　国务院任命韩国春为财政部部长助理。

7 月 23 日　朱镕基在全国财政、税务工作会议上发表重要讲话。他要求财政、税务部门"整顿财税秩序，严肃财经纪律，强化税收征管，加快财税改革"。要用改革的办法进行整顿，在整顿的基础上加快改革。

8 月 2 日　财政部发出通知，要求各地严格加强"两金"（能源交通重点建设基金和预算调节基金）征收管理工作。

8 月 4 日　国务院颁发《中华人民共和国税收征收管理法实施细则》。

8 月 18 日　国务院发出《关于开展 1993 年税收财务物价大检查的通知》，对这次大检查的总体要求、组织领导、检查时限、检查范围、检查内容、处理原则等作了指示。

8 月 25 日　刘仲藜受国务院委托，在第八届全国人大常委会第三次会议上作关于《中华人民共和国个人所得税法修正案（草案）》和《中华人民共和国注册会计师法（草案）》的说明。

10 月 9 日　中共中央办公厅、国务院办公厅转发财政部《关于治理乱收费的规定》。

10 月 11 日　刘积斌会见厄利特里亚财政和发展部长海尔一行。

10 月 13 日　金人庆在北京钓鱼台国宾馆会见以色列银行行长亚格布·弗兰克尔。

10 月 31 日　第八届全国人大常委会第四次会议通过《中华人民共和

国注册会计师法》。同时，江泽民主席签署第 13 号中华人民共和国主席令，颁布《中华人民共和国注册会计师法》。《注册会计师法》共七章四十六条，对注册会计师的考试和注册、业务范围和规划、会计师事务所、注册会计师协会、法律责任等作了规定和说明。该法自 1994 年 1 月 1 日起施行。

10 月 31 日　第八届全国人大常委会第四次会议通过《全国人民代表大会常务委员会关于修改〈中华人民共和国个人所得税法〉的决定》。同时，江泽民主席签署第 12 号中华人民共和国主席令，发布《全国人民代表大会常务委员会关于修改〈中华人民共和国个人所得税法〉的决定》。

11 月 4 日　李延龄会见以日本大藏省事务次官斋藤次郎为团长的日本大藏省代表团。

11 月 14 日　中国共产党第十四届中央委员会第三次全体会议通过《中共中央关于建立社会主义市场经济体制若干问题的决定》。

11 月 24 日　首次全国注册会计师工作会议暨会计师协会第二届理事会第二次会议在北京召开。

12 月 5 日　全国财政工作会议在北京召开。同日，全国税务局长会议在北京召开。

12 月 11 日　中国资产评估协会在北京成立。汤丙午任首届会长。

12 月 13 日　国务院颁布《中华人民共和国增值税暂行条例》、《中华人民共和国消费税暂行条例》、《中华人民共和国营业税暂行条例》、《中华人民共和国企业所得税暂行条例》和《中华人民共和国土地增值税暂行条例》，上述条例均自 1994 年 1 月 1 日起施行。

12 月 15 日　国务院发布《关于实行分税制财政管理体制的决定》。同日，国务院颁布《中华人民共和国资源税暂行条例》，自 1994 年 1 月 1 日起施行。

12 月 20 日　中国财政学会 1993 年年会暨第十一次全国财政理论讨论会在北京召开，25 日结束。王丙乾、刘仲藜到会作了重要讲话。

12 月 23 日　国家税务总局就流转税改革以及经济特区征免流转税问题发出通知。

12 月 31 日　财政部发出通知，就党政机关与所办经济实体财务脱钩的有关问题做出规定。

1994 年

1 月 6 日　全国清产核资工作会议开幕，张佑才主持会议，刘仲藜出席会议并讲话。

1 月 10 日　美国财政部副部长萨默斯一行来华访问，刘仲藜、刘积斌与萨默斯一行进行会谈。

1 月 14 日　财政部首次发行全球债券，金额为 10 亿美元。

1 月 17 日　全国税收财务物价大检查办公室公布，1993 年全国共查出违纪金额 154 亿元；其中，应补缴入库金额 102.2 亿元，已补缴 90.6 亿元。

1 月 20 日　江泽民主席、朱镕基副总理会见美国财政部部长本特森，刘仲藜、刘积斌陪同会见。

1 月 20 日　财政部、国家税务总局、中国人民银行就清理核实 1993 年财政收支联合发出紧急通知，要求各地立即组织力量，对 1993 年地方财政收支进行认真核实，核实中要从改革全局出发，坚决剔除 1993 年预算执行月报中虚列的数字，确保 1993 年收支基数的真实可靠。通知明确了核实 1993 年财政收入的检查重点。

1 月 23 日　国务院发出通知，决定自 1994 年 1 月 1 日起，取消集市交易税、牲畜交易税、烧油特别税、奖金税、工资调节税；同时，将屠宰税和筵席税下放给地方管理。

1 月 24 日　张佑才会见亚洲开发银行副行长汤姆森。

1 月 25 日　项怀诚会见美国纽约联邦储备银行行长迈克·唐纳一行。

1 月 28 日　国务院总理李鹏签署中华人民共和国国务院令第 142 号，颁布《中华人民共和国个人所得税法实施条例》。《条例》共四十七条，对个人所得税的征收对象、征收范围、征收办法等做出规定。

1 月 29 日　刘仲藜主持召开国务院财税改革领导小组会议，研究土地增值税问题，李延龄、傅芝邨出席会议。

1 月 30 日　国务院总理李鹏签署中华人民共和国国务院令第 143 号，颁发《国务院关于对农业特产收入征收农业税的规定》。《规定》列举了应征收农业特产税的农业特产品收入，规定了统一的农业特产税税目、税率；规定了农业特产税的征收办法，以及对农业特产税的减免等。

2 月 1 日　刘积斌陪同朱镕基接见毕马威国际会计公司副主席乔·麦当那一行。

2 月 4 日　财政部颁发《清产核资办法》。

2 月 4 日　财政部颁发《中华人民共和国企业所得税暂行条例实施细则》。

2 月 5 日　国务院决定，任命刘仲藜兼任国家税务总局局长，金鑫、杨崇春为国家税务总局副局长。

2 月 7 日　国务院发出《关于教育费附加征收问题的紧急通知》，指出，从 1994 年 1 月 1 日起，教育费附加以各单位和个人实际缴纳的增值税、营业税、消费税的税额为计征依据，附加率为 3%，分别与上述三种税同时缴纳；对从事生产卷烟和烟叶生产的单位，减半征收；教育费附加分别由各地国家税务局和地方税务局负责征收。

2 月 19 日　刘仲藜会见世界银行副行长伯基，金人庆陪同会见。

2 月 19 日　项怀诚出席国务院关税税则委员会 1994 年第一次全体会议。

2 月 27 日　刘积斌赴美国出席亚太经济合作组织财长会议准阁级预备会。

3 月 2 日　刘仲藜、金人庆会见并宴请世界银行前高级副行长库莱希。

3 月 11 日　刘仲藜在第八届全国人大第二次会议上作《关于 1993 年国家预算执行情况和 1994 年国家预算草案的报告》。

3 月 22 日　第八届全国人大第二次会议审议通过《中华人民共和国预算法》，江泽民主席签署中华人民共和国主席令第 21 号予以公布，自 1995 年 1 月 1 日起施行。《中华人民共和国预算法》共十一章七十九条，包括预算管理职权、预算收支范围、预算编制、预算执行、监督、法律责任等内容。

3 月 23 日　第八届全国人大第二次会议经过审议并根据全国人大财经委的审查报告，决定批准国务院提出的 1994 年国家预算，批准刘仲藜代表国务院所作的《关于 1993 年国家预算执行情况和 1994 年国家预算草案的报告》。

3 月 25 日　财政部发出《关于行政性收费纳入预算管理有关问题的通知》。《通知》指出，行政性收费应按照执收单位的财务隶属关系和各项收费的不同情况，分批逐步纳入同级财政预算管理；对纳入预算管理的行政性收费收入，在财政部门应实行归口管理。

3 月 28 日　中韩两国签署《避免双重征税协议》，刘仲藜代表中国政府在协议书上签字。

4 月 19 日　国务院发出《关于严格控制减免进口税收问题的通知》。《通知》指出，各地区、各部门不要再向国务院及有关部门申请减免关税和进口环节税；国务院关税税则委员会和财政部、国家税务总局要继续对现行的减免关税和进口环节税的政策规定进行清理。

4 月 20 日　全国财政法制工作会议在北京开幕，刘仲藜到会并讲话，傅芝邨出席了会议。

5 月 16 日　财政部、国家税务总局、中国人民银行联合发出《关于税制改革后对某些企业实行"先征后退"有关预算管理问题的暂行规定的通知》。

5 月 20 日　财政部、中国人民银行、中国证券监督管理委员会发出《关于坚决制止国债卖空行为的通知》，《通知》从 1994 年 7 月 1 日开始施行。

5 月 23 日　国务院办公厅转发财政部《关于农业综合开发若干政策》

的文件，对农业综合开发的目标、土地资源开发治理的原则、以龙头项目带动农产品系列开发的原则、农业综合开发的管理、农业综合开发的资金投入政策等作了阐述和规定。

6 月 3 日　财政部就国务院提高粮食销售价格一事发出通知，决定从 1994 年 7 月 1 日起，对城镇部分居民实行定向补贴。

6 月 5 日　国家税务总局发布《关于增值税专用发票换版的公告》。经国务院批准，从 1994 年 7 月 1 日起，全国统一使用新版增值税专用发票。

6 月 9 日　财政部颁发《国家农业综合开发资金管理办法》。《办法》对财政投入的资金管理、银行投入的贷款管理、自筹及引进资金管理、资金决算及监督等做了具体规定。

6 月 24 日　国务院办公厅转发财政部、国家税务总局《关于加强个人所得税征收管理意见》。

6 月 28 日　财政部向国务院领导汇报关于财政工作及上半年财税体制运行情况，刘仲藜、项怀诚、张佑才、李延龄、韩国春出席会议。

6 月 30 日　中共中央发出通知，任命项怀诚为国家税务总局党组副书记，免去其财政部党组副书记职务。

7 月 2 日　刘仲藜在第八届全国人民代表大会常务委员会第八次会议上作《关于 1993 年国家决算的报告》。

7 月 20 日　国务院任命项怀诚为国家税务总局副局长（主持日常工作），免去其财政部副部长职务；任命卢仁法为国家税务总局副局长。

7 月 24 日　李鹏总理签署中华人民共和国国务院令第 159 号，颁布《国有企业财产监督管理条例》。

8 月 2 日　全国财政工作会议在北京召开。刘仲藜要求各地财税部门大力扶持生产，积极培养税源；抓紧做好两套税务机构的分设工作；强化对国有资产管理工作的领导；要加强财政法制建设，严肃财经纪律。

8 月 2 日　全国税务局长会议在北京召开。

8 月 5 日　根据国务院批准的财政部"三定"方案中的职责范围和中

国人民建设银行向国有商业银行转变的情况，财政部决定并商得中国人民建设银行同意，从 1994 年 9 月 1 日起，收回原委托中国人民建设银行代理行使的财政职能，并对一些具体业务做了安排。为此，财政部、中国人民建设银行联合发出了《关于财政部收回原委托中国人民建设银行代行的财政职能的通知》。

8 月 24 日　国务院发出《关于分税制财政管理体制税收返还改为与本地区增值税和消费税增长率挂钩的通知》，决定将税收返还递增率按全国增值税和消费税的平均增长率的 1:0.3 系数确定，改为按本地区增值税和消费税增长率的 1:0.3 系数确定。

9 月 14 日　国务院发出通知，决定在全国范围内开展 1994 年税收财务物价大检查。

9 月 21 日　财政部、国家国有资产管理局、中国人民银行颁发《国有资产收益收缴管理办法》。《办法》界定了国有资产收益的内容范围，明确其收缴管理工作由财政部门会同国有资产管理部门负责。《办法》规定，国有资产收益应按中央、地方产权关系和现行财政体制，分别列入同级政府国有资产经营预算。《办法》自 1995 年 1 月 1 日起施行。

9 月 23 日　国家计委、财政部发出通知，决定从 1994 年 10 月 1 日起，停止执行征收煤炭城市建设附加费政策。

10 月 9 日　财政部发出通知，决定在 1994 年和 1995 年，将 14 个沿海开放城市经济技术开发区新增的财政收入继续留给当地使用。

10 月 22 日　中共中央以中委（94）231 号文通知中纪委，同意金莲淑同志(女)任中纪委驻财政部纪律检查组组长。中共中央组织部以组任字（94）135 号文通知财政部党组，同意金莲淑同志(女)任财政部党组成员。

10 月 24 日　朱镕基会见美国联邦储备委员会主席格林斯潘一行，金人庆陪同会见。同日，刘仲藜也会见了美国联邦储备委员会主席格林斯潘一行。

11 月 2 日　财政部发出《关于中央补助地方有偿使用资金问题的通

知》。财政部收回中国人民建设银行代行的财政职能后，原由中国人民建设银行专用投资室负责管理的中央补助地方"拨改贷"（1988 年改为经营性基金）投资，由财政部基本建设司负责办理。《通知》对办理中央补助地方有偿使用资金的有关问题作了说明和规定。

11 月 2 日　全国国有资产管理暨全国清产核资工作会议在北京召开，刘仲藜主持会议，张佑才作工作报告。

11 月 18 日　刘积斌会见国际农业基金会副总裁布朗一行。

11 月 21 日　国家国有资产管理局鞠庆麒副局长率领资产评估考察团一行五人赴韩国考察。

11 月 23 日　财政部、国务院住房制度改革领导小组、中国人民银行联合颁发《建立住房公积金制度的暂行规定》。

11 月 23 日　财政部、国务院住房制度改革领导小组、建设部颁发《国有住房出售收入上缴财政暂行办法》。

11 月 28 日　中共中央和国务院在北京召开中央经济工作会议，江泽民、李鹏在会上作了重要讲话。

12 月 6 日　财政部、国家税务总局发出通知，决定将减免及返还的流转税并入企业利润征收所得税。

12 月 27 日　财政部、中国人民银行发出通知，要求加强对政策性银行的监管。鉴于中国进出口银行、国家开发银行、中国农业发展银行的相继组建，财政部、中国人民银行对这些政策性银行在机构设置、经营原则、资本金的注入等方面提出了要求，以加强对政策性银行的监管工作。

12 月 31 日　国家国有资产管理局、财政部、劳动部联合颁发《国有资产保值增值考核试行办法》。

1995 年

1 月 5 日　中共中央发出通知，任命金人庆、刘积斌为财政部党组副书记。

1 月 6 日　刘仲藜出席在人民大会堂举行的中国政府与克罗地亚政府

《避免双重征税协定》签字仪式。

1 月 18 日　财政部发出《住房公积金管理机构财务管理暂行办法的通知》，规定对住房公积金实行"专户储存、统一管理、专项使用"的管理办法，保证住房公积金的专款专用。

1 月 18 日　国家税务总局在北京召开税务总局成立 45 周年庆祝大会，中共中央政治局委员、国务院副总理吴邦国，全国人大常委会副委员长王丙乾等出席了大会。

2 月 9 日　财政部、国家国有资产管理局和中国人民银行联合发布《国有资产权益收缴管理办法》。

2 月 10 日　全国人大财经委员会在人民大会堂召开全体会议，听取财政部关于 1994 年预算执行情况和 1995 年预算安排的汇报。

2 月 20 日　国务委员宋健在人民大会堂会见世界银行副行长萨拉格丁一行，金人庆陪同。

3 月 6 日　第八届全国人大第三次会议在北京人民大会堂举行，受国务院委托，刘仲藜向大会作《关于 1994 年国家预算执行情况和 1995 年中央及地方预算草案的报告》。

3 月 8 日　国家国有资产管理局和财政部联合颁发《行政事业单位国有资产管理办法》。

3 月 15 日　第八届全国人大第三次会议经过审议并根据全国人民代表大会财政经济委员会（以下简称全国人大财经委）的审查报告，决定批准国务院提出的 1995 年中央预算，批准刘仲藜代表国务院所作的《关于 1994 年国家预算执行情况和 1995 年中央及地方预算草案的报告》。

3 月 17 日　财政部党组聘傅芝邨为财政部顾问。

3 月 30 日　中共中央组织部批准谢旭人、汪兴益为财政部党组成员。

3 月 31 日　国务院任命谢旭人、汪兴益为财政部部长助理，免去傅芝邨财政部部长助理职务。

4 月 17 日　全国工交企业财务工作会议在北京召开。

4 月 18 日　国家国有资产管理局发出《关于在股份公司分红及送配

股时维护国有股权益的紧急通知》。

5月12日 国务院决定,任命金人庆为国务院副秘书长;免去金人庆的财政部副部长职务。

5月16日 全国财政法制工作会议在西安召开,汪兴益出席会议。

6月16日 刘仲藜会见国际货币基金组织副总裁瓦塔拉一行,双方举行了会谈。

6月28日 刘仲藜在第八届全国人大常委会第十四次会议上作《关于1994年国家决算的报告》。

7月6日 中共中央组织部同意金立群为财政部党组成员。

7月19日 刘仲藜、金莲淑、汪兴益赴山东威海市参加全国财政工作座谈会。财政工作座谈会于20日至22日、25日至27日分别在山东威海市、云南昆明市召开。

7月20日 国家外汇管理局公布了1994年年末我国外债情况。截至1994年年底,我国外债余额为928.06亿美元,比1993年增加92.31亿美元。

7月25日 国务院任命金立群为财政部部长助理。

8月1日 世界银行执行董事会批准向中国提供2.6亿美元贷款,贷款期为20年,包括5年宽限期。该贷款用于沪杭高速公路项目,占项目总投资的36%。

8月18日 国务院任命谢旭人为财政部副部长,免去其财政部部长助理职务。

8月25日 国务院免去韩国春财政部部长助理职务。

9月21日 刘仲藜就财税改革有关问题在北京举行中外记者招待会。刘仲藜指出,新财税体制经过全国上下的共同努力,近两年运行情况良好,其积极作用正逐步显现出来。

9月21日 国务院发出《关于开展1995年税收财务物价大检查的通知》。《通知》对检查的指导思想、检查的时限、检查的方法和步骤、检查的范围和内容、检查的违纪问题的处理原则等做出了规定。

9 月 25 日至 28 日　党的十四届五中全会举行。全会通过的《中共中央关于制定国民经济和社会发展"九五"计划和 2010 年远景目标的建议》提出，实行经济体制从传统的计划经济体制向社会主义市场经济体制转变，经济增长方式从粗放型向集约型转变这两个具有全局意义的根本性转变。

10 月 24 日　全国会计工作会议在北京召开。刘仲藜在开幕式上宣读了朱镕基对全国会计工作会议的重要指示及整顿会计工作秩序的"约法三章"。金莲淑主持了开幕式，迟海滨、倪迪、崔建民参加了会议。

11 月 1 日　中国财政学会 1995 年年会暨第十二次全国财政理论讨论会在山东省烟台市召开。大会进行了第五届理事会的选举工作，第五届理事会名誉会长为薄一波、戎子和，会长为王丙乾。

12 月 13 日　全国财政工作会议在北京举行，朱镕基对财政工作作了重要指示。

12 月 13 日　全国税务局长会议在北京召开，朱镕基对税收工作作了重要指示。

12 月 28 日　国务院就改革和调整我国进口税收政策发出通知。通知规定，自 1996 年 4 月 1 日起，对进口设备和原材料等一律按法定税率征收关税和进口环节税。

1996 年

1 月 6 日　财政部颁发《关于中央国家机关、事业单位工作人员差旅费开支的规定》。《规定》自 1996 年 2 月 1 日起施行。

1 月 8 日　刘积斌在北京钓鱼台国宾馆会见并宴请由越南财政部副部长阮生雄率领的越南证券代表团一行。

1 月 11 日　财政部发布《加强财政支农周转金回收管理工作的意见》。

1 月 22 日　国务院办公厅转发国家税务总局《关于调整国家税务局、地方税务局税收征管范围意见的通知》。《通知》对集贸市场和个体工商户税收、涉外税收、联营企业、股份制企业所得税、证券交易税、教育费附加等税收征管范围进行了调整。

1 月 23 日　中华人民共和国财政部在美国发行 4 亿美元扬基债券承销协议仪式在纽约举行。这次发行的有 7 年期限债券 3 亿美元，票面利率为 6.625%；100 年期债券 1 亿美元，票面利率为 9%。中华人民共和国财政部是在外国主权发行体中第一个在美国资本市场上发行 100 年期扬基债券的。

1 月 25 日　国务院颁发《企业国有资产产权登记管理办法》；国家国有资产管理局、财政部、国家工商行政管理局 1992 年 5 月 11 日发布的《国有资产产权登记管理试行办法》同时废止。

2 月 14 日　陈俊生主持召开国家农业综合开发联席会议第八次会议。

2 月 16 日　财政部、国家税务总局联合发出《关于对部分农业生产资料免征增值税的通知》。

3 月 1 日　刘仲藜主持召开财政部反腐败及廉政建设工作会议。会议传达了李鹏总理在国务院第四次反腐败工作会议上的讲话精神，并对财政部反腐败工作提出了要求。

3 月 5 日　刘仲藜在第八届全国人大第四次会议上作《关于 1995 年中央和地方预算执行情况及 1996 年中央和地方预算草案的报告》。

3 月 17 日　第八届全国人大第四次会议经过审议并根据全国人民代表大会财政经济委员会的审查报告，决定批准国务院提出的 1996 年中央预算，同意刘仲藜代表国务院所作的《关于 1995 年中央和地方预算执行情况及 1996 年中央和地方预算草案的报告》。

3 月 19 日　李延龄在北京会见了来访的罗马尼亚国家银行行长穆古尔·伊瑟雷斯库一行。

3 月 26 日　全国财政法制工作会议在广州市召开，刘仲藜为大会作了书面讲话，汪兴益到会并讲话。

4 月 7 日　刘仲藜在北京钓鱼台国宾馆会见了老挝财政部长赛宋蓬·丰威汉一行。

4月7日　财政部、国家税务总局发出《关于促进企业技术进步有关财务税收问题的通知》。

4月15日　谢旭人在财政部会见法国财经技术交流发展协会国家财政监督员古特曼一行。

4月22日　国家税务总局在北京召开税务机构分设后第一次全国地方税务工作会议。刘仲藜在会上强调指出，各级党委、政府、各级财政部门以及国税、地税两部门要通力合作，切实做好地方税收工作，并加强个人所得税征管。

5月13日　全国国有资产产权登记管理工作会议在北京召开。张佑才强调，加强产权登记管理工作，重点是要积极拓展产权登记管理的功能。

6月5日　中国注册会计师协会全国特别代表大会在北京召开。朱镕基发表书面讲话，代表党中央、国务院向大会表示热烈祝贺。国务委员李贵鲜到会讲话，刘仲藜和审计署审计长郭振乾也分别讲话。

6月21日　中华人民共和国财政部代表中国政府发行一笔 7 亿美元全球债券的签字仪式在伦敦举行。

7月1日　财政部发行 3 亿美元 10 年期美元全球债。

7月3日　第八届全国人大常委会第二十次会议召开，刘仲藜受国务院委托，向全国人大常委会作《关于 1995 年中央决算的报告》。

7月5日　第八届全国人大常委会第二十次会议经过审议并根据全国人大财经委的审查报告，决定批准国务院提出的 1995 年中央决算和《关于 1995 年中央决算的报告》。

7月6日　国务院发出《关于加强预算外资金管理的决定》。

7月16日　全国财政工作会议在北京召开，刘仲藜在会上讲话。

8月2日　《中华人民共和国税法（中央卷）》正式出版发行，国家税务总局在人民大会堂举行首发式。

8月8日　农业部、财政部联合召开全国农垦财务工作会议，李延龄到会讲话。

9 月 2 日　中英两国政府《关于对所得和财产收益相互避免双重征税和防止偷漏税的协定》在北京正式签署，国家税务总局副局长项怀诚和英国外交国务大臣汉利分别代表本国政府在议定书上签字。

10 月 4 日　中国注册会计师协会正式加入亚太会计师联合会，标志着中国注册会计师从此走向世界，将有利于中国的注册会计师制度与国际惯例的接轨。

10 月 5 日　国务院发出《关于开展 1996 年税收财务物价大检查的通知》。

10 月 13 日　首届世界珠算大会在山东省潍坊市召开，来自中国、日本等 11 个国家和地区珠算团体的 400 余名代表出席了会议。

10 月 22 日　财政部颁布《事业单位财务规则》，《规则》于 1997 年 1 月 1 日起在全国施行。

11 月 1 日　"中国总会计师协会 1996 年年会"在北京举行。张佑才到会并讲话，全国人大财经委副主任、中国会计师协会会长迟海滨出席会议。

11 月 4 日　全国社会保障财务工作会议在江苏省吴江市召开，刘仲藜、高强到会并讲话。

11 月 9 日　全国国债工作会议在厦门市召开，刘积斌到会并讲话。

11 月 18 日　财政部颁发《预算外资金管理实施办法》。

11 月 19 日　由刘仲藜和美国财政部部长鲁宾共同主持的中美联合经济委员会第九次会议在美国华盛顿结束。

11 月 21 日至 24 日　中共中央、国务院召开的经济工作会议认为，经过近 3 年的努力，以治理通货膨胀为首要任务的宏观调控基本上达到预期目的。

11 月 22 日　财政部颁发《企业职工养老保险基金财务制度》。该《制度》自 1997 年 1 月 1 日起施行；各地区、各部门制定的养老保险基金财务制度同时停止施行。

12 月 17 日　全国税务工作会议在北京召开，刘仲藜出席会议并讲话，项怀诚作了主题报告。

12 月 18 日　全国财政工作会议在北京召开，刘仲藜作了报告。

12 月 23 日　全国国有资产管理暨清产核资工作会议在北京召开，张佑才出席会议并讲话。

1997 年

1 月 2 日　财政部颁发《职工医疗保险基金会计核算办法》。

1 月 10 日　朱镕基主持研究房改工作有关问题，谢旭人出席会议。

1 月 21 日　高强在财政部会见国际货币基金组织财政事务部高级顾问楚珂永一行。

2 月 2 日　财政部党组专门召开会议，认真学习江泽民总书记在中纪委八次全会上的重要讲话，传达了李鹏总理在国务院第五次反腐败工作会议上的讲话和中纪委八次全会精神。

3 月 2 日　刘仲藜受国务院委托，在第八届全国人民代表大会第五次会议上作《关于 1996 年中央和地方预算执行情况及 1997 年中央和地方预算草案的报告》。

3 月 8 日　刘仲藜在北京钓鱼台国宾馆会见了英国财政大臣肯尼斯·克拉克率领的英国财政代表团一行。

3 月 9 日　刘积斌、中国人民银行副行长尚福林、北京市副市长金人庆等到首都部分国债销售网点视察 1997 年凭证式国债销售情况。

3 月 14 日　第八届全国人大第五次会议经过审议并根据全国人大财经委的审查报告，决定批准国务院提出的 1997 年中央预算，同意刘仲藜受国务院委托所作的《关于 1996 年中央和地方预算执行情况及 1997 年中央和地方预算草案的报告》。

3 月 14 日　财政部、国家税务总局发出《关于调整金融保险业税收政策的通知》。

3 月 25 日　刘积斌在北京钓鱼台国宾馆会见西萨摩亚财政部秘书长图伊奥蒂。

3 月 25 日　财政部、国家科委联合颁布《科学事业单位财务制度》，并于 1997 年 1 月 1 日起施行。

3 月 30 日　刘仲藜赴菲律宾出席亚太经合组织财长会议。

4 月 25 日　中国注册会计师协会和香港会计师公会联合举办的"迈向 21 世纪——中国经济改革与会计市场开放"国际研讨会在北京开幕，刘仲藜到会表示热烈祝贺并讲话，张佑才作了题为《中国会计准则的制定与实施》的专题报告。

5 月 15 日　刘仲藜在北京钓鱼台国宾馆会见美国联邦储备体系理事会主席格林斯潘，金立群陪同。

6 月 2 日　中华人民共和国财政部宣布，继 1996 年 6 月成功发行 10 亿美元全球债券之后，中国财政部代表政府将进入欧洲资本市场，发行一笔欧洲马克债券。这是自 1987 年以来财政部第二次进入欧洲马克债券市场。

6 月 17 日　财政部颁布《农业事业单位财务制度》。

6 月 25 日　财政部颁布《财政总预算会计制度》、《事业单位会计准则（试行）》和《事业单位会计制度》。

6 月 27 日　国家外汇管理局公布的统计数字表明，1996 年我国国际收支状况良好，经常项目保持较大幅度的顺差，资本项目依然呈现净入状况，国家储备资产增加；到 1996 年年末，我国的储备资产比 1995 年年底增加了 316.51 亿美元。

7 月 1 日　中华人民共和国对香港恢复行使主权。刘积斌出席中英两国政府香港政权交接仪式。

7 月 2 日　刘仲藜受国务院委托，向第八届全国人大常委第二十六次会议报告了 1996 年中央决算。

7 月 3 日　第八届全国人大常委会第二十六次会议经过审议并根据全国人大财经委的审查报告，决定批准国务院提出的 1996 年中央决算，批准刘仲藜所作的《关于 1996 年中央决算的报告》。

7 月 22 日　高强在财政部会见匈牙利财政部副国务秘书鲍拉日·阿格赖什一行。

9 月 2 日　我国第一个省部级干部"财税改革与发展"专题研究班在北京正式开课。这是经中共中央组织部批准，由财政部、国家税务总局、国家行政学院联合举办的。刘仲藜就"当前财政形势与振兴国家财政"为学员讲了第一课，财政部、国家税务总局的领导及有关司局的负责同志和部分专家教授到研究班作专题报告。

9 月 11 日　朱镕基在中南海同省部级干部"财税改革与发展"专题研究班学员进行了座谈。朱镕基在听取发言后就我国当前财税形势以及进一步加强和完善财税改革问题作了重要讲话。

9 月 12 日　中国共产党第十五次全国代表大会在北京开幕，大会于18 日闭幕。江泽民同志代表第十四届中央委员会向大会作题为《高举邓小平理论伟大旗帜，把建设有中国特色社会主义事业全面推向二十一世纪》的报告。大会通过了《关于十四届中央委员会报告》的决议，批准江泽民同志代表第十四届中央委员会所作的报告，一致赞同把邓小平理论确立为党的指导思想，明确写进党章。大会通过了关于《中国共产党章程修正案》的决议，通过了《关于中央纪律检查委员会工作报告》的决议。大会选举出第十五届中央委员会和中央纪律检查委员会。

9 月 12 日　刘仲藜、刘积斌、张佑才作为代表参加了中国共产党第十五次全国代表大会。刘仲藜当选为中国共产党第十五届中央委员会委员，刘积斌当选为中央纪律检查委员会委员。

9 月 17 日　刘仲藜、金立群赴泰国出席亚欧财长会议。

9 月 18 日　刘积斌赴香港出席 1997 年度世界银行和国际货币基金组织年会。

9 月 26 日　中美联合经济委员会第十次会议在北京召开，刘仲藜和美国财政部部长罗伯特·鲁宾共同主持了本次大会。会议就宏观经济政策和贸易、金融及执法问题进行了深入的讨论。会议通过了《联合公报》。

9 月 27 日　国务院发出《关于开展 1997 年税收财务物价大检查的通知》。

10 月 25 日　第十五次世界会计师大会、国际会计师联合会会员大会、第四十九次亚太会计师联合会理事会会议、世界会计教育大会分别在巴黎召开，张佑才在大会上发表了演讲。

12 月 16 日　全国税务工作会议在北京召开，刘仲藜、项怀诚出席会议并分别讲话。

12 月 17 日　全国财政工作会议在北京召开，刘仲藜到会并讲话。

12 月 18 日　李鹏、朱镕基等国务院领导同志在北京人民大会堂亲切接见了出席全国财政工作会议和全国税务工作会议的全体代表，并作了重要指示。

1998 年

1 月 13 日　中国财政学会 1997 年年会在广州市召开，王丙乾、刘仲藜参加了会议。

1 月 19 日　财政部颁发《行政单位财务规则》。

1 月 27 日　财政部、劳动部、中国人民银行、国家税务总局联合发布《企业职工基本养老保险基金实行收支两条线管理暂行规定》。

2 月 19 日　财政部、国家税务总局联合发出《关于事业单位工资所得税前扣除问题的通知》。

2 月 23 日　财政部颁发《基本建设财务管理若干规定》。

3 月 6 日　刘仲藜在第九届全国人民代表大会第一次会议上作《关于1997 年中央和地方预算执行情况及 1998 年中央和地方预算草案的报告》。

3 月 18 日　中共中央决定，任命项怀诚为财政部党组书记，免去刘仲藜的财政部党组书记职务，免去刘积斌的财政部党组副书记职务。国家主席江泽民发布中华人民共和国主席令第 2 号，任命项怀诚为财政部部长。

3 月 19 日　第九届全国人民代表大会第一次会议经过审议并根据全国人大财经委的审查报告，决定批准国务院提出的 1998 年中央预算，同意刘仲藜受国务院委托所作的《关于 1997 年中央和地方预算执行情况及1998 年中央和地方预算草案的报告》。

3 月 20 日　中共中央决定，任命楼继伟为财政部党组副书记，免去谢旭人的财政部党组成员职务。

3 月 31 日　国务院下发通知，免去刘积斌的财政部副部长职务。

4 月 1 日　财政部、科学技术部联合发出关于《科学事业单位会计制度》账务衔接问题的通知。

4 月 5 日　国务院决定，任命楼继伟为财政部副部长，免去谢旭人的财政部副部长职务。

4 月 6 日　财政部和国家税务总局发出《关于制止越权减免企业所得税的通知》。

4 月 13 日　项怀诚赴美国出席二十二国集团财长会议和世界银行春季会议。

4 月 21 日　1998 年全国财政法制工作会议在河南省郑州市召开。

4 月 21 日　财政部首次政府采购揭标。

4 月 21 日　全国财政监督工作会议在广东省佛山市召开，金莲淑参加会议并讲话。

5 月 26 日　中美联合经济委员会第十一次会议在华盛顿召开，项怀诚和美国财长鲁宾联合主持了这次会议。

6 月 1 日　项怀诚在财政部会见英国前财政大臣克拉克一行。

6 月 8 日　全国增收节支电视电话会议在北京召开，李岚清在会上要求，各级领导和广大财税干部要抓好税收征管，严格支出管理，全面完成 1998 年的财税工作目标。

6 月 12 日　财政部和国家税务总局发出《关于调整增值税运输费用扣除率的通知》。

6 月 15 日　全国税务局长会议在北京召开，国家税务总局局长金人庆到会并讲话。

6 月 26 日　项怀诚在北京钓鱼台国宾馆会见美国财政部部长罗伯特·鲁宾。

6 月 26 日　第九届全国人大常委会第三次会议听取了项怀诚受国务

院委托所作的《关于 1997 年中央决算的报告》，经过审议并根据全国人大财经委的审查报告，决定批准国务院提出的 1997 年中央决算，批准项怀诚所作的《关于 1997 年中央决算的报告》。

7 月 4 日　国务院批准了财政部"三定"方案，确定财政部为国务院主管财政收支、财税政策、国有资本金基础工作的宏观调控部门。根据"三定"方案，财政部职能进行了调整。

7 月 20 日　全国财政工作会议在北京召开。李岚清在给会议的信中，要求全力以赴为实现全年财政收支和经济增长目标而努力奋斗。项怀诚在会上发表讲话。

7 月 20 日　国务院批准成立北京国家会计学院。北京国家会计学院是国务院事业单位，由财政部代管，教学管理依托清华大学。学院实行董事会领导下的院长负责制，董事会由财政部、中央组织部、国家发展和改革委员会（以下简称国家发改委）、国务院国有资产监督管理委员会（以下简称国资委）、商务部、教育部、人事部、中国人民银行、审计署、国家税务总局、中国证券监督管理委员会（以下简称证监会）、中国银行业监督管理委员会（以下简称银监会）、北京市人民政府、上海市人民政府、福建省人民政府、厦门市人民政府、上海市财政局、厦门市财政局、清华大学、厦门大学、上海财经大学等组成，董事会主席由财政部部长担任。

7 月 27 日　财政部发出紧急通知，要求各级财政部门要管好用好防汛抗洪资金，保证资金及时发挥效益。

8 月 5 日　中共中央决定，任命朱志刚为财政部党组成员。国务院任命朱志刚为财政部部长助理。

8 月 21 日　全国财政综合工作会议在北京召开。

8 月 26 日　财政部拟增发 1 000 亿元长期国债的议案由国务院提交第九届全国人大常委会审议。这笔国债将在 1998 年和 1999 年列入国家预算，作为国家预算内基础设施性建设专项投资，用于国民经济和社会发展急需的基础设施建设投入。

8 月 29 日　第九届全国人大常委会第四次会议听取了项怀诚受国务院委托对《国务院关于提请审议财政部增发国债用于加快基础设施建设和今年中央财政预算调整方案（草案）的议案》所作的说明，审议了国务院提请审议的增发国债、调整预算的方案。会议通过了《关于批准国务院增发今年国债和调整中央财政预算方案的决议》，会议同意全国人大财经委在议案审查报告中提出的意见和建议。

9 月 1 日　根据 1998 年政府机构改革的要求，财政部与中国建设银行的关系由委托代理改为业务协作，体现了政企分开、企业不再行使政府职能的原则。

9 月 5 日　国务院决定，任命金立群、高强为财政部副部长。

9 月 14 日　国务院决定，免去汪兴益的财政部部长助理职务。

10 月 12 日　中国共产党第十五届三中全会在北京举行。中央委员会总书记江泽民作了重要讲话，会议审议通过了《中共中央关于农业和农村工作若干重大问题的决定》。

10 月 14 日　财政部、国家计委发出《关于公布取消第二批行政事业性收费项目的通知》。公布取消的收费项目自 1998 年 11 月 1 日起停止征收。

10 月 30 日　国务院召开全国进一步做好增收节支工作电视电话会议，李岚清在会上发表重要讲话。

11 月 10 日　项怀诚出席在伦敦举行的第一次中英财金对话会议，与英国财政大臣布朗和英格兰银行行长乔治举行了会谈。

12 月 13 日　全国财政工作会议在北京召开。项怀诚在讲话中总结了1998 年的财政工作，强调 1999 年财政工作要认真贯彻落实积极财政政策。15 日，李岚清看望了出席全国财政工作会议的代表和财政部、国家税务总局的干部代表，并发表重要讲话。

12 月 17 日　财政部召开纪念党的十一届三中全会召开 20 年暨改革开放 20 年座谈会，项怀诚主持了座谈会。

1999 年

1 月 1 日　国务院办公厅转发财政部《整顿财政周转金方案》的通知。《通知》要求，从 1998 年 12 月 1 日起，中央及地方各级财政周转金一律只收不贷；同时，各级财政部门对已到期的周转金借款要积极清收。

1 月 6 日　项怀诚在国务院新闻办举行的中外记者招待会上接受记者提问时说：1998 年实施的积极财政政策，对启动经济增长、调整投资结构产生了良好的效果，1999 年继续实行积极的财政政策。

1 月 13 日　财政部颁布《保险公司财务制度》。

1 月 14 日　中央财经大学与中央财政管理干部学院合并成立新的中央财经大学，高强出席合并仪式并讲话。

1 月 17 日　全国农业税收工作会议在湖北省鄂州市召开。

1 月 18 日　项怀诚在第二届亚欧财长会议上指出，经济全球化的进程必须以国际经济秩序的合理调整为基础。项怀诚呼吁健全国际金融体系，建立全球金融监管合作体制。

2 月 8 日　全国财政系统外国政府贷款管理工作会议在北京召开，金立群出席会议并讲话。

3 月 5 日　第九届全国人大第二次会议在北京召开，朱镕基总理在会上代表国务院作了《政府工作报告》；项怀诚在大会上作《关于 1998 年中央和地方预算执行情况及 1999 年中央和地方预算草案的报告》。

3 月 24 日　项怀诚在会见世界五大国际会计公司（普华永道、安达信、安永、毕马威国际会计公司和德勤会计师行，简称"五大"）负责人时，表达了中国财政部与"五大"建立联系和合作的良好愿望，希望"五大"对中国目前正在进行的注册会计师行业清理整顿工作给予理解和帮助。

4 月 12 日　项怀诚在财政部机关全体干部职工大会上回顾了 1998 年的主要工作，提出 1999 年工作的基本思路，要求以人民群众的根本利益为出发点，认真开展"讲学习、讲政治、讲正气"教育工作。

4 月 17 日　财政部发出《关于政府采购管理暂行办法的通知》。

4 月 23 日　中国注册会计师协会秘书长李勇率团出席在印度新德里举行的第五十二次亚太会计师联合理事会会议。

4 月 26 日　楼继伟在世界经济论坛（1999）中国企业高峰会上指出，1999 年仍将继续采取扩大内需和刺激出口的政策措施。

5 月 5 日　建设部、财政部、中国人民银行在北京联合召开全国住房公积金管理工作会议。楼继伟指出：必须强化对住房公积金的财政监督机制。

5 月 7 日　全国财政办公室主任工作会议在浙江省杭州市召开。项怀诚寄语全国财政系统办公室同志：既要发扬良好传统，又要注重时时创新。项怀诚在评价财政系统办公室工作时给予了充分的肯定。

5 月 23 日　劳动和社会保障部、财政部在北京联合召开"巩固两个确保工作会议"（确保基本养老金按时足额发放，确保国有企业下岗职工基本生活保障费按时足额发放）。

5 月 26 日　财政部发出《关于住房公积金财务管理办法的通知》。

6 月 9 日　中共中央决定，免去刘长琨的财政部党组成员职务。

6 月 11 日　财政部发布《关于财政部机关内部监督检查暂行办法》。

6 月 26 日　项怀诚受国务院委托，在第九届全国人大常委会第十次会议举行的全体会议上向大会作《关于 1998 年中央决算的报告》。

7 月 7 日　中央"三讲"教育巡视组进驻财政部。项怀诚代表部党组向中央巡视组汇报了财政部"三讲"教育准备和财政工作情况；程连昌代表巡视组讲了重要意见。

7 月 12 日　财政部召开由部机关全体干部、直属事业单位处以上干部和离退休干部参加的"三讲"教育动员大会。财政部"三讲"教育领导小组组长、党组书记、部长项怀诚在会上强调，财政部是国务院的重要职能部门，必须认真贯彻中央的指示精神，按照中央的部署和要求，以高度的责任感、足够的精力、饱满的精神状态，严肃认真、扎扎实实地搞好"三讲"教育。

7 月 21 日　全国财政工作会议在北京召开。中共中央政治局常委、国务院副总理李岚清作书面讲话。

7 月 29 日　国务院决定免去刘长琨的财政部部长助理职务。

8 月 2 日　中国信达资产管理公司监事会第一次会议在北京召开。会议由金立群主持。

8 月 20 日　中共中央、国务院颁布《关于加强技术创新，发展高科技，实现产业化的决定》。

8 月 30 日　第九届全国人大常委会第十一次会议听取了项怀诚代表国务院对《国务院关于提请审议财政部增发国债用于增加固定资产投入和 1999 年中央财政预算调整方案（草案）的议案》所作的说明，审议了国务院提请审议的增发国债和调整中央预算的议案。会议同意国务院提请审议的议案，决定批准增发国债和 1999 年中央财政预算调整方案。

9 月 28 日　受项怀诚的委托，楼继伟主持召开部党组会议，研究关于将部分行政事业性收费和政府性基金纳入预算管理以及彩票管理问题。

10 月 16 日　中央财经大学建校 50 周年校庆庆典在北京隆重举行。国务院副总理李岚清发来贺信，原全国人大常委会副委员长王丙乾、财政部部长项怀诚、教育部部长陈至立、中国人民银行行长戴相龙、审计署审计长李金华、国家税务总局局长金人庆及财政部副部长高强等出席了会议。

10 月 22 日　财政部召开"三讲"教育总结大会。项怀诚在总结讲话时肯定了"三讲"教育取得的成果，初步达到了中央要求的"四个明显"的目的。

10 月 25 日　中美联合经济委员会第十二次会议在北京举行。会议由项怀诚与美国财长萨默斯共同主持。

10 月 31 日　第九届全国人大常委会第十二次会议审议通过了修订的《中华人民共和国会计法》，该法自 2000 年 7 月 1 日起施行。

11 月 3 日　财政部举办学习党的十五届四中全会精神报告会。国务院发展研究中心副主任、党组书记陈清泰作了题为《从战略上调整国有经济布局和改组国有企业，建立和完善现代企业制度》的辅导报告。报告会由项怀诚主持，楼继伟、高强和傅芝邨以及部机关全体同志和直属事业单位处以上干部参加了报告会。

11 月 22 日　财政部与经合组织（OECD）合作举办的预算管理国际研讨会在北京举行。美国国会预算办公室副主任巴里·安德森（Barry Anderson）、加拿大财政部财政政策局局长彼得·德·弗里斯（Peter de Vries）、荷兰财政部预算局局长哈曼·科特（Harman Korte）分别介绍各自国家中预算起到的作用。

11 月 23 日　中共中央决定，任命廖晓军为财政部党组成员。

12 月 8 日　全国财政工作会议在北京召开。中共中央政治局常委、国务院副总理李岚清在书面讲话中对财政工作作了重要指示。项怀诚在讲话中指出，继续加大实施积极财政政策的力度，积极推进预算管理制度的改革，逐步建立公共财政体制框架，积极稳步推进税费改革。

12 月 11 日　全国财政监察专员办事处工作会议在北京召开。

12 月 21 日　第九届全国人大常委会第十三次会议审议了《关于加强中央预算审查监督的决定（草案)》。

12 月 22 日　全国税务工作会议在北京召开。

12 月 24 日　国务院任命廖晓军为财政部部长助理。

2000 年

1 月 12 日至 19 日　中共中央在中央党校举办省部级主要领导干部财税专题研讨班。中共中央政治局常委江泽民、李鹏、朱镕基、李瑞环、胡锦涛、尉健行、李岚清出席了结业式。财税研讨班举行期间，江泽民、朱镕基、胡锦涛、李岚清分别作了重要讲话。江泽民总书记在讲话中指出，建立稳固、平衡、强大的财政，制定和实施正确的财税政策，努力做好财税工作，是我们全面推进改革开放和现代化建设，实现跨世纪发展宏伟目标和中华民族全面振兴的必然要求。

1月23日 项怀诚在北京钓鱼台国宾馆会见了德国财政部部长汉斯·艾歇尔率领的代表团一行。

3月1日 应项怀诚的邀请，新加坡卫生部长兼财政第二部长林勋强率领新加坡金融管理局代表团对我国进行了友好访问。

3月6日 受国务院委托，项怀诚在第九届全国人大第三次会议上作《关于1999年中央和地方预算执行情况及2000年中央和地方预算草案的报告》。

3月15日 第九届全国人大第三次会议经过审查并根据全国人大财经委的审查报告，决定批准国务院提出的2000年中央预算，同意项怀诚受国务院委托所作的《关于1999年中央和地方预算执行情况及2000年中央和地方预算草案的报告》。会议同意全国人大财经委在审查报告中为完成2000年中央和地方预算提出的各项建议。

3月17日 财政部"三讲"教育"回头看"动员大会在北京召开。项怀诚指出，要充分认识开展"三讲"教育"回头看"活动的重大意义，严格按照中央的要求和部署，确保"三讲"教育"回头看"活动取得实效，以促进整改、巩固和扩大"三讲"教育成果。

4月3日 中央预算单位清产核资工作会议在北京召开。楼继伟到会并讲话。

4月5日 全国财政系统纪检监察工作会议在重庆市召开。金莲淑到会并讲话。

4月6日 财政部组织编写的《领导干部财政知识读本》出版发行。中共中央总书记、国家主席江泽民为本书题写了书名并作重要批语，要求各级领导干部要坚持学习财政知识，重视和支持财政工作。

4月7日 全国预算编制改革座谈会在河北省石家庄市召开。楼继伟到会作重要部署。

4月11日 中共中央、国务院发出通知，决定在安徽全省和由其他省、自治区、直辖市选择少数县（市）进行农村税费改革试点，探索建立规范的农村税费制度和从根本上减轻农民负担的办法。为贯彻落实中央的决定，中共中央政治局委员、国务院副总理温家宝到安徽进行调查研究，并在芜湖召开的安徽全省农村税费改革试点工作动员会上发表讲话。他指出，这次农村税费改革是我国农村继土地改革、实行家庭承包经营之后的又一重大改革。

4 月 14 日　全国财政综合工作会议在北京召开。楼继伟在讲话中指出，财政"十五"计划纲要的研究和编制工作是一项系统工程，不仅财政部要把这项工作抓好，地方各级财政部门也要在当地政府统一领导下，全面规划下一个五年的财政发展蓝图。

4 月 26 日　财政部、国家经济贸易委员会（以下简称国家经贸委）及劳动和社会保障部联合发布了《国有资本保值增值结果计算与确认方法》。

5 月 23 日　国务院清理整顿经济鉴证类社会中介机构新闻发布会在北京召开。国务院清理整顿经济鉴证类社会中介机构领导小组组长项怀诚在会上宣布：经国务院领导同意，财政部、国家税务总局决定将注册会计师、注册资产评估师、注册税务师三大行业归类合并实行统一管理。

5 月 23 日　全国农业综合开发工作会议在北京召开。项怀诚到会讲话。

5 月 23 日　项怀诚主持召开学习领会江泽民总书记"三个代表"的重要思想部党组会议。

5 月 25 日　财政部、国家计委联合发出《关于公布取消部分交通和车辆收费项目的通知》，公布取消 238 项涉及交通和车辆的行政事业性收费、政府性基金和政府性集资项目。《通知》规定，公布取消的收费项目自 2000 年 7 月 1 日起停止征收。

6 月 6 日　中共中央决定，任命冯健身、李勇为财政部党组成员。

6 月 12 日　经国务院同意及中央机构编制委员会办公室批复，财政部内设机构调整方案正式实施。财政部召开动员大会，项怀诚在会上要求，全体干部要从财政改革与发展的全局和战略高度认识这次机构和职能调整的必要性和重大意义，并要心系大局，统一步调，迅速就位。

6月16日　亚洲开发银行驻中华人民共和国代表处成立仪式在北京举行。项怀诚出席开业仪式并发表讲话。

6月28日　国务院召开电视电话会议，对全面贯彻实施《中华人民共和国会计法》做出部署。中共中央政治局常委、国务院副总理李岚清在会议上作重要讲话。

7月1日　新的《中华人民共和国会计法》正式施行。《会计法》突出了规范会计行为、保证会计资料质量的立法宗旨，明确了单位负责人的会计责任，完善了会计记账规则和会计监督机制，加大了对违法行为的惩治力度。

7月6日　在第九届全国人大常委会第十六次会议上，受国务院委托，项怀诚报告了1999年中央决算。

7月10日　项怀诚在北京钓鱼台国宾馆会见了加拿大财长马丁一行。

7月13日　国务院决定，任命朱志刚为财政部副部长。

7月15日　国务院决定，任命冯健身、李勇为财政部部长助理。

7月25日　全国财政工作会议在北京召开。项怀诚在会上指出，要通过一系列改革，尽快建立一个结构合理、管理规范、约束有力、讲求效益、适应社会主义市场经济发展要求的财政支出管理新机制；力争用三年左右的时间，在全国范围内使财政支出管理改革取得实质性进展。

8月21日　受国务院委托，项怀诚向第九届全国人大常委会第十七次会议作《关于提请审议财政部增发长期建设国债用于增加固定资产投入和2000年中央财政预算调整方案（草案）的议案》说明。为扩大国内需求，加快结构调整步伐，巩固和发展当前经济回升的良好势头，促进国民经济持续快速健康发展，国务院向全国人大常委会提出议案，拟由财政部在2000年下半年向商业银行增发500亿元长期建设国债，用于增加基础设施投资；同时，相应调整2000年中央预算。

8月22日　财政部颁发《关于财政性住房资金管理办法》。

8月24日　全国清理整顿经济鉴证类社会中介机构工作会议在北京召开。项怀诚出席会议并讲话。

8 月 31 日　上海国家会计学院董事会第一次全体会议在上海召开。董事会主席项怀诚到会并讲话。

9 月 6 日　财政部、中国人民银行发出《关于加强财政、国库、商业银行协调配合共同做好行政单位财政统一发放工资工作的通知》。

9 月 8 日　全国企业资产与财务管理工作会议在北京召开。项怀诚提出：企业资产与财务必须统一管理，逐步建立以出资人管理制度为中心的企业资产与财务管理体系。

9 月 9 日　第七届亚太经济合作组织（APEC）财政部长会议在文莱首都斯里巴加湾市举行。项怀诚率团与会，并在会上作了关于当前中国经济形势的发言，介绍了我国承办第八届 APEC 财长会的筹备情况。

9 月 23 日　第四届财政部独立审计准则中方专家咨询组第一次会议、独立审计准则外国及港澳台专家咨询组第一次会议在北京召开。李勇到会并讲话。

10 月 8 日　财政部发出《关于进一步加强地方政府采购管理工作的通知》。

10 月 9 日　全国企业资产与财务管理工作会议在北京召开。

10 月 12 日　财政部党组召开会议，传达学习中国共产党第十五届中央委员会第五次全体会议精神。

10 月 28 日　中美联合经济委员会第十三次会议在美国首都华盛顿举行。项怀诚率领由财政部、中国人民银行、外交部、国家计委、国家经济贸易委员会（以下简称国家经贸委）、对外贸易经济合作部（以下简称外经贸部）等 11 个部委组成的中国代表团参加了会议。

11 月 20 日　经党中央、国务院批准，省部级干部财政专题研究班在北京举办。国务委员兼国务院秘书长、国家行政学院院长王忠禹主持开班式；中共中央政治局常委、国务院副总理李岚清到会并讲话。

12 月 13 日　全国财政工作会议在北京召开。中共中央政治局常委、国务院副总理李岚清致信祝贺并作重要指示，他强调要逐步建立与我国国情和社会主义市场经济体制相适应的公共财政框架，努力实现江泽民同志提出的"建立稳固、平衡、强大的国家财政"的奋斗目标。

12 月 28 日　全国财政社会保障工作会议在北京召开。

2001 年

1 月 10 日　项怀诚出席在泰国举行的亚欧财长会议。

2 月 15 日　中共中央决定，免去冯健身财政部党组成员职务。

2 月 17 日　全国农村税费改革试点工作会议在安徽省合肥市召开。中共中央政治局委员、书记处书记、国务院副总理温家宝出席会议并作重要讲话。这次会议的主要任务是，贯彻党中央、国务院关于加快推进农村税费改革的精神，总结交流安徽等地改革试点的经验，研究完善改革的有关政策，部署 2001 年的改革试点工作。项怀诚作总结讲话。

2 月 28 日　财政部、中国人民银行发出《关于政府采购资金财政直接拨付管理暂行办法的通知》。

3 月 2 日　国务院决定免去冯健身财政部部长助理职务。

3 月 6 日　受国务院委托，项怀诚在第九届全国人大第四次会议上作《关于 2000 年中央和地方预算执行情况及 2001 年中央和地方预算草案报告》。

3 月 15 日　第九届全国人大第四次会议批准国务院提出的 2001 年中央预算。同意《关于 2000 年中央和地方预算执行情况及 2001 年中央与地方预算草案的报告》，同意全国人大财经委在审查报告中为完成 2001 年中央和地方预算提出的各项建议。

3 月 16 日　财政部、中国人民银行发出《关于财政国库管理制度改革试点方案的通知》。

3 月 20 日　第四届财政部教材编审委员会工作会议在北京召开。第四届财政部教材编审委员会主任委员项怀诚出席会议并讲话。

3 月 29 日　全国财政系统纪检监察工作会议在江苏省镇江市召开。金莲淑作了题为《加大治本力度狠抓工作落实深入推进财政系统党风廉政建设和反腐败工作》的讲话。

4 月 9 日　财政部发出《关于中央单位政府采购管理实施办法的通知》。《通知》共五章三十六条。对采购管理程序、资金拨付管理、监督检查等作了明确的规定。

4 月 25 日　财政部第六次全国财政系统干部培训工作会议在江苏省镇江市召开。廖晓军到会讲话。

5 月 14 日　财政部发出《关于财政系统开展整顿和规范市场经济秩序有关工作的通知》。要求各级财政部门从贯彻江泽民总书记关于"三个代表"重要思想的高度，从促进国民经济持续、快速、健康发展的高度，充分认识整顿和规范市场经济秩序工作的重要性和紧迫性，切实把这项工作抓紧抓好。

5 月 16 日　项怀诚、徐匡迪为上海国家会计学院揭牌。

5 月 17 日　中国政府 15 亿美元等值欧洲债券发行签字仪式在伦敦举行，这是时隔两年半以后中国政府在国际资本市场上的又一次成功发行。

5 月 17 日　财政部颁发《企业国有资本与财务管理暂行办法》。

5 月 28 日　财政部税政工作会议在浙江省杭州市召开。

6 月 12 日　国务院发布《减持国有股筹集社会保障资金管理暂行办法》。《办法》明确规定，国有股减持主要采取国有股存量发行的方式。凡国家拥有股份的股份有限公司（包括境外上市的公司）向公共投资者首次发行和增发股票时，均应按融资额的 10% 出售国有股。国有股存量出售的收入，全部上缴全国社会保障基金。

6 月 21 日　中共中央决定，免去高强财政部党组成员职务。

6 月 22 日　财政部发布《内部会计控制规范——基本规范（试行）》和《内部会计控制规范——货币资金（试行）》。两个规范作为《会计法》的配套措施，是解决当前一些单位内部管理松弛、控制弱化的重要举措，也是适应我国加入世界贸易组织（WTO）的要求。

6 月 27 日　全国财政法制工作会议在江苏省镇江市召开。

7 月 2 日　项怀诚主持召开部党组会议，学习贯彻江泽民同志在庆祝中国共产党成立 80 周年大会上的讲话。

7 月 5 日　国务院决定，免去高强财政部副部长职务。

7 月 13 日　项怀诚在陕西省西安市参加部分省（自治区、直辖市）财政厅（局）长和市、县财政局长座谈会。

7 月 16 日　中央级行政政法财务工作座谈会在北京召开。

7 月 27 日　全国财政工作座谈会在成都市结束。座谈会由金立群主持，项怀诚作了总结性发言。

7 月 27 日　财政部在北京召开中央部门预算编制工作会议，全面部署 2002 年中央部门预算编制的各项工作。150 多个中央部门和单位的财务负责人等 700 余人参加了会议。

8 月 17 日　财政部、国家计委、农业部联合发出《关于加大治理向农民乱收费力度　切实减轻农民负担的通知》。

9 月 8 日　第八届 APEC 财长会在江苏省苏州市举行。来自中国、美国、日本、加拿大等亚太经合组织 21 个成员体的财政部长及主要国际金融组织的高级官员，围绕"经济增长、结构调整、共享繁荣"的主题，就本地区的经济和金融形势交换意见。

9 月 11 日　项怀诚和美国财长保罗·奥尼尔在北京共同主持了第十四次中美联合经济委员会，会上双方就广泛的经济问题进行了深入而有建设性的讨论。

9 月 13 日　中共中央决定，任命肖捷、冯淑萍为财政部党组成员。

9 月 19 日　中华苏维埃共和国财政人民委员部旧址揭幕仪式在革命圣地江西省瑞金市沙洲坝隆重举行。项怀诚出席揭幕仪式并讲话。

9 月 20 日　财政部发布《关于加强国有金融企业集中采购管理的若干规定》。

9 月 24 日　国务院决定，任命肖捷为财政部副部长。

9 月 25 日　全国财政政法财务工作会议在杭州市召开。

9 月 26 日　国务院决定，任命冯淑萍为财政部部长助理。

10 月 16 日　全国教科文财政工作会议在山东省烟台市召开。

11 月 1 日　项怀诚在《求是》杂志上发表题为《切实加强财政工作作风建设》的文章。

11 月 8 日　项怀诚在北京钓鱼台国宾馆与应邀来访的法国经济、财政与工业部部长洛朗·法比尤斯举行会谈。

11 月 10 日　在卡塔尔首都多哈举行的世界贸易组织第四届部长级会议通过中国加入世界贸易组织的决定。12 月 11 日，中国正式成为世界贸易组织成员。

11 月 18 日　世界银行和国际货币基金组织第六十四次发展委员会会议的二十国集团部长级会议在加拿大渥太华召开。项怀诚在会上表示，中国欢迎世界银行运用各种贷款和非贷款工具向发展中国家提供经济援助，并呼吁发达国家对世行优惠资金窗口给予支持。

11 月 20 日　财政部决定取消七项涉及企业资产与财务的行政审批事项。

11 月 28 日　金立群和英国财政部副部长保罗·波藤在北京共同主持了中英财金对话机制第二次会议。

12 月 2 日　全国财政社会保障工作会议在广州市召开。

12 月 18 日至 20 日　全国财政工作会议在北京召开。项怀诚在会议上指出，2002 年继续实施积极的财政政策，稳步推进财政改革，促进实现国民经济宏观调控预期目标和社会全面进步。

12 月 19 日　中共中央政治局常委、国务院副总理李岚清在与参加全国财政工作会议的部分代表座谈时指出，各级财政部门要以"三个代表"重要思想为指导，统一认识，深化财政制度改革，以优异的工作成绩迎接党的十六大的召开。

12 月 21 日　财政部发布《关于废止部分规章和规范性文件的决定》。

2002 年

1 月 1 日　我国开始履行加入世界贸易组织承诺的 2002 年关税减让义务和我国加入曼谷协定承诺的关税减让义务。

1 月 6 日　项怀诚与德国财政部长汉斯·艾歇尔在上海举行会谈。

1 月 17 日　财政部、中国人民银行联合发出通知，决定自 2002 年 1

月1日起，将公安等部门的各项收费（不含所属高校、中专的院校收费）收入全部纳入预算管理，上缴国库。公安部、最高人民法院、海关总署（含各地分支机构）、国家工商行政管理总局、国家环境保护总局按规定收取的各项收费收入，纳入中央财政收入。

1月24日　项怀诚在北京钓鱼台国宾馆会见了亚行行长千野忠男。

2月6日　财政部、外经贸部联合发出通知，对采用非国际竞争性招标方式的外国政府贷款项目的采购业务做出相应规定。

2月22日　财政部会同国家经贸委等五部委联合发布了《企业效绩评价操作细则（修订）》。

3月4日　财政部、劳动和社会保障部联合发出通知，决定驻辽中央困难企业与职工解除劳动关系所需的经济补偿金，由中央财政给予必要和适当的补助。

3月6日　受国务院委托，项怀诚在第九届全国人大第五次会议上作《关于2001年中央和地方预算执行情况及2002年中央和地方预算草案报告》。

3月8日　以色列政府承诺向我国新提供2亿美元优惠贷款。

3月13日　第九届全国人大第五次会议批准国务院提出的2002年中央预算。同意《关于2001年中央和地方预算执行情况及2002年中央与地方预算草案的报告》，同意全国人大财经委在审查报告中为完成2002年中央和地方预算提出的各项建议。

3月21日　项怀诚代表中国政府在联合国发展筹资国际会议国家元首和政府首脑级别的会议上发言，倡议建立全球发展筹资框架。

3月24日　楼继伟在"中国发展高层论坛"2002年年会上作了题为《财税政策的调整与完善宏观调控机制》的专题演讲。

4月9日　李勇在亚太会计师联合会（CAPA）第五十九次理事会会议上当选为CAPA主席。中国人在国际性会计机构中担任第一领导人职务的空白终于实现了零的突破。

4月24日　财政部制定了《中央政法补助专款项目管理工作考核办

法》，对中央政法补助专款项目管理工作的考核内容与方式、考核标准、考核评定与奖惩等方面作了明确的规定。

4 月 27 日　肖捷在全国财政国库工作会议上表示，2002 年财政部将结合深化"收支两条线"管理改革，选择部分中央单位进行预算外资金收入收缴管理改革试点。

5 月 10 日　亚洲开发银行理事会第三十五届年会在上海开幕，中华人民共和国主席江泽民出席并作重要讲话。第三十五届亚行理事会主席项怀诚在开幕式上发表演讲，表示希望亚行能继续加强对中国中西部贫困地区的发展援助，支持中国经济的制度创新和技术创新，推动中国经济平衡、稳定、持续的发展。这是历届年会中规模最大的一届。

5 月 16 日　全国增收节支电视电话会议召开。中共中央政治局常委、国务院副总理李岚清在会议上讲话。

5 月 20 日　财政部发出通知，公布了 31 项保留的政府性基金项目。

5 月 26 日　亚太经合组织（APEC）金融与发展项目 2002 年度论坛在北京钓鱼台国宾馆举行。

6 月 13 日　财政部制发了《行政事业性收费和政府性基金年度稽查暂行办法》，自 2002 年 7 月 1 日起实行。

6 月 25 日　财政部、中国人民银行联合发出通知，决定自 2002 年 7 月 1 日起，将公路客运附加费、农业发展基金、燃油附加费等 26 项公布保留的政府性基金纳入预算管理。

6 月 26 日　受国务院委托，项怀诚向第九届全国人大常委会第二十八次全体会议报告了 2002 年前 5 个月中央和地方预算执行情况。

6 月 26 日　全国财政改革经验交流暨财政办公室工作会议在京召开。项怀诚和楼继伟出席会议并讲话。

6 月 27 日　中共中央决定，免去张佑才的财政部党组成员职务。

6 月 28 日　财政部、中国人民银行联合印发《预算外资金收入收缴管理制度改革方案》。

6 月 29 日　在李鹏委员长的主持下，第九届全国人大常委会第二十八次会议表决通过了《中华人民共和国政府采购法》。江泽民主席签署了第 68 号主席令公布《中华人民共和国政府采购法》，该法从 2003 年 1 月 1 日起施行。

7 月 2 日　财政部印发《农业税收征管经费管理办法》，该《办法》自 2003 年 1 月 1 日起开始实施。

7 月 21 日　国务院决定，任命廖晓军为财政部副部长；免去张佑才的财政部副部长职务。

7 月 29 日　全国财政国库管理制度改革工作会议在安徽省合肥市召开。楼继伟出席会议并讲话。

8 月 20 日　全国财政系统"金财工程"建设座谈会在黑龙江省哈尔滨市召开。项怀诚到会并讲话。

9 月 14 日　全国增收节支工作会议在北京召开。中共中央政治局常委、国务院总理朱镕基在会上作了重要讲话，中共中央政治局常委、国务院副总理李岚清主持会议。

9 月 20 日　项怀诚在中宣部等五部委联合举办的系列报告会上作报告时指出，13 年来我国财政改革和发展谱写了历史新篇章。

9 月 25 日　中国会计学会第六次全国会员代表大会在北京召开，项怀诚、楼继伟、冯淑萍到会并作了讲话。

10 月 16 日　全球环境基金（GEF）第二届成员国大会在北京国际会议中心开幕。中国国家主席江泽民出席开幕式，并发表题为《采取积极行动共创美好家园》的重要讲话。项怀诚主持大会开幕式，并当选为本次大会主席。

10 月 31 日　全国政府采购工作会议在河北召开。

11 月 8 日　中国共产党第十六次全国代表大会在北京召开。江泽民代表第十五届中央委员会向大会作了题为《全面建设小康社会，开创中国特色社会主义事业新局面》的报告。大会通过关于《中国共产党章程（修正案）》的决议，把"三个代表"重要思想同马克思列宁主义、毛泽东思想、邓小平理论一道确立为党必须长期坚持的指导思想。

11 月 19 日　世界会计师大会（WCOA）第十六届全球会议在中国香港召开，这是首次在中国领土上举行的世界会计师大会。国务院总理朱镕基出席开幕式并发表演讲，项怀诚在本次大会上发表了主题为"知识经济与中国会计"的演讲。

11 月 26 日　中国注册会计师协会发布《注册会计师、注册资产评估师行业诚信建设纲要》。

11 月 28 日　中国总会计师协会第三次全国代表大会在国家会计学院召开。全国人大常委会副委员长姜春云致信祝贺，楼继伟出席开幕式并讲话，张佑才当选为第三届中国总会计师协会理事会会长。

12 月 25 日　全国财政工作会议在北京召开。国务院总理朱镕基、副总理李岚清和国务委员王忠禹在人民大会堂接见了出席全国财政工作会议的代表和受到表彰的全国财政系统先进集体、先进个人代表。项怀诚在会议上指出，财政工作要抓好继续实施积极财政政策等六项工作。

2003 年

1 月 10 日　廖晓军出席全国农村财政工作座谈会。

1 月 14 日　财政部会同国家计委、国家外汇管理局联合发布《外债管理暂行办法》。这是我国首次从全口径角度制定的规范各类外债管理的规章，该《办法》自 2003 年 3 月 1 日起实施。

1 月 16 日　财政部、中国人民银行联合发布《国库存款计付利息管理暂行办法》，决定自 2003 年 1 月 1 日起对国库存款计付利息，标志着我国国库资金管理方式发生了重大改变。

2 月 24 日　财政部和教育部在人民大会堂联合举行"首届国家奖学金发放仪式"。我国从 2002 年起，在全国普通高等学校首次设立国家奖学金制度。项怀诚出席奖学金发放仪式。

2 月 26 日　李勇和德国驻华大使薄德磊在北京钓鱼台国宾馆共同签署了《中华人民共和国政府与德意志联邦共和国政府 2003 年度财政合作协议》。

3 月 6 日　受国务院委托，项怀诚在第十届全国人大第五次会议上作《关于 2002 年中央和地方预算执行情况及 2003 年中央和地方预算草案的报告》。

3 月 17 日　中共中央决定，任命金人庆同志为财政部党组书记，免去项怀诚同志的财政部党组书记职务。胡锦涛签发中华人民共和国主席令第 2 号，任命金人庆为财政部部长。

3 月 21 日　财政部召开 2003 年财政国库管理制度改革新增试点单位座谈会。肖捷在座谈会上指出，财政国库管理制度改革是源头防腐的重要举措。

3 月 24 日　金人庆会见亚行行长千野忠男。

3 月 27 日　国务院发出《关于全面推进农村税费改革试点工作的意见》。

4 月 3 日　国务院在北京召开全国农村税费改革试点工作电视电话会议。中共中央政治局常委、国务院总理温家宝出席会议并作重要讲话。

4 月 13 日　冯淑萍出席第十六届亚太地区会计师联合大会地方团组团工作会议和全国注册会计师协会、注册评估师协会秘书长会议。

4 月 13 日　金立群在国际货币基金组织和世界银行发展委员会会议上发表讲话。

4 月 14 日　财政部发布第六批独立审计准则项目。

4 月 23 日　财政部公布了中央财政 20 亿元非典型肺炎防治基金的用途。主要用于：救治"非典"患者、"非典"医疗设备购置、卫生医务工作者补助、"非典"药品和物资储备、用于"非典"病毒快速诊断试剂的研制和"非典"防治的科技攻关。

4 月 25 日　财政部、国家税务总局发出《关于非典型肺炎疫情发生期间个人取得的特殊临时性工作补助等所得免征个人所得税问题的通知》。

4 月 29 日　财政部与卫生部联合下发《关于农民和城镇困难群众非典型肺炎患者救治有关问题的紧急通知》，明确规定对这部分人员中的

"非典"患者实行免费医疗救治，所发生的救治费用由政府负担。

5月9日　为减轻受"非典"疫情影响比较严重行业的经济负担，降低经营成本，促进国民经济健康发展，财政部发出紧急通知，要求各地区和有关部门从5月1日起至9月30日止，对餐饮、旅店、旅游、娱乐、民航、公路客运、水路客运、出租汽车等行业减免城镇公用事业附加、地方水利建设基金、文化事业建设费、国家电影事业发展专项资金、残疾人就业保障金、三峡工程建设基金、农网还贷资金、库区维护建设基金、民航基础设施建设基金、公路客运附加费、水路客运附加费、各种价格调节基金、帮困资金、城市教育费附加、地方教育附加等15项政府性基金。

5月9日　财政部、国家发改委、监察部、审计署联合下发《关于加强中央部门和单位行政事业性收费等收入"收支两条线"管理的通知》。

5月12日　经国务院批准，财政部、国家税务总局发出紧急通知，决定对包括餐饮业在内的部分行业从2003年5月1日至9月30日实行税收优惠政策，免征营业税及其他部分税种。

5月30日　国务院总理、国家科技教育领导小组组长温家宝主持召开国家科技教育领导小组第一次会议，金人庆出席会议。

6月2日　财政部对全国财政法制宣传教育和依法理财工作领导小组成员进行调整，金人庆担任组长，副组长由廖晓军、杨敏担任，部机关各司局负责人为领导小组成员。

6月3日　财政部、国家税务总局就2003年农村税费改革试点地区农业特产税有关问题发出通知。通知指出，关于2003年是否征收农业特产税问题，各地区可根据统一政策、分散决策的原则，自主决定。条件成熟的省，可结合本地实际，在自行消化财政减收的前提下，对部分农业特产品（除烟叶外）不再单独征收农业特产税，改为征收农业税。

6月24日　财政部召开全国财政厅（局）长座谈会。东部地区座谈会于当日在南京召开。西部、中部地区座谈会相继在成都、武汉召开。金人庆介绍了财政部党组关于学习贯彻"三个代表"重要思想和党的十六大精神、进一步推进今后一个时期财政改革与发展的总体思路。

6月25日　受国务院委托，金人庆向第十届全国人大常委会第三次全体会议报告了2003年前5个月中央和地方预算执行情况。

7月1日　金人庆主持召开部党组会议，学习贯彻胡锦涛同志"七一"重要讲话精神。

7月9日　财政部发出《关于增补财政部会计准则委员会委员的通知》，决定对第二届财政部会计准则委员会委员新增补3名，分别是中国银行业监督管理委员会副主席李伟、中国保险监督管理委员会副主席吴小平、国务院国有资产监督管理委员会统计评价局局长孟建民，聘期为两年。至此，财政部会计准则委员会共有委员19名。

7月10日　亚洲开发银行执行董事会同意行长千野忠男的提名，任命金立群担任亚行副行长。

7月14日　中英财金对话机制第三次会议在伦敦举行，金立群和英国财政部副部长保罗·波藤共同主持了本次会议。会议结束后，双方发表了《联合声明》。

8月12日　本届国务院关税税则委员会第一次全体会议在北京召开。会议由关税税则委员会主任金人庆主持，中共中央政治局常委、国务院总理温家宝出席会议并发表重要讲话。

8月31日　中共中央决定，任命王军、张少春为财政部党组成员；免去金立群同志的财政部党组成员职务。

9月2日　金人庆在北京钓鱼台国宾馆会见了前来访问的美国财政部部长斯诺，双方就一系列共同关心的财经问题坦率地交换了意见。

9月12日　国务院决定，任命李勇为财政部副部长；免去金立群的财政部副部长职务。

9月16日　国务院决定，任命王军、张少春为财政部部长助理。

9月18日　大湄公河次区域经济合作组织（GMS）第十二届部长会议在云南省大理市召开。金人庆在会上表示，为扩大次区域合作的成果，GMS六个成员国今后应加强合作。

9月23日　2003年世界银行和国际货币基金组织年会在阿拉伯联合

酋长国迪拜开幕。金人庆在会上发言。

10 月 10 日　国务院在北京召开出口退税机制改革工作座谈会。中共中央政治局常委、国务院总理温家宝在讲话中指出，改革的基本原则是："新账不欠，老账要还；完善机制，共同负担；推动改革，促进发展"。

10 月 11 日　中国共产党第十六届中央委员会第三次全体会议在北京举行。全会听取和讨论了胡锦涛受中央政治局委托所作的工作报告，审议通过了《中共中央关于完善社会主义市场经济体制若干问题的决定》，审议通过了《中共中央关于修改宪法部分内容的建议》，并决定提交第十届全国人大常委会审议。

10 月 13 日　国务院发布关于改革现行出口退税机制的决定，对现行出口退税机制进行改革。决定明确了改革的具体内容：一是适当降低出口退税率；二是加大中央财政对出口退税的支持力度；三是建立中央和地方共同负担出口退税的新机制；四是推进外贸体制改革，调整出口产品结构；五是累计欠退税由中央财政负担。同时，财政部、国家税务总局联合发出了《关于调整出口货物退税率的通知》。

10 月 16 日　金人庆主持召开部党组会议，传达党的十六届三中全会精神。

10 月 17 日　金人庆在北京钓鱼台国宾馆会见非洲开发银行行长及非洲十九国财政部长。

10 月 18 日　金人庆在墨西哥莫雷利亚举行的二十国集团财长和央行行长年会上指出，加强南北对话、建立公正合理的经济秩序是消除世界经济发展不平衡的关键。发达国家应与发展中国家积极合作，共同承担起解决这一问题的责任。

11 月 14 日　金人庆主持召开全国机关事业单位调资工作财政厅（局）长座谈会，肖捷出席。

11 月 17 日　"中国财税论坛"在人民大会堂举行。

11 月 26 日　金人庆主持召开国务院关税税则委员会第二次全体会议。

12 月 2 日　国务院决定，成立振兴东北地区等老工业基地领导小组。国务院总理温家宝任小组组长，国务院副总理黄菊、曾培炎任副组长，金人庆为小组成员。

12 月 9 日　全国财政社会保障工作电视电话会议召开。肖捷到会并讲话。

12 月 22 日　中共中央政治局常委、国务院总理温家宝对财政工作做出重要批示。

12 月 24 日　全国财政工作会议在北京召开。金人庆发表讲话。

2004 年

1 月 1 日　2003 年 12 月 25 日财政部会同国家发展和改革委员会联合发出的《关于取消、免收和降低标准的全国性及中央部门涉农收费项目通知》开始执行。

1 月 1 日　2003 年 12 月 30 日财政部、教育部联合发出的《关于严禁截留和挪用学校收费收入加强学校资金管理的通知》开始执行。通知明确要求对学校收费实行"收支两条线"管理。

1 月 6 日　廖晓军出席全国农业综合开发工作会议。

2 月 1 日　2003 年 12 月 31 日国务院国有资产监督管理委员会、财政部联合颁布的《企业国有产权转让管理暂行办法》开始执行。

2 月 2 日　财政部关税司召开组建后的第一次全体人员大会。

2 月 18 日　在罗马出席国际农业发展基金会（农发基金）第二十七届管理大会的中国政府代表团团长李勇表示，缓解和消除贫困是全人类的共同责任，需要国际社会的共同合作。

2 月 25 日　财政部颁发《资产评估准则——基本准则》和《资产评估职业道德准则——基本准则》，以规范注册资产评估师执业行为和职业道德行为，提高注册资产评估师的职业道德素质。《准则》于 2004 年 5 月 1 日起执行。

3 月 1 日　建设部、财政部、民政部、国土资源部、国家税务总局于

2003 年 12 月 31 日联合发布的《城镇最低收入家庭廉租住房管理办法》开始执行。

3 月 6 日 受国务院委托，金人庆在第十届全国人大第二次会议上作《关于 2003 年中央和地方预算执行情况及 2004 年中央和地方预算草案的报告》。

3 月 18 日 为纪念《中华人民共和国预算法》颁布 10 周年，全国人大财经委、全国人大常委会预算工委、全国人大常委会法工委、国务院法制办和财政部等五部门联合召开座谈会。全国人大常委会副委员长李铁映出席会议并作重要讲话。

4 月 6 日 经国务院批准，财政部、农业部、国家税务总局联合发出《关于 2004 年降低农业税税率和在部分粮食主产区进行免征农业税改革试点有关问题的通知》，决定 2004 年降低农业税税率，并在部分粮食主产区进行免征农业税改革试点。

4 月 10 日 全国财政国库工作会议在北京召开。

4 月 13 日 金人庆主持召开国务院关税税则委员会第三次全体会议，审议"调整个别商品暂定税率的方案及有关关税谈判事宜"。

4 月 19 日 楼继伟会见法国参议院财经委主席阿尔杜斯一行。

4 月 22 日 财政部召开部机关全体干部职工大会。金人庆部署部机关竞争上岗工作。

4 月 27 日 财政部正式颁布《小企业会计制度》，于 2005 年 1 月 1 日起在全国范围内的小企业实施。

5 月 26 日 世界银行发起的全球扶贫大会在上海开幕，中国国务院总理温家宝出席开幕式并发表讲话。来自 120 多个国家和地区以及国际组织的 1 200 多名代表出席了全球扶贫大会。

6 月 23 日 受国务院委托，金人庆向第十届全国人大常委会第十次会议作关于 2003 年中央决算的报告。

7 月 5 日 金人庆在北京钓鱼台国宾馆会见海湾合作委员会（海合会）六国财经大臣和海合会秘书长一行。

7 月 23 日　财政部发出《关于加强政府非税收入管理的通知》。

7 月 23 日　财政部颁布《中央单位政府采购管理实施办法》，标志着中央单位政府采购管理工作在科学化、规范化方面又上了一个新台阶。该办法从 2004 年 9 月 1 日起正式执行。

9 月 2 日　第十一届亚太经合组织（APEC）财政部长会在智利首都圣地亚哥开幕，与会财长就财政政策、财政可持续性等问题进行了深入讨论。金人庆作了主旨发言。

9 月 6 日　中共财政部机关第四次党员代表大会隆重召开。楼继伟代表部党组对中共财政部机关第十三届委员会、第六届纪律检查委员会任期的四年工作给予了高度评价。会议选举产生了财政部机关新一届党委委员、纪委委员。

9 月 7 日　财政部、国家税务总局联合发出《关于国有土地使用权出让等有关契税问题的通知》和《关于企业再就业专项补贴收入免征企业所得税问题的通知》。

9 月 14 日　根据中共中央、国务院《关于实施东北地区等老工业基地振兴战略的若干意见》的精神，经国务院批准，财政部、国家税务总局制定了《东北地区扩大增值税抵扣范围若干问题的规定》，选择东北地区的部分行业试行扩大增值税抵扣范围。

9 月 20 日　金人庆主持召开部党组会议，深入学习贯彻党的十六届四中全会精神，传达《中共中央关于加强党的执政能力建设的决定》。

9 月 21 日　全国财政企业工作会议在京召开。

10 月 1 日　西方七国集团在美国华盛顿举行财政部部长和央行行长特别会议，金人庆、中国人民银行行长周小川以及中国银行业监督管理委员会主席刘明康应邀首次与会。

10 月 1 日　为促进农业生产发展，切实减轻农民负担，经国务院批准，财政部、国家税务总局联合下发通知，决定自 2004 年 10 月 1 日起对农用三轮车免征车辆购置税。

10 月 2 日　金人庆和中国人民银行行长周小川代表中国政府参加为

期两天的世界银行年会。

10 月 26 日　中共中央决定，免去冯淑萍同志的财政部党组成员职务。国务院决定，免去冯淑萍的财政部部长助理职务。

10 月 30 日　经国务院批准，劳动和社会保障部与财政部联合发布《关于从 2004 年 7 月 1 日起增加企业退休人员基本养老金的通知》，为 2003 年 12 月 31 日前已按规定办理退休手续的企业退休人员增加基本养老金。对财政确有困难的中西部地区、老工业基地及新疆生产建设兵团，中央财政将通过专项转移支付方式予以适当补助。

11 月 1 日　中国注册会计师协会第四次全国会员代表大会在北京召开。国务委员兼国务院秘书长华建敏、金人庆等出席大会并发表讲话。大会推选刘仲藜为新一任会长，并正式成立了审计准则委员会等八个专门委员会和专业委员会。

11 月 8 日　继北京、上海国家会计学院之后的第三所国家会计学院——厦门国家会计学院成立。至此，我国会计、审计人员职业继续教育基地体系全面形成。金人庆赴厦门为厦门国家会计学院落成揭幕。

11 月 9 日　中国第一座财税博物馆在杭州正式开馆，金人庆和国家税务总局局长谢旭人共同为中国财税博物馆揭牌。

11 月 20 日　为期两天的二十国集团第六次财政部长与央行行长会议在德国柏林开幕。包括金人庆、中国人民银行行长周小川在内的该组织 20 个成员的财长和央行行长，以及国际货币基金组织和世界银行等国际金融机构的代表出席了会议。

11 月 21 日　中国国家主席胡锦涛在智利首都圣地亚哥举行的亚太经合组织第十二次领导人非正式会议上宣布，中国将成立亚太财经与发展中心，为亚太大家庭各成员加强在该领域的交流合作和能力建设提供一个平台。该中心将由中国财政部和世界银行联合设立。

11 月 22 日　2004 年全国财政国库管理制度改革工作会议召开。

12 月 6 日　中英财金对话第四次会议在北京举行，金人庆与到访的英国财政部常务副部长保罗·波藤会面。

12 月 8 日　金人庆在《中国财经报》上发表文章《积极财政政策应当适时转向》，详细解读稳健财政政策。

12 月 9 日　金人庆主持召开国务院关税税则委员会第四次全体会议，审议《2005 年关税实施方案》。

12 月 21 日　2004 年度全国财政工作会议在北京召开。中共中央政治局常委、国务院总理温家宝对财政工作做出重要批示。金人庆发表讲话。

12 月 27 日　财政部、国家税务总局联合下发《关于进一步落实东北地区扩大增值税抵扣范围政策的紧急通知》。

2005 年

1 月 1 日　财政部下发的《关于开展中央政府投资项目预算绩效评价工作的指导意见》正式实施。

1 月 1 日　财政部、国家税务总局对增值税一般纳税人印刷的少数民族文字出版物实行增值税先征后退。

1 月 1 日　财政部、国家税务总局就生产企业出口货物全面实行免抵退税办法后，对城市维护建设税、教育费附加政策所作的规定开始执行。

1 月 5 日　财政部颁发《信托业务会计核算办法》。

1 月 7 日　建设部、财政部、中国人民银行等部门联合发布《关于住房公积金管理若干具体问题的指导意见》，于发布之日起施行。

1 月 10 日　金人庆发布中华人民共和国财政部令第 23 号，内容为：《财政机关行政处罚听证实施办法》已经 2005 年 1 月 4 日部务会议讨论通过，自 2005 年 3 月 1 日起施行。

1 月 12 日　金人庆在广东省肇庆市参加"中国财政学会 2005 年年会暨第十六次全国财政理论讨论会"。

1 月 18 日　财政部召开保持共产党员先进性教育活动动员大会。

1 月 21 日　为规范企业价值评估行为，中国资产评估协会发布了《企业价值评估指导意见（试行）》。这是我国第一部有关企业价值评估的规范性文件。《意见》自 2005 年 4 月 1 日起施行。

1 月 22 日　金人庆发布中华人民共和国财政部令第 24 号，颁发《会计师事务所审批和监督暂行办法》，自 2005 年 3 月 1 日起施行。

1 月 22 日　金人庆发布中华人民共和国财政部令第 25 号，颁发《注册会计师注册办法》，自 2005 年 3 月 1 日起施行。

1 月 22 日　金人庆发布中华人民共和国财政部令第 26 号，颁发《会计从业资格管理办法》，自 2005 年 3 月 1 日起施行。金人庆发布中华人民共和国财政部令第 27 号，颁发《代理记账管理办法》，自 2005 年 3 月 1 日起施行。

1 月 28 日　教育部和财政部共同发出《关于印发〈免费教科书政府采购工作暂行办法〉的通知》。

2 月 1 日　金人庆主持财政部党组中心组学习会，学习胡锦涛同志 1 月 14 日在新时期保持共产党员先进性专题报告会上的重要讲话和 1 月 24 日在中共中央政治局第十九次集体学习时的重要讲话，研究部署财政部先进性教育活动学习动员阶段开展新时期保持财政部共产党员先进性具体标准大讨论。

2 月 3 日　财政部、国家发改委、农业部、国家粮食局和中国农业银行联合发布《关于进一步完善对种粮农民直接补贴政策的意见》。

2 月 4 日　金人庆出席中国和西方七国集团财长与央行行长对话会议。

2 月 17 日　财政部和科学技术部制定并颁发《科技型中小企业技术创新基金财务管理暂行办法》。

2 月 17 日　财政部决定，2005 年在农业综合开发产业化经营项目中扩大财政资金投资参股经营试点规模和范围。

2 月 21 日　英国财政大臣戈登·布朗应金人庆的邀请，来华进行工作访问。双方就两国财金领域的合作、全球经济形势、联合国千年发展目标等问题进行了深入的讨论，并共同签署《中英两国财长关于 G7（七国集团）和 G20（二十国集团）联合声明》。

2 月 22 日　中国与欧盟在布鲁塞尔举行了首次财政金融领域的对话，

李勇出席会议。这标志着中欧财金对话机制正式启动。

3月1日　财政部、国家税务总局决定，即日起，对从事个体经营的军队转业干部、城镇退役士兵和随军家属，免征三年营业税（自领取税务登记证之日算起）。

3月5日　金人庆在第十届全国人大第三次会议上提请代表审议《关于2004年中央和地方预算执行情况及2005年中央和地方预算草案的报告》。2005年编制预算和财政工作以科学发展观为统领，以促进经济发展、壮大财政实力为主题，以坚持以人为本、构筑公共财政体制为基础，以实施好稳健财政政策、推进改革为动力，着力提高财政资金使用的规范性、安全性和有效性，促进国民经济持续快速协调健康发展和社会全面进步。

3月7日　教育部、财政部共同制定发布《免费教科书政府采购工作暂行办法》。中央财政免费提供的教科书在2004年秋季学期试行政府采购，2005年起开始正式实施。

4月11日　财政部党组召开先进性教育专题民主生活会。金人庆等9位部党组成员分别在会上进行了自我党性分析，相互之间逐一进行了评议。

4月30日　财政部先进性教育活动转入整改提高阶段。

5月8日　财政部出台《2005年中央财政对地方缓解县乡财政困难奖励和补助办法》，规定对财政困难县政府增加本级税收收入和省市级政府增加对财政困难县财力性转移支付给予奖励，对县乡政府精简机构和人员给予奖励，对产粮大县按照粮食商品量、粮食产量、粮食播种面积等因素和各自权重计算给予奖励，对以前缓解县乡财政困难工作做得好的地区给予补助。

5月11日　建设部、国家发改委、财政部等七部门联合发出《关于做好稳定住房价格工作意见的通知》。

6月10日　金人庆参加八国集团和中国、印度、巴西及南非四国财长（G8＋4）对话会。

6月13日　财政部、国家税务总局联合发布《股权分置试点改革有关税收政策问题的通知》。

6月15日　财政部、中国银行业监督管理委员会发出《关于规范资产管理公司不良资产处置中资产评估工作的通知》。

6月20日　财政部召开保持共产党员先进性教育活动总结大会。金人庆在大会上指出，财政部先进性教育活动即日起转入巩固和扩大整改成果阶段。

6月25日　第六届亚欧财长会议在天津召开，金人庆出席了会议。

6月28日　第十届全国人大常委会第十六次会议在北京人民大会堂举行全体会议，听取关于 2004 年中央决算报告和关于 2004 年度中央预算执行情况和其他财政收支的审计工作报告。受国务院委托，金人庆提出 2004 年中央决算报告和中央决算草案。

6月28日　王军出席英格兰与威尔士特许会计师协会（ICAEW）125 周年研讨会，并在演讲中进一步阐明我国对会计审计准则国际趋同化发展的主张。

7月1日　财政部、国家税务总局和国土资源部联合发出《关于加强土地税收管理的通知》。

7月19日　中国资产评估协会第三次全国会员代表大会在北京召开。

7月21日　中共中央决定，免去肖捷财政部党组成员职务。

7月26日　中共中央决定，任命张弘力为财政部党组成员。

8月6日　国务院决定，免去肖捷财政部副部长职务。

8月10日　国务院决定，任命张弘力为财政部部长助理。

8月12日　财政部发布了保险合同、再保险合同、职工薪酬、企业年金、每股收益和所得税等六项会计准则征求意见稿。

9月29日　经国务院批准，国际金融公司（IFC）和亚洲开发银行（ADB）将成为首批在华发行人民币债券的国际多边金融机构。国际多边金融机构首次在华发行的人民币债券命名为"熊猫债券"。

10月8日　中国共产党第十六届中央委员会第五次全体会议在北京

举行。中央委员会总书记胡锦涛作了重要讲话。全会听取和讨论了胡锦涛受中央政治局委托作的工作报告，审议通过了《中共中央关于制定国民经济和社会发展第十一个五年规划的建议》。温家宝就《建议（讨论稿）》向全会作了说明。

10 月 15 日　第七届二十国集团财长和央行行长会议在中国举行。中国国家主席胡锦涛出席在北京举行的开幕式并发表重要演讲。会议 16 日闭幕后，与会财长与央行行长发表了《会议联合公报》。金人庆出席会议。

10 月 17 日　中美联合经济委员会第 17 次会议在北京闭幕。金人庆和美国财长斯诺共同发表了《联合声明》。

10 月 28 日　国务院决定，任命王军为财政部副部长。

11 月 2 日　金人庆在《中国财经报》发表署名文章《以科学发展观为统领　积极推进财政税收体制改革》。

11 月 7 日　张少春出席全国职业教育工作会议并发表讲话。

11 月 16 日　财政部发出《关于切实保证防致高致病性禽流感经费的紧急通知》。

11 月 19 日　金人庆出席"中国财税论坛 2005"。

11 月 21 日　王军出席联合国国际会计标准专家工作组第二十二届会议。

12 月 3 日　金人庆参加在伦敦举行的西方七国财长与中国、印度、巴西和南非财长即"G7 + 4"国财长对话会。

12 月 19 日　2005 年度全国财政工作会议在北京召开。金人庆发表讲话。

12 月 25 日　王军在全国财政社会保障工作会议上强调，"十一五"期间要按照"低水平、广覆盖、可持续、严管理"的原则，进一步健全就业和社会保障制度体系。

12 月 26 日　金人庆在全国农村义务教育经费保障机制改革工作会议上指出，保障农村义务教育健康发展，是公共财政义不容辞的责任。

12 月 29 日　第十届全国人大常委会第十九次会议决定：第一届全国人大常委会第九十六次会议于 1958 年 6 月 3 日通过的《中华人民共和国农业税条例》自 2006 年 1 月 1 日起废止。

2006 年

1 月 19 日　财政部、教育部联合制定的《全国农村义务教育阶段学生免收学杂费的实施管理办法》印发，并自发布之日起施行。

1 月 26 日　金人庆签发中华人民共和国财政部令第 32 号，内容为：《财政检查工作办法》已经 2006 年 1 月 10 日部务会议讨论通过，现予公布，自 2006 年 3 月 1 日起施行。

2 月 10 日　经国务院同意，财政部印发《政府收支分类改革方案》，从 2007 年 1 月 1 日起全面实施政府收支分类改革。

2 月 15 日　金人庆签发中华人民共和国财政部令第 33 号，内容为：根据《国务院关于〈企业财务通则〉、〈企业会计准则〉的批复》，财政部对《企业会计准则》，修订后的《企业会计准则——基本准则》已经部务会议讨论通过，自 2007 年 1 月 1 日起施行。

2 月 15 日　王军与欧盟内部市场总司司长沙布就会计准则国际趋同及双边合作正式签署联合声明。

2 月 15 日　财政部召开"中国会计审计准则体系发布会"，发布新审计准则体系，自 2007 年 1 月 1 日起在所有会计师事务所实行。

2 月 22 日　财政部、国家税务总局联合召开纪念废止农业税条例暨全面取消农业税座谈会。金人庆在座谈会上宣布，从 2006 年开始，国家财政每年将安排 1 030 亿元资金用于支持农村税费改革的巩固和完善，其中，中央财政每年将通过转移支付补助地方财政 780 亿元，地方财政将安排财政支出 250 亿元左右。

2 月 23 日　全国地方政府收支分类改革动员部署会议在江苏省苏州市召开。金莲淑、楼继伟出席会议并讲话，张弘力主持会议。

3 月 1 日　财政部颁发的《政府采购代理机构资格认定办法》正式

施行。

3 月 1 日　财政部和国资委联合制定的《国有控股上市公司（境外）实施股权激励试行办法》，自即日起施行。

3 月 5 日　金人庆在第十届全国人大第四次会议上提请代表审议《关于 2005 年中央和地方预算执行情况及 2006 年中央和地方预算草案的报告》。

3 月 21 日　金人庆与俄罗斯联邦外交部长拉夫罗夫·谢尔盖·维克托罗维奇在北京共同签署《中华人民共和国财政部和俄罗斯联邦财政部关于启动中俄财长对话机制的谅解备忘录》。中俄财长对话机制正式建立。

3 月 21 日　财政部、国家税务总局联合下发通知，自 4 月 1 日起，对我国现行消费税的税目、税率及相关政策进行调整。此次调整是 1994 年税制改革以来消费税最大规模的一次调整。

3 月 25 日　财政部发布《石油特别收益金征收管理办法》，对石油特别收益金征收做出具体规定。

3 月 27 日　国家发改委、财政部联合印发《行政事业性收费标准管理暂行办法》，从 2006 年 7 月 1 日起开始执行。

3 月 29 日　经国务院批准，由教育部、财政部共同支持发起的全国性公募基金会——中国教育发展基金会，在京隆重举行成立大会。国务委员陈至立出席成立大会并代表国务院发表讲话。教育部部长周济和张少春分别代表教育部和财政部向中国教育发展基金会的成立表示热烈祝贺。

3 月 30 日　金人庆签发中华人民共和国财政部令第 34 号，内容为：《财政部关于废止和失效的财政规章和规范性文件目录（第九批）的决定》公布了第九批废止和失效的财政规章和规范性文件目录，此次废止和失效的财政规章和规范性文件共 381 件。

4 月 7 日　首次中印财金对话会议在印度首都新德里举行。李勇与印度财政部副部长阿夏克·朝拉共同主持了会议。

4 月 11 日　为期两天的第七届亚欧财长会闭幕。金人庆在会上强调，中国在充分利用全球化带来的机遇获得自身发展的同时，也为世界经济增长做出贡献。

4 月 30 日　中共中央任命刘红薇为财政部党组成员。

5 月 10 日　财政部召开各司局和所属事业单位负责人会议，传达全国治理商业贿赂领导小组负责人会议精神。张弘力到会并讲话。

5 月 11 日　财政部发布《关于进一步推进支农资金整合工作的指导意见》。

5 月 12 日　中国会计准则委员会与中国香港会计师公会在香港召开了内地与香港会计准则趋同会议。王军与中国香港会计师公会会长陈茂波出席会议。

5 月 15 日　中欧财金对话第二次会议在北京举行。金人庆和欧盟内部市场与服务委员迈克里维共同出席了会议。会后双方发表了联合声明。

5 月 16 日　全国财政系统法制工作暨"五五"普法动员大会召开。张少春代表部党组作了工作报告。

5 月 20 日　首期注册会计师行业领军人才培训班在北京国家会计学院正式开班。王军为从执业界首批遴选出的 38 名注册会计师讲授了迈向领军人才的第一课。

5 月 22 日　财政部在京召开全国财政系统治理商业贿赂工作电视电话会议。

5 月 25 日，国务院任命刘红薇为财政部部长助理。

5 月 25 日　中英财金对话第五次会议在英国伦敦举行。楼继伟与英国财政部常务副部长斯蒂芬·提姆斯共同主持会议。

5 月 30 日　金人庆签发财政部令第 35 号、第 36 号，公布了《行政单位国有资产管理暂行办法》、《事业单位国有资产管理暂行办法》，自 2006 年 7 月 1 日起施行。

5 月 30 日　金人庆签发中华人民共和国财政部令第 37 号，内容为：财政部对《国家蓄滞洪区运用财政补偿资金管理规定》进行了修订，自 2006 年 7 月 1 日起施行。

5 月 30 日　财政部制定颁发的《可再生能源发展专项资金管理暂行办法》开始施行。

6 月 16 日　财政部、国家税务总局联合发出《关于调整房地产营业税有关政策的通知》。

6 月 27 日　受国务院委托，金人庆向第十届全国人大常委会第二十二次会议作关于 2005 年中央决算报告。

6 月 29 日　财政部发出《关于编制 2007 年中央部门预算的通知》。这意味着，新中国成立以来沿用了 50 多年的老账本彻底退出历史舞台，一个全新的政府账本诞生。

7 月 1 日　小轿车、越野车、小客车整车的进口税率由 28% 降至 25%，车身、底盘、中低排量汽油发动机等汽车零部件的进口税率由 13.8% ~16.4% 降至 10%。至此，我国加入世贸组织时对汽车及其零部件降税的承诺已经履行完毕。

7 月 3 日　金人庆签发中华人民共和国财政部令第 38 号，公布《国际金融组织和外国政府贷款赠款管理办法》，自 2006 年 9 月 1 日起施行。

7 月 4 日　金人庆签发中华人民共和国财政部令第 39 号，公布经财政部、中国人民银行、中国证券监督管理委员会审议通过的《国债承销团成员资格审批办法》。

7 月 5 日　财政部召开全国行政资产管理工作会议，廖晓军出席会议并讲话。

7 月 5 日　财政部、建设部、国土资源部联合发布《关于切实落实城镇廉租住房保障资金的通知》。

7 月 7 日　王军参加全国财政综合工作会议。

7 月 13 日　金人庆在北京会见了到访的欧洲议会议长何塞·博雷利·冯特勒斯。

7 月 15 日　我国企业内部控制标准委员会、会计师事务所内部治理指导委员会成立大会暨第一次全体会议在北京举行。

7 月 24 日　财政部、国家发展和改革委员会联合颁发《中小企业发展专项资金管理办法》。

7月26日 财政部、国家发改委、商务部联合发出《关于促进我国纺织行业转变外贸增长方式支持纺织企业"走出去"相关政策的通知》。

7月28日 财政部发出《进一步推进乡财县管工作的通知》，旨在加强乡镇财政管理，规范乡镇收支行为，防范和化解乡镇债务风险。

8月9日 金人庆签发中华人民共和国财政部令第40号，颁发《注册会计师全国统一考试违规行为处理办法》，自2006年9月10日起施行。

8月14日 财政部、国土资源部、中国人民银行联合发出《关于探矿权采矿权价款收入管理有关事项的通知》，自2006年9月1日起施行。

9月13日 李勇在国际金融论坛第三届年会上表示，我国正在尝试建立中央银行、财政部门和其他金融监管部门之间的金融监管协调机制，以适应金融业综合经营发展趋势的需要。

9月30日 财政部与国家发改委、农业部、国家税务总局和国家林业局联合发布《关于发展生物能源和生物化工财税扶持政策的实施意见》，旨在支持生物能源与生物化工发展。

10月10日 国家人口和计划生育委员会与财政部联合召开全国农村部分计划生育家庭奖励扶助制度和"少生快富"工程全面实施工作会议。张少春参加会议并发表讲话。

10月16日 张少春出席新时期广播电视村村通工作电视电话会议并发表讲话。

10月20日 中亚区域经济合作（CAREC）第五次部长会议闭幕。会议结束后，财政部与亚洲开发银行联合举行新闻发布会，李勇和亚洲开发银行副行长金立群共同回答了中外记者关注的问题。

10月27日 财政部发布《关于加快金财工程建设的实施意见》。

10月30日 财政部颁发《企业会计准则——应用指南》。

10月31日 全国国际金融组织合作工作会议召开。

11月1日 国务院关税税则委员会决定调整部分进出口商品暂定关税税率，以进一步鼓励资源性和有利于技术创新商品的进口，控制高能耗、高污染和资源性商品出口。

11 月 13 日　教育部和财政部宣布，"国家示范性高等职业院校建设计划"正式启动，从 2006—2010 年，20 亿元专项资金将用来支持 100 所高水平师范院校的建设。

11 月 13 日　财政部颁发《中央国家机关和事业单位差旅费管理办法》。

11 月 15 日　财政部、国土资源部联合发布《关于加大对国有重点矿山企业财政政策扶持力度的指导意见》。

11 月 21 日　国务院任命张少春为财政部副部长。

11 月 23 日　李勇出席全国财政金融财务监管及外国政府贷款管理工作会议。

11 月 26 日　中共中央任命丁学东为财政部党组成员。

11 月 29 日　楼继伟在财政部全国税政工作会议上指出，要积极推进六大税制改革。

12 月 4 日　金人庆发布中华人民共和国财政部令第 41 号，颁发修订后的《企业财务通则》，自 2007 年 1 月 1 日起施行。

12 月 5 日　国务院任命丁学东为财政部部长助理。

12 月 7 日　金人庆发布中华人民共和国财政部令第 42 号，颁发《金融企业财务规则》，自 2007 年 1 月 1 日起施行。

12 月 7 日　廖晓军在中央国家机关出差和会议定点饭店政府采购工作电视电话会议上宣布，中央级差旅费和会议费新管理办法从 2007 年 1 月 1 日起实施。

12 月 19 日　全国财政工作会议在北京召开。金人庆传达了中共中央政治局常委、国务院总理温家宝对财政工作的重要批示。

12 月 20 日　全国专员办工作会议在北京召开。金莲淑到会讲话。

2007 年

1 月 1 日　财政部制定的《企业会计准则——基本准则》、《企业财务通则》和《金融企业财务规则》三部规范企业财务会计行为的规章正式施行。

1月9日　财政部、国家税务总局发出通知，决定自2007年1月1日起，实行一系列完善现行建筑业营业税的税收政策。

1月10日　财政部组织召开部分中央单位政府采购领域治理商业贿赂专项工作座谈会。

1月27日　国资会与财政部共同发出《关于国有企业产权转让有关事项的通知》，进一步规范企业国有产权转让行为。

2月3日　财政部、国家税务总局颁发《中华人民共和国车船税暂行条例实施细则》，规定2007年起，车船税依照新规定计算缴纳。

2月4日　国务院任命朱光耀为财政部部长助理。

2月11日　中共中央任命朱光耀为财政部党组成员。

2月13日　中共中央免去楼继伟的财政部党组副书记、党组成员职务；国务院免去楼继伟的财政部副部长职务。

3月1日　全国行政事业单位资产清查工作小组召开会议，张少春在会上要求，各成员单位要充分认识全国行政事业单位资产清查工作的重要意义，确保质量，按期完成。

3月5日至16日　第十届全国人大第五次会议举行。会议通过《中华人民共和国物权法》和《中华人民共和国企业所得税法》。

3月22日，中共中央任命贺邦靖为财政部党组成员、中央纪委驻财政部纪律检查组组长；免去金莲淑的财政部党组成员、中央纪委驻财政部纪律检查组组长职务。

4月3日　"万名医师支援农村卫生工程"项目工作电视电话会议在京举行，王军到会并讲话。

4月9日　财政部、中国证券监督管理委员会联合发出《关于会计师事务所从事证券、期货相关业务的通知》，自发布之日起生效。

4月14日　国家发改委、财政部等十部门联合发出《关于做好2007年化肥生产供应和价格稳定工作的通知》。

4 月 18 日　财政部颁发《自主创新产品政府采购预算管理办法》、《自主创新产品政府采购评审办法》和《自主创新产品政府采购合同管理办法》，标志着我国激励自主创新的政府采购制度正式建立。

4 月 27 日　商务部、财政部联合发出《关于做好 2007 年度"万村千乡市场工程"资金管理工作的通知》。

5 月 15 日　财政部和中国人民银行联合召开"公务卡应用推广会议"，张弘力到会并讲话。

5 月 16 日　财政部、国家税务总局出台《中部地区扩大增值税抵扣范围暂行办法》，决定从 2007 年 7 月 1 日起，中部地区 26 个老工业基地城市的八大行业实行扩大增值税抵扣范围的试点改革。

5 月 31 日　中共中央任命张通为财政部党组成员。中共中央任命朱志刚为财政部党组副书记。

6 月 10 日　国务院任命张弘力为财政部副部长，张通为财政部部长助理。

6 月 11 日　王军会见欧盟委员会内部市场与服务委员查理·迈克里维。

6 月 23 日　财政部发出《关于应对猪肉价格上涨　促进生猪产业健康发展的通知》。

6 月 27 日　第十届全国人大常委会第二十八次会议审议了国务院关于提请审议全国人大常委会关于授权国务院可以对储蓄存款利息所得税停征或减征个人所得税的决定草案的议案，受国务院委托，金人庆对决定草案作了说明。

7 月 7 日　财政部、国家税务总局和中国人民银行联合颁发《财税库银税收收入电子缴库横向联网实施方案》和《财税库银税收收入电子缴库横向联网管理暂行办法》，标志着全国财税库银税收收入电子缴库横向联网工作正式启动。

7 月 12 日　财政部召开党组中心组学习会，认真学习和深刻领会胡锦涛总书记 6 月 25 日在中央党校的重要讲话。

7月23日　财政部召开全国财政厅（局）长座谈会。

7月26日　中共中央政治局召开会议，分析研究当前经济形势和经济工作，强调要坚持把遏制经济增长由偏快转为过热作为当前宏观调控的首要任务。

8月3日　贺邦靖参加全国专员办负责人座谈会。

8月28日　中共中央任命谢旭人为财政部党组书记，免去金人庆的财政部党组书记、党组成员职务。

8月29日　按照第十届全国人大常委会第二十八次会议审议通过的《国务院关于提请审议财政部发行特别国债购买外汇及调整2007年末国债余额限额的议案》，财政部发行了第一期特别国债6 000亿元，并就特别国债发行的有关事项发布公告。

8月30日　国务院任命谢旭人为财政部部长，免去金人庆的财政部部长职务。

9月13日　中共中央免去张弘力的财政部党组成员职务。

9月18日　国务院免去张弘力的财政部副部长职务。

10月10日　全国行政政法财务工作会议召开，廖晓军出席会议并提出今后一个时期行政政法工作的总体要求。

10月17日　党的十七大代表谢旭人接受新华社记者专访时指出，财政部门以邓小平理论和"三个代表"重要思想为指导，以科学发展观为统领，不断完善财政宏观调控政策，深化财税体制改革，优化财政支出结构，支持民生发展，有效推动了经济发展方式的转变和社会主义市场经济体制的不断完善。

10月18日　党的十七大代表王军接受新华社记者专访。

10月20日　财政部颁发《中央廉租住房保障资金专项补助资金管理实施办法》，该《办法》将自2008年1月1日起实施。

10月21日　李勇在华盛顿参加2007年世界银行和国际货币基金组织联合发展委员会第76届会议并发言。

10月23日　财政部召开党组会议，传达、学习党的十六届七中全会、十七大和十七届一中全会有关精神，谢旭人就结合财政工作进一步贯彻落实会议精神进行了部署和安排。

11月2日　谢旭人主持召开部党组中心组理论学习会议，专题学习党的十七大精神。

11月9日　中国清洁发展机制基金及其管理中心启动仪式在京举行，谢旭人、国家发展和改革委员会副主任解振华、外交部副部长张业遂和亚洲开发银行行长黑田东彦出席启动仪式并致辞。

11月20日　张少春出席全国事业单位资产管理工作会议。

11月26日　全国财政节能减排工作会议在北京召开，张少春出席会议。

11月28日　建设部、财政部等九部门联合发布《廉租住房保障办法》。

11月28日　财政部在人民大会堂举行中国资产评估准则体系发布会，颁布了包括八项新准则在内的十五项资产评估准则，并成立财政部资产评估准则委员会。

11月29日　财政部、教育部印发《关于调整完善农村义务教育经费保障机制改革有关政策的通知》。

12月1日　谢旭人在人民大会堂会见来京参加首次中日经济高层对话的日本财务大臣额贺福志郎。

12月2日　国土资源部、财政部、中国人民银行联合制定并颁发《土地储备管理办法》，明确规定储备土地必须符合规划、计划，优先储备闲置、空闲和低效利用的国有存量建设用地。

12月2日　建设部、国家发改委、财政部等七部门联合发布新的《经济适用住房管理办法》，明确经济适用房单套建筑面积控制在60平方米左右，购房人拥有有限产权。

12月4日　第二次中印财金对话会议在北京举行，李勇与印度财政部副部长苏巴·拉奥共同主持会议。

12月12日　谢旭人在第三次中美战略经济对话开幕式上表示，经济全球化在给世界经济发展带来更多机遇的同时，也引发收入分配差距扩大、地区经济发展不平衡等问题，必须积极推进经济结构调整，充分发挥财政政策的作用。

12 月 17 日　谢旭人在北京钓鱼台国宾馆会见世界银行行长佐利克。

12 月 19 日　全国财政工作会议在北京召开。

12 月 19 日　全国专员办工作会议在北京举行，贺邦靖出席会议。

12 月 27 日　谢旭人出席全国清理化解农村义务教育"普九"债务试点工作电视电话会议并讲话。

12 月 28 日　谢旭人代表中国政府签署中国加入 WTO《政府采购协议》（GPA）申请书，标志着我国正式启动加入世界贸易组织《政府采购协议》谈判。

2008 年

1 月 1 日　新《中华人民共和国企业所得税法实施条例》自 2008 年 1 月 1 日起在全国范围实施。

1 月 9 日　财政部召开政府信息公开工作动员部署会议。贺邦靖指出，要贯彻落实好《中华人民共和国信息公开条例》，健全机制，明确责任，全面推进财政部政府信息公开工作。

1 月 10 日　建设部、国家发改委、财政部、劳动保障部和国土资源部等五部门下发的《关于改善农民工居住条件的指导意见》。

1 月 15 日　全国财政社会保障工作电视电话会议召开，王军到会并讲话。

1 月 17 日　全国财政金融财务监管和外国政府贷款管理工作会议在湖南省常德市召开，李勇到会并讲话。

1 月 22 日　全国财政反腐倡廉建设工作会议在北京召开，谢旭人到会并讲话。

1 月 23 日　中宣部、财政部、文化部、国家文物局联合下发《关于全国博物馆、纪念馆免费开放的通知》。

1 月 24 日　中共中央免去朱志刚的财政部党组副书记职务。

1 月 25 日　财政部召开全国政府采购工作会议。张通提出，我国政府采购制度改革要实现"六化"。

1 月 30 日　中央纪委、财政部、中国人民银行联合召开全国公务卡改革试点电视电话会议，张通到会并讲话。

1 月 31 日　财政部下发《关于进一步支持做好抗灾救灾工作的通知》。

1 月 31 日　谢旭人签署中华人民共和国财政部第 48 号令，公布第十批废止和失效的财政规章和规范性文件目录，确定废止和失效的财政规章和规范性文件共 559 件，其中废止 298 件，失效 261 件。

2 月 1 日　国家农村综合改革工作小组、财政部、农业部联合发出《关于开展村级公益事业建设一事一议财政奖补试点工作的通知》，决定 2008 年选择黑龙江、河北、云南三省在全省范围开展奖补工作试点。

2 月 3 日　按照国务院的统一部署，民政部、财政部联合下发通知，自 2008 年 1 月 1 日起，再次提高城市低保对象补助水平每人每月 15 元，提高农村低保对象补助水平每人每月 10 元。

2 月 3 日　财政部颁发新修订的《基本建设贷款中央财政贴息资金管理办法》。

2 月 4 日　财政部、国家税务总局发出《关于贯彻落实国务院关于实施企业所得税过渡优惠政策有关问题的通知》。

2 月 18 日　财政部发出《关于进一步加强预算执行管理的通知》。

3 月 3 日　财政部、国家税务总局发出《关于支持廉租住房经济适用住房和住房租赁有关税收政策的通知》，与廉租住房、经济适用房相关的新优惠政策自 2007 年 8 月 1 日起执行，与住房租赁相关的新优惠政策自 2008 年 3 月 1 日起执行。

3 月 6 日　谢旭人在第十一届全国人大第一次会议记者招待会上表示，2008 年将继续实施稳健的财政政策。

3 月 13 日　中共中央任命廖晓军为财政部党组副书记。

3 月 14 日　国务院免去朱志刚的财政部副部长职务。

3 月 21 日　财政部召开学习实践科学发展观活动动员大会。谢旭人指出，财政部作为中央确定的学习实践科学发展观活动试点单位，要认真贯彻落实中央部署，扎扎实实抓好学习实践活动。

3 月 23 日　第二次中日财长对话会议在日本东京举行，谢旭人与日本财政大臣额贺福志郎参加了全体会议。

3 月 24 日　国务院任命丁学东为财政部副部长。

3 月 25 日　财政部开始分批举办深入学习实践科学发展观活动党员干部轮训班。

3 月 26 日　财政部颁发《中央级事业单位国有资产管理暂行办法》。

4 月 3 日　谢旭人在北京钓鱼台国宾馆会见了来访的美国总统布什特别代表、财政部部长鲍尔森一行。

4 月 8 日　廖晓军参加全国农业财政工作会议。

4 月 10 日　全国财政监督工作会议召开，贺邦靖对近年来财政监督工作进行总结，并提出今后一个时期财政监督的工作思路和重点。

4 月 17 日　张通在全国财政国库工作会议上对完善国库集中收付管理体系提出明确要求。

4 月 19 日　丁学东出席"中国减贫的财税改革与基层财税能力建设高层论坛"并讲话。

4 月 22 日　张少春在全国农村中央广播电视节目无线覆盖工作会议上明确表示，要加快实施农村中央广播电视节目无线覆盖，确保工作目标顺利实现，解决我国部分农村地区农民买得起电视，却交不起有线电视安装费和收视费而无法收看电视节目的问题。

4 月 24 日　经国务院批准，财政部、国家税务总局决定从 2008 年 4 月 24 日起，调整证券（股票）交易印花税税率，由现行的 3‰ 调整为 1‰。

4 月 28 日　朱光耀出席"2008 中国节能减排和可持续发展论坛"并讲话。

4 月 29 日　财政部、证监会发出《关于从事证券期货相关业务的资产评估机构有关管理问题的通知》。

5 月 14 日　为了保证救灾物资能源源不断送达地震灾区，民政部、财政部启动紧急采购程序，计划向有关厂商采购帐篷 13.9 万顶、手摇式照明灯 20 万个、衣裤和棉被（或毛巾被）各 20 万件（床）、简易厕所 1 000 套，采取边生产边发运的方式，力争以最快的速度送达地震灾区。

5 月 16 日　中央财政拨付抗震救灾资金 11.7 亿元。

5 月 19 日　财政部、国家税务总局发出《关于认真落实抗震救灾及灾后重建税收政策问题的通知》。

5 月 20 日　中央财政向四川、甘肃、陕西、重庆、云南等省（直辖市）紧急预拨临时生活救助资金 25 亿元，用于地震灾区困难群众临时生活救助。

5 月 29 日　为确保抗震救灾资金的安全和使用效益，财政部发出《关于加强汶川地震救灾采购管理的紧急通知》。

5 月 30 日　财政部、教育部再次对四川省下达教育抗震救灾资金 2 000 万元，专项用于该省灾区中小学校特别是应届高考延考学生的临时安置、重置必需的教学用品用具以及学校的卫生防疫等方面支出。

6 月 2 日　财政部和住房城乡建设部联合颁发《地震灾区过渡安置房建设资金管理办法》，于 2008 年 6 月 1 日起正式实施。

6 月 23 日　财政部发出《财政部关于做好增收节支有关工作的通知》，要求各地财政部门做好增收节支工作。

6 月 24 日　第十一届全国人大常委会第三次会议审议国务院《关于四川汶川特大地震抗震救灾及灾后恢复重建工作情况的报告》。谢旭人指出，2008 年中央财政拟安排地震灾后恢复重建基金收入预算 700 亿元。

6 月 28 日　财政部、证监会、审计署、银监会、保监会在北京联合召开企业内部控制基本规范发布会暨首届企业内部控制高层论坛。会议颁发了《企业内部控制基本规范》，于 2009 年 7 月 1 日起先在上市公司范围内施行，鼓励其他非上市大中型企业执行。

7 月 16 日　财政部、国土资源部联合发出《关于地震灾后恢复重建用地免征新增建设用地土地有偿使用费等事宜的通知》。

7 月 24 日　全国农村环境保护工作电视电话会议在北京召开，张少春出席会议并讲话。

7 月 29 日　国家会计学院董事会第三次全体会议召开，国家会计学院董事会主席谢旭人出席会议。

7 月 31 日　财政部召开会议，就门户网站升级改造后对外试运行工作进行动员部署，贺邦靖出席会议并讲话，刘红薇主持会议。

8 月 4 日　财政部召开深入学习实践科学发展观试点活动总结大会，财政部学习实践活动领导小组组长谢旭人在会议上讲话，财政部学习实践活动领导小组副组长廖晓军主持会议。

8 月 6 日　张少春代表国务院农村综合改革小组与部分试点省（区）人民政府签订了《清理化解农村义务教育"普九"债务责任书》。

9 月 1 日　谢旭人在京会见德国财政部长施泰因布吕克率领的德国政府代表团一行。

9 月 3 日　财政部发出关于《汶川地震灾后恢复重建资金（基金）预算管理办法》的通知。

9 月 11 日　财政部根据中共中央《建立健全惩治和预防腐败体系 2008—2012 年工作规划》的要求，结合财政部工作职能和实际，制定并下发《中共财政部党组关于财政部落实〈建立健全惩治和预防腐败体系 2008—2012 年工作规划〉牵头任务的实施意见》和《中共财政部党组关于推进财政部惩治和预防腐败体系建设 2008—2012 年工作任务实施意见》。

10 月 10 日　国际财务报告准则大会在北京举行，王军在会上介绍了中国会计准则建设和会计准则国际趋同取得的进展，并阐述了中国坚持的趋同原则。

11 月 10 日　财政部召开地方财政（厅）局长会议，传达国务院关于扩大内需促进经济平稳较快增长会议精神，研究部署各级财政部门贯彻落实措施，强调财政部门要按照党中央、国务院的部署和要求，认真实施好积极的财政政策，具体做好五项工作，落实好进一步扩大内需促进经济增长的十大措施。

11月18日　财政部、国家发改委联合发出通知，决定自2009年1月1日起，在全国统一取消和停止征收100项行政事业性收费。

12月8日至10日　中央经济工作会议在北京举行，会议指出：受国际金融危机快速蔓延和世界经济增长明显减速的影响，目前我国经济运行中的困难增加。必须把保持经济平稳较快发展作为2009年经济工作的首要任务。要着力在保增长上下工夫，把扩大内需作为保增长的根本途径，把加快发展方式转变和结构调整作为保增长的主攻方向，把深化重点领域和关键环节改革、提高对外开放水平作为保增长的强大动力，把改善民生作为保增长的出发点和落脚点。

12月11日　谢旭人主持召开党组会议，传达、学习中央经济工作会议精神，并对财政部门贯彻落实工作进行了部署和安排。

12月18日　经念党的十一届三中全会召开30周年大会举行。胡锦涛在会上发表重要讲话，高度评价党的十一届三中全会在我们党和国家发展历史上的重要地位和伟大意义，深刻总结30年来改革开放和社会主义现代化建设取得的伟大成就和宝贵经验，明确指出继续推进改革开放伟大事业的前进方向。

12月19日　财政部、国家税务总局联合发出《关于全国实施增值税转型改革若干问题的通知》。

12月19日　财政部、国家税务总局联合发出通知，按照国务院关于实施成品油价格和税费改革的要求，决定从2009年1月1日起调整成品油消费税政策，提高成品油消费税单位税额，调整特殊用途成品油消费税政策。

12月22日　财政部、国家发改委、交通运输部、监察部、审计署联合下发通知，明确自2009年1月1日起，在全国范围内统一取消公路养路费、航道养护费、水路运输管理费和水运客货运附加费。

12月26日　财政部召开纪念改革开放30周年大会，谢旭人发表讲话，廖晓军主持会议。

12 月 26 日　张通出席"改革开放 30 年　中国政府采购高峰论坛 2008"时指出，继续深化政府采购制度改革，进一步完善政府采购法律制度体系，把政府采购工作再向前推进一步。

后　记

　　《中国财政60年》是中共中央宣传部、国家新闻出版总署确定的"辉煌历程——庆祝新中国成立60周年重点书系"之一。财政部党组高度重视本书的编写工作。财政部党组书记、部长谢旭人同志担任本书主编，从选题计划、提纲设计、书稿撰写到付梓出版，都进行了具体指导，并审定书稿。党组副书记、副部长廖晓军同志及党组其他同志也都对本书提出了重要的意见。党组成员、部长助理张通同志承担了本书的总纂工作。

　　本书是集体创作的成果。财政科学研究所编写了初稿，财政部办公厅对书稿进行了反复修改和完善，财政部有关司局审核了书稿内容并提出了修改意见。参与本书编写工作的同志主要有：嵇明、苏明、王朝才、罗文光、刘尚希、白景明、万平、徐璐玲、易建华、张立君、娄冰、崔永涛、王椿元、马洪范、王志刚、王宏利、王敏、王晨明、石英华、申学锋、史卫、邢丽、刘微、刘翠微、刘薇、许文、许安拓、李三秀、李成威、李琳、李婕、杨良初、何平、张阳、张晓云、张超英、张鹏、陈穗红、赵云旗、赵全厚、赵福昌、高小萍、唐在富、阎坤、韩凤芹、程瑜、傅志华。部内司局的吴东胜、张璐、周传华、于红卫、陈新华、李大伟、黄凤祥、龚世良、张新、孙志、李新海、刘菲、陈柱兵、陈景耀、张政伟、胡杏兰、米传军、董仕军、吴川、朱辇、胡忠勇等同志也提出了修改意见。还有一些同志也为本书编写付出了辛勤劳动，经济科学出版社为本书出版做了大量工作，在此一并致谢！

本书在编辑出版过程中难免存在疏漏之处，敬请读者批评指正。

编　者

2009 年 9 月